HISTOIRE

DE LA VILLE, DU PAYS & DE LA BARONNIE D'HERMENT 1514

EN AUVERGNE

Cet ouvrage n'a été tiré qu'à 160 exemplaires,
numérotés et signés.

Exemplaire n°

SIGNATURE DE L'AUTEUR :

MOULINS, IMPRIMERIE DE C. DESROSIERS.

HISTOIRE

DE LA VILLE, DU PAYS & DE LA BARONNIE

D'HERMENT

EN AUVERGNE

PAR

AMBROISE TARDIEU

MEMBRE CORRESPONDANT DE L'ACADÉMIE DE CLERMONT-FERRAND,
AUTEUR DE L'HISTOIRE DE LA MAISON DE BOSREDON.

CLERMONT-FERRAND
CH. ESTIENNE LIBRAIRE-ÉDITEUR
PLACE DELILLE, N° 1.

MDCCCLXVI

AVANT-PROPOS

Ce serait assurément l'objet d'une publication superflue que celle de l'histoire d'une petite ville située sur les limites montagneuses de la Basse-Auvergne, si l'auteur de cet ouvrage ne s'était bien persuadé que les mœurs de nos pères, leurs usages, leur vie privée et les couleurs locales qui les distinguent, étudiés minutieusement dans chaque clocher, peuvent un jour servir d'éléments à un monument vraiment national.

Dans ce siècle, où l'on sent que le vieux monde s'écroule de toutes parts, l'archéologie offre plus que jamais un véritable attrait. Des hommes sérieux et recommandables ne dédaignent pas de consacrer leur savoir et leurs veilles à l'histoire complète d'un pays.

Les presses ne cessent de produire les chroniques de nos provinces et de nos villes. En face de ce mouvement, j'ai senti mon cœur tressaillir à l'idée de réunir les événements divers dont furent témoins les sites pittoresques où j'ai passé mon enfance. Mu par un sentiment de piété filiale, j'ai remué la poussière des chartriers, j'ai cherché partout, et, maintenant que les matériaux sortent du chantier, je sens combien mes forces ont été au-dessous de ma volonté. Toutefois, j'ose livrer cet ouvrage à mes compatriotes ; je le dédie à leurs valeureux ancêtres ; je l'offre en hommage à ces générations féodales qui versèrent leur sang sur la terre des croisades, tenant l'épée au milieu des luttes qui nous précèdent. Je veux rechercher religieusement leurs noms, et si quelques faits paraissent oiseux à des étrangers, je rappelle que je destine surtout cette œuvre aux habitants du pays dont j'écris l'histoire ; j'ose croire que des chronologies dans lesquelles le riche et le pauvre, le noble et le bourgeois, le marchand et le vilain se succèdent tour-à-tour, doivent avoir pour eux l'attrait spécial qu'enfantent toujours les souvenirs de l'honneur, du talent, de la probité, des nobles et généreux sentiments.

Tous les faits mentionnés dans ce travail sont appuyés sur les documents les plus authentiques. Peu d'imprimés jusqu'ici ont parlé d'Herment, mais il ne s'agit que de chercher pour recueillir les chartes et les manuscrits qui rappellent le nom de cette ville. En remontant dans le Moyen-Age, on retrouve à chaque pas la part glorieuse qu'elle a prise dans les fastes de notre province. Les documents écrits confirment presqu'entièrement ce que rapporte la tradition. C'est d'abord l'*Histoire manuscrite d'Auvergne* par Audigier, puis les *Archives de l'Empire* à Paris, celles du château de Barmontet et du château de Combrailles, les anciennes minutes des notaires du pays, mais principalement le trésor paléographique conservé à la préfecture du département du Puy-de-Dôme, je veux dire les nombreuses liasses de parchemins ou papiers provenant du chapitre de chanoines de la ville qui nous occupe. En déchiffrant les écritures de nos aïeux avec le savant archiviste du Puy-de-Dôme, M. Cohendy, qui a mis à ma disposition une obligeance sans bornes, je suis parvenu à établir ces listes, à fixer ces dates, à coordonner les faits qui font le sujet de ce volume ; néanmoins, je regrette sincèrement la destruction des archives de la commune dans un auto-da-fé révolutionnaire ; cet acte de vandalisme me prive de bien des détails qui n'eussent pas été les moins curieux. Un grand nombre de familles ont mis sous mes yeux les archives domestiques qu'elles conservent ; je les prie de recevoir l'expression de ma gratitude. Je remercie également M. Michel Chassaing, avocat, qui, en qualité de bibliophile et d'archéologue, m'a fait maintes communications fort utiles.

J'ose dire que j'ai fouillé six années avant de terminer ces lignes. Sans doute *nul n'est prophète dans son pays*, mais, sans m'inquiéter du méchant aphorisme, j'ai mis la main à l'œuvre avec un courage et une ardeur que n'ont pu altérer les difficultés naissantes que j'ai rencontrées sous mes pas. J'avais annoncé l'*Histoire de la ville d'Herment* en livrant à l'impression l'*Histoire de la maison de Bosredon*, j'ai voulu tenir ma parole. Aujourd'hui que les presses d'un typographe bien connu offriront à la postérité les temps lointains d'une contrée de l'Auvergne, si négligée des touristes et des historiens et cependant si intéressante, j'aurai vu réaliser ma seule ambition si j'arrive à sauver de l'oubli ses vieux usages, ses mœurs, ses respectables traditions et ses vertus guerrières. J'aime le dévouement chevaleresque, la valeur et la foi du Moyen-Age, et je prends en pitié tant de pauvres esprits dédaigneux et superbes quand il s'agit du passé. Lorsque dans un ciel orageux se dressent imposantes les ruines d'un donjon, trésor de tant de souvenirs, je les salue ; là m'apparaissent l'Héroïsme et la Vertu, à côté de l'Honneur et de la Religion, car, quels que soient les sentiments qui nous animent, nous ne pouvons rester indifférents en face de ces nobles débris qui ont bravé un si grand nombre de tempêtes !....

ORIGINE D'HERMENT

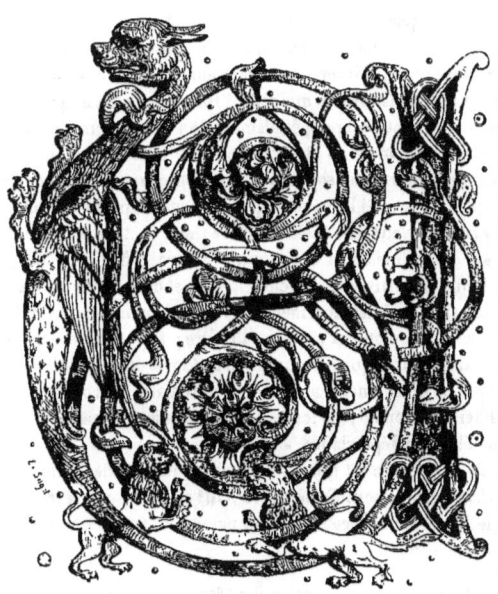

ne ville ancienne, dont l'historien recherche l'origine, ne lui apparaît la plupart du temps que sous forme de légendes ou de nuages. Il en est ainsi d'Herment, dont l'existence est constatée pour la première fois par une charte de l'an 1145, mais qui semble remonter bien plus haut dans la nuit des âges. C'est ce qui résulte de la tradition et de l'opinion des écrivains : dans mon enfance, on se plaisait à me dire qu'*Herment se nommait jadis Beauclair* ; ailleurs j'entendais les bonnes grands'mères répéter à qui mieux mieux qu'*Herment veut dire pris en dormant*. Nourri dans ces deux traditions, je sentais ma curiosité s'éveiller chaque jour, et de cette curiosité naquit le désir de rechercher les faits.

Au sud de Châteaubrun (1), on montre un vaste emplacement, dans lequel se rencontrent fréquemment des briques à rebords, des médailles romaines, des vases, des canaux voûtés. A peu de distance passe la voie romaine de Clermont à Limoges. C'est là qu'une autre tradition place l'antique ville de *Beauclair*. Il y a de quoi attirer l'attention des savants. Deux villes de Beauclair à peu de distance ! Evidemment, il y en a une qui n'a pas existé. Il serait peut-être assez rationnel d'admettre l'opinion de plusieurs qui disent que la ville détruite s'étendait d'Herment dans la direction de Châteaubrun. En partageant leur avis, on est toutefois très-étonné du silence des écrivains qui les premiers ont parlé de la Gaule. Une aussi grande ville aurait eu quelques lignes dans les écrits de nos prédécesseurs (2). Faut-il voir dans *Beauclair* le *Fines Lemovicum* où les Romains, suivant le Continuateur des Commentaires de César, placèrent une garnison après la conquête de l'Arvernie ? Ce *Finez Lemovicum* était situé sur les confins de l'Auvergne et du Limousin. Plusieurs géographes le placent à Herment ; d'autres le fixent à Toul, dans la Creuse ; Dulaure *(Descript. de l'Auvergne)* partage l'avis de ces derniers ; il me semble raisonnable de chercher cette position dans les trois cantons d'Herment, de Bourg-Lastic ou de Pontaumur, sur les confins des *Lemovices*. Toul est trop éloigné de l'Auvergne.

Chabrol, le dernier commentateur des Coutumes d'Auvergne, a écrit qu'*Eremus*, mot latin qui veut dire *désert, isolé*, est l'étymologie d'Herment ; en effet, cette ville est encore entourée de bruyères, *Eremus*, traduit en français par *Hermes*, *terres vagues*, *bruyères*, convenait à l'aspect sauvage et solitaire que devait présenter notre canton à une époque lointaine ; assurément, si les Romains ont cherché une position pour maintenir les populations de ces contrées, ils ne pouvaient en trouver une plus favorable que celle d'Herment ; c'est ce que pense un savant de l'Auvergne, M. Mathieu, qui s'est occupé spécialement de l'époque romaine. Voici ce qu'il dit d'Herment : « Dans l'antiquité, comme au Moyen-Age, cette ville eut ses remparts à double enceinte, son château avec ses souterrains, son église avec son chapitre, son couvent dans la plaine avec ses fossés encore pleins d'eau. Si l'on ajoute que son nom, d'après l'étymologie grecque ou latine du mot Ερημη, *Eremus*, veut dire isolé, solitaire ; si l'on tient compte des antiquités romaines découvertes sur le mamelon et à l'entour, il sera difficile de ne pas reconnaître là le siège d'une des colonies primitives chargée d'observer et de contenir au besoin les rudes populations des montagnes. Que des châteaux mérovingiens, carlovingiens et autres aient hérissé les sommets aigus de ces hauts plateaux, nul ne l'ignore ; il y reste encore des ruines imposantes, mais il est très-vraisemblable que le compagnon de Clovis ou de Charlemagne n'y fut que le successeur du colon latin ou du seigneur gaulois devenu romain. Le colon s'isolait pour ne point faire ombrage à la liberté nationale ; le leude s'isola dans les mêmes positions, mais pour étreindre et étouffer tout élan d'indépendance. » (3).

Quoi qu'il en soit, ce qu'il y a de certain, c'est que les documents du XIIe siècle appellent Herment, *Hermencus*, en français *Hermenc*, ailleurs *Ermenc*. Au XIIIe siècle on trouve *Erment*, mais le C final est plus usité que le T. Si l'on se conforme au patois du pays, on dira *leu*

---

(1) *Châteaubrun*, près de Voingt, canton de Pontaumur (Puy-de-Dôme), à cinq kilomètres d'Herment.
(2) *M. de Val de Saunade*, dans son *Dictionnaire manuscrit des châteaux d'Auvergne*, prétend que la ville de Beauclair fut complétement détruite par les *Cimbres*. (*Voir ce Dictionnaire ms. à la Bibliothèque de Clermont*).
(3) *Des Colonies et des Voies romaines en Auvergne*, page 218.

Hermenchou (*les Hermenchois*); et pour désigner Herment : *Armin*. Personne n'ignore que les Celtes ou les Gaulois peuplaient l'Arvernie avant les Romains. Presque tous les bourgs de nos montagnes rappellent leur langage ; ici c'est le Bourg, *el Burg ;* là le Puy, *el Puech ;* Sauvagnat, *Salvaniac ;* Giat, *Giac ;* Prondines, *Prundinas.* Le beau dolmen de Farges prouve mieux qu'un parchemin le séjour d'une tribu celtique dans nos contrées, il y a environ trois mille ans. *Hermenc*, lui-même, viendrait selon moi de deux mots celtiques : *Her* ou *Har*, haut, élevé ; *Men* ou *Man*, lieu, habitation ; le tout joint ensemble veut dire *haut lieu, lieu élevé,* ce qui convient parfaitement à la position de notre ville.

En 408, *Crocus*, à la tête d'une troupe de Vandales et d'Allemands, ravagea toute l'Auvergne. Augusto-Nemetum (Clermont), saccagé par ce barbare, perdit son gigantesque temple de Vasso, dédié à Mercure. En se rendant dans le Limousin, l'armée du général allemand passa à peu de distance de notre ville ; quelques soldats se fixèrent sur une petite montagne de la Creuse à laquelle ils donnèrent le nom de leur chef ; telle est l'origine de Crocq, ou du moins telle est la tradition conservée dans cette ville.

En 473, Euric, roi des Wisigoths, porta le fer et la flamme en Auvergne. En 853, les Normands maltraitèrent cette province ; en 916, les Danois y jetèrent l'épouvante. Poursuivis en 923 par Guillaume, duc d'Aquitaine, ils furent taillés en pièces par lui et perdirent 12,000 des leurs sur les frontières de l'Auvergne et du Limousin. Herment qui, à ces temps reculés, possédait dans la plaine un couvent de bénédictins, vit les hordes barbares courir dans ses alentours et renverser la pieuse retraite de moines ; on pense même que la colonie, détruite durant ces guerres, redevint village comme à l'époque celtique ; ensevelie sous ses cendres pendant plusieurs siècles, elle ne devait revivre qu'avec la féodalité, qui l'enclava dans le Comté d'Auvergne.

Sous les premiers rois de France, l'Auvergne fut comprise dans le domaine d'Aquitaine. Ses souverains y placèrent un gouverneur, désigné sous le nom de *comte ;* de là le nom de *comté* qu'elle reçut d'eux. Ce comté, très étendu dans l'origine, comprenait les diocèses de Clermont, de Saint-Flour, une partie de ceux de Lyon, d'Autun et de Nevers. Herment, une de ses petites dépendances, était, avec Crocq, sa limite du côté de la Marche. Le premier comte *héréditaire* d'Auvergne fut *Guillaume-le-Pieux.* Il succéda, en 886, à Bernard, son père ; en 893, il fut nommé duc d'Aquitaine. Les comtes n'avaient d'abord reçu l'Auvergne qu'à titre de commission, Hugues-Capet fut forcé de ratifier leurs usurpations, afin de se maintenir lui-même sur le trône. Guillaume-le-Pieux ne laissa pas de postérité ; son comté échut en 918 aux enfants de sa sœur Adelinde, épouse d'Acfred, comte de Bourges et de Carcassonne, tige de la seconde dynastie, qui après avoir été dépouillée de la dignité de comte, par suite des événements politiques, la récupéra en 967, pour la conserver pendant plus de 500 ans. Robert III, comte d'Auvergne, descendant de cette seconde race, doit être regardé avec raison comme le fondateur de la ville féodale d'Herment, ainsi que les lignes suivantes vont l'établir.

ÈRE FÉODALE

ROBERT III, comte d'Auvergne, bâtit le château d'Herment, 1140. — Le XII° siècle vit naître un seigneur puissant et redouté, qui devait relever les ruines de la colonie détruite par les Barbares. A cette époque toute féodale apparaît le comte d'Auvergne, Robert, toujours en guerre avec ses vassaux, grand pillard d'églises et de monastères; il voulait bâtir un *castrum*, un château-fort dans nos montagnes, château central, perché comme l'aire de l'oiseau de proie. En considérant la position si avantageuse de notre butte, qui domine la Creuse, la Corrèze et toute la partie occidentale du Puy-de-Dôme, il n'hésita pas à se décider. Ceci se passait en 1140. Peu d'années suffirent pour l'achèvement du manoir. L'œuvre du grand feudataire respirait puissance et richesse. Située sur des blocs basaltiques, au sommet du plateau, elle réunissait tous les besoins belliqueux des temps. L'enceinte était entourée de fossés larges et profonds. On pénétrait dans la *basse-cour* par trois *ponts-levis*. La grande entrée se trouvait en face de l'église. Le château était placé sur *la motte*. Au sud était le donjon, construction de neuf mètres carrés, s'élançant majestueusement à trente mètres dans les airs; au-devant apparaissait un grand escalier avec *échiffre*, permettant de monter à la principale porte du manoir. Le château proprement dit, attenant au donjon, était flanqué de tours dans les angles. Il était éclairé par de rares ouvertures à plein cintre, ornées de minces colonnettes surmontées de chapiteaux. Le monument, avec son air imposant, ses épaisses murailles à grand appareil, avait l'aspect de l'architecture militaire du XII° siècle. La façade principale regardait l'Orient; celle de l'occident donnait sur la place d'armes, au milieu de laquelle était la citerne. Le manoir ne manquait de rien; machicoulis au donjon, créneaux surmontant les murs, meurtrières avec ouvertures circulaires, grilles en fer aux croisées, etc. L'intérieur offrait des appartements spacieux: la cuisine, dont l'âtre immense consumait des arbres entiers; la chambre du baron, plus loin celle de la baronne. La *grand'salle*, dont parlent des actes de 1476, 1506, était tendue de tapisseries à haute lice et ornée de meubles en chêne artistement sculptés ; c'est là que le seigneur, assis sur un siége élevé, recevait les fois-hommages de ses vassaux et donnait hospitalité aux chevaliers ; la cheminée était décorée du blason de rigueur, celui-ci avait ses supports, son timbre et son cimier.

Le château d'Herment fut réparé et agrandi par les successeurs du comte Robert, notamment par Hugues et Guillaume de Bosredon, dans le XV° siècle. Il fut pris par les Anglais en 1383, 1407, 1435, et par les Religionnaires en 1588, 1592. Les Anglais l'endommagèrent beaucoup. Gaspard Le Loup, chevalier, seigneur de Préchonnet, grand ligueur, le détruisit complétement en 1592, en le livrant aux flammes. Les seigneurs confiaient la garde de ce château à un guerrier vaillant, qui portait tantôt le titre de *gouverneur*, et plus souvent celui de *capitaine*.

LISTE DES CAPITAINES-GOUVERNEURS DU CHATEAU.

LAMBERT DE BEAULIEU (*Lambertus de Bello Loco*), gentilhomme du Périgord, époux d'Honorète de Limueil (1), s'intitule gouverneur d'Herment (*gubernator Hermenci*) en	1373	LOYS DE MARFONT, écuyer, capitaine..	1469-1492
MODISE DE MARTILHAT	1398	ANTOINE DE LA FAYETTE, s^r de Montboissier, capitaine	1472
MARTIAL, *bâtard* D'ESTANSANNES	1428	JEAN ROLLAND, chevalier, s^r de Tyx, s'intitule gouverneur de la baronnie d'Herment	1476
BRÉANCON, capit. pour le duc de Bourbon.	1432	ANTOINE DE LA VILLENEUVE, écuyer	1480
GEORGES DE CHANGY (2), capit. pour le duc de Bourbon	1435	HENRI ARNAULD, gouverneur	1523-1530
ANTOINE DE CHABANNES, comte de Dammartin, capit. pour le duc de Bourbon	1438	JEAN ARNAULD, fils du précédent, gouverneur.	1542
GADISFER DE MALLERET, s^r de Flayat, capit. pour le duc de Bourbon	1440	Honor. homme GABRIEL DE GIRARD, cap.	1572-1578
BÉRAUD DE LA GASTINE (*de St-Aignan ?*) capit. pour le duc de Bourbon	1444	JACQUES DE VILLELUME, s^r de Barmontet, capitaine	1615-1629
		ANTOINE DE VILLELUME, fils du précédent...	1640
		MAXIMILIEN DE VILLELUME, petit-fils du précédent, capitaine-gouverneur	1680-1711

Les capitaines-gouverneurs étaient aussi chargés de la garde de la ville, ce qui fut cause, après la destruction du château, en 1592, qu'ils continuèrent d'exister jusqu'en 1711. Les seigneurs avaient aussi un *maître d'hôtel* ou intendant. En 1476, sous le baron Guillaume de Bosredon, *Antoine de la Villeneuve*, écuyer, était investi de cette position.

En sa qualité de *haut, moyen et bas justicier*, le seigneur exigeait droit de « guet et guarde » pour son château sur tous les habitants de la châtellenie ; si, d'une part, il devait à ses justiciables, aide et protection, il était juste que ceux-ci contribuassent à la défense de son manoir. On verra par une enquête de 1466, que les habitants de notre ville prétendaient être exempts du guet. Un acte de 1550 nous apprend que le nombre de guets dus au château s'élevait à 412, qui d'habitude se payaient 15 sous chaque.

---

(1) Honorète devait être cousine de *Marguerite de Gallard*, dame de Limueil, épouse de *Nicolas de Beaufort*, baron d'Herment.

(2) Frère de Jeanne de Changy, épouse de Hugues de Bosredon, baron d'Herment.

Principaux faits passés au château d'Herment :

Le premier dimanche après l'octave de la saint Michel 1167, Guillaume VII, comte d'Auvergne, seigneur de notre ville, et son fils *Dauphin* se trouvant au château d'Herment (*in Herminc*), font donation à l'abbaye de Mozac, près de Riom, et à l'église de Giat, dont le patron était alors saint Christophe, de l'église du château (*castri*) de Farnoël (Fernoël). L'acte fut passé en présence d'*Arbert de Tinière* (*de Tineira*) prieur de Bort, de *B.* moine ; *P. de Menac* ; *Ponce*, moine ; *Hélie de Chamalière*, *W. de Mercurol*, (BALUZE, *Hist. de la maison d'Auvergne*, tome II).

Guy II, comte d'Auvergne, étant sur le point de partir pour la guerre des Albigeois, fait son testament à Herment (*apud Herminc*) en juin 1209 ; à son fils aîné Guillaume X, il laisse la terre de Combraille (*Combrallia*) et celle de Mirmont ; les témoins de cet acte de dernière volonté sont : *Armand*, abbé de Bonlieu ; *Egide*, abbé de Vauxluisant ; *Nicolas*, prévôt d'Evaux ; *Guillaume de Chaussecourte*, cellerier de Bonlieu ; *R. de Villaïc*, *Guillaume Beisse*, *Chatard Chauletz*, et la comtesse *Pétronille de Chambon*, épouse du testateur. (BALUZE, *Hist. de la maison d'Auvergne*, tome II, page 82). Les deux titres précédents prouvent que lorsque les comtes d'Auvergne habitaient notre château, ils attiraient autour de leur auguste personne une société d'élite.

Un événement, qui eut du retentissement, se passait au château d'Herment, dans la nuit du 10 au 11 septembre 1523. Le connétable, Charles de Bourbon, fugitif de Chantelle, venait demander asile à Jean de Bosredon, son vassal. Le gouverneur du château, Henri Arnauld, élevé dans la maison du connétable, lui était tout dévoué. Ce fidèle serviteur fit ferrer ses chevaux à rebours, ce qui lui permit de mieux tromper les cavaliers lancés à sa poursuite ; c'est ce que rapportent les documents du temps et la tradition de notre ville. L'*Ancien Bourbonnais* a raconté d'une manière intéressante la fuite du connétable (1). « . . . . . . En apprenant tout ce qui se passait, et à l'approche de Chabannes et du bâtard de Savoie, avec un corps de plus de quatre mille hommes, pour l'assiéger dans Chantelle, Bourbon prit aussitôt le seul parti raisonnable qu'il eut à prendre ; la fuite. Mais ce n'était pas chose facile au milieu des obstacles sans nombre qu'il avait à traverser ; les ordres les plus sévères avaient été envoyés pour faire garder tous les passages sur la frontière ; les routes étaient soigneusement surveillées autour de lui, et des corps armés qui se ralliaient à l'expédition d'Italie sillonnaient le pays dans toutes les directions. N'importe ! il valait encore mieux tenter la fortune par une prompte fuite, que de se laisser traquer dans une forteresse isolée, au centre de la France, sans aucun espoir fondé de salut, car en supposant même la conspiration réelle, cette conspiration une fois éventée, ses principaux agents dispersés, tous les moyens d'action, intérieurs ou extérieurs manquaient à la fois à celui qui devait en être l'âme et le chef. Ce fut dans la nuit du 9 au 10 septembre, que Bourbon, accompagné de tous ses officiers et serviteurs qui s'étaient renfermés avec lui à Chantelle, sortit de ce château et prit la route d'Auvergne ; il avait annoncé d'abord qu'il voulait se retirer à Carlat, dans la haute Auvergne, château beaucoup plus facile à défendre en raison de sa situation, que celui qu'il quittait ; mais il est probable que son véritable projet était de gagner les Pyrénées, car une fois jeté dans le parti violent qu'il venait d'adopter, il n'avait plus de refuge à espérer qu'auprès de l'Empereur (2). *Il s'arrêta le premier jour à Herment.*

---

(1) Voir le tome II, pages 237 et suivantes.
(2) L'empereur *Charles-Quint*.

petite ville de la montagne, qui avait pour châtelain le sieur de Lallières, vieux gentilhomme qui avait été nourri dans la maison de Bourbon (ce gentilhomme qui s'appelait Henri Arnauld fut le trisaïeul des fameux Arnauld de Port-Royal) et dont le neveu faisait partie de la suite du connétable. Là, il sentit la difficulté de continuer sa route avec une escorte aussi nombreuse ; et comme il n'avait plus d'autre dessein que de sortir du royaume, il ne voulut garder avec lui que le seul Pompéran, gentilhomme auvergnat d'un courage éprouvé, et dont le dévouement lui était assuré, car il lui avait sauvé l'honneur et la vie.

Bourbon confia le secret de sa fuite à François de Montagnac-Taussannes, un des plus anciens officiers de sa maison : il le chargea de congédier son escorte et d'engager ceux qui la composaient à rentrer chez eux, ou à se diriger le plus sûrement qu'ils pourraient, et par des routes diverses, vers les terres de l'Empire, et de l'attendre en Lorraine, dont le duc avait épousé la sœur du connétable. Le vieux Montagnac jura de ne point couper sa barbe qu'il n'eut rejoint son maître. Pompéran prit le costume et l'armure d'un archer de la garde du roi, et Bourbon se déguisa en simple varlet ; Lallières fit ferrer leurs chevaux à rebours, et ils partirent du château d'Herment au milieu de la nuit. Quelque temps après, et avant qu'il fît jour, Montagnac revêtu de l'armure de son maître, et monté sur son cheval de bataille, éveilla les autres serviteurs du prince, et se mit en route avec eux, à la lueur des torches. Ils marchèrent ainsi, dans le plus grand silence, pendant une demi-heure ; ces braves gens croyaient toujours escorter le connétable et continuer leur route vers le Carladez. Ils ne se demandaient point quelle serait la fin de tout ceci : ils n'avaient qu'une seule pensée, celle de partager tous les périls et toutes les privations de leur noble maître, et de lui obéir jusqu'à la mort. Certes les hommes capables d'inspirer de pareil dévouement ne sont pas des hommes ordinaires ; cependant dès que le jour eut commencé à poindre, et l'escorte étant arrivée à l'entrée d'un bois, Montagnac se fit reconnaître à ses camarades : « Monseigneur le duc n'est plus avec nous, leur dit-il ; le soin de sa liberté et de sa vie lui commandait de fuir du royaume, et il n'a pas voulu compromettre plus longtemps l'existence de ses plus fidèles serviteurs. Il a jugé à propos de ne garder avec lui que le sieur de Pompéran, et sous un vil déguisement, imposé par la nécessité, ce grand prince va chercher à se frayer un passage à travers les montagnes et les chemins détournés, jusques dans un pays ami. Il va demander un asile à l'Empereur. Prions Dieu, mes amis, qu'il le protège dans sa fuite, car il a toujours été bon et secourable à ceux qui l'ont servi ; et c'est petit, qu'un si gentil prince et si vaillant seigneur soit tombé en la male-grâce du roi notre sire. Il m'a bien recommandé de vous dire combien il vous sait gré des bons et loyaux services que vous lui avez rendus jusqu'à cette heure, et de vous assurer qu'il n'a plus grand désir que de pouvoir un jour vous en donner le guerdon. » Il leur fit connaître ensuite les dernières intentions du connétable. Tous jurèrent d'aller sur la frontière d'Allemagne, attendre des nouvelles et les ordres de leur maître ; et ils se séparèrent bien dolents et pleins d'inquiétude sur le sort du noble proscrit. Montagnac se retira au château de Péguillon, près Montmarault, en Bourbonnais. Ce château appartenait alors à la famille de Beaucaire, à laquelle il se trouvait uni par les liens du sang et de l'amitié. Il s'y tint caché pendant un mois et demi, après quoi, s'étant déguisé en religieux, il traversa une partie de la France pour se rendre au château de Lière en Ferette, où il devait apprendre des nouvelles du connétable, s'il ne lui était pas arrivé de malencontre sur la route. »

Nous ne suivrons pas le Connétable dans son périlleux itinéraire ; au sortir d'Herment, il était allé coucher à Brioude, dans un château appartenant à Pompéran ; de Brioude, il avait gagné le Puy, les montagnes du Vivarais, les bords du Rhône, et enfin la Franche-Comté. Ses dévoués compagnons de voyage, *Charles de St-Aubin*, le seigneur *de Lurcy*, *Jean de l'Hopital*, son médecin et bailli d'Aigueperse, le vieux *Montagnac-Taussannes*, *Henri Arnauld*, *de Villelume*, s^{gr} *de Montbardon*, le forézien *du Peloux*, *de Lespinasse*, *du Peschin* étaient allés le rejoindre. L'histoire parle ensuite de la bataille de Pavie (1525) où François Ier fut défait par Charles-Quint. Le connétable Charles de Bourbon fut tué le 6 mai 1527, au siège de Rome. Quant à Henri Arnauld, nous savons que sa maison d'Herment fut pillée par les émissaires de François Ier. Le baron Jean de Bosredon tomba en disgrâce ; ses biens furent sur le point d'être confisqués ; Antoine de Bosredon, son fils, fut forcé de vendre sa baronnie d'Herment en 1559, au maréchal de St-André, qui, moyennant le don de 15,000 livres tournois le fit rentrer dans les bonnes grâces du roi.

Le château d'Herment, habité par les seigneurs de la maison de Bosredon, de 1418 à 1559, offrit pendant cet intervalle de 141 ans, le personnel féodal le plus complet. En 1588, au témoignage de M. Imberdis (*Hist. des guerres religieuses en Auvergne*), il était encore en très-bon état « la place (la ville), dit-il, bâtie sur des prismes de basalte, était dominée par un ancien et très-fort château » La demeure de nos barons, prise en 1592 par Gaspard le Loup, seigneur de Préchonnet et de Monfan, fut livrée aux flammes par les Ligueurs, qui accompagnaient ce gentilhomme ; depuis lors, complètement abandonnée, ses créneaux, ses tours, ses murailles s'écroulèrent insensiblement ; elle était même tellement en ruines en 1613 qu'il n'y avait aucun appartement capable de recevoir son propriétaire. *Marguerite de Montmorency*, épouse d'Annet de Lévis, duc de Ventadour, baron d'Herment, venue dans cette ville pour représenter son mari auprès des vassaux dont elle devait recevoir l'hommage, accepta le toit d'un riche bourgeois, celui de *Gaspard Gaignon*. En 1633, Richelieu jugea inutile de comprendre Herment dans la liste des châteaux d'Auvergne dont il ordonna la démolition. Déjà en 1644, nos habitants ne désignaient plus l'œuvre du comte Robert que sous le nom de *vieux fort*. La pierre de taille, dont ce château était entièrement construit à l'extérieur, contribua beaucoup à sa démolition. Les seigneurs, pour lesquels ces ruines n'avaient pas grande valeur, cédèrent insensiblement leur emplacement pour la construction d'habitations particulières ; les fossés furent comblés ; la basse-cour fut occupée par les maisons qui firent suite à l'alignement de la grand'rue. Le donjon, démantelé en 1592, existait encore en 1793. Le baron de Val de Saunade (1) le dit d'une hauteur prodigieuse (nous savons qu'il avait 90 pieds) ; il servait de prison au moment de la Révolution. M. *Léger Pélissière*, médecin, chargé par la commune d'acquérir les débris du château, se rendit à Combrailles, où résidait Mlle *Anne-Françoise de Bosredon*, connue sous le prénom de Pauline, fille du dernier baron d'Herment, lui fit entendre facilement, dans des moments si malheureux, qu'il lui serait avantageux de vendre une tour « *construite*, disait-il, *en mauvaises pierres de taille du pays.* » Mademoiselle de Bosredon céda pour une somme minime, pour 600 francs ! les restes de la demeure de ses ancêtres, de cette demeure où reposaient tant de souvenirs ! L'acte de vente, reçu, Me Pierre Mazuer, notaire, est conservé dans les minutes de Me Démonteix. Il est daté du 22 ventôse an VII (12 mars 1799). Au sujet du château, la vente s'exprime en ces termes : « *une tour quarrée* (sic) *et un petit pré y attenant ledit pré de la contenue de cent cinquante toises de superficie ou entour, les fassades*

---

(1) *Dictionnaire manuscrit des châteaux d'Auvergne.*

de cette tour sont construites en mauvaises pierre de taille du pays, celles aux aspects de Nord et de Midi ont vingt-cinq pieds de large chacune, et les autres vingt-trois pieds, laquelle tour n'a aucune espèce de couverture ni portes. »

Le sieur Pelissière, ainsi devenu propriétaire des ruines du château, ne rendit aucune réponse à la commune ; il se hâta de faire démolir le donjon, dont la construction était si solide qu'on dut employer la poudre ; une partie de la pierre de taille fut vendue par lui pour la construction de la halle, le reste servit à la maison qu'il éleva près du chevet de l'église (aujourd'hui l'hôtel Verny-Bouyon).

Qu'est devenu ce château qui a vu les Anglais, les Protestants et tant de riches barons, tant de vassaux ? Je cherche vainement cette tour gigantesque, dont l'ombre planait jadis sur la ville ; je voudrais voir ces portes à ogive chargées du lion des Beaujeu, de l'échiqueté des de Dreux, ou des fleurs de lis des Bourbons ; j'évoque en vain l'ombre de ces chevaliers devant lesquels se baissèrent les trois pont-levis du manoir. Le peuple même a tout oublié ; on n'entend plus parler de ces châtelaines, qui jadis habitèrent ces vastes salles, où de jeunes pages allaient au devant de leurs désirs. Le château d'Herment a fait son temps !..... (1).

CHATELLENIE D'HERMENT

L châtellenie d'Herment est une conséquence du *castrum* élevé par le comte Robert en 1140. Elle s'étendait, dès l'origine, dans les paroisses d'Herment, Verneugheol, Sauvagnat, La Celle, Condat, Voingt, Saint-Etienne-des-Champs, Le Puy - Saint-Gulmier, Combrailles, Saint-Hilaire, Prondines, Bourg-Lastic, Flayat, Malleret, Saint-Merd-la-Breuille. Giat et Saint-Germain. Des acquisitions successives l'augmentèrent peu à peu. Le seigneur-châtelain avait droit de vie et de mort, ce que l'on traduisait par l'expression de *justice haute, moyenne et basse. Haut justicier,* il connaissait de toutes les affaires civiles et criminelles dans l'étendue de sa juridiction ; il pouvait infliger les plus grosses amendes, exiger toutes les servitudes ; ses sujets n'avaient le droit d'être jugés en justice royale que pour les crimes s'adressant directement au roi ; *moyen justicier,* il connaissait de toutes les matières civiles, punissait en matière criminelle les délits dont la peine n'excédait pas 75 sous d'amende ; *bas justicier,* il connaissait des droits dus au seigneur, des actions personnelles civiles jusqu'à 60 sous, et des délits criminels dont la peine ne dépassait pas 10 sous d'amende.

(1) Le château avait ses souterrains, qui servaient en cas de siège à faire évacuer les troupes de la place ; l'un se dirige au sud-est, l'autre à l'est. On dit que ces souterrains communiquaient avec l'église.

En 1550, la châtellenie d'Herment comptait 534 feux : 504 en haute, moyenne et basse justice, 32 en haute et moyenne ; ces feux furent partagés entre Antoine et Louis de Bosredon, frères ; le premier, en vendant la baronnie d'Herment en 1559 au maréchal de Saint-André, lui aliéna 250 feux sur 267 qui composaient son lot ; ce chiffre resta le même jusqu'en 1790.

LES 534 FEUX DE LA CHATELLENIE D'HERMENT EN 1550.

Paroisse d'Herment.

La ville d'Herment, comprenant 140 feux.

Paroisse de Verneugheol.

Laveix	5
Barmontet	5
Gloufareix	5
Trabatergue	3
Fayat	2
Langoëlas	7
Verneugheol	4
Les Colanges	1
Barberolles	2
Cressenssat	4
Les Aymards	3
Villevaleix	3
La Jassat	2
Le Montely	4
Chassignoles	6

Paroisse de Sauvagnat.

Sauvagnat	5
Le Ronzet	8
La Rochette	8
Les Guyonnets	1
Chabateix	3
La Faudeiche	4
Le Colombier	4
Charmarez (chez Mosneron)	4
La Faye	4
Les Vialles	3
La Fraschynete (la Fressinette)	2
Chantemerle	5
Farmont Restat (chez Restat)	4

Les Rambauld-Blard	2
Les Barrichons	3
Boisset	2
Destial (chez Détraux)	1
Baraille	4

Paroisse de Saint-Germain.

Villedimange	2
Farges	7
Le Coudert	1
Bourassat	2
Chadaux	2

Paroisse de Prondines.

Arfeuilles	15
Brany	5

Paroisse de Bourg-Lastic.

Villessebroux	5

Paroisse de Saint-Merd-la-Breuille.

Le Boyer	10
Les Marssonnèches	4
Le Chancel	3

Paroisse de Giat.

Las Costz	2
Les Uliaz	8
Chamarletz	1
La Marche	4
Lochier	5
La Ribière	3
Foullages	1
Les Molles	5

Vernines	3	Les Villevaux	5
Le Puy Barghaud	3	Souliers	4
Chez Ardot	10	Neufvialle	7
Chavalines	6		
Bonnefont	3	*Paroisse de Combrailles.*	
		Les Gravières	5
Paroisse de Flayat.		Le Tron en Val	5
Les Moulins	2	*Paroisse du Montel-Saint-Hilaire.*	
Lescluze	6		
Bassuan	4	Buleyx	5
Paroisse de Malleret.		*Paroisse de Saint-Etienne-des-Champs.*	
La Vilette	1	Molanges	7
Boullarets	9	Villeguisert	3
Poussanges	2	Le Bechimot	3
La Barge	5	Las Champs	1
		La Perrière	5
Paroisse de Condat.		*Paroisse de Voingt.*	
Le Mondérand	4		
Jangouloux	2	Voingt	11
Les Ullars	4	Le Mas de Voingt	4
Bouberolle	2	*Paroisse de La Celle.*	
Bufacient	2		
Trachèze	5	La Celle	2
Clergoux	6	Crozet	2
Paroisse du Puy-Saint-Gulmier.		En haute et moyenne justice : Les Queriaulx, 8 feux ; Servarez, 6 ; La Vallez, 2 ; Le Mas Randoneix, 6 ; La Mazière-Picault, 5 ; Brieulle, 5.	
Les Brousses	3		
Le Leyrit	3		
Franssolle	2		

Baillis, Châtelains, Lieutenants au Baillage. — Les procès de la châtellenie étaient d'abord portés devant le châtelain, et en première instance devant le bailli ; sur appel, la sénéchaussée de Riom décidait du litige ; le parlement seul pouvait casser les arrêts de la sénéchaussée. Herment relevait du parlement de Paris. Les audiences du châtelain et du bailli prenaient le nom d'*assises*, parce qu'ils les rendaient dans l'origine assis sous un arbre, comme le faisait le bon roi saint Louis sous le chêne historique de Vincennes. Des fourches patibulaires, des potences ou gibets placés au nombre de quatre (1) sur une petite éminence entre Laussepied

---

(1) Un baron avait droit à quatre gibets ; un comte à six ; un duc à huit ; un seigneur haut justicier en général à deux. (*Loyseau, Traité des Fiefs.*)

et Baraille (1) servaient aux exécutions capitales. Le bailli, le châtellain, le lieutenant au baillage étaient nommés par le seigneur, qui leur délivrait des lettres de provisions, enregistrées en la sénéchaussée de Riom ; la nomination du *procureur fiscal* ou *procureur d'office*, dont le rôle était de constater les crimes qui se commettaient dans sa juridiction seigneuriale, et de poursuivre les vassaux devant le bailli pour les forcer à payer les cens et redevances, celles du greffier, du sergent ou huissier appartenaient également au seigneur. Tout cet ensemble est désigné dans le courant du XIV° siècle sous le nom de *cour d'Herment (curia Hermenci)* ; ceux qui en faisaient partie étaient appelés *les officiers de la cour*. Le greffe, appartenant au baron de notre ville, était affermé par lui ; l'adjudicataire prenait le titre de greffier ; en 1550, il produisait 30 livres de ferme.

BAILLIS

RAYMOND DE ROCHE-CERVIÈRE (*de Rupe Cerveira*), *baylivus Hermenci*. 1257
CHANDORGUE ? 1398
JEAN LE BOYER 1477
ANTOINE DE LA VILLENEUVE, écuyer 1486-1504
MICHEL BRANDON 1526-1542
Seigneur des Martres-d'Artières, licencié en loix, conseiller du roi, lieutenant-général en la sénéchaussée de Riom ; avocat ; neveu du chancelier du Prat ; frère de Pons Brandon, baron de Bladre, s^r de Condat, conseiller au parlement de Paris en 1540. Armes : *d'argent, à trois brandons allumés de gueules*.
MICHEL DE RODDES 1550
Licencié en loix, avocat à la sénéchaussée de Riom.
LOYS BAUDONNAT 1556-1566
S'intitule bailli, juge de la ville et juridiction ordinaire d'Herment ; il était aussi châtellain.
LOUIS CHERMARTIN.. 1592
FRANÇOIS CHARBONNIER 1617
Il était avocat à Riom et bailli de Tournoëlle, fut nommé en mai 1617.
JEAN GAIGNON............. 1617-1632
Résigne en 1632 à Jean Chassaing, son intention étant de se faire pourvoir d'un office de conseiller en la sénéchaussée de Riom.
JEAN CHASSAING 1632-1662
ANTOINE CHASSAING 1662-1693
Pourvu le 22 février 1662, après le décès de son père.

MICHEL MONTEIL. 1693, mort 17 fév. 1720
PIERRE CHASSAING....... 1720-1740
Il obtint ses lettres de provisions le 29 avril 1720, à la suite de la pétition suivante, adressée au prince de Soubise, baron d'Herment : « Plaise à Son Altesse Monseigneur le prince de Rouhan, avoir égard aux très-humbles remontrances qui sont faites à Sa Grandeur par les maire, consuls et habitants de sa ville et baronnie d'Herment, sur ce que le décès de Me Michel Monteil, bailli de ladite ville étant arrivé il y a peu de jours, les suppliants qui désirent avec empressement avoir un chef, ont jeté la vue sur Me Pierre Chassaing, pety fils de l'ancien bailli, sous le bon plaisir de Votre Altesse. Homme intègre, scavant et incorruptible dans ses fonctions, résistant aux efforts vicieux des insolents et oppresseurs des pauvres, l'œil toujours ouvert à la Divinité, n'ayant rien qui ne tende à l'utilité publique et particulière, cela est sy vrai, que messieurs du Séminaire de Clermont l'ont élu pour juge dans une terre considérable et voisine, prévenus de sa sagesse et capacité ; Messieurs les gentilshommes, pareillement voisins, s'empressent dans les vacances de leurs offices de lui faire le même honneur ; enfin, Monseigneur, V. A. S. qui, de sa part, tâche de soutenir la justice dans toutes ses terres, et d'y établir des officiers de ce caractère, elle sera très-humblement supliée de vouloir bien accorder ce que ces vassaux lui demandent avec tant d'empressement, en faveur dudit Chassaing ; et pour son lieutenant Me *Annet Peyronnet*, fils à votre procureur d'office, qui est un jeune homme versé dans les affaires du palais et qui promet beaucoup par son exemple ; et ils prieront Dieu pour la conservation de S. A. et de son illustre famille. Signé : Mège ; Verny ; G. Verny ; Porte ;

---

(1) Les paysans désignent encore cette éminence sous le nom de *Suc des Fourches*. *Suc* est un mot celtique, conservé dans le patois de nos pays, qui signifie *monticule*.

Johannel; Delesclause; Johannel; P. Johannel; Lepetyt;
J. Johannel; Jean Haste; Dessaignes »
JOSEPH-ANNET CHASSAING. 1740-1765
Pourvu le 22 mai 1740.
ETIENNE BOUYON......... 1766-1769
Pourvu le 28 avril 1766.

JOSEPH-ANNET CHASSAING. 1769-1773
Pourvu le 30 novembre 1769.
GUILLAUME BOUYON...... 1773-1790
Il s'intitule « bailli, juge civil et criminel de la baronnie d'Herment. »

CHATELLAINS

M⁰ **GUILLAUME DE ROCHEFORT** (*Magister W. de Ruppeforti*), *castellanus Hermenci*).... 1287-1288 (1)
P. LA MARSALE............ 1398
GUILLAUME ROCHEFORT...... 1441
PIERRE DENDON............ 1450
Se qualifie « châtelain de la ville et baronnie d'Herment », et fait faire une *criée de fiefs* pour la foi-hommage des vassaux.
JEAN PILHOET............ 1450-1458
Qualifié *licencié en loix, discret homme et sage*,
JEAN EBRARD, licencié en loix.. 1460
ANTOINE DE LA FAYETTE, seigneur de Montboissier......... 1472
Conseiller et chambellan du duc de Bourbon et d'Auvergne.
LOYS DE MARFONT........... 1476
ANTOINE DE LA VILLENEUVE, écuyer................ 1478-1480
PIERRE DE LA PORTE, châtelain au nom du roi.............. 1483

ANTOINE D'HARQUES..... 1483-1486
Qualifié en 1510 licencié en loix, avocat au siège patrocinant de Montferrand; à cette date nous le voyons lieutenant-général du Dauphiné d'Auvergne et de la baronnie de Mercœur, bailli de Livradois, de Murol, de Combronde et de Salezuit, avocat des seigneurs d'Apchon et de Ravel, qu'il remplace aux Etats tenus lors de la rédaction des Coutumes d'Auvergne.
JEAN DE LISIEULX, écuyer. 1495-1499
Châtelain de Montferrand en 1501.
NICOLAS BARTHELMY..... 1514-1515
Qualifié en 1510 licencié en loix, avocat au bailliage de Monferrand; fut élu la même année avec *Hilaire Thierry* pour aller demander sur les lieux les coutumes locales du pays de Combrailles et du comté de Montpensier, afin de les faire insérer dans les Coutumes d'Auvergne.
HENRI ARNAULD......... 1520-1546
ANTOINE ARNAULD, avocat, fils du précédent................ 1547
HENRI DE CHEVALINES........ 1554
LOYS BAUDONNAT, gendre d'Henri Arnauld................ 1554-1570
.... (2)

LIEUTENANTS GÉNÉRAUX AU BAILLAGE

L'office de lieutenant général au baillage remplaça celui de châtelain vers la fin du XVI⁰ siècle.

---

(1) BALUZE, *Hist. de la Maison d'Auvergne*, t. II, p. 292.
(2) Quelques personnages ont aussi porté le titre de *lieutenant du châtelain*, en qualité de représentant de cet officier de justice pendant son absence. Parmi eux nous trouvons : *Jean Buxière*, notaire d'Herment, 1418; — *Pierre Masuer*, 1438; — *Pierre du Gours*, écuyer, seigneur de Brousse, 1460; — *Aliénor de Noizac*, notaire d'Herment, 1466-1486; — *Henri Payres*, notaire d'Herment, 1510; — *Durand Roger*, notaire d'Herment, 1514 (nous donnons le dessein du scel dont il se servait comme lieutenant du châtelain); — *Loys Baudonnat*, notaire d'Herment, 1510.— On remarque que presque tous ces lieutenants du châtelain étaient notaires de notre ville.

ANTOINE YVER	1586-1595	ANTOINE BOURRAND	1720-1734
JÉROME MANGOT	1598-1611	Mort le 5 février 1734.	
S'intitule également châtellain.		ETIENNE BOUYON	1734-1766
ANTOINE CHASSAING	1611-1632	Plus tard bailli	
Gendre du précédent.		JOSEPH-ANNET CHASSAING.	1766-1769
HENRI MENUDEL	1650-1662	Pourvu le 29 avril 1766; bailli en 1769.	
GABRIEL MENUDEL. 1667, mort en 1707		GUILLAUME BOUYON	1769-1773
PIERRE CHASSAING	1707-1720	Nommé bailli en 1773.	
Pourvu le 18 mars 1707; nommé bailli en 1720.		PIERRE MASUER	1773-1790

PROCUREURS FISCAUX

Jean Buschon, 1418 ; Jean de Fressanges, 1450 ; Antoine Brunel, 1476 ; Guillaume Yver, 1486-1492 ; Jean Bouyon, 1547 ; Pierre Arnauld, 1554 ; Henri Thomas, 1559 ; André Arnauld, 1571 ; François Yver, 1583 ; Gilbert Pabot, sr de Vachier, 1608 ; Henri Rochefort, 1608-1616 ; Michel Gandeboeuf, 1627-1630 ; Léonard Mosneron, 1635-1639 ; Louis Rochefort, 1652-1678 ; Louis Fillias, sr de Laussepied, 1684-1692 ; Antoine Peyronnet, 1698-1735 ; Annet Peyronnet de la Ribière, 1735-1766 ; Antoine-Marien Peyronnet, 1766-1772 ; Marien-Joseph Peyronnet, 1772-1777 ; Jean-Marien Peyronnet, 1777-1790.

BARONNIE D'HERMENT

Dans le courant du XIIe siècle, et même en l'an 1212, Herment est qualifié chef-lieu de *châtellenie*. C'est à partir du milieu du XIIIe siècle que cette ville devint la capitale de la vaste baronnie à laquelle elle donna son nom. En 1262, le maréchal de France *Héric de Beaujeu* s'intitule *sire d'Herment*, qualification qui équivalait alors à celle de baron. C'est à l'entremise de ce puissant personnage qu'eut lieu l'érection de cette terre en baronnie. Le roi saint Louis accorda, dit-on, les lettres patentes d'usage. Le titre de baron était jadis le plus élevé. Les Montmorencys eux-mêmes portaient sur leur devise: « *Dieu ayde au premier baron chrestien* » ; au commencement du XVe siècle, ce titre était si éminent qu'on le donnait aux saints ; ainsi Froissard parle d'un homme qui fit ses vœux devant *Monsieur le baron Saint-Jacques*. Guillaume de Roger-Beaufort, en 1379, rappelle dans son testament qu'il avait abandonné de son vivant à son fils Nicolas les « *castrum, villam et totam baroniam Hermenci, diocesis Claromontis* » (1).

(1) Justel *Hist. de la Maison d'Auvergne*, t. II, p 98

Chabrol remarque que la baronnie d'Herment est « une des terres les plus titrées de la province et celle dont il dépend un plus grand nombre de fiefs. » J'ajouterai qu'elle était une des premières de la Basse-Auvergne.

Dépendances de la baronnie d'Herment. — Des actes du XV° siècle nous apprennent que 21 mandements ou châtellenies faisaient partie de la baronnie d'Herment : 1° *Herment;* 2° *Murat-le-Quaire;* 3° *Bains;* 4° *La Roche-Marchal;* 5° *Les Chirouzes;* 6° *Trizac,* en partie; 7° *Préchonnet,* en partie; 8° *Chavanon,* en partie; 9° *Chazeron;* 10° *Giat;* 11° *Le Puy-Saint-Gulmier;* 12° *Egurande;* 13° *Mirambel;* 14° *La Courtine;* 15° *Magnac;* 16° *Murcent;* 17° *Fernoël;* 18° *Chaslus;* 19° *La Garde-Ferradure;* 20° *Montagut-Vaires;* 21° *Saint-Avit.*

1° **La châtellenie d'Herment.**

2° **La châtellenie de Murat-le-Quaires.** (*de Murato de Cadris; de Muraco*). La seigneurie était indivise en 1212 entre la maison des Dauphins d'Auvergne et celle de Rochefort. *Catherine Dauphine*, dame d'Herment et en partie de Murat, épousa en 1224 *Guichard de Beaujeu; Jean III de Dreux*, son descendant, vendit la moitié du fief de Murat en 1357 à *Louis, duc de Bourbon*, dont le fils Pierre céda cette propriété en 1349 à *Guillaume Roger*, baron d'Herment. Quant à l'autre moitié de la terre de Murat, elle fut aliénée, en 1282, au prix de 800 livres tournois, par *Géraud de Rochefort*, chevalier, à *Bertrand de la Tour*. (*Tablettes hist. de l'Auvergne; Notice sur Murat, par l'abbé Cohadon*).

3° **La châtellenie de Bains.** Le chef lieu était le célèbre village des bains du Mont-Dore, qui portait jadis le nom de *Bains*, à cause de ses eaux thermales. Ce fief a appartenu dès le commencement du XV° siècle à la maison de la Tour d'Auvergne. *Godefroy-Maurice de la Tour*, seigneur de Bains, épousa en 1693 *Magdeleine de Bouchu;* leur fille fut mariée à *Nicolas-Louis de la Roche-Aymon de Barmont;* de cette union naquit Mme la comtesse de Saint-Polgues, dame de Murat-le-Quaire et de Bains en 1789.

4° **La châtellenie de la Roche-Marchal.** (Cantal, commune de Champs); qualifiée *vicomté* avant 1789. C'était la propriété de la maison de la Tour. *Françoise de la Tour*, dame de la Roche-Marchal, épousa en 1469, *Gilbert de Chabannes;* un de ses descendants a vendu ce fief en 1776 à *Ignace du Bois de Saint-Etienne* (1).

5° **La châtellenie des Chirouzes**, anciennement *Chiroze* (*Chiroza*), aujourd'hui *Saint-Oradoux-des-Chirouzes* (Creuse). Dans le courant du XVI° siècle, Châteauvert devint le chef-lieu de cette châtellenie et porta la qualification de baronnie. Vassaux : les seigneurs de Saint-Martial-le-Vieux, du Maslaurent, des Osteix et du Gombeix.

6° **La ville et châtellenie de Trizac**, en partie (Cantal); possédée tour-à-tour par les *Comptours de Saignes*, les *de Peyre*, par *Françoise de Chalvet*, épouse de *Fages d'Espeisses* (1570) et en 1789 par la maison *de Chabannes.* (*Dict. du Cantal*.)

7° **La châtellenie de Préchonnet**, en partie (l'autre partie relevait de la terre de Rochefort). Préchonnet (*Prechonnetus*) avait un château féodal dont les fondements furent jetés en 1214 par *G. de Rochefort*, du consentement de Robert Dauphin, seigneur de Rochefort, son suzerain. *Jean de Rochefort*, seigneur de Préchonnet, partit pour la croisade en 1269. En nous basant sur l'historien Audigier (*Hist. ms. d'Auvergne*), nous avons commis une erreur que nous rectifions. Jean ne fut pas le père de Bertrand de Rochefort, la filiation doit être établie ainsi : *Géraud de*

---

(1) *Dictionnaire du Cantal,* par M. DE RIBIER DU CHATELET. — *Coutumes d'Auvergne,* par CHABROL.

Rochefort, chevalier, seigneur de Murat, de Châteauvert et du château-fort (*castri*) de Préchonnet en 1286, laissa : Bertrand, seigneur d'Egurande et de Préchonnnet, l'un des députés de la noblesse d'Auvergne aux Etats-Généraux de 1357 ; *Louise de Rochefort*, sa petite-fille, dame de Préchonnet, épousa *Blain Le Loup*, sénéchal d'Auvergne ; elle contribua largement avec son fils Jacques à l'établissement des cordeliers de la Celette en 1445, et mourut en 1474 ; son descendant, *Gaspard Le Loup*, seigneur de Préchonnet, gentilhomme ordinaire de la chambre du roi, capitaine de 50 hommes d'armes en 1591, s'empara de la ville d'Herment en 1592 ; sa fille unique, *Anne Le Loup*, dame de Préchonnet, épousa, en 1608, *Gilbert IV de Langeac*, seigneur de Dallet ; sa postérité a possédé Préchonnet jusqu'en 1789. En 1460, *Jean de Lespinasse*, écuyer, seigneur des Gombers, était châtellain de la *terre et châtellenie* de Préchonnet ; *Henri Arnauld*, notaire d'Herment, l'était en 1534. Le château de Préchonnet, proprement dit, relevait de Rochefort ; la Garde-Ferradure, Chavanon (comprenant Bourg-Lastic), Corne, Chalusset et Messeix, dépendances de Préchonnet, devaient l'hommage au baron d'Herment.

8° **La châtellenie de Chavanon**, en partie. Le château, baigné par une rivière à laquelle il a donné son nom, était situé sur un roc escarpé, aux limites des départements de la Corrèze et du Puy-de-Dôme. En 1218-1236, nous trouvons *Hugues* et *Tumohard de Chavanon*, damoiseaux, seigneurs en partie de Verneugheol. *Jean, comte de Dreux*, baron d'Herment, vendit la moitié de la terre de Chavanon en 1329 à *Arbert de Chaslus*, *dit le Boyer*, seigneur du Puy-Saint-Gulmier et de Tauzelles ; le prix fut de 3,000 livres tournois ; l'autre moitié appartenait alors à *Raoul de Vichy*, seigneur d'Abret ; son fils l'aliéna vers 1350 à *Guillaume Roger*, baron d'Herment ; celui-ci eut pour arrière petite-fille, Anne, dame de Chavanon en partie, mariée en 1444 à *Agne IV de la Tour*, seigneur d'Olliergues ; sa postérité possédait Chavanon en 1607. *Robert* et *Christophe Le Loup*, seigneurs en partie de Chavanon en 1540, *Gaspard Le Loup* en 1611, représentaient Arbert de Chaslus. Chavanon était au pouvoir d'une bande anglaise en 1382 : il fut compris dans les châteaux rasés par ordre du roi, à la fin du XIV° siècle, pour éviter à l'avenir les malheurs qu'ils avaient engendrés.

9° **La châtellenie de Chazeron**, près de Riom. C'était la propriété de la maison d'*Autier* dans les XIII° et XIV° siècles ; elle passa à la fin du XIV° dans celle *de Chazeron*, que l'on croit branche de la maison d'Autier. La dernière des Chazeron épousa *Gilbert de Monestay* en 1611 ; sa descendante, la duchesse *de Brancas* est propriétaire actuelle du château de Chazeron, l'un des plus curieux d'Auvergne.

10° **La châtellenie de Giat**, (*de Giaco*). Elle était indivise en 1789, entre la prieure du lieu, les seigneurs de Feydet et du Ronzet. Noble seigneur *Guillaume de la Tour*, Jean et Assalit, ses frères, vendirent le 18 février 1359, au prix de 300 livres tournois, à *noble et puissant seigneur Pierre de Giac*, seigneur de Jozerand (plus tard chancelier de France), tout le droit de justice qu'ils avaient sur Giat, les droits de foire, les arrière-fiefs du prieuré du lieu, ceux des seigneurs de Feydet et des Rochettes, et le droit de *terrage* dû par les marchands « portant et passant marchandise audit Giac ». Prohet dit avec raison que Giac est le berceau de l'illustre famille du même nom ; l'acquisition précédente vient confirmer l'assertion de ce jurisconsulte. *N. de Giat*, natif de Giat, bourgeois de Riom, testa en 1233. Sa postérité a fourni *Jean de Giat*, seigneur du pays de Combrailles en 1360, trésorier de Béraud II, dauphin d'Auvergne ; il fut enterré aux Cordeliers de Riom avec sa femme ; son fils Pierre, seigneur de Jozerand, de Châteaugay, celui-là même qui acheta le fief de Giat en 1359, fit bâtir le château de Châteaugay en 1381 ; il fut nommé chancelier de France en 1383 ; il eut Louis, seigneur de Giac, de Châteaugay, etc., chevalier de l'Ordre du Roi, grand échanson de France, chambellan du duc de Bourbon, etc., dont le fils Pierre, conseiller et premier chambellan de Charles VII, excita la jalousie du connétable de Richemont et de Georges de la Trémouille, qui le firent noyer à Dun-le-Roi en 1426 ; celui-ci laissa Louis de Giac, mort sans postérité, et Louise, dame de Giat, de Châteaugay, etc., mariée à *Jacques de la Queuille*,. De Giac portait : *d'or, à la bande de sable, accompagnée de six merlettes de même* ; cimier : *une tête humaine de front*. (V. le P. *Anselme*). Les seigneurs du Ronzet, possesseurs d'une partie de la châtellenie de Giat, de 1550 à 1789, représentaient par acquisition la maison de Giat.

11° **La châtellenie du Puy-Saint-Gulmier**, possédée par les maisons *de Chaslus* (1250-1513), et *de Bosredon* (1513-1789). *L'Hist. généal. de la Maison de Bosredon* contient tout son historique.

12° **La châtellenie d'Egurande** (anciennement *Aigurande, Esgurande, Eygurande*). Le chef-lieu est situé dans le département de la Corrèze. Il appartenait en 1200 à l'antique maison *d'Ussel* ; à *Robert d'Ussel*, chevalier en 1254 ; à *Hugonet d'Ussel* en 1262 ; celui-ci reconnut tenir en fief Egurande du dauphin d'Auvergne, auquel le prince Alphonse avait cédé cette mouvance. *Bertrand de Rochefort* était seigneur de Préchonnet et d'Egurande en 1357 ; *Antoine de Bohenc*, écuyer, seigneur de la Rochette, près de Billom, marié à *Giraude de Casinel*, rendit hommage au baron d'Herment le 23 septembre 1469, pour le *chastel, lieu et repaire d'Egurande* ; à la même date *Antoine d'Ussel* était co-seigneur d'Egurande. La maison *Le Loup de Préchonnet* possédait Egurande au commencement du XV° siècle ; elle représentait Bertrand de Rochefort, qui précède. On trouve *Jean de Grasdepain*, seigneur de la Courtine, d'Egurande et de Gerzat en 1550-1562. *Jean de Courteix*, écuyer, seigneur du lieu et d'Egurande, épousa en 1592 *Amable de Villelume*; il mourut sans enfants après avoir institué sa femme pour son héritière ; celle-ci se remaria à *Jean Enjobert*, seigneur de Martillat ; elle vendit Egurande le 24 septembre 1611 au duc *de Ventadour, Annet de Levis* ; son descendant, le maréchal *de Rohan-Soubise*, aliéna cette terre en 1784 à *Nicolas-Claude-Martin d'Autier*, seigneur de Barmontet. La seigneurie d'Egurande comprenait la moitié de celle de Chavanon ; elle était affermée 1330 livres tournois en 1717 à *Michel Monteil*, bailli d'Herment.

13° **La châtellenie de Mirambel** (Creuse), qualifiée baronnie au XVII° siècle. L'antique château-fort, qui la dominait, était possédé en 1267-1282 par *Hugues de Mirabello*, chevalier, seigneur de Saint-Angel, fils de Gérald de Mirambel, chevalier, seigneur de Saint-Angel en 1252. *N. de Mirambel*, dame de Saint-Angel, fille de Hugues, épousa vers 1300 *Aymon de Rochefort*, damoiseau, seigneur de Châteauvert. De Mirambel portait : *d'azur, à trois annelets d'or 2 et 1*. *Symon de la Chassaigne*, chevalier, seigneur de Mirambel, présenta requête au roi Charles V, pendant les luttes de la France et de l'Angleterre, contre *Arbert de Tinière*, chevalier, *Albert*, son fils, damoiseau, et leurs complices : *Hugues du Cros*, seigneur de Talma ; *Guillaume*, son fils ; *Etienne de Scorailles* ; *Pierre*, seigneur de Rochedagoux ; *Olivier*, seigneur de Saint-Amand ; *Francon de Durat, Raimond d'Albois*, chevaliers ; *Guillaume de Claviers ; Pierre de Coffins ; Guillaume et Hugues Mel. de Saint-Pardoux ; Aymeric d'Aytz* alias *d'Aubasanes*, damoiseaux ; *Guillaume de Tinière ; Pierre* et *Bertrand*, ses fils ; le prieur de Magnac ; *Jehan Bernard ; Louis de Tinière*, prévôt d'Evaux ; *Geoffroy de Montvert*, prieur de Villedieu ; *Pierre de Saint-Projet ; Pierre de Tinière*, seigneur du Ronzet ; *Guillaume de Corteys*, « lesquels tant à cheval qu'à pieds, marchant en troupe réglée et ennemie, contre les traités de paix, armés de diverses espèces d'armes, entrèrent plusieurs fois dans la terre de Mirambel, qui était sous la sauvegarde du roi, l'envahirent, coururent dessus, combattirent en criant *Guyenne !* se saisirent des hommes dudit Symon et de ses meubles, enlevèrent des femmes. » Le roi, « tout en considérant que les excès susdits sont de pernicieux exemples et qu'ils ne doivent pas être oubliés, » les absout de toute peine et ordonne la restitution de leurs biens, par lettres données à Avignon en décembre 1350, à la considération du pape Clément VI, qui intercéda pour eux (*Archives de l'Empire*). En 1351, *Guillaume de Roger-Beaufort* obtient du roi, en considération de ses services, que le château et la châtellenie de Mirambel relèveraient d'Herment (*Arch. de l'Empire*): Symon de la Chassaigne, irrité de la grâce accordée par le roi à ses ennemis, se rangea à son tour sous la bannière anglaise. Charles V confisca son manoir pour le donner le 6 mai 1372, à la recommandation de Jean du Cros, cardinal, évêque de Limoges, à *Jean de Tinière* et à son frère *Albert,* qui s'étaient distingués contre les Anglais ; « ledit Jean ayant été fait prisonnier lors du siège de Limoges 1370 par le prince de Galles et ayant soumis à l'obéissance du roi le château de Mirambel. (*Arch. de l'Empire*). » Le château confisqué fut plus tard restitué à Symon ; il était possédé en 1446 par nobles *Jean* et *Simon de la Chassagne*, frères. *François Dupuy* était baron de Mirambel en 1668 ; sa descendante, Françoise Dupuy, dame de Mirambel, épousa *Jean-Louis de Monamy*, seigneur de Courtine.

14° **La ville et châtellenie de la Courtine** (Creuse). Elle appartenait en 1360 à *Aubert de Tinière ;* en 1415, à *Bertrand de Tinière*, dont la petite fille, dame de la Courtine, épousa *Pierre de Rochefort*, seigneur de Châteauvert. *Jean de Grasdepain*, bourgeois de Clermont, était seigneur de la Courtine, de Juillat, du Crest et de Gerzat en 1555, trésorier de France à Riom en 1579 ; sa nièce, *Antoinette de Grasdepain*, épousa : 1° en 1587, *François de la Roche-Aymon ;* 2° en 1588, *Gilbert de Langeac*, seigneur de Dallet *Nicolas de Monamy* était seigneur de la Courtine en 1682. Sa postérité a possédé ce fief jusqu'en 1789.

15° **La châtellenie de Maignac** en partie (Creuse), propriété de la maison de *Lestrange* dans les XVI°, XVII° et XVIII° siècles.

16° **La châtellenie de Murcent**, que nous supposons dans la Marche, appartenait en 1358 à *Guillaume, Jean et Assalit de la Tour*, frères ; en 1472, à *Jacques de Tinières*, seigneur de Mérinchal et de Fernoël.

17° **La châtellenie de Fernoël** anciennement *Farnoël*, adjacente à celle de Giat. Elle fut comprise en 1212 dans la donation que fit Guillaume, dauphin d'Auvergne, à Catherine sa fille, dame d'Herment ; il s'agissait de la suzeraineté, car le domaine utile appartenait à la maison de Tinières. *Assalit de Tinières* était seigneur de Fernoël en 1237 ; *Guillaume de Tinières*, damoiseau, seigneur de Fernoël, de Murcent et du Ronzet en 1335 eut pour successeur *Pierre de Tinière*, seigneur du Ronzet et de Fernoël en 1339-1350 ; Bertrand de Tinière, seigneur de la Courtine et de Fernoël en 1415 ; Jacques de Tinières, chevalier, seigneur de Mérinchal, de la Courtine et de Fernoël, épousa en 1473 *Jacquette du Puy-Vatan*, dont cinq filles : 1° Claude, dame de Fernoël, mariée à *Louis de la Roche-Aymon ;* 2° Marguerite, dame de la Courtine, mariée à *Pierre de Rochefort*, seigneur de Châteauvert ; 3° Marguerite, femme d'*Antoine de Niort ;* 4° N., épouse du *seigneur de Saint-Quentin* ; 5° Alix. Jean Rolland, écuyer, seigneur de Tix et de Fernoël, vivait en 1466. *François de la Roche-Aymon*, descendant de Louis, qui précède, possédait la 1|2 de Fernoël en 1540 ; *Louis d'Arfeuille* 1|3 et *Amable Andrieu* le surplus. Dès le milieu du XIV° siècle, une partie de cette terre était entre les mains de l'illustre et antique maison de Veyny, originaire d'Italie. *Antoine de Veyny*, seigneur de Fernoël, épousa en 1475 *Marie d'Arbouse*, par ce mariage il fut substitué aux nom et armes d'Arbouse; son descendant, Henri de Veyny d'Arbouse, obtint du roi Louis XV, au mois d'août 1721, l'érection de la terre de Fernoël en marquisat; les lettres-patentes portent que « le château consistait en deux grosses tours rondes à créneaux, entre lesquelles ledit de Veyny avait fait édifier un corps de logis à la place des vieux bâtiments, et qu'au-devant du manoir se trouvaient une belle terrasse, un jardin avec une allée bordée d'arbres. » Le château, vendu nationalement, a été démoli par ses acquéreurs.

18° **La châtellenie de Chaslus.** Le château de Chaslus, dont les ruines dominent le bourg de Combrailles, fut rasé en 1604 par arrêt du grand conseil. Il a appartenu aux maisons suivantes: *de Chaslus* (1200-1480); *de la Grange* (1490); *de Panneveyre* (1514-1564); *Le Groing* (1564-1601); *de Bosredon* (1601-1789). Nous donnons l'historique de Chaslus dans l'*Histoire de la Maison de Bosredon*.

19° **La châtellenie de la Garde-Ferradure;** chef-lieu la Garde-Ferradure (canton de Bourg-Lastic). Elle a appartenu aux maisons suivantes: *de Rochefort* (1214); *de Chaslus* (1447-1481); *de Doyac* (1481-1500); *de Bosredon* (1520); *de Redon* (1525); *Pelisson* (1543); *Le Loup* (1592-1608); *de Langeac* (1608-1789). Voir l'*Hist. de la Maison de Bosredon*, p. 39.

20° **La châtellenie de Montagut-Vaires**, près de Billom.

21° **La châtellenie de Saint-Avit;** chef-lieu Saint-Avit (canton de Pontaumur). Elle a été possédée par les familles *de Chaslus* (1250-1580); *Le Groing* (1580); *de Bosredon* (1601-1789). Voir l'*Hist. de la Maison de Bosredon*.

Plusieurs fiefs de la châtellenie d'Ussel faisaient anciennement partie de la baronnie d'Herment. En 1341, Hugues d'Ussel fit l'acquisition des *fiefs et arrière-fiefs* de la ville d'Ussel, relevant du baron d'Herment; il s'engagea à lui acheter ce qu'il restait lui devoir en hommage sur le château de Charlus le Pailloux.

Tous les feudataires de la baronnie étaient obligés de rendre foi-hommage à chaque mutation de seigneur; ils se rendaient donc dans la grande salle du château, où se trouvait le baron, assis *sur un siégé relevé et paré*. Le vassal, *à genoux, sans manteau, sans ceinture, sans épée et sans éperons, tête nue, ayant les deux mains jointes sur le missel, déclarait et confessait être homme et vassal de mondit seigneur* pour raison de telle terre. Avant cette cérémonie, le *seigneur-suzerain* avait lui-même fixé l'époque de cette formalité féodale. Un acte de 1450 nous rapporte l'usage adopté: Le châtellain de la baronnie faisait *crier à son de trompe* devant la grande porte de l'église, au-devant de la halle et sur la place du *Marchedial* (le foirail), le jour où tous les vassaux devaient se présenter; faute de comparaître 40 jours après cette publication, le vassal voyait son fief saisi. Un usage, autorisé par les coûtumes d'Auvergne, se présenta dans la circonstance suivante: « Le 22 août 1492, noble et puissante dame *Dauphine de Vassel*, abbesse de l'Eclache, donna procuration à noble homme *Agne d'Oradour*, chanoine de Vertaizon, pour aller rendre l'hommage à Herment; lequel se rendit au-devant de la porte du château; il trouva noble homme *Loys de Marfonds*, capitaine, *Antoine de la Villeneuve*, écuyer, bailli, M° *Guillaume Yver*, procureur fiscal, auxquels il aurait demandé si le seigneur était céans dans la place dudit chatel, car il était venu illec pour lui faire hommage. On répondit que le chevalier était à Paris depuis longtemps et qu'il n'y avait personne au chastel qui eut pouvoir de lui, mais de vouloir revenir à la huitaine de Toussaint; alors le chanoine *en signe de vraie obéissance a découvert sa teste et est allé baiser le varroil* (le verrou) *de la porte dudit chasteau et de ce a requis acte.* »

La série des vassaux d'Hugues de Bosredon, baron d'Herment en 1450 et de Guillaume son fils en 1455, a été publiée dans notre *Histoire de la Maison de Bosredon*, pages 78, 79, 83, 84, 85. Les fois-hommages rendus au prince de Rohan-Soubise, en 1698, sont conservés dans un registre in-folio, entre nos mains. Voici la série de ces hommages :

HOMMAGE DES VASSAUX DE LA BARONNIE D'HERMENT EN 1698.

1. *Le chapitre d'Herment*. — Pour les cens, rentes et dîmes dudit chapitre.
2. *Jean Bouyon*, bourgeois d'Herment — Seigneurie de Feix, paroisse de Briffont.
3. *Marie-Flamine de Brion*, prieure de Giat. — Prieuré de Giat.
4. *François Besse*, demeurant à Meymon. — Coseigneurie de Feix, en Limousin.
5. *Hubert Lacot*, notaire à Perol, agissant au nom de *Louise de Langeac*, v° de *Maximilien de Bouillé*. — Cisternes, paroisse de Saint-Etienne-des-Champs.
6. *Philippe Dupuy*, chevalier. — Baronnie de Mirambel.
7. *Georges Neyron*, prieur de Briffont. — Droits au village de Ribeyroux.
8. *Anne Tixier*, v° de *François du Breuil*. — Léo-Fardeix et le Mas-Brugier, paroisse de Saint-Georges-Nigremond et de Saint-Maurice,
9. *François Granchier*, conseiller du roi, docteur en théologie, maire perpétuel de Felletin. — Le Mazel, paroisse de Saint-Maurice.
10. *Antoine Coudère*, avocat à Felletin. — Coseigneurie de Servareix, Léo-Fardeix.
11. *Charles Besse*, prêtre, demeurant à Feix. — Le Laboureix.
12. *Jean Gallichier*, s^r de Fretel. — Fretel.
13. *Annet Brunel*, bourgeois d'Herment ; *Etienne Gaignon* ; *Anna Brunel*, femme de *Jean Verny* ; *Nicolle Poirier*, v° de *Louis Fillias*. — Sourdaval.
14. *N. de Pressat*, prieur de Saint-Germain. — Prieuré de Saint-Germain.
15. *Jeanne de Gouzolles*, v° d'*Alexandre-François de Chaslus*. — Prondines en partie.
16. *Guillaume de la Forest-Bulhon*. — Anchard, paroisse de Briffont.
17. *Jean de Lestranges*, écuyer, s^r de Sannes. — Le Chier et les Chaumettes.
18. *Le chapitre d'Orcival*. — Laval, paroisse de Perpezat.
19. *François Autier de Villemontée*, chevalier. — La Grange.
20. *Jean de Bosredon*, écuyer. — Tix et Saint-Avit.
21. *Antoine Boutiniergues*, s^r de la Vialle, conseiller honoraire en la sénéchaussée de Guéret. — Le Teil.
22. *Antoine de Ponchons*, commandeur de Saint-Romain en Galles — Commanderie du Montel au Temple.
23. *Martin-Joseph de la Barre*, écuyer, seigneur de la Feuillerade, lieutenant dans la grande Fauconnerie de France. — Saint-Germain, Lavaux, Clergon.
24. *Henri de la Velle*, écuyer. — La Forest, près Saint-Fargeot.
25. *François Bastide*, avocat en Parlement à Uzerche, époux de *Marie Besse* — Le Malcornet et Jarasse.
26. *Claude de Lestang*, commandeur de Tortebesse. — Commanderie de Tortebesse.
27. *François de Veyny de Marsillac*, écuyer — Baronnie de Fernoël.
28. *Jean-Marie d'Aubusson*, écuyer. — Chalusset.

29. *Aimée Villevaud*, vᵉ de *François Guillaume*. — Le Villevaud, paroisse du Puy-Saint-Gulmier.
30. *Charlotte de Villelume*, abbesse de Saint-Genès. — Prieuré de Saint-Genès-les-Monges.
31. *François de Neuville*, chevalier. — Noizat, près de Giat.
32. *Alexandre de Beauverger-Montgon*, chevalier — La Mothe et Beauvais, à Mérinchal.
33. *Léonet de Vedrine*, écuyer, sʳ de Chanssel, garde du corps du roi. — La Vilette, près Saint-Aignant
34. *Jean de la Roche*, écuyer, coseigneur de Giat. — Trachèze et le Ronzet
35. *Annet Fillias*, curé de la Celle, tuteur des mineurs de Louis Fillias. — Chaludet.
36. *Christophe de Sarrazin*, écuyer, sʳ de Bonnefont. — Condat.
37. *Nicolle Poirier*, vᵉ de *Louis Fillias*. — Laussepied.
38. *François Fillias* ; *Catherine Fillias*, fille d'Antoine, bailli de Giat ; *Pierre des Eymards*, mari de *Gilberte Fillias*. — La Garde, paroisse de Giat.
39. *Claude de Jarrier*, écuyer. — Trachèze.
40. *Michel de Saint-Julien*, baron de Flayat. — Villevergne, paroisse de Giat.
41.   Le même,   — Chicheix, paroisse de Flayat.
42. *Jeanne de Douhet de Marlat*, vᵉ de *Jacques de la Mothe*, écuyer. — Saint-Pardoux.
43. *Anne de Gadagne*, comtesse de Châteaugay. — Beaune, Châtras, Pasredon.
44. *Louis Désaymards*, habitant à Saint-Avit. — Chalus, paroisse de la Celle.
45. *Gilbert de Villars-la-Brosse*, écuyer. — Le Mas Déolet.
46. *Jean de Servières*, écuyer. — Couronnet.
47. *Louis de Faure de la Combe*. — Prieuré de Val.
48. *Mathieu Bellon*, curé de Condat. — Cure de Condat.
49. *Jean Auboux de Théveny*, écuyer. — Les Vergnes, paroisse de Saint-Maurice.
50. *Marguerite Farreyrol*, vᵉ de *Jean Gorce*, notaire à Lastic, bailli de Préchonnet. — La Ceppe, paroisse de Bourg-Lastic.
51. *Claude Mestat*. — Ruère, près Meisseix.
52. *François de Douhet*, seigneur de la Fontête. — Le Mondeyrand, les Ramades
53. *Gaspard de Bar*, écuyer. — Courteix, près de Condat.
54. *Claude de Bosredon*, écuyer. — Combrailles.
55. *Maximilien de Villelume*, chevalier. — Barmontet, Barberolles, Châteaubrun.
56. *François du Bois*, écuyer. — Léclauze, la Vernède.
57. *Jean de Bosredon*, chevalier. — Le Puy-Saint-Gulmier.
58. *Pierre de Murat*, écuyer. — Teyssonnières, près de Verneugheol.
59. *Gabriel de Bosredon*, chevalier. — Les Aymards.
60. *Jeanne de Gouzolles*, vᵉ de *François-Alexandre de Chaslus*. — La Cassière.
61. *Annet Pabot*, sʳ de Vachier, agissant pour *Jean de Rochedragon*, commandeur de Fenier. — Bouchareschas.
62. *Annet de Ségonzac*, écuyer, sʳ du Gombeix. — Leyraud, près de Mérinchal.
63. *Gabriel de Chaslus*. — Fransolle et Neufvialle, près le Puy-Saint-Gulmier.
64. *François Bournet*, curé d'Aix. — La Borde, paroisse de Monestier-Merlines.
65. *Jean Gaignon*, chanoine, agissant comme directeur de l'*Hôpital d'Herment*. — Seigneurie dudit hôpital.
66. *Françoise de la Roche du Ronzet*, abbesse de l'Eclache. — Seigneurie de l'Eclache.

67. *Etienne de Freytel*, prêtre ; *Léonard Sertillanges*. — Larfeuil.
68. *Marc-Philippe de Perissat*, abbé de Bonnaigue. — Les Marsonnèches, le Beix, paroisse de Saint-Merd-la-Breuille.
69. *Henri de Montaigut-Bouzols*, marquis (sic) de Bromont. — Le Montglandier.
70. *François du Bois*, agissant pour *Jeanne de Ribeyreix*, sa femme. — Bigoulettes, paroisse d'Egurande.
71. *Henri de Larfeuil*, notaire à Condat. — Le Mas de Condat.
72. *Antoine Mesnier*, procureur fiscal à Vertaison ; *Louis Relier*, son cousin. — Le Ronzet, paroisse de Sauvagnat.
73. *George Sappin*, notaire, châtellain de Paneyreix. — Trouffy.
74. *Michel Binet*, s' de Jassoneix. — Saint-Hilaire-les-Salles, près Combrailles.
75. *François Tavernier*. — Gimard, près Bourg-Lastic.
76. *Guillaume Johannel*, bourgeois d'Herment. — Le Puy-Vidal ; la dîme des Mangots.
77. *Antoine Bourrand*, marchand des Villevauds. — Le Petit-Barberolles, Bas-Villevaud et Bas-Peyrat, près de Verneugheol.
78. *Amable de Montaignac de la Rochebriant*. — Chauvance.
79. *Annet Pabot*, fils de Pierre. — Vacher, paroisse de Saint-Hilaire.
80. *Jean-Gaspard de Courtille* ; *Hélène*, sa sœur. — Feydet, près de Giat.
81. *Jacques de Lissac*. — Fage-Brunel et Fontanille.
82. *Marguerite de la Richardie*, v⁰ de *François Le Groin*, s' de la Maison-Neuve. — Chaslus en partie, près de Combraille.
83. *Claude de Bosredon*, chevalier, seigneur de Ransijat. — Manoux, paroisse de Saint-Merd-la-Breuille.
84. *Jean du Bois*, tuteur des enfants de Guillaume de la Forest-Bulhon, écuyer. — Savenne et Bialon.
85. *François, comte d'Aubusson*, chevalier — Farreyrole, près Bourg-Lastic.
86. *Gabriel de Bosredon*, écuyer. — Baubière.
87. *Jean-Louis de Sarrazin*, écuyer, s' de la Fosse. — La Courtine.
88. *Pierre Mandon* et Jean, son frère. — Hermenières, paroisse de Saint-Etienne-des-Champs.
89. *Claude de Neuville*, écuyer. — Tauzelles.
90. *Joseph de Bosredon*, chevalier. — Ligny.
91. *Amable-François de Monestay*, chevalier. — Chazeron.
92. *Michel Prunier*, marchand de Poncharraud. — Brioulle, près de Saint-Georges-Nigremont.
93. *Anne-Marie de Ségonzac*, écuyer, s' de Nadières. — L'Ecluse.
94. *Guy d'Ussel*, baron de Châteauvert. — Saint-Martial-le-Bech.
95. *Eustache de Beaufort-Canillac*. — Saunade et le Cheval-Blanc.
96. *Annet Chassaing*, notaire ; *Anne Brunel*, v⁰ de *Jean Verny*. — Chabateix ; chez Mosneron.
97. *François de Chaslus*, écuyer. — Prondines en partie.
98. *Joachim d'Aubusson*, chevalier. — Prévôté de Perol.
99. *François-Edme de Bosredon*, chevalier. — Vatanges.
100 Jean et *Gabriel de Lesclache*. — Coseigneurie du Ronzet, paroisse de Sauvagnat

101. *Gilbert-Amable de la Rochebriant* — Cléravaux.
102. *Jean Court*, prieur de Verneugheol. — Prieuré de Verneugheol.
103. *Jean de Bosredon*, chevalier. — Vieux-Voisin, près Mérinchal.
104. *Claude-Allyre, marquis de Langeac*, chevalier, seigneur de Préchonnet — Chalusset, Messeix.
105. *Henri de Lestrange*, baron de Maignac. — La Ribière, près Magnac.
106. *Louis de Langeac*, abbé de Bonnebaud. — Rozier, paroisse de Saint-Pierre-le-Chastel.

HOMMAGES DES VASSAUX EN 1745 (1).

1. *Joseph de Bosredon*. — Les Aymards.
2. *Maurice Sixte*. — Prieuré de Verneugheol.
3. *Blaise Richard* et autres. — Le Villevaux, près le Puy-Saint-Gulmier.
4. *François de la Forest-Bulhon*. — Savennes.
5. *Claude de Bosredon*, curé de Condat. — Cure de Condat.
6. *Pierre Le Groing*. — Fage-Brunel.
7. *Jean-François-Marien Autier*. — Barmontet.
8. *L'abbesse de l'Eclache*. — Seigneurie de l'Eclache.
9. *Pierre de Chaslus*. — Prondines
10. *Jean-François de Douhet*. — Le Mondeyraud
11. *Laurent de Larfeuil*. — Le Mas de Condat.
12. *Antoine Baudry*. — »
13. Dom *Joseph Barret*, agissant pour l'abbé de Bonnaigue — »
14. *Jean de Val* et *Annet Peyronnet de la Ribière*. — Guymont et Saunade.
15. *Claude Auboust de Théveny*. — Les Vergnes.
16. *Laurent Simonet*. — Lascos, près d'Egurande.
17. *François de la Forest-Bulhon*, — Anchard.
18. *Guillaume de la Velle*. — »
19. *Jérôme de Bosredon*. — Vieux-Voisin.
20. *Hubert de Bosredon*. — Ransijat.
21. *Hyacinthe de Tulles de Villefranche* — Vatanges.
22. *Michel Queyrat*. — Brioulle.
23. *Claude Besse de Meymond*. — Feix.
24. *Louis-Amable de la Rochebriant*. — Le Teil.
25.   Le même.   — Freytel.
26. *Marien d'Aubusson de Chalusset*. — Chalusset.
27. *Antoine Lanty*, agissant au nom de *Marie de Ségonzat*. — »
28. *Jacques de Bosredon*. — Tix.
29. *François Peyronnet*, de Voingt. — Trachèze.
30. *Antoine Bourrand*. — Chez Faye.

(1) Ces hommages furent rendus à Charles de Rohan-Soubise, maréchal de France, représenté par Charles Desprez, seigneur du Leyrit, avocat à Bordeaux, son fondé de pouvoirs.

31. *Léonard Sertillanges ; Louis Bournazet.* — Larfeuil et Saint-Aignant.
32. *Annet Peyronnet* et *Jean Lesclache.* — Le Ronzet, paroisse de Sauvagnat.
33. *Jean-François du Cros*, agissant pour le seigneur de Flayat. — Flayat.
34. *Annet Peyronnet*, bourgeois d'Herment. — Le Puy-Vidal ; la dîme des Mangots, à Lastic.
35. *Gabriel de Chaslus de Vialleveloux.* - La Cassière.
36. *Laurent Fillias* et *Silvain Redhon.* — La Garde, près de Giat.
37. *Jean Gerbe*, directeur de l'*Hôpital d'Herment.* — L'Hôpital d'Herment.
38. *Jean Fillias*, de Chaludet. — Chaludet.
39. *Gilbert de Servières.* — Couronnet.
40. *François de Neuville.* — Cisternes.
41. *Jean du Plyroux.* — »
42. *Gaspard de Bosredon.* — Ligny.
43. *Maximilien de Bosredon.* — Le Puy-Saint-Gulmier.
44. *Marie-Antoinette de Neuville*, prieure de Saint-Genès. — Prieuré de Saint-Genès-les-Monges.
45. *Gilbert Cornudet*, agissant pour *Marie de Beauverger.* — »
46. *Jean Ciestre* et *Annet Hugon*, d'Herment. — Sourdaval, près d'Herment.
47. *Gilbert-Antoine de Chambon.* — Fernoël.
48. *Le chapitre d'Herment.* — Dîmes, cens, rentes du Chapitre.
49. *Antoinette Simonnet*, épouse d'*Annet Peyronnet*, bourgeois d'Herment.— »
50. *Jean-François du Croc.* — »
51. *Jean du Bois de Margeride.* — Boisset.
52. *Annet Pabot.* — Vacher.
53. *Jean Fillias*, agissant au nom de Jeanne de la Salle. — Feydet.
54. *Joseph de la Chose.* — »
55. *Sylvain Redhon*, agissant pour *N. du Bois de Saint-Etienne.* — Léclauze.
56. *La prieure de Giat.* — Prieuré de Giat.
57. *Le chapitre d'Orcival.* — Laval, paroisse de Perpezat.
58. *François Courcelet*, agissant pour *N. de la Grange.* — »
59. *Austremoine Guiot*, prieur de Briffont. — Le Ribeyroux.
60. *Jean-Baptiste Dupuy.* — Madéolet.
61. *Jean-Louis de Monamy.* — Mirambel.
62. *Antoine Bouyon*, agissant pour *M. de Langeac.* — Montglandier.
63. *Joseph Désortiaulx*, bailli de Préchonnet. — La Ceppe, près Bourg-Lastic.
64. *Joseph de Fournoux*, agissant pour *N. de la Romagère*, commandeur de Feniers. — Le Montel-au-Temple.
65. *François Granchier*, de Felletin. — »
66. *Le marquis de Langeac*, seigneur de Préchonnet.— Chalusset ; Messeix.
67. *Jean-Baptiste Roussel*, de Felletin. — »
68. *Guy d'Ussel*, baron de Châteauvert. — Saint-Martial-le-Bech.

Sous Louis de Bosredon, en 1408, la baronnie d'Herment avait trois à quatre cents vassaux, presque tous gentilshommes ; le chiffre des hommages rendus au baron G. de Bosredon, en 1455, s'élève à celui de 156 ; il est parlé de 300 fiefs ou arrière-fiefs en 1559 ; le registre de 1698 en renferme 106. Ce dernier chiffre, inférieur aux précédents, provient évidemment de la possession de plusieurs fiefs par un même vassal.

La châtellenie d'Herment, comprise dans le comté d'Auvergne dès son origine, fit partie du *Dauphiné* de cette province vers 1160, puis, à la fin du XIIe siècle, de la *Terre d'Auvergne* ; voici comment : Guy II, comte d'Auvergne, suivant les perfides conseils de Richard Cœur-de-Lion, roi d'Angleterre, duc de Guyenne, se ligua avec le dauphin, son cousin, contre Philippe-Auguste, roi de France. Ce monarque vint en Auvergne en 1196, à la tête d'une armée puissante, s'empara de Pontgibaud, d'Aurières et d'un grand nombre d'autres seigneuries, qu'il confisca au détriment du comte et du dauphin, pour former la *Terre d'Auvergne*, dont Riom devint le chef-lieu. Cette terre fut donnée en apanage en 1241, par le roi Saint-Louis, au prince Alphonse, son frère ; elle revint à la Couronne en 1270, après la mort de ce dernier ; le roi Jean l'érigea en duché en 1360, au profit de Jean de France, duc de Berry, son fils, décédé en 1416. Marie de France, fille du duc de Berry, porta le duché d'Auvergne dans la maison de Bourbon, qui le conserva jusqu'à la mort du connétable (1527). Confisqué sur le connétable par François Ier, donné à Louise de Savoie, ce duché fut enfin réuni à la Couronne.

La baronnie d'Herment, qui relevait du duché d'Auvergne, fut vendue en 1335, par Pierre de Dreux à Louis Ier, duc de Bourbon, moyennant 14,000 livres tournois (769,000 francs d'aujourd'hui) ; ce dernier la céda à Guillaume de Roger-Beaufort en 1349, au prix de 20,000 écus d'or ; en 1559, Antoine de Bosredon l'aliéna au maréchal de Saint-André pour 20,000 livres tournois (220,000 francs). Le prince Charles de Rohan-Soubise la vendit au marquis Claude de Bosredon-Combrailles, en 1783, pour la somme de 60,600 livres tournois (122,000 francs).

Revenu de la baronnie. — Elle produisait au baron Hugues de Bosredon, en 1450, 400 livres tournois, 160 setiers de blé et 80 poules ; à Guillaume de Bosredon, en 1455, 500 livres tournois, 200 setiers de blé et 100 poules. Le revenu de la baronnie est indiqué de la manière suivante dans le partage fait entre Antoine et Louis de Bosredon, frères, en 1550 :

Dans la ville d'Herment.

« Le chasteau d'Herment, mothe, fossés, etc., une grange, une ousche, alors étant hors des murs, la cave, l'*auditoire* (1), le grenier étant dans ladite ville, l'estable des chevaulx. »

Rente en cens mort, due par les consuls à la Saint-Michel	50 livres tournois.
Deniers en directe	25 l. t.
Menus cens de la ville	8 l. t. 10 s. 3 d.
Leydes de la halle (seigle)	73 setiers.
Leydes de la halle (avoine)	37 set.
Leydes en deniers (sel, huile, marques, poids, aunage)	55 l. t.
Menus cens en deniers	8 l. t.
Le greffe et les guets affermés 30 l. t. chacun	60 l. t.
Emoluments de cour	160 l. t.
Lods et ventes, au tiers deniers par livre	50 l. t.
Les *quarts* (2)	90 l. t.
Le pré du Mur	7 l. t. 10 s.

(1) La salle d'audience du bailli.
(2) Droit consistant dans le huitième du prix d'un office vendu.

Dans les environs.

Seigle immuable .... 54 set.
Seigle en directe ..... 21 set. 3 quartes.
Seigle des moulins banaux .... 110 set.
Seigle de la dîme de Jean Dallez. 15 set.
Avoine en directe .... 22 set.
Avoine des fraualages .... 49 set.
Leyde des moulins banaux ..... 20 set.
 Moutons, 16 ; cire, 10 livres ; gélines, 40 ; poulets, 100 ; oisons, 19 ; bohades à vin, 9.

Le pré du moulin, produisant ... 3 l. t.
Id. des Malhades .... 9 l. t.
Id. du Mur .... 4 l. t. 10 s.
412 guets dus au château, payés. 28 l. t.
Directe en deniers .... 11 l. t. 10 s. 2 d.
Froment sur la baronnie .... 20 set.
Avoine, id .... 17 set. 2 q.
Dîme de Lardert .... 15 set.
Pré Sarrazin .... 4 l. t. 10 s.
L'étang rompu, au S. O. de Chadeau. »

Tous ces droits étaient affermés par le seigneur : à Etienne Bourrand, 835 livres tournois. en 1735 ; à Etienne Bouyon, 700 livres tournois, en 1741.

CHRONOLOGIE

DES SEIGNEURS D'HERMENT

u Moyen-Age, dix maisons nobles ont possédé notre ville dans un espace de six siècles et demi : les *comtes* et les *dauphins d'Auvergne*, les *de Dreux*, les *Bourbons*, les *de Roger-Beaufort*, les *de Bosredon*, les *d'Albon de Saint-André*, les *d'Apchon*, les *de Lévis-Ventadour*, les *de Rohan-Soubise*. Ces noms féodaux ont leur place dans l'histoire de France.

Nous avons dit que la seigneurie d'Herment fut comprise dans le comté d'Auvergne, dont les premiers possesseurs héréditaires remontent au IXe siècle. S'il faut en croire le *Nobiliaire universel* de M. de Magny (tome VI, p. 116), Pierre l'Hermite, le célèbre prédicateur de la première croisade, et son père Renaud, auraient été seigneurs d'*Herrimont* dans le Xe siècle ; cet ouvrage ajoute qu'Herrimont fut plus tard Herment, assertion dénuée de fondement et devant laquelle nous ne nous arrêterons pas. Le premier seigneur d'Herment, indiqué par Audigier *(Histoire man. d'Auvergne)* est Guillaume VI, comte d'Auvergne, dont voici les ancêtres :

I. GUY I, *comte* D'AUVERGNE (979-989), épousa *Aussendre*, dont :

II. GUILLAUME IV, *comte* D'AUVERGNE (1989-1016), marié à *Humberge*; de cette union :

III. ROBERT I, *comte* D'AUVERGNE, (1016-1032), époux d'*Ermengarde*; de cette alliance :

IV. GUILLAUME V, *comte* D'AUVERGNE (1032-1060), marié à *Philippie de Gévaudan*, dont :

V. ROBERT II, *comte* D'AUVERGNE (1060-1095), marié 1° à *Berthe de Rhodez*, 2° à *Judith de Melgueil* ; du second lit :

VI. GUILLAUME VI, *comte* D'AUVERGNE, seigneur d'Herment qui suit :

MAISON D'AUVERGNE

ARMES : *D'or, au gonfanon de gueules, frangé de sinople.*

GUILLAUME VI D'AUVERGNE, comte d'Auvergne, seigneur d'Herment (1096-1136), succéda à son père Robert II, comte d'Auvergne. Il fit partie en 1102 de la première croisade prêchée et résolue à Clermont en 1096 ; conduisit en Terre-Sainte presque toute la noblesse d'Auvergne et concourut avec elle au siège de Tripoli, en 1103. A son retour, en 1121, il se plaignit au pape Pascal de l'évêque de Clermont, nommé Aymeric : n'ayant point eu satisfaction, il se rendit maître de la cathédrale, par la trahison du doyen et la fit fortifier. L'évêque prétendit que son église relevait immédiatement de la Couronne, implora l'aide du roi. Louis-le-Gros vint en Auvergne en 1126, s'empara de Pont-du-Château et rétablit la paix entre l'évêque et le comte *(Suger., Vita Ludovici Grossi)*. Après le départ du roi, Guillaume recommença les hostilités, comptant sur l'appui du comte de Poitiers, duc de Guyenne, dont il reconnut la suzeraineté. Louis VI revint en Auvergne en 1131, accompagné de Charles, comte de Flandres, de Foulques d'Anjou, d'Amaury de Montfort, etc. Le comte de Poitiers et son vassal firent leur soumission. Guillaume mourut vers 1136. Il avait épousé *Anne de Sicile*, fille de Roger, comte de Sicile ; de cette union : 1° Robert III, qui suit ; 2° Guillaume VII, dit l'*Ancien* et le *Vieux*, lequel, en l'absence de son frère Robert et de Guillaume VII, son fils, qui étaient en Palestine, s'empara du comté d'Auvergne ; plus tard, il céda une partie de son usurpation à son neveu ; cette partie fut appelée *Terre du Dauphin* ou *Dauphiné d'Auvergne*. Guillaume VIII épousa *Anne de Nevers*, fille de Guillaume II, comte de Nevers. Sa postérité s'est éteinte en la personne de Jeanne, comtesse d'Auvergne, mariée 1° en 1389, à *Jean de France*, duc de Berry et d'Auvergne, 2° en 1416, à *Georges de la Trémouille*; 3° Hugues, mort jeune en 1109 ; 4° Judith, épouse de *Guillaume, comte du Puy*, en Velay.

ROBERT III D'AUVERGNE, comte d'Auvergne, seigneur d'Herment (1136-1145), succéda à son père Guillaume en 1136 (SAVARON. *Origines de Clermont*). Cette même année, comme le prouve une charte de Brioude, il eut de grandes discussions avec les chanoines de cette ville. La paix fut faite par l'entremise d'un seigneur nommé *Jaubert*, fils d'*Arman* ; les conditions en furent stipulées, en présence d'*Aubry*, archevêque de Bourges, de Pierre, archevêque de Lyon, d'Aymeric, évêque de Clermont. « Il fallait que les torts du comte envers le chapitre fussent bien grands, car il se soumit à venir pieds nus devant l'autel de saint Julien, faire satisfaction au bienheureux martyr pour tous ses enfants de l'église de Brioude, après quoi, il jurerait, qu'à l'avenir, ni par lui-même, ni par intermédiaire, il ne serait si osé que de mettre les mains sur la personne d'un clerc d'ordre majeur ou mineur, dans une intention de violences ou d'injures. C'est que le comte et quelques-uns de ses officiers s'étaient permis de frapper et de maltraiter un des chanoines ; aussi voyons-nous par le même acte, qu'en réparation de cette énormité il consentait à payer à la personne offensée une rente d'un marc d'argent, rente qui après la mort du chanoine devait être continuée au chapitre à perpétuité, afin de perpétuer aussi le souvenir des causes de cette fondation. » (*L'Ancienne Auvergne et le Velay*.)

En expiation de toutes les mauvaises actions qu'il avait à se reprocher (c'est ainsi qu'il s'exprime), Robert se montra généreux envers le monastère de Sauxillanges, auquel il donna la dîme de tous les revenus du château d'Usson. L'acte fut passé du temps d'Hugues, abbé de Sauxillanges.

En 1140, il fit construire le château d'Herment. En 1145, avant de partir pour la croisade avec le roi Louis-le-Jeune, il jeta les fondements de l'église de cette ville, qu'il donna au chapitre de la cathédrale de Clermont. (Voir l'histoire de l'église d'Herment). Il y a grande apparence qu'il mourut en Palestine, car son fils Guillaume se qualifie comte d'Auvergne la même année de son départ.

Femme. *Marchèze* alias *Marquise d'Albon*, fille de Guigues III, comte d'Albon, dauphin de Viennois, et de Marguerite de Bourgogne ; elle lui apporta Voreppe et Voracieux, en Dauphiné. (*Art de vérifier les dates*). Un seul fils naquit de ce mariage : Guillaume VII, comte d'Auvergne, qui suit.

DAUPHINS D'AUVERGNE

Armes : *d'or, au dauphin d'azur, crêté, oreillé et barbé de gueules.*

GUILLAUME VII D'AUVERGNE, seigneur d'Herment (1145-1169?), comte d'Auvergne, succéda en 1145 à Robert III, son père, mort en Terre-Sainte. Il était l'héritier légal du comté d'Auvergne, mais son oncle Guillaume VIII, prétendit que Robert, son frère, lui en avait fait donation ; les circonstances aggravèrent les faits. Guillaume VII partit pour la croisade et n'en revint que deux ans après, en 1149 ; son oncle profita de son absence pour dévaster et piller le comté. Le jeune croisé de retour trouva son parent en possession de ses Etats ; inutile fut sa réclame. Une longue lutte s'engagea entre l'usurpateur et l'usurpé ; le roi d'Angleterre et le pape Alexandre III prirent part à une affaire aussi sérieuse. Guillaume VII commit la faute d'implorer le secours d'Henri II, roi d'Angleterre, duc d'Aquitaine ; le roi de France, Louis-le-Jeune, soutint Guillaume VIII et le maintint dans ses prétentions. C'est ainsi que la branche cadette se mit en possession du comté, au détriment de la branche aînée. Les deux prétendants s'accordèrent néanmoins ; le plus lésé fut celui qui aurait dû l'être le moins ; l'oncle retint le titre de *comte d'Auvergne*, la partie septentrionale de l'Auvergne, depuis Riom jusqu'en Bourbonnais, et la partie orientale depuis l'Allier jusqu'au-delà (*Audigier*). Le neveu eut le titre de *comte de Clermont*, la moitié de cette ville, la châtellenie de Vodable et ses dépendances, la partie occidentale de l'ancien comté, c'est-à-dire Pontgibaud, Rochefort, Aurières, la châtellenie d'Herment, Crocq, Fernoël, et la partie méridionale comprenant : Montferrand, Issoire, Saint-Germain-Lembron, le Crest, Montrognon, Champeix, Neschers, Sauriers, Plauzat, Brion et Chanonat. L'injustice que venait d'essuyer Guillaume VII fit qu'il quitta le nom de ses ancêtres paternels, pour léguer à son fils celui de *Dauphin*, en mémoire de Guigues, son aïeul maternel ; ses terres portèrent depuis le titre de *Dauphiné d'Auvergne*. Vodable en fut la capitale. On croit qu'il mourut en 1169 ; il avait fondé l'abbaye de Saint-André-lès-Clermont en 1149.

FEMME : *Jeanne de Calabre* ; de cette union : 1° Robert Ier qui suit ; 2° Ossalide, mariée à *Béraud de Mercœur* ; le troubadour Hugues de Peyrol composa pour elle : « moult sirventes et chansons. »

ROBERT Ier, DAUPHIN D'AUVERGNE, seigneur d'Herment (1169-1190?), comte de Clermont et de Montferrand, que Baluze appelle seulement *Dauphin*, sans prénoms, est le premier de sa race qui retint définitivement le nom de *Dauphin* ; il prit aussi les armes de Guigues, dauphin de Viennois, son bisaïeul : (*d'or, au dauphin d'azur, crété, oreillé et barbé de gueules*) ; se trouva engagé avec son cousin Guy II, comte d'Auvergne, dans les luttes des rois de France et d'Angleterre ; soutint le parti de Richard-Cœur-de-Lion. Philippe-Auguste vint en Auvergne en 1196, quelque temps après le traité de Louviers, et y mit tout à feu et à sang. Le dauphin perdit Issoire, Aurières, Beaune, Pontgibaud, Chanonat, Neschers, Rochefort, Crocq, Herment, dont Riom fut le chef-lieu ; ces terres confisquées furent l'origine de la *Terre d'Auvergne*. Elles furent rendues au fils du dauphin, sous réserve de foi-hommage et de suzeraineté.

Robert Dauphin s'adonna à la poésie des trouvères ; les touchants accents des muses le consolèrent de la perte du comté et de l'injustice des hommes ; sa cour fut ouverte à tous les troubadours, parmi lesquels nous remarquons *Hugues de Peyrol*, né à peu de distance d'Herment, dans le château de Perol. Robert mourut le 22 mars 1234.

FEMME : *G. comtesse de Montferrand*, qui testa en 1199 (BALUZE). Ses enfants furent : 1° Guillaume, qui suit ; 2° Hugues ; 3° Dauphine ; 4° Marchèze, abbesse de l'Eclache en 1199 ; 5° N., mariée à *Bernard V, seigneur de la Tour-d'Auvergne*.

GUILLAUME Ier, DAUPHIN D'AUVERGNE, seigneur d'Herment (1190?-1212), comte de Clermont, reçut du vivant de son père plusieurs seigneuries en apanage ; dans ce nombre figurent les châtellenies de Vodable et d'Herment, Crocq, Rochefort, Chanonat, Montrognon. A la fin du XIIe siècle, il fit construire ce dernier château. Il fit donation d'*Hermeng* (sic), de Montferrand, de Fernoël et de Trascrot, au mois de juillet 1212 (CHABROL ; BALUZE), à sa femme Isabeau et à Catherine, sa fille ; il ordonna en 1224 que si celle-ci mourait avant lui la donation aurait son effet au profit de son fils Robert, en réservant le douaire de sa femme. Etant à

Vincennes en 1225, il rendit hommage au roi Louis VIII pour le comté de Montferrand, et les seigneuries de Rochefort et de Crocq.

FEMMES : En premières noces, *Huguette de Chamalière*, fille de Guillaume, s⁀ de Chamalière, près de Clermont; elle est dite son épouse en 1196; en secondes noces, *Isabeau*, que Justel croit de la maison de *Dampierre*, et Baluze de la maison de *Neyrac*, qui possédait la terre de Pontgibaud (1); en troisièmes noces, *Philippie*. Du premier lit naquit, selon Baluze : Robert II, dauphin d'Auvergne, marié à *Alix de Ventadour* ; sa dernière descendante Jeanne, dauphine d'Auvergne, baronne de Mercœur, épousa en 1426 *Louis de Bourbon*, comte de Montpensier ; elle mourut à Ardes en 1436; du second lit naquit Catherine, qui suit :

CATHERINE DAUPHINE, dame d'Herment (1212-1256) et de Monferrand, à laquelle son père avait donné ses deux terres en 1212, donation confirmée en février 1224 par lettres-patentes du roi Louis VIII, datées de Saint-Germain-en-Laye, épousa en 1224 *Guichard IV de Beaujeu*, seigneur de Montpensier, lequel lui laissa en viduité, au mois de février de la même année la moitié de tous ses biens (2). Son père lui abandonna la seigneurie de Murat-le-Quaire en considération de ce mariage. (AUDIGIER).

Le nouveau seigneur d'Herment, *Guichard de Beaujeu*, eut l'honneur de recevoir le roi Louis VIII au château de Montpensier, au retour de la guerre des Albigeois, et de lui fermer les yeux le 8 novembre 1226; il appartenait à une race antique dont voici l'origine : En 891, Charles-le-Chauve donna le Beaujolais à Guillaume I⁀, comte de Forez, qui en apanagea son second fils Béraud, tige de l'illustre maison de Beaujeu; une branche de cette famille vint se fixer en Auvergne, par suite de l'alliance d'Humbert IV, sire de Beaujeu, avec *Agnès de Thiers*, dame de Montpensier, veuve de *Raymond de Bourgogne*. Humbert laissa : 1° Humbert V, sire de Beaujeu, connétable de France, lequel servit contre les Albigeois, força le comte de Toulouse à demander la paix en 1229 ; accompagna Baudoin de Courtenay à Constantinople et assista au couronnement de cet empereur, dans l'église Sainte-Sophie en 1239 ; son épouse *Marguerite de Beaugé* le rendit père de A. Guichard IV, mort sans postérité en 1265. B. Isabeau, mariée en 1247 à *Renaud d'Albon*, comte de Forez, dont le fils cadet, Louis, fonda la seconde dynastie des sires de Beaujeu, qui compte Edouard, maréchal de France, tué en 1351 ; 2° Guichard III, s⁀ de Montpensier, marié à *Sibille de Hainaut*, sœur d'Elisabeth, reine de France; il mourut au siège de Douvres en 1216, laissant : A. Guichard IV, époux de *Catherine Dauphine*, dont il s'agit; de ce mariage : a. a. Humbert VI, seigneur d'Herment après son frère Eric ; b. b. Eric, qui suit ; c. c. Louis I⁀, chevalier, seigneur de Montferrand, lequel se trouva au siège de Tunis en 1270, avec onze chevaliers (P. ANSELME) ; il mourut en 1280, et laissa de *Marguerite de Beaune*, sa femme, plusieurs enfants dont un fils, Louis II, qui vendit Monferrand, en 1292, au roi Philippe-le-Bel ; d. d. Guillaume, s⁀ de Serant, grand-maître du Temple en 1273, tué au siège d'Antioche en 1291 ; e. e. Marguerite, mariée en 1259 à *Hugues*, s⁀ de *Chaslus-Lembron*.

---

(1) Tous les deux se basent sur les armes de ces deux familles qui étaient *deux léopards d'or l'un sur l'autre.*
(2) Comprenant, selon Baluze, *Hermant* (sic), *Monteil* (le Monteil de Gelat), *Trancoc* (Trascrot) et *Montpensier*, à la réserve de *Bigolète* et *Chalun* (Châlons, Corrèze).

MAISON DE BEAUJEU

ARMES : *d'or, au lion de sable grimpant, lampassé et armé de gueules; au lambel de même à 5 pendants brochant*. La branche de Montpensier, qui nous intéresse, brisait d'*un semé de billettes de sable*. Devise : *A tout venant, beau jeu.*

ÉRIC DE BEAUJEU, baron d Herment (1245-1270), seigneur de Pouilly, du Puy-Maussagnat, appelé *Heret*, *Héric* (diminutif d'Henri, *Henricus*), reçut de son père la châtellenie d'Herment en apanage, c'est ainsi qu'en 1245 il est qualifié *domicellus*, *dominus de Hermento* (*Archives de l'Empire*, M. 264). Il portait les armes de Beaujeu, (branche de Montpensier), *brisées d'une bordure denchée de sable*. Pinard, dans sa *Chronologie militaire*, dit qu'il fut créé maréchal de France en 1265; Baluze et le P. Anselme, M.M. de Sainte-Marthe rapportent aussi qu'il fut investi de cette haute dignité ; tous les historiens disent qu'il était appelé le *maréchal d'Herment ;* l'un d'entr'eux le qualifie de *bon et hardi chevalier*. C'est lui qui fit ériger la châtellenie d'Herment en *baronnie* par lettres du roi Saint-Louis. En 1262, *Héric, sire* d'Herment, seigneur du Puy-Maussagnat, s'oblige envers le sire de Bourbon à acquitter les dettes de son vassal *Lopin de Maussegnat (Noms féodaux)*. Le dimanche avant la Toussaint 1267, se préparant à aller à la croisade, il accorda une *Charte de commune, des privilèges et des franchises* à la ville d'Herment ; en octobre 1269, il transigea avec *Renaud d'Albon*, comte de Forez, et *Isabeau de Beaujeu*, son épouse, au sujet de la succession de Guichard de Beaujeu, son cousin-germain, mort en 1265 ; il en obtient la terre de Pouilly (P. ANSELME) ; en 1270, il partit pour la croisade avec le roi Saint-Louis ; il fut tué au siège de Tunis et ne laissa pas d'enfants ; ses biens passent à son frère Humbert. Son nom et ses armes figurent dans la salle des Croisades à Versailles. Nous donnons son scel et contre-scel appendus à un parchemin des *Archives de l'Empire* à Paris (Année 1245, n° 1350).

FEMME : *Alengarde d'Aubusson*, qu'il avait épousée en 1262, fille de Guy II, vicomte d'Aubusson ; elle se remaria en 1271 à *Guillaume de Rochedagoux*, seigneur du lieu.

Pendant qu'Eric de Beaujeu était baron d'Herment, le prince Alphonse, apanagé de la *Terre d'Auvergne* par son père le roi Louis VIII, en 1225, envoya dans tous ses domaines, et dans un esprit de justice, des inquisiteurs (*inquisitores*) chargés de réparer les torts que ses agents avaient pu faire. Pour l'Auvergne, c'étaient deux frères mineurs et un clerc : frères *Hugues d'Etampes*, *Odon de Paris* et *Eustache de Mesi* ; ceux-ci rendent leurs curieuses sentences, appelées restitutions (*restitutiones*), de 1260 à 1266. Elles sont conservées aux Archives de l'Empire (registre J, 190). Les inquisiteurs étaient à Herment en 1263 (1).

---

(1) Restitutions à Herment (Restitutiones apud Ermant).

Le mardi après l'octave de la Purification de la sainte Vierge, nous avons fait rendre : à *Bernard de Menac*, 8 sols par *Guionet* ; à *Gautier*, 4 sols par *Raoul Poudrens* ; à *Etienne de Charbontes*, 18 deniers par *Pierre Eglise*. Le mercredi suivant : à *Acelin de Montuel*, 20 sols par *Géraud de Termes*, pour lequel nous avons exigé le serment de Pierre Evrard ; à *Jean de Beth*, 5 sols par *Pierre Corard* ; à *Pierre Gerémir*, 10 sols par *Raoul d'Ermenières*. Le jeudi suivant : à *Etienne*

HUMBERT DE BEAUJEU, baron d'Herment (1270-1286) et de Montpensier, seigneur de Roanne, du Montel-de-Gelat, de Pionssat, de Rochedagoux, de Cléravaux, d'Aigueperse, etc., appelé communément *Imbert*, *Ymbert* (*Imbertus*), hérita de tous les biens de son frère Eric en 1270. Quelques-uns l'ont qualifié à tort *comte de Montpensier* ; cette baronnie ne fut érigée en comté qu'au mois d'avril 1350. Humbert se signala à la bataille de Massoura en 1250 ; il figure parmi les nobles d'Auvergne qui, en 1253, réclament leurs privilèges au prince Alphonse. L'épée de connétable lui fut accordée en février 1260 (1) pour récompenser les services qu'il avait rendus au royaume ; il remplaça dans cette grande charge *Gilles Brun de Trazenies*, connétable en 1248. En 1270, il accorda des privilèges aux habitants de Cléravaux (Creuse), de concert avec Rampan Delpeut (Chabrol, t. IV, p. 170). La même année il se trouva à la croisade, combattit au siège de Tunis à côté de son frère Eric qui y périt. M. Natalis de Wailly (*Eléments de Paléographie*, t. II, p. 191) signale un scel du connétable Humbert, appendu à une charte de 1271 ; son bouclier, ainsi que le caparaçon de son cheval, portent *un lion et un semé de billettes*. L'écu du contre-scel est chargé d'un dauphin (les armes de sa mère, Catherine Dauphine). Légende du scel : IMBITI D. BELLOJOCO DNI MOTIS PACERII CONSTABLLI FRA. Légende du contre-scel : + SECRETV IMTI D. BELOJOCO CONESTA (et dans le champ) BULI FRANCIE. Le connétable conquit la Navarre en 1276 sur le roi d'Aragon, l'instigateur du massacre des *Vêpres Siciliennes* ; il obtint du roi en 1277, pour récompense de ses services, les terres de Rochedagoux, de Pionssat et du Montel de Gelat (*Montelium Degelatum*). En 1283, Ymbert, sire de Montpensier, acheta la terre de Chatel-Odon (Chateldon), moyennant 34,000 à *Guillaume de Saint-Giran*. (*Noms Féodaux*, p. 81). En 1285, le roi Philippe-le-Hardi le nomma son exécuteur testamentaire. Le *Nobiliaire d'Auvergne* (t. VII, p. 417), le fait mourir à tort en 1285 ; en 1286, il restitua à Guigues, comte de Forez, les châtellenies, villes et forteresses qu'il avait prises sur lui. (*Noms Féodaux*, p. 81).

FEMME : *Isabelle de Mello*, dame de Saint-Bris, de Saint-Maurice et de Tirouelle, veuve de *Guillaume de Joigny*, fille de Guillaume II, s^r de Saint-Bris. Ymbert l'avait épousée en 1257 (P. ANSELME) ; elle fonda la chartreuse de Valprofonde, près Joigny, et mourut en 1301. Ymbert et Isabelle de Mello laissèrent une fille unique : Jeanne de Beaujeu, baronne d'Herment, qui suit.

JEANNE DE BEAUJEU, baronne d'Herment et de Montpensier (1286-1308), dame de Rochedagout, de Pionssat, du Montel de Gelat, de Roanne en partie, d'Aigueperse, etc. Elle est qualifiée dame d'Herment en 1286, ce qui suppose que son père mourut cette année. En 1292, elle épousa *Jean de Dreux*, IIe du nom, fils de Robert IV, comte de Dreux, et de Béatrix de Montfort-Amaury, descendant de Robert de France, cinquième fils du roi Louis-le-Gros.

Chaboutier, 5 sols par *Pierre d'Ermenières*, (la sentence ajoute : à moins qu'il n'ait eu un défenseur le jour du Sabbat) ; à *Girard de Vières*, 25 sols par le seigneur *Raoul de Royeres*, chevalier ; à *Etienne du Puy*, 6 sols par *Pierre Evrard* ; à *Girard Martin*, 10 sols par *Raoul d'Ermenières* ; à *Bernard de Farges*, 18 deniers par *Longe Sirvient* ; à un nommé *Renet*, 16 sols par *Pierre d'Ermenières* ; à *Pierre d'Ussel*, 6 sols par *Amblard* et autant par *Pierre Roux* ; à *Pierre de Murat*, 5 sols par *Pierre d'Ermenières* ; à *Pierre Lafons*, 4 sols par *Géraud de Termes* ; à un nommé *Ferradure*, 8 sols par ledit *Géraud de Termes* ; à *Pierre Guaritte*, 2 sols 4 deniers par *Géraud de Termes* ; à *Pierre Roger*, 5 sols par *Bernard Robert* ; à *Raoul Chatel*, 5 sols par *Pierre Eglise* (la sentence ajoute : *Si fuerit absolutum per ipsum Radulfum*).

(1) Voir *Mazas* ; les *Archives du Chapitre d'Herment et celles de l'Empire*. C'est donc à tort que le *Nobiliaire d'Auvergne* de M. Bouillet fixe cette nomination en 1277.

Jean II de Dreux, surnommé *le Bon*, fut seigneur de Saint-Valery, de Gamaches, de Château-du-Loir, grand chambrier de France. Le 21 janvier 1296, il assista à l'assemblée des grands du royaume, tenue à Paris, accompagna le roi au voyage de Flandres ; se trouva à la conquête de la ville de Béthune en 1297, à la bataille de Coutray en 1302, à la prise de Lille en 1304. Il mourut le 7 mars 1309, et fut enterré dans le monastère de Longchamp, près de Paris, où l'on voyait son tombeau en marbre avant 1793. Jeanne de Dreux décéda le 8 janvier 1309. (P. ANSELME; BALUZE), Duchesne dit en janvier 1308, date la plus certaine, puisque son mari se remaria en mars suivant à Peronelle de Sully, dont il eut Jeanne, mariée à *Louis, vicomte de Thouars*. Jean II et Jeanne de Beaujeu laissèrent : 1° Robert V, comte de Dreux et de Braine, sr de Gamaches, de Saint-Valéry, de Château du-Loir, d'Ault, de Dommart, etc., marié avant 1321 à *Marie d'Enghien*, fille de Gauthier II, sr d'Enghien et d'Ioland de Flandres ; il mourut en 1329 et fut enterré dans l'église de Saint-Etienne de Dreux ; son frère Jean fut son héritier ; 2° Jean III, qui suit ; 3° Pierre, dont nous parlerons après son frère Jean III ; 4° Simon, sous-doyen de l'église de Chartres en 1326 ; il figure parmi les gens d'église d'Auvergne qui s'opposèrent en 1328 aux privilèges que les nobles avaient obtenu du roi (BALUZE, t. II, p. 154) ; 5° Béatrix, morte en 1324.

MAISON DE DREUX

ARMES : *échiqueté d'or et d'azur, a la bordure de gueules*.

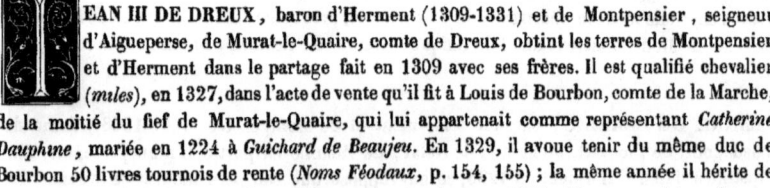EAN III DE DREUX, baron d'Herment (1309-1331) et de Montpensier, seigneur d'Aigueperse, de Murat-le-Quaire, comte de Dreux, obtint les terres de Montpensier et d'Herment dans le partage fait en 1309 avec ses frères. Il est qualifié chevalier (*mules*), en 1327, dans l'acte de vente qu'il fit à Louis de Bourbon, comte de la Marche, de la moitié du fief de Murat-le-Quaire, qui lui appartenait comme représentant *Catherine Dauphine*, mariée en 1224 à *Guichard de Beaujeu*. En 1329, il avoue tenir du même duc de Bourbon 50 livres tournois de rente (*Noms Féodaux*, p. 154, 155) ; la même année il hérite de tous les biens de Robert, son frère. Il mourut sans enfants en 1331. Pierre, son frère, fut son héritier.

FEMME : *Ide de Mauvoizin*, dite *de Rosny*, fille de Guy IV, sr de Rosny, et de Laure de Ponthieu ; elle se remaria le 2 septembre 1332 à *Mathieu de Trie*, sire de Vaumin, maréchal de France.

PIERRE DE DREUX, baron d'Herment (1331-1335) et de Montpensier, sr d'Aigueperse, de Gamaches, de Saint-Valéry, de Rochedagoux, de Pionssat, du Montel de Gelat, comte de Dreux, etc., hérita de tous les biens de Jean, son frère, en 1331. Audigier nous apprend qu'il avait fait une transaction avec Robert V, son frère, concernant le partage des biens de leur maison. Robert eut les comtés de Dreux et de Braine ; Jean, Pierre et Simon obtinrent les biens d'Auvergne, qu'ils cédèrent au roi Philippe-le-Bel moyennant 2,500 livres tournois de rente, se éservant Rochedagoux et Herment ; le roi assigna cette rente sur son trésor du Temple et leur donna la terre de Mortmart-sur-Yonne. *Huguet de Bouville* vint prendre possession de Montpensier, Chateldon et Murat-le-Quaire ; après la mort de Jean de Dreux, en 1331, le roi rendit les terres d'Auvergne, reprit Mortmart et s'affranchit de la rente ci-dessus. Pierre de Dreux assista le roi dans la guerre contre les Anglais en 1333. Par acte passé à Paris le dimanche 6 août 1335, en présence de *Jean de Mandavillain*, évêque d'Arras (1), de *Guillaume Flotte*, chevalier, de *Pierre de Chesnay*, de messire *Durand Dauterieu*, Pierre, comte de Dreux, vend à Louis de Bourbon, comte de Clermont et de la Marche, chambrier de France, absent, représenté par les témoins, commissaires ad hoc « le chastel, ville et chastellenie de Herment en *Alvergne*, avec toute seigneurie haute, moyenne et basse, justice, fiefs, arrière-fiefs, hommages, terres, prés, vignes, moulins, pêcheries, estangs, viviers, etc., ainsi que le possédait en son temps messire Jean, *jadis comte de Dreux*, son frère, et comme le tenait messire *Simon de Dreux*, frère dudit messire Jean. La suzeraineté du fief de Cleravaux, près Felletin, est comprise dans la vente (2) ; le prix fut de 10,400 livres tournois. Le lundi avant la Saint-Laurent (26 août 1335), Pierre de Dreux ecrit la lettre suivante au roi, afin de le prier d'agréer cette vente et de recevoir l'hommage de l'acquéreur. *Aubert Loup*, chevalier, son fondé de procuration, porte cette lettre à Paris.

« *A très excellent, très puissant et souverain prince, très chier et très-redouté seigneur, vous le roy de France, Pierre, comte de Dreux et sire de Montpensier, honour, obéissance et vénération. Mon très cher seigneur, sachez que j'ai vendu et transporté à vous Loys, duc de Bourbon, et à ses hoirs pour le chastel, chastellenie et ville d'Herment avec toutes ses appartenances ; item et la seigneurie que je avais à Clervaux que tenait de moy le seigneur de Barmont, avec tous les droits, rentes et appurtenances de la ville de Clairvaux, si come plus a plein par le contenu et la teneur des dictes lettres de la dite vente, faite sous le scel du chastelet pour quoi je supplie et requiert a vous mon très cher seigneur que il vous plaise a recevoir ledit comte de Bourbon en foi hommage des choses dessus dites et que, à moins de metre en votre main, pour vestir et metre en possession et sesine ledit comte de Bourbon, je ai fait et établi Albert Loup, chevalier, pourteur de ces lettres, je lui ai donné et donne plaisir pour respect avant de ce faire. Et témoin de ce, j'ai mis mon scel en ces présentes lettres. Doné après le lundi avant la saint Laurent, l'an de grace mil trois cent trente cinq.* » — Le roi confirma cette vente à la fin du même mois et reçut foi-hommage de Louis de Bourbon.

Pierre de Dreux est qualifié en 1333 *illustris vir dominus* ; il mourut le 3 novembre 1345 et fut enterré dans l'église de Saint-Etienne de Dreux.

Femme : *Isabelle de Melun*, fille de Jean Ier, vicomte de Melun, comte de Tancarville, grand chambellan de France, et d'Isabelle d'Antoing, dame du lieu et d'Epinay. Elle se remaria à *Jean d'Artois*, comte d'Eu. Pierre et Isabelle de Melun laissèrent : Jeanne de Dreux, dame de Montpentier, de Pionssat, etc., née au château de Gamaches, le 10 juillet 1345 (Duchesne, *Hist. de la Maison de Dreux*), morte le 22 août 1346. Le bailli d'Auvergne réclama sa succession en faveur du sire de Beaujeu, comme plus près parent du père et de la fille (*Noms Féodaux*) ; les terres de Montpensier, du Montel de Gelat, de Pionssat et de Rochedagoux passèrent néanmoins

---

(1) Natif de Clermont, en Auvergne.
(2) Le domaine utile, c'est-à-dire la seigneurie, appartenait à *Aymar de Barmont* en 1364.

à *Bertrand de Ventadour*, cousin de la défunte (CHABROL); Bertrand aliéna le Montel de Gelat, Pionssat et Rochedagoux à *Guillaume Aubert*, damoiseau, par acte du 18 février 1356.

MAISON DE BOURBON

ARMES : *d'azur, semé de fleurs de lys d'or, à la bande de gueules.*

OUIS DE BOURBON, baron d'Herment (1335-1342), seigneur d'Issoudun, de Saint-Pierre-le-Moutier, de Murat-le-Quaire, comte de Clermont en Beauvoisis, de la Marche, de Castres, surnommé *le Grand* et *le Boiteux*, était fils de Robert de France, comte de Clermont en Beauvoisis, et arrière-petit-fils du roi Saint-Louis. Cette royale origine nous dispense de tout autre détail généalogique. Il naquit en 1279; se signala à Furnes en 1297; commanda l'arrière-garde de l'armée à la funeste journée de Courtray (1303) et en sauva les débris; combattit vaillamment à la bataille de Mons en Puelle; s'empara de Sauveterre et d'Agen, à la tête de l'armée envoyée en Guyenne; comparut au traité fait entre Philippe-le-Bel et l'empereur Henri VII (1310). Tant de services lui valurent en 1312 la charge de grand chambrier de France et l'érection de la baronnie de Bourbon en duché-pairie par lettres du 27 décembre 1327. En 1328, il se trouva à la bataille de Montcarmel et commanda une partie de l'armée assemblée à Péronne pour résister aux Anglais. (Voir le P. ANSELME). Nous avons vu qu'il acheta la baronnie d'Herment en 1335 à Pierre de Dreux. Il mourut en janvier 1342, et fut enterré dans l'église du grand couvent des Jacobins de Paris.

FEMME : *Marie de Hainaut*, qu'il avait épousée en juin 1310, fille de Jean II, comte de Hainaut, et de Philippie de Luxembourg. Elle mourut en août 1354; ses enfants furent : 1° Pierre, qui suit; 2° Jacques, mort jeune; 3° Jeanne, née en 1311, mariée à *Guichard, comte de Forez*; 4° Jacques, comte de Clermont et de la Marche, surnommé la *fleur des chevaliers*; 5° Marguerite, mariée 1° en 1320, à *Jean de Seuly*, sr de la Chapelle; 2° à *Hubert de Vermeille*, gentilhomme picard; elle mourut en 1362; 6° Béatrix, mariée en 1344 à *Jean de Luxembourg*, roi de Pologne; 7° Marie, mariée en 1329 à *Guy de Lusignan*, prince de Galilée; 8° Philippe. *Fils naturel du duc Louis*: Guy, sire de Clouy, marié à *Isabeau de Chastel-Perron*, veuve de Robert Dauphin, sr de Saint-Ilpise.

PIERRE DE BOURBON, baron d'Herment (1342-1349), duc de Bourbon, pair de France, comte de Clermont et de la Marche, etc., fut grand chambrier de France, gouverneur du Languedoc et de Gascogne, lieutenant et souverain capitaine du Bourbonnais, de l'Auvergne, du Berry, de la Marche. (P. ANSELME). Le roi Philippe de Valois le choisit pour accompagner Jean de France, duc de Vermandois, aux guerres de Bretagne et de Guyenne; il se trouva à la bataille de Crécy en 1346, et au siège de Calais; fut chargé comme ambassadeur d'entendre à Avignon les propositions de paix d'Edouard III, roi d'Angleterre. Il périt à la journée de Poitiers le 19 septembre 1356.

Pierre de Bourbon offrait, dit Mazas, un assemblage d'éminentes qualités et de travers bizarres. Possesseur d'une fortune considérable, il trouva moyen de la diminuer de beaucoup par les dettes qu'il contracta. Ses créanciers eurent recours au pape ; en ce temps-là, les lois se trouvaient impuissantes pour obliger un prince du sang à s'acquitter envers eux ; la personne du seigneur et ses immeubles restaient inviolables ; tout ce que l'on pouvait faire était de saisir les meubles du débiteur. Le pape, après avoir employé les remontrances les plus sévères, excommunia le duc ; or, tout catholique frappé des foudres de l'Eglise ne pouvait recevoir les honneurs de la sépulture. Pierre mourut à Poitiers des blessures qu'il avait reçues en garantissant le roi Jean. L'évêque de la ville défendit de mettre son corps en terre sainte avec ceux des autres chevaliers tués pendant la bataille. Louis II de Bourbon, fils du défunt, se hâta d'obvier à la défense du prélat ; par ses ordres, les intendants de son père effectuèrent des ventes importantes ; l'excommunication fut levée ; le corps du duc Louis fut alors apporté aux Jacobins de Paris, près de ceux de son père et de son aïeul. (V. *l'Ancien Bourbonnais*.)

Déjà, en 1349, Pierre de Bourbon avait fait vendre la baronnie d'Herment pour payer une partie de ses dettes. Les *Archives de l'Empire*, à Paris, contiennent plusieurs pièces à ce sujet. Par une lettre du 16 mai 1349, on voit que le duc de Bourbon, comte de Clermont et de la Marche, reconnaît devant les témoins *Albert Loup*, s' de Saint-Marceau, *P. de Champagnac*, *Jean de Châteauneuf*, chancelier ducal, *Jean Augier*, qu'il a vendu *le château, la ville et toute la châtellenie d'Herment*, avec tout son ressort, moyennant 20,000 deniers d'or à l'écu, qu'il a reçus comptant de Guillaume Roger, chevalier, comte de Beaufort. L'acte de vente est fort long ; il est daté d'Avignon, de la maison de R. P. en Dieu le cardinal de Boulogne, le 22 mai 1349 :

« Universis, etc.... *Petrus dux Borbonie Claromontensis et Marchie comes, camerarius Francie et dominus de Hermento in Arvernia salutem.... Notum facimus quod habitu prius diligenti et matura deliberatione et cum consiliariis gentibus nostris pro honorabili utili et felici nostrorum negociorum....* (Ici l'acte relate qu'il vend *au magnifique et puissant homme*, notre très-cher seigneur *Guillaume Rogier de Beaufort et de la Mothe, vicomte desdits lieux, tout le château, le lieu, la ville et toute la châtellenie d'Herment, diocèse de Clermont, et tous les édifices, forteresses, hommes, vassaux, tant nobles que ignobles, cens, rentes, péages, coutumes, tailles, servitudes, haute et basse justice, fiefs, arrière-fiefs, bénéfices, vassaux, hommages, reconnaissances, ressorts, villes, bourgs, lieux, métairies, affars, tènements, bois, chasses, garennes, colombiers, moulins, fours, jardins, prés, vergers, pâchers ; pâturaux, étangs, viviers, pêcheries, rivières, terres cultes et incultes*, etc., ainsi qu'il avait été acheté autrefois par illustre seigneur *Louis, duc de Bourbon*, notre respectable père, de puissant homme le seigneur *Pierre de Dreux* ; il vend aussi tout l'hommage qu'il peut avoir dans le château de *Murat le Quaires* (*Murato de Cadris*) et dans les fiefs possédés par *Ayne de la Tour*, s' d'*Olliergues*. Les seigneuries qui dépendent de la châtellenie d'Herment sont tenues par *Pierre de Grivad*, *Aubert Loup*, *Ponton des Essards*, *Hugues d'Ussel*, *Robert de Vichy*, s' d'Abret et en partie de Chavanon, chevalier, les *Chaslucens* (les seigneurs de Chaslus). Le roi, informé de cette vente, donne commission le même jour à *Godemar de Fayan*, chevalier, s' de Béthéon, sénéchal de Beaucaire et de Nismes, pour recevoir la foi-hommage de Guillaume Roger et ordonne que toutes les fois que celui-ci se présentera pour cette formalité au sénéchal ou au bailli d'Auvergne, il soit reçu par eux ; il confirme l'acte du 22 mai 1349 au mois de juillet suivant, à Savigny-le-Temple, à la suite de l'hommage reçu le 6 juin par le sénéchal.

FEMME : *Isabelle de Valois*, fille puînée de Charles, comte de Valois, et de Mahaud de Châtillon, qu'il avait épousée le 25 janvier 1336 ; après la mort de son mari elle se retira dans le couvent des Cordelières du faubourg Saint-Marcel, à Paris ; elle y mourut en 1383. Pierre de Bourbon et Isabeau de Valois laissèrent : 1° Louis II, surnommé *le Bon*, comte de Clermont, de Forez et de Chastel-Chinon, s^r de Beaujeu et de Dombes, pair et chambrier de France ; il épousa, en 1368, *Anne, dauphine d'Auvergne*, fille de Béraud et de Jeanne de Forez ; 2° Jeanne, née en 1337, mariée en 1348 à *Humbert, dauphin de Viennois* ; 3° Blanche, mariée en 1352 à *Pierre, roi de Castille*, qui la fit empoisonner ; 4° Bonne, mariée 1° à *Godefroy de Brabant* ; 2° à *Amé VI, comte de Savoie* ; 5° Catherine, mariée en 1359 à *Jean VI, comte de Harcourt et d'Aumale* ; 6° Marguerite, mariée en 1368 à *Arnaud-Amanieu, sire d'Albret* ; 7° Isabelle, morte sans postérité ; 8° Marie, religieuse dominicaine à Poissy en 1351, morte en 1401. *Fils naturel du duc Pierre* : Jean, s^r de Rochefort, des Breuilles, etc., marié en 1371 à *Agnès Chaleu*, fille de Pepin, s^r du Croset en Bourbonnais.

MAISON DE ROGER BEAUFORT

Armes : *d'argent, à la bande d'azur, accompagnée de 6 roses de gueules en orle.* (Les 6 roses ont été ajoutées par le pape Clément VI.)

Cette maison, originaire du Limousin, remonte sa filiation à l'an 1300. Son ancien nom, en latin *Rogerius*, et français *Roger* ou *Rogier*, et quelquefois *Rosiers*, lui vient de la seigneurie de Rosiers, située sur la route d'Ussel à Tulles. On trouve Elise *de Rosiers*, mariée en 1248 à Pierre de Noailles. C'est aux papes Clément VII et Grégoire XI, qu'elle doit tout son lustre.

I. Pierre, seigneur de Rosiers, laissa : 1° Guillaume Ier, qui suit ; 2° Nicolas, archevêque de Rouen après son neveu, cardinal ; 3° Péronne, épouse de *Pierre, seigneur de la Vigerie*.

II. Guillaume I Roger, seigneur de Rosiers, épousa *Guillemette de la Monstre*, dont : 1° Guillaume, baron d'Herment, qui suit ; 2° Pierre, abbé de la Chaise-Dieu, de Fécamp, évêque d'Arras en 1329, archevêque d'Arles, puis de Reims et de Rouen en 1336 ; élu cardinal en 1337 ; pape sous le nom de Clément VI, le 7 mai 1342 ; il acheta la ville d'Avignon en 1348 à la reine de Naples, comtesse de Provence ; fit construire l'église de la Chaise-Dieu ; y fut enterré en 1353 ; 3° Hugues, évêque de Tulles, de Rhodes, créé cardinal en 1342 ; 4° Jean, archevêque d'Auch en 1361, de Narbonne en 1365 ; 5° Almodie, mariée à *Jacques de Besse* ; 6° Bertrande, femme de *Nicolas de Besse* ; 7° Guillemette, épouse de *Jacques de la Jugie*, père de Guillaume, cardinal.

UILLAUME II ROGER alias DE ROGER (*Rogerii, Rogierii*), baron d'Herment (1349-1370), comte de Beaufort, seigneur de Rosiers, de Chambon, de Saint-Exupéry, de Pont-du-Château, etc., qualifié damoiseau, reçut en 1331 la donation que lui fit en présence de *Guillaume d'Anglars, Bernard de Ventadour*, du lieu de

Ripario et de l'affar appelé *Chambon alias Dalchier*. En 1345, il acheta la ville de Pont-du-Château à Humbert, dauphin de Viennois, moyennant 50,000 florins d'or; le 7 juin 1344, le roi lui donna la châtellenie et prévôté de Beaufort en Anjou, qu'il érigea en comté en sa faveur en 1346; Guillaume ajouta à son nom celui de *Beaufort*, en vertu de cette donation, et le prit souvent seul, ainsi que ses descendants. En 1345, le 7 janvier, le roi, en considération du pape Clément VI, lui accorda la faveur de n'être point forcé d'envoyer des hommes de milice aux services et chevauchées ordonnés par lui; en 1347, il acheta à Humbert dauphin de Viennois, les châteaux de Vayre, de Monton, de Saint-Martial, et presque tout ce que le prince Alphonse avait possédé en Auvergne. Au mois de mai 1349, le duc Pierre de Bourbon lui vend la ville et la châtellenie d'Herment, au prix de 20,000 deniers d'or. En 1367, il est qualifié *magnificus et potens vir, dominus*. Il testa le 27 août 1370, rappelant la donation qu'il avait faite à Nicolas, son fils, de la baronnie d'Herment; mourut en 1385.

FEMMES : En premières noces, *Marie de Chambon*, morte à Avignon en 1344; en deuxièmes noces, *Guérine*, baronne *de Canillac*, fille unique de marquis Canillac et d'Alixent de Poitiers; en troisièmes noces, en 1366, *Catherine de Monteil de la Garde*, fille d'Adhémar, baron de la Garde. Du premier lit : 1° Guillaume III, comte de Beaufort, vicomte de Turenne, seigneur de Chambon, de la Mothe, de Valerne, de Rosiers, de Charlus, de Savennes, etc.; il acheta la vicomté de Turenne, en 1350, au prix de 45,000 florins d'or, à *Cécile de Comminges*, et en 1351 la terre de Charlus; épousa, en 1349, *Aliénore de Comminges*, fille du comte Bernard; il mourut le 28 mars 1394; ses enfants furent : A. Raymond, vicomte de Turenne, célèbre dans l'histoire (1); il épousa en 1375, *Marie de Boulogne*, fille de Jean, comte d'Auvergne; sa fille unique, *Antoinette, vicomtesse de Turenne*, dame de Pontgibaud, etc., fut mariée à *Jean Le Meingre*, dit Boucicaut, maréchal de France; elle mourut en 1416, sans postérité; B. Jeanne, femme de *Louis, comte de Forez*; C. Marguerite, épouse 1° d'*Armand, vicomte de Polignac*; 2° en 1387, de *Jean Le Vayer*; D. Eléonore, mariée à *Edouard de Beaujeu*; 2° Nicolas, baron d'Herment, qui suit; 3° Roger, chevalier, seigneur de Chambon, de Rosiers, etc., mort sans postérité en 1389; 4° Raymond, vicomte de Valerne, mort à Avignon, sans postérité, en 1389. Guillaume et Guérine de Canillac eurent : 5° Héliz, mariée en 1342 à *Aymar de Poitiers*; 6° Marthe, mariée en 1353 à *Guy de la Tour*; 7° Dauphine, mariée en 1343 à *Hugues de la Roche*, seigneur de Tournoëlle; 8° Marguerite, épouse de *Géraud de Ventadour*; 9° Marie, femme de *Guérin d'Apchier*. De Catherine du Monteil naquirent : 10° Marquis, seigneur de Canillac, de Langeac, de Pont-du-Château, vicomte de la Mothe; son père l'émancipa en 1366, à l'âge de 18 ans; il épousa en 1369 *Catherine*, fille de Béraud I, dauphin d'Auvergne.

NICOLAS DE ROGER-BEAUFORT, chevalier, appelé *Nicolas de Beaufort (de Belloforti)*, baron d'Herment (1370-1408), comte de Beaufort, vicomte de la Mothe, seigneur de Limueil, de Miremont, de Caumont, de Clarens, de Saint-Exupéry, de Ligny, de Savennes, de Chambon, de Rosiers, etc., reçut la baronnie d'Herment lors de son mariage avec *Marguerite de Gallard*. Il avait d'abord embrassé l'état ecclésiastique, qu'il quitta pour se marier. En 1360, il avait un procès avec son père pour le château de la Mothe qu'il avait pillé avec d'autres seigneurs (*Noms Féodaux*). Dans des quittances de 1370, il est qualifié seigneur de Limueil; son écu y est

---

(1) Il est qualifié *seigneur d'Herment* en 1409-1411. La généalogie de la maison de Bosredon dit cependant que *Loys de Bosredon* acquit cette terre de Nicolas de Roger-Beaufort en 1408, frère de Raymond.

écartelé des armes de Roger et d'un lion ; dans une autre quittance de 1374, son scel représente un homme armé, tenant de la main droite l'écu de ses armes. En 1390, il reçut de son frère Guillaume les châtellenies de Chambon et de Rosiers, à condition de ne point les transmettre à son fils Jean. En 1398, il habitait le château de Saint-Exupéry. En 1408, il vendit la baronnie d'Herment à Louis de Bosredon. Il testa en 1415.

FEMMES : En premières noces, vers 1370, *Marguerite de Gallard*, dame de Limueil, de Miremont, de Clarens et de Caumont, fille unique de Jean, seigneur de Limueil en Périgord, et de Philippie de Lautrec ; elle mourut en 1380. L'écusson du scel de la cour d'Herment représente (de 1370 à 1396) les armes de Roger écartelées de celles de Gallard. (Ces dernières : *d'or, une croix de sable, cantonnée de 4 corneilles de même*). Nicolas épousa en secondes noces, le 5 février 1396, *Marthe de Montaut*, fille de Raimond, seigneur de Mussidan et de Blaye, et de Marguerite d'Albret; dans le contrat de mariage, il assigna pour douaire à sa future 5,000 deniers d'or sur les châtellenies d'Herment et de Savennes et sur celles de Saint-Exupéry. Du premier lit : 1° Jean, seigneur de Limueil, exhérédé par son père pour avoir suivi le parti des Anglais, il épousa *Marguerite de Montaut*, s'intitule comte de Beaufort, vicomte de Turenne, après la mort de sa cousine Antoinette de Beaufort, et mourut sans postérité en 1420. Du second lit 2° Pierre, comte de Beaufort, vicomte de Turenne, seigneur de Limueil, de Valerne, de Miremont, de Charlus, etc., conseiller et chambellan du roi Charles VII ; Eléonore de Beaufort, sa cousine, femme d'Edouard de Beaujeu, disposa en sa faveur du comté de Beaufort et de la vicomté de Turenne ; il épousa en 1432, *Blanche de Gimel*, fille de Guy III ; chassa les Anglais de la ville d'Herment en 1430, et testa le 9 juillet 1444, laissant : A. Anne, comtesse de Beaufort, vicomtesse de Turenne, dame de Saint-Exupéry, de Rosiers, de Savennes, de Chavanon, de Limueil, de Miremont, etc., mariée en 1444 à *Agne IV de la Tour*, seigneur d'Olliergues ; elle testa en 1479 ; B. Catherine, dame de Charlus et de Granges, mariée en 1445 à *Louis de Lévis*, comte de Ventadour ; elle mourut en 1506 ; 3° Marguerite, dame de Granges et de Charlus, mariée en 1423 à *Bertrand II de la Tour*, seigneur d'Olliergues ; 3° Cécile, mariée en 1427 à *Pierre de Rastellanne*, seigneur de Chambon ; 4° Amanieu, né en 1406, mort sans postérité.

MAISON DE BOSREDON

ARMES : *écartelées de gueules et de vair* ; ailleurs: *écartelées de vair et de gueules*.

Dacbert est le nom patronymique de cette illustre famille, connue dès le X° siècle. C'est près de Volvic, au château de Bosredon, que se trouve son berceau. Un volume in-4° de près de 500 pages, que nous avons publié en 1863, contient l'*Histoire Généalogique* de cette antique race. Le lecteur pourra consulter notre travail spécial.

OYS *(Louis)* DE BOSREDON, baron d'Herment (1408-1417), seigneur de la Roche et de Peyrignat, deuxième fils de Géraud Dacbert, seigneur de Bosredon et d'Ahélide d'Estansannes, est célèbre dans l'histoire. On peut résumer ainsi sa vie : Né au château de Bosredon, à Volvic ; sénéchal de Berry (1400-1415) ;

chambellan de Jean, duc de Berry; premier écuyer de la reine Isabeau de Bavière; chambellan de Charles VI; chasse les Anglais d'Herment, 1407; achète la baronnie d'Herment, 1408; est assiégé dans le château d'Etampes par le duc de Guyenne, 1411; rend hommage à Jean, duc de Berry, pour la baronnie d'Herment; mouvante du duché d'Auvergne, 1414 (*Noms Féodaux*); embrasse le parti du connétable d'Armagnac; le duc de Bourgogne, jaloux de ses succès, fait entendre au roi qu'il a une intrigue avec la reine; Charles VI le fait mettre dans un sac de cuir et jeter dans la Seine avec cette inscription : « *Laissez passer la justice du roi* » (1417). Son scel offre un *écartelé d'un lion grimpant aux 1 et 2; et de vair aux 2 et 3*. (Ce sont les armes actuelles de la famille).

HUGUES DE BOSREDON, chevalier, baron d'Herment (1418-1454), seigneur de Bosredon, de la Roche, de Peyrignat, etc., frère de Louis, qui précède, prit possession de la baronnie d'Herment en 1418; testa en 1423, voulant partir pour la guerre contre les Anglais; fut chambellan de Charles, duc de Bourbon et d'Auvergne; rendit hommage à ce prince pour la baronnie d'Herment en 1450; mourut en 1454 et fut enterré dans l'église Saint-Priest de Volvic (1).

FEMME : *Jeanne de Changy*, d'une famille noble du Forez; de cette union : 1° Catherine, mariée en 1451 à *Géraud de Beauclair*, écuyer; 2° Guillaume, qui suit; 3° Jean, seigneur de la Roche et de Châtillon-sur-Indre, chambellan de Louis XI et Charles VIII, sénéchal d'Armagnac, etc.; 4° Pierre, mort grand prieur de Champagne, pour l'ordre de Saint-Jean-de-Jérusalem (1513); 5° Georges, chevalier de Rhodes, mort vers 1460; 6° Antoine, abbé de Morimont (1472-1484), puis de Flavigny, mort au château d'Herment en 1501, enterré dans l'église de cette ville; 7° Anette, mariée à son cousin Pierre de Bosredon; de ce mariage : A. Antoine, chevalier de Saint-Jean-de-Jérusalem; B. Antoinette, épouse de *François de Belvezeix*, seigneur de Barberolles; 8° Huguette, mariée à *N. de Lévis*; 9° Audeberte, religieuse bénédictine; 10° Alix, femme de *Guy de Pestel*, chevalier.

GUILLAUME DE BOSREDON, chevalier, baron d'Herment (1451-1497), seigneur de Bosredon, de la Roche, de Peyrignat, de Noally, etc., succède à son père en 1454, rend hommage à Charles de Bourbon, duc d'Auvergne, pour la baronnie d'Herment, le 20 août 1455, déclarant que 156 vassaux dépendaient de cette terre; fait le voyage de Jérusalem en 1459; reçoit à son retour, en 1460, l'hommage de ses vassaux; fait faire une enquête en 1466 pour le guet du château d'Herment; devient chambellan du roi Louis XI; meurt au château d'Herment en 1497; est enterré dans le chœur de l'église de cette ville.

FEMME : *Isabeau de Foix*, mariée en 1490, fille de Jean, baron de Rabat, et d'Eléonore de Comminges; elle testa en 1508 et fut enterrée dans l'église d'Herment; ses enfants furent : 1° Jean, qui suit; 2° Marguerite, mariée dans la maison de *Loupiat*.

JEAN DE BOSREDON, chevalier, baron d'Herment (1497-1529), seigneur de Bosredon, de la Roche, de Volvic, de la Garde-Ferradure, de Ligny, de la Breuille, etc., né en 1491 au

---

(1) En 1430, Jean, duc de Bourbon, *mit en sa main* la baronnie d'Herment et ne la rendit à son propriétaire qu'en 1447. Dans cette intervalle, il se qualifie seigneur d'Herment.

château d'Herment, fut placé sous la tutelle de sa mère en 1497 ; celle-ci se fit rendre fo
hommage, au nom de son fils mineur, par tous les vassaux de la baronnie. Jean de Bosredo
reçut le connétable Charles de Bourbon au château d'Herment en 1523 ; vendit la même anné
l'ancienne terre de Bosredon, berceau de sa famille, et mourut en 1529.

FEMME : *Louise de Chaslus*, dame du Puy-Saint-Gulmier, fille de Jean, dit le Boyer, et d
Jeanne de Gourdon ; de cette union : 1° Antoine, qui suit ; 2° Louis, seigneur de la Breuille
marié à *Jeanne d'Aubusson de Banson* ; sa postérité a formé les rameaux de Baubière, de Vatanges
de la Breuille ; elle est représentée par M. le comte Anselme de Bosredon, résidant à Bourges
3° Aubert ; 4° Louise, mariée 1° en 1539, à *Jacques de Panneveyre*, seigneur de Chaslus ; 2° e
1545 à *François du Peyroux*, écuyer ; 5° Antoinette, épouse de *Jean de Jonat*, seigneur de
Ramades ; 6° Annet, 1540.

ANTOINE DE BOSREDON, baron d'Herment (1529-1559), seigneur du Puy-Saint-Gulmier
de Ligny, de Villevaleix, etc., né au château d'Herment en 1514, tomba en disgrâce lui et le
siens à la suite de l'asile que son père avait donné au connétable de Bourbon en 1523. Il vendi
sa baronnie d'Herment, le 1ᵉʳ avril 1559, à *Jacques d'Albon*, maréchal de France, qui se charge
de faire oublier au roi la faute que son père avait commise ; ceci résulte clairement de l'acte de
vente où l'on voit que cette terre fut estimée 20,000 livres tournois. Antoine reçut 5,000 livre
tournois comptant, et fit don des 15,000 autres au maréchal.

FEMME : *Jeanne de Rochefort*, mariée en 1541, fille de Pierre, chevalier, seigneur de Château
vert, et de Jeanne de Pestels ; de ce mariage : 1° Louis, seigneur du Puy-Saint-Gulmier : mari
en 1574 à *Jeanne de Murat de Rochemaure*, morte sans enfants ; 2° Mathelin, seigneur d
Puy-Saint-Gulmier, marié en 1574 à *Antoinette de Murat de Rochemaure* ; sa postérité es
représentée par M. le marquis de Bosredon, résidant à Bordeaux ; elle a formé les rameaux d
Tix, des Aymards, de Sugères, de Ligny et de Combrailles ; 3° Anne, mariée en 1570 à *Louis d
Plantadis*, seigneur du Leyrit ; 4° Antoine, prieur de Bredon, 1559.

MAISON D'ALBON

ARMES : *de sable, à la croix d'or, au lambel d'argent à 3 pendants* Devise du maréchal de Saint-André : *Nodos virtute
resolvo*

Cette maison, de souche antique et illustre, a donné naissance aux dauphins de Viennois, au
comtes de Forez, aux sires de Beaujeu. Elle existe encore en plusieurs branches.

ACQUES D'ALBON, baron d'Herment (1559-1562) et de Tournoëlle, marqui
de Saint-André, seigneur de Miremont, né en 1511, fils de Jean, seigneur de Saint
André, et de Charlotte de la Roche, dame de Tournoëlle, l'un des seigneurs les plu
magnifiques de la cour du roi Henri II, se signala à la bataille de Cérisoles e
1544 ; fut élevé à la dignité de maréchal de France en 1547, et connu depuis

sous le nom de *maréchal de Saint-André*; obtint la charge de premier gentilhomme de la chambre du roi ; fit l'office de grand-maître au sacre d'Henri II ; fut l'un des tenants du grand tournoi donné à Paris en 1549 ; porta au roi d'Angleterre, de la part du roi de France, le collier de l'ordre de Saint-Michel, 1550 ; eut le commandement de l'armée de Champagne, 1552 ; fut fait sénéchal de Lyon, bailli de Beaujolais et de Dombes le 14 décembre de la même année ; contribua à la prise de Marienbourg ; ruina le château Cambresis, 1555 ; fut fait prisonnier à la journée de Saint-Quentin, 1557 ; il était encore prisonnier de guerre en 1559 lorsque *Pierre Fournier*, abbé de Saint-Marien, acheta en son nom la baronnie d'Herment. Le maréchal de Saint-André donna dans le parti de la maison de Guise ; fit la fonction de grand-maître au sacre de Charles IX ; reprit Poitiers sur les Huguenots ; fut fait prisonnier à la bataille de Dreux le 19 décembre 1562, et tué de sang-froid d'un coup de pistolet par *Perdriel de Bobigny*, seigneur de Mézières, qui lui reprochait d'avoir pris le parti de Sansorin, son ennemi. Un de nos historiens dit que Jacques d'Albon avait « le cœur grand et l'esprit de même ». Nous ajouterons aux dignités dont il fut investi, celles de chevalier de Saint-Michel et de la Jarretière, lieutenant-général du Lyonnais, du Forez, du Beaujolais, du Bourbonnais, de la Haute et de la Basse-Marche et du pays de Combrailles.

Femme : *Marguerite de Lustrac*, fille d'Antoine et de Françoise de Pompadour. Elle fut accusée d'avoir empoisonné sa fille unique, *Catherine d'Albon*, morte religieuse à Longchamp, près Paris, dans l'espérance d'épouser *Louis de Bourbon*, prince de Condé, auquel elle avait donné la belle terre de Saint-Valéry ; elle épousa néanmoins *Geoffroy, baron de Caumont* ; vivait encore en 1574.

MARGUERITE D'ALBON, baronne d'Herment et de Tournoëlle (1562-1575), dame de Miremont, hérita de tous les biens du maréchal de Saint André, son frère, et de Catherine, sa fille. Elle fut dame d'honneur de la reine Catherine de Médicis ; vivait encore en 1575. Elle avait épousé, le 17 juin 1519, *Aimé-Artaud de Saint-Germain*, baron d'Apchon, seigneur de Vaumiers et de Montroud, chevalier de l'ordre du roi, lieutenant pour S. M. aux gouvernements d'Auvergne, Forez et Bourbonnais, lieutenant de la compagnie d'ordonnance du maréchal de Saint-André, son beau-frère, fils de Michel-Artaud, baron d'Apchon, et de Marguerite de Lavieu. Aimé-Artaud testa en 1552, ne vivait plus en 1562 ; il descendait d'Artaud I de Saint-Germain, seigneur de Saint-Germain des-Fossés, lequel épousa, en 1414, *Louise d'Apchon*, fille de Louis et de Marguerite d'Estaing, et fut substitué lui et ses descendants aux armes et au nom d'Apchon *(d'or, semé de fleurs de lys d'azur)*. L'ancienne maison de Saint-Germain, substituée à celle d'Apchon, portait : *de gueules, à la fasce d'argent, accompagnée de 6 merlettes de même*. Aimé-Artaud et Marguerite d'Albon laissèrent 12 enfants, parmi lesquels nous remarquons Charles, qui suit.

MAISON D'APCHON

Armes : *d'or, semé de fleurs de lys d'azur.*

HARLES D'APCHON, baron d'Herment et de Tournoëlle (1580-1590), seigneur de Miremont et de Volvic, en vertu d'une disposition de Marguerite d'Albon, sa mère, était un gentilhomme courageux, ennemi prononcé de la Ligue. Ses services lui valurent la nomination de chevalier de l'ordre du roi. Son château de Tournoëlle fut assiégé et pris en 1590 par le marquis de Canillac, ligueur intrépide ; il y mourut, le 23 avril de la même année, blessé d'un coup d'arquebuse au-devant du fort de Charbonnières-les-Varennes (V. *Hist. de la Maison de Rosredon*, p. 25). Sa veuve, nommée tutrice de son fils, se qualifie *dame d'Herment, de Tournoëlle et de Miremont*.

Femme : *Lucrèce de Gadagne*, fille de Guillaume, seigneur de Bothéon, baron de Verdun, chevalier du Saint-Esprit, lieutenant-général du Lyonnais, Forez et Beaujolais, et de Françoise de Sugny, mariée vers 1560. Son mari ayant laissé de nombreuses dettes, elle dût vendre plusieurs seigneuries pour payer ses créanciers ; c'est ainsi qu'elle aliéna : 1° en 1599, moyennant 8,000 écus à *Hugues Poisson*, receveur-général des Finances en la généralité de Riom, la seigneurie de Durtol ; 2° en 1610, à *Anne-Louis de Lévis*, duc de Ventadour, la baronnie d'Herment. Son fils Guillaume, baron de Tournoëlle, époux d'*Alix d'Anteroches*, fit vente de la vicomté de Miremont, le 24 mai 1624, à *Hiérosme de Combes*, moyennant 14,600 livres tournois ; il laissa : Gabrielle, dame de Tournoëlle, épouse de *Charles de Montvallat*.

MAISON DE LÉVIS-VENTADOUR

Armes : *écartelées au 1 d'or, à 3 bandes de gueules* (qui est de Thoiré-Villars) ; *au 2 d'or, à 3 chevrons de sable* (qui est de Lévis) ; *au 3 de gueules, à 3 étoiles d'or* (qui est d'Anduze) ; *au 4 de gueules, au lion d'argent* (qui est de la Voute) ; *sur le tout : échiqueté d'or et de gueules* (qui est de Ventadour).

Le nom de *Lévis* est illustre parmi les illustres. Anne-Louis de Lévis-Ventadour, nouveau seigneur d'Herment, descend de Philippe de Lévis, chevalier, vivant en 1179 (P. Anselme). Il compte, parmi ses ancêtres, *Catherine de Beaufort*, petite-fille de Nicolas, baron d'Herment, épouse de *Louis de Lévis*, comte de Ventadour.

NNE-LOUIS DE LÉVIS-VENTADOUR, baron d'Herment (1610-1622), de Donzenac, d'Annonay, duc de Ventadour, comte de la Voute, pair de France, fils de Gilbert III, premier duc de Ventadour, et de Catherine de Montmorency, nommé gouverneur et sénéchal du haut bas Limousin en 1591, représenta le comte de Champagne au sacre

d'Henri IV en 1594; fut reçu chevalier des ordres du roi en 1599; acheta la baronnie d'Herment en 1610; reçut l'hommage de tous les vassaux de cette terre en 1612-1613 (Audigier); fit l'ouverture des Etats du Languedoc et y harangua le 8 novembre 1612. Il mourut en 1622.

FEMME: *Marguerite de Montmorency*, mariée en 1595, morte à 83 ans en 1660, fille du duc Henri, connétable de France, et d'Antoinette de la Marck. En 1613, elle vint à Herment et logea dans la maison d'un riche bourgeois, Gaspard Gaignon (aujourd'hui la maison Peyronnet). Ses enfants furent: 1° Henri, qui suit; 2° François, comte de Vaubert, évêque de Lodève en 1612, mort en 1625; 3° Charles, baron d'Herment, après son frère Henri; 4° François-Christophe, comte de Brion, gouverneur du Limousin, capitaine de Fontainebleau, marié à *Anne Le Camus de Jambeville*, morte sans enfants; 5° Aimé, abbé de Meymac, archevêque de Bourges en 1649, mort trésorier de la Sainte-Chapelle de Paris en 1662; 6° Louis-Hercule, jésuite, évêque de Mirepoix en 1655, mort en 1679; 7° Catherine, mariée en 1616 à *Henri, comte de Tournon* et de Roussillon, mort sans postérité; la ville d'Herment envoya une députation à son mariage; 8° Marie, religieuse à Chelles, puis abbesse d'Avesnay et de Saint-Pierre de Lyon.

HENRI DE LÉVIS-VENTADOUR, baron d'Herment (1622-1680), duc de Ventadour, pair de France, prince de Maubuisson, comte de la Voute, de Tournon, de Roussillon, de Montélimart, etc., reçu pair de France en 1624, renonça au monde en 1631 pour se faire ecclésiastique; céda ses titres de duc et de pair de France à son frère Charles, avec lequel il conserva la co-seigneurie des baronnies d'Herment et de l'Hers, des comtés de la Voute, de Tournon, de Roussillon, de la seigneurie de Montélimart, ainsi qu'il résulte des fois-hommage qu'il reçut des vassaux de la baronnie d'Herment en 1632-1668. Il fut chanoine de Notre-Dame de Paris et directeur-général des petits séminaires. Il mourut le 14 octobre 1680, à 84 ans; il avait épousé, avant son entrée dans les ordres, *Marie-Liesse de Luxembourg*.

CHARLES DE LÉVIS-VENTADOUR, baron d'Herment (1635-1649), duc de Ventadour, par la cession que lui fit son frère Henri, en 1631, fut marquis d'Annonay, pair de France; chevalier des ordres du roi (1633), conseiller en ses conseils d'Etat, lieutenant-général aux gouvernements de Languedoc, gouverneur du Limousin; il reçut l'hommage des vassaux de la baronnie d'Herment en 1635; porta l'un des honneurs funèbres à la pompe de Louis XIII, et mourut à Brives en 1649, âgé de 49 ans.

FEMMES: En premières noces, en 1634, *Suzanne de Lausières*, morte en 1645, sans enfants, fille d'Antoine et de Suzanne de Montluc; en secondes noces, en 1645, *Marie de la Guiche*, fille de Jean-François, maréchal de France, et de Suzanne aux Espaules; elle mourut en 1701, à 78 ans. Du second lit: 1° Charles, qui suit; 2° Marguerite, mariée en 1668 à *Jacques-Henri de Durfort*, duc de Duras, maréchal de France; 3° Marie-Henriette, religieuse dans le couvent de la Visitation de Moulins en 1667.

LOUIS-CHARLES DE LÉVIS-VENTADOUR, baron d'Herment (1680-1694), après la mort de son oncle Henri, duc de Ventadour et d'Amville, pair de France, gouverneur du Limousin, mourut en 1717.

FEMME: *Charlotte-Eléonore-Magdeleine de la Mothe-Houdancourt*, mariée en 1671, fille de Philippe, maréchal de France, et de Louise de Prie; elle fut gouvernante des enfants du roi Louis XV. Sa fille unique, Anne-Geneviève, née en 1673, épousa: 1° en 1691, *Louis-Charles de* la *Tour de Bouillon*, prince de Turenne, tué à Steinkerque en 1692; 2° en 1694, *Hercule Mériadec de Rohan, prince de Soubise*, qui suit. Elle reçut la baronnie d'Herment en faveur de ce dernier mariage.

MAISON DE ROHAN

Armes : *Coupé d'un trait, parti de 3 : au 1 d'Evreux; au 2 de Navarre; au 3 d'Arragon; au 4 d'Ecosse; au 5 de Bretagne; au 6 de Milan; au 7 de Saint-Séverin; au 8 de Lorraine.* Sur le tout : *de gueules, à 9 macles d'or* (qui est de Rohan). *L'écu sous un manteau, sommé de la couronne du duc.* Devise : *Potius mori quam Fœdari.*

La maison de Rohan est une des plus illustres et des plus anciennes de la Bretagne. Le P. Anselme en donne la filiation depuis l'an 1100.

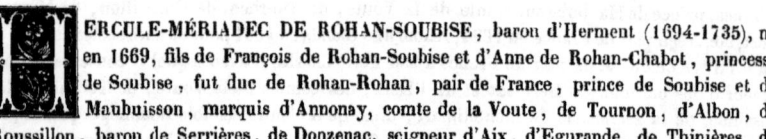ERCULE-MÉRIADEC DE ROHAN-SOUBISE, baron d'Herment (1694-1735), né en 1669, fils de François de Rohan-Soubise et d'Anne de Rohan-Chabot, princesse de Soubise, fut duc de Rohan-Rohan, pair de France, prince de Soubise et de Maubuisson, marquis d'Annonay, comte de la Voute, de Tournon, d'Albon, de Roussillon, baron de Serrières, de Donzenac, seigneur d'Aix, d'Egurande, de Thinières, de Charlus, de Charboudèche, etc. Comme cadet, il avait été destiné à l'état ecclésiastique et reçut la crosse d'abbé de Saint-Taurin d'Evreux. Son frère aîné étant mort en 1689, il résigna ce bénéfice pour embrasser le parti des armes. Voici ses états de service : mestre de camp de cavalerie; se trouve au combat de Leuze en 1691; à celui de Steinkerque et de Tongres en 1692; gouverneur de Champagne et de Brie, 1694; maréchal de camp, 1702; lieutenant des gendarmes du roi, 1704; lieutenant-général la même année. Louis XIV érigea en sa faveur la baronnie de Fontenay-l'Abatu, en Saintonge, en duché-pairie sous le nom de Rohan-Rohan. Hercule-Mériadec fit la fonction de grand maître au sacre de Louis XV; mourut à Paris après une longue maladie le 26 janvier 1749. En juin 1698, il reçut la foi-hommage de tous les vassaux de la baronnie d'Herment. Venu dans notre ville, pour cette circonstance, il logea dans la maison de *Jean Besse*, doyen du chapitre collégial. (Le château d'Herment était complétement en ruines).

Femmes : En premières noces, en 1694, *Anne-Geneviève de Lévis-Ventadour*, baronne d'Herment, morte à Paris en 1727; en secondes noces, en 1732, *Marie-Sophie de Courcillon*, morte à Paris en 1756. Du premier lit : Louis-François-Jules, né en 1697, capitaine-lieutenant des grenadiers du roi en 1704, mort à Paris de la petite vérole en 1754, marié à *Anne-Julie-Adélaïde de Melun*, gouvernante des enfants de France en 1714; de cette union : A. Charles, baron d'Herment, qui suit. 2° Armand, cardinal en 1747, grand aumônier de France, 1749; 3° François-Auguste, comte de Tournon; 4° René, marquis de Préaux, abbé de Luxeuil; 5° Marie-Louise, gouvernante des enfants de France; 6° Louise-Françoise, mariée en 1717 à *Jules-Guy de la Porte-Mazarini*, duc de la Meilleraie; 7° Charlotte-Armande, abbesse de la Jouarre; 8° Gabrielle-Angélique, mariée en 1713 à *Marie-Joseph d'Hostung*, duc de Tallard, maréchal de France; 8° Julie, mariée à *Hercule-Mériadec de Rohan-Montbason*.

CHARLES DE ROHAN-SOUBISE, baron d'Herment (1735-1783), prince de Soubise, d'Epinay et de Maubuisson, pair et maréchal de France, premier beer et connétable de Flandres, comte de Saint-Paul, de Ventadour, de Tournon, de la Voûte, vicomte de Gand, marquis de Roubaix, d'Annonay, de Vigny, baron de Cisoin, l'Hert, Sainte-Marie du Mont, châtelain de Bapaume, seigneur de Thoirs, d'Albon, grand'croix de Saint-Louis, etc., naquit en 1714; commença à servir en 1733 au siége de Kell, se trouva en 1734 à celui de Philisbourg; en 1735, dans l'armée d'Allemagne; capitaine-lieutenant des gendarmes de la garde, 1734; brigadier de cavalerie, 1740; eut la survivance du gouvernement de Champagne et de Brie; servit dans l'armée de Bohême en qualité de maréchal duc de Belle-Isle; maréchal de camp, 1743; eut un bras cassé aux sièges de Menin et de Fribourg, 1744; gouverneur de Flandres et de Hainaut, 1751; maréchal de France, 1758; ministre d'Etat, 1759. Il vendit la baronnie d'Herment en 1783 au marquis de Bosredon-Combrailles; mourut le 4 juillet 1787.

FEMMES: 1° *Anne-Marie-Louise de la Tour-d'Auvergne*; 2° en 1741, *Anne-Thérèse, princesse de Savoie-Carignan*; 3° en 1745, *Anne-Victoire-Marie Christine, princesse de Hesse-Rhinfels*; du premier lit: le comte de Saint-Paul, mort en 1742; 2° Charlotte-Godefride-Elisabeth, mariée en 1753 à *Louis-Joseph de Bourbon*, prince de Condé, grand-maître et pair de France; du second lit: 3° Victoire-Armande-Joseph, mariée en 1761 à *Henri-Louis-Marie de Rohan*, prince de Guéménée, elle fut gouvernante des enfants de France en 1767.

MAISON DE BOSREDON

ARMES: *écartelées aux 1 et 4 de gueules, au lion d'or grimpant couronné de même; aux 2 et 3 de vair.*

CLAUDE DE BOSREDON, dernier baron d'Herment (1783-1790), marquis de Bosredon-Combrailles, comte de Chaslus, vicomte de la Mothe-Bromont et de Montglandier, seigneur d'Hermenières, de Besseix, de Soubrevèze, de Landogne, etc., fils du comte Hubert, seigneur de Combrailles, et de Françoise de Gain-Linards; lieutenant chef de brigade, puis maréchal de camp (V. *Hist. de la Maison de Bosredon*), fit rentrer dans sa famille la baronnie d'Herment, possédée par ses ancêtres. Le maréchal de Rohan-Soubise lui en fit vente, en 1783, moyennant 60,000 livres tournois et 600 livres tournois de pots de vin. Le marquis de Bosredon-Combrailles est mort au château de Combrailles le 29 mars 1802, à l'âge de 68 ans. Il avait épousé: 1° en 1767, *Maydeleine de Bigny*, morte sans enfants; 2° en 1770, *Anne-Clotilde Jehannot de Bartillat*, morte en 1785. Du second lit naquirent six enfants. L'aîné, le comte Hubert de Bosredon-Combrailles a épousé, en 1812, sa cousine Henriette de Bosredon de Vieuxvoisin; de cette union sont nées: Mme la baronne de Semur et Mme la comtesse de Saint-George.

ÉGLISE D'HERMENT

SA FONDATION — SA DESCRIPTION ARCHÉOLOGIQUE.

n fait, qui ne laisse aucun doute, est la fondation de l'église d'Herment, en 1145, par *Robert III, comte d'Auvergne*. L'authenticité en est acquise par une charte conservée dans les archives de la cathédrale de Clermont (1). Cette charte nous apprend que le riche feudataire, après avoir fait bâtir le château d'Herment, *considérant qu'il n'y a rien de si stable que ce qui est stable par la célébration du culte divin* « *considerans nihil tam stabile quin divini cultus frequentatione stabilius habeatur* » désira ardemment de bâtir une église en l'honneur de Dieu près de la forteresse « *ecclesiam ibi ad honorem Dei construi exoptavi* ». Robert conçut un monument majestueux, capable de contenir la nombreuse population future de la ville féodale dont il posait la première pierre; il voulait aller à Jérusalem, pour affranchir le tombeau du Christ « *vellet ire Ierosolimam* », et laisser avant son départ l'expression de foi la plus pure qui caractérise le XII° siècle; il ne savait, lui guerrier belliqueux, s'il couvrirait de son sang cette terre lointaine; peut-être ne reverrait-il plus le ciel qu'il allait quitter! Quoi de mieux qu'un temple qui passe à la postérité, disait-il bien pénétré de son pieux voyage, et jetant ses regards vers une autre patrie, le comte mettait aux pieds de l'autel la fragilité de l'existence humaine, qui est si peu de chose en face de la vie future!...

(1) Archives du Puy-de-Dôme; chapit. cath.

CHARTE DE FONDATION DE L'EGLISE D'HERMENT (1145).

Texte.

Notum sit omnibus hominibus, tam presentibus, qua(m) futuris, quod *ego* ROTB(ER)TUS, *comes Arvernensis*, *cum castrum nomine* HERMENC *ædificari fecissem,* considerans nichil tam stabile quin divini cultus frequentatione stabilius habeatur : *eccl(es iam ibi ad honorem Dei construi exoptavi.* Respiciens itaq(ue), quod ex meo jure nichil perfecte quantu(m) ad eccl(es)iam D(e)i p(er)tinet stabilire poteram, ad Arvernensem sedem matre(m) mea(m) devotus accessi, ut canonicorum eiusde(m) eccl(es)ia fieri potuisset. De more igitur ipsoru(m) canonicoru(m) sollempniter congregato capitulo, presente eiusdem sedis antistite nomine AIMERICO, canonicis maioris sedis eccl(es)ie s(an)c(t)e D(e)i genitricis Marie, quicquid parocchie juris est concessi in predicto castro et eor(um) successoribus ; Dedi insup(er) eis locum in quo eccl(es)ia D(e)o construeretur, ad quam tocius castri habitantiis decime et premicie, sepulture et oblationes et quicquid parrochie juris est, p(er)tineret ; suffragante vero domino Aimerico ep(iscop)o , ac precipiente. P(re)dicti loci eccl(es)ie atq(ue) parrochie canonici Claromontensis regimen atq(ue) curam in perpetuo valitura(m) susceperunt. Er(g)o tanto itaq(ue) beneficio suscepto, canonici Claromontensis adq(u)œscentes voluntati me(œ), q(uo)d gratis speci et ultro michi exibentes, anniversarium in uno de n(ost)ro genere descendentes et qui morte subierant et qui morituri erant d(ic)to p(ro)piciato consequerentur. Huius constitutionis atq(ue) donationis testes fuerunt qui presentes adherant rectores eccl(es)ie atq(ue) canonici :

Traduction.

Sachent tous les hommes présents et à venir que moi ROBERT, comte d'Auvergne, *après avoir fait construire le château fort nommé Hermenc,* considérant qu'il n'y a rien de si durable, qui ne le soit encore davantage par la célébration du culte divin, *j'ai désiré ardemment d'y élever une église en l'honneur de Dieu.* C'est pourquoi, réfléchissant que de mon propre droit je ne pouvais rien établir avec la perfection qui appartient à l'église de Dieu, je me suis humblement adressé à l'église d'Auvergne, ma mère, afin qu'avec l'aide des chanoines de ladite église, je puisse bâtir une église dans ledit château fort. Le chapitre des chanoines s'étant donc solennellement réuni selon l'usage, le prélat de cette même église, nommé AYMERIC étant présent, j'ai accordé aux chanoines du grand siège de l'église de Sainte-Marie, mère de Dieu et à leurs successeurs tous les droits paroissiaux du château susdit. Je leur ai en outre, donné du consentement et de l'ordonnance de leur seigneur évêque Aymeric, la place où l'église serait élevée à Dieu et toutes les dîmes, prémices, droits de sépulture, oblations, et tous droits paroissiaux sur les habitants dudit château. Les chanoines de Clermont prendront le gouvernement de l'église et de la paroisse du lieu. C'est pourquoi un si grand bienfait, dont je les ai gratifiés de plein gré, ayant été accepté par les chanoines de Clermont, le manifestant de leur propre mouvement, ils firent suivre cette faveur d'un anniversaire pour les descendants de notre race et ceux qui étaient morts ou mourraient. Les recteurs de l'église et les chanoines qui étaient présents furent témoins de cette constitution et donation :

† *P. Preposit(i)* (1) ; † *P. decan(i)* (2) ; † *Joh(ani)s*, abbatis s(an)c(t)i Illidi (3) ; † *Agaiz Bernard*, caput scolarii ; † *E(l)din(i) Dermo*, decani Portuensis ; † *Rotgerii Aguaiz*, abbas s(an)c(t)i Genesii (4) ; † *W. de Vernolio*, archidiaconi ; † *Radulf. Salamos*, archip(res)b(iteri) ; † *W. Brunerii*, archip(res)b(iteri) ; † *Petri*, bailio ; † *Stephani de Cuciaco* ; † *Johs. de Rubiaco* ; † *Arberti de Volorio* ; † *Rotb(er)t(i) de Seiraco* ; † *Ugo de Cuciaco* ; † *Arnal(di) Galtarii* ; † *W. Dermo* ; † *Petr(i) de Romaniac* ; † *Pet(ri) Rufi* ; † *Girald(i) de Plantadis* ; † *Johs. Chalan* et plures alii canonici et etia(m) multi laiei videlicet ; † *W.* ; † *Bertram* ; † *Aimoni(s) de Ruperforti* ; † *Bernard(i) de Chalmetis* ; † *Stephani Gantanilla* ; *W. Bertranni* ; *Johs. Vilelmi*, archipresbiteri ; † *Gaufredi de Murolio* ; † *Eldin(i) Reboni* ; † *Gerald(i) Deisiaco* ; † *W. Merchateri*.

P. prévôt ; P. doyen ; *Jean*, abbé de Saint-Allyre ; *Bernard Agaiz*, capiscole ; *Eldin d'Ermon*, doyen du Port ; *Rotger Agaiz*, abbé de Saint-Genès ; *W. de Verneuel*, archidiacre ; *Raoul Salamos*, archiprêtre ; *W. Brunier*, archiprêtre ; *Pierre*, baile ; *Etienne de Cussac* ; *Jean de Royac* ; *Arbert de Vollore* ; *Robert de Seirac* ; *Hugues de Cussac* ; *Arnauld Gaultier* ; *W. Dermon* ; *Pierre de Romagnac* ; *Pierre Roux* ; *Girald de Plantadis* ; *Durand des Chirouses* ; *Hugues Chaslan* ; *Nicolas* ; *Jean Chalan* et plusieurs autres chanoines et aussi de nombreux laïcs ; *W.* ; *Bertrand* ; *Aimon de Rochefort* ; *Bernard de Rochefort* ; *Bernard de Chalmet* ; *Etienne Gantanille* ; *W. Bertrand* ; *Jean Guillaume*, archiprêtre ; *Geoffroy de Murol* ; *Eldin Rebon* ; *Gérald Deisiac* ; *W. Merchater*.

La charte précédente, écrite sur un parchemin de 0m48 de long, sur 0m32 de large, n'est pas datée, mais il est facile d'en fixer l'époque. Le comte d'Auvergne, Robert III, vivait selon Baluze et les historiens en 1136. Aymeric prit possession du siége épiscopal de Clermont en 1111, mourut vers 1150, et fut remplacé par *Etienne de Mercœur* ; c'est donc dans l'espace de 1136 à 1150 qu'elle fut écrite ; nous lui donnons la date de 1145, parce que Robert voulait aller à Jérusalem, comme nous le verrons plus bas, et que cette année même fut décidée la croisade entreprise par le roi de France Louis-le-Jeune. La charte est scellée d'un sceau en cire jaune de 0m65 de diamètre, appendu par une double ficelle ; ce monument sigillographique, s'il faut en croire du Cange (*Glossarium*), est un des plus anciens de ce genre, attendu que les premiers sceaux suspendus par cordons ou ficelles ne remontent pas au-delà du milieu du XIIe siècle. Le champ du scel représente un guerrier à cheval, armé d'un bouclier en forme d'écu ; la légende a tout-à-fait disparu. Le dos du parchemin porte, en caractères du XIIe siècle : *Super ec(lesie) derm(enc)o* ; on lit au-dessous en caractères du XIIIe : *De do(n)at(i)one eccl(esi)e derme(n)co f(a)c(t)a p(er) R.(obertum) co(m)item Arvernen(sem)*.

La charte de l'église d'Herment constitue ce que l'on appelle en diplomatique une *notice publique*, c'est-à-dire un écrit destiné à transmettre à la postérité un fait historique ; cette

---

(1) *Pierre de Chamalière*, prévôt de Clermont de 1131 a 1134.
(2) *Pierre Guidon*, doyen de la cathédrale de Clermont en 1131-1137.
(3) *Jean*, abbé de Saint-Allyre en 1137-1139.
(4) *Rotger Agaiz*, abbé de Saint-Genès en 1131-1136 (V. *La Gallia Christiana*, t. 2).
(5) Voir notre dessin.

notice est *publique*, parce qu'elle est faite devant l'évêque. Audigier (*Hist. d'Auvergne*) rapporte en ces termes la fondation du comte Robert : « *Robert, comte, bâtit le château d'Hermenc et une église dans le fort, les droits de paroisse de laquelle, comme les prémices, offrandes, sépultures et autres, il donna à Aymeric, évêque de Clermont et au chapitre cathédral.* »

Voici le texte d'une seconde charte de l'an 1157. C'est une *notice privée* qui, rappelant la première, mentionne le don fait par l'évêque *Etienne de Mercœur* au chapitre de la cathédrale de Clermont de plusieurs cens sur un grand nombre d'églises, chapelles, etc.

Texte. | Traduction.

Notum sit universis fidelib(us) tam, fu(tu)ri(s) qua(m) p(re)sentib(us), quod R(OBERTUS), comes, *cum vellet ire Iherosolima(m)* dedit Deo et Be(ate) Marie Claromont(ensis) capitulo eccl(es)ia(m) que in villa de Hermenco construende erant (1) et illis et eorum successorib(us) ea(m) semp(er) in pace possidenda(m) concessit ; insup(er) ne hoc donu(m) mutari v(e)l cassari unq(uam) posset, hanc carta(m) sigilli sui autentica imp(re)ssione munivit ; Procedente v(er)o p(ropter) ea t(em)p(o)ris, S. de Mercorio, factus Ep(is)c(opus), rogavit canonicos ut in p(re)dicta eccl(es)ia medictatem ipsu(m) habe(re) qu(an) diu viveret concederent ; sui in hoc peticioni satisfecerunt. Hoc facto ip(s)e illos in hoc se gravasse p(re)sentiens, predicta(m) medictate(m) illis reddidit in pace haberint concessit. Prete(re)a omniu(m) eccl(es)iar(um) census quos usq(ue) in p(re)sente(m) die(m) acquisierat, p(ro) suo et parentu(m) suoru(m) *Odilonis* et *Paucaprise* et *Beraldi*, fr(at)ris sui et *Beraldi*, nopotis sui anniversario annuati(m) du(m) \iver(er)et in festo s(an)c(t)i Jacobi octavo K(a)l(endarum) Augusti post obitu(m) suu(m) in die sepulture sue faciendo eis dedit et ipsis et suis in p(er)petuu(m) successorib(us) se(m)p(er) in pace possidendos concessit et de(inde) concessit eos stati(m) cu(m) ganto

Sachent tous les fidels, présents et à venir, que le comte ROBERT *voulant aller à Jérusalem* donna à Dieu et au chapitre de Notre-Dame de Clermont *l'église qu'ils avaient l'intention de construire dans la ville d'Hermenc* ; il l'accorda aux chanoines et à leurs successeurs pour en jouir sans trouble. En outre, de peur que ce don put être altéré ou détruit, il revêtit cette charte par une empreinte authentique de son sceau. Il fit cela à une certaine époque. *Etienne de Mercœur*, devenu évêque, pria les chanoines de lui accorder pendant sa vie la moitié de cette église ; ils satisfirent à sa demande. Cela fait, présumant qu'il les avait grandement fâché, il leur rendit ladite moitié afin que dans la suite ils pussent en jouir en paix ; en outre, il leur donna pour son anniversaire, celui de ses parents, *Odilon* et *Paucaprise*, *Béraud*, son frère, *Béraud*, son neveu, anniversaire qui devait être célébré pendant son vivant le jour de la fête de Saint-Jacques, le 8 des Kalendes d'août, et après son décès le jour de sa sépulture, tous les cens acquis par lui-même jour sur certaines églises. Il accorda ces cens à eux et à leurs successeurs pour en jouir en paix perpétuellement ; aussitôt *il les investit avec son gantelet*. Ces choses sont écrites pour conserver la mémoire des cens acquis sur ces

(1) Une autre charte porte *ecclesiam quam fecerat in villa de Hermenco*. La phrase ci-dessus nous parait préférable ; elle fait suite à la charte de 1143 qui nous apprend que le comte Robert avait l'intention de construire cette église avec le concours du chapitre de la cathédrale.

investivit. Acquisiti v(ero) eccl(esi)arum census q(u)os eis dedit isti sunt : In pago Aureliaci, in eccl(es)ia de *Raular* X sol(idos) clar(omentenses) ; I(n) capella de *Taorciaco* XII. d. Caturc(enses) ; in eccl(es)ia s(an)c(t)i *Cirici* V sol(idos) clar(omontenses ; in decimaria de *Marciaco* dedit Causitus V sol(idos) pod(ienses) ; in Libratens(is) archipr(es)b(itr)atu V sol(idos) ; in t(er)ra de *G(ra)ndimonte* centum solid(os) pod(iences) ; in eccl(es)ia de *Nova Eccl(es)ia* in archipr(es)b(itr)atu de s(an)c(t)o Floro , in t(er)ra de *Coude* V sol(idos) pod(ienses) et homisnium ; in eccl(es)ia s(an)c(t)i *Donati* X sol(idos) ; G. *Delapgis* ; hic sunt in archipr(es)b(iter)atu Deolbio ; in ospitali de *Pontegibaldi* centum tructas in die cen(œ) vel II sol(idos) clar(omontenses) ; et *Aub(er)tus de Rabairolas* et q(uon)sanguinei ei deder(unt) ep(iscop)o V sol(idos) pod(ienses) in villa de *Raibairolas* ; in eccl(esi)a de *Charenciaco* , in eccl(es)ia de *Dontreico* V sol(idos) clar(omontenses) in eccl(es)ia de *Lauria* X sol(idos) pod(ienses), in archipr(es)b(iter)atu Brivatens(is) ; in *Olbiensi* medictate(m) eccl(es)ie s(an)c(t)i *Boniti de Monte de Collati* V sol(idos) clar(omontenses) ; in capella *de Monte Rotundo* V sol(idos) clar(omontenses) , in die cene ; In ospitali de *Morteraino* II sol(idos) clar(omontenses) ; in eccl(es)ia de *Sancto Amantio* , in capellania II sol(idos) clar(omontenses) ; in capellania *Desporciaco* dedit pr(es)b(ite)r sarracenus XII d(enarios) clar(omontenses) ; in eccl(es)ia *de Bociaco* V sol(idos) clar(omontenses) in sinodo Pentecontas, IV in sinodo S. Luce ; in eccl(es)ia de *Vico* X sol(idos) clar(omontenses) in sinodo Pente(contas) ; et in eccl(es)ia de *Rotgeir* II sol(idos) clar(omontenses) ; in eccl(es)ia de *Tornis* V sol(idos) clar(omontenses) ; in ecclesia de *Charvitazo* V sol(idos) clar., in festo s(an)c(t)i Andree ; in capella de *Monte Acuto*, in eccl(es)ia s(an)c(t)i *Illidii* V sol(idos) in

églises et donnés par lui : sur le bourg d'*Aurillac*, sur l'église de *Raular* 10 sous clermontois ; sur la chapelle de *Torciac* 12 deniers de Cahors; sur l'église de Saint-Cirgues V sous clermontois ; sur les dîmes de *Marciac*, *Causitus* a donné 5 sous monnaie du Puy ; sur l'archiprêtré de Livradois 5 sous ; sur la terre de *Grandmont* 100 sous monnaie du Puy ; sur l'église d'*Eglise-Neuve*, archiprêtré de Saint-Flour, sur la terre de *Coude*, 5 sous monnaie du Puy et l'hommage ; sur l'église de *Saint-Donat* 10 sous ; G. *Delapgier* ; ces choses sont dans l'archiprêtré (d'Olbion?,) ; sur l'hôpital de *Pontgibaud* cent truites le jour de la cène ou 2 sous clermontois ; et *Aubert de Riberolles* et ses cousins donnèrent à l'évêque 5 sous monnaie du Puy dans le village de *Riberolles* ; sur l'église de *Charenssat* , sur l'église de *Dontreix* 5 sous clermontois ; sur l'église de Lauriat 10 sous monnaie du Puy, dans l'archiprêtré de Brioude ; sur (Olbion ?) la moitié de l'église de *Saint Bonnet du Mont de Collé*, 5 sous clermontois ; sur la chapelle de *Montredon* 5 sous clermontois le jour de la Cene ; sur l'hôpital de *la Montrayno*, 2 sous clermontois ; sur l'église de *Saint-Amant*, sur la chapellenie 2 sous clermontois ; sur la chapellenie *Desporciac*, le prêtre Sarrazin a donné 12 deniers clermontois ; sur l'église de *Bociac* 5 sous clermontois dans le sinode de la pentecôte, 4 dans le sinode de Saint Luc ; sur l'église de Vic 10 sous clermontois dans le sinode de la Pentecôte et sur l'église de *Rotgeir* 2 sous clermontois ; sur l'église de *Tours* 5 sous clermontois ; sur l'église de *Charvitaz* 5 sous clermontois, à la fête de Saint André ; sur la chapelle de *Montaigut*, sur l'église de *Saint-Allyre*, 5 sous à la fête de la Pentecôte et à la fête de Saint Luc ; sur l'église de *Saint Maurice d'Espinasse* et de *Gouttières* et de *Teilet* 5 sous à la fête de la Pentecôte, 4 à la fête de Saint Luc ; sur l'église de *Cros* 12 deniers ; sur l'église de *Bran* 4 sous à la fête de

festivitate Pentec(ontas) et in festo s(an)c(t)i Luce ; in eccl(es)ia s(an)c(t)i Maricii. edesninassa et de Guoteira et de Teilet, V sol(idos) in festo Pent(econtas), IV in festo s(an)c(t)i Luce ; in eccl(es)ia de Cros XII. d.; in eccl(es)ia de Brani III sol(idos) in festo s(an)c(t)i Luce ; in eccl(es)ia sancti Maricii debeserns V sol(idos) in festo s(an)c(t)i Andree ; in eccl(es)ia de Segur X sol(idos) in festo s(an)c(t)i Andree ; in castello Lanerii in nat(ivitate) l(omi)ni. II sestarios de melle puro ; in capella depinchalmo III sol(idos) pod(ienses) ; in eccl(es)ia de Marchalmo IIII sestarios de melle puro in nat(ivitate) d(omi)ni ; in eccl(es)ia de Naide V sol(idos) in sinodo pentec(ontas), IV sol(idos) in festo s(an)c(t)i Luce ; in eccl(es)ia de Charboneiras III sol(idos) clarom(ontenses) in sinodo pen(tecontas) ; in capella S. Comtoris II sestarios de melle puro in nat(ivitate) d(omi)ni ; in eccl(es)ia s(an)c(t)i Saturnini V sol(idos) pod(ienses) infra octavas pen(tecontas annuatim unde erant capella(nus) Gerald de Celles et particeps beneficii ; in eccl(es)ia de Amberto V sol(idos) in pen(tecontas), IV in festo s(an)c(t)i Luce ; in capella de Rochaebram II libras cere in pen(tecontas) in Auralienci Archipr(es)b(iter)atu ; in eccl(es)ia Deinops in festo s(an)c(t)i Andree XX sol(idos) pod(ienses) ; in eccl(es)ia s(an)c(t)i Martini de Val mariis II sol(idos) in sinodo pent(econtas) ; in eccl(es)ia de Chamboi V sol(idos) pod(ienses) ; in eccl(es)ia s(an)c(t)i (Christ)ophori IIII sol(idos) pod(ienses) ; in eccl(es)ia s(an)c(t)i Boniti II sol(idos) pod(ienses), hec sunt in pent(econtas) reddenda de pr(es)b(it)ro de Menet X sol(idos) pod(ienses) in sinodo pent(econtas) ; in eccl(es)ia de Chastelnou III sol(idos) clar(omontenses) in sinodo pen(tecontas) ; de Lespinasa ; R. de Belloforti in nat(ivitate) d(omi)ni II sol(idos), in sinodo pen(tecontas) ; in eccl(es)ia de Lobairac, in archipr(esbiter)atu de Blot XIII. d., in sinodo pen(tecontas) XVIII d.

Saint Luc ; sur l'église de *Saint Maurice de Beserns* 5 sous à la fête de Saint André ; sur l'église de *Ségur* 10 sous à la fête de Saint André ; sur le château de *Laner* à la nativité de N. S. 2 setiers de mixture pure ; sur la chapelle d'*Espinchal* 3 sous monnaie du Puy ; sur l'église de *Marchalm* 4 setiers de mixture pure à la nativité de N. S. ; sur l'église de *Nède* 5 sous à la fête de Saint Luc ; sur l'église de *Charbonnières* 3 sous clermontois au sinode de la Pentecôte ; sur la chapelle de *Saint-Comtour* 2 setiers de mixture pure à la nativité de N. S. ; sur l'église de *Saint-Saturnin* 5 sous monnaie du Puy dans l'octave de la Pentecôte, chaque année, *Gerald de Celles* était le chapellain de cette église et jouissait de ce bénéfice ; sur l'église d'*Ambert* 5 sous à la Pentecôte, 4 à la fête de Saint Luc ; sur la chapelle de *Rochebram* 2 livres de ciré à la Pentecôte, en l'archiprêtré d'Aurillac ; sur l'église *Deinops* à la fête de Saint André 20 sous monnaie du Puy ; sur l'église de *Saint Martin de Valmar* 2 sous au sinode de la Pentecôte ; sur l'église de *Chamboit* 5 sous monnaie du Puy ; sur l'église de Saint-Christophe 4 sous monnaie du Puy ; sur l'église de *Saint-Bonnet* 2 sous monnaie du Puy, ces choses doivent être rendues à la Pentecôte, par le prêtre de *Menet* 10 sous monnaie du Puy, au sinode de la Pentecôte ; sur l'église de *Chastelnou* 3 sous clermontois au sinode de la Pentecôte ; *de Lespinasse* ; R. de Beaufort à la nativité de N. S. 2 sous, au sinode de la Pentecôte 2 sous ; sur l'église de *Loubeyrac*, en l'archiprêtré de Blot 12 deniers, au sinode de la Pentecôte 18 deniers à la fête de Saint-Luc ; sur l'église de *Lyon* 2 setiers de froment. Ensuite l'évêque susdit investit le chapitre de toutes ces choses ; les clercs lui en accordèrent l'usufruit à telle condition qu'après son décès elles seraient possédées par eux. Mais afin que cette donation demeure toujours ferme et solide, moi *Etienne*, évêque de Clermont, je

in festo s(an)c(t)i Luce ; in eccl(es)ia *Lucdunensi* II sestarios frum(en)ti. Postquam v(ero) predictus ep(is)c(opus) ; cap(itu)l(u)m de his omnib(us) investivit. Clerici omnium p(re)dictor(um) usus fructum eidem ep(iscop)o mu(n)ita sua concesserunt, tali pacto, ut p(ost) obitum et ad illos omnia semp(er) ab eis possidendare durent. Ut autem hec donacio firma semper et inconcussa permaneat, ego S(tephanus) *claromontensis ep(is)c(opus)* hanc cartam sigilli n(ost)r(i) autentica imp(re)ssione communio et confirmo. Hoc autem factum est *anno ab incarnatione(*) domi(ni) millesimo centesimo quinquagesimo septimo* ; ep(iscop)atus v(ero) eidem d(omi)ni Steph(an)i septimo (2).

munis et confirme cette charte de l'empreinte authentique de notre sceau (1). Ceci a été fait l'an de l'incarnation de Notre Seigneur *mille cent cinquante sept* ; la septième année de l'épiscopat du même Etienn .

Description archéologique de l'église. Placée à une période de transition entre le plein cintre et l'ogive, l'église d'Herment appartient au style *romano-bizantin-tertiaire* (classification de M. de Caumont). Elle a 53 mètres de longueur dans œuvre sur 20^m de largeur. Le gouvernement l'a classée au nombre des monuments historiques du Puy-de-Dôme (3).

Plan. La forme générale de l'édifice est un rectangle parfait en supprimant le chœur terminé en demi-cercle et les deux chapelles qui l'accompagnent. Suivant la règle liturgique, en usage dès le Ve siècle, le chevet est tourné vers l'orient, avec légère courbure inclinée vers la gauche, pour traduire l'*inclinato capite* de l'Evangile.

Nefs. La partie occidentale de la nef est enfoncée dans le sol par suite de la construction de l'édifice sur le penchant de la butte. On y descend par un large escalier, refait en entier en 1862 sous l'initiative de notre vénérable pasteur M. l'abbé Démaison. La grande nef mesure 6 mètres de large. Les deux nefs latérales ont 3^{m}60 chaque. Les voûtes du chœur et des deux chapelles latérales qui l'accompagnent sont moins élevées que celles des nefs. Le transept est surmonté d'une coupole élancée, destinée à soutenir l'ancien clocher ; il est terminé extérieurement par deux pignons triangulaires, dont la construction s'élève au-dessus des toits comme dans les monuments romans de la province. Autour des nefs latérales règne un banc de pierre, qui sert à la fois de siège aux fidèles et de *stylobate* aux colonnes engagées.

Plan de l'abside. Un peu allongé, puisqu'il offre 11^m de long, il est accompagné de deux cha-

(1) Ce sceau, qui est ogivale, représente un évêque tenant un livre et une crosse. Légende : *Sigillum Stephani Arvernorum Epi*. Les archives départementales du Puy-de-Dôme possèdent une reproduction en métal de ce sceau, dont la réussite est parfaite.

(2) Archives du chapitre de la cathédrale de Clermont. *Arm. 2. Sac H. Cotte 23.*

(3) Ces monuments sont au nombre de vingt-deux : les églises du Port, de Saint-Paul d'Issoire, de Saint-Nectaire, de Notre-Dame d'Orcival, de Saint-Saturnin, de Manglieu, de Mozat, d'Ennezat, de Chauriat, de Vic-le-Comte, d'Herment. de Larouet, de Thuret, de Saint-Cerneuf de Billom, de Saint-Amable de Riom, d'Aigueperse, de Montferrand, de Royat, de Menat, de Saint-Genès de Thiers, de Volvic, et le baptistaire de Chambon.

...lles en cul de four ; l'une est dédiée à saint Roch, patron de la ville, l'autre servait de sacristie temps immémorial. Une nouvelle sacristie a été construite en 1863 ; elle est adossée à ...glise dans la partie méridionale, ce qui a permis de compléter le style du monument en ...ablissant une chapelle à la place de l'ancienne sacristie. Au-dessous du chœur, existe un petit ...veau qui servait d'*ossuaire*. Les voûtes de l'édifice présentent une courbure prononcée ; l'ogive ...domine ; celles qui précèdent le transept sont plus élevées que celles du chœur.

Appareil. Toutes les façades de l'église sont solidement construites en pierre de taille de *and appareil* (0ᵐ34). On y remarque la lave de Pontgibaud et le granit des environs de ...ondines. Au XIIᵉ siècle, il existait une pieuse association « *les logeurs du bon Dieu* » uni...ement vouée à la construction des églises d'Auvergne (1). Il est probable qu'elle fut appelée ...r le comte d'Auvergne Robert III et les chanoines de la cathédrale de Clermont, qui prêtèrent ...ur concours au grand feudataire. Elle construisait d'abord le chevet de l'église. Les travaux ...ntinuèrent pendant le XIIIᵉ siècle. Il y a apparence que l'église ne fut achevée qu'au commen- ...ment du XIVᵉ siècle.

Piliers. Colonnes. De lourds piliers soutiennent les arcades en ogive (ces arcades ont 6ᵐ55), ...i permettent de circuler dans les nefs. Ils sont flanqués, sur leurs quatre faces, d'une colonne ... soc large et bien taillé ; plusieurs de ces colonnes sont appliquées à l'extérieur de l'abside ; ...les dessinent de belles ogives, qui ressortent sur l'épaisseur des murs.

Chapiteaux. Quelques-uns sont chargés de feuillage ou de grappes de raisin. Ceux de l'abside ...frent des sujets de l'Ancien et du Nouveau-Testament, produit de l'art dans son enfance. Ici ...est la Sainte Trinité ; là Adam et Eve chassés du paradis terrestre ; un ange armé d'une massue, ...rminée en boule, poursuit notre premier père, qui cherche à se défendre, symbole de sa ...volte contre Dieu ; une fleur de lys, emblème de la royauté déchue de l'auteur du genre ...umain, sépare les deux personnages ; l'un et l'autre portent un bouclier en forme d'écu, ...alogue à ceux que représentent les sceaux du XIIᵉ siècle ; leur chaussure est terminée en ...ointe.

Fenêtres. On sait que nos ancêtres aimaient à donner aux monuments religieux un jour ...mbre, mêlé de quelque air sévère. C'est sans doute ce motif qui a guidé *les logeurs du bon ...eu* à n'éclairer cette église que par de rares ouvertures. Il semble, en effet, lorsqu'on se ...ouve sous ces sombres voûtes, que l'âme est davantage disposée à élever ses pensées vers le ...réateur, quand au silence profond se joint une clarté vacillante. Les croisées de l'abside sont ...rminées en cintre et décorées de minces colonnettes surmontées d'un tore. Les vitraux que la ...abrique a fait placer en 1852 sont du plus bel effet, lorsqu'on considère la profondeur du ...onument sous l'ogive de la grande porte d'entrée. Nous passerons en silence la croisée de ...ancienne sacristie ; celle de la chapelle Saint-Roch présente à l'extérieur des colonnettes ...rmontées de chapiteaux du XVᵉ siècle ; ceci dénote une réparation ou une construction faite ...rès coup. Le *quatre-feuilles*, percé dans la façade du sud, rappelle par sa forme, analogue à ...lle d'une croix, la croisade dont fit partie le comte Robert ; en face, dans la façade du nord, ... est contrarié de rencontrer non un autre quatre-feuilles, mais une longue croisée terminée ... plein-cintre ; c'est évidemment une reconstruction faite sans intelligence par un ouvrier du ...ys ; dans tous les cas cette reconstruction date de fort loin. La même façade du nord possède

---

(1) Voir le bel et savant ouvrage de M. Mallay, architecte : *Les Eglises romanes et romano-byzantines de l'Auvergne* ; in-...lio, imprimé chez M. Desrosiers, à Moulins.

dans la direction opposée un *quatre-feuilles*, en face duquel se remarque une espèce de *rose* du XIV° siècle. Les deux petites croisées situées de chaque côté de la porte d'entrée et celle qui la surmonte sont à plein-cintre. Presque toutes les croisées précédentes possédaient de beaux vitraux ; ils ont disparu en grande partie pendant les guerres religieuses du XVI° siècle et totalement en 1793.

Portes. Trois portes donnent accès dans ce monument : C'est d'abord la grande porte, à l'occident ; l'architecte l'a ornementée de son génie : torsades, archivolte, colonnes, superbe ogive. La vieille porte conserve ses ferrements du Moyen-Age, à droite on remarque le socle d'une colonne, brisé par la foudre, lorsqu'elle tomba sur l'église le 6 juin 1780. La porte du nord est la deuxième par sa grandeur et sa décoration ; la troisième est *celle du chapitre*, dans la façade du sud ; elle était ainsi nommée parce qu'elle servait aux chanoines.

Arcades simulées. A l'extérieur de l'abside, des deux côtés de la principale porte, l'architecte a simulé sur le nu des murs des arcades en ogive.

Clochers. Le clocher, supporté par la coupole du transsept, fut achevé au commencement du XIV° siècle (1). Il était exagone. Sa flèche élancée produisait le coup-d'œil le plus pittoresque dans les environs. Ses fenêtres, étagées l'une sur l'autre, étaient ornées de colonnettes avec leurs chapiteaux et de tores. La folie des révolutionnaires de 1793 a tout anéanti !... (2).

Depuis le XIII° siècle, jusqu'à la fin du XVI°, ce clocher fut meublé de cinq grosses cloches, dont les accents, d'une harmonie parfaite, permettaient de faire un petit *carrillon* les jours de grande fête. Un bourdon, fondu le 10 avril 1492, fut brisé par les protestants en 1592, ainsi que les deux plus fortes cloches ; le chapitre fit opérer en 1604 une refonte qui coûta 750 livres tournois (3,928 fr.). En 1652, le clocher avait encore trois cloches, qui retentirent jusqu'en 1793, époque où elles furent précipitées par l'ouverture de la coupole ; la plus forte ne reçut aucune atteinte dans le choc.

L'église avait encore deux autres clochers, détruits jusqu'au comble par les huguenots au XVI° siècle ; l'un portait le nom de *chapelle de Saint-Jean* ; l'autre était appelé, dès le XV° siècle, *clocher Saint-Nicolas*. En 1455, les consuls voulaient fortifier le clocher de la chapelle Saint-Jean « *pour y retraire leurs personnes et leurs biens en cas de siège* » ; le baron Guillaume de Bosredon s'opposa à ce projet ; aujourd'hui, la chapelle Saint-Jean sert à tout autre usage que celui du donjon désiré par les consuls ; c'est le clocher actuel, qui fait triste figure, pauvre clocher ! Sa charpente pyramidale recouvre l'unique cloche, du poids de 1,800 kilog.; cette cloche a été fondue en 1804, voici son inscription :

« JAY ÉTÉ FAITE EN LAN 12. JAI ÉTÉ BENITE PAR M° FRANÇOIS FAYET CURÉ † MON PARAIN A ÉTÉ † M° PIERRE MAZUER NOTAIRE ET MA MARRAINE D°° MARIE GUILLAUMICHON, VEUVE DE M° G° BOUYON NOTAIRE ; PAR LES SOINS DE M° LOUIS PLABONMY NOTAIRE ET MAIRE D'HERMENT ET PRÉSIDENT DU CANTON. »

Quant au clocher Saint-Nicolas, le chapitre et la ville y firent placer en 1514 une horloge qui donna lieu à la transaction suivante, portant pour suscription : « *Establissement du Reloge d'Herment* :

---

(1) En 1315, *Guillaume Robert*, curé d'Herment, donna 40 livres tournois (3,738 fr. 90) pour aider à terminer le clocher *(pinaculum)* de l'église d'Herment.

(2) Deux arrêtés du trop célèbre *Couthon*, en date du 14 novembre 1793 et 1er mars 1794, ordonnent la démolition de tous les clochers du département du Puy-de-Dôme *(Archives départementales)*. C'est ainsi qu'un grand nombre de ces admirables constructions disparurent.

« A tous, *Jehan Jarqueil*, chantre, *Jehan Villefeulh*, *Michel Lascrotas*, *Léonard Barghon*, *Guille auduy*, *Jacques Daultebesse* et *Jacques de Frias*, chanoines de lesglize collegiale nostre dame erment assemblés en nre chappre à son de campane en la maniere aqstumé pour nous et red chappitre duue part. Et nous *Xpofe* (Christophe) *Bauduy*, *Gabriel Rogier*, *Annet Battut* et *Michel Rocheffort* consuls l'annee pnte de la ville derment pour nous nostre qmune et htants icelle ville dautre partie. Cognoissons et confessons avoir fait entre nous les transhaction et ccord qui sensuivent, assavoir q. comme nouvellement et dernierement ait este fait *ung Reloge* n lad. ville pou le service de la chose publique et lequel est tres utile et proffitable tant a lad. ille que a lesglize Et lequel Reloge ait esté mis et appousé en lad eglize derment et *au clochier aint Nicollas*. Et soit i celuy Reloge tant mouvement diceluy cloche que reparations faictes à a lanterne à laquelle la cloche a esté mise et posée fait aux despens de lad ville et dud chappre. ar en a payé lad ville la somme de sept vingtz livres et led chappre trente livres dung couste t quarante dautre en etang obligé qu'ils avoient desdits consuls. Lequel leur ont Randu autres ons qui ont esté faits par mons^r le baron derment étants pour la façon diceluy. Et affin que par e temps advenir ne y puisse avoir debbat et altre action que lad ville ne puissé dire avoir lroit à lad esglize mesmement aud clochier saint Nicolas a cause de ce que led Reloge y est ozé et peilhement led chappre p. le temps avenir ne peute dire que le Reloge est dicelle sglize et quil leur appartient et quilz en volussent faire a leur ayze et le convertir et appro- rier a eulx. A ceste cause nousd chappre de nred couste pmettons ne approprier a nous et a red. eglize led Reloge tant cloche que mouvement dicelux ains voulons que specialement lad loche serve de Reloge sans ce que soit destiné a autre usaige. Et néanmoings voulons et metons payer doresnavant et ppetuellement la moytie des Repations necessaires aud Reloge t la quantité de troys septiers bleds par les gaiges de celuy qui gouvernera led. Reloge, lequel era esleu en qmun par nous et par lesdits consuls. Et nousd consuls de nre l. cousté *confessons avoir aucun droit aud clochier fors le service dud Reloge*. Et voulons que nous ni noz successrs onsuls ne puissent approprier lad cloche a autre usaige que de Reloge Et pmectons payer la moytie des reparations doresnavant necessaires par lentretenement dudit Reloge pour le faire onner et la moytié des gaiges de celuy qui le servira. Lequel sera commis par nous et par led hoppre. Et au cas quil adviendroit lad. cloche et monument tumber en decadence et ne ourroient plus servir audit usaige p. faulte de reparation et entretenement de lad cloche ou ar autre incident infortune aud. cas nous d. chappre et consulz prandront et remunerons esd. leniers par chacun de nos fraiz et racha selon que lad cloche et mouvements seront de valleur. Toutes lesquelles choses susdites avons promises chacun de nous en son endroit actandre et ant perpetuellement et voulons que l'ung de nous puisse contraindre tonctes a icelles entretenir Et pour ce faire avons chacun de nous en son endroit qstituer noz procureurs les *curiaulz Vermant*, de Montferand, de Riom et de Clermont pour rendre et souffrir qdemnation des choses susdites et chacune dicelles. En tesmoing et perpetuelle memoire desquelles choses lessusd. nousd chappre a ses pntes *avons mis et appousé noz sceaulx* et icelles faictes signer p. maistre *Durand Rogier* notaire, notre scribe Et nousdits qsulz pareilhement *avons mis à sesd. résentes le scel de notredit consulat*. Et icelle avons faictes signer a maistre *Leonard Gilier* nre scribe. *Fait et donné le cinq^{me} jour de mars lan mil cinq cens quatorze* et donné comme dessus. Signé : *Gilier*, clerc et scribe desd. qsules. »

Il résulte de l'acte précédent que la première horloge de l'église d'Herment fut placée il y a 351 ans; celle de la cathédrale de Clermont a sonné pour la première fois en 1407. La lanterne, l'horloge et le clocher Saint-Nicolas tout a disparu depuis 1793, faute d'entretien. En 1856, M. Jacques Hugon, ancien notaire à Saint-Amand-Tallende, natif d'Herment, a fait cadeau à notre église de l'horloge actuelle, qui manque de cadran. Nous pensons que notre compatriote a l'intention de compléter sa bonne œuvre.

En 1811, le clocher Saint-Nicolas servit à des observations importantes, faites sur un échafaudage établi sur les débris de l'ancienne horloge. Le centre de sa coupole fut pris comme point trigonométrique de la méridienne de Dunkerque à Barcelone, qui a servi, comme on le sait, à déterminer le mètre, base du système métrique ; les points de triangulation les plus rapprochés étaient : la tour de Sermur (Creuse) et la montagne du Pic de Sancy. On lit l'inscription suivante à gauche de la porte du clocher :

POINT TRIGONOMÉTRIQUE DE LA
MÉRIDIENNE DE DUNKERQUE PAR LEQUEL
LES OFFICIERS AU CORPS IMPÉRIAL DES
INGÉNIEURS GÉOGRAPHES ONT LIÉ LE
MONT BLANC A CETTE MÉRIDIENNE
NAPOLÉON EMPEREUR. OCT. 1811 (1).

Contreforts. Modillons. Les contreforts sont nombreux mais peu prononcés ; ils sont de la plus grande simplicité, comme ceux du XIIe siècle. Les *corbeaux* ou *modillons*, sorte de pierres saillantes en forme de console, placées sous les combles des toits, sont variés ; ils représentent des animaux fantastiques, des têtes grimaçantes, des *volutes*, des *sautoirs*, des *fleurs de lys*, des *chevrons*, etc. On en remarque quatre au milieu de la façade occidentale.

Jubé. L'entrée du chœur de l'église était fermée par un jubé du XVe siècle détruit en 1793 ; ce jubé était couronné par une balustrade en pierre de taille, servant de limite à une tribune sur laquelle prenait place le baron et sa famille. Au milieu de la tribune, et sur la balustrade, s'élevait une croix de bois portant un grand Christ recouvert de toile couleur chair. Ce Christ reposait sur une N. D. de Pitié accompagnée de trois écussons : au-dessous celui du chapitre ; chaque côté ceux de la ville d'Herment et d'un consul de l'époque de la famille Bouyon. (Voir notre dessin.) Des orgues, en usage dans cette église dès le milieu du XVIe siècle, étaient adossées à la muraille non loin du jubé. L'intrument avait trois soufflets ; ses tuyaux en étain le rendaient très-sonore ; résonnant sous des voûtes dont l'acoustique est parfaite, quel délicieux effet ne devait-il pas produire un jour de grande fête, lorsqu'il mêlait ses chants majestueux aux chants si imposants de la religion chrétienne ! La rage de la Révolution ne le respecta pas plus que le jubé. Les noms de quelques organistes apparaissent çà et là dans les archives du chapitre : *Jean Bastide*, prêtre, 1552 ; *Antoine Lucarel*, 1656-1701 (2) ; *Cathery Andrieu*, 1742 ; *Gabriel Andrieu*, 1748-1750.

Une messe en musique fut chantée dans l'église d'Herment en 1848.

Tombes. Le pavé de l'église a été entièrement refait en 1863. J'applaudirais volontiers à cette réparation considérable, si elle n'avait eut pour résultat de faire disparaître les vénérables

---

(1) Il est regrettable que cette inscription ait été recouverte d'un badigeon grossier, lors des réparations de l'église, il y a quelques années, ce qui la rend presque illisible.

(2) Ses gages s'élevaient en 1675 à 4 setiers 1[2 de seigle.

...bes de tant de générations. Je cherche vainement ces longues dalles armoriées, ces inscriptions à demi-effacées, tous ces emblêmes religieux ou féodaux, souvenirs des vieux âges, ...ression de foi, qui me parlaient pieusement à l'âme ; j'y voyais l'histoire entière de la ...e. Au point de vue de l'archéologie cette disparition est aussi très-regrettable.

Autel, Stalles, Tableaux, etc. Le maître-autel, en marbre blanc, n'est pas en rapport avec le ...le du monument ; n'en déplaise à MM. les fabriciens qui l'ont fait placer en 185. ; tous les ...nnaisseurs sont contrariés d'y rencontrer le *roman* pur. Leurs yeux s'arrêtent plus volontiers ...r les stalles sculptées qui rappellent le don fait par le testament du docteur Pierre de Besse, ... date du 28 mars 1638. « Item, je donne à lesglise et chapitre de Nostre Dame d'Herment, laquelle jay esté chanoine et doyen, lieu de la sépulture de mon père et mère quelques frères autres parents, *la somme de six cents livres* (1) *pour faire faire un cœur en menuyzerie en dite eglize avec figures et de la meilheure et plus belle façon que faire ce pourra* selon le prix ... ladite somme, pour l'honneur de Dieu et dévotion de ladite église et veux que l'argent soit ...is entre les mains de mon nepveu l'advocat et que tout cy face selon l'advis et conseil auquel ... donne charge de tout cella et lui en lesse entièrement l'exécution et la conduite. » (Voir la ...ste des doyens du chapitre ; article Pierre de Besse).

L'amateur de vieilles boiseries trouvera derrière le maître autel un panneau sculpté de la fin ... XVᵉ siècle ; il paraît que les stalles actuelles ont remplacé des stalles gothiques, avec dais, ...truites par les Huguenots en 1592. Notre église possède quelques tableaux : *Sainte Radegonde*, ...onne toile, attribuée au Guide (2), une *Madone espagnole*, donnée par mon père M. Charles ...ardieu ; une *Sainte Magdeleine* et une *Adoration des Anges au Sacré-Cœur de Jésus*, cadeau de ... Louis Peyronnet, notaire, une *Immaculée Conception*, tableau moderne, orné d'un beau ...dre doré, mais peinture d'une grande pauvreté au point de vue du dessin.

Chapelles de l'église. L'église d'Herment possédait avant 1789 un grand nombre d'autels ...rticuliers, adossés aux piliers du monument ; les derniers ont disparu en 1863, dans les ...parations récentes. Cette heureuse innovation, due au pasteur de la paroisse, fait paraître le ...mple chrétien dans toute sa beauté. Au Moyen-Age, il était d'usage de fonder par testament ...ne *chapellenie* ou *vicairie*, dont le service devait être fait par un vicaire, a la nomination des ...ccesseurs du fondateur ; les rentes destinées aux émoluments de ce vicaire étaient assises sur ...s héritages, qui conservent encore le nom de *vicairies* (3). Nous trouvons parmi les vicairies ... cette église :

1° *Sainte Magdeleine*, fondée vers 1290 par *Guillaume de Termes*, chanoine. Une rente fut ...ssignée pour la desservir sur le village du Leyrit, paroisse de Basville.

2° *Sainte Morguerite*, fondée par le même *Guillaume de Termes*.

3° *Saint Pierre*, fondée en 1288 par *Pierre de Termes*, chanoine.

4° *Saint Blaise*, fondée par la famille *Mauriac* en 1338, et augmentée par les *Villefeut*. Rente ...ssignée : l'héritage appelée *Las Gaïnas*, dans les dépendances de chez Bourassat.

5° *Sainte Catherine*. Fondateur : *Benoît Gerbe*, vers 1365, qui la dota d'une rente de ...00 sous.

6° *Saint Nicolas et Saint Léger*. Fondateur : *Benoît Gerbe*, vers 1365, qui la dota d'une rente

---

(1) Environ 2,299 francs de notre monnaie.
(2) Ce tableau provient du couvent des Cordeliers de la Celette.
(3) Toutes les vicairies de l'église d'Herment furent unies a la mense capitulaire le 1ᵉʳ juin 1678.

de 100 sous sur le village de Laveix. *Gilbert de Villelume*, sʳ de Villedière, nommait le chapel[ain] en 1695.

7° *Saint Léger*, fondée avant 1475 par les ancêtres du chanoine *Jean Robert*.

8° *Saint Loup*, fondée avant 1505 par la famille *Villefeut* ; avec rente assise sur une te[rre] (aujourd'hui le *pré de la Viquerie*) dans les dépendances de chez Denis.

9° *Saint Jacques*. Fondateur : *Jacques Jehan*, sʳ de la Villedière, vivant en 1480. Re[nte] assignée sur le pré de la Plantade, dans les dépendances du domaine de chez Bourassat.

10° *Saint Crespin et Saint Crépinien*, fondée avant 1529. *Michel Eyrauld*, descendant fondateur, en avait la collation en 1608.

11° *Saint Jean-Baptiste*, dont la rente était assignée sur le pré *Fauconnas* ou *Foucou*, [au] dessous des vieux fossés de la ville près de la fontaine de *Pissoil* (sic).

12° *La Fête-Dieu*, avec rente assise dans les dépendances de chez Peyrières.

13° *Saint Georges*, dont la rente était placée sur le domaine de chez Parry..

14° *La Chanaux*, fondée en 1296, par *Pierre Prat* et *Guillemette*, sa femme, avec ren[te] assignée sur le village du même nom près de Crocq.

15° Vicairie de *Charbonnières*, ainsi nommée de la rente qui la desservait, rente assise s[ur] le village de Cognet, paroisse de Bourg-Lastic.

16° *Saint-Germain*.

L'église possédait 11 chapelles en 1652 : celles de Saint-Roch, Saint-Jacques, Sain[te] Magdeleine, Saint-Gabriel, du Rosaire, Saint-Loup, N. D. de Lorette, Saint-Antoine, Sain[te] Marguerite, Saint-Sébastien et de Saint-Eloy.

Quelques autres détails termineront cet historique.

Jean de Bosredon, frère du baron Guillaume, se battit dans l'église d'Herment, en 145[?] contre *Louis* et *Pierre de Fuyas*. Le sang versé empêcha la continuation du service divi[n]. L'église fut *polluée et interdite*. Le 27 février de la même année, *Jacques de Comborn*, évêq[ue] de Clermont, envoya à *Durand Chambon*, chanoine, des lettres scellées du sceau de sa chamb[re] pour la reconsacrer.

On remarque le passage suivant d'une requête présentée à l'évêque de Clermont par [le] chapitre en 1559 : « L'église est couverte en partie de paille ; il y pleut de tous côtés, ce q[ui] fait craindre pour les voûtes ; les bois du clocher sont pourris, le toit étant complètem[ent] découvert, l'on ne peut sonner les cloches sans crainte de les rompre. » La toiture a toujou[rs] été la partie la plus coûteuse de l'édifice ; le chapitre prétendait dans une autre requê[te] adressée en 1746 qu'elle lui occasionnait une dépense annuelle de 100 livres tournois.

Gaspard Brousse, doyen, fit recouvrir le clocher en entier en 1659. Tous les vitraux [de] l'église furent « raccomodés » en 1672 par Etienne Pougins, moyennant 37 livres tournoi[s]. Le doyen Henri Gayte du Breuil fit recouvrir le chœur et la nef en 1724, moyenna[nt] 267 livres tournois ; il donna 300 livres tournois pour faire blanchir le chœur et la nef.

Il ne me reste plus qu'à dire un mot du berceau en pierre de taille que l'on remarque [à] l'extérieur de l'église près de la grande porte d'entrée. Une tradition rapporte que ce pe[tit] monument fut commandé par les parents d'un jeune enfant tué au berceau par une boule [de] neige. Ce qui me porterait à douter du fait sont : la croix de Malte taillée vers la tête d[e] l'enfant et l'espèce d'écusson *(une croix cantonnée de 4 besants)* qui repose à ses pieds ; qu[oi] qu'il en soit ce berceau paraît ancien ; peut-être est-il le résultat d'un vœu fait par un seigneu[r] e la ville ou un riche bourgeois. Proviendrait-il de l'intérieur de l'église et serait-il un ancien petit tombeau adossé à une chapelle ?

L'église d'Herment n'a reçu jusqu'ici la visite que d'un petit nombre de savants, qui tous admirent ses belles dimensions et son architecture. J'attribue la rareté de ces visiteurs à la difficulté des moyens de transport, qui jadis arrêtaient nos ancêtres. De belles et bonnes voies sillonnent aujourd'hui nos montagnes. Les artistes, les archéologues, les amateurs de l'art, que les sites pittoresques du Mont-Dore attirent en Auvergne aux beaux jours de juillet, poursuivront leurs excursions jusque dans notre ville. Ce monument que sept siècles ont respecté a besoin d'urgentes réparations; à tous égards, il mérite les faveurs de l'Etat, qui l'a placé au nombre des monuments historiques. L'Etat restera-t-il sourd plus longtemps à la voix des habitants d'Herment ? Espérons la négative. Peut-être un jour verrai-je un clocher s'élancer majestueusement au-dessus de ces noires murailles ; peut-être entendrai-je le son mélodieux de ses cloches inviter les fidèles à bénir le Créateur !...

CHAPITRE COLLÉGIAL D'HERMENT

'EST en vertu de la donation faite par le comte Robert en 1145 que le chapitre de la cathédrale de Clermont jouissait de l'église d'Herment et des dîmes de la paroisse. Cent ans n'étaient pas écoulés lorsque la population de notre ville, devenue nombreuse, réclama des chanoines avec instance. La cathédrale céda facilement à cette demande et fit rédiger la charte suivante, au mois de juillet 1232, pour servir de statuts à la nouvelle collégiale.

CHARTE DE FONDATION DU CHAPITRE D'HERMENT. 1232.

Texte.	Traduction.
Nos R., *decanus* et capitulum universum Hermenci, universis presentem pagina(m) inspecturis, œternam in d(omi)no salutem. Noverit universitas vestra quod cum ecclesia de Ermenco ad capitulum Claromon(tensis) immediate ac pleno jure spectaret et aliqui bon(œ) opinionis viri de p(ar)tib(us) nostris	Nous R., *doyen* et tout le chapitre d'Herment, à tous ceux qui cette présente page verront, salut éternel en notre Seigneur. On fait savoir à tous que l'église d'Herment relevant immédiatement, et de plein droit appartenant au chapitre de Clermont, quelques gens de bon renom de nos confins leur ayant

ip(s)is insinuarent q(uo)d Eccl(es)i(œ) Dei multu(m) possent p(ro)ficere ac statum cleri meliorare ibidem si sustinerent ac assensu(m) præberent q(uo)d salvo jure suo in eadem eccl(es)ia p(er) illi(us) loci et terr(œ) clericos *canonicor(um) seculari(um) congregatio* plantaretur, ad hoc plurimam favoris attendentes q(uo)d locus ille longe ab huj(us) modi c(on)gregatione distabat (e)t *fidelibus tam viris qua(m) mulieribus habundabat* qui hoc plurimu(m) affectaba(n)t, p(er) quod magnu(m) cito cap(ic)t incrementu(m). I(ps)i attendentes qua(m) meritoriu(m) et qua(m) s(an)c(tu)m sit vinca(m) d(omi)ni Sabbaoth p(ro)pagare et Christi gl(ori)am dilatare (e)t commune(m) p(ro)priœ utilitati p(ræ)ponere, d(i)ctam eccl(es)iam sua(m) de Ermenco de volu(n)tate (e)t assenssu venerabilis p(at)ris et d(omi)ni *Hugon(is)* tu(n)c Clar(omontensis) epi(scopi) nob(is) factis canonicis co(n)tulerunt cu(m) reditib(us) et p(ro)ventibus universis et nu(n)c et semp(er) ad ip(s)am spectæ(n)tibus habendam, regendam, tenendam ac pacifice in p(er)petuu(m) possidenda(m), et nobis co(n)cesseru(n)t potestate(m) *præsenta (n)di capellanu(m)* ad eamdem eccl(es)iam rete(n)to tame(n) sibi censu consueto et debito videlicet quindecim lib(rarum) Clar(o)m(ontensium) annuatim sibi et eccl(es)iæ su(æ) in dua(bus) synodis persolvendo. Debemus etia(m) dicere p(ro) ip(s)is dieb(us) sing(u)lis orat(i)onem *Om(n)ipo(tens) sempiterne Deus miserere famulis tuis* cu(m) antiphona *D(omi)ne rex om(n)ipo(tens)* et versiculo *Ostende nobis D(omi)ne m(isericordiam) t(uam)* in vesp(er)is (e)t altera(m) in matutinis scilicet *Deus qui c(h)aritatis dona* cu(m) antiphona *Dominator d(omi)ne sic(ut)* i(ps)i in ecc(lesi)a sua consueveru(n)t deca(n)tare. Præ)terea scire volum(us) q(u)od decan(us) que(m) in ecc(lesi)a d(i)c(t)a Ermenci nu(n)c de novo instituru(n)t et deinceps in futuru(m) instituere debe(n)t, debet fructu(m)

fait entendre qu'ils pourraient beaucoup profiter pour l'Eglise de Dieu, mettre le clergé en son meilleur état et l'augmenter de beaucoup s'ils souffraient et accordaient que sans préjudice de leur droit on établit dans cette présente église *une congrégation de chanoines séculiers* et clercs de cette terre et de ce lieu, lequel dessein lesdits sieurs favorisant beaucoup, d'autant que ce lieu estait fort éloigné de leur congrégation et *abondait de plusieurs fidèles tant hommes que femmes* qui avaient grande affection pour cela, qui leur serait un grand avantage. Lesdits considérant combien est méritoire et saint d'augmenter la vigne du Seigneur des armées et de préférer le bien public au leur propre, nous conférèrent leur dite église d'Herment à nous chanoines, nous l'accordèrent avec tous les revenus et émoluments, qui lui appartiennent maintenant et pour toujours, pour l'avoir, régir, obtenir et posséder paisiblement et perpétuellement, sous la volonté et le consentement de vénérable père le seigneur *Hugues*, pour lors évêque de Clermont, et ils nous accordèrent aussi le pouvoir de *présenter un chapellain* pour la même église, sous la réserve d'un cens et devoir que nous leur devons payer annuellement à eux et à leur église de la somme de 15 livres de Clermont dans les deux sinodes; nous devons aussi dire pour eux tous les jours l'oraison *Omnipotens sempiterne Deus miserere famulis tuis*, avec l'antienne *Domine rex omnipotens* et le verset *Ostende nobis Domine misericordiam tuam*, à vêpres et l'autre à matines, savoir *Deus qui charitatis dona*, avec l'antienne *Dominator Domine*, et ainsi qu'ils ont coûtume de chanter dans leur église. On veut qu'on sache aussi que le doyen qu'ils ont de nouveau maintenant institué dans la susdite église d'Herment, et que dorénavant ils doivent instituer, doit percevoir le fruit de deux prébendes tant qu'il sera présent et dans son absence il doit seu-

duaru(m) præbendaru(m) p(er)cipe(re) qua(n)-
diu presens erit, in absentia vero fructu(m)
tantu(m) et medietate(m) vendaru(m) et
concessionu(m) debet habere. Capellano
vero que(m) post vita(m) illi(us) q(ui) nu(n)c
est de n(ost)ro consortio presentabim(us) ad
d(i)c(tu)m (e)t c(on)silium ipsor(um) reddi-
tum assignabim(us) p(ro) ut videbitur expedire. Debet aute(m) (e)t tenetur q(ui)libet
canonic(us) in n(ost)ra eccl(es)ia de novo
i(ns)titutus infra quindecim dies ex q(u)o
factus fuerit ad eccl(es)iam Claromon(tensem)
accedere et ip(s)is et eccl(es)i(æ) Claromon-
(tensis) fidelitatem jurare. P(ro)misimus in-
sup(er) nos d(i)c(t)i canonici q(uo)d qua(n)do-
cu(n)q(ue) alique(m) ipsor(um) ad villam vel
eccl(es)iam de Ermenco conti(ger)it declinare
in signu(m) huj(us) donatio(n)is et do(mi)-
nationis testimoniu(m) sempiternu(m) a nobis
recipiet(ur) honorifice tanqua(m) canonic(us)
et sic(ut) uni de nost(ris) qua(n)diu presens
fuerit quotidiana distributio c(on)feret(ur)
et pro uniquoq(ue) ipsor(um) cu(m) obitu(m)
didicerimus in divinis officiis et orationibus
tantu(m) faciem(us) qua(n)tum pr(o) uno
quoqu(e) ipso(rum) duxerim(us) faciendu(m).
In hujus igit(ur) rei testimoniu(m) presentes
litteras sigillor(um) n(ost)r(um) munimine
duximus roborandas. Actum anno D(omi)ni
M° CC° XXX° se(cun)do mense julio.

lement avoir le fruit d'une prébende et la
moitié des ventes et concessions. Pour le regard
du chapellain, que nous présenterons de notre
compagnie après la mort d'icelui qui est présentement, nous lui assignerons le conseil de
tout leur revenu comme on jugera expédient.
Chaque chanoine de nouveau institué dans
notre église doit et est tenu dans 15 jours
après sa réception s'en aller prêter le serment
de fidélité à l'église de Clermont. Nous aussi
chanoines avons aussi promis que toutes les
fois qu'il arrivera que quelqu'un desdits chanoines de Clermont viendra dans ladite ville
de l'église d'Herment, pour témoignage éter-
nel de cette donation et domination, nous le
recevrons avec honneur comme un chanoine
et comme l'un de nous ; tant qu'il sera présent, on lui donnera part des distributions
quotidiennes comme à un de nous. Ayant
appris l'obit d'un d'iceux nous ferons dans
nos divins offices et oraisons autant comme
pour un de nous. En témoignage de cette
chose nous avons ordonné d'apposer l'empreinte de notre scel à ces présentes lettres.
Fait, l'an du Seigneur *mil deux cent trente-
deux, au mois de juillet.*

Cette charte porte pour suscription : *Super congregatione Hermenci ecclesiæ.* Elle possède deux sceaux : 1° celui du chapitre cathédral, fondateur, scel ovale représentant une vierge assise, tenant l'enfant Jésus ; légende : SIGILLUM CAPITULI BEATE MARIE CLAROMONTENSIS ; 2° celui du chapitre d'Herment, dont nous parlerons plus loin.

C'est donc en juillet 1232, sous l'épiscopat d'Hugues de la Tour, évêque de Clermont, que notre église fut érigée en collégiale. Remarquons qu'à la même époque (en 1242) le chapitre cathédrale fondait dans les mêmes conditions celui de Saint-Pierre de la ville de Clermont.

Dissensions. Les 15 livres tournois de rente et les droits honorifiques dus aux fondateurs furent bientôt l'objet d'une vive discussion, tant il est vrai qu'un bienfait s'oublie vite. En 1288, l'évêque de Clermont, *Adhémar de Cros*, fit régler le différent par des arbitres, qui condam-
nèrent le chapitre d'Herment. De nombreux débats s'engagèrent en 1604 ; l'affaire fut portée

devant la sénéchaussée de Riom ; une sentence émanée du sénéchal d'Auvergne, *Jean de Tournon*, donna gain de cause au chapitre de la cathédrale, lequel réduisit à 5 livres tournois la rente objet du litige, en considération des pertes qu'avait éprouvées l'église d'Herment pendant les guerres religieuses. Une sentence du présidial de Riom, du 3 mars 1691, confirma celle de 1604.

Vocable. Le chapitre d'Herment choisit Notre-Dame pour sa patronne ; l'église était déjà sous l'invocation de la Très-Sainte Vierge.

Dignités. Le chef du chapitre était le doyen *(decanus)*, nommé par le chapitre fondateur, en vertu de la transaction de 1232 ; ce qui fait que le doyenné a été souvent entre les mains d'anciens chanoines de la cathédrale de Clermont. Le doyen jouissait du revenu de deux prébendes, qui s'élevait en 1601 à 27 setiers tiercés de blé, 7 livres en argent, 14 poules et la moitié des lods et ventes. Au chœur de l'église, sa place était la première à droite en entrant. Quinze jours après sa nomination, il devait prêter serment au chapitre de Clermont ; il était aussi redevable, pour son entrée dans l'église d'Herment, d'un *droit* consistant en une chappe de soie richement brodée ; en 1601, cette chappe fut payée 120 livres tournois par le doyen Pierre de Besse.

LISTE DES DOYENS DU CHAPITRE D'HERMENT (1232-1790)

I. R. *(Robert?)* mentionné dans la charte de fondation de........ 1232

II. LOUIS DE ROYRE (1) fait un accord avec Guy de Rochefort, seigneur de Murat-le-Quaire, touchant le village de Cornud, en février............................ 1260

III. RAOUL DE VILLELUME, frère de Guillaume, chevalier, seigneur de Barmontet ; mort en.................. 1270
Il était chanoine du chapitre de Chamalière, près Clermont, en 1260. Armes : *d'azur, à 10 besants d'argent*, 4, 3, 2, 1.

IV. GUILLAUME DE JEU.................................. 1278
Chantre du chapitre de la cathédrale de Clermont en 1295.

V. ALBERT DE PIERREFORT *(Albertus de Petrafort)*, chanoine de la cathédrale de Clermont... 1350
Armes : *d'azur, à la bande d'or, accompagnée en chef d'un lion d'or.*

VI. HUGUES MERCHADIER, en latin MERCATOR, chanoine de la cathédrale de Clermont........ 1409
Frère de Bernard Merchadier, bourgeois de Clermont.

VII. HÉLIOT NEGRAND *(Negrandi)*, nommé par le chapitre d'Herment........ 1418
Il y eut procès au sujet de sa nomination, entre le chapitre d'Herment et celui de la cathédrale. Une sentence du 28 avril 1418, émanée de *Gaudefroy d'Auly*, chanoine de Bourges, adjugea le doyenné à

VIII. JEAN DE FLORAC, chanoine de la cathédrale de Clermont 1418

IX. PIERRE BARAILLE, chanoine de la cathédrale de Clermont 1428

(1) Son sceel sur la charte qui en fait mention est une pierre antique représentant une tête d'homme de profil à gauche ; légende : *Deum time et mandata ejus observa. (Archiv de l'Empire; Trésor des Chartes Carton J. 19.1, pièce 96)*

X. JEAN GOUGE DE CHARPAGNE, chanoine de la cathédrale de Clermont, neveu de l'évêque Martin Gouge de Charpagne.................. nommé en 1430-1455
ARMES : *d'azur, à la fasce d'argent, accompagnée de 3 croissants d'or.*

XI. ANTOINE DE LA PORTE (*de Porta*), chanoine de la cathédrale de Clermont . 1513

XII. GABRIEL BAUDHUY, né à Herment, prend possession le. . . 6 janvier 1520-1539

XIII. JEAN BAUDHUY, neveu du précédent, fils de Christophe, bourgeois, marchand d'Herment et de noble *Isabelle de Brousse*, prend possession en............... 1540-1572

XIV. GEORGES GRASDEPAIN, natif de Clermont, chanoine de la cathédrale 1574-1599
D'une famille bourgeoise de Clermont; il était l'oncle de Georges Grasdepain, s^r de Juillat et de la Courtine, receveur-général des Finances, père d'Antoinette, dame de la Courtine, mariée 1° en 1587, à *François de la Roche-Aymon*; 2° en 1588, à *Gilbert de Langeac*, s^r de Dallet. Il fit prendre possession de son doyenné, en 1574, par procuration ; résidait ordinairement à Clermont; recevait pour son revenu, en 1578: 30 setiers de blé, 7 livres tournois en deniers et 7 poules ; il mourut à Clermont le 25 septembre 1599. Armes: *fascé d'argent et de gueules de 6 pièces.*

XV. PIERRE BESSE ou **DE BESSE**, né à Herment en 1567, doyen en..... 1601-1605
Fils de Jehan Besse, bourgeois d'Herment, et d'Anna Moulin ; il fut élu chanoine en 1591, sur la résignation de noble *Raymond de Plantadis*; étudiait en l'Université de Paris lorsqu'il fut nommé doyen. Sa prise de possession est du 27 février 1601 ; il fut plus tard docteur en théologie, chantre et chanoine de l'église de Saint-Germain-l'Auxerrois à Paris, principal du collège Saint-Michel, prédicateur ordinaire du roi Louis XIII et du prince de Condé. Il testa le 20 mars 1638, fondant l'école de la ville d'Herment, léguant 600 livres tournois à l'église pour faire faire « un chœur en menuiserie », donnant au chapitre la rente qu'il avait sur le village des Poulx, paroisse de Verneugheol, rente qu'il avait achetée au même chapitre en 1604. En reconnaissance de tant de bienfaits, les chanoines firent placer dans le chœur de l'église une plaque en cuivre avec cette inscription :

> *Ce presant Cœur a este Remis, par*
> *feu Maistre* PIERRE DE BESSE, *docteur*
> *en Sorbonne, predicateur du Roy, chantre*
> *et chanoine de Lesglize Royale de*
> *Sainct Germain de Lauxerrois a la*
> *diligence de* JEAN BESSE, *Sieur de*
> MEYMOND *son nepveu ; Il a fondé Une*
> *Régence en Cette ville et Remis Messieurs*
> *du Chappitre, la Rante des Pouls. Il*
> *Mourut à Paris Le XI Novembre*
> MIL SIX CENTS XXXIX. *Le Soixante*
> *douzième de son eage, et fut enseveli, en*
> *la susdicte Esglize, au Milieu de*
> *la nef au devant De La Chaire du*
> *Prédicateur. Dieu fasse Merci à son*
> *Ame. (1)*

ARMES : *d'argent, au chevron componé d'or et de gueules, accompagné de 5 roses du dernier email, une surmontant le chevron; les quatre autres chaque côté ; et en pointe un mai de sinople.*

---

(1) Cette plaque, qui porte les armes du doyen Pierre de Besse, fut enlevée de l'église en 1793 et remise en 1820, par M. Battut, curé, à M. Besse de Meymond, descendant d'un frère du doyen. Pourquoi ne la replacerait-on pas dans le chœur de l'église, où elle conserverait la mémoire d'un ecclésiastique qui honore notre ville?

XVI. JEAN AULMOSNIER, frère de Michel, notaire à Herment, prit possession en.. 1606-1624

XVII. JEHAN PÉ 1627-1630
Il était en 1601 greffier de l'officialité de l'évêque de Clermont et chanoine de la cathédrale ; chantre et chanoine de Saint-Pierre en 1615-1630 ; résigna le doyenné d'Herment moyennant une pension viagère à Martial Brousse ; et testa le 12 mars 1643 étant curé de la cathédrale de Clermont.

XVIII. MARTIAL BROUSSE, né à la Foudèche, près d'Herment, doyen en.. 1630-1644
Fils de Martin Brousse, notaire à Voingt en 1582. Nous le trouvons curé de Saint-Pierre à Clermont ; le 16 septembre 1615, il fut nommé chanoine de la même église. Il reçu le 14 des kalendes de janvier 1630, ses bulles de nomination de doyen d'Herment.

XIX. GASPARD BROUSSE, bachelier en droit canon en l'université de Bourges 1644-1680
Né à la Foudèche ; fils de Jacques Brousse et neveu du doyen Martial ; il fut nommé chanoine de l'église Saint-Pierre de Clermont en 1632 ; fit faire la même année, par Martial Brilian, de Courtille, près le Puy-Saint-Gulmier, le rétable du grand autel de l'église d'Herment, qui coûta 110 livres tournois, et mourut en 1676. Il a laissé plusieurs notes historiques dans les archives de notre chapitre.

XX. BLAISE TAILHANDIER, docteur en théologie de la Faculté de Paris... 1677-1680
Né d'une ancienne famille de Clermont ; il résigna son doyenné en 1680, à la nouvelle de sa nomination de prieur-curé de Mirefleurs. Armes : *un croissant d'argent surmonté d'un chef chargé de 3 étoiles*.

XXI. ANTOINE DE LA COUTURE-RENON, prit possession en 1682, mort le 14 juillet 1687
Fils d'un gentilhomme du Limousin

XXII. JEAN BESSE, de la famille du doyen Pierre de Besse................ 1688-1700
Né à Herment prend possession du doyenné le 31 octobre 1688 ; était curé de Saint-Pierre-de-Grissonnois, en Brie, en 1699. Armes : *comme celles de Pierre de Besse*.

XXIII. CHARLES BESSE, docteur en théologie 1700-1714
Parent du précédent ; fils de Pierre, s^r du Laboureix, et de *Magdeleine de Sarrazin* ; fut nommé doyen le 8 décembre 1700 ; prit possession le 24 avril 1702 ; mourut assassiné le 24 octobre 1714. Armes : *Les mêmes que précédemment*.

XXIV. HENRI GAYTE DU BREUIL, prit possession le....... 9 novembre 1714-1736
Frère de N. Gayte, s^r de la Rigaudie ; paya 300 livres tournois pour son droit d'entrée ; fut nommé chanoine de la cathédrale de Clermont en 1736, et résigna son doyenné. Armes : *d'argent, à 3 hures de sanglier de sable 2 et 1*. -

XXV. JEAN D'ANTERROCHES, bachelier en théologie en la Faculté de Toulouse....... 1736-1759
Fils de Claude d'Anterroches et de *Gabrielle de Bosredon* ; prit possession le 5 septembre 1736 ; mourut à Herment le 21 février 1759. Ses héritiers furent le comte Alexandre d'Anterroches, François d'Anterroches, chanoine, comte de Brioude, et Jean-Pierre d'Anterroches. Armes : *d'azur, à la bande d'or, chargée de 3 hermines de sable, accompagnée de 2 croisettes de même, à 3 burelles ondées brochant en chef*.

XXVI. ETIENNE BOUYON, docteur en théologie, prit possession le 11 mars 1759-1772
Fils de François, bourgeois d'Herment, et de *Louise Bouyon* ; mort à 52 ans le 18 novembre 1772. Armes : *un agneau pascal avec la devise* : Ecce Agnus Dei.

XXVII. ANTOINE-FRANÇOIS MAZUER 1773-1792
Dernier doyen. Né à Riom en 1742, fils de François Mazuer, contrôleur des actes des notaires à Bromont, et de *Jeanne Bouyon* ; prit possession le 6 février 1773 ; fut désigné par le chapitre le 28 février 1789, pour assister à l'assemblée générale des trois Etats de la province tenue à Riom ; condamné à la déportation par le tribunal révolutionnaire, il mourut à Bordeaux.

Chantres. La première dignité après celle de doyen était celle de chantre *(cantor)*, à l'élection du chapitre. Le chantre avait aussi un *sous-chantre*, qui lui prêtait son concours au lutrin ; ce sous-chantre n'était pas prébendé ; c'était d'ordinaire un hebdomier.

LISTE DES CHANTRES DU CHAPITRE D'HERMENT

I. GUILLAUME DESPESSAC....................	1343
II. JACQUES DESPESSAC, archiprêtre de Rochefort............	1370-1382
III. JEAN VILLEFEUT..........................	1413
IV. PIERRE PERK.................... 1418 teste	1427
V. GUILLAUME JARGUEILH (1).................	1436-1444
VI. JEAN DE VILLEFEUT, dit *le Vieux*........ 1444 teste en	1461
VII. PIERRE DE VILLEFEUT....................	1466-1478
VIII. JEAN DE VILLEFEUT, neveu de Jean qui précède.........	1472-1482
IX. JEAN ROBERT, fondateur de la chapelle de Bonne-Nouvelle........	1482-1492
X. JEAN JARGUEILH.........................	1500-1513
XI. MICHEL LASCROTTAS....................	1521-1551
XII. JACQUES D'AULTEBESSE	1554

Mort curé de Saint-Oradoux en 1555.

XIII. MICHEL CIVADON, fils d'un bourgeois d'Herment.............	1559-1570
XIV. ANTOINE DE BROUSSE, fils du seigneur de Salmagne, près de Pontaumur	1570-1579

Parent du doyen *Jean Baudhuy*; qualifié *sous-doyen* en 1567. Armes: *d'azur, à 3 étoiles d'or*, 2 et 1.

XV. MATHURIN DE SAINT-JULIEN.................	1580-1583

Fils de Louis, s^r des Escurettes, et de *Blanche de Chaslus*; résigna en 1583 à Antoine Pradales, mais son successeur ut Guillaume Girard. Armes: *de sable, au lion grimpant d'or*; *l'écu semé de billettes de même*.

XVI. GUILLAUME GIRARD, frère de Gabriel, capitaine du château d'Herment	1584-1594
XVII. JEAN AULMOSNIER (plus tard doyen).......	1596-1605
XVIII ANTOINE CIVADON, fils d'Annet, bourgeois d'Herment, et de *Jacqueline Mangot*.......................	1606-1627
XIX. MICHEL CIVADON, cousin-germain du précédent; fils de François, notaire à Herment............................	1627-1630
XX. PIERRE GAUDET, fils de René, chirurgien d'Herment, et de *Magdeleine Gaignon*...........................	1632-1648
XXI. ANNET BESSE, de la famille du doyen Pierre de Besse	1649-1671
XXII. GILBERT PABOT, fils du seigneur de Vacher........... 1671-22 juillet	1682
XXIII. MICHEL CHASSAING, fils de Jean, bailli d'Herment, et de *Gabrielle Prieuret*.............................	1682-1732

Mort le 3 avril 1732. Armes: *de gueules, à 3 levriers d'argent, courant l'un sur l'autre*.

XXIV. BARTHELMY CHASSAING, fils d'Annet, notaire, et de *Michelle Vialle*	1732-1756

Nommé le 4 avril 1732.

XXV. ETIENNE BOUYON, fils de François et de *Louise Bouyon*.........	1756-1759

Prend possession de *la chantrerie* le 13 décembre 1756; doyen 1756.

---

(1) En 1444, il fit vente à *Pierre Valanet* de la prairie appelée *la Montugnière*. Cette belle et vaste prairie a appartenu, en 1485, à *Michel Civadon*, bourgeois d'Herment; en 1535, au chanoine *Michel Civadon* et à Jean, son frère; en 1664, à Jean Besse, curé de Grissonnois, en Brie, puis à sa nièce, *Catherine Besse*, qui en fit vente, en 1729, à Me *Annet Peyronnet*, bourgeois d'Herment.

XXVI. FRANÇOIS GIRAUDON, nommé le....... 11 mars 1759, mort le 3 mars 1782
XXVII. JEAN-BAPTISTE BOUYON, fils de Guillaume, notaire, et de *Marie Guillaumichon* 1782-1791
Nommé le 25 juillet 1782

SOUS-CHANTRES

Durand Arnauld	1555	Annet Johannel	1668-1672
Antoine Gaignière	1579	Guillaume Gendraud	1677
Antoine Le Bouboul	1632	Antoine Andrieu	1702
Claude Saunois	1649	François Le Petit	1716
Michel Rochefort	1649-1662		

Chanoines. Le chapitre *séculier* de l'église N. D. d'Herment (*capitulum seculare ecclesiæ B. M. Hermenci*) fut constamment composé du doyen, du chantre, de 8 chanoines et de 4 hebdomiers ou vicaires, appelés aussi *semi-prébendés*, en tout 14 ecclésiastiques, dans l'intervalle de 1232 à 1700. A cette dernière date, il fut réduit à 9 ecclésiastiques (le doyen, le chantre et 7 chanoines), à cause de la modicité des revenus. Ce personnel était le même en 1745; en 1790 il ne se composait plus que du doyen, du chantre et de 3 chanoines, mais 4 prébendes pouvaient être vacantes. Pour être chanoine, il fallait avoir au moins 10 ans. Un canonicat s'acquérait par *résignation* ou par *élection*. Le seigneur d'Herment avait le patronage d'une prébende, parce que lors de la fondation de 1232, Guichard de Beaujeu, qui possédait notre ville, avait été « *bienfaiteur et dotateur du chapitre pour la meilleure partz* » (*Archives du Chapit., titre de* 1613). Ainsi que le doyen et le chantre, il était d'usage que chaque nouveau chanoine payât son droit d'entrée, lequel s'élevait, en 1666, à 216 livres tournois 18 sous (800 fr.). L'ancienneté s'observait par la place occupée dans les *stalles hautes et basses* du chœur; ces dernières étaient moins honorables.

LISTE DES CHANOINES DU CHAPITRE D'HERMENT (1252-1790)

Arnauld (Jean)................	1409-1413	Aulmosnier (Jean), 1533-1599, mort en 1606, curé du Puy-Saint-Gulmier.	
Arnauld (Antoine).............	1538		
Arnauld (Guichard)............	1550	Aulmosnier (Michel)..........	1621, mort en 1630
Arnauld (Guillaume)...........	1572	D'Aultebesse (Michel)	 1487
Aubert (Annet)....... nommé en	1555-1572	D'Aultebesse (Antoine)	1460-1508
Aubert (Michel).............	1624-1630	D'Aultebesse (Jacques).......	1508-1547
Aubel (Antoine), nommé le 10 août 1739-1743, curé d'Herment.		D'Aultebesse (Jean)	1511
		Barghon (Jean)..	1481-1504
Aubier (Annet), fils du sr de Rioux	1588-1613	Barghon (Léonard,.	1505-1514
Aulmosnier (Antoine)	1555	Bassin (Amblard) .	avant 1433

Baudhuy (Durand) 1419
Baudhuy (Guillaume) 1508-1514
Baudhuy (Jean) 1632-1653
Beaune (Annet), curé de Malleret 1565
Bellessert (Guillaume) 1522
Besse (Antoine) 1501
Besse (Pierre), 1591 ; plus tard doyen
Besse (Jean), 1599, résigne en 1610 au suivant.
Besse (Annet) 1610-1659
Besse (Pierre) 1610
Besse (Jean) 1652-1660
Besse de Meymond (Claude) 1671-1672
Besseyre du Pouget (Jacques-Germain) . . 1727-1732
Bessière (Michel). 1581
Bizeric (Antoine) 1555
De Bladis (Balthazar), nommé le 18 juillet 1744-1745 ; curé de Cisternes, 1747-1763.
De la Boderic (Antoine) 1565-1598
Bonnour (Antoine), oncle. 1597-1647
Bonnour (Gervais), neveu 1647-1692
Boucheix (Pierre) 1428
Bourrand (Joseph) .... 6 octobre 1751-1760
Bourrand (Jacques). . . . 16 juillet 1759, mort en 1763
Bourret (Jean), dit *Roche*, de Barmontel, 1730, mort en 1743
Bonnefont (Pierre) 1682-1684
Bouyon (Blaise) .... 1632, mort en 1652
Bouyon (Jacques) . . . . mort en 1729
Bouyon (Etienne), dit *l'aîné*, nommé le 7 mai 1747—1766
Bouyon (Louis), dit le *jeune*, nommé le 2 février 1739-1749 ; curé de Saint-Alvard en 1760 ; revient en 1770.
Bouyon (Louis), nommé par le baron d'Herment le 18 février 1772 ; curé de Saint-Alvard le 10 août 1773.
De Brousse (Jean) 1509-1551
De Brousse (Antoine). . . 1557-1562; plus tard chantre.
Brousse (Martial) .... 1626 ; plus tard doyen
Brousse (Martial), neveu du précédent . . . 1669-1664
Brousse (Gervais) 1662-1663
Brousse (Gaspard) . . . 1664, mort le 3 juillet 1682
De Bussière, *de Basseyra* (Arbert) 1296
Chambon (Durand), 1431-1457 ; plus tard curé de Saint-Etienne des-Champs ; teste en 1461.
Charles (Michel) 1713-1717
De Chaslus (Durand) 1460-1467
De Chaslus (Antoine). 1519-1525
De Chaslus (Jean). . . . . nommé en 1525
Chassaing (Michel). . . . . . 1669-1732 ; chantre
Chassaing (J.-B.) 1713-1725
Chassaing (Barthelmy) 1732-1756
Chassaing (Barthelmy), nommé en 1743 par le baron d'Herment. . . . . . . mort en 1771
Chavialle (Jean-Pierre), curé d'Herment . . 1761-1772

Chavialle (Jacques), nommé le 20 janvier 1764 ; curé d'Ydes (Cantal), le 19 juillet 1777.
De Chermartin (Jean) 1427
Chermartin (Hugues). 1591-1593
Chermartin (Louis), fils de Louis, notaire . . 1665-1668
Chevalines (Guillaume) 1417
Chevogeon (Amable), élu le 4 mars 1694, mort en 1706
Ciestre (Louis), prend possession en octobre 1711 ; teste en 1736 ; institue son frère Gaspard son héritier
Civadon (Michel). 1529-1557
Civadon (Antoine) . . . . 1582-1613 ; chantre
Civadon (Michel). 1646-1662
Cohade (J.-B.), nommé le 21 février 1730, se demet le 18 juillet. 1744
De Cortes (Guillaume), oncle. 1348-1372
De Cortes (Jean), neveu 1348-1372
De Cortes (Pierre). 1370
Cossan (Jean). 1484-1485
Col (Antoine). .... 1757, mort en 1762
Croizet, 1720-1737 ; nommé doyen de Crocq en 1738
Dalmas (J.-B.), de Billom .... 1744-1745, curé d'Herment.
Delmas (Jean) .... 1683, mort le 12 avril 1712
Despessac (Guillaume) 1323
Despessac (Durand) 1325
Despessac (Pierre), fils de Pierre 1326-1356
Despessac (Jacques), archiprêtre de Rochefort 1362-1382
Dezaymards (Joseph) . . . nommé le 14 décembre 1756
Ducourailh ou Du Corail (Jean). 1490
Dumolier (Joseph) .... 11 avril 1742-1744
Ebrard (Guillaume), frère de Bernard, damoiseau. 1310
Des Escures (Laurent), *de Laudouse ?* 1591
Fabre (Pierre), 1672 ; curé d'Herment en . . 1675-1714
Du Fayet (J.-B.) 1771-1780
Fasses (Jean) 1290
Faves (Jean). 1390
Filhas de Chaludet (Pierre) 1599-1628
Florand (Jacques), curé d'Herment 11 octobre 1773-1789
De Fuyas (Géraud) 1409
De Fuyas (Pierre) 1419
De Fuyas (Pierre) 1457-1478
De Fuyas (Jacques), protonotaire du pape. . 1508-1514
Gaignière (Michel), annota avec intelligence les archives du chapitre et surtout les chartes de fondation de l'église et du chapitre. . . 1623-1631
Gaignon (Gabriel) 1566-1572
Gaignon (Gaspard) 1653-1657
Gaignon (Jean) .... 1657, mort en 1711
Gaudet (Pierre), oncle 1589-1600
Gaudet (Pierre), neveu ..... 1602-1632 ; chantre
Gerbe (Antoine), de St Avit, 1710-1737 ; curé d'Herment.

Gerbe (Jean). 23 février 1733 ; mort le 18 janvier 1772
Gérémire (Guillaume) . . . . avant 1382
Gey (Jean). 1504
Girandel (Michel) 1491
Giraudon (François) . 2 décembre 1737-1759 ; chantre
Girard (Guillaume). . . . . . 1554-1584 ; chantre
Girbert (Jean), archiprêtre. 1274-1288
Guosde (Pierre) 1627
Haste (Annet) 1628
Hautier de Villemontée (Antoine), fils de Jean, s' de Barmontel ; nommé en 1732.
D'Hermenières (Pierre). 1288-1293
D'Hermenières (Guillaume) . . . . avant 1293
Imbert (Siméon). 1278-1293
Jaby (Michel). . . . . nommé en 1741
Jally (François) 1672-1713
Jargueilh (Bartelmy). 1394
Jargueilh (Durand), archiprêtre de Rochefort. 1394-1436
Jargueilh (Guillaume) . . . . . . 1413-1455 ; chantre
Jargueilh (Jean), oncle. 1430-1455
Jargueilh (Jacques) 1435
Jargueilh (Jean) neveu . . . . . 1470-1510, chantre
Journiac (Antoine). 24 juillet 1737-1739 ; curé d'Herment
Jehan (Jean). 1274
Jehan (Hugues) 1276
Jehan (Etienne), archiprêtre d'Herment. . . 1288-1320
Lafon (Gilbert), de Montaigut-en-Combraille 1690-1701
Le Groing de la Maison-Neuve (François), 1720-1723 ; prieur de Redon.
Lignière (Philippe). 1531-1583
De Laudouze (Gilbert), fils d'Henri. . . . 1671-1681
Lascrottas (Michel) . . . 1502-1521 ; plus tard chantre
Léonard (Jacob) . . . . nommé en 1494
De Lespines (Jean-François) 1682-1694
Limousin (Jean). . . . . 14 avril 1766-1767
Maistre (Annet) 1556
Malet (Annet) 1312
Malet (Etienne) 1409
Massis (Jean), des Ancizes . . . nommé le 19 mai 1723
Mazuel (Antoine). . . . . . . 28 septembre 1762-1771
Mazuer (Joseph), frère du doyen, nommé le 5 mars 1772-1790 ; mort à la Reynerie, chez M. de Combarel, pendant la Terreur.
Menudel (Louis) . . . . . . 1er septembre 1709-1741
Mosneron (Jean). 1630-1668
Mosnier (Pierre) 1418
Morin (Guillaume) 1501-1503
De Murat (Giraud), fils du s' de Teyssonnières, 1451, mort vers 1459.
De Neuville (Jacques), fils du s' de l'Arboulerie 1580-1596
De l'Oursse, de Urssa (Guillaume) 1239-1289
De l'Oursse (Pierre). 1313-1322
De l'Oursse (Durand). 1321-1337
De l'Oursse (Jean), oncle 1321-1361

De l'Oursse (Guillaume), neveu 1361
De l'Oursse (Pierre), 1350 ; chapellain d'Herment 1375
Pabot (Gilbert), fils du s' de Vacher. 28 octobre 1652-1671
Perk ou Pers (Pierre) . . 1379-1413 ; plus tard chantre
Peyronnet (Pierre), fils d'Antoine, s' de la Chaumette, et de Jeanne Verny, nommé le 21 juin 1714-1718 ; mort curé d'Ecuelle en 1728.
Peyronnet (Louis), neveu du précédent ; fils d'Annet, bourgeois, et d'Antoinette Simonnet ; prend possession le 11 mars 1739 ; curé de Traslaigue, 1765 ; curé d'Herment, 1772-1792.
Pierrefort (N) 1702
Du Plantadis (Raymond), s' de Beaulne, résigne le 25 septembre 1591 à Pierre Besse.
De Portas (Bertrand). 1340
Quesne (Hugues). 1790-1791
Raoul (Mathieu), en latin *Radulphe* 1423
Ravel (Gabriel), 1723 ; curé de Tortebesse en 1727.
Recteur (Jean), en latin *Rector*. 1300
Richard (Antoine) 1528-1551
De la Ribbe (Annet) 1681-1682
De Rignat (Ligier) 1300-1319
Robert (André), qualifié *maitre* 1269-1271
Robert (Bernard). 1315
Robert (Guillaume), frère du précédent . . . 1315-1340
Robert (Jean), étudiant en l'Université de Poitiers en 1457, chanoine en 1460 ; fondateur de la chapelle de Bonne-Nouvelle en 1466 ; chantre en 1482.
Robert (Pierre) 1482
Rivet (Pierre), frère de Pierre, marchand de Clermont. 1689-1710
Rochefort (François). . . . . nommé le 6 avril 1732
Rochette (Michel) . . . . avant 1315
Roger (Jean). 1321-1326
Roger (Etienne) 1325-1331
Roger ou Rogier (Antoine) 1542
Sarrazin (N) 1764-1771
Saulnier (Simon), en latin *Salnerii*. 1256-1269
Santauzelle (Pierre) 1427
De Sainte-Garye (Jean). 1427
De Saint-Julien (Mathurin) 1380-1387
Symon (Mathieu). 1340
Symon (Jehan) 1361-1367
Symon (Pierre) 1367
Soubre (Pierre), né à Buge, paroisse de Perpezat ; nommé le 15 juillet 1772 ; curé de Verneugheol en 1777.
Soubre (Michel), neveu du précédent, prend possession le 26 août 1777 ; curé de Saint-Etienne-des-Champs en 1783, résigne au suivant.
Soubre (Annet). . . . . 5 mai 1783-1790
Taravant (Thomas), curé d'Herment, 27 déc. 1746-1761
Tardif (François) 1503

HISTOIRE D'HERMENT. 75

Tardif (Michel)	23 avril 1761-1762
De Termes (Pierre)	1288
De Termes (Guillaume)	vers 1290
Tixier, en latin *Textorix*	1283-1290
Tixier (Antoine)	1529-1530
De Tinière, en latin *Tineyra* (Arbert)	1296
Tront (Antoine)	1525-1529
Treyffons (Martial)	1632-1639
Vachon (Jean)	1414
Vachon (Antoine)	1456
De la Valette (Etienne)	1706-1715
Valette (Jean), nommé par le baron d'Herment	1608-1618
Verny (Arnaud)	nommé le 16 juillet 1726
Vialle (Annet), du Montel-de-Gelat	1661-1669
Villefeulh (Jean)	1310
Villefeulh (Pierre)	1313
Villefeut ou Villefeulh (Jean)	1440-1461 ; chantre
Villefeut (Pierre), frère du précédent	1427-1468
Villefeut (Antoine), oncle	1472-1491
Villefeut (Jean), neveu	1460-1465 ; chantre
Villefeut (Michel)	1448-1492
Villefeut (Jean)	1503-1556
De Villefeut (Guillaume)	1529
De Villefeut (Loys), licencié en loix	1535-1554
Villefeut (Joseph)	1554
Villefeut (Pierre)	1554
De Villelume (Blaise), fils de Gilbert, s^r de Bourassat, et de Jeanne Bouyon	1663-1670

LISTE DES SEMI-PRÉBENDÉS OU HEBDOMIERS

Arnauld (Jean), fils de Pierre	1348
Arnauld (Jean), fils de Guillaume	1379
Arnauld (Durand), fils de Michel	1539
Arnauld (Durand), fils d'Antoine	1555-1572
Arnauld (Guichard) fils d'Henri	1534; sous-chantre
Aymar (Pierre)	1410
Barrier (Pierre)	1545
Bassin (Amblard)	1433
Bastide (Jean)	1599-1610
Baudhuy (Durand)	1396
Baudhuy (Guillaume)	1508
Baudhuy (Jean)	1598-1610
Bancreu (Jean)	1415
Bellessert (Guillaume)	1504
Berohard (Christophe)	1660-1671
Besse (Pierre)	1632-1652 ; plus tard chanoine
Besson (Jacques)	1460
Blanchier (Jean)	1315
Blanchier (Etienne)	1415
Bonet (Guillaume)	1600-1608
Bongier (Blaise)	1520
Bony (Durand)	1315
Borassat (Nicolas)	1460-1466
Borel (Michel)	1513
Bouyon (Claude)	1710
Boyer (Guillaume)	1598 600
Boyvert (Guillaume)	1600-1608
Brousse (Guillaume)	1478
Chambon (Jacques)	1330
Chanteauzele (Pierre)	1427
Charbonnel (Hugues)	1350
De Charnas (Jean)	1315
Charel (Jean), chapellain de la chapelle de Saint-Etienne de la Vergne	1361
Chapelle (Jean)	1310
Cladière (Louis)	1664-1666
Cohade (Gilbert)	1581
Cohade (Gilbert)	1672-1691
Comte (Etienne)	1396
Civadon (Guillaume)	1503
Crozet (Antoine)	1504
Delmas (Durand)	1377
Déseymard ou des Eymards (Guillaume)	1555
Déseymard Antoine)	1555
Déseymard (Antoine)	1674
Esmar (Pierre)	1427
Essalent (Thomas)	1415
Des Eymards (Jean)	1483-1497
Eyraud (Annet)	1655-1670
Fabre (Guillaume)	1315
Fargeix (Guillaume)	1535
Fargeix (Jean)	1535
Gailhard (Michel)	1466
Gaignon (Gabriel)	1561-1566
Gandebœuf (Michel)	1539
Gandebœuf (Gaspard)	1670-1684
Garite (Barthelmy), curé d'Herment	1373-1391
Geoffroy (Guillaume)	1261
Gillet (Pierre)	1460
Girard (Guillaume)	1554
Girbert (Pierre)	1331
Girbert (Jean)	1331
Giry (Antoine)	1460
Guidon (Pierre)	1315
Guillaume (Laurent)	1680-1691
Haste (Guillaume)	1487-1510
Haste (Michel)	1506-1538
Haste (Antoine)	1543

Haste (Thomas), curé d'Herment	1573-1576	Papon (Guillaume)	1532
Hébrard (Jean)	1632	De Pers (Jean)	1288
D'Herment (Durand)	14.5	Queyron (François)	1663-1679
Johannel (Durand)	1414-1427	Richard (Jacques)	1540
Johannel (Pierre)	1475	Rivallier (François)	1633-1630
Johannel (Jean)	1484	Rivallier (Jacques)	1653-1655 ; curé de Briffont
Johannel (Louis)	1535	Robert (Pierre)	1522
Johannel (Jean)	1640-1663	Rochefort (Michel)	1645 1661
Johannel (Pierre)	1742	Rochette (Michel)	1379
Joly (Pierre)	1438	Rogier ou Roger (Durand)	1505
Lanareix Pierre	1661	Rogier (Guillaume)	1490
Ladaygua (Jean)	1290	Rollet	1329
Legoy (Jean)	1502-1503	Rongier (Jean)	1620
Legoy ou Le Goy (Joseph)	1555	De Sainte-Garye (Jean)	1410
Le Peytre (Annet)	1580-1603	De Sainte-Garye (Pierre)	1460
Le Peytre (Antoine)	1598-1608	Sage, en latin *Sapiens* (Jean)	1375
Loyte (Pierre), chapellain d'Herment	1299-1296	Servole (Antoine)	1598-1600
Maissore (Guillaume)	1505	Talhafer (Bonet)	1320
De Marschandes (Guillaume)	1315	Terrade (Antoine)	1678-1601
Mège (Jean), curé d'Herment	1630-1632	De Tinière (Pierre)	1419
Menudel (François)	1466	Torchon (Nicolas)	1394
Menudel (Jean)	1625	Vachier (Etienne)	1430
Mugon (Jean)	1504-1519	Vachier (Etienne)	1598-1608
Neyme (Jean), de Bourassat	1509-1546	De la Val (Jean)	1485
Neyme (Louis)	1532	Valette (Jean)	1599-1604
De Neuville (Benoît), curé d'Herment	1598-1642	Viandon (Jean)	1604
De Noalhat (Simon)	1340	Vicaire (Pierre)	1380
Olsinier, *Olsinerii* (Guillaume)	1315	Villefeulh (Antoine)	1460-1487
Olivier (Guillaume)	1380	Villefeulh (Michel)	1461
Payres	1356	Villefeulh (Simon)	1496
Peryeyres ou *Peyrières* (Léonard)	1410-1419		

Revenu du chapitre. En érigeant l'église d'Herment en collégiale en 1232, le chapitre cathédrale de Clermont lui abandonna toutes les dîmes, prémices, oblations, droits de sépulture, etc., donnés par le comte Robert en 1145 ; le seigneur de la ville et ceux des environs firent des legs à la communauté naissante, qui, d'autre part, augmenta son revenu par des acquisitions importantes. A la fin du XIIIe siècle, le chapitre d'Herment était à la tête de biens considérables ; l'esprit du temps était aux fondations ; on s'empressait de donner aux églises. Ce chapitre possédait en 1350 : 1° des cens, rentes, etc., dans la ville et ses appartenances ; 2° des dîmes *grosses* et *petites* dans Verneugheol, Villevaleix, le Trabatergue, le Gloufareix, paroisse de Verneugheol ; le Subergue, paroisse de Saint-Merd-la-Breuille ; Veaumas et les Uliards, paroisse de Giat ; la Celle, le Cros, paroisse de la Celle ; Voulpiat, Las Champs, Lavaux, Chabateix, paroisse de Saint-Etienne-des-Champs ; le Mont et le bois du même lieu, paroisse du Puy-Saint-Gulmier ; le Jangouloux, le Mondeyrand, paroisse de Condat ; les Vialles, Chantemerle, paroisse de Sauvagnat ; les Brousses et son moulin, paroisse du Puy-Saint-Gulmier ; Chadaux, paroisse de Saint-Germain ; Saint-Alvard et le Breuille, paroisse de Saint-Alvard. Tous ces droits féodaux s'élevaient à environ 100 livres tournois (3,666 fr.) de revenu, ainsi que le déclare la nommée donnée en 1350 au baron d'Herment ; une autre déclaration du même genre, de l'an 1485, porte ce revenu à 150 livres tournois (4,290 fr.)

En 1613, les cens et rentes, portés au livre *terrier* du chapitre d'Herment, se percevaient sur plusieurs villages des paroisses d'Herment, de Sauvagnat, de Saint-Germain, de Verneugheol, du Puy-Saint-Gulmier, de Condat, de Saint-Etienne-des-Champs, de Giat, de la Celle, de Saint-Merd-la-Breuille ; la dîme se prélevait dans les paroisses d'Herment (estimée à 40 set. de seigle), de Saint-Etienne-des-Champs (15 set.), de la Celle (40 set.), de Saint-Oradoux et de Saint-Allevard (120 set.), de Verneugheol (12 set.), de Flayat et de Saint-Merd-la-Breuille (8 set.), de Saint-Germain (2 set.), le village de la Rodde, près de Giat (3 set.).

Toutes les redevances des censitaires sont portées en 1675 à 207 setiers de *blé tiercé* (c'est-à-dire les 2|3 en seigle et 1|3 en avoine), 62 livres tournois 10 s. en argent, 73 poules, ce qui donne au pouvoir actuel de l'argent et en portant le setier de seigle à 20 fr., celui d'avoine à 12 fr. et chaque poule à 1 fr. un total de.............................. 3,911 fr.

Au surplus, voici le détail des cens, rentes directes et dîmes du chapitre en 1777.

DIMES, CENS, RENTES ET DIRECTE DU CHAPITRE D'HERMENT. 1777

Paroisse d'Herment. Dîme de la paroisse : 14 set. de seigle, 44 coupes d'avoine ; *Gabriel Haste*, 1 livre tournois, 7 s. 6 d., 1 set. de seigle, 1 poule ; *Les Granges*, 4 s., 1 set 2 quartes 5 coupes 1|2 de seigle, 7 quartes 4 coupes d'avoine.

Paroisse de Sauvagnat. *Chantemerle* : 10 s., 2 set. de seigle, 9 quartes d'avoine, 1 poule ; *Laussepied*, 1 set. de seigle ; *Les Vialles*, 25 s., 3 set. de seigle, 22 quartes 4 coupes d'avoine, 2 poules ; *Chez Restat*, 6 s.. 2 quartes de seigle, 1 poule ; *Chez Mosneron*, 1 livre tournois, 1 set. 2 quartes de seigle ; *La Faye*, 20 s., 1 set. de seigle.

Paroisse de Verneugheol. *Les Aymards*, 5 livres tournois 4 s., 15 set. de seigle, avoine 63 quartes, poules 3 1|2 ; *Le Poux et le Trabatergue*, argent 4 livres tournois 6 s., seigle 11 set. 2 quartes 4 coupes, avoine 52 quartes 1 quarton, poules 5 ; *Verneugheol*, dîme de la paroisse, seigle 12 set.; *Le Glouphareix*, argent 3 livres tournois 5 s., seigle 8 set., avoine 36 quartes, poules 3.

Paroisse de Saint-Germain. *Villedemange*, argent 10 s., seigle 2 set.; *Chez Peyrière*, argent 11 s., seigle 1 set. 1 quarte 2 coupes 1|2, avoine 6 quartes ; *Chadaux, la Borderie*, argent 4 livres tournois, 1 s., seigle 8 set., avoine 27 quartes, poules 3 ; *Bourrassat*, 36 s. 9 d., 1 set.

Paroisse du Puy-Saint-Gulmier. *Les Brousses*, 7 livres tournois 14 s., 18 set. de seigle, 81 quartes d'avoine, 14 poules ; *Le Four*, 12 s. 6 d., 2 set. de seigle, 13 quartes 4 coupes d'avoine, 3 poules ; *Le Leyrit*, 37 s. 6 d., 4 set. de seigle, 18 quartes d'avoine, 1 poule.

Paroisse de Condat. *Le Jangouloux*, 3 livres tournois 15 s., 10 set. de seigle, 40 quartes 4 coupes d'avoine, 3 poules ; *Le Mondeyrand*, 16 s., 2 set. de seigle, 9 quartes d'avoine, 1 poule.

Paroisse de Giat. *Neufvialle*, 1 set. de seigle, 9 quartes d'avoine ; *Les Huilliards*, 18 s., 5 set. de seigle, 22 quartes 6 coupes d'avoine, 4 poules ; *Le Veaumas*, 27 s. 6 d., 9 set. de seigle, 36 quartes d'avoine, 6 poules.

Paroisse de la Celle. *La Celle*, 35 s., 5 set. 1 quarte 3 coupes de seigle, 24 quartes d'avoine, 4 poules ; *Le Croizet*, 15 s., 2 set. de seigle, 8 quartes d'avoine, 4 poules.

Paroisse de Saint-Etienne-des-Champs. Dîme de la paroisse, 49 set. de seigle, 126 quartes d'avoine ; *Les Plaits*, 30 s., 4 set. de seigle, 18 quartes d'avoine, 1 poule ; *La Peyrière*, 27 s. 6 d., 3 set. 1 quarte de seigle, 15 quartes d'avoine, 1 poule ; *Laschamps*, 21 s., 4 set. de seigle, 18 quartes d'avoine, 2 poules.

Paroisse de Saint-Merd-la-Breuille. 3 livres tournois 5 s., 8 set. de seigle, 36 quartes d'avoine, 2 poules.

Total général : 53 livres tournois 3 deniers ; 223 setiers 25 coupes 1|2 de seigle ; 775 quartes d'avoine ; 66 poules 1|2. Pour avoir le revenu total du chapitre il faut ajouter les fondations, portées à 120 livres tournois. En fixant le prix du setier de seigle à 20 fr., celui de la quarte d'avoine à 3 fr., et le prix d'une poule à 1 fr., ce revenu représente, d'après les tables de M. Leber, la somme de.. 7,197 f. 50

Ce chiffre était loin de suffire aux besoins du chapitre, si l'on considère son nombreux personnel au milieu du XVIe siècle ; il est vrai que ce personnel fut réduit à la fin du XVIIe, mais en 1666 il était encore composé du doyen, du chantre, de 8 chanoines, de 4 hebdomiers (1), d'un *sous-diacre*, d'un *sacristain*, d'un *bâtonnier*, de deux *enfants de chœur*, d'un *organiste* et d'un *notaire apostolique*, qui expédiait les provisions des prébendes, passait les reconnaissances des censitaires. Le doyen *Jean Baudhuy* exposait avec raison, dans une requête adressée à l'évêque de Clermont, le 6 avril 1559, « *que le service divin qu'on célèbre chaque jour en l'église collégiale d'Herment est si grand qu'on pourrait le comparer à celui d'une église cathédrale, que pour cela il faut un grand nombre de serviteurs que le chapitre ne peut payer, chargé qu'il est déjà d'impositions.* »

Dans une autre requête présentée par le chapitre, en 1746, à la *Chambre Ecclésiastique* de Clermont, tendant à l'exonération de la taxe de 160 livres tournois, on lit que l'orage et le vent qu'il a faits les 11 et 12 novembre 1744 ont causé un grand dégât au clocher, au couvert et à l'horloge de l'église ; suivant un procès-verbal de M. *Champflour*, vicaire-général, il faudrait plus de 1,200 livres tournois pour la réparer ; cette requête ajoute que ce monument leur coûtait, en raison de sa grandeur, au moins 100 livres tournois chaque année. « Cependant le revenu du chapitre était modique, chaque chanoine n'avait pas 20 livres tournois de revenu ; plusieurs ne pouvant vivre de leur prébende avaient abandonné la ville pour aller dans d'autres paroisses ; sur 9 qui composaient le chapitre, il n'y en avait que 5 qui résidaient.

Chaque année le chapitre nommait un chanoine désigné sous le nom de *baile* (bajulus) pour administrer ses revenus. Le partage des prébendes se faisait au mois d'août, à la Saint-Julien.

Maison capitulaire. Le chapitre avait anciennement une maison capitulaire, provenant de la dame *Bone de Gerzac*, qui l'avait vendue en 1288. Cette maison, appelée l'*Ousteil du chapitre* en 1451, était vaste, puisqu'elle logeait tous les chanoines. Le terrier de 1485 la désigne sous le nom de *Claustrum capituli* (cloître du chapitre), il donne ses confins, qui la placent près de la cure actuelle. En 1559, la maison capitulaire était inhabitable, faute d'entretien ; une requête du doyen ajoute que le revenu du chapitre ne permettait pas de la relever. Cette maison fut abandonnée complétement à la fin du XVIe siècle.

---

(1) En 1675, un hebdomier, ou semi-prébendé, recevait pour la *demi-prebende* à laquelle il avait droit : 12 setiers tiercés et 3 livres tournois en argent ; on donnait au *sacristain* 3 setiers tiercés, au *bâtonnier* 3 émines.

RÉGLEMENT DU CHAPITRE

Nous extrayons ce réglement d'un acte capitulaire du XVIIe siècle :

« 1° Pour qu'un chanoine jouisse de son revenu, il doit gagner 60 points par mois, ou 720 dans une année ; s'il en manque un seul, il sera privé du tiers de son revenu.

2° On peut pour suppléer gagner 6 points au temps de la vacance, les jours de festes solennelles, savoir : 4 en assistant à Matines, un à la messe du jour, et un autre à Vespres. Les festes solennelles sont :

La Circoncision de Notre Seigneur.	L'Assomption de Notre Dame.
L'Epiphanie.	La Feste de saint Roch, *patron*.
La Purification.	La Nativité de Notre Dame.
L'Annonciation de Notre Dame.	La Feste de tous les Saints.
Le jour de Pâques et les 2 fêtes suivantes.	Le jour des Morts.
La Pentecôte et les 2 fêtes suivantes.	La Feste de saint Austremoine.
Le dimanche de la Nativité.	La Dédicace de l'Eglise.
La Feste Dieu.	La Conception de Notre Dame.
La Feste de saint Jean-Baptiste.	Le jour de Noël et les deux fêtes suivantes.
La Feste de saint Pierre et saint Paul.	Le jour de saint Etienne, martyr.
La Feste de saint Laurent.	Le jour de saint Jean l'Evangéliste.

3° Tous les dimanches et festes chômables on peut gagner 3 points : un en assistant à matines, un autre à la messe du jour, le troisième à vêpres. Les jours de foire on gagne un point le matin et deux à vêpres.

4° Les autres jours on ne peut gagner que deux points en assistant à matines et à la messe du jour, ou à la messe et à vêpres, ou à matines ou à vêpres.

5° Pour gagner son point à matines, il faut entrer au chœur avant que le *Gloria Patri* du premier psaume du premier nocturne soit dit, et ne pas sortir qu'après le *Benedictus*

6° Pour gagner son point à vêpres, il faut entrer avant que le *Gloria Patri* du premier psaume soit dit, et ne pas sortir que l'oraison ne soit dite.

7° Pour gagner le point de la messe, il faut entrer avant que l'épître soit achevée, et ne pas sortir jusqu'à ce que la post-communion soit chantée.

8° L'entrée de matines depuis Pâques jusqu'à la Toussaint sonnera à cinq heures, et depuis la Toussaint jusqu'à Pâques à six heures.

9° La messe du jour commencera immédiatement après neuf heures, et les jours de festes chômables en hiver seulement à dix heures, pendant qu'elle sonnera, on dira sexte.

10° L'entrée de vêpres sonnera à trois heures, et pendant qu'elle sonnera on dira none.

11° La coutume du chapitre est que le jour de Saint-Julien de chaque année, il doit se tenir chapitre général pour la nomination d'un nouveau *baile*, et le baile précédant doit faire advertir MM. les chanoines d'y assister ; dans lequel chapitre il est ordonné que huit jours après on doit procéder au partage des revenus dudit chapitre qui doit ordinairement être fait par ledit baile nommé et autres députés avec luy.

12° Il doit se tenir un chapitre tous les premiers lundy de chaque mois, sans y comprendre les extraordinaires, dans lequel chapitre on conférera tant pour le temporel que pour ce qui regarde l'office divin.

13° Attendu qu'il n'y a point de *marguillerie*, le baile proposé est chargé d'avoir soin du *luminaire et des ornements*.

14° Comme il n'y a point de diacre, ni sous-diacre, ni chappiers dans le chapitre, MM. les chanoines font ces fonctions chacun à leur tour.

15° Personne ne doit pendant la messe dire son office, ni parler au chœur avec d'autres sous peine de *multe*.

16° Les quatre jours solennels auxquels M. le doyen officie, les deux premiers chanoines doivent faire l'office de diacre et sous-diacre, les chappes pendant les fêtes de l'année commandées par M. le chantre auxdits chanoines alternativement.

17° Chaque chanoine doit payer son droit d'entrer avant de jouir de son revenu.

18° Aux festes des Apôtres, de saint Louis et de saint Laurent, de même qu'à la troisième feste de la Pentecôte, quoique toutes ces festes ayant esté retranchées, on gagnera auxdits jours trois points en assistant aux offices comme aux festes de la Vierge.

19° En modifiant le premier article du présent réglement, celui qui n'aura pas gagné tous ses points, ne sera privé du gros de son revenu qu'à prorata des points qu'il aura manqués. (Ces deux derniers articles ont été ajoutés en 1759).

Costume. Le costume des chanoines consistait, comme celui des autres chapitres, en un bonnet carré, une robe longue. Le surplis était accompagné au bras droit d'une *aumusse* grise.

Privilèges. En 1249, Hugues de la Tour, évêque de Clermont, secondé par le chapitre de la cathédrale de Clermont, fit donation au chapitre d'Herment des églises de Saint-Oradoux, de Saint-Alvard et de Crocq (Creuse); celui-ci, en qualité de *curé-primitif* de ces trois paroisses, nommait à la cure de Crocq et allait y officier processionnellement une fois par an. Voici la copie de la charte de donation des églises de Crocq, Saint-Alvard et Saint-Oradoux, faite au chapitre d'Herment en 1249 :

« Nos *Hugo*, Dei gratia Claromontensis episcopus, notum facimus universis quod nos de c(on)censu capituli nostri damus et concedimus ecclesias de *Sancto Oratore* et de *Sancto Elevardo* et *de Croc* sitas in *archipræsbyteratu de Hermenco* dilectis nostris capitulo de Hermenco cathedralico et synoditico in eisdem ecclesiis nobis retentis. In cujus rei testimonium dicto capitulo præsentes litteras dedimus sigillo nostro sigillatas et nos capitulum Claromontensis præsentibus litteris sigillum nostrum dignum duximus apponendum. Datum in octavia Magdalenæ anno Domini M° CC° quadragesimo nono. »

Philippe Bervier, archevêque de Bourges, se trouvant à Herment le mercredi avant la Toussaint, l'an 1253, confirma cette donation, approuvée par *Gui de La Tour*, évêque de Clermont, successeur de Hugues, donateur, le jour de l'octave de l'Epiphanie 1254.

Comme les curés de Crocq, de Saint-Oradoux et de Saint-Allevard étaient nommés par le chapitre d'Herment, voici ceux dont nous avons recueilli les noms :

Curés de Crocq : *Pierre Crozet*, 1311 ; *Jean Bussière*, avant 1410 ; *Etienne Mallet*, 1418 ; *Robert Mallet*, 1467 ; *Claude Mallet*, 1502 ; *Jean Aloschon*, 1601-1621 ; *Michel Fourneyron*,

1621-1652 ; *Annet Fourneyron*, qui en 1657 reconnut devoir 5 livres tournois de rente au chapitre pour droit de patronage ; il mourut en 1688 ; *Ligier Giac*, 1688 ; *N. Bourbon*, 1690 ; *François Ramade*, bachelier en théologie, 1700 ; *A. Tixier*, 1700 ; *J.-B. Geneste*, doyen et curé du chapitre de Crocq, 1711-1716 ; *N. Fournier*, 1710-1724 ; *Pierre Croizet*, nommé doyen et curé de Crocq en 1738 ; *N. Journiac*, 1739 ; *N. Bessère*, 1759 ; *Pierre Bessède*, doyen et curé, 1768-1769.

Curés de Saint-Oradoux : *Durand de l'Oursse*, 1321 ; *Durand Dalmas*, clerc, 1337 ; *N. Thomas*, avant 1432 ; *Pierre Villefeulh*, 1432 ; *Antoine d'Aultebesse*, 1509 ; *Antoine Morton*, 1543 ; *Jacques d'Aultebesse*, mort en 1555 ; *Guillaume Girard*, 1555 ; *Etienne Mourton*, 1581 ; *Michel Cousturier*, 1600 ; *Pierre Faure*, 1613 ; *Jean Le Faure*, chanoine de Crocq, 1614-1625 ; *Annet Bourbon*, 1642-1661 ; *Jean Le Faure*, 1675 ; *Pierre Bourbon*, 1683-1693 ; *Julien Battud*, 1693-1716 ; *Jean Grégoire*, 1718 ; *Bertrand Jallat*, 1731-1744 ; *Michel de Courteix*, 1761-1781.

Curés de Saint-Allevard : *N. Cousturier*, 1600 ; *Michel Cousturier*, 1633-1647 ; *Jacques Cousturier*, 1647-1683 ; *Jacques Bessède*, 1683-1694 ; *Besse*, 1701 ; *Balthazard de Bladis*, 1747 ; *Louis Bouyon*, 1750.

Le baron d'Herment Jean de Dreux (1309-1331), accorda au chapitre le droit d'acquérir des cens et rentes dans la seigneurie d'Herment. Louis de Bosredon confirma ce privilège. L'évêque de Clermont, Henri de la Tour, fit don au même chapitre d'un droit de *mortaille* en 1401. Des actes de 1478, 1511, constatent que les chanoines d'Herment étaient exempts du *droit de visite* perçu sur la paroisse par les prélats du diocèse ; ces chanoines étaient aussi exempts du guet au château et de la contribution pour les réparations des murailles de la ville. Il va sans dire que, d'après l'usage du Moyen-Age, ils portaient comme prêtres, dans tous les actes publics, la qualification de *vénérable personne*, et même celle de *messire* spéciale aux gentilshommes.

Sceaux, Armoiries. La charte de fondation de 1232 conserve l'empreinte du scel primitif du chapitre (Voir planche des sceaux). Le champ représente l'Assomption de la Vierge ; la mère de Dieu s'élève au ciel portée sur des nuages ; une main apparaît dans un angle supérieur ; c'est celle du Créateur. Légende : sigillvm capitvli beate marie de hermenco (1). En 1534, le chapitre se servait du même scel ; en 1700-1715, il employait un sceau portant dans le champ une Notre-Dame couronnée (V. pl. des sceaux) ; légende : sigillvm cap(itvli) b(eate) m(arie) hermentensis.

Le chapitre avait des armoiries ; elles étaient : *de gueules, à une Notre-Dame d'argent, tenant l'enfant Jésus sur son bras gauche*. Ce blason religieux figure dans l'*Armorial Général* (généralité de Riom), dressé de 1696 à 1700, par ordonnance royale. On sait que le principal but de Louis XIV était de battre monnaie en fixant à 50 livres tournois l'enregistrement des armes de chaque ville et de chaque communauté religieuse. Il arriva même que les intendants des provinces forcèrent à adopter un emblème héraldique, lorsque celles-ci objectèrent qu'elles n'en possédaient point On lit à ce sujet dans l'un des registres capitulaires de notre chapitre : « *Chapitre tenu le 27 sept. 1697, à l'issue de Vespres, auquel ont assisté les chanoines soussignés*

---

(1) Voir le scel matrice au musée de Clermont ; il est en cuivre et porte une charnière mobile. On l'a retrouvé a Herment il y a une quinzaine d'années.

et dans lequel il a esté remontré par M. *Chassaing*, chantre et baile dudit chapitre que sur l'assignation qui a esté donnée à tous les chanoines touchant les armoiries, devant Monsieur l'intendant, il est nécessaire de comparaître ; sur quoy, lesdits sieurs ont conféré ensemble et se voyant accablés de taxes et décimes sans que les revenus puissent y suffire, ils ont résolu que M. *Chassaing*, baile, ferait voyage à Clermont pour y faire tout ce qu'il y aura à faire et par même affirmer au nom desdits sieurs Gaignon, Jally, Rivet et Delmas, chanoines soussignés, qu'ils ne se sont jamais servis d'armoiries ny prétendent même s'en servir ny en vouloir à l'advenir, ni sur vaisselle, cachet, sceau ni sur autres ès meubles et qu'ils consentent la confiscation de tous ceux qui s'y en trouvera. Fait ledit jour et an que dessus ; et pour cy effacer, ils passeront leur voyage et frais nécessaire. Signé Gaignon, Jally, Chassaing, baile, Delmas et Rivet. » — L'intendant obligea le chapitre à prendre des armoiries, malgré toute protestation contraire. Les chanoines *Chassaing*, *Gaignon* et *Jally* durent aussi faire enregistrer les leurs : *Michel Chassaing* : *de gueules, à 3 chiens de chasse d'argent, courant l'un sur l'autre* ; Jean Gaignon : *d'argent, au chevron de gueules, accompagné de 3 croisettes de même 2 et 1* ; François Jally : *de sinople, à un lis d'or, grené d'argent*.

La taxe de la bourgeoisie était fixée à 25 livres tournois. Plusieurs bourgeois d'Herment firent enregistrer leur blason : *Michel Monteil*, bailli : *de gueules, à une montagne d'or, surmontée d'un 1/2 vol d'argent* ; *Gabriel Menudel*, lieutenant au baillage : *d'or, à une grue de sable* ; *Antoine Peyronnet*, notaire royal, procureur fiscal : *d'azur, au chevron d'argent, surmonté en chef d'une molette d'éperon de même* ; *François Veyssier*, docteur en médecine : *d'azur, à 3 tierce-feuilles d'or, 2 et 1*.

Reliques. Des reliques précieuses étaient conservées dans l'église d'Herment avant 1793. Elles avaient été données au chapitre par les chevaliers croisés, qui les avaient rapportées de Terre-Sainte au XIIIe siècle. Les reliques étaient *assensées* (affermées) à l'ecclésiastique le plus offrant ; leur *assensse* produisait pour un an 12 livres tournois 15 s. (215 fr. 60) en 1538.

« S'ensuit l'inventaire desdictes sainctes Reliques de l'église d'Herment en 1538 :

Une croix d'argent ; ung malbre (marbre) ou il y a ung crouxiffis d'argent ;

Plus ung malbre de jayet environné d'argent, aux quatres carres (coins) y ayant des ymaighes ;

Plus une autre Relicque ou il y a dedans la sainte espyne ; une petite croix d'argent ou dans icelle y a du boys de la sainte Croix ;

Plus une petite boyte de boys dans laquelle il y a une pierre précieuse esquelle on meet dans les yeulx des malades et autres deux pierres blanches ;

Plus les grandes relicques d'argent, esquelle est l'ymaighe de Notre Dame avec deux anghes, dans lesquelles y a plusieurs sainctes Relicques ;

Plus ung petit relicquère d'argent de saint Jehan ;

Plus ung relicquère de saint Pierre ;

Plus le relicquère de saint Blaise, dans lequel y a une coste et une dent de saint Laurent ;

Plus le relicquère de Saint-Gervais ou l'on a coustume de porter le Corpus Christi (le Viatique).

Plus une boyte dyvoire garny d'argent ;

Plus le relicquère de saint Estienne ou il y a des Relicques pardedans ;

Plus une autre chasse de cuyvre doré ou il y a des relicques de monsieur saint Anthoine et autres ;

Plus ung autre Relicquère de cuyvre surdoré ou il y a des relicques de saint Eloy et plusieurs autres ;

Plus une autre chasse ou il y a des relicques de sainte Magdalayne, sainte Barbe et autres ;

Plus une autre chasse faicte en clochier et sont les relicques de saint Nicoulas et autres ;

Plus une croix laquelle on faict le signe de croix aux processions. »

Inventaire des saintes reliques en 1700 : 1° *un reliquaire en forme de clocher*, que l'on porte aux processions ; il y a des reliques de la grotte de Bethléem, de la colonne de flagellation, du rocher de la montagne du Calvaire et de celle des Oliviers, des reliques de saint Gervais, de la table où Notre Seigneur dina avec ses disciples, une côte de saint Laurent et de saint Martial, du bras droit de saint Thomas et des ossements de saint Irénée ; 2° *un reliquaire* dans lequel on trouve du bois de la Sainte Croix, de celle de saint André et du débris des pierres qu'un ange porta sur le sépulcre de Notre Seigneur ; 3° *un reliquaire appelé des Vierges*, renfermant des reliques de Marie-Magdeleine, de sainte-Appoline, de sainte Catherine, de sainte Barbe, de sainte Cécile et de celles des 11,000 Vierges ; 4° *un reliquaire en forme de petit coffre*, contenant des reliques de saint Jean, de saint Cosme, de saint Armentaire (*sancti Armentarii*), martyr, de saint Pierre, apôtre, etc. ; 5° *un reliquaire en forme de ciboire*, où se trouvent des reliques de saint Etienne, premier martyr, du bras de saint Valentin ; 6° *le reliquaire de la chapelle de Bonne-Nouvelle*, couvert de cuivre jaune ; il y a des reliques du Saint-Sépulcre, de la Sainte-Vierge, de ses vêtements, de la terre du sépulcre où Notre-Seigneur fut enseveli ; 7° un reliquaire, contenant des reliques de saint Roch. »

La châsse de Notre-Dame remontait au XIIIe siècle. Elle était en cuivre travaillée avec beaucoup d'art et ornée de quatre anges dans les angles. Reléguée dans *le grenier* du curé *Baudonnat*, elle fut vendue par ses héritiers moyennant 0 f. 85 c., à M. *Mioche*, de Clermont.

Actes capitulaires. Les assemblées du chapitre avaient lieu tous les premiers lundis du mois, dans la chapelle Saint-Jacques, au dessous du clocher actuel. Les chanoines étaient convoqués au son de la cloche. Leurs deliberations portaient le nom d'*actes capitulaires.*

Archives. Conservées minutieusement depuis l'origine du chapitre, elles étaient renfermées dans deux armoires ouvertes dans l'épaisseur des murs, à côté de la chapelle Saint-Jacques. (On remarque encore ces deux armoires.) Trois serrures les fermaient : la clé de l'une était remise au doyen, l'autre au chantre et la troisième au baile. Au mois d'octobre 1739, elles furent inventoriées par un archiviste en renom, M. *Batteney.* Les chartes du chapitre traversèrent les révolutions du Moyen-Age pour arriver à une date fatale, à celle de 1793 ; alors, une grande partie fut livrée aux flammes. Nous lisons, non sans regret, dans une délibération de la Commune du 27 brumaire an II (17 novembre 1793), motivée *sur la loi de juillet, concernant les titres féodaux*, « qu'un grand nombre d'habitants s'empressèrent de jeter dans un brasier allumé devant l'arbre de la liberté tous les actes qui rappelaient le Moyen-Age. » Ajoutons, néanmoins, que la plus grande partie des archives du chapitre passèrent aux archives départementales, en vertu de lois postérieures. C'est là qu'elles reposent, confiées à M. Cohendy, archiviste, dont tout le monde apprécie la vaste érudition, l'empressement gracieux qu'il accorde aux chercheurs dans leurs pénibles travaux, et l'entente digne d'éloges avec laquelle il dirige l'immense dépôt qui lui est confié. Mille remerciements à M. Cohendy pour tout ce que nous avons appris de ses connaissances variées, et pour l'obligeance sans bornes qu'il a manifestée à notre égard dans le courant de ce minutieux travail historique.

Après avoir traversé cinq siècles et demi, le chapitre d'Herment fut anéanti par les fureurs de 1793. Ses biens furent achetés par des spéculateurs ; ses chanoines se cachèrent dans de misérables réduits pour se soustraire à la fureur révolutionnaire, d'autres portèrent religieusement leur tête sur l'instrument de ces temps d'horreurs ; mais avant de se séparer, avant de quitter cette chère église où reposaient leurs affections, leurs souvenirs, ils rédigèrent par la main de leur chantre (M. Bouyon), que nous verrons plus tard éloquent apôtre de la foi, la touchante délibération suivante, dernier legs de leur cœur, noble et sainte pensée !..

« *Aujourd'hui vingt-cinq novembre mil sept cent quatre-vingt dix*, le chapitre de Notre-Dame d'Herment s'est extraordinairement assemblé, pour délibérer sur le parti qu'il convenoit de prendre relativement aux décrets de l'assemblée nationale sur l'organisation civile du Clergé : Les soussignés, formant le corps entier du chapitre, après avoir invoqué les lumières du Saint-Esprit, sont unanimement convenus : Que des prêtres-citoyens devaient, dans des circonstances aussi délicates, se pénétrer de plus en plus des devoirs que leur imposoit cette double qualité ; que dans un moment où les fautes étaient si faciles à faire, le scandale si difficile à réparer, ils ne devaient rien négliger pour se rendre irréprochables et devant Dieu et devant les hommes ; que le vrai patriote étoit celui qui ne s'écartoit jamais de ses principes religieux ; que la fidélité à la nation, à la loi et au roi, étoit une vertu que la religion leur prescrivoit ; qu'en recommandant par leurs exemples et par leurs discours la soumission à l'Eglise dans tout ce qui est du ressort de la puissance spirituelle, ils devoient regarder comme un devoir aussi sacré pour eux de recommander de même l'obéissance qui est due à l'autorité temporelle dans tout ce qui est de son ressort ; que Dieu avoit établi ces deux puissances pour nous gouverner et nous conduire ; qu'à l'une appartenait le droit de régler ce qui concerne les objets civils, politiques et temporels, que l'autre est chargée du dépôt de la foi, de l'administration des sacrements, et de la discipline nécessaire au gouvernement spirituel des pasteurs et des ouailles ; qu'elles étoient l'une et l'autre souveraines et indépendantes dans leur ordre ; qu'elles se devoient l'une et l'autre un mutuel secours ; que dans tous les temps ils devoient rendre à l'une et à l'autre l'obéissance qui leur est due ; que dans les cas difficiles ils devoient ne rien hasarder, sans avoir consulté l'église ; qu'enfin leur vœu le plus ardent, seroit de voir le souverain pontife, réuni à l'épiscopat, tranquilliser les consciences par l'heureux effet d'un concile national. Les délibérans n'ont pu se dissimuler la notification qui devoit prochainement leur être faite de se dissoudre et de cesser leurs fonctions. Prêts à se sacrifier au bien général, à la patrie, mais profondément affligés de voir rompre des liens si chers à leur cœur, de les voir rompre sans aucun recours aux formes canoniques, sans l'autorité de l'église qui les avoit formés ; ils ont considéré que des sermens solennels prêtés à la face des autels, renouvelés mille fois aux pieds de Jésus-Christ ; que des sermens qui ne pouvoient cesser d'être redoutables et précieux à des ministres fidèles ; que ces sermens inviolables les attachoient à cette collégiale ; que l'impossibilité seule pouvoit les dispenser de remplir les obligations étroites qu'ils avoient contractées ; que cette impossibilité accablante leur feroit sentir toute son amertume dans la signification des ordres dont ils étoient menacés ; au milieu de ces considérations affligeantes, ils ont cru qu'ils ne devoient pas hésiter à se soumettre avec respect aux volontés rigoureuses, mais toujours adorables de la Providence ; que sagement ils devoient obéir sans délai à l'autorité qu'elle emploie à l'exécution de ses desseins, dont il ne convient pas aux mortels de sonder les profondeurs ; qu'il faudroit obéir, et qu'ils ne seroient pas parjures... Ils se sont dit, qu'après avoir désiré de servir la religion par leur zèle à partager avec le pasteur les travaux précieux du saint ministère, ils devoient tâcher de la servir par leur chûte même et par leurs malheurs ; que leur douleur ne s'exprimeroit devant les hommes que par un silence de paix, de modestie, de résignation ; qu'ils n'épancheroient leurs regrets, leurs gémissements et leurs larmes que devant le Seigneur dans son sanctuaire ; que ce sanctuaire auguste, devenu désert, s'il n'étoit plus ouvert à leurs désirs, pour y remplir la dette sacrée d'une prière publique et solennelle, il leur rappelleroit toujours les pieuses intentions des fondateurs, des bienfaiteurs, et qu'ils les respecteroient toujours ; que s'il ne leur étoit plus permis de s'y réunir pour chanter les louanges du Très-Haut, il leur resteroit [du moins la consolation d'y venir, jusqu'à ce que la Providence en ait autrement disposé, d'y venir continuer leurs vœux pour la conservation de la religion catholique, apostolique et romaine dans ce royaume, et pour la propagation chez les nations infidèles, pour le salut du roi et pour la prospérité de l'empire. Tels sont leurs sentiments, leurs dispositions et leurs devoirs ; ces devoirs sont sacrés pour eux ; ils y mourront fidèles. Si, dans l'exposition qu'ils viennent d'en faire, il se trouvoit pourtant un seul mot de moins conforme à la pureté des principes religieux et civiques, ils le rétractent, ils le désavouent d'avance ; à l'exemple de saint Paul ils ne veulent pécher ni contre la loi, ni contre l'Eglise, ni contre César (*ac. ap. ch.* 25). Et c'est en témoignage de ces sentiments et de ces dispositions que les délibérans ont cru devoir consigner dans leurs archives le présent acte de délibération capitulaire ; priant au surplus M. le doyen, syndic actuel du chapitre, de les faire connaître dans l'occasion ou le besoin. Et avons signé : Mazuer, doyen ; Bouyon, chantre ; Mazler, Soubre, Quesne, chanoines. »

Rendons hommage au chapitre d'Herment, avant de terminer ces lignes spéciales. Le grand nombre de vénérables prêtres dont il était composé, les lumières qu'il répandait dans la population donnaient à notre ville une certaine importance religieuse. Chacun accorde ses regrets à la pieuse et paisible communauté qui, pendant tant de générations, chanta les louanges du Seigneur !...

Avant 1789, il existait dans nos montagnes trois chapitres : celui d'Herment, le plus ancien, fondé en 1232 ; celui de Notre-Dame d'Orcival, érigé en 1245 ; celui de Sainte-Magdeleine de Laqueuille, créé en 1495 par *Charles de la Queuille*, s^r du lieu, et *Marguerite de Lévis*, son épouse.

LISTE DES BIENFAITEURS DE L'ÉGLISE ET DU CHAPITRE

EOFFROY HÉLIE, chevalier, *(miles)*, donne à l'église d'Herment, pour le repos de son âme et celle de ses parents, un tènement situé à *Vcmas*, près celui d'Hugues de Faydet, s^r du lieu, ledit tènement avec toutes ses dîmes, cens, rentes, etc. *Assalit de Thinières*, suzerain de Geoffroy, confirme l'acte de donation. . . . . février 1237

PIERRE D'USSEL, damoiseau, s^r de Charlus-le-Pailloux ; —le mas de la Vedrine, près d'Ussel, au chapitre 1248

PIERRE DOHENC, ailleurs DE VOHENC (de Voingt) ; — les dîmes qu'il avait à la Celle ; le chapitre lui donne 7 livres tournois 10 sous (691 f. 40) en récompense 1250

GUILLAUME DE CHASLUS (*de Karlucio*), chevalier, s^r de Chaslus, oncle d'*Amblard*, damoiseau. — Tous les droits qu'il avait dans les bois du Mont et des Brousses, paroisse du Puy-Saint-Gulmier 1253

AGNES D'USSEL, veuve de *Raoul de Beaufort* et mère de *Guillaume de Villelume*, chevalier, s^r de Barmontet ; — les cens, rentes et devoirs qu'elle avait sur des maisons, jardins et prés à Herment, lui venant de *Robert d'Ussel*, chevalier, son père 1254

ALIX DE MURAT. Donne tous ses biens dans la paroisse de Verneugheol 1261

AMBLARD DE CHASLUS, chevalier, s^r de Chaslus ; — tous les droits qu'il avait dans la paroisse de Saint-Etienne-des-Champs et les villages de la Serva, de Lavaux, des Brousses, paroisse du Puy-Saint-Gulmier 1269

JEAN DE BONGUA, paroissien d'Ebreuil ; — tous ses droits dans la paroisse de Basville. 1274

HUGUES et ROBERT DE VOHENC donnent la dîme des agneaux dans la paroisse de la Celle 1278

GUILLAUME D'HERMENIÈRES (*de Hermeneria*), chanoine d'Herment, teste en 1288, faisant de nombreuses donations : il institue ses héritiers *Raoul* et *Aubert d'Hermenières*, chevaliers, ses frères, et *Raoul*, damoiseau, son neveu, fils de *Guillaume* ; donne 100 livres tournois et un lit garni à ses trois sœurs : *Béatrix*, épouse de *Gérald de Lachamp*, chevalier, mère d'*Etienne* et de *Raynald* ; *Sauzède*, épouse de *N. de Termes*, père de *Pierre* et *Guillaume* ; *Agnès*, femme de *Jean Rogier* ; *Pierre*, *Catherine* et *Guiote*, ses enfants ; veut être enseveli dans l'église d'Herment, devant l'autel Sainte-Croix ; lègue 6 setiers de seigle pour son anniversaire et 4 pour celui d'*Agnès*, sa mère ; aux hebdomiers de l'église d'Herment, la petite dîme de la Celle, pour leur payer un dîner le jour de son office, qui sera célébré par eux avec diacre et sous-diacre ; il fonde une vicairie dans la même église, et donne pour la desservir une rente de 6 livres 11 sous tournois, 9 setiers de seigle et 1 d'avoine, percevables sur le Mondavit, près des héritages d'*Aymon de Fage-Brunel*, s^r du lieu, et sur celui des Poux ; plus deux siphons d'argent pour faire des aiguières à l'usage de cette vicairie ; au chapitre d'Herment, en récompense de ce qu'il a reçu de lui les terres et prés de son étang de..., ses héritages près de Jangouloux et tout le droit qu'il a la Celle ; suivent des legs pour son anniversaire à plusieurs abbayes : à l'Eclache (*Esclachiœ*), le tènement qu'il a à Villevaleix, l'usufruit réservé pour sa nièce religieuse dans ce couvent ; aux religieuses de Saint-Genès-lès-Monges, deux repas ; à l'église d'Herment, 16 siphons pour le service du grand autel, afin de faire deux bassins qui devront laver les mains des prêtres ; à la commanderie de Bellechassaigne, *ad opus et subsidium Terræ-Sanctæ* le meilleur *equum sive roussinum* qu'il aura le jour de son décès ; à ses neveux *Guillaume* et *Pierre de Termes*, l usufruit de ses maisons d'Herment, ses prés situés près des fossés de la ville, les cens qu'il perçoit dans les murs de celle-ci, excepté 12 deniers légués à la confrérie Saint-Nicolas ; au prieuré de Verneugheol, ce qu'il a eu de *Raoul Ponderos*, chevalier, plus 40 livres (4,550 f. 70), si l'on a toujours l'intention de construire la maison du prieuré ; à tous les prêtres qui assisteront à son enterrement, 3 sous et 1 denier (16 f. 50) ; aux pauvres d'Herment, à chacun une portion de pain pour le prix de 2 deniers ; à chaque église de l'archiprêtré d'Herment, une livre de cire ; si *Guillaume de Termes*, son neveu, veut entrer aux écoles, il lui laisse 80 livres ; il entend que ses frères fassent recevoir moine à Ebreuil ou à Menat *Huguonet* ou *Pierre d'Hermenières*, celui *de quo melius visum fuerit expedire* ; pour aider à âtir la cathédrale de Clermont, 20 sous (112 f. 20) ; pour aider à bâtir la chapelle du Montel le Montel-de-Gelat ?) 10 sous (56 f. 10) ; pour finir celle de la Celle, 20 livres (2,244 f.) ; à l'hôpital d'Herment, un lit garni ; à celui de Montferrand, sa meilleure *culote*. Il demande l'évêque de Clermont pour son exécuteur testamentaire ; mourut en 1293.

PIERRE PRAT et *Guillemette*, sa femme, paroissiens de Crocq, donnent un *boriage* métairie) nommée *La Chanal* (La Chanaux), près Saint-Oradoux (Creuse) 1296

AYMON DE VILLELUME, damoiseau ; — des dîmes sur Vatanges et Neuville . . 1310

PIERRE D'HERMENT, chanoine du Puy ; — 7 livres tournois (577 f 56) sur sa maison d'Herment ; 10 sous (9 f. 60) sur le champ Jamrond. 1311

GUILLAUME ROBERT, chapellain d'Herment ; — 40 livres (3,738 f. 90) *pour aider à bâtir le clocher de l'église* ; 10 sous de rente sur le pré Claux, autres 10 s. sur le pré de la Grange ; autres 10 s. sur une maison et un jardin. 1315

AMBLARD DE CHASLUS (*de Carlutio*), chevalier, et *Guillaume*, son frère, damoiseau, fils de *Pierre*, chevalier ; — dîme dans la paroisse de Giat. 1316

ETIENNE JEHAN (*Johannis*), archiprêtre ; — 10 s. de rente sur une grange et toute la terre de Sourdaval ; 10 s. sur ses maisons d'Herment ; 2 s. sur un pré, plus 1 s. sur le pré *Trapax*. 1320

GUILLAUME DE L'OURSSE, — 10 livres tournois (825 f.) sur un pré d'Herment appelé *Lamberta*. 1321

ROBERT DE PONTGIBAUD et *Pierre*, son frère (ce dernier *chevalier*) ; — 5 s (19 f. 80) de rente sur le tènement de Chabateix, paroisse de Saint-Etienne-des-Champs. 1323

PIERRE ROGER (*Rotgerii*), époux de *Béatrix Jehan*, fille de *Hugues*, et *Etienne Jehan*, chanoine, son frère, fils à feu Jean *le Vieux* ;— un setier de seigle pour un anniversaire, 4 sous de rente sur le tènement du Mont, paroisse de Condat ; 3 deniers sur le pré Roche. . . 1325

ETIENNE JEHAN, fils de Hugues et neveu de l'archiprêtre Etienne ; — 10 s. de rente sur sa grange de *Sourdaval* et sur ses maisons d'Herment ; 10 s. de rente sur le pré de *Durand*, *Pierre* et *Jean Imbauld* ; 2 s. sur le village de Barberolles 1331

PIERRE ROGER, *le Vieux*, *Durand* et *Etienne*, ses frères, fils de *Pierre* ; — passent reconnaissance de 8 sous de rente sur tous leurs biens, situés à Herment 1333

JEAN CHAPELLE, clerc, fils à feu *Etienne*, — 4 s. de rente sur un pré d'Herment. 1337

JEAN MONTENHÈRE (*Montagnière*), bourgeois, lequel a légué son nom à l'un des plus beaux prés de la ville ; — 15 sous (39 f. 60) de rente sur le pré de la *Montagnière*, près du Marchedial. 1337

DURAND DE FUYAS, bourgeois, frère de *Hugues* et fils de *Guillaume* et de *Catherine de l'Oursse* ; reconnaît devoir 4 livres, 26 s. 6 d. (290 f 40) pour l'anniversaire de son oncle *Durand de Fuyas*, pour celui de *Salamone*, son aïeule, et d'autres parents 1337

MATHIEU SIMON, d'Herment, — reconnaît devoir 5 sous (9 f. 90) de rente sur sa maison pour l'anniversaire de ses père et mère. 1340

AÉLIX ROGER, fille de feu Durand, bourgeois, femme de feu *Etienne de Couhet*, passe reconnaissance pour un jardin au *Marchedial* 1345

JACQUETTE DU PRAT, femme de *Huguonet de Fuyas*, bourgeois, — lègue 7 s. (16 f. 50) de rente, sur tous ses biens pour son anniversaire 1349

DURAND DE MAZANT, fils à feu *Robert*, lègue 10 s. (26 f. 40) de rente pour son anniversaire, savoir : 5 s. sur sa maison d'Herment et 5 s. sur une grange 1350

ETIENNE ROGER, donne 10 s. pour livraisons et 1 livre de rente sur le mas de Saint-Alevard 1351

BERTRAND YMBERT, donne tous ses droits sur les biens de Pierre Barmont . . 1370

ETIENNE IMBAULD (*Imbaldus*), bourgeois, donne 10 s. (26 f. 40) de rente, sur un territoire près de Chantemerle. 1372

ARNALD DE CHAURIERS, écuyer (*armiger*), paroissien de Paluat, diocèse de Périgueux, lègue par testament 20 s. de rente sur tous ses biens pour son anniversaire ; élit sa sépulture dans l'église d'Herment; institue ses héritiers *Honorête de Limueil* (cousine probable de *Marguerite de Gallard de Limeuil*, dame d'Herment), épouse de *Lambert de Beaulieu*, gouverneur d'Herment ; *Johète*, leur fille, et ses cousins *Bertrand et Guichard de Saint-Léon*, écuyers ; *Marguerite du Bois*, sa cousine, épouse de *Ponce de Pont*, fils d'*Adhémar* et frère de *Raymond*, abbé de Bourges. Cet acte parle d'*Yzard de Beaulieu*, prieur de Rouffiac, frère du gouverneur ; il est passé en présence de *Durand d'Herment* et de *Jacques Despessac*, archiprêtre . . . 1373

JEAN SAGE, prêtre, donne 25 s. (66 f.) de rente pour son anniversaire sur Cressensat. 1375

JAUZIDE GUAREL, femme de feu *Pierre Guarel* et *Ahélix*, sa fille, reconnaissent devoir 2 s. 8 d. de rente sur deux jardins et une maison d'Herment 1379

JEAN CHAPELLE, passe reconnaissance pour l'anniversaire de *Durand* et *Jean Chapelle* 1379

ANDRÉ ROBERT, reconnaît au chapitre 12 deniers de cens sur ses maisons ; pour complies de l'Annonciation, 5 s. de rente ; pour complies de l'Assomption, 5 s. de rente ; pour l'anniversaire d'*André Robert*, 10 s. de rente ; sur le pré de la Plantade, 6 s. de rente ; pour l'anniversaire de *Pierre*, son frère, 5 s. de rente. 1379

ETIENNE GAUTIER, reconnaît devoir 10 s. (27 f. 40) de rente sur ses maisons d'Herment et ce pour l'anniversaire de ses père et mère. 1380

CATHERINE DE BARMONT, veuve de *Durand de Messes*, bourgeois, lègue 7 s. et 8 d. de rente sur un pré situé dans la paroisse d'Herment. 1380

JEAN MURAT, d'Herment, donne 5 s. (13 f. 70) de rente pour son anniversaire. 1380

GILBERT MERSETIER, lègue 10 s. (27 f. 40) de rente pour son anniversaire. . . 1380

BARTHELMY GÉRÉMIRE (*Jheremiar*, en patois), bourgeois, reconnaît devoir 5 deniers de cens et 2 set. de seigle sur la terre de *Sourdaval* ; plus 1 s. sur le tènement du *Coudert*, pour l'anniversaire de *Guillaume Gérémire*, chanoine, et de *Pierre Gérémire* 1382

JEAN BOREL, paroissien de Sauvagnat, habitant d'Herment, — 4 s. de rente sur un champ qui venait de *Pierre de Pontgibaud* 1382

AHELIX DE VILLENOVE, donne 20 s. (52 f. 80) de rente sur le pré *dit de l'Hôpital*, paroisse d'Herment. 1384

JEAN ANDRIEU, donne tous les biens venant de *Pierre Andrieu* 1390

PIERRE JEHAN (*Johannis*), bourgeois, reconnaît devoir 1 livre pour l'anniversaire de l'archiprêtre *Gilbert Ancineuil* ; 1 livre pour l'anniversaire d'*Etienne Girbert* et un dîner le jour de Pâques ; plus 8 livres 16 deniers ; le tout sur sa grange et son pré du *Marchedial*. . . 1390

AMBLARD ENJOBERT, bourgeois, reconnaît devoir 10 s. (23 f. 10) pour l'anniversaire de *Hugues de l'Oursse* ; autres 10 s. pour celui de la mère de *Jean* et d'*Etienne Enjobert*, seigneurs de Laussepied ; pour l'anniversaire de ces derniers 10 s. de rente ; pour celui de *Jean Enjobert* et son épouse, 20 s. de rente ; pour celui de *Guidon Enjobert*, abbé d'Artonne, 20 s.; pour *Ahélix Eniobert*, 10 s.; pour *Durand Enjobert*, 5 s.; pour *Galliana de l'Oursse*, 10 s.; pour *Jean, Etienne* et *Durand Enjobert*, 10 s.; pour livraisons de Saint-Simon et de Saint-Jude, 15 s.; pour Mᵉ *Jean Gérémire*, 25 s.; pour Laussepied, 40 s. Le même fait un legs de 4 setiers de seigle et de 20 s. de rente à la vicairie de Saint-Simon et de Saint-Jude, fondée par *Etienne Enjobert* dans l'église d'Herment. 1391

BENOIT et PIERRE DE ROCHEFORT, frères, donnent 1 s. 6 d. (1 f. 31) de rente sur un champ au quartier du Chemin (*del Chamis*) 1418

PIERRE PERRON (*Perro*), chanoine, lègue tous ses biens au chapitre 1427

GUILLAUMETTE DE FUYAS, fille de *Durand*, donne un pré et un jardin 1428

AMBLARD BASSIN, prêtre de chœur, donne un jardin appelé *Osche*, au terroir du chemin 1433

JEAN DE SAINTE-GARIE, prêtre, donne 5 s. de rente (9 f. 90). 1435

GUILLAUME NEYME *alias* VERGNE, dit *Borassat*, lègue 5 s. de rente (6 f. 60). 1450

GUILLAUME GEYMOND donne 5 s. de rente pour son anniversaire 1450

MARGUERITE DE HOUENT (*de Voingt*), dame de Foulages, fille d'*Adalmodio*, sʳ de Foulages en 1425, et de *Marguerite Girbert*, institue pour héritier *Guillaume de Chaslus*, sʳ dudit lieu; lègue au chapitre 50 livres (1,831 f. 50) de rente sur le mas de *Chamarleix* (chez Mosneron), paroisse de Sauvagnat, à condition qu'il célébrera pour son âme, au grand autel une messe le samedi de chaque semaine; au vicaire de la vicairie de Sainte-Catherine, 1 setier de seigle; au recteur de l'église, un autre setier, percevables sur la dîme du Chier, paroisse de Giat; la rente et la dîme du Chier, au chapitre; au vicaire de la vicairie de Saint-Jean-Baptiste, le droit qu'elle a au lieu de Praclaux, paroisse de Saint-Etienne-des-Champs; sur Chantemerle, 1 setier de seigle et 20 s. 6 d. pour son anniversaire 1457

DURAND CHAMBON, curé de Saint Etienne-des-Champs, lègue 30 s. de rente (52 f. 80), pour son anniversaire 1460

JEAN VILLEFEULH, chantre et chanoine, donne 2 setiers de seigle de rente . . . 1461

THOMAS D'HARQUES, sʳ de la Vedrine, paroisse de Condat, habitant d'Herment, donne 20 s. (22 f. 98) de rente sur tous ses biens et spécialement sur le pré *Mothe*, paroisse de Voingt. 1468

ANTOINETTE BRUNEL, veuve de *Léonard Blanchon*, donne 5 s. de rente sur une maison 1522

GASPARD GAIGNON, bourgeois, fait une fondation de 10 liv. t. de rente (51 f. 70) 1627

PIERRE DE BESSE, ancien doyen, donne par testament un calice d'argent avec ses burettes valant 100 livres tournois 1638

Noble JEAN GAIGNON, conseiller au présidial de Riom, fonde 8 livres tournois de rente, pour une bénédiction du Saint-Sacrement, qui se célébrera tous les premiers dimanche du mois, après vêpres 1652

Noble LÉONARD MOSNERON, conseiller du roi, commissaire des guerres, fonde 8 livres tournois de rente 1661

LOUISE DE NOIZAC, veuve d'*Henri Menudel*, notaire, fonde 3 l. t. 5 s. de rente. 1666

ETIENNE BESSE, sʳ de Laussepied, donne 200 l. t. à la chapelle de N. D. de Bonne-Nouvelle 1669

JEAN GAIGNON, chanoine, lègue à l'église 300 livres tournois pour les réparations à faire; 60 livres tournois à la chapelle de N. D. Bonne-Nouvelle . . . . testament de 1711

LOUISE PABOT DE VACHER, épouse de *Gaspard Verny*, bourgeois, donne 12 livres tournois à la chapelle de N. D. de Bonne-Nouvelle. 1716

CLAUDE DE BOSREDON, baron d'Herment, et *Anne-Clothilde Jehannot de Bartillat*, son épouse, donnent deux chappes en soie blanche, brodées or et argent, aux armes de Bosredon et de Bartillat. 1783

Vassaux du chapitre. Au Moyen-Age, il y avait des *fiefs de dévotion*. Par des motifs de piété, on reconnaissait tenir des chapitres ou des églises des propriétés nobles ou allodiales. C'est ainsi que nous voyons le chapitre d'Herment recevoir foi-hommage de plusieurs seigneurs. Dans une requête contre le baron *Guillaume de Bosredon*, en 1478, les chanoines s'expriment ainsi : « *Item* et pour monstrer que la fondation de ladite église derment est de toute ancienneté, grande et noble, dient iceulx chanoynes et chappitre quilz ont plusieurs beaulx fiefs qui sont deulx et mesmement en tiennent en foy et hommage de divers seigneurs. »

Nous trouvons les fiefs suivants relever en foi-hommage de notre chapitre :

1° *Le mas de Mondavit*, paroisse de la Roche (Corrèze), possédé en 1350 par *Hugues du Cros (del Croze)*, chevalier ; par *Philibert* et *Blaise de Murat*, s^{rs} de Teyssonnières, et *Jean le Loup*, s^r de Gironde, en 1485.

2° *Le village de Farges*, paroisse de Saint-Germain. Seigneurs : *Guillaume de Villelume*, s^r de Barmontet, 1350 ; *Pierre de la Roche*, chevalier, s^r de Teyssonnière, 1350 ; *Philibert* et *Blaise de Murat*, s^{rs} de Teyssonnière, 1485.

3° *Le village de Montelhet* (aujourd'hui Le Montelit), paroisse de la Celle. *Alix de Cebazat (de Cebazha)*, v^e d'*Amblard d'Hermenières*, damoiseau, rendit hommage au chapitre pour ce fief en 1326, au nom de sa fille *Zargide* ; *Guillaume de Vouhenc*, ou *Dohenc*, s^r de Léclauze en 1350 ; *Pierre de Léclauze*, en 1400 ; *Michelle* et *Marguerite de Léclauze*, ses filles, en 1450, mariées dans les maisons *de Biencourt* et *de Fricon*, renouvellèrent cette formalité.

4° *Le village de Condat* (canton de Ponteaumur). En 1254, *Arbert de Chaslus*, damoiseau, reconnut tenir en fief du chapitre les villages de Condat, de Ripia, d'Arfolh, de Marzata (Marzanges), de Boysseyra (Boissière), du Planchat (Le Planchard), del Vern (du Vernet) et de Measses. Le 20 août 1511, *Louis Jehan*, s^r de Bellenave, de Saint-Flour-le-Chastel (Saint-Floret), de Rambo, de Bladre, de Léclauze, de Chyrat et de Condat, conseiller et chambellan du roi, donna procuration à *Jean de Ronciers*, écuyer, pour prêter serment de foi-hommage aux chanoines d'Herment ; l'acte mentionne qu'à chaque mutation il était dû au mêmes chanoines un marc d'or et un setier de blé. En 1559, *Pons Brandon* se qualifiait *baron* de Condat et de Bladre ; il avait épousé *Antoinette Regin*. Condat appartint ensuite à *Jacques de Chaslus*, s^r de Châteaubrun, en 1600 ; à MM. *de Neuville de l'Arboulerie* ; au marquis *de Vichy*, et en 1789 à M. *Sersiron*.

5° *Le village de la Celle* (canton de Ponteaumur). *Guillaume de Mayrinchalm* (de Villelume), chevalier, s^r de Barmontet et de Mérinchal, rendit hommage au chapitre en 1249, pour la 1/8 partie des dîmes de la paroisse de la Celle, et pour la 1/2 d'un mas appelé de Sangas. *Guillaume de Saint-Aignant* renouvella cette formalité en 1253.

6° *Le mas de Chadaux*, près d'Herment.

7° *Le mas de Prugne*, paroisse de Basville (Creuse), possédé en 1350 par *Hugues* et *Guillaume Roger*, bourgeois d'Herment.

8° *Le mas de la Gorsse*, l'étang et le moulin dudit lieu, paroisse de Saint-Alvard (Creuse), dont *Pierre Roger* était seigneur en 1333, et *Pierre de Courtes* en 1350.

9° *Une dîme dans la paroisse de Saint-Avit* (canton de Ponteaumur), possédée en 1350 par *Giraud Autier* (*Gerardus Alter*), chevalier.

10° *Le village de Saint-Etienne-des-Champs* (canton de Ponteaumur). L'église, fondée par un seigneur de Chaslus, fut donnée par lui au chapitre d'Herment. *Guillaume de Chaslus*, s^r de Voingt (Dohenc), chevalier, ratifia en 1269 la donation des oblations de cette église, et rendit hommage pour les grandes et petites dîmes qu'il prélevait dans la paroisse et dans celle de Giat.

Le chapitre d'Herment prêtait lui-même hommage au baron d'Herment, hommage pour lequel il devait *un marc d'argent* à chaque mutation.

Ventes faites au chapitre. Nous ne donnerons ici que les ventes antérieures au XVe siècle faites par les seigneurs, hors du canton d'Herment, nous réservant de parler de celles qui ont rapport à ce canton lorsque nous ferons son historique.

1240. *Gérald de la Champs*, damoiseau, vend, moyennant 25 livres tournois (2,844 f. 60), des champs, des bois et d'autres héritages, appelés de *Lasvaux*, paroisse de Saint-Etienne-des-Champs. *Amblard de Chaslus*, suzerain du vendeur, confirme cette vente.

1248. *Guillaume d'Ussel*, chevalier, s^r de Charlus-le-Pailloux (*de Karlucio*), vend pour 12 livres tournois (1,362 f. 90), monnaie de Clermont, une rente de 20 s. sur le village de la Vedrine, près d'Ussel, et tous les droits féodaux qu'il possédait à Herment.

1254. *Robert d'Ussel* (*de Usselo*), damoiseau, s^r d'Egrande, et *La Chalussa*, sa femme, fille d'*Amblard de Chaslus*, s^r du lieu, — pour 68 livres tournois (7,623 f. 30), le village et la métairie (*villa et bordaria*) de Jangouloux et de Mondeyrand, près de Condat (1).

1256. *Gérald de la Champs* (le même qui précède), — pour 25 livres tournois (2,844 f. 60), plusieurs héritages au village de Laveix, paroisse de Saint-Etienne-des-Champs. *Amblard de Chaslus*, suzerain du vendeur, confirme cette vente.

1256. *Richard de Chaslus*, — le mas de Jangouloux, près Massebrou (*Mas Sobros*), paroisse de Condat.

1256, 6 novembre. *Guillaume d'Hermenières* (d'Ermeneyra), damoiseau, aliène pour 21 livres tournois (2,389 f. 20) le mas de Soubres, près Jangouloux. *Richard de Chaslus*, s^r de Chaslus, suzerain du vendeur, confirme cette vente.

1257. *Jean de Termes, serviens*, — pour 60 sous (339 f. 90), une rente de 5 sous sur le mas de Soubre, près Condat.

1270. *Amblard de Chaslus* (*de Chaslutio*), s^r de Chaslus, chevalier, pour 35 livres tournois (3,989 f. 80) les dîmes grandes et petites que feu le seigneur *Hugues de Banson*, damoiseau, et *Guillaume de l'Oursse*, bourgeois d'Herment, prélevaient dans la paroisse de Saint-Etienne-des-Champs.

1270, juin. *Hugues de Banson*, damoiseau, — pour 60 sous, monnaie de Clermont (339 f. 90), le mas du Mont (*del Mont*), paroisse du Puy-Saint-Gulmier.

1276. *Guillaume de Cisternes* (*de Cisternis*), chanoine d'Orcival, — pour 12 livres tournois (1,362 f. 90), les villages de Druilhat, de Bertayres, de la Roche, etc. Son frère *Aubert*, chevalier, se départit du droit qu'il avait sur ces villages.

1285. *Raoul Ponderos* ou *Poderos*, chevalier, — pour 60 sous tournois (339 f. 90), la dîme de la Rodde, près de Giat.

---

(1) Nous donnons le dessin du sceel d'*Amblard de Chaslus*.

1289. *Robert de Banson*, damoiseau, paroissien du Bourg (*del Burgo*), — pour 40 livres 10 s. tournois (4,610 f. 40), le tènement de Subergue, paroisse de Saint-Merd-la-Breuille, et 10 sous de rente sur Farges, près d'Herment.

1340. *Hugues* et *Guy Rogier*, frères. — 10 s. (16 f. 50) de rente sur le mas de Pratgirault (Creuse).

1372. Messire *Jean de Courtes* et *Guillaume*, son neveu, — 20 s. de rente (55 f. 80) sur le lieu de la Gorsse (Creuse).

1426. *Hugues de Saint-Perret* et *Marguerite de Puy-Clausel*, sa femme, — pour 26 écus d'or, le lieu des Plaix, paroisse de Saint-Etienne-des-Champs.

Confrairies. De nombreuses confrairies religieuses existaient au Moyen-Age dans l'église d'Herment. En 1265, nous trouvons la *Confrairie de la Sainte-Croix des Marchands* (*Confrataria sanctæ crucis mercenarium Hermenci*). En 1288, Pierre d'Hermenière, chanoine, fait un legs de 12 deniers de rente aux *Confraires du bienheureux Nicolas* (*Confratibus beati Nicolaï*). En 1435, Jean Messes et Jean Baudhuy, *bailes de la confrairie du Corps-Dieu*, reconnaissent devoir au chapitre une rente de 10 s. pour une messe *de mortuis, en motet*, et après ladite messe les oraisons *Libera me Deus*, et absolutions pour les confraires décédés.

L'*Archiconfrairie du Rosaire* fut établie le 4 juin 1601, par J.-B. *du Mesnil*, prieur des Jacobins de Clermont, ainsi que le rapporte l'acte suivant :

« *L'an mil six cens et un et le quatriesme de juin*, regnant Louys Trezieme par la grace de Dieu Roy de France et de Navarre, dans la ville d'Herment et dans la chapelle Sainte-Catherine de l'église Nostre-Dame, par devant *révérend Père frère Jean-Baptiste du Mesnil*, docteur en théologie et prieur des Jacobins de Clermont, se sont presantés Messieurs dudit Herment, lesquels ayant apprins les grands proficts et biens spirituels que l'Archiconfrérie de Notre-Dame du Rosaire apporte ès lieux ou elle est érigée estant les statuts d'icelle diligemment observez, et d'auctre part estant assurez du pouvoir et authorité que le Saint-Siége Apostolique a donné privilège à l'ordre des frères Prœdicateurs, d'instituer ladicte Archiconfrérie, ès lieux qui le requierait. Fut humblement supplié ledit Rd Père, au nom de tous les habitans de concéder et suivant le pouvoir qui luy en a esté donné d'ériger et instituer dans ceste ville ladicte confrérie de Notre-Dame du Rosaire avecqz ses privilèges et pardons ; déterminant a perpétuité la chapelle Sainte Katharine pour les exercices d'icelle, laquelle ils promettent orner d'un tableau des mystères du rosaire, ensemble d'autres ornemens requis pour y faire le service de la Vierge Marie ; s'obligeans lesdicts suppliants d'entretenir, conserver et proumouvoir en tant que sera en eux ladicte confrérie et d'observer et faire observer de point en point tous les statuz et règles d'icelle. A quoy inclinant ledict Rd Père Jean-Baptiste du Mesnil, après avoir approuvé le zèle et dévotion desditz suppliant à l'endroit de la Vierge, a institué et dressé ladicte Archiconfrérie, avec tous ses privilèges et pardons dans ladicte église et chapelle ; touttefois avec condition que si a l'advenir son ordre avait couvent en ceste ville, ladicte confrérie y sera à l'instant changée et transportée avec tous ses droits, revenus et émolumens. »

L'acte précédent porte l'empreinte du scel ovale du couvent des Jacobins. Le champ représente une Notre-Dame de Piété, assise devant la croix. Légende : s. CONVENTVS CLAROMONTENSIS ORDINIS PREDICATORUM. Suivent ensuite, sur une feuille de papier, « les noms et charges de ceux qui doibvent exercer quelque charge ou office particulyer en ladicte quonfrerie du Saint-Rosaire et ce affin que la Vierge en soit en l'advenir mieux scrvie. » L'office de *vicaire* rempli par *Jean Aulmosnier*, chanoine ; les autres offices entre les mains des principaux habitants de la ville, de leurs épouses ou de leurs filles : *Le prieur Louis Chermartin*, notaire ; le *sous prieur M⁰ Jean Arnauld* ; les *conseillers Antoine Chassaing*, notaire, *François Gaignon*, *Gaspard Gaignon*, bourgeois, *Michel Gaignon*, *Gaspard Besse*, *François Rochefort* ; le *fabricien* sire *Antoine Mosnéron* ; les *visiteurs des malades*, M⁰ *Pierre Arnauld* et *Jehan Ciestre* ; le *prieur François Le Bouboul*, lequel aux enterrements sera revêtu d'une robe parsemée de chapelets, de têtes et d'ossements de morts ; la *prieure Clauda Thomas*, femme de *Jehan Ciestre* ; la *sous-prieure Claude Boyer*, fille de Michel ; les *quêteuses Françoise Gaignon*, fille de Gaspard, *Françoise Arnauld*, fille de M⁰ Jehan ; les *visiteuses des malades*, *Magdeleine Alirol*, *Françoise* et *Louise de Noisac*, *Anna Gaudet* ; les *prêteurs* et *prêtrices*, *Pierre Bosdeveix*, *Pinelle Bosdeveix*, femme de *Gaspard Gaignon*, *Marguerite Filhas*, femme de *Gaspard Besse*, lesquels seront choisis parmi les *seigneurs* ou les *personnes de qualité*, et devront faire le plus de largesses possibles à la confrairie. (*Archives du Chapitre, liasse 3*.)

La *Confrairie du Saint-Sacrement*, qui n'existe plus de nos jours (celle du Rosaire, existe encore) fut établie à l'autel de la paroisse vers 1652, par les frères dominicains de Clermont. Plusieurs fondations furent faites en sa faveur par des habitants de la ville : par *noble Jean Guignon*, en 1652 ; par *Françoise Peyrière*, veuve de *Jean Ciestre*, laquelle légua en 1691 un capital de 60 livres tournois, à condition par le chapitre de faire chaque année une procession du Saint-Sacrement un dimanche après vêpres.

Il y avait aussi plusieurs *frairies*.

Le Carême prêché dans l'église d'Herment. En compulsant les archives de notre ville, on trouve à chaque page une preuve manifeste des pieux sentiments qui animaient nos ancêtres. Au Moyen-Age, Herment avait son prédicateur pour le carême, souvent même pour les principales fêtes de l'année. Le chapitre et les consuls déployaient tout leur zèle dans ces circonstances. Le dimanche, 24 février 1619, les consuls font venir un prédicateur pour le carême ; on lui donne 12 sous par jour, sa quête *pour sa peine*, sa nourriture, une chambre, du bois et *de la chandelle*. Le 27 décembre 1620, le père gardien, du couvent de la Celette, prêche le jour de la fête de Saint-Jean, apôtre ; on lui donne 12 sous par jour et 36 livres tournois pour sa quête. *Jacques Toysat*, chanoine du chapitre de Notre-Dame d'Orcival (1), prêche le carême de 1622 ; *frère Géraud Ternier*, jacobin de Clermont, prêche celui de 1625.

Les âmes pieuses apprendront avec peine qu'il y a plus de cent ans que la voix d'un missionnaire ne s'est plus fait entendre dans notre église. La dernière mission est celle de 1730.

---

(1) Né à Orcival, en 1590, célèbre prédicateur, chanoine d'Orcival, puis prêtre de l'Oratoire, mort le 27 septembre 1643.

ARCHIPRÊTRÉ D'HERMENT

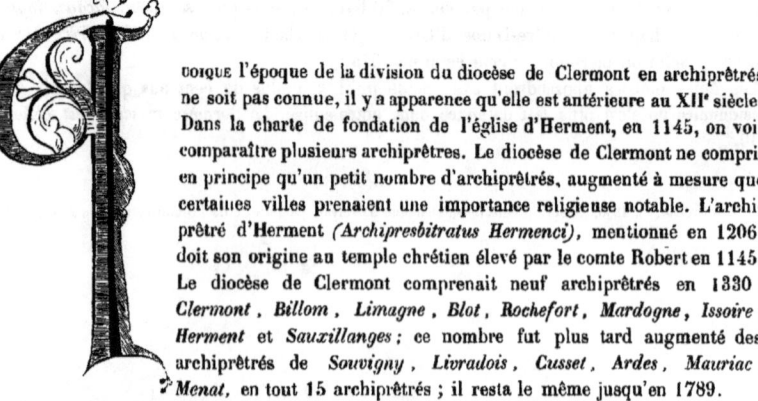

uoique l'époque de la division du diocèse de Clermont en archiprêtrés ne soit pas connue, il y a apparence qu'elle est antérieure au XII° siècle. Dans la charte de fondation de l'église d'Herment, en 1145, on voit comparaître plusieurs archiprêtres. Le diocèse de Clermont ne comprit en principe qu'un petit nombre d'archiprêtrés, augmenté à mesure que certaines villes prenaient une importance religieuse notable. L'archiprêtré d'Herment *(Archipresbitratus Hermenci)*, mentionné en 1206, doit son origine au temple chrétien élevé par le comte Robert en 1145. Le diocèse de Clermont comprenait neuf archiprêtrés en 1330 : *Clermont*, *Billom*, *Limagne*, *Blot*, *Rochefort*, *Mardogne*, *Issoire*, *Herment* et *Sauxillanges* ; ce nombre fut plus tard augmenté des archiprêtrés de *Souvigny*, *Livradois*, *Cusset*, *Ardes*, *Mauriac*, *Menat*, en tout 15 archiprêtrés ; il resta le même jusqu'en 1789.

A la tête de chaque archiprêtré était l'archiprêtre (*archipresbiter*), ecclésiastique très-considéré. Il était chargé de veiller sur les curés de son ressort et de rendre compte de leur conduite à l'évêque ; il distribuait les saintes huiles.

ARCHIPRÊTRES D'HERMENT

SYMON (*Magister Symon*).... en 1206
Jehan GIRBERT, chanoine d'Herment...................... 1274-1288
Etienne JEHAN, chanoine d'Herment...................... 1288-1320
Pierre BOUDET(*Bodeti*), clerc 1323-1333
Jehan SYMON 1361
Gilbert ANCINEUIL ou *Ramdeuil*, avant 1390
Simon PARENT............... 1423
Conseiller et aumônier du cardinal de Bourbon ; l'évêque de Clermont lui fit don en considération de ses services, des droits qui lui appartenaient dans l'archiprêtré d'Herment.

Etienne DE BENAULD......... 1528
S'engagea à payer, en qualité d'archiprêtre d'Herment, au chapitre cathédral de Clermont, une prestation annuelle de 34 sous 8 deniers.

Jean CARVANIER, curé de Saint-Avit...................... 1637-1650
N. MAIGNOL................. 1658
Guillaume MAIGNOL...... 1713-1731
Frère de Michel Maignol, prieur de Landogne. Il était curé de Villossanges.

Michel DE COURTEIX, curé de Villossanges 1752-1764

L'archiprêtré d'Herment, un des plus vastes du diocèse, comprenait 2 chapitres, 16 prieurés, 40 cures.

POUILLÉ DE L'ARCHIPRÊTRÉ D'HERMENT

CHAPITRES

1 Chapitre de **Notre-Dame d'Herment**. | 2. Chapitre de **Sainte-Trinité de Crocq**.

PRIEURÉS

1. *Busville* (Creuse). Patron : Saint-Allyre. Nominateur : l'abbé de Saint-Allyre. Prieurs : *Jean Bel*, 1278 ; *Guillaume Mazier*, 1399 ; *Jean Molle*, 1499 ; *Nicolas Buxe*, 1525 ; *Antoine Bompard*, moine de Saint-Allyre, 1790.

2. *Dontreix* (Puy-de-Dôme). Patron : Saint-Julien. Nominateur : l'abbé de Saint-Genoux.

3. *Gelles* (*da Gella*). Patron : Saint-Georges. Le prieuré fut uni à l'abbaye de Saint-Allyre par une bulle du pape Clément VI, en 1345. Prieurs : *Etienne de Bromont*, 1265 ; *Jean de Gieuf*, 1518 ; *Jean du Bourg de Villars*, chanoine de Cébazat, 1547-1551 ; *Imbert de la Gardette*, 1616-1619 ; *Ildefons des Maisons*, cellerier de Saint-Allyre, 1653-1658.

4. *Giat*. Prieuré de femmes, ordre de Saint-Benoît. Il dépendait du couvent de Marsat, près de Riom, sous la juridiction de l'abbé de Mozac. Outre la prieure, il comptait aussi quelques religieuses en 1311 ; à cette date, nous trouvons *Barmonde de Montboissier*, religieuse à Giat.

Le prieuré de Giat fut uni au prieuré de Marsat, par bulles du pape Paul III en 1545. Les prieures de Giat et de Marsat depuis cette union sont : *Magdeleine de Chauvigny de Blot*, 1563 ; *Claude d'Archon*. 1567-1579 ; *Anna de Bellestard*. 1599-1602 ; *Marthe Guillevaud*, 1611-1615 ; *Charlotte de Montmorin-Saint-Hérem*, 1615-1619 ; *Antoinette de Valant*, 1624-1638 ; *Charlotte-Philippe de Talleyrand de Chalais*, 1648-1693 ; *Anne-Marie-Flamine de Brion*, 1694-1736 ; *Charlotte de Guérin de Lugeac*, 1757-1759 ; *Gabrielle du Four*, du 1er novembre 1767-1776. L'abbaye de Mozac avait aussi un prieuré à Giat, auquel Guillaume VII, comte d'Auvergne, et son fils Dauphin donnèrent l'église de Fernoël en 1167. Prieurs : *Raymond de Saint-Just*, 1167 ; *Guy de la Tour*, 1250, évêque de Clermont (1); *Amable de Rocher*, 1545.

5. *Mottes* (Creuse). Patrons : Saint-Pierre et Saint-Martin. Nominateur : le prévôt de Chambon.

6. *Pérol*, près d'Herment. Patron : Saint-Martin. Nominateur : l'évêque de Clermont.

7. *Saint-Alvard* (Creuse). Nominateur : le chapitre d'Herment.

8. *Saint-Avit* (Puy-de-Dôme). Patron : Saint-Avit. Nominateur : le seigneur du lieu.

9. *Saint-Bard* (Creuse). Ordre de Citeaux. Nominateur : le prévôt de Chambon.

10. *Bromont*, uni au petit-séminaire de Clermont en 1748.

11. *Saint-Genès-les-Monges* (2) alias *lès Nonains* (Puy-de-Dôme), prieuré de femmes, de l'ordre de Saint-Benoît ; sous la juridiction immédiate du prieuré du Port-Dieu, en Limousin. Il était situé à l'est du Puy-Saint-Gulmier. Son nom latin est *Sanctus Genesius Monialium*. On ignore le nom de son fondateur, mais on sait que ce prieuré est fort ancien ; le pape Luce III le mit sous sa protection par une bulle de 1184, comprenant les couvents de *Lieu-Dieu*, paroisse de Saint-Saturnin (Puy-de-Dôme), de *Saint-Julien-la-Geneste* (Puy-de-Dôme), et de *la Roua*, plus tard Saint-Blaise-de-Talverat, près d'Issoire. Les biens de Saint-Genès étaient affermés 1,000 livres tournois en 1703 ; 3,000 livres tournois en 1766 ; 3,350 livres tournois en 1770. Ils sont ainsi détaillés en 1780 : Argent de cens, 268 livres tournois 11 d. ; blé en directe (perçue sur les villages de la Prugne, Courtilles, la Croix, la Graulle, le Gondelou, Langlade, le Sauze, chez Mosneron, Gamy, Villefeut, les Aigues, les Bouchons, Chantemerle, la Foudèche, Barmontet, Chabateix, le Bisage) 72 set. 2 quartons ; avoine en directe, 304 quartes un boisseau 2 coupes ; froment, 1 set. ; bohades, 15 ; gélines, 28 1|2 ; faucheurs et manœuvres, 29 1|2. Dîmes : Saint-Genès, 30 setiers ; Courtilles, 3 set. 3 quartons ; Saint-Etienne-des-Champs, 60 set. ; Les Bouchons, 3 set. 2 quartons ; La Celle, 6 quartons (lesquelles dîmes à 8 livres tournois le setier, font 780 livres tournois) ; 70 pots de vin à 25 sous le pot, 87 livres tournois 10 s. ; le moulin de la Villedière, produisant 100 livres tournois ; le domaine des Aigues, 450 livres tournois ; Le pourprix, 1,200 livres tournois. Total : 4,531 livres tournois 1 sou 8 deniers.

Saint-Genès nommait aux prieurés de *Saint-Julien-la-Geneste* (3), de *Saint-Blaise de Talverat* (4), de *Saint-Robert d'Yssat*, de *Sainte-Magdeleine de Lieu-Dieu* et aux cures de Saint-Genès-les-Monges, du Puy-Saint-Gulmier, de Saint-Julien-la-Geneste.

---

(1) Dans son testament de 1276 il légua au prieuré de Giat 15 setiers de blé de seigle de rente, percevables sur la paroisse de Combrailles, près d'Herment.

(2) *Monge* veut dire religieuse.

(3) Saint-Julien-la-Geneste, près de Gouttières et de Saint-Gervais. Chabrol observe que le prieuré est une émanation de Saint-Genès-lès-Monges, d'où lui vient son nom de la Geneste.

(4) Près de Montluçon.

PRIEURES DE SAINT-GENÈS-LÈS-MONGES

I. GUYOTE DE BASSINHAC (*de Bassignac*) 1342

Elle fit un traité avec *Bertrand de Saint-Martial*, prieur du Port-Dieu (plus tard évêque de Saint-Papoul), touchant la pension des religieuses de Saint-Genès, au nombre de 26.

II. HELIX DE CONFOLENT (*Ebrard?*) 1355

Elle fit un accord le 26 avril 1355 avec frère *Guillaume de Fighac*, prieur du Port-Dieu, portant augmentation de la pension des 16 religieuses, composant son monastère.

III. AGNÈS DE COURTEIX. 1426-1456

Fille du s^r de Courteix, près de Condat.

IV. LOUISE DE LA GARDETTE 1460-1490

Elle s'intitule *humilis priorissa*; était sœur de Jean de la Gardette, s^r de Fontenilles, près de Lezoux, marié à *Gabriel de Montmorin*; prit possession de Saint-Genès le 10 mars 1460; fit un réglement le 6 août 1476, au sujet de la pension et nourriture de chaque religieuse, qu'elle fixa à 6 setiers de seigle, 2 setiers d'avoine, 30 sous en argent et 6 *quadrigales* de bois.

V. ANNA DE LA GRANGE..... 1510

morte en 1520

Sœur du s^r de la Maison-Neuve, près de Pontaumur.

VI. ANNE DE JONAT..... 1520-1561

Fille du s^r des Ramades, près de Villosanges. Son élection eut lieu de la manière suivante : Peu de temps après le décès de l'ancienne prieure, et à la suite de l'autorisation donnée par le prieur du Port-Dieu, le 5 août 1520, les religieuses choisirent le jour de l'Assomption pour élire la nouvelle. Le jour fixé, les religieuses, réunies à 6 heures du matin, au son de la cloche, chantèrent le *Veni Creator* et entendirent la messe, célébrée par frère *Guillaume Coustave*, prieur de Briffont. Après le saint sacrifice, *Antonia de Jonat*, vicaire, *Marie de Cébazat*, *Anna de Jonat*, *Catherine de Jonat*, *Gabrielle de Murat*, *Françoise de la Grange*, *Isabelle de Jonat*, *Marguerite de la Mothe*, *Gabrielle de Neufville* s'assemblèrent au chapitre. Antonia de Jonat, présidente, observa qu'il y avait trois modes d'élection : l'*Esprit-Saint*, le *scrutin* et le *compromis* ; on résolut d'élire par voie d'inspiration ou de l'Esprit-Saint, avec réserve d'employer les autres si le résultat était défavorable. Antonia de Jonat, présidente et vicaire « *surgens et levando manas ad cœlum junctas, nominavit et eligit in priorissam et pastorem dicti monasterii Sancti Genesii Monialium, religiosam dominam Anna de Jonat, religiosam professam in dicto monasterio* » ; les autres religieuses approuvent cette élection et entonnent immédiatement un *Te Deum* d'actions de grâce. (*Archives de Saint-Genès.*)

VII. ANNA DE LA TOUR DE TURENNE 1579-1604

Ancienne religieuse de l'abbaye de l'Eclache ; fille d'Antoine Raymond de la Tour, s^r de Murat-le-Quaire et du Mont-Dore, et de Marie de la Fayette.

VIII. FRANÇOISE DE SAILHANT 1605-1636

Obtint ses bulles en octobre 1604 ; prit possession le 17 mars 1605, résigna d'abord à Marie de Sailhant, sa sœur, puis à sa nièce, qui suit.

IX. ANNE DE BEYNAC. 1636-1640 (1)

Elle fut troublée dans la possession de son prieuré par *Charlotte de Villelume*, religieuse, quoiqu'elle eût été agréée par le roi le 26 juillet 1636. Un traité fut passé entre les deux rivales ; mais, en 1640, Anne de Beynac résigna Saint-Genès à Charlotte.

X. CHARLOTTE DE VILLELUME 1640-1655

Fille d'Aymon, chevalier, s^r d'Albiat, de Besseix, etc., et de Louise des Aix ; elle fut élue par *élection canonique et capitulaire*, en outre de la résignation consentie en sa faveur par Anne de Beynac ; était désignée sous le nom de *Sœur de la Passion*. Ses bulles sont datées de mars 1645 et son brevet royal du 20 juillet. L'église du Puy-Saint-Gulmier possède un voile richement brodé, portant son nom et celui d'Antoine, son frère ; ce voile porte un écusson *écartelé de Villelume*, de *Salvert*, des *Aix* et de... Sous cette prieure, Saint-Genès est qualifié prieuré électif, reformé et confirmatif. Charlotte résigna le 12 janvier 1655 à la suivante :

(1) Jeanne de Chaumont avait obtenu un brevet du roi le 27 novembre 1636 ; elle se démit de Saint-Genès moyennant 4,000 livres tournois.

XI. LOUISE DE VILLELUME 1655-1675

Fille de Gaspard-Jean, écuyer, sr de la Villedière, et de Marguerite de Montroux, obtint la résignation de Saint-Genès moyennant une pension de 200 livres tournois. Ses bulles sont du mois d'avril 1655. Elle prit possession le 14 mars 1657.

XII. PEYRONELLE DE VILLELUME
.... 1675 morte en 1718

Fille de Jean-Charles, sr de Barmontet, et de Marie de Monestay; elle prit possession le 1er octobre 1675. Son couvent reçut la visite d'Annet Guérin, chantre du chapitre de Lezoux, délégué de l'évêque, le 20 octobre 1675; il y avait 14 religieuses de chœur et 3 converses. En 1698, elle fit enregistrer les armes de Saint-Genès dans l'Armorial général : *d'or, au bâton prieural de sable, accompagné des lettres S. et G. de même*.

XIII. MARIE-ANTOINETTE DE NEUVILLE .... 1718 morte en 1760

Fille d'Henri, écuyer, sr de Tauzelles et de l'Arboulerie; elle avait une sœur, Françoise, religieuse avec elle; leur père leur avait constitué en dot moniale une rente de 75 pots de *vin claret*. Elle prit possession le 27 avril 1718, en vertu d'un brevet du roi du 9 juin 1717 et des bulles du 7 août de la même année.

XIV. JEANNE DE CARMANTRAND
.... 1760 morte en 1770

Dite *de Cormède*; fille de François, écuyer, sr de Bezance et de Cormède, capitaine de grenadiers au régiment de Saillans, chevalier d'honneur au présidial de Clermont, et de Gilberte Sablon du Corail ; nommée prieure par un brevet du roi du 2 novembre 1760 ; reçut ses bulles le 5 décembre de la même année ; prit possession le 20 mai 1761 Elle se qualifie *abbesse de Saint-Genès*; essaya, mais inutilement, d'introduire une réforme importante dans son couvent: le 23 mai 1766, elle écrivit à l'évêque de Clermont pour lui demander que ses religieuses fussent *prébendées*; le prélat répondit le 29 du même mois, exposant les motifs de son refus : « le revenu du prieuré, consistant en 3,600 livres tournois, est trop modique ; la constitution de l'ordre ne peut permettre ce changement ; les religieuses ne sont pas chanoinesses, etc .. »

XV. JEANNE DE SARRAZIN 1770-1790

Fille de Louis, baron de Bassignac, sr de Chalusset, et de Marie d'Aubusson de Banson Elle fit profession à Saint-Genès le 29 mars 1732 ; prit possession du prieuré le 5 mars 1771, en conséquence d'un brevet du roi du 12 août 1770 et des bulles du 6 octobre suivant ; les frais faits pour la fulmination de ces dernières coûtèrent 93 livres tournois 15 sous Elle s'intitulait *abbesse de l'abbaye royale de Saint-Genès-lès-Monges*, et vit disparaître son monastère en 1793.

RELIGIEUSES DE SAINT-GENÈS-LÈS-MONGES

Aubet (Yolande), fille du sr du Ronzet...	1470-1481
Aubet (Claude)............	1470-1478
Aubet (Marie).............	1470-1475
Aubet (Louise)............	1470-1478
Aubet (Marguerite)..........	1470-1481
D'Aubeyrac *alias* d'Albeyrac (Jeanne)......	1424
D'Audebrand (Marie)................	1740
Audansson (Catherine), fille de Saturnin et de Gabrielle de Prades..........	1650-1660
Baudonnat (François), ingrès de	1659-1675
Baudonnat (Antoinette).........	1675
De Baynac (Anne), 1623-1635 ; plus tard prieure.	
De Basgen (Marie-Constance)......	1700
Besson (Marie), fille de Gilbert, sr de Leymery	1726-1746
Besse (Marguerite)............	1675
De Blanchefort (Jeanne).........	1626-1675
De Blanchefort (Amable).........	1623-1625
De Bonnefont (Catherine).......	1470-1473
De Bonnefont (Louise).........	1473
De Bosredon (Louise)..........	1635-1640
De Bosredon (Jacqueline)	1635-1640
De Bosredon (Gabrielle)........	1640-1675
De Bosredon (Charlotte)........	1640-1670
De Bosredon des Aymards (Marie).....	1719-1746
De Bosredon-Vieuxvoisin (Jeanne-Françoise)	1720-1746
De Brade (Gabrielle), ing. du 10 nov	1746
Blanchet (Marie), converse........	1675
Bonnet (Françoise)............	1675
De Cébazat de Blanzat (Marie).......	1520
De Chaslus (Isabelle), fille d'Albert, sr du Puy-Saint-Gulmier, chevalier........	1271
De Chaslus-Baraste (Marie)........	1470
De Chaslus-Baraste (Anna)	1470-1476
De Chaslus-Vialleveloux (Jeanne)	1754-1786
De Chaumont (Marie-Gilberte).	1675-1677
De Chaumont (Marie)...........	1675
De Chabrignac (Françoise)........	1623-1635
De Chaussecourte (Elisabeth)......	1737-1786
De Chaussecourte (Anne-Elisabeth)....	1770
De Courteix (Jeanne)..........	1424-1444

Démonteix (Anne), nommée au prieuré de Saint-Robert d'Yssat, sous la prieure Marie-Antoinette de Neuville.
Désaix ou des Aix (Anne) 1605-1635
Deffarges (Marie). 1702
De Falvard (Marie), sous-prieure. 1657-1670
De Flisques (N) 1675
De Montmartin (Marianne). 1786
Des Gérauds de Soulages (Jeanne) 1720-1759
Des Gérauds de Soulages (Françoise) . . 1759-1789
De la Grange (Jeanne) 1424
De la Grange (Françoise) 1520
Haste (Marguerite). 1745
Hautier de Villemontée (Marguerite). . . 1754
De Jonat (Antonia). 1520
De Jonat (Anne). 1520
De Jonat (Isabelle) 1520
De Jonat (Catherine) 1520
De Joussineau de Fayat (Louise) 1733-1766
De Lavaud (Anne), sous-prieure. 1746
De Ligondès (Philippe), sœur de Jean, sr de Ligondès, 1454; prieure de Saint-Robert d'Yssat. 1478-1484
De Lissat Hélène), fille de François, sr de Fage-Brunel, ing. du 2 mars 1657 1702
Le Groing de la Maison-Neuve (Marie-Claudine) 1746-1766
De Lucerne (Thérèse), fille de Jean, de Maringues. 1700-1724
Mège (Antoinette) 1759
De Miomandre (Magdeleine). 1635
De Miomandre de Banisete (Elisabeth) . . 1786-1789
De Marconville (Magdeleine). 1635
De Marconville (Marie). 1640-1683
De la Mothe (Marguerite). 1520
De Murat (Gabrielle). 1520
De Monamy de Mirambel (Louise) 1786
De Montaynard (Anna), résigne le prieuré de Saint-Blaise de Talverat en 1598
De Neufles (Suzanne). 1657-1675
De Neuville (Gabrielle) 1520
De Neuville (Françoise) 1720-1746
Le Noble (Françoise) 1675-1724
De La Vau (Jeanne) 1702
De Parriton de Fayol (Magdeleine). 1726
Du Peyroux (Anne), fille d'Antoine, sr des Escures 1759-1786
Reynière (Caroline) 1470 1478
Richard de Prades (Aimée). 1675
De la Roche (Françoise). 1766
De la Roche-Aymon (Hélène), fait profession le 25 août 1635 ; prieure de Saint-Julien-la-Geneste en 1638.
De la Roche-Aymon (Claude), fille du sr de Barmont. 1675-1700
De la Roche-Aymon (Vidalc), 1675 ; nommée en 1694 prieure de la Poulle, au diocèse de Bourges
De la Roche-Aymon (Eléonore), sous-prieure 1719-1726
De Reclaine (Michelle). 1643-1650
De Rollat (Marie). 1691-1702
De Sailhant (Marie 1606 1629
De Sailhant (Marie). 1653-1670
De Saillant (Gabrielle) 1670
De Saint-Julien (Isabelle) 1490
De Saint-Julien (Anne) 1766-1770
De Sarrazin de la Fosse (Marguerite) . . 1424-1473
De Sarrazin (Marie) 1470 1478
De Sarrazin (Ligière), 8 sept. 1660 1700
De Sarrazin (Jeanne), 8 septembre 1660 . 1700
De Sarrazin de Saint-Déonis (Anne), 1725-1770 ; prieure de Saint-Julien-la-Geneste en 1788.
De Servières (N). 1784
De Taillac (Marguerite), 1475 ; nommée en 1476 prieure de Lieu-Dieu, sur la résignation d'Alexandre de Taillac.
Tixier (Françoise) 1675
Touzel (Antoinette) 1675
De la Tour de Turenne (Marie) 1605-1623
De la Tour (Elisabeth) 1766-1786
De Thuret de Voissieux (Marie). 1640-1670
D'Ussel de Châteauvert (Léonarde) . . . 1759
De Vauval (Louise). 1700
Veysset (Anne). 1670-1675
Veyssier (Peyronelle), 1623 ; sous-prieure, 1635 ; nommée prieure de Saint-Blaise de Talverat en 1653.
Vidal (Claude) 1675-1700
De la Villaine (Anne), fille d'Antoine, conseiller du roi à Montaigut, et de Aimée Pelletier. . . . 1638
De Villelume (Hélène), 1602 ; sous-prieure 1623
De Villelume (Charlotte), prieure de Saint-Blaise de Talverat, 1623 ; sous-prieure de Saint-Genès, 1635 ; plus tard prieure.
De Villelume (Louise), secrétaire, 1653 ; plus tard prieure.
De Villelume (Gilberte), fille de Gaspard-Jean, sr de la Villedière ; conseillère, 1675 ; sous-prieure 1701
De Viry (Marie), fille de Pierre, sr de Coude, ing. de 1689-1700

12. *Saint-Agnès de Leyrat*. Nominateur : le prévôt de Chambon.
13. *Saint-Pierre-le-Chastel*. Nominateur : l'abbé de Mozat.
14. *Saint-Priest-des-Champs*. Patron : Saint-Priest. Nominateur : l'abbé d'Ebreuil. N. de Salvert de Montrognon en était prieur en 1651.
15. *Val, près de Combrailles*. Patron : Saint-Martial. Nominateur : le seigneur de Chazeron. Prieur : *Jean de la Combe*, sacristain d'Ebreuil en 1679.
16. *Vergheas*. Notre-Dame, patronne ; le prieur du lieu, nominateur. *Pierre de la Rochebriant*, frère de Michel, abbé d'Ebreuil, était prieur de Vergheas et de Montfermy en 1457 ; *N. Fradet* était prieur en 1651.

CURES

1. Saint-Allyre (1) de *Basville*, à la nomination de l'abbé de Saint Allyre. Curé : *Pierre du Chier*, 1625.
2. Saint-Priest de *Biollet*, à la nomination du chapitre de Chamalières.
3. Saint-Martin de *Bromont-la-Mothe*.
4. Notre-Dame *de La Celle*, à la nomination de l'évêque de Clermont. Curés : *Pierre Fillias*, 1588 ; *Saynes*, 1602 ; *Annet Fillias*, 1660-1696 ; *François Fargeix*, 1719 ; *Antoine Roche*, 1788.
5. Sainte-Marguerite de *Cisternés*. Nominateur : le seigneur du lieu.
6. Saint-Martin de *Charenssat*. Nominateur : l'évêque de Clermont.
7. Saint-Pardoux de *Chars*. Nominateur : l'abbé d'Ebreuil.
8. Saint-Loup et Saint-Martial de *Combrailles*. Nominateur : le seigneur de Chaslus, près de Combrailles.
9. Saint-Martin de *Condat*. Nominateur : en 1400-1701, le seigneur du Puy-Saint-Gulmier. Curés : *Antoine du Plantadis*, 1599-1600 ; *Antoine de Montressoux*, 1607 ; *Jean de Bosredon*, 1701.
10. Saint-Eloy de *Crocq*. Nominateur : le chapitre d'Herment, qui en était curé-primitif en vertu de la donation faite par l'évêque de Clermont en 1249. Cette église avait aussi un petit chapitre, fondé au commencement du XVe siècle par *Jacqueline de Montlaur*, considérée comme sainte, épouse de *Jacques de Peschin*, s^r de Crocq. Les prébendes étaient affectées aux prêtres du lieu.
11. Saint-Julien de *Dontreix*. Nominateur : l'abbé de Saint-Genoux. Il y avait une communauté de prêtres en 1773.
12. Saint-Jean de *la Forêt*. Nominateur : le commandeur de Tortebesse.
13. Saint-Patrocle de *Fernoël*. Nominateur : la prieure de Marsat, près de Riom. L'église fut donnée à l'abbaye de Mozac, en 1167, par Guillaume VII, comte d'Auvergne, et son fils Dauphin.
14. Saint-Georges de *Gelles*. Nominateur : l'abbé de Saint-Allyre. L'église est très-ancienne. *Barthelmy de Gelles (du Gella)*, prêtre, étant sur le point de partir pour la Terre-Sainte,

---

(1) Les noms de saints précédant les localités sont ceux des patrons de la paroisse.

en 1200, donna à l'abbaye de Saint-Allyre tous les droits qu'il percevait dans cette église. Noble *Aymon de Rochefort* avait fait une donation analogue en 1199. Il y avait une communauté de prêtres en 1773.

15. **Saint-Barthelmy de** *Giat*, sous le vocable de Saint-Christophe en 1167. Nominateur : la prieure de Marsat, près de Riom. L'église est romane. Elle fut donnée à l'abbaye de Mozac, suivant une bulle de confirmation du pape Alexandre III en 1165. On remarque extérieurement près du chevet un curieux tombeau en pierre de taille. Le cimetière de Giat possède une chapelle en ruines, fondée par les seigneurs du Ronzet ; elle renferme leur caveau sépulcral ; il en est fait mention en 1588 ; elle était dédiée à Notre-Dame.

16. **Notre-Dame d'***Herment*. (Voir ci-après l'historique de la paroisse).

17. **Saint-Pierre de** *Lendogne*. Nominateur : l'abbé d'Ebreuil. Jean Villefeut en était curé eu 1601. Il y avait une communauté de prêtres en 1651.

18. **Saint-Martial de** *Lioux-lès-Monges*. Nominateur : l'abbesse de Beaumont.

19. **Saint-Jean de** *la Mazière*. Nominateur : le commandeur de Tortebesse.

20. **Saint-Martin de** *Mérinchal*. Nominateur : l'évêque de Clermont.

21. **Saint-Bonnet de** *Miremont*. Nominateur : le chapitre cathédral de Clermont. Vers 1160. *Guillaume (W.) de Beaufort*, seigneur du château de Miremont, étant sur le point d'aller à Jérusalem, fit don à la cathédrale de Clermont des droits qu'il avait sur la sacristie de l'église de Miremont (*Archives du chapitre cathédrale*). Curés : *Cluzel*, 1656 ; *Jacques Mangot*, 1669 ; *Maurice Chassaing*, 1695. Il y avait une communauté composée de quatre prêtres et du curé en 1651.

22. **Saint-Martin et Saint-Pierre de** *Mottes*. **Nominateur :** le prévôt de Chambon.

23. **Sainte-Catherine et les Saints-Anges du** *Montel-de-Gelat*. Nominateur : le seigneur du lieu. Curé : *Pierre de Chapelle*, 1606. Il y avait une communauté de prêtres en 1760.

24. **Saint-Gabriel du** *Montel Saint-Hilaire* (Saint-Hilaire-lès-Monges). Nominateur : le seigneur du lieu. Curés : *Pierre Villedieu*, 1676-1687 ; *François Roux*, 1687.

25. **Saint-Côme et Saint-Damien de** *Prondines*. (Voir l'historique du canton d'Herment).

26. **Saint-Georges du** *Puy-Saint-Gulmier* (*Podium Sancti Gulmerii*). A la nomination de la prieure de Saint-Genès-lès-Monges. L'église est romane ; elle est mentionnée en 1184, dans une bulle du pape Luce III, et voulait être indépendante de l'archiprêtré d'Herment en 1323. Anciens curés : *Jean Bort*, 1320 ; *Durand Pélisson*, 1323 ; *Guillaume Peyronnet*, recteur, 1411-1436 ; *Guillaume d'Arfeuille (de Arfolio)*, 1447 ; *Pierre de Termes*, 1448-1461 ; *Durand de Termes*, 1461 ; *Durand Bécaine*, 1502 ; *Claude Xoulaise*, 1509 ; *noble Regnal de Piry*, 1510 ; *Jean Aulmosnier*, 1599-1602 ; *Michel Aulmosnier*, 1605-1633 ; *Martial Chassaigne*, 1644 ; *Michel Gardet*, 1654 ; *Charles Grand*, 1658-1682 ; *Guillaume Ussel*, 1682, *Gilbert Cohade*, 1684-1706 ; *François de Flisques*, coseigneur de la Garde, 1707-1725 ; *J.-B. Chassaing*, 1725 ; *Pierre Guillaume*, 1735. — Saint-Garmier, Galmier, Gulmier, Gaumier, Geaumier ou Germier, en latin *Baldomer*, *Waldemer*, serrurier, puis sous-diacre à Lyon, mourut en 650 (*Art de vérifier les dates*).

27. **Saint-Gervais de** *Sauvagnat*, à la nomination du chapitre de la cathédrale de Clermont (Voir l'historique du canton d'Herment).

28. **Saint-Alvard**. Nominateur : le chapitre d'Herment, auquel cette église avait été donnée en 1249. Patron : Saint-Clair. (Voir précédemment la liste des curés.)

29. *Saint-Avit*. Patron: Saint-Avit: Nominateur: le seigneur du lieu. Curés: *Durand des Moulins*, 1288; *François Bonoure*, 1600-1613; *Claude Sappin*, 1704.

30. *Saint-Bard*. Patron: Saint-Bard. Nominateur: le prévôt de Chambon.

31. *Saint-Etienne-des-Champs*. Patron: Saint-Etienne. Nominateur: le chapitre d'Herment. L'église fut mise sous la protection du pape Luce III en 1184. Elle a été fondée par la maison de Chaslus. *N. de Chaslus* fit donation des oblations de cette église au chapitre d'Herment, donation ratifiée en 1269 par *Guillaume de Chaslus*, son fils, seigneur de Voingt. Le chapitre d'Herment, en qualité de curé primitif, nommait à la cure. Anciens curés: *Gérald Marchal*, 1286; *Pierre Peroneyt*, 1348; *Etienne Rogier*, chanoine d'Herment, 1349; *Durand Chambon*, 1460-1461; *Pierre Burin*, 1512; *Jacob Thezard*, 1513; *Pierre Burin*, 1547; *Antoine Buichard*, 1572; *Guillaume Vernède*, 1602; *Jean Chavanat*, 1604; *Pierre du Plantadis*, 1606; *Pierre Mandon*, 1628-1661; *Louis Mandon*, 1661-1682; *Antoine Tixier*, 1687-1702; *Gabriel Belon*, 1702; *Jean Mandon*, 1702; *N. de Larfeuil*, 1709-1712; *Jean Pabot*, 1714-1728; *Antoine Journiac*, chanoine d'Herment, 1740-1748; *Antoine de Neufville*, 1764; *Michel Soubre*, chanoine d'Herment, 1783.

32. *Saint-Genès-lès-Monges*. Patron: Saint-Genès. Nominateur: la prieure de Saint-Genès-lès-Monges. L'église servait de chapelle au couvent. Curés: *Pierre Mathieu*, frère de Jean, notaire à Herment, 1481; *François Gillet*, 1570; *Jean Pinlon*, 1646; *Charles Grand*, 1657; *Antoine Chomette*, 1695; *Géraud de Douhet de Cussac*, 1726; *Antoine Ribier*, 1730; *Annet Boutarel*, 1732; *Claude Achard*, 1789. La paroisse a été supprimée en 1793. Voici quelles étaient ses confins: « Le chemin de Saint-Genès à la croix de Vachier; de la croix de Vachier suivant un tertre qui va donner au ruisseau de Fratenges; du ruisseau de Fratenges au moulin Berton; du moulin Berton à la plaine de Marsela; de la plaine de Marsela à la charrière de Roussille; de Roussille au village de la Croix. »

33. *Saint-Oradoux* (*Sancti Adoratoris*); l'église fut donnée au chapitre d'Herment, en 1249, par l'évêque de Clermont. Nous avons fait connaître la liste des curés, page 81.

34. *Saint-Priest-des-Champs*. Nominateur: l'abbé de Menat. Il y avait une communauté de prêtres en 1651, composée de 5 prêtres et du curé.

35. Saint-Pierre de *Tortebesse*. Nominateur: le commandeur du lieu. (Voir l'historique du canton d'Herment.)

36. *Traslaigues*. Patron: Saint-Jean. Nominateur: le commandeur de Tortebesse.

37. Notre-Dame de *Vergheas*. Nominateur: le prieur du lieu.

38. Saint-Martial de *Verneugheol*. Nominateur: l'évêque de Clermont. (Voir l'historique du canton d'Herment).

39. Saint-Pardoux de *Villossanges*. Nominateur: l'évêque.

40. Sainte Magdeleine de *Voingt*. Nominateur: la prieure de Marsat, près de Riom. Curés: *Antoine Richen*, 1590-1600; *Jean Aulmosnier*, 1602-1605; *Pierre Lepeytre*, 1650-1684; *Pierre Peyronnet*, 1686-1718.

aroisse d'Herment. Lorsque le comte Robert fit donation de l'église d'Herment au chapitre de la cathédrale de Clermont, en 1145, avec les droits paroissiaux, les chanoines s'engagèrent à prendre le gouvernail de la nouvelle paroisse, qu'ils cédèrent en 1232, au chapitre naissant de notre ville. Celui-ci eût, dès l'origine, quatre *hebdomiers* ou vicaires; l'un d'eux, choisi par lui, faisait les fonctions de curé. Aux XIIIe et XIVe siècles, le pasteur de l'église d'Herment portait, selon l'usage des temps, le titre de *chapellain* (*capellanus*); à la fin du XIVe siècle il s'intitulait *recteur* (*rector*). Le nom de *curé* (*curatus*, du latin *curare*, avoir soin), paraît au commencement du XVe siècle; il fut ensuite remplacé par celui de *vicaire perpétuel*, pour reparaître au milieu du XVIIIe siècle. Par lettres de la cour du 8 janvier 1677, la cure d'Herment fut unie à une prébende du chapitre « pour n'être à l'avenir qu'un seul et même bénéfice, sous le titre de *cure et chanoinie*. »

SÉRIE CHRONOLOGIQUE DES CURÉS D'HERMENT

1. PIERRE, chapellain (*capellanus*). vers 1210
2. PIERRE LOYTE (*Loyta*), chapellain 1290-1296
3. GUILLAUME ROBERT, chapellain, recteur 1306 1323
4. JEAN BLANCHIER (*Albicheyr*)...... 1330
5. PIERRE REBILHE, chapellain........ 1361
6. GUILLAUME BLANC (*Alby*), chapellain. 1372
7. PIERRE DE LOURSSE (*de Urssa*), chapellain............... 1375
8. BARTHELMY GARITE (*Garita*), chapellain, recteur; notaire et seigneur de Sourdaval................... 1380-1392
9. GUILLAUME GEYMOND, curé (*curatus*), reconnaît devoir 5 livres tournois de rente au chapitre pour droit de patronage à la cure.. 1419
10. ETIENNE MASUER, frère du célèbre jurisconsulte Jean Masuer........... 1441
11. BARTHELMY BON............ 1461
12. JEAN GIAC, de Condat, nommé en... 1472
13. JEAN DEIGNET................ 1478
14. LÉONARD MASUER........ 1479-1490
15. ANTOINE TRANCHET......... 1496-1498
16. ANTOINE VIDIDILHE, oncle de Michel Vidilhe, bourgeois de Clermont; curé en 1504, mort en septembre............... 1520
17. GABRIEL CIESTRE, natif d'Herment.. 1527
18. JEAN ROCHEFORT, frère de Jacques, s^r des Imbauld, bourgeois d'Herment. 1534-1542
19. THOMAS HASTE, natif d'Herment 1578-1586
20. BENOIT DE NEUFVILLE, natif d'Herment. On lui donnait en 1607 13 setiers de blé pour sa *portion congrue*. 1598, mort en mai 1642 (1)
21. BLAISE BOUYON, fils de Durand et de Marguerite Arnauld.. 1642, mort le 29 nov. 1643
22. FRANÇOIS MICHON 1643, mort le 18 déc. 1645
23. GASPARD BROUSSE, doyen du chapitre, bachelier en droit canon...... 1645 1649
24. JEAN MEGE, de Tortebesse. 1650 mai, 1653
25. GERVAIS BONNOURE.. 1653, mort en 1662

Il fut enterré dans l'église d'Herment. On lit dans les archives du chapitre : « Le 18 octobre 1662, Mme la duchesse de Ventadour, baronne d'Herment, termina un procès avec nous, pendant en la cour de Parlement de Paris; le corps du défunt curé fut déterré du tombeau prétendu par ladite dame et mis dans un autre »

---

(1) Pendant son administration curiale, le chapitre fit une grande procession dans la paroisse le 28 septembre 1638, en mémoire de la naissance du dauphin (plus tard Louis XIV).

26. Annet VIALLE, du Montel-de-Gelat. 1662-................................. 1664
27. Pierre FABRE, du Bourg-Lastic. 1666, ... décembre 1665
28. François de TERMES, bachelier en droit canon, reçut pour l'usage de sa paroisse un calice d'argent et sa patène, estimés 40 livres tournois, un porte-Dieu d'argent, un ciboire d'argent............ 1665, mort en 1675
29. Pierre FABRE...... 1675 mort en 1711
30. Antoine GERBE, prend possession le 17 août 1711................ 1737
31. Antoine JOURNIAC, exerce les fonctions curiales du 24 juillet 1737 au 3 janvier 1739 ; prend possession de la cure de Saint-Etienne-des-Champs le 12 février 1739.
32. Antoine AUBEL, docteur en théologie, nommé le 10 avril 1739, exerce jusqu'en.. . 1743
33. Barthelmy CHASSAING, chantre du chapitre, exerce les fonctions curiales par intérim de................ .... 1743 à 1746
34. Jean-Baptiste DALMAS, de Billom, nommé le 20 février 1746, exerce jusqu'en.. 1747
35. Thomas TARAVANT, nommé le 27 décembre 1747, exerce jusqu'en 1761 ; ensuite curé d'Oloix.
36. Pierre CHAVIALLE. 1761, mort à 46 ans, le 28 novembre 1772.
37. Louis PEYRONNET, fils d'Annet, bourgeois d'Herment, et d'Antoinette Simonnet ; ancien curé de Traslaigue ; nommé curé d'Herment le 1er décembre 1772, exerce jusqu'au 6 novembre 1792, au moment de la Révolution.
38. Jacques FLORANT, curé constitutionnel........... 1793
39. N. BACHELLERIE, premier curé lors du Concordat................ . 1796-1802
40. François FAYET, fit fondre la cloche actuelle. Curé d'Herment, 1802-1809. Il est mort curé d'Ardes.
41. François BATTUT, ancien curé de Verneugheol, né à Bourg-Lastic ; curé d'Herment de 1809 jusqu'au 22 juillet 1821, jour de sa mort.
42. Antoine DUMAS, de Mezel..... 1821-1826 mort curé de Monferrand.
43. Jean BAUDONNAT, de Saint-Sauves, installé le 12 avril 1826, mort à Herment en. 1846
44. Etienne POUGHEOL, installé le 4 octobre 1846 ; curé d'Herment jusqu'en 1855 ; mort curé de Saint-Rémy de Thiers.
45. Claude-François MARET, installé le 10 novembre 1855 ; curé d'Herment jusqu'en 1859. Actuellement curé de Neschers.
46. Pierre DÉMAISON, installé le 17 mai 1859 ; curé actuel ; a fait faire le grand escalier, le pavé et la sacristie de l'église.

Philippe Beruaer, archevêque de Bourges, visita la paroisse d'Herment le mercredi avant la Toussaint, l'an 1253. Trente-quatre ans après, la ville d'Herment eut l'honneur de recevoir un autre archevêque de Bourges. Baluze, dans ses *Miscellanea*, nous a conservé l'itinéraire de l'archevêque *Simon de Beaulieu*, qui visita le diocèse de Clermont de 1283 à 1287. Le jeudi après le dimanche de l'octave de la Saint-Mathieu 1287, le prélat se trouvait à Giat ; le lendemain vendredi il vint à Herment où il reçut son droit de visite pastorale du chapitre ; le jour suivant, il célébra la messe, prêcha, donna l'indulgence, et fit beaucoup de tonsures « *Die veneris sequenti venit dominus apud Hermantum ubi procuratus fuit a capitulo dicti loci, in crastino celebravit ibidem, prædicavit, indulgentiam dedit, multas tonsuras fecit.* » Simon de Beaulieu visita ensuite le prieuré de Gelles, celui de Briffont (1), et se rendit à Clermont.

---

(1) Le prieuré de *Briffont*, de l'ordre de Saint-Benoît, uni au prieuré de Port-Dieu en Limousin, dépendait en 1287 de l'abbaye de la Chaize-Dieu. Son vocable était Sainte-Magdeleine ; ses armes enregistrées dans l'*Armorial Général* en 1698 : *de gueules, à la croix d'argent* Prieurs : *Antoine d'Aubusson de Banson*, 1457 ; *Guillaume Coustave*, 1520-1532. *Annet Coustave*, 1550 ; *François de Tersac de Lambres*, 1561 ; il était doyen de la cathédrale de Clermont, rendit hommage au seigneur de Rochefort en 1583, pour la seigneurie de Briffont, et fit construire le château actuel. Ses armes : *d'argent, au chef de sable, chargé de deux besants d'or*, sont placées sur la cheminée de la grande salle ; *François*

Les archives du chapitre conservent quelques visites pastorales des évêques de Clermont : En 1652, *Jacques Peyreret*, official de l'évêque, se rend dans la paroisse ; son procès-verbal relate qu'il y avait 500 communiants ; le 2 juillet 1668, l'évêque *Gilbert de Veyny d'Arbouse* visite la même paroisse ; son procès-verbal mentionne que 350 fidèles recevaient annuellement la communion ; le 9 août 1700, *François Bochard de Sarron*, évêque, fit son entrée par la porte de Giat ; la paroisse avait aussi 350 communiants ; le cimetière était alors placé à l'O., sur les bords de la route de Giat, à une assez grande distance de la ville (1).

Fête paroissiale. L'ancienne patronne de la paroisse est la Très-Sainte Vierge. Le temple chrétien, élevé par le comte Robert en 1145, lui fut dédié, il y a 721 ans, sous l'épiscopat de l'évêque Aymeric. Ce fait résulte clairement d'une bulle de 1190 qui mentionne l'église Sainte-Marie d'Herment. (*Ecclesia Sanctæ Mariæ de Ermenco*). Le sceau du chapitre, en 1232, est encore plus explicite ; il porte en légende : *Sceau du chapitre de Notre-Dame d'Herment*, et dans le champ une Vierge portée sur les nuages. Evidemment ce petit tableau sigillographique représente *Notre-Dame de l'Assomption*. Notre-Dame d'Herment était en grande vénération dans les siècles passés. La statue primitive a été conservée. Les fidèles l'attribuaient à tort à Sainte-Anne. Le pasteur de la paroisse a l'intention de lui élever un autel.

Le procès-verbal de visite pastorale, fait en 1668 par l'évêque *Gilbert de Veyny d'Arbouze*, mentionne qu'il y avait alors deux patrons dans la paroisse : *l'Assomption* et *Saint-Roch* ; la fête extérieure de Saint-Roch était seule célébrée, ce qui a encore lieu de nos jours. La tradition a conservé le souvenir des terribles épidémies qui moissonnèrent les habitants de la ville dans le XVIe siècle. Elle rapporte que Saint-Roch fut choisi pour patron, à l'exemple d'un grand nombre d'autres villes délivrées de la maladie contagieuse grâce à son intercession. A ce sujet, je n'ai rien découvert de positif (2). Quant à l'illustre saint, dont l'Eglise célèbre la fête le 16 août, on sait que, né à Montpellier en 1295, de la noble famille *de la Croix*, qui compte pour représentants actuels les ducs *de Castries* habitant Paris, il mourut en 1327, après avoir délivré plusieurs villes d'Italie de la peste violente qui enlevait tant de victimes.

de Bonnet, 1611-1637 ; *Annet de Sondeilles*, 1651 ; *Georges Neyron*, fils de Marin, sr de Chastreix, prieur en 1656, résigne son prieuré en 1700 à son neveu : *François Neyron*, fils d'Antoine, président en l'élection de Clermont, sr du Buisson, et de Françoise du Four ; celui-ci abandonne Briffont au petit-séminaire de Clermont en 1719, à condition que deux jeunes gens seraient élevés gratuitement dans cet établissement ; il comprit également dans cet acte d'abandon le prieuré de la Mothe-Bromont, dépendant de Briffont ; ces deux prieurés furent unis au petit-séminaire de Clermont par lettres-patentes du 13 mai 1748. Supérieurs du petit-séminaire, qualifiés prieurs de Briffont : *Claude de Montellet*, 1719-1753 ; *Austremoine Guiot*, 1745 ; *André Gontier*, 1759 ; *Louis-Joseph Segrettier*, docteur de Sorbonne, 1769 ; *Daniel Dorsat*, 1776. Les revenus du prieuré de Briffont s'élevaient en 1780 (déduction faite des charges), à 2,321 livres tournois 3 sous 6 deniers Briffont est mentionné dans le testament de Géraud de la Tour en 1282

(1) Telle était la situation de l'ancien cimetière. Il fut transféré, à la fin du dernier siècle, à côté de la chapelle de Notre-Dame de Bonne-Nouvelle, dans un emplacement occupé jadis par l'hôpital de la ville. L'ancien cimetière, appelé *Cimetière vieux*, a été aliéné par la commune le 14 décembre 1825. En 1864, en exécutant des fouilles pour les fondations des murailles qui entourent le cimetière agrandi, les ouvriers ont découvert plusieurs pièces de monnaie en argent, parmi lesquels s'est trouvé un *florin du prince Noir*. Ce petit trésor avait été enfoui à l'époque des guerres des Anglais, vers 1360.

(2) Déjà en 1476, le prieuré de St-Genès-lès-Monges attribuait la diminution de ses revenus aux malheurs de la guerre, à l'envahissement des biens du couvent par les seigneurs du voisinage et à *la grande mortalité*. En 1535, les chanoines d'Herment obtinrent des lettres royaux pour le renouvellement de leur terrier alléguant « qu'ils n'avoient à présent aulcuns papiers ni lettres, parce qu'ils avaient esté perduz et adirez durant les guerres, divisions et *mortalités*, qui ont heu cours. »

Chapelles. Herment possédait jadis trois chapelles : celle de Notre-Dame de Bonne-Nouvelle, qui existe encore ; celles de Saint Jean et de Saint-Georges, détruites.

Chapelle de Notre-Dame de Bonne-Nouvelle. Cet oratoire touche le cimetière de la ville. Sa longueur est de 19 ^{m}, sa largeur de 9 ^{m}. C'est l'œuvre de *Jean Robert*, chantre et chanoine d'Herment, appartenant à une famille très-ancienne de notre ville. La charte de fondation est du 16 mars 1466 ; elle nous dira que mû par la voie de l'oracle (*ductus voce oraculi*), et désirant seconder l'intention de *feu noble homme Gabriel Robert*, son frère, il voulut élever un autel à la louange de la glorieuse Vierge Marie de Bonne-Nouvelle, patronne de ce dernier. Jean Robert était administrateur de l'hôpital ; c'est à côté de cet asile des pauvres qu'il décida de mettre à exécution son pieux désir. Nous verrons quelles furent les conditions sévères stipulées par le chapitre, en qualité de *curé-primitif* de la paroisse.

CHARTE DE FONDATION

DE LA CHAPELLE DE NOTRE-DAME DE BONNE-NOUVELLE (16 mars 1466).

os, officialis Claromontensis, notum facimus universis presentes litteras inspecturis et audituris quod coram dilecto nostro *Johanne Pomerii*, clerico, fideliqne notario curiæ nostræ jurato et a nobis quo ad hœc omnia universa et singula quæ sequuntur audienda et recipienda vice et ante nostris specialiter misso et destinato et quo ad illa eadem omnia universa et singula quæ sequuntur commisimus et adhuc tenore præsentium litterarum committimus totaliter vices nostras. Personnaliter constituti discreti viri domini *Petri Villefeulh*, cantor, *Durandus Chambonis*, *Petrus de Fuas*, *Johannes Villefeulh* et *Michael Villefeulh*, præsbiteri, canonici ecclesiæ collegiatæ et secularis Beatæ Mariæ villæ Hermenci, Claromontensis diocesis, et existente infra capitulum dictæ ecclesiæ capitulantes et capitulum tenentes ob infra scripta peragenda in unum ad sonum campanæ ut moris est convocati et congregati pro se et suis futuris successoribus canonicis, dictæ ecclesiæ capitulum facientes ex una parte, et *venerabilis vir magister Johannes Roberti, in decretis baccalarius etiam canonicus dictæ ecclesiæ Beatæ Mariæ Hermenci et preceptor domui seu Hospitalis dictæ villæ Hermenci*, prout asseruit, etiam pro se et suis futuris successoribus præceptoribus dicti hospitalis perpetuo, ex altera parte. Quumquidem preceptor sponte sua scienter ac provide ibidem *ductus voce oraculi* dixit dominis de capitulo, capitulantibus exposuit quod ipse singulari devotione et affectione quas gerit erga dictum hospitale Hermenci motusque devotione cœlestis gloriæ et animæ suæ saluti providens cupiens pro ejusdem animæ suæ suorumque parentum amicorum, recommendatorum, benefactorum remedio salutari et sequanter et expresse quondam *nobilis viri Gabriellis Roberti* dum viveret *fratris dicti preceptoris*, qui dum vitam duxeret in humanis magno desiderio affectabat ibi erigere unum altare ad honorem et laudem Dei, gloriosæ *Virginis Mariæ de Bone Novelles*, ejus genitricis et *omnium sanctorum et sanctarum*. Et ipse etiam preceptor tam ex causis premissis quam in sequando voluntatem dicti sui quondam fratris quod etiam ad augmentationem divini cultus volens particeps effici hujus modi augmentationis divini cultus illud quoque amplari multipliciter ex nunc et antea *erigere voluit et vult ibidem in dicto hospitali Hermenci, domino auxiliante, unum altare Beatæ Mariæ de Bones Novelles,* cum licencia tamen et voluntate dicti capituli et canonicorum ejusdem et sine prejudicio dictæ ecclesiæ Hermenci, cujus ipse, prout dictum fuit, est canonicus prebendatus, et sub pactis et conventionibus inferius expressatis et declaratis videlicet : quod vicarius seu presbiter talis altaris de novo erigendi, seu qui voluerit ibi celebrare, non potuerit nec debebit nec etiam tenebitur supra dictum altare celebrare diebus dominicis et aliis festis solemnibus nisi post offertorium misæ parochialis dictæ ecclesiæ Hermenci et prout consuetum est fieri in dicta ecclesia collegiata Hermenci ; ulterius, quod omnes oblationes in argento, candelis, pane, vino, blado, vel aliorum quorum modo consistentes et quæ ibi advenient erunt et pertinebunt dicto capitulo, exceptis aliquibus candelis pro servicio misæ seu missarum ; ulterius, dictus preceptor ibidem exposuit quod ipse non est intentionis nec vult quod mulieres jacentes in carnem purificatione veniant ad dictum hospitale pro audiendo missam et etiam voluit et vult quod tale altare erigatur sine prejudicio altaris Beatæ Catharinæ dictæ ecclesiæ Hermenci. Prœterea, dixit et exposuit præfatus *magister Johannes Roberti* quod ipse non est intentionis nec vult ibidem tenere nec ipse nec sui successores preceptores potuerunt nec debebunt tenere aliquam campanam vel simbalum excepto quodam parvo campanille appellato in vulgare *eschille* (1) modo usitato in levatione corporis Christi tantum modo, nec etiam potuerit talis præbister vicarius vel preceptor facere ibidem aquam benedictam nec etiam panem benedictum nisi cum licentia et voluntate dicti capituli Hermenci. Postremo exposuit dictus preceptor et voluit quod se post erectionem hujusmodi altaris ipse aut sui velint ibidem fundare et de suis bonis dotare unam vicariam, presentatio, collatio seu donatio et dispositio talis vicariæ post ipsius preceptoris decessum pertinebit pleno dicto capitulo præfato ecclesiæ Hermenci, super quibus omnibus et singulis suplicavit dictus perceptor et humiliter requisivit dictum capitulum quathinus in eisdem premissis omnibus singulis suum assensum pariter prebere vellent atque dignarentur. Quumquidem de capitulo promissa omnia universa et singula sit per dictum preceptorem eidem capitulo expositer dicta et requisita prefati domini de capitulo dictæ ecclesiæ Hermenei ob prœmissa voluerunt, acceptaverunt et eisdem promissis omnibus et singulis prout supra fuit dictum et per dictum preceptorem expositum et requisitum suum consensum prebuerunt illaque omnia et singula laudaverunt, approbaverunt, confirmaverunt et omologaverunt et ratificaverunt et ea omnia universa et singula habuerunt hodie et tenuerunt rata et grata, firma et stabilia qualibus partæ dictarum partum ad hœc presente et omnia universa et singula in presentibus litteris contenta pro se et suis futuris successoribus perpetuo recipiente solemniter et stipulantes. Quibus sit actis promiserunt dictæ partes huic judices, videlicet prefati domini de capitulo et preceptor Hermenci bona fide sua et sub ypotheca et speciali obligatione omnium et singulorum bonorum dictæ ecclesiæ et hospitalis Hermenci mobilium et immobilium presentum et futurorum, juraverunt quod ad et super sancta dei evangelia ab ipsis et eorum quolibet gratis manu aliorum tacta se promissa omnia universa et singula superius declarata prout et quemadmodum superius fuerunt dicta exposita et expressata, actendere, facere, sequare et complere et contra nunquam facere, dicere, aut venire seque minime fecisse, dixisse, facturum, aut dicturum esse aliquid quominus omnia universa et singula in presentibus litteris contenta habeat et obtineat, habere que possint et valeant plenum

(1, En patois, on appelle encore *eschille* la clochette dont se sert l'enfant de chœur à la messe

robur et indissolubilem firmitatem. Ulteriusque promittunt dictæ partes huic judiciente et earum una videlicet alter et altera earumdem alii reddere et restituere de suo proprio reffundere omnia universa et singula damna de constamenta interesse sumptiis missiones et expensa quascumque quod et quas quamlibet partem dictarum partium contra aliam facere pati aut sustinere contingerit quominusmodo occasione premissorum non retentorum et non completorum, ut est dictum, renuntiando super hoc dictæ partes huic judiciente omnibus exceptionibus tam jures quam facti super hoc cessantibus premitiis que remotis et voluerunt et concesserunt dictæ partes huic judiciente et earum quathinus quamlibet ipsarum tangit et tangere potest se ipsas et earum quamlibet nominibus quibus supra posse et debere compelli a nobis vel ab illo qui fuerit pro tempore loco nostri per censuram ecclesiasticam et per nostram Claromontensis curiam et hoc per captionem, vendicionem, et festinam destinationem omnium et singulorum bonorum suorum et ipsarum partum mobilium et immobilium presentium et futurorum et sine monitione et licencia curiæ nostræ predictæ quibus quo ad hæc dictæ partes huic judiciente nominibus quibus supra expresse renuntiaverunt ad predicta attendenda, tenenda et amplenda, quorumque privilegio non obstante. In quorum omnium et singulorum premissorum fidem, robur et testimonium ad relationem dicti nostri notarii nobis predicta fideliter sit coram coacta fuisse et concessa et per eum vice et ante nostris fuisse recepta, testibus hiis prœsentibus discretis et honestis viris dominis *Johannes Menudeli*, *Nicolas Borassat*, *Michael Gailhard*, presbiteris chorariis dictæ ecclesiæ Hermenci, *Guilhoton Civadon*, *Simone Civadon*, eius filio, *Petro Menudel*, *Anthonio Villefeulh*, *Petro Villefeulh*, eius fratre, dictæ villæ Hermenci habitatoribus, cum vero nostro dictæ qui ejus relationi sit ab ex nobis facte fidem plenariam adhibentes his prœsentibus litteris duplicatis; una videlicet ad opus dicti capituli Hermenci et alia ad opus dicti magistri Johannis Roberti, preceptoris ante dicti, sigillum curiæ dicti officialatus nostri duximus apponendum. Actum et datum in dicto capitulo dictæ ecclesiæ Hermenci ob promissa ad sonum campanæ ut moris est convocati et congregati prout supra fuit dictum, *die decima sexta mensis marcii anno Domini millesimo quadragentesimo sexagesimo sexto*. Signatus: *Pomerii*, notarius (1).

Il existe dans le département du Puy-de-Dôme deux autres oratoires, placés sous le vocable de Notre-Dame de Bonne-Nouvelle : l'un à Lempdes, près Pont-du-Château, où de temps immémorial on conserve la statue miraculeuse d'une Vierge noire ; l'autre à Montaigut en Combraille. Notre-Dame de Bonne-Nouvelle d'Herment était l'objet d'une vénération particulière de la part des habitants de notre ville, qu'elle comblait de ses largesses. Au XVIe siècle, de nombreux fidèles étaient humblement prosternés devant elle ; on trouve même le procès-verbal d'un miracle en 1699.

PROCÈS-VERBAL D'UN MIRACLE DE NOTRE-DAME DE BONNE-NOUVELLE (1699)

« Aujourd'hui vingt-huit décembre 1699, jour de dimanche, entour trois heures après-midi, devant nous, *Anthoine Peyronnet*, procureur fiscal et notaire royal de la ville d'Herment, ont comparu messire *Michel Chassaing*, chantre, *Jean Gaignon*, *François Jally*, *Pierre Fabre*, *Pierre*

(1) Archives du chapitre d'Herment. Cotte 3^r.

Rivet, *Amable Chevogeon* et *Jean Delmas*, chanoines et curé de laditte ville d'Herment ; M⁰ *Michel Monteil*, bailli, *Gabriel Menudel*, lieutenant, *François Veyssier*, docteur en médecine, *Jean Bouyon*, bourgeois, *Jean Arnauld*, notaire, *Gaspard Lucarel*, greffier au baillage de ladite ville ; Mᵉ *Jean Mège*, *Antoine Gallochier*, chirurgiens ; *Pierre* et *François Le Petit*, huissiers, Mᵉ *Gaspard Verny*, marchand, *Charles Dauphin*, mᵉ mareschal et plusieurs autres habitants de laditte ville, lesquels nous ont dit et rapporté que depuis leur mémoire, ils ont reçu des grâces particulières du Ciel par l'intercession de la glorieuse Vierge Marie, honorée dans la chapelle de Notre-Dame de Bonne-Nouvelle de cette dite ville ; les miracles évidants de cette bonne mère, qu'elle dispart journellement à ceux qui ont recours à elle font qu'ils ne peuvent pas être tous mis en oubly, quoi qu'il en soit passé de très-considérable et notamment aujourd'hui en la personne du nommé *Michel Portas*, pauvre journalier de laditte ville, lequel après avoir entendu la sainte messe paroissiale, entour midi il se serait allé tirer un pot de terre qui était dans le fonds d'un puy appartenant au sieur *Verny*, et comme il fut descendu à moitié dans ledit puy il serait cheut au fonds d'icelluy et dans le mesme moment la bordure et murailhe dudit puy cestant antièrement abbatu sur luy il a eu le recoure de Notre-Dame de Bonne-Nouvelle, qui a le soin et la protection des opprimés, son vœu n'a pas sitôt été fait de l'aler remercier qu'il s'est trouvé sain et hors de danger quoique y eut plus de quatre à six charettes de grosses pierres ou terre sur son corps, et qu'il a demeuré dessous l'espace de trois heures sans pouvoir avoir aucune respiration. Tout le secours humain n'aurait pu y apporter de soulagement dans cette cheute, malheureusement sy comme dict est il n'aurait esté secouru de sa bienfaitrice, et ayant enfin été tiré la majeure partie de ceux matteraaux on l'avait tiré par un trou avec une corde après l'effort de plus de 60 à 80 personnes. Cette vérité nous a été confirmé par ledit *Portas*. Le zèle qu'ont eu Messieurs du chapitre, les dits sieurs officiers et autres sus nommés les a obligé de faire dresser le présent procès-verbal pour l'honneur et la gloire de Dieu et de sa sainte Mère envers laquelle nous devons avoir la même confiance. Desquelle desclaration tous les susnommés étant présents lors du funeste axidans, ils nous ont requis acte, même ledit Portas, que nous avons octroyé lesdits jours et an ; tous les sus nommés ont signé à l'exception dudit Portas qui na sut signer enquis. Ces présentes mises dans les archives desdits sieurs du chapitre pour y avoir recouvre quand besoin sera. » Signé : *Fabre*, cure ; *Chassaing*, chantre ; *Gaignon* ; *Jally* ; *Chevogeon* ; *Bouyon* ; *Lucarel* ; *Rivet* ; *Arnauld* ; *Gallochier* et *Peyronnet*, notaire royal. » (*Archives du Chapitre ; Cotte 3ᵉ*.)

La chapelle de Notre-Dame de Bonne-Nouvelle tombait en ruines en 1745. Le chapitre fit reconstruire la nef telle qu'elle est actuellement, moyennant 1,100 livres tournois (2,219 f. 80). Voici l'acte rédigé à ce sujet :

PRIX FAIT DE LA CHAPELLE DE NOTRE-DAME DE BONNE-NOUVELLE (4 Juillet 1745)

AR devant les notaires royaux de la ville et baronnie d'Herment soubsignés, ont été présent en leurs personnes Mʳᵉ *Jean d'Anteroche*, docteur en théologie, doyen, *Barthelmy Chassaing*, chantre, *Louis Bouyon* et *Melchior-Balthazard de Bladis*, tous chanoines du chapitre Notre-Dame d'Herment capitulairement assamblés pour eux et les leurs d'une part; et M° *Pierre Rimbaux, entrepreneur des ouvrages du roy*, résidant au bourg de Rochefort pour lui et les siens d'autre parties, lesquelles parties de leurs grés et volontés ont fait le marché, pactes et conventions suivantes : C'est à savoir que led. Rimbaux, promet et s'oblige de faire construire et édiffier *la neffe* de la chapelle de Notre-Dame de Bonne-Novelle de cette ville à prendre au pied tout à neuf en voulte d'harette ou bonnet carret, dans le même emplassement qu'est actuellement lad. chapelle, c'est-à-dire *de la largeur de vingt pied dans œuvre, de la longueur de trente-deux pied*; de la hautheur d'un pied par dessus l'arcade du cœur de lad. chapelle, à laquelle joindrat lad. voulte, dans laquelle il y aura quatre piliers attenant aux murailles de chaque cotté, une porte au milieu du pignon qui sera faite à neuf de même que les murailles de trois pieds dans le bas; ladite porte en pierre de taille de Volvic, de la largeur de cinq pieds, de la hauteur de neuf pieds; faire les portes en bois, fournir les ferrements nécessaires pour lesdites portes. Il y aura un œil de bœuf au dessus de lad. porte, en pierre du pays, deux fenestres à chaque cotté de la voulte de la largeur de deux pieds, sur quatre de hauteur; *il y aura un clocher sur led. peignion, de lad. chapelle en arcade* a porter une cloche grande deux fois comme celle qui est à présent, avec une croix au-dessus du clocher (1), ledit *Rimbaux* sera tenu d'achepter ladite pierre de taille de Volvic, de la faire conduire jusqu'à Ceyssat, de fournir toute la chaud necessaire et d'en faire la conduite à ses frais, et lesdits sieur du chapitre fourniront le sable ou gorge et la pierre nécessaire pour la construction de la chapelle, et en fourniront la conduite à pied d'œuvre, ledit *Rimbaux* fera creuser la gorge et la pierre, ledit Rimbaux fournira la pierre pour couvrir et fera couvrir lad. chapelle, lesdits sieurs du chapitre feront conduire ladite pierre des carrières de *la Graule* ou *le Meurge* (le Murguet); ledit Rimbaux fera paver ladite chapelle de la même taille que la couverture et sy lesdits sieurs du chapitre lui donnent de la pierre de taille, il la fera metre; ledit Rimbaux fera crépir et blanchir ladite chapelle en dedans et fera crépir en dehors, ledit Rimbaux fournira tout le bois nécessaire pour la chapelle et pour le sindre (le cintre); lesdits sieurs du chapitre en fourniront la conduite; les vieux bois qui sont à ladite chapelle appartiendront audit Rimbaux; le présent marché ainsy fait et accordé aux susdites conditions pour et *moyennant la somme de onze cent livres*, de laquelle il en a été présentement payé comptant par lesdits sieurs du chapitre reellement et d'effet audit Rimbaux celle de six cent livres qu'il a prise et receue et en a quitté et quitte lesdits sieurs du chapitre en pacte et pour les cinq cent livres restant, lesdits sieurs du chapitre ont promis de payer audit Rimbaux, scavoir deux cent cinquante livres à la fin de l'ouvrage et les autres deux cent cinquante livres au mois de septembre prochain en un an; à quoy faire ils ont obligé leurs biens, soumetant ledit Rimbaux l'ouvrage à la visite de M^{rs} gens à ce connoissant, si lesdits sieurs du chapitre le jugent à propos; à l'entretenement de tout ce que dessus lesdits sieurs du chapitre ont obligé les fonds dudit chapitre et leurs biens, et ledit Rimbaux les siens meubles et immeubles présent et avenir. Car ainsy cy voulu, cy soumis, cy renoncé, promis et juré; cy fait et passé à Herment dans la chapelle de Saint-Jacques, située dans l'église de cette ville, lieu ordinaire des assemblées dudit chapitre; toutes parties ont signé, *le quatrieme juilliet mil sept cent quarante cinq avant midy* » (2).

(1) Ce *campanille* a disparu en 1793.
(2) La date de reconstruction de la chapelle (1745) est placée au-dessus de la porte.

Chapelle de Saint-Jean. Elle était située sur le versant S. O. du plateau de la ville, au-dessous des anciens fossés et du *pré Foucou*. Fondée dans le XV° siècle, comme l'indiquent tous les débris d'architecture gothique que l'on en retrouve, elle est appelée en 1470 « *l'église ou chapelle Saint-Jehan, devers ladite ville, au four d'icelle.* » Les Huguenots la détruisirent pendant les guerres religieuses du XVI° siècle. En 1708, son emplacement était occupé par un jardin, sur lequel la commanderie de Tortebesse prélevait une rente de 12 deniers. Ce petit héritage est ainsi désigné dans l'acte que j'ai sous les yeux : « *un petit jardin, converti en chenevière, étant hors les murailles de cette ville, du côté de traverse, contenant deux coupées, dépendant de la chapelle Saint-Jean qui était autrefois audit lieu, et à présent en ruines.* »

3° **La Chapelle de Saint-Georges.** Elle était située à l'angle S. O. du pré de la Montagnière, Un acte de 1448 l'appelle *la chapelle d'Herment*. Ce petit oratoire existait encore en 1637.

LA VILLE

Ses anciennes Portes. — Ses Murailles.

Si le voyageur passe sur la route de Clermont, au-dessus des hauteurs de Sauvagnat, la ville d'Herment, bâtie en amphithéâtre, se présente à lui avec un pittoresque original et une apparence assez considérable. On se fait une idée de ce que devait être cette retraite féodale, lorsque son donjon dominait majestueusement la plaine, et que ses tours et ses murailles la protégeaient de ses adversaires.

Le plateau d'Herment possède trois enceintes fortifiées bien distinctes. La première l'entoure jusqu'à sa base; la deuxième est située au-dessus de celle-ci; la troisième défend le château. De larges et profonds fossés empêchaient d'approcher des murailles, qui avaient plusieurs mètres d'épaisseur; leur solidité était remarquable; elles étaient terminées par des créneaux, soutenues de douze pieds en douze pieds par des contreforts et défendues par des tours, des courtines, des meurtrières, etc. (1).

Aux quatre points cardinaux des murailles était percée une porte : deux tours, une herse en fer, un portail solidement cloué composaient chaque entrée de la ville ; ces entrées avaient reçu

---

(1) Au Nord Ouest de la ville, une partie du terrain où passait la grande enceinte a retenu le nom de *Chauffe-braye*. Au moyen-âge, *braye* ou *braie* désignait une fortification avancée. La *braye*, qui existait sur ce point, aura été vivement défendue, de là ce nom de *Chauffe-braye*.

les noms des quartiers où elles étaient situées : Quartiers *de Giat, de Saint-Germain, de la Queuille* (plus tard *du Four*) et *du Marchedial*.

1° *La porte de Giat*. Elle était placée près de la chapelle de Notre-Dame de Bonne-Nouvelle.

2° *La porte de Saint-Germain* (*magna porta Sancti Germani*, en 1288). Elle était à l'entrée d'une rue par laquelle on se rend à Saint-Germain.

3° *La porte de la Queuille*, appelée aussi la *porte du chemin de la Queuille*, et par abréviation, en langage patois, *lo porto del Chamy*. Elle devait son nom à la voie qui conduit au bourg de la Queuille ; s'ouvrait à côté du pré *Patry*, et disparut lors de la destruction des murailles de la ville par les Anglais en 1383. Remplacée par une *barrière en bois*, qui arrêtait quelques instants les assiégeants (1), rebâtie plus haut dans la ville, en 1435, lorsque fut entreprise la deuxième enceinte, elle reçut le nom de *porte du Four*, parce qu'elle était voisine du *four banal* (2). Cette *porte du Four*, reconstruite à neuf en 1628, existait encore en 1692.

4° *La porte du Marchedial*, à l'entrée de la *rue de la Fontaine*. Elle prenait son nom du *Marchedial* ou champ de foire. Ces quatre portes de Giat, de Saint-Germain, du Four et du Marchedial étaient debout en 1629.

Contrairement à ce que quelques-uns ont écrit, la ville d'Herment n'a jamais possédé double enceinte. La première enceinte, c'est-à-dire la plus ancienne, achevée dans le XII° siècle, avait la forme d'un fer à cheval ; elle comprenait le château, l'église et la fontaine. Au milieu du XIII° siècle, la population, devenue plus nombreuse, grâce à la charte de commune accordée par *Eric de Beaujeu*, abandonna les murailles précédentes pour entreprendre la grande enceinte, comprenant la butte jusqu'à sa base. Cette œuvre, qui avait coûté tant de corvées, tant de sueurs, fut en partie détruite par les routiers anglais en 1370, et complétement abattue par eux en 1383, lors des prises de la ville. En 1422, le baron *Hugues de Bosredon* se plaignit de l'état déplorable dans lequel se trouvaient les murs de la ville, ce qui exposait son château à devenir la proie des bandes anglaises ravageant les environs. Le sénéchal d'Auvergne enjoignit aux consuls de la ville et aux habitants de la châtellenie de faire régulièrement deux guets chaque nuit, à tour de rôle, tant que les murailles ne seraient pas relevées. En 1435, la tranquillité reparut, les routiers à la solde de l'Angleterre se dispersèrent ; la ville s'occupa de reconstruire ses murailles ; la grande enceinte fut abandonnée pour toujours, les ressources de la commune ne permettant pas de l'entreprendre ; celle qui avait été commencée dans le XII° siècle fut relevée comme moins dispendieuse (au dire de *Jean Tinet*, du Ronzet, qui figure comme témoin dans l'enquête dont nous allons parler, le circuit de ces nouvelles murailles ne comprenait en surface que la quatrième partie de la grande enceinte.)

Une enquête, qui abonde de détails sur les murailles, le château, l'aspect et la grandeur de la ville, pendant le XIV° siècle et le XV°, trouve à juste titre droit de cité dans cet ouvrage. Elle fut faite en 1466 au village de la Lignière, paroisse de Verneugheol, « en l'ostel de *Jehan Goy*, » par les commissaires *ad hoc* : *Antoine Douhet* et *Etienne Reboul*, contre la ville, à la requête du baron

---

(1) Un habitant d'Herment a arraché, il y a quelques années, à côté du pré Patry, une pièce de bois profondément enfoncée en terre, au milieu de la voie publique ; c'était le dernier reste de cette barrière.

(2) Le *four banal* était celui dont tous les habitants de la ville étaient forcés de se servir en payant pour chaque cuisson une redevance seigneuriale. Outre le four banal, il y avait plusieurs fours seigneuriaux : 1° le *four des Villelume*, possédé en 1310 par *Aymon de Villelume*, et en 1485 par *Claude de Villelume*, seigneur de Barmontet ; 2° le four cédé en 1434 à *Guillaume de Bosredon*, baron d'Herment, par *Jacques de Fayne*, seigneur de Barberolles.

Guillaume de Bosredon, qui réclamait d'elle le droit de guet pour son château. Les défenseurs prétendaient en être exempts, en vertu de la reconstruction de leurs murailles en 1435, objectant que la sentence de 1422, accordée par le sénéchal d'Auvergne au baron *Hugues de Bosredon*, père du demandeur, ne pouvait produire son effet que durant le mauvais état des murailles. Huit témoins furent entendus. Nous citons textuellement les dépositions les plus curieuses :

« *Durand Doux Eymars* (Des Eymards), du lieu doux Eymars, laboureur de terres, eagé de soixante et dix ans ou environ, tesmoing produit en bulette, receu, juré et secrètement examiné, a dit et déppouse par son serment qu'il cognoit bien lesdits demandeur et deffendeurs pour que plusieurs fois a parlé et anté avecques eulx, et ledit village *doux Eymars* (des Eymards) là où il deppousant est demeurant est de la justice dudit Herment environ demy lieue, voire dit qu'il cognoit tous les manans et habitans de la ville d'Herment là où demeurent lesdits demandeur et deffendeurs, car de tout le temps qu'il a de bonne mémoire que peut estre de soixante ans ou environ, il est alé et venu presque toutes les sepmaines audit Herment tant à jour de marché que foires que autres jours quant à faire ou à besoignes y avoit ; dit plus sur le premier article desdits faits et articles principaulx que ledit demandeur est seigneur justicier hault moyen et bas dudit lieu ville et seigneurie d'Erment ainsi que se limite et extend et le scet il deppousant car *peut avoir soixante ans ou environ* autrement bonnement du temps ne lui recourde que vit ung des prédécesseurs dudit demandeur nommé comme lui semble *messire* LOYS DE BOSREDONT *en son vivant chevalier, lequel avoit charge de gendarmes de par le roy qui par lors estoit* et le vist il il deppousant plusieurs foiz, *lequel messire Loys conquesta et acquist ledit chastel et seigneurie d'Erment et l'en vist joyr il deppousant amprès ladicte acquisition faicte jusques à son trepas paisiblement que peut avoir quarante cinq ans ou environ qu'il trespassa* autrement bonnement ne luy recourde et *ne scet il deppousant de qui ledit messire Loys conquesta et acquist ledit chastel et seigneurie d'Erment ne a quel tiltre si ce n'est que lui semble qu'il oist dire par lors que l'avoit achaptée du seigneur de* LIMEULH *qu'estoit par lors, et par ce que ledit messire* LOYS DE BOSREDONT *alla de vie a trespassement sans hoirs ne enfants descendans de son corps, feu messire* GONOT (1), *vère dudit demandeur et frère dudit messire Loys lui succéda entre autres chouses en la dicte seigneurie d'Erment, lequel messire Gonot, père dudit demandeur, alla de vie a trespassement peut avoir quinze ans ou environ delayssant ledit demandeur son filz* lequel luy a succédé entre autres chouses en ladite seigneurie d'Erment et deppuis ledict deppousant a veu joyr icelluy demandeur dudit *chastel, terre, chastellenie, mandement, justice et seigneurie dudit Herment* ainsy que se limite et extend et luy y a veu tenir il deppousant et tient *chastellain, procureurs, graffiers, sergens et autres officiers* pour le exercice de ladicte justice et *en beaucop de lieux de sa dicte justice ledit demandeur tient et a accoustumé de tenir luy et ses prédécesseurs de toute ancienneté et ceulx dont il tient cause fourches élevées pour le exercice de sa dicte justice haulte* ; dit plus que a ladicte ville d'Erment *chastel fort et gueytable* appartenant audit demandeur comme dit a et *a audit chastel, pont levis, tours, exchiffre, crénaux et autres enseignements de place forte et a eu de toute ancienneté* depuis le dict temps qu'il deppousant a de bonne mémoire et scet il deppousant que *tous les hommes de la terre, chastellenie, mandement et justice dudict Herment ont accoustumé de faire le guet audict chastel fort d'Erment une fois le moys ou du moins de six en six sempmaines* et l'a veu faire durant ledit ausditz hommes justiciables et quant

---

(1) Hugues, en langage du pays, se disait anciennement *Gonot, Hugonot.*

ne le faisoient l'*artensoyent au seigneur ou cappitaine* dudit Herment qui y estoit par le temps, et lui-même l'a fait durant ledit temps audict chastel chascune fois que venoit à son rang et ourdre et fait encoures ou l'artense, car par plusieurs années pendant ledit temps il deppousant l'artense au seigneur ou cappitaine qu'estoit par le temps audit Herment *et en tant que touche les habitans en ladicte ville d'Erment il deppousant ne leur a point veu faire guet ne garde audict chasteau deppuis quilz accommencerent et se prirent à fermer et cloure ladicte ville d'Erment nouvellement de murailhe que peut avoir trente ans* (en 1435) *ou environ que se fit* mais bien est recourds que par avant trois ou quatre ans (vers 1431) il deppousant faisoit le guet une nuyt audict chasteau d'Erment et le fist avecques luy laditte nuyt ung nommé *Guillaume Geymond,* consul la présente année dudit Herment, et ne s'est point recours que jamais plus il ait fait le guet audit chastel avec aucun autre de ladicte ville mais bien scet que *par avant que lesdits habitants dudit Herment se prinssent ainsi de fermer ladicte ville nouvellement de tout ledit temps que ledit deppousant a de bonne mémoire elle estoit bonne fame publicque* (1) *et comme renommée* et oyet tousjours dire communement il deppousant que les habitants de ladicte ville d'Erment faisoient guet audict chastel ne plus ne moins que les autres habitans en ladicte terre seigneurie et mandement dudit Herment ou quoi que soit *l'acteusoyeut* au seigneur ou *cappitaine* que par lors estoit *qvant ne le faisoient* et disoit *lom* mais à qui il deppousant le oyst dire ne luy en recourde mais bien scet que cestoit à ceulz des villages dudict mandement que toutes les nuitz ung des habitans de ladicte ville le y faisoit avecques deux de ladicte terre et mandement hors ladicte ville ; dit plus sur ledict 13ᵉ article tant que fait mention que Monsieur le bailly de *Montferrand* est le plus prouchain juge royal d'Erment qu'il deppousant ne scet point de siège ni de juge royal plus prochain dudit Herment quest ledit siège du baillage de *Montferrand* car dudit Herment à Montferrand n'a que huit lieues, lesquelles il deppousant a souventes foys cheminées, et dudict Herment à *Cusset, Aurilhac* et à *Tulle* que sont les autres plus prouchains sièges royaux amprès Montferrand plus de chemin beaucoup, mais combien il deppousant ni scet dire ; dit aussi que *la dicte ville d'Erment n'est point close de muraille selon la forme ancienne, car anciennement ladicte ville estoit plus grande et expacieuse sellon les murailles anciennes qui y sont que n'est à présent plus de la moytié* et en ce que lesdictz deffendeurs ou les habitans dudict Herment deppuis trente ans en ça ou environ se sont mis *à cloure et fermer de novel ladicte ville par dedans bien avant lesdictes murailles anciennes ils ont restraint et amoindri ladicte ville de plus de la moytié,* comme dit il deppousant que appart à veüe deulh par l'espection desdictes muralhes novellement faictes bien avant dedans lesdites muralhes vielhes ne sont point perfectes acomplies ne parachevées, non pas la vingtiesme partie desdictes muralhes novelle n'est par achevée ne accomplie, car tout le surplus de ladicte murailhe est sans créneaux et en plusieurs parties et endroiz ladicte muralhe novelle elle est fandue et tumbée,* lesqueulx endroitz dit que ne scet autrement déclarer, par ce qu'il n'est sur le lieu et *à l'endroit du chastel dudit Herment, du cousté d'occident, dit que ladicte ville est ouverte et qu'il n'y a point de muralhe de vingt brasses ou toises à l'environ,* bien dit que peut avoir ung an ou environ que furent les darnières guerres et divisions et lors lesdicts habitans y firent audit endroit ung *palitz de boix* (une palissade) *hault d'une lance ou environ pour cloure ledit espace qui que y estoit et est à cloure à fermer de muralhe que est ledict palitz tout au long dudict espace et dit que aucuns*

---

(1) Ce qui veut dire en bonne réputation.

endroitz de ladite murailhe novelle là ou elle estoit basse lesditz habitans l'ont aussée de terre et dit que la vingtieme partie de ladicte murailhe novelle n'est point deffensable, car il n'y a nulles murêtes (contreforts) *ausditz endroitz et avec ce en beaucoup d'endroitz lesdictes murailhes sont plus basses et imperfectes que en autres parties,* mais lesdictes parties et endroitz ne scet autrement déclerer par ce qu'il n'est sur le lieu ; dit plus *qu'il ne scet point que lesditz habitans dudict Herment quant ils se prirent à cloure et fermer novellement la dicte ville maiz le firent par congié et licence du roy ou d'autre ne par l'auctorité d'aucun ou de leur privée volunté ou comment ;* dit plus que jamaiz il ne vist faire guet audictz habitans d'Erment en leur ville en ledict chasteau ne esdictes murailhes de leur dicte ville, si ce n'est au temps de guerre et divisions desdites divisions darnieres car en autre temps de paix ne leur a point veu faire de guet en leursdictes murailles, et du surplus des articles principaulx ne scet autre chouse. 12ᵉ et 22ᵉ desdites darnières escriptures *qu'il peut avoir quarante ans ou environ que ung nommé* Marsal, *bastars* Destansannes *estoit cappitaine par lors du chastel Derment au nom dudit feu père dudit demandeur et en y a veu ledit deppousant ung autre nommé messire* George de Changy *et amprès ung autre nommé monseigneur le comte* Dompmartin (Antoine de Chabannes) *et amprès ung autre nommé* Gadisfer de Maleret *lesqueulx cappitaines tindrent ledit chastel et ville Derment pour et au nom de mondict seigneur le duc tout le dit temps, successivement l'un amprès l'autre, et jusques ad ce que peut avoir quinze ou seize ans* (en 1451) *ou environ comme luy semble, autrement du temps bonnement ne luy recourde, que mondit seigneur le duc retourna la dicte place et seigneurie d'Herment au feu père dudit demandeur, auquel ledit demandeur son fils a succédé seul et par le tout en ladicte seigneurie Derment et scet les chauses devant dictes car tout ce a esté faict de son dict temps qu'il a de bonne mémoire ;* dit plus que ledit demandeur a chastelenie en ladicte ville d'Erment en justice haulte, moyenne et basse comme dit a devant, et croit que les habitans de ladicte ville d'Erment, considéré que leur dicte ville n'est guère forte de murailhes, doivent faire le guet audict chastel, comme font les justiciables des autres chastellenies à l'entour dudit Herment, ceux de la chastellenie de *Chaslus,* au chastel dudit Chaslus ; ceux de la chastellenie de *la Queuilhe,* au chastel de la Queuilhe, ceux de la chastellenie de *Croc,* au chastel de Croc, ceux de la chastellenie du *Monteilh* (le Montel de Gelat), au chastel du Monteilh. »

« *Jean Banel*, marchand et consul de Crocq, dépose qu'il y a environ 40 ans que la ville de Crocq fut close et fermée de murailles (1), et que Monseigneur *du Peschin*, qui en était le seigneur, lui donna privilége de ne point faire le guet à l'avenir. »

« *Jehan Tinet*, du village de Rauzet, en la paroisse de Briffont, hostellier dudit lieu, eagé de cinquante ans ou environ, dit et déppouse par son serment que *ladicte ville d'Herment n'est pas clouse selon la forme ancienne en regard et consideration ès murailhes vieilles et anciennes dycelluy car d'ancienneté icelle ville Derment soloit estre près* si grande et de si grant estendue comme est la cité de clermont en auvergne *ainsy qu'il depposant dit apparoir par l'inspection, desdictes murailles vieilles, lesquelles murailles ledit dépposant vist à leuil ;* premierement il a quarante ans passés et deppuis en ça tous les ans beaucoup de fois et dit il deppousant *que lesdits manants et habitans trente ans en ça ou environ que firent bastir et édiffier les murailles nouvelles que y sont à présent bien avant dans lesdittes murailles vieilles lesquelles nouvelles ne*

---

(1) Les lettres-patentes du roi Charles VII, sont datées de 1428 (Joullietton, *Hist. de la Marche.)*

comprennent pas la QUARTE PARTIE DE LADITTE VILLE ANCIENNE *et les autres trois parties d'ycelle ville anciennes sont demeurées hors lesdits murs nouveaulx et au dedans lesdits murs anciens;* dit outre il déppousant que encoures lesdites murailles nouvelles que lesdits manans et habitans ont fait bastir et édiffier ne sont ne furent oncques parfaites ne parachevées, ains dit qu'il en faut bien *l'espace de cent brasses ou toyses* comme luy semble point autrement ne la mesuré, et dit que audit lieu ou deffault icelles dictes murailles à l'endroit dudit chastel Derment du couté d'occident *lesdits habitans Derment y ont fait bouter cinq ou six cents paulx de boix de haulteur d'une lance* et ainsi ferment lesdictes cents brasses d'espace déffaillans de murailles et dit que lesdites murailles ne sont guerres déffensables pour ce que sont ruineuses, fandues en aucuns lieux et en y a d'autres de basties de terre et ne sont point pareilles l'une envers l'autre car il n'y a de plus bas l'une que l'autre en aucuns endroitz et y deffault plusieurs *courènes, créneaux et autres chauses qui sont nécessaires à une seure muraille et forte;* bien dit que autrement ne scaroit speciffier ne déclarer lesdits endroits esqueulx lesdites murailles sont ainsy ruineuses tombées et basses s'il n'est sur le lieu. Dit que le seigneur dudit Herment a dans sondit chastel un cappitaine pour le commander et oit dire il deppousant y en avoir eu un nommé *monsieur de Changy*, lequel tint certain temps ledit chastel pour mondit seigneur le duc il ne scet combien il y demoura et après bientôt il deppousant oyt dire que *mondit seigneur le duc avoit rendue et levée la main dudit chastel et seigneurie Derment audit feu père du demandeur lors seigneur Derment* et lequel feu père deppuis en ça eu joyst jusqu'à son trépas que peut avoir vingt ans ou environ (en 1454) que trépassa auquel succeda ledit à présent demandeur seul et par le tout comme son fils et héritier et au moyen de ce icelluy demandeur fut fait vray seigneur justicier hault moyen et bas dudit chastel, ville et seigneurie Derment, et en a joy seul et par le tout par l'espace de vingt ans ou envirron et deppuis le trespas de sondit feu père, jusques à present publiquement et notoirement et sans aucun contredit et empeschement et en joyt encore. »

« *Durand Coulanges*, charpentier, du lieu des Coulanges, paroisse de Vernéghéol, éagé de quarante ans ou environ, demeurant audit lieu des Coulanges et en est natif, dit que ledit demandeur a en la ville d'Herment chasteau fort et gueytable de toute ancienneté et le scet il deppousant, car ledit demandeur y demeure et ledit deppousant a accoustumé de faire ou faire faire le guet de nuyt une fois le mois audit chasteau fort; dit plus que des murailles de ladite ville en est tombé deppuis ledit temps de beaucoup sans ce que lesdits deffendeurs ne leursdits predecesseurs y ayent faicte aucune repparation ne esmendées lesdittes murailles anciennes qu'il l'aye veu ne voye dire ains en est tumbé deppuis beaucoup et desrué en divers lieux et endroitz dicelles et dit que par la veue et destentation des dictes murailhes anciennes et estoient antierres N'ESTOIT GUERRES MOINDRE QUE LA CITÉ DE CLERMONT EN AUVERGNE bien dit que jamais ne vist lesdictes murailhes du tout antieres mais bien les a veues meilleures et plus hautes en plusieurs lieux et parties d'ycelles que ne sont à présent, car tousjours sont allées depuis en empirant et desruant; dit plus qu'il ne vit jamais fere guet ès habitans dudit Herment à leur ditte ville si non que ait esté en temps de courreries des gens d'armes et qu'il y ait eu dangier comme en temps de guerre, mais en autres temps ne l'a pouit vu faire mais audit chastel Derment, appartenant audit demandeur, dit qu'il la veu faire plusieurs fois et souvantes deppuis ledit temps qu'il a de bonne memoire a plusieurs des habitans dudit Herment jusques ad ce que *peut avoir trente ans ou environ* (vers 1436) *que lesdits habitans Derment accommenceurent de faire une murailhe nouvelle dedans lesdittes murailhes anciennes et vieilles bien pour* cloure leur dicte ville laquelle nouvelle n'est point achavée ains en plusieurs parties en est tumbé deppuis et tumbe et cheoit de jour en jour encourres; ce qui y a esté fait et le surplus que reste à faire et parachever de laditte murailhe nouvelle que contient d'espace environ de soixante à quatre vingt pas comme luy semble de veue car point ne l'a mesuré à l'endroit dudit chasteau du couté d'occident lesdits habitans ont fait cloure de pal de boix de hault d'une lance ou environ et dit que plusieurs fois et souvantes, deppuis ledit temps qu'il a de bonne mémoire jusques audit temps que lesdits consuls Derment accomancearent de faire ladicte murailhe nouvelle, ledit deppousant a plusieurs et souvantes fois fait le guet audit chastel d'Erment avec plusieurs des habitans dudit Herment comme dit a devant, ou avec leurs valés et serviteurs que lesdits habitans y avoient, et entre autres fois est recours que peut avoir trente-cinq ans ou environ que le guet dudit déppousant et de *Jehan de Pruneyres* et de *Gerauld du Pegier* habitans dudit Herment estoient commandés ensemble tout en une nuyt et fut ung an ou environ une fois le moys que ledit deppousant et les valés desdits *de Pruneyres* et *du Pegier* le firent audit chastel Derment ensemble ledit deppousant pour leursdits maistres. Responsif du 12e et 22e desdits darniers faits et articles dudit demandeur et requerrant que *il deppousant a ouy dire a ses predecesseurs et entre autres à sa feue grand'mère, mère que fut quant vivoit de la mère dudit deppousant qu'elle avoit ouy dire à ses feuz père et mère quant les Anglais prirent la dicte ville d'Erment, desruirent et abatirent lesdittes murailles à présent anciennes et occuparent et tindrent ladite ville aucum temps lequel il deppousant ne scet dire, et deppuis peut avoir trente cinq ans* (en 1431) *ou environ que Monseigneur de Torene* (1) *questoit par lors fist prandre par fource ladite ville d'Erment et ledit chastel et y demourarent les gens de mondit seigneur de Torenne par trois mois ou environ et peu de temps amprés monseigneur le duc de Bourbonnois et d'Auvergne qui pars lors estoit manda et requiest a mondit seigneur de Tourenne que luy rendit lesdits ville et chastel Derment ce qu'il fit et lors mondit seigneur le duc y mist deux cappitaines en divers temps l'un après l'autre : Premièrement y mist un nommé Breançon et amprés ung autre nommé messire Berauld de la Gastine, lesqueulx tindrent et occuparent lesdittes ville chastel par mondit seigneur le duc successivement environ quinze ans et dit que audit temps et par avant lesdits habitans dudit Herment et de toute la justice et mandement d'ycelluy faisoient le guet audit chastel comme dit à devant et a ou dire à plusieurs desdits habitans d'Erment lesqueulx ne scet nommer qu'ils devoient faire deux guets chascune nuyt audit chastel d'Erment par accord fait entre le feu père dudit demandeur et les consuls dudit Herment qui par le temps estoient jusques qu'ilz auroient faicte la clousture de ladicte ville en la manière que souloit estre anciennement;* dit plus *qu'il peut y avoir 22 ans* (en 1444) *ou environ autrement du temps ne lui recourde que mondit seigneur le duc randit et retourna ledit chastel chastellenie ville et mandement d'Erment audit feu seigneur d'Erment père quand vivoit dudit demandeur;* dit plus que tous les habitants de laditte ville chastellenie d'Erment excepté ceulx de laditte ville d'Erment ont fait et font encoures chascuns à son rang ledit guet audit chastel d'Erment ou *artense* (2) icelluy et ainsy en a veu user ledit déppousant tout le temps qu'il a de bonne

---

(1) *Pierre de Beaufort*, lequel prit possession de la vicomté de Turenne en 1420 Il était conseiller et chambellan de Charles VII, qui lui donna ample pouvoir pour remettre à son obéissance toutes les places occupées par les Anglais, lui laissant la jouissance desdites places, excepté celles qui appartenaient à la Couronne. (V. p. 44).

(2) *Artenser*, expression qui signifiait *payer celui qui tend l'arc* (le capitaine) : *solvere arci tensorem* ; en d'autres termes, s'affranchir du droit de guet.

mémoire et fait ancoures, et pareillement dit que les hommes des chastellenies chasteaulx et fourteresses d'entour ledit Herment, comme *Croc, le Monteilh, Chaslus, Rocheffort, la Queulhe* font le guet esditz chasteaux chascun en son endroit et l'ont accoustumé de faire de toute ancienneté en a veu user et veoit de jour en jour en ditz chasteaulx et chastellenies, et que *depuis la pourte ancienne des murailles vieilles dudit Herment jusques à la pourte nove appelée du Four estant en la murailhe novelle dudit Herment, allant de droit en droit de l'une en l'autre, a de distance et d'espace environ quarante brasses et autant a de distance du pourtail vieil, qui est à l'endroit de la porte appelée de Giat jusques à ycelle porte.* »

« *Pierre Charmain*, du lieu de Farges, en la paroisse de Sainct-Germain, serviteur du seigneur de Tessonières et de presant demourant avec ledit seigneur audit lieu de Tessonières, éagé de cinquante ans ou environ, dit que ycelluy chastel d'Erment est chasteau fort avec signes de place forte, comme *foussés à l'entour, trois pont-levis et autres enseignements de place forte* ; dit plus que ladicte ville d'Herment n'est point parachevée destre clouse de murailhe car *en une partie devers la pourte de Giat icelle murailhe est tumbée en deux ou trois endroits qu'il y a,* lesquoulx il ne scet autrement declerer et en d'autres parts est imparfaicte et non parachevée et y a audict endroit la où ladicte murailhe n'est point perfecte du palis de boix en lieu de murailhe et que contient environ trente brasses ou toyses à l'endroit dudit chastel du cousté d'occident, auquel endroit ne vist jamais murailhe ; dit plus, responsif des 12ᵉ et 22ᵉ articles qu'*il a ouyt dire luy estant jeune enfant que le feu seigneur de Tourene qui par lors estoit avoit pris ladite ville et ledict chasteau d'Erment, mais la façon comment il ne scet,* ne aussy combien de temps il la tint et dit qu'il ouyt dire aussi, mais a queulx il ne luy en recourde que Monseigneur le duc de Bourbonnois et d'Auvergne, qui lors estoit fit prandre et mectre a sa main ladite ville d'Erment mais la façon comment aussy il ne scet, ne combien de temps il la tint ; *dit plus que laditte ville d'Erment a esté amoindrie bien de la tierce partie, ainsy que luy semble,* car autrement n'en saurait déppouser sans la mesurer, depuis que la muraille nouvelle a este accommencée et faicte en l'estat qu'elle est de présent, dedans le circuit des murailles anciennes, car *de une murailhe à autre, à l'endroit des pourtes desdictes murailhes nouvelles appellées du Four, de Giat, a de distance environ quarante brasses ou toyses.* »

Le terrier du chapitre en 1485 permet de suivre l'aspect que présentaient les murailles de la ville. Il parle du *vieux fossé (fossatum antiquum)*, c'est-à-dire de celui qui défendait la grande enceinte ; du *fossé neuf (fossatum novum)* ou de celui qui fut creusé en 1435 ; de l'*ancienne ville (villa vetera Hermenci)*, c'est-à-dire de celle qui se trouvait en-dehors des nouvelles murailles ; de la *nouvelle ville (villa nova Hermenci)* ou de celle renfermée dans les murs construits en 1435.

Jehan de Vernyes, dans ses *Mémoires* adressés au roi Henri IV en 1588, énumère les 52 villes de la Basse-Auvergne qui étaient alors fortifiées : Ce sont d'abord les 13 bonnes villes : Clermont, Riom, Montferrand, Billom, Issoire, Saint-Germain-Lembron, Brioude, Auzon, Ebreuil, Aigueperse, Saint-Pourçain, Cusset et Langeac ; viennent ensuite : Beaumont, Cébazat, Royat, Nohannent, Gerzat, Saint-Amand, Pont-du-Château, Saint-Saturnin, Lempde, Pontgibaud, Ennezat, Combronde, Maringues, Lezoux, Courpière, Thiers, Vic-le-Comte, Ambert, Ardes, Sauxillanges, Arlant, Olliergue, Blesle, Vodable, Besse et Châteauneuf; il ajoute qu'il ne se rappelle des autres. Quant à Herment, on voit dans les mêmes mémoires que cette ville *commande à la montagne*.

Les murailles d'Herment, abandonnées à elles-mêmes, disparurent au milieu du XVII° siècle ; leurs tours, leurs créneaux, leurs portes, leurs meurtrières devinrent inutiles ; la politique de Richelieu portait le dernier coup à la féodalité expirante en ordonnant, en 1633, la destruction des châteaux de Nonette, Montpensier, Usson, Vertaison, etc.

Herment, qualifié ville pendant tout le Moyen-Age. La charte de confirmation de la donation du comte Robert en 1157 (v. p. 55), écrite en basse latinité, appelle *ville d'Herment* (*villa de Hermenco*), le lieu qui fait le sujet de ce travail. Au XIII° siècle, tous les actes latins portent *villa Hermenci* : au XIV°, lorsque apparaissent les premiers documents rédigés en français, nous lisons toujours *ville d'Herment*. Cette qualification, Herment la doit à ses murailles, à sa commune et à sa baronnie. Déjà, sous le règne de Saint-Louis, l'Auvergne avait ses 13 bonnes villes ; nous venons de les faire connaître. « On donnait alors ce nom, dit M. Bergier dans ses savantes *Recherches sur les Etats-Généraux*, aux *villes closes*, qui avec leur municipalité avaient aussi leurs milices, et qui, chargées de leur propre défense, ne reconnaissaient d'autre protecteur que le roi. » Ajoutons que les bonnes villes avaient seules l'immense avantage de nommer les députés aux Etats-Généraux du Royaume. Le *Plat-pays*, qui comprenait toutes les villes, bourgs et villages non privilégiés, était dans une infériorité réelle Aux Etats de 1356, on voit néanmoins les députés de Pont-du-Château ; à ceux de 1357, on les retrouve avec ceux de Sauxillanges et d'Herment ; il y a apparence que ces trois villes étaient alors mises au rang des bonnes villes, c'est l'avis de M. Bergier, car il est certain, dit-il, que l'on n'appelait aucune communauté du Plat-pays, mais seulement les *bonnes villes* (1).

En 1576, l'Auvergne fut convoquée aux Etats de Blois ; les principales villes du *Plat-pays* se choisirent des représentants qu'elles y déléguèrent, malgré l'ancien usage. Grande fut la réclame, les députés lésés s'élevèrent hautement contre l'ancien système. Les prétentions furent vivement débattues de part et d'autres ; elles ne devaient cesser que douze ans après. Un arrêt du Conseil d'Etat du 28 novembre 1588, ordonna qu'aux 13 *bonnes villes* il en serait ajouté 6 autres « *choisies tant des villes dudit Plat-pays que des bons bourg d'iceluy, composés de corps communs et consulat, lesquelles dites villes de nouveau mises et incorporées seront pour la première fois présentées et nommées par les gens dudit Plat-pays, et assisteront, selon l'ancienne coustume, chaque année au département des deniers royaux, trois députés de tout le corps les uns après les autres de trois ans en trois ans.* »

Herment fait partie des 6 bonnes villes agrégées. Trois des six villes agrégées aux treize bonnes villes de la Basse-Auvergne devaient être renouvelées à la révolution de chaque triennal ; celles qui parurent aux Etats-Généraux de Paris en 1614, Etats dans lesquels un clermontois justement célèbre, *Jean Savaron*, porta sa parole éloquente, sont : Herment, représenté par son premier consul, *Louis Chermartin*; Latour, la Chaise-Dieu, le Pont-du-Château, Thiers et Arlant.

En terminant cet article, notre remarque portera sur ce point : Besse, La Tour, Pontgibaud et Herment sont les seules localités de nos montagnes que le Moyen Age décore du titre de ville Rochefort fut toujours le *bourg de Rochefort* (*pagus de Rupeforti*); Pontaumur (*Le Pontaumeurs* en 1500), était un hameau composé de huit feux en 1570 ; son accroissement date de la route départementale créée au commencement du siècle ; nous en dirons autant de Bourg-

---

(1) En 1486, les consuls d'Herment, réclamant les privilèges de leurs foires et marchés, disaient qu'ils en jouissaient de toute ancienneté, *comme les autres bonnes villes d'Auvergne*, ce qu'appuie l'opinion de M. Bergier.

Lastic; au XIII° siècle, ce lieu est appelé *Le Bourg* (*el Burg*) ; c'était un très-petit fief dépendant de la terre de Préchonnet ; dès le XVI° siècle, on voit que le village de Lastic avait permis à son voisin de se servir de son nom. Tauves (*Talva*), que le *Cartulaire de Sauxillanges* mentionne au XI° siècle avec un couvent de bénédictins, ne fut jamais qu'une seigneurie de second ordre, relevant de la châtellenie de Granges.

Population d'Herment. A en juger par la surface comprise dans l'enceinte du comte Robert, Herment n'avait guère moins de 1,000 habitants au XII° siècle ; ce chiffre paraît d'autant plus probable que l'on sait qu'à cette distance éloignée le *bourgeois* n'habitait que les villes closes ; c'était d'elles qu'il tenait son titre, ce que Ducange n'oublie pas de spécifier dans son *Glossarium* : *Burgensis* voulait dire habitant d'une ville fortifiée. Le *vilain*, considéré comme peu de chose, abandonnait la campagne dès que sa position le lui permettait. Aux champs, la dîme et les corvées l'accablaient ; à la ville, les franchises, les priviléges l'exonéraient de mille servitudes ; il devenait *marchand*, puis *bourgeois*. J'ai lu un grand nombre d'actes donnant la qualification de *marchand-bourgeois*. Le XIII° siècle est l'âge d'or de notre ville ; on y trouve force bourgeois, force marchands, voire même force *manants* ; c'est ce que relate le titre de fondation du chapitre en 1232 : « *Locus ille tam viris quam mulieribus habundabat* » ; la ville avait alors son château, seize chanoines, son archiprêtré, sa commune, ses consuls, son hôpital et sa confrairie des marchands ; la grande enceinte de murailles, entreprise à cette époque, devait contenir près de 3,000 habitants. En 1466, lors de l'enquête pour le *guet et guarde* du château, deux témoins déclarent que « *d'ancienneté icelle ville d'Herment soloit estre près si grande et de si grant estendue come est la cité de Clermont en Auvergne* ». Nous voyons, par un ancien dessin du héraut d'armes *Guillaume Revel* (1), que la *cité de Clermont* occupait alors tout le haut du plateau sur lequel elle est située ; elle était loin d'offrir une population et une surface bâtie analogues à celles de nos jours. La déposition du témoin n'a donc rien d'exagéré. On a, du reste, une idée de l'aspect imposant que présentait Herment aux XIII° et XIV° siècles, quand on sait que la ville était alors percée de quatre portes donnant entrée dans les quartiers qui leur répondaient : les *quartiers de Giat* et de *Saint-Germain*, réduits à quelques habitations ; le *quartier de la Queuille*, complétement détruit ; le *quartier du Marchedial*, qui ne conserve plus que la *rue de la Fontaine*. La *grand'rue*, qu'un terrier de 1485 appelle la *grande charrière* (*magna carriera*), était deux fois plus longue que de nos jours ; commençant à la porte de la Queuille, près du pré Patry, elle s'étendait jusqu'à la porte de Giat, à côté de la chapelle de Notre-Dame de Bonne-Nouvelle. Des colonnes, des chapiteaux, des fondements de construction que chaque jour on retrouve enfouis sous terre, attestent l'ancienne splendeur de la ville d'Herment.

En 1550, notre ville comptait 140 feux (environ 800 habitants) ; en 1764, 104 ; aujourd'hui, elle en compte 120, avec une population de 550 habitants environ. Ces chiffres, qui attestent la décadence, sont le résultat des guerres anglaises du XIV° siècle, et des luttes religieuses du XVI°.

(1) Voir l'*Armorial du Bourbonnais, Auvergne et Forez*. Biblioth. Impériale ; Ms. sur vélin n° 289C

GUERRES DES ANGLAIS

AUX XIVᵉ ET XVᵉ SIÈCLES

Prifes de Sermur & de Villelume (1357). — Prife d'Herment (1370). — Prifes de Chaluffet & de Chavanon (1379); de Ventadour (1379). — Prife d'Herment par Geoffroy Tête-Noire (1383). — Siéges de Saint-Jacques d'Amburs, de Trafcros & de la Roche-Sannadoire par Louis II, duc de Bourbon (1385). — Siége de la Roche-Vendeix par Robert de Béthune, vicomte de Meaux (1390). — Mort d'Aymerigot Marchès (1390). — Siége d'Herment par Louis de Bofredon (1407). — Les Anglais sont chaffés d'Herment par Pierre de Beaufort, vicomte de Turenne, & Hugues de Bofredon (1431).

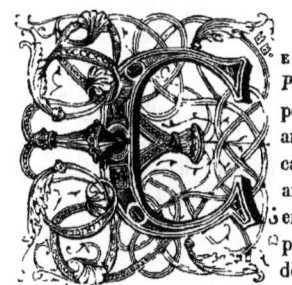

E fut à la suite de la triste journée de Poitiers, en 1356, que le *Prince Noir*, cet intrépide fils d'Edouard III, roi d'Angleterre, pénétra en Auvergne par le Limousin, à la tête de l'armée anglaise. *Jean Chandos* et *Mandonet Badafol*, deux terribles capitaines, faisaient partie de l'expédition. Quelques bandes anglaises s'emparèrent du château-fort de Sermur (Creuse) en 1357. Chaque jour, descendant dans la plaine, elles pillaient et *mettaient tout à feu et à sang*, selon l'expression des Etats de la province. C'est dans une de leurs sorties que disparut le manoir de Villelume (1); l'antique race qui l'habitait vint se réfugier dans sa terre de Barmontet, près de notre ville.

---

(1) Près de Mérinchal (Creuse), à peu de distance de Sermur.

Herment souffrit beaucoup de l'invasion anglaise en 1370. Cinq ans après (en 1375), le roi Charles V lui accorda une exemption de taille pendant cinq ans pour relever ses murailles *(Archives de l'Empire)*. Ici nous aurons recours à Froissard (1), qui nous fait le tableau le plus navrant de nos montagnes. Tous les détails suivants sont extraits de ses intéressantes *Chroniques*. A cette époque désastreuse, une foule d'aventuriers limousins, connus sous le nom de routiers, se disant les sujets de l'Angleterre, à cause de la Guyenne, profitèrent de l'anarchie et des désordres intérieurs pour se livrer à toutes sortes de brigandages. A leur tête étaient des capitaines, dont la ruse et l'audace surprennent autant que la noble origine à laquelle la plupart appartenaient. Parmi ces capitaines, nous remarquons le célèbre *Aymerigot Marchès*, gentilhomme du Limousin (2), qui exerçait sur eux une certaine prépondérance. S'étant emparé, en 1379, du château-fort de Chalusset (3), à peu de distance de Bourg-Lastic, il courait de là dans tous les environs, enlevant les châteaux et y plaçant ses capitaines, tous plus ou moins redoutables : le *bâtard anglais*, le *bâtard de Carlat*, le *gascon Raymond de Sors* et *Perrot-le-Béarnais* ; ce dernier fit son quartier-général de Chalusset ; un autre détenait le château de Chavanon, à quelques kilomètres de Chalusset (4). La même année (1379), le capitaine breton *Geoffroy Tête-Noire*, (en patois *Geoffry Testa-Nera*), homme austère et cruel « ne faisant compte d'occire un homme non plus qu'une bête » (FROISSARD), se dirigea vers le château de Ventadour (Corrèze) ; c'était une place réputée imprenable, mais dont le seigneur *Bernard de Ventadour* était déjà vieux et infirme. Geoffroy s'en rendit maître par la trahison du gardien *Pons du Bois*, auquel il compta la somme de 6,000 livres tournois (30,000 fr.). Grande fut la stupeur. Les Anglais de Ventadour portèrent au loin la dévastation. « *Quand ès garnisons assembloient, ils pouvoient estre cinq ou six cents lances, et courroient toute la terre au comte Dauphin qui leur étoit voisine et nul ne leur alloit au devant tant qu'ils fussent ensemble.* » (FROISSARD).

Le 26 septembre 1380, dans les « ordonnances faites en l'assemblée des trois Estats, tenus à Clermont sur l'imposition de 2 florins par feu pour la garde du pays, » on remarque le passage suivant : « *Item fut ordonné par les dessus dits que oudit nombre de cent hommes d'armes et trente arbalestriers les quarante hommes d'armes demeureront ès frontières d'Herment, de la Tour et ès autres parties nécessaires, et seront capitaines Géraud Gourdonnetz et Perrotin Bochard* » (5). Malgré les précautions prises par la province, malgré la vigilance de *Perrotin Bochard*, Herment fut la proie des routiers au commencement de septembre 1383 ; ils avaient à leur tête le capitaine *Geoffroy Tête-Noire*. Nous lisons dans un des registres des délibérations consulaires de Montferrand : « *Ledit jour* (8 septembre 1383) *fut payé à Etienne de Pontgibaud, lequel nous porta lectre clause à Perroto Bochard, lequel était à la Queuilhe, de part* (de la part) *madame la capitaine qui lui mandait toutes nouvelles des Anglais que l'on disait qu'ils avoient pris Herment.* » La prise de 1383 coûta cher à notre ville ; les Anglais l'occupèrent un certain temps ; avant de l'abandonner, ils rasèrent jusqu'aux fondements les belles murailles élevées dans le XIII° siècle ; la plupart des habitations subirent le même sort. Durand Collanges expose

---

(1) Les *Chroniques de sire Jean Froissard*, publiées en 3 vol. in-8° en 1837.
(2) Il était fils d'*Aymeric Marchès*, chevalier, seigneur de Chaslus-Marchès et de Noblac, et de *Marguerite d'Ussel*.
(3) Chalusset, dépendance de Préchonnet, appartenait alors à *Géraud de Rochefort*, chevalier.
(4) Chavanon, situé sur les bords de la rivière de même nom. On y montre le gouffre *deu Angly*, où la tradition rapporte que plusieurs routiers furent précipités.
(5) Celui-ci était seigneur de Charboudèche, près d'Egurande.

dans sa déposition de 1466 « *qu'il a ouy dire à ses prédécesseurs et entre autres à sa feue grand mère, mère que fut quand vivoit de sa mère, qu'elle avait ouy dire à ses feuz père et mère : quand les Anglais prirent ladicte ville d'Erment et desruirent et abattirent les dittes murailles, à présent anciennes, ils occuparent et tindrent ladicte ville aucun* (quelque) *temps.* » (V. page 117.) Une tradition a conservé le nom du *capitaine Noir,* qui n'est autre que *Geoffroy ;* elle rapporte qu'il prit la ville d'Herment.

En 1385, le capitaine *Robert Channel* tenait le château de la Roche-Sanadoire, près de Rochefort, avec 300 hommes d'armes. Le duc Louis II de Bourbon parut en Auvergne, appelé au secours de la province par le duc de Berry. Sur son passage, il s'empara d'*Embeurs (Saint-Jacques d'Ambùrs),* où il y avait 80 combattants. Il prit ensuite, *par fort assaut,* la forteresse de *la Rochebriant* qui *moult est forte place,* dit Christine de Pisan dans la vie de Charles V ; de là il se rendit à *Tracot* (Trascros, près de Gelles), château occupé par *Gourdinot Saint-Angel* et 16 hommes d'armes. Il arriva à la tombée de la nuit, somma la garnison de se rendre, sous peine d'être pendue ; elle se rendit le lendemain. Charles découvrit dans ce repaire plus de 200 marcs d'argent dont la moitié en vases sacrés que ces brigands avaient dérobé à toutes les églises du pays ; en poursuivant son itinéraire, il se trouva bientôt en face de la Roche-Sannadoire. Tous les seigneurs d'Auvergne furent mandés pour faire le siége de la place ; bientôt arrivèrent : le *dauphin d'Auvergne,* le *baron de la Tour,* le *sire de Montravel, Giraud de la Queuille,* seigneur du lieu, un des meilleurs hommes d'armes de la province, le *sire de Montmorin,* vaillant chevalier, le *sire de la Fayette.* « *Messires,* dit le duc à cette noble assemblée, *j'ai délivré plusieurs châteaux, mais il y en a un qui est surtout la place du pays. Quatre vingts capitaines y sont renfermés avec trois cents hommes d'armes, place imprenable, si ce n'est par la grâce de Dieu.* — « *Monseigneur,* répondirent les chevaliers, *vous nous requérez de ce que nous devrions vous demander à mains jointes. Cette place de la Roche-Sanadoire est, en effet, la ruine de l'Auvergne ; il n'y aura nulle tranquilité pour le pays tant que ce repaire subsistera.* » (1). Le siége de la Roche-Sannadoire fut poursuivi avec vigueur pendant trois semaines. Enfin, le duc de Bourbon, après des efforts inouïs, parvint à planter son pennon sur les murs du château. *Channel, Olim Barbe* et *Richard Cœdo,* fils du maire de Londres, se soumirent à discrétion. Louis II, pour remercier Dieu de son triomphe, se rendit en pélerinage à Orcival et suspendit son pennon devant l'image vénérée de la Vierge.

En 1387, Chalusset fut abandonné par *Perrot-le-Béarnais.* En 1389, *Geoffroy Tête-Noire* mourut au château de Ventadour ; cette forteresse fut prise la même année par les ordres du duc de Berry. *Aymerigot Marchès,* dont nous avons déjà parlé, s'empara du fort de la Roche-Vendeix, près de Murat-le-Quaire. En 1390, le roi et le duc de Berry envoyèrent en Auvergne *Robert de Béthune,* vicomte de Meaux, lequel, arrivé à Notre-Dame d'Orcival, donna rendez-vous à tous les chevaliers auvergnats. D'Orcival à la Roche-Vendeix le trajet n'est pas long ; bientôt 400 lances et plus de 120 arbalêtriers parurent devant Aymérigot ; ce pillard, obligé de sortir du château, en confia la garde à *Guyot d'Ussel,* son oncle, dont l'imprudence fut cause de la prise de la place, après neuf semaines de siége. Lorsque Aymérigot apprit cette nouvelle, il résolut d'aller demander asile à *Jean de Tournemire,* son cousin-germain, lequel, sans égard aux liens du sang, le livra au roi de France. Le pauvre Aymérigot fut écartelé et ses membres cloués aux quatre principales portes de Paris.

(1) *Tableau historique de l'Auvergne durant l'invasion anglaise,* par Mazure, p 294.

En 1407, les Anglais détenaient notre ville. *Louis de Bosredon*, capitaine de gens d'armes, le même qui devint baron de cette terre en 1408, « *conquesta Herment*, » selon l'expression de l'enquête de 1466. (V. page 113.)

En 1431, les bandes anglaises étaient encore dans cette ville. *Pierre de Beaufort*, *vicomte de Turenne*, secondé par Hugues de Bosredon, descendit pour toujours le léopard anglais dans la plaine. Ses troupes séjournèrent trois mois à Herment; au bout de ce temps, le duc Jean de Bourbon le requit de lui rendre la place, que Charles, son fils, ne remit au baron *Hugues de Bosredon* qu'en 1444. (V. page 117.)

La Praguerie. — Ligue du Bien-Public. — En 1440, pendant la guerre civile de la Praguerie, Herment suivit le parti du duc de Bourbon, son suzerain, au détriment de la cause royale. Riom était le centre d'action des princes révoltés, en tête desquels figurait Louis Dauphin (plus tard Louis XI), et Charles, duc de Bourbonnais et d'Auvergne. Celui-ci vint soulever les habitants de notre ville et détruisit le château de Barmontet, dont les seigneurs *Claude* et *Jean de Villelume* n'avaient pas voulu tremper dans la conspiration (1).

En 1465, la ligue du *Bien public* trouva Herment bien disposé pour le roi Louis XI. Les consuls, pour éviter toute surprise, firent achever la clôture de leur ville du côté de l'occident, dans une espace d'environ 20 brasses, par une « *palissade en boix haulte d'environ une lance.* » (V. page 117.) Riom était encore le foyer de l'insurrection en Auvergne. On y remarquait, parmi le parti ligueur, Monseigneur *Jean, duc de Bourbon; Jacques, duc de Nemours; Jacques, comte d'Armagnac;* le seigneur *d'Albret* et d'autres grands personnages. Louis XI vint assiéger la ville avec 24,000 hommes ; les princes qui la commandaient se rendirent en promettant, *sous peine d'être excommuniés*, d'être fidèles à Sa Majesté.

Le 24 octobre 1472, les consuls d'Herment étaient indécis s'ils devaient faire le guet au château, au sujet des luttes entre la France, les ducs de Bourgogne et de Bretagne. *Jehan Vergnette*, notaire à Crocq, leur délivra un certificat au nom de *noble homme Rollant Vincent* « capitaine et garde audit chastel et ville de Croc pour noble et puissante *Jacquette du Peschin*, dame du lieu, » attestant « pour vray que iceulx habitans de la châtellenie de Croc ny les habitans de ladite ville ne faisoient aucun gueyt ne garde audit chastel ne ville de Croc *delpuis l'an que monseigneur d'Armagnat* (2) passa par le païs que peut avoir sext ans ou entour. » *Gilbert Mangot*, notaire du duc de Bourbon, châtellain pour *Bertrand de la Chassaigne*, chevalier, seigneur de Cisternes, donna à la même époque un certificat analogue.

En 1481, Herment figure avec 10 principales villes d'Auvergne (Clermont, Montferrand, Riom, Aigueperse, Billom, Thiers, Courpière, Issoire, Pontgibaud et Saint-Germain-Lembron) pour contribuer à la somme de 500 écus d'or destinée aux *ménages* devant habiter la ville de *Franchise* (Arras), que le roi Louis XI voulait repeupler d'étrangers après l'avoir détruite complétement.

---

(1) Audigier *(Hist. d'Auvergne)*, indique à tort ce fait en 1435.

(2) Jacques d'Armagnac, duc de Nemours, l'un des seigneurs qui avaient formé la ligue du *Bien-Public* en 1465. Il mourut de la manière la plus atroce en 1477, victime de la vengeance du roi Louis XI.

GUERRES RELIGIEUSES DU XVIᵉ SIÈCLE

Prife de la ville d'Herment par les Religionnaires en 1588 ; par les Ligueurs, commandés par Gafpard Le Loup, feigneur de Préchonnet & de Montfand, en 1592. — Prifes de 1597-1604. — Alarmes de 1617-1619.

ENDANT les guerres religieuses du XVIᵉ siècle, la ville d'Herment a été prise tour à tour par les *Huguenots*, appelés aussi *Religionnaires*, et les *Ligueurs*. Ceux-ci voulaient soutenir la féodalité expirante ; ceux-là fournir des prosélytes à la secte de Luther et de Calvin. Les discussions produisirent les plus funestes résultats et ensanglantèrent la France. Les premières semences de division furent jetées en Auvergne en 1540 ; elles y crûrent rapidement, malgré les rigueurs dont on les menaçait. *Jean Brugière*, né au bourg de Fernoël, receveur des cens du seigneur, fut condamné, le 3 mars 1547, à être brûlé vif à cause de ses manifestations ardentes pour la religion réformée.

Une bande huguenote surprit Herment en 1562 ; c'est ce qu'atteste une date placée à droite de la porte principale de l'église. Cette même année, nous voyons le couvent des Cordeliers de la Celette, près de Bourg-Lastic, occupé à transférer chez un seigneur du voisinage ses vases sacrés et ses archives, dans la crainte d'un pillage prochain. En l'an 1578, le fameux capitaine Merle escalada les murailles de la ville ; une date, placée sur l'église, à côté de celle de 1562, rappelle cette expédition.

Les Religionnaires firent une levée subite de boucliers en 1588, à la suite des dissensions survenues entre Riom et Clermont, au sujet de l'établissement d'un Parlement dans l'une de ces deux villes. Au mois d'octobre, Herment fut pris par eux (CHABROL). Nous laisserons parler M. Imberdis (1) : « Herment, petite ville fortifiée, ancienne baronnie qui avait fait partie du comté d'Auvergne et tiré son nom du désert inculte où elle fut établie (*Eremus*), tomba en leur pouvoir (celui des Religionnaires). Ce fut pour eux un succès fructueux. La place, bâtie sur

(1) Voir aussi le regiftre des délibérations de la ville de Riom, année 1588.

des prismes de basaltes, était dominée par un ancien et très-fort château ; des courses journalières permettaient de butiner jusqu'en vue de Clermont ; des correspondances aisées avec d'autres forteresses à faible distance laissaient concerter des plans d'attaque secrètement sur des lieux dégarnis de catholiques, et, par des marches rapides, des contremarches calculées, des espions semaient l'alarme là où une garnison ne songeait pas à se diriger. Il arriva que plusieurs surprises de nuit réussirent. Des succès de ce genre étaient accompagnés des excès ordinaires à ces grossiers et avides soldats, de sorte que deux ou trois bandes huguenotes firent trembler la contrée » (1). Nous ajouterons que cette prise fut faite par une nuit sombre. La tradition qui relate qu'*Herment fut pris en dormant* se rapporte à ce succès des Huguenots.

En 1589, Henri III, rappelant au comte de Randon (*Jean-Louis de la Rochefoucauld*), gouverneur d'Auvergne, ses lettres du 6 novembre 1588, qui lui laissaient tout pouvoir pour mettre telle garnison qu'il jugerait convenable dans les villes et châteaux les plus exposés aux ravages des Huguenots, le gouverneur prescrivit une compagnie de 60 soldats à Herment et une de 40 à Crocq, *à cause des relations avec le Limousin et la Marche*. (*Hist. des Guerres religieuses*, p. 391.)

En 1590, *Charles d'Apchon*, baron d'Herment, qui tenait pour le parti d'Henri IV, fut tué dans son château de Tournoëlle en repoussant les Ligueurs (23 avril). Le 21 octobre de la même année « *des garnisons ennemies* » (2) faisaient du château de Feydet, près de Giat, leur quartier-général. Le notaire chargé de rédiger l'inventaire du château de Chaslus ne voulut pas se transporter à Saint-Avit craignant d'être arrêté.

Dans la première semaine de novembre (3) 1592, Herment passe au pouvoir des Ligueurs. Un gentilhomme du voisinage, un chaud ligueur, *Gaspard Le Loup*, chevalier, seigneur de Montfand et de Préchonnet (4), que les Royalistes avaient assiégé dans sa ville de Blanzat le 24 septembre 1590, rassembla promptement des bandes de paysans, armés de fourches, de faulx, de bâtons, plutôt que d'arquebuses, et vint résolument mettre le siége devant les murailles de de notre ville. Un procès-verbal du temps raconte que Montfand s'apprêtait à faire brûler vif le bailli *Louis Chermartin*, qu'il avait enfermé dans le coffre des archives communales, lorsque les habitants de la ville délivrèrent le malheureux prisonnier. Il paraît que Gaspard projetait de conserver notre ville, car, immédiatement après cette victoire, il se hâta d'écrire à Riom, qui tenait aussi pour le parti ligueur, lui faisant savoir que les ennemis (les Royalistes) n'avaient laissé, en se retirant d'Herment, ni provisions de bouche, ni munitions de guerre, et qu'ils étaient dans l'intention d'assiéger de nouveau la ville ; les consuls riomois s'empressèrent de lui adresser deux quintaux de poudre et 6 arquebuses (5). Les *Etats* de la province lui accordèrent 12,000 livres pour abandonner Herment ; c'est ce que nous lisons dans les *Mémoires du président Jehan de Vernyes*, écrits en 1593. Parmi les moyens qu'il

---

(1) *Hist. des Guerres religieuses en Auvergne.*

(2) Des Religionnaires.

(3) Avant le 6.

(4) Plus connu sous le nom de *Montfand*. Il était gentilhomme de la chambre du roi Henri IV, chevalier de son ordre, fils de Blain Le Loup, seigneur de Préchonnet, de Pierrebrune, d'Egurande, et de Péronnelle de Côbazat, dame de Blanzat. Parmi ses possessions, nous remarquons : Le Ronzet, Boisset, la Garde-Ferradure, le Cheval-Blanc, Commeaux, Corne, Puy-Lavèze, Messeix et Chavanon en partie. Son épouse, Charlotte de Beaufort-Montboissier-Canillac, le rendit père d'Anne Le Loup, dame de Préchonnet, mariée en 1608 à *Gilbert-Allyre IV, de Langeac*, seigneur de Dallet.

(5) Registre de délibération de la ville de Riom ; année 1592.

donne à Henri IV pour réduire à son obéissance tous les seigneurs auvergnats, partisans de la Ligue, « *il faudrait*, dit-il, *parler à tous ces grands, qui regardent l'honneur plus qu'à l'argent, hormis Montfan, qui est le plus brave guerrier de la Limagne et est nécessiteux. Le pays lui avoit accordé douze mille livres en rendant la ville d'Herment, qui commande à la montagne et à la Limagne. cela se pourra faire encore sans charger les finances.* » Avant de quitter Herment, Gaspard Le Loup, craignant la reprise de cette ville, avait incendié le château et démantelé ses tours. C'est ainsi que l'œuvre du comte Robert disparaissait après 452 ans d'existence, victime des dissensions de l'époque. Les chroniques disent que Gaspard s'empara ensuite du Port-Dieu, en Limousin; elles le font échouer devant la ville d'Ussel, qui lui montra ses habitants bien décidés à se défendre (1).

En 1593, il y avait cinq partis formés dans la province : le *parti Royal*, le *parti du Maine*, le *parti de Nemours*, le *parti de Valois* et celui d'*Espagne*. Billom, Langeac, Ebreuil, Saint-Germain-Lembron, Courpières, Herment, Ennezat, Olliergues, la Chaize-Dieu, la Tour et Sauxillanges tenait pour le duc du Maine, dont le but était de peupler Paris, la Champagne, la Bourgogne et l'Auvergne d'ennemis d'Henri IV (2).

La ville d'Herment fut prise en 1597. L'enquête de 1604, que nous donnons plus loin, ne nous dit pas par quel parti. Il est probable que ce fut par les Ligueurs. Dans notre *Histoire de la Maison de Bosredon* (page 36), nous avons écrit par erreur que cette prise de 1597 était l'œuvre des Protestants; nous avons ajouté que ceux-ci avaient brisé les cloches de l'église et emporté les vases sacrés, les ornements sacerdotaux. Ce fait doit être rapporté à la prise de 1588 et non à celle de 1597.

Les prises de 1588, 1592 et 1597 furent des plus désastreuses au chapitre de notre ville. C'est ce qui reste consigné dans un de ses registres capitulaires. Pour faire face à la dette de 600 livres tournois (3,080 f. d'aujourd'hui) qu'il fut forcé de contracter pour la refonte des trois cloches de l'église, brisées par les Huguenots, et pour l'achat de nouveaux calices et d'autres ornements religieux, il dut vendre, sous peine de se voir exproprier, les rentes seigneuriales qu'il percevait sur le village des Poulx, paroisse de Verneugheol. *Pierre de Besse*, doyen, s'en rendit adjudicataire au prix de 260 livres tournois. La pièce suivante nous relate ces détails, avec le style naïf, mais toujours expressif de l'époque :

PROCÈS-VERBAL DES PRISES DE LA VILLE D'HERMENT PENDANT LES GUERRES RELIGIEUSES (1604).

 tous ceux qui verront ces présantes, *Jean de Pierrefitte*, seigneur de Bosredon, trésorier général de France, garde et tenant le scel royal establi aux contrats de Riom en Auvergne, pour le roy nostre sire et *Ierosme Mangot*, lieutenant général au bailhage d'Hermant pour la dame dudit lieu (Lucrèce de Gadagne), salut : de

---

(1) Henri IV, à son avènement au trône, en 1594, accorda des lettres de sauvegarde à Gaspard Le Loup « pour ce qu'il avait fait durant les troubles dans les villes d'*Herment* et de *Lezoux*, réduites par son moyen à l'obéissance du roi ». (*Ordonnances manuscrites*, p. 174, verso.)

(2) Imberdis. *Hist. des Guerres religieuses*, p. 497

la partie du vénérable chapitre de l'église collégiale Nostre-Dame d'Herment par l'organe de vénérables personnes messires *Jean Aulmosnier, Anthoine Civadon, Annet Aubier, Anthoine Bonnour, Pierre Gaudet* et *Michel Aubert*, chanoines de ladite église nous a été rapporté estre tous notoire *l'an mil cinq cents quatre vingt et huit la ville d'Hermant avoir esté prinse ruinée et mise au sac par ceulx de la prétendue Religion réformée ;* tous les calices et aultres ornements de ladite église pilhés et emportés et *après l'expulsion d'iceulx* furent lesdits du chapitre contraints avoir d'autres ornemans pour plus de deux cents livres. Oultre ce, *l'an mil cinq cents quatre vingt et douze y eust deux autres prinses et reprinses de ladite ville* qui auroient ruiné lesdits du chapitre ou la plupart d'iceulx ; de plus auroient esté contraints lesdits sieurs du chapitre de refondre les trois grandes cloches de ladite église rompues tant par lesdits de ladite supposée Religion que *aultre prinse et inconvenians survenus l'an mil cinq cents quatre vingt dix sept* qui leur coustèrent plus de six cents livres, oultre quelques cent cinquante livres qui furent contribuées par les consuls et particuliers habitans de ladite ville, et *une ruine première menant l'ancienne,* le clocher de l'orloge de ladite église tumba entièrement sur icelle qui rompis tous les tuiles ou plus grande partie d'iceulx ; et de ladite chute par intervalle de temps, le mardy de la Pentecôte dernier (1604) tumba une grande partie de la muraille de ladite églis e joiniant audit orloge, que lesdits du chapitre ont esté contraints de faire radouber, qui leur revient à plus de sept vingt livres, comprins vingt livres qu'ils ont employées en achat de tuille pour parfournir à ce qui avait été précedamment rompu ; davantage la grotte dudit orloge s'en allant par terre faute de couverture, qui eult causé la totale ruine de leurdite église, pour à ce obvier ont fourni trois cent livres, et plus leur a commencé à soustenir un procès contre messieurs du chapitre de l'église cathédrale Nostre-Dame de Clermont touchant quelque rente de quinze livres annuelles et droits honoraires contre lesdits exposants pretandus pardevant Monsieur le sénéchal d'Auvergne ou son lieutenant, ou, tant ledit procès a esté rentillé que par longue tixure de temps, ils auroient fait réduire ledit revenu à cinq livres et d'aultant fait décharger lesdits exposants et leurs successeurs ; les frais duquel procès leur reviennent à plus de soixante livres. Pour survenir à toutes lesquelles pertes et despend se seroient endetté de plus de six cent livres ; ce pour n'avoir moyen d'iceulx payer, les créanciers estoient d'intention de faire saizir tout le revenu desdits du chapitre même le temporel, lesquels n'ayant moyen à présant parfournir obstant leur pauvreté et ruines ci-devant par eux souffertes auroient advizé par délibération faite au chapitre d'exposer en vente soubz faculté de reniement de toutefois, la rente en tout droit de droits seigneuriaux qu'ils ont sur le village du Poux, en la paroisse de Verneugheol, consistant en sept sestiers de bled tiercés les deux tiers seigle et l'autre avoine, mesure d'Hermant, quarante sols et trois gelines paiable et pourtable chacun an au jour et feste saint Jullien au mois d'août audit Herment, comme appert par l'acte délibératoire du vingt septième septembre dernier pour se réduire d'une partie de leurs dettes contractées pour les affaires susdites et cette offre publié en plusieurs et divers lieux, ladite vente esdites conditions, à quoy nul n'auroit voulu entendre, si ce n'est venerable personne messire *Pierre de Besse*, docteur en théologie en l'université de Paris, doyen d'Hermant, lequel désirant la conservation des droits desdits du chapitre auroit offert leur bailher la somme de treize vingt livres et en leur vandant ladite rante, soubz ladite faculté redemptive. » — Ici les chanoines font appeler les quatre consuls : *Antoine Baudonnat, Jean Besso, Jean Arnauld-Joby, Antoine Ciestre ;* ils font aussi comparaître le maître maçon qui fut chargé de la reconstruction du clocher de l'horloge (*Pierre Bilhen,* demeurant chez Gailhot), *Jean* et *Pierre du Chier,* m^{es} couvreurs ; vénérable personne messire *Antoine Terrade*, curé de Saint-Germain, qui déclarent authentiques les prises de la ville, rapportées ci-dessus et la ruine du chapitre qui s'ensuivit, *plusieurs chanoines ayant même été fait prisonniers par les Huguenots*. La fin de l'acte se termine par la vente faite devant le notaire *Michel Aulmosnier*, au profit de Pierre de Besse, du village des Poulx. — « Fait le *vingt neufvième jour d'octobre mil six cent quatre*, avant midy (1). »

S'il faut en croire M. de Val de Saunade (2), la ville d'Herment aurait été prise par les Royalistes sur les Ligueurs à la fin de décembre 1611 ; voici dans quelles circonstances : Après la bataille d'Issoire, en 1590, les habitants de la ville de Clermont sollicitèrent le roi Henri IV d'envoyer *Charles de Valois*, duc d'Angoulême, comte d'Auvergne (3), « afin que sa présence dans notre province fit cesser plusieurs désordres et qu'il ordonnât la destruction de certains châteaux dans lesquels plusieurs nobles s'étaient fortifiés et commetaient sur les chemins et dans la campagne des brigandages affreux » (Dulaure, *Description de l'Auvergne*). Le comte d'Auvergne se rendit aux vœux des Clermontois. En 1604, nous le trouvons au château de Guimont (4), dont il ordonne la destruction ; à la fin de décembre 1611, il était à Chaslus, occupé à faire raser cette forteresse. Le seigneur de ce dernier château, *Claude Le Groing*, mort au siége d'Issoire en 1590, lieutenant d'une compagnie d'hommes d'armes du comte de Randan, était un grand ligueur. Un arrêt du Conseil d'Etat avait ordonné, en 1604, le rasement de son manoir (5). Charles de Valois dirigea la démolition du château-fort ; il était à Chaslus, le 26 décembre 1611, lorsqu'il écrivit à « *son bien affectioné amy* » *Clément de Nevrezé*, capitaine de 50 arquebusiers à pied, le priant de se trouver le lendemain à « Salvaniac, près d'Herment ». Les Ligueurs, au dire de M. de Saunade, détenaient notre ville. L'armée royale les dispersa pour la dernière fois. Après le départ du comte d'Auvergne, Herment redevenu paisible, n'eut plus qu'à déplorer ses malheurs. Son église, son hôpital, ses murailles surtout, étaient dans un état déplorable ; nous ne parlerons pas de son château, nous avons vu que *Gaspard Le Loup* l'avait incendié. Les consuls présentèrent une requête à Henri IV ; le roi leur accorda d'abord un droit d'octroi de *6 deniers par livre* sur le vin qui se vendait dans la ville, faveur qui fut ensuite spécialement affectée sur toutes les marchandises « *les grains et vivres exceptés* » ainsi que le dit la charte suivante :

LETTRES-PATENTES D'OCTROI ACCORDÉES A LA VILLE D'HERMENT PAR HENRI IV (1609)

Enry, par la grâce de Dieu roi de France et de Navarre, a nos amés féaulx les gens de nos comptes à Paris, cours des aydes à Montferrand, trésoriers généraux de France, establis en l'élection de Clermont, salut ; *nos bien amés les habitants de notre ville d'Herment*, en notre bas païs d'Auvergne, nous ont prié, requêté en notre

---

(1) Archives du chapitre d'Herment.
(2) *Dictionnaire des Châteaux d'Auvergne*, ms. de la biblioth. de Clermont.
(3) Le comté d'Auvergne lui fut donné en 1589.
(4) Près de Pontaumur.
(5) La tradition ajoute que ce fut en punition de ses nombreux pillages

conseil a ce qu'attendu qu'ils ne peuvent tirer aucune commodité de la permission que nous leur avons accordée de lever six deniers pour livres sur le vin qui sera vendu et consommé en laditte ville, pour ce qu'ils ne recueillent aucun vin au terroir et environ d'icelle *et qu'il n'y a pas quatre maisons qui en usent*, il nous plaise *pour leur donner moïen de remettre et restablir leurs murailles et autres œuvres publiqs qu'ont esté presque ruinés pendant les guerres dernières, mestre la couverture de leur église*, leur permettre de lever doresnavant par chacun an sur toutes sortes de denrées et marchandises qui se vendront et débiteront journellement tant aux foires que marchés de laditte ville *quatre deniers pour livres, les grains et vivres exceptés*, laquelle requette ayant fait voir en notre conseil ensemble l'*arrest donné en icelluy, le douzième jour de septembre d'icelle*, le tout cy attaché soubz le contre scel de notre chancellerie, nous désirant bien et favorablement traister lesdits habitants de l'advis de notre conseil et suivant l'arrest d'icelluy dont l'extrait est aussy cy attaché soubz notre contre scel avons aux susdits habitans de notre ville d'Herment promis, accordé, promettons, accordons et octroyons par ces présentes qu'ils puissent et leur soit loisible de lever recueillir doresnavant par chacun an, durant six années, quatre deniers pour livres sur toutes denrées et marchandises qui se vendront en icelle, excepté les grains et vivres, pour estre les deniers qui proviendront de ladite levée emploiés aux réparations des murailles, esglise et autres œuvres publiques de laditte ville et non ailleurs à la charge d'en compter par devant nos gens de nos comptes à Paris lesdites six années et d'en rapporter l'estat vérifié par vous trésorier général de France à nostre très cher cousin le duc de *Sully*, grand voyer de France. Cy vous mandons et ordonnons et a chacun de vous comme a luy appartiendra que du contenu ci aux présentes nos levées d'octroy que vous fassiez et souffriez laisser joyr et user pleinement et paisiblement lesdits habitants d'Herment, cessant et faisant cesser tout trouble empeschement aux contraire, contraignant et faisant contraindre au paiement dudit octroy tous ceulx qu'il appartiendra et qui pour seront à contraindre par la voie et contrainte accoustumés en tel cas. Car tel est notre plaisir. *Donné à Paris le vingt six^{me} jour de novembre l'an de grace* 1609, de notre règne le vingt huitième. (*Archives du chapitre d'Herment; liasse 4 ; cotte 5e*).

Les habitants d'Herment désignaient cet octroi sous le nom de *souchet*. Les lettres-patentes précédentes furent prorogées pour six autres années par le roi Louis XIII, le 20 janvier 1615.

En 1617, notre ville était dans un grand émoi, au sujet des mouvements suscités en France par quelques grands seigneurs. Le 15 mars 1617, *Jacques de Villelume*, seigneur de Barmontet, revenant de Clermont, prévint les consuls de la part des échevins « qu'un grand danger menaçoit le royaume ». Il fut ordonné que chaque habitant se muniroit d'armes et qu'on les examineroit ; que la garde de la ville serait faite à tour de rôle, selon l'ordre accoutumé ; que les chefs de maisons et autres assisteraient en personne avec leurs armes ; que les défaillants payeraient sur le champ 8 sous, pour en mettre un autre à leur place, que les consuls pourraient contraindre à la garde de la ville, attendu qu'elle était *la justiciable de la baronnie* ; qu'il serait mis 6 hommes à chaque porte ; qu'on ferait rentrer le produit du *souchet* et de *la gabelle* pour réparer les murailles et les mettre en bon état ; que ceux des habitants qui auraient des mousquets ou des arquebuses seraient munis chacun de 2 livres de poudre et de 2 livres de balles et de plombs, etc. Les troubles appréhendés en 1617 n'eurent aucune suite, mais les mêmes craintes reparurent en 1619 ; le 29 mars, sur le bruit que la ville est sur le point d'être surprise, le lieutenant du bailli, *Antoine Chassaing*, achète de la poudre et des balles pour 60 livres, et fait une distribution dans la ville. La délibération consulaire suivante complétera tous ces détails :

Délibération consulaire du 7 avril 1619, au sujet de la garde de la ville.

« *Aujourd'hui dimanche septiesme avril mil six cent dix-neuf*, à l'issue de la grand'messe de paroisse de ceste ville d'Herment assemblés au devant de l'église dudit lieu, *honorables hommes M*^{es} *Antoine Chassaing*, lieutenant de laditte ville, *François Ganyon, Gaspard Ganyon, Gaspard Besse, Annet Boyon, Jean Rauche, Antoine Haste*, pelaud, *Anthoine et Guillaume Ciestre, Blaise Rauzel, Pierre Rongier, André Villevauld, Loys Verny, François Bessière, Henry Menudel, Léonard Besse* et autres habitants de la présente ville, faisant le corps d'icelle et représentant, lesquels en parlant à honnorables hommes Mes *Henry Rocheffort, Gaspard Rauzel* et *Gaspard Bonnet*, trois des consuls de ladite ville, avec *M. de Barmontel*, capitaine d'icelle, leur ont dict et remonstré que dès le 29e jour de mars 1619 il fut délibéré et attesté que de l'argent qui est deubs sur les consuls des deux années dernières, provenant du souchet et gabelles, il serait employé aux réparations de ladite ville présentement, à quoi ils adhèrent et que d'ailleurs on pourvoirait aux aultres affaires urgentes et nécessaires ; et attendu que nous sommes à un grand bruit de guerre et que plusieurs villes circonvoisines se font bonne garde, vu le danger que on craint et qu'il ne tiennent compte de pourvoir au fait de leur charge, même de faire fermer les portes de la ville la nuit et *abattre les grilles*, ni de faire faire aulcune garde, qu'il est urgent de faire pourvoir aux réparations de ladite ville, attendu les troubles et affaires urgents où sont lesdits consuls de satisfaire ce que dessus et au devoirs de leur charge et le tout conformément aux actes délibératoires. (Ici les consuls s'excusent de n'avoir pas agi plus tôt, alléguant que leurs prédécesseurs n'avaient encore rendu aucun compte et ne leur avaient pas remis les clefs et *les chaines des portes de la ville*). Et après vespres puissant seigneur messire *Jacques de Villelume*, capitaine de ladite ville, s'est presanté aux consuls et habitants de ladite ville et a fait presentement faire donner aux a present consuls *les chaines et les 4 clefs des portes de la ville*, lesquels lesdits consuls ont reçu sans préjudice du surplus et de plus le seigneur capitaine leur a remontré avoir eu plusieurs advis que cette ville est menacée de surprise par l'entremise d'aulcuns (de plusieurs) qui se mettent en armes et se mettent en campagne sans le commandement du roi, ce qui est à présupposer que c'est contre le service de sa majesté *que si il arrivait que laditte ville fut surprise serait un préjudice notable au service de sa majesté et une grande ruine d toute la province*; pourquoi il est besoin de faire la garde d'icelle aujourd'hui comme ledit sieur capitaine dès à present enjoint commandement ausdits consuls et habitants *de mettre bon ordre les rolles et escadres des quatre quartiers de la ville* et de nommer en *chacun quartier dit escadre*, un des habitants qu'ils verront estre plus ydoine et capable de la dite charge, auquel qu'il sera nommé et enjoint à tous les habitants avoir obéissance et se ranger chacun en son escadre et quartier, prendre fil à la garde de leur rang et ordre ainsi qu'il sera advizé chacun à son rang sous peine contre les defaillants d'être mucté (mis) à l'amende de 20 sols (4 f. 40), qui seront exécutés sur le champ par *le corporal* du conseil de ladite escadre pour être employés au salaire d'un qui sera mis en sa place et pour ce estant au défaut de fournir lesdits vingt sols sera prins des gages qui seront vendus sur le champ, lequel corporal sans autre forme, attendu qu'il s'agit du service du roi et un fait militaire du bien public et conservation particulière de laditte ville et d'autant que les précédentes grilles sont rompues et en mauvais estat, attendu qu'elles sont faites et accomodées, *seront les grilles abattues* dès ce soir et pour la commodité de la foire qui sera le jour de demain en sera seulement ouverte une desdites portes qui sera celle du *Marchidial* à laquelle sera laissé garde suffisante pour prendre garde à ceux qui entreront et sourtiront de ladite ville, à savoir la moitié de l'escadre qui fera garde cette nuit jusqu'à midi et le reste jusqu'au soir, et a esté accordé le bois et chandelles qui sera employé par lesdits consuls, sera payé en ligne de compte et feront lesdits consuls faire faire les échelles nécessaires pour garnir les tours et portes et pour les réparations seront faites promptement aux termes du précédent acte. Les defaillants qui n'ont armes seront exécutés promptement et à ce faire ce sont lesdits consuls et habitants obligés à l'entretien. Fait ce que dessus. Signé : *Barmontet, Rocheffort, Chassaing, Gaignon, Ganion, Rauzel, Besse, Johannel, Civadon, Bonnet, Arnauld, Besse, Mangot.* » (1).

Tous ces préparatifs furent inutiles. Ces dangers, qui se dissipèrent rapidement, furent les derniers jusqu'en 1793 ; alors de nouvelles agitations se manifestèrent ; il ne s'agissait plus de prise d'assaut ; c'est de l'histoire contemporaine. Herment vit le clocher de son église tomber sous le marteau révolutionnaire, ses chanoines obligés de se soustraire à la fureur des temps, sa chapelle de N. D. de Bonne-Nouvelle convertie en salle de danse, sa charte de commune et ses archives, précieux jalons de son histoire, dévorés dans le bucher allumé le 17 novembre 1793, devant la grande porte de l'église, par le maître d'école *Cussac*, de triste mémoire !...

(1) Chapitre d'Herment : liasse Ire ; registre de délibérations consulaires.

ANCIENNE ADMINISTRATION CIVILE

LE CONSULAT ET LES FRANCHISES D'HERMENT.

N parcourant l'histoire de nos villes du Moyen-Age on se laisse facilement convaincre qu'un des articles les plus intéressants est celui de l'établissement de leur commune. L'époque précise où les habitants d'Herment commencèrent à se réunir en commune (*communium, communitas*) n'est pas connue, mais il est plus que probable que ce fut au milieu du XIIe siècle. Lorsque le comte Robert eût fait élever le château et l'église, son intention étant de créer une ville féodale sur la petite montagne, objet de ses prédilections, il dut accorder certains priviléges, afin d'attirer la population des campagnes autour des murailles de son manoir ; parmi ces priviléges figurait celui d'avoir des consuls ou défenseurs de ses droits (*consul* vient du latin *consulere*, veiller).

Dès 1265, une charte nous montre la ville d'Herment gouvernée par des *consuls* et constituée en commune *(communitas)*. Bien des villes de la France, considérables de nos jours, n'ont pas d'autre origine que celle d'un château-fort autour duquel le seigneur accorda différents priviléges. C'est généralement sous les règnes de Louis VI, Louis VII, Philippe-Auguste, Louis VIII et Saint-Louis (1106-1270) qu'apparaissent les communes, avec leurs *jurés*, dans le Nord, leurs *consuls*, dans le Midi. Le premier de ces rois a surtout été vanté comme « *le père des libertés communales* ». Au XVII° siècle, le *Tiers-Etat*, descendant des affranchis des siècles des croisades devait rivaliser avec la noblesse elle-même.

CHARTE DE COMMUNE ACCORDÉE EN 1267 PAR ERIC DE BEAUJEU.

Il appartenait à *Eric de Beaujeu*, maréchal de France, baron de notre ville, de compléter ce que le comte d'Auvergne, son prédécesseur, avait laissé d'imparfait. La commune d'Herment existait, il est vrai, dès 1265 ; elle possédait ses consuls, mais les priviléges, le réglement de la commune n'étaient pas rédigés sur parchemin. De part et d'autre on s'en rapportait à l'usage ; il n'y avait pas de *charte de commune*, en un mot. La population, devenue nombreuse, réclamait ses franchises et en demandait de nouvelles, se basant sur celles obtenues par les villes voisines. Le Maréchal se laissa vaincre facilement, autant pour suivre l'usage des temps que pour accroître l'importance de la capitale de sa baronnie. D'un autre côté, il trouvait l'occasion de puiser dans la caisse communale la somme nécessaire à son voyage en Terre-Sainte. Il fit donc rédiger *les franchises, libertés, usages et priviléges de la ville d'Herment* et les augmenta. Le tout fut « *escrit et octroyé le dimanche avant la Toussaint au mois d'octobre* 1267 » (1). La charte de commune accordée par Eric ne nous est pas parvenue, mais voici quelques-uns de ses articles :

---

(1) Il est bon de remarquer que la croisade avait été décidée le 25 mai 1267, quelques mois avant la rédaction de cette charte de commune. Il n'est pas douteux qu'Héric de Beaujeu accorda cette charte pour se procurer une partie de la somme nécessaire à son prochain voyage contre les infidèles

1° Le châtellain du seigneur sera obligé de prêter serment aux consuls toutes les fois qu'il voudra tenir ses *assises* (ses audiences).

2° Tous les héritages placés au-dessous de la ville seront situés en *franchise*, c'est-à-dire qu'ils ne payeront aucune redevance seigneuriale. (Ces franchises sont limitées par une ligne partant du domaine de chez Bourassat, se dirigeant chez Bohet, de chez Bohet à Laussepied ; de Laussepied au Puy-Vidal ; du Puy Vidal aux Imbauld ; des Imbauld au domaine de chez Parry ; de chez Parry au bois du Boucarleix ; et de ce bois revenant au domaine de chez Bourassat.) Des actes du XVII° siècle rapportent que tel héritage est *franc, quitte et allodial de tous cens et charges, pour être situé en franchise*. Cette surface privilégiée a traversé les âges jusqu'en 1793.

3° Le droit appelé *Leyde*, que le seigneur prélève sur les grains qui se vendent sous la halle, sera d'une coupe par setier ; mais pour les *forains* (les étrangers) seulement, car les habitants de la ville en seront exemptés.

4° Les *Quatre cas* (1) sont fixés à 300 livres tournois.

5° Le seigneur abandonne à la ville des *communaux, fraux, pâchers* ; celle-ci en retour s'engage à lui payer une rente de 50 livres tournois en cens mort (2).

6° Le pain et le vin, qui se vendront dans la ville, seront taxés par les consuls et le seigneur.

7° Le vendeur sera tenu de payer les *lods et ventes* au seigneur directe et non l'acheteur. Cet article et celui qui le précède figurent dans les *Coûtumes d'Auvergne*. Chabrol observe que la disposition de ce 7° article est contraire aux usages de la province et forme une dérogation aux droits communs — Les terriers et les actes notariés nous apprennent que ce droit de lods et ventes payé au seigneur atteignait dans notre ville le *tiers-deniers*, c'est-à-dire le tiers du prix de la vente ; tel était aussi l'usage dans presque toutes nos montagnes. On juge par là de quel précieux avantage jouissait tout ce que l'on appelait *la franchise d'Herment*. (Voir ci-dessus).

Différentes transactions entre les consuls et le baron apprennent que Montferrand, Herment (Puy-de-Dôme) et Bellegarde (Creuse) possédaient à peu de chose près les mêmes priviléges (3). On n'est pas étonné que Montferrand et Herment aient eu presque les mêmes priviléges, lorsqu'on sait que *Louis de Beaujeu*, qui accorda ceux de la première ville en 1290, était neveu d'Eric, dont nous venons de parler.

---

(1) Redevance due : 1° lorsque le seigneur va visiter les lieux saints ; 2° lorsqu'il est fait prisonnier de guerre ; 3° lorsqu'il marie sa fille aînée ; 4° lorsqu'il est fait chevalier.

(2) Voici quels sont les communaux que la ville possède depuis la concession d'Eric de Beaujeu en 1267 : 1° les *fraux du Consulat (frauaha Consulatus)*, ainsi appelés dans un terrier de 1485 ; ils entourent le village de Chadaux de toutes parts ; 2° Les *fraux* dits *de la Foudèche*, près du village du même nom ; 3° les *communaux du Puy de Balmail* (del Puech de Balmail), appelés actuellement *communaux de chez Parry*. Le baron Guillaume de Bosredon eut un long procès avec les consuls. Il prétendait qu'en sa qualité de *seigneur justicier de la ville d'Herment, juridiction et justice d'icelle*, il avait droit auxdits communaux de Balmail et pouvait y couper *les arbres, gorsses ou buissons* qui y croissaient ; les consuls répondaient comme propriétaires du tréfonds « *quin quod plantatur servitur vel nascitur solo cedit* » et que les *privilèges, usages et coûtumes* dudit lieu ne permettaient pas au seigneur de tenir communs héritages en sa main fussent de *mortaille* (*) ou vaquants si non par an et jour et si aucune mortaille lui arrivait ou s'il achetait aucuns héritages de la ville, il serait contraint de le vendre et mectre hors de sa main passé an et jour » Le samedi 7 août 1456, une sentence

(*) Ce droit consistait en ce que si un homme ou sujet du seigneur mourait *sans confession*, le seigneur s'emparait de tous ses biens meubles.

LES CONSULS

ES consuls *(consules)*, ces braves défenseurs des priviléges de notre ville, qui, pendant l'espace de cinq siècles et demi, l'ont gouvernée avec un zèle, une loyauté, une sagesse au-dessus de tout éloge mériteraient de longues pages. Ne les voit-on pas tantôt sur les murailles, à la tête des habitants, repoussant l'Anglais ou le Protestant, tantôt faisant réparer l'église, l'hôpital, la chapelle ? Ici, ils répartissent la taille avec une justice admirable ; là, ils luttent contre le seigneur au sujet de leurs franchises et de leurs communaux. Ils sont partout. Certes, la féodalité eut ses erreurs, ses tyrans, mais quelle est donc l'institution humaine qui, à la longue, ne dégénère pas ? Le Moyen-Age avait d'admirables institutions, en tête desquelles il faut placer la commune.

Les consuls étaient au nombre de quatre. Leur élection avait lieu chaque année à la Saint-Jean-Baptiste (24 juin). Tel était l'usage observé au XIII° siècle et même en 1476. C'était d'ailleurs celui de plusieurs autres villes d'Auvergne. Vers la fin du XVI° siècle, les élections se firent à la Noël (25 décembre), innovation qui persista jusqu'en 1789. Nous trouvons, dans une délibération de 1616, les formalités d'usage pour les élections : Un *sonneur de trompe* passait dans tous *les faubourgs et quartiers de la ville,* pour inviter *les bourgeois, les marchands et autres gens notables* à se réunir *au son de la cloche.* La maison commune ayant été incendiée par les Protestants dans le XVI° siècle, le conseil se rassemblait ordinairement devant la grande porte de l'église, au devant de la maison du bailli ou celle de son lieutenant, plus fréquemment encore dans la chapelle de Notre-Dame de Bonne-Nouvelle. Le choix devait tomber sur deux habitants âgés que l'on nommait *les vieux consuls,* et sur deux jeunes habitants que l'on appelait *les jeunes consuls.* Les élus, *selon la coustume,* recevaient comme gage de leur triomphe *une corone ou chapeau de fleurs.* Les consuls, quelque temps après leur réception, devaient prêter serment de fidélité au seigneur ou en son absence au châtellain. Chaque nouveau seigneur devait à son tour jurer sur les saints Evangiles de maintenir la charte de 1267.

---

de la sénéchaussée de Riom termina les débats. Les consuls furent maintenus dans les propriétés des communaux de Balmail ainsi limités : « assis et situés en la paroisse de Sauvagnat, confrontant a la voye commune alant d'Erment au pont de Vailmaign (le pont de Gomas) d'une partie, la rivière de Vailmaign d'autre part, les terres du village de Chamarleix (chez Mosneron) d'autre partie, les terres du mas de Chantemerle d'autre partie, et les terres des Rambaulx d'autre partie. » — Pendant les guerres religieuses du XVI° siècle, la ville afferma une partie de ses communaux aux villages de Chadaux et de la Foudèche. Les consuls, en qualité de seigneurs de leurs communaux, payèrent en 1616 le droit de *franc-fief* qui se monta à 174 livres tournois.

(3) Les priviléges de Montferrand ont été publiés dans les *Tablettes Historiques de l'Auvergne.*

PROCÈS-VERBAL DE PRESTATION DE SERMENT DE FIDÉLITÉ DES CONSULS AU SEIGNEUR D'HERMENT (1476)

A tous ceulx qui ces presentes verront, *Anthoine du Puy*, seigneur dudit lieu et de *Chabreughol*, escuyer descuyerie du Roy notre sire et tenent le scel royal establiy aux contraicts à Montferrand en Auvergne par le Roy nostre dit sire, *salut : Savoir faisons* que pardevant nos amés *Léonard de Noizat* et *Pierre Dubois*, notaires jurés dudit scel auxquels quant a recevoir le contenu en ces dittes presentes avons commis et comettons nos forces et pouvoirs, se sont comparus, congrégiés et assemblés en leurs personnes *dedans le chastel d'Herment* en et *dans la salle dudit chastel* maistre *Guillaume Rocheffort*, notaire, *Jehan Gaignière* et *Marsal Jarnage*, consuls de la ville derment, lesquels ont dit et exposé à *noble homme Anthoine de Villenove, maistre doustel* de haut et puissant seigneur messire *Guillaume de Bosredon*, chevalier, seigneur et baron derment que ils sont tenus a chacune feste de sainct Jehan Baptiste de mectre quatre consuls nouveaulx pour le fait et gouvernement de laditte ville derment et qu'ils avoient choisy pour consuls pour ceste presente année *Guilhot Rogier, Blardon Aubert, Arnoton Geymond* et *Anthoine Villevault* et que estoit de coustume fere le serment audict seigneur derment et a ceste cause les ont presentés audit seigneur derment pour faire ledit serment et par ledit de la Villenove leur a esté dit que son dict maistre lui avoit envoyé procuration pour la reception dudit serment et qu'il estoit prest de recevoir ledict serment de laquelle procuration la teneur est cy dessoubs escripte et ce fait lesdits *Guilhot Rogier, Blardon Aubert, Arnoton Geymond* et *Anthoine Villevault*, consuls de ladicte ville *ont juré aux sainctes evangiles de Dieu en la manière qui s'ensuyt : C'est assavoir ont juré lesdicts consuls de bien et leaument garder les biens et honneurs de mondict seigneur derment comme bons vrays et loyaux subgets et exercer l'office de consulat de ladite ville garder à leur pouvoir les droits dycelle et tenir et observer a mondict seigneur derment les franchises, libertés, usages et priviléges escripts et octroyés le dimanche avant la Toussaincts au moys d'octobre l'an mil deux cent soixante et sept, par feu messire Heret de Beaujeu, lors seigneur derment et despuis confirmés par feuz les prédecesseurs seigneurs derment sans les enfraindre et de faire touttes et chascunes les choses que bons vrays et loyaux subgets sont tenus de faire à leur seigneur et que a office de consulat appartient* et ce ont promis et juré dont et duquel serment ledict comparant par ledit chevalier a requis instament ausdits notaires en la présence de maistre *Antoine Brunel*, procureur-dudit chevalier, *Anthoine Arnauld*, clerc dicelle ville, *Jehan Morin*, *Claude Villevault*, *Jehan Aubert-Faure*, *Thomas Rogier* et *Guillaume Yver*, receveur dudit chevalier, ausquels notaires et a leur dicte relation avons adjousté et par ces presentes adjoustons plainière foy et pour plus grande fermeté avons fait mectre et apposer ledit scel royal que nous tenons a ces presentes. La teneur de la procuration est telle : *Guillaume, seigneur de Bosredon, du chastel, ville, terre et baronnie derment, chevalier, conseiller, chambellan du roy nostre sire*, a tous ceulx qui ces présentes verront salut, savoir faisons que comme par arrest de la court de parlement a Paris les consulz de nostre ville derment aient esté entre autres chouses condempnés par arrest de ladicte cour pronuncé le *septiesme de septembre mil quatre cent soixante-douze* a nous faire ou à nos officiers et commis en lieu de nous a chascune nouvelle citation et institution desdicts consuls soit d'an en an ou autrement, le serment de fidelité pour lequel arrest mectre a exécution *Monsieur maistre Jehan Bouchard*, conseiller du roi nostre sire en ladicte court de parlement et commissaire d'icelluy seigneur quant à ce soit venu en nostre ville derment et parties ouyes ordonne le serment nous estre faict en la fourme et manière qui s'ensuit : *Les consuls derment seront tenus de bien et loyautment garder le bien et honneur de Monsieur d'Herment, comme bons vrays et loyaulx subgetz et exercer l'office de consulat de laditte ville garder à leur pouvoir les droitz d'icelle et tenir et observer a mondict seigneur derment les franchises, libertés, usaiges et priviléges escripts et octroyés le dimenche avant la Toussaint, au moys d'octobre l'an mil deux cens soixante et sept, par feu messire Heret de Beaujeu lors seigneur derment et despuis confermés par feu ses prédécesseurs, seigneurs derment, sans les enfraindre et de faire toutes et chascunes les choses que bons et vrays et loyaulx subgetz sont tenus de faire à leur seigneur et qui à office de consulat appartient* et pour ce que nous sommes de présent occupé en aucuns affaires à Paris et que bonnement ne pourrions vacquer a recevoir ledit serment en personne, nous confians à plain des feuz, loyaultez, prudhomies et bonne diligence de *messire Jehan Rolland*, chevalier, seigneur de Thiz et *gouverneur de nostre baronnie derment*, *Philibert de Murat*, escuier, seigneur de Taissonnières, *Loys de Marfons*, capitaine et chastellain dudit Herment et *Anthoine de Villenove*, escuier, seigneur dudit lieu et chescung d'eulx iceulx de nostre bon gré, franche et libérale voulonté avons fait constitué et ordonné et par ces présentes faisons, constituons et ordonnons nos procureurs et commis quant a recevoir par l'ung d'eulx ledit serment de fidélité, lieu et nom de nous en leur donnant faculté et pouvoir de bailler quictance de la reception dudict serment selon la forme que dessus et laquelle reception et quictance ainsy baillée par nosdicts procureurs ou l'un deulx ausdicts consuls nous promectons par nostre foy avoir et tenir agréable tout ainsi que si presens eussions esté, jassoit ce que la chose requière mandement plus espécial et promectons par nostre dicte foy comme dessus avoir agréable ferme et estable à toujours tout ce que par nosdicts procureurs ou l'un d'eulx sera fait et procuré de et sur ledit serment et choses dessus dicte et chascune dycelles et ce soubz obligations de nos biens meubles et immeubles presens et advenir en tesmoing desquelles choses dessus dictes nous avons fait mectre a ces presentes nostre propre *scel de secret*. *Donné à Paris le quinziesme jour de juing l'an mil quatre cent soixante et seize*. Fait et donné soubs ledit scel, *le jour de monsieur saint Eloy vingt et sixième jour de juin, l'an mil quatre cent soixante et seize*. Signé : *L. de Noizat* et *P. du Boys*. Ainsi soit rendu audit chevalier. »

Les consuls prélevaient *la taille* ou l'impôt de la paroisse, géraient les affaires de la ville, avaient la garde des murs, des portes, des fossés, des vacants, des rues, etc. Ils sont qualifiés *domini consules* (seigneurs consuls) en 1485, et postéricurement à cette date *honorables hommes*.

Scel de la Commune ou du Consulat. — Armoiries de la ville. Un acte de vente de l'an 1265 reçoit l'empreinte du *scel de la commune d'Herment* (*sigillum communitatis villæ Hermenci*). La disparition de cette empreinte est fort regrettable. Je n'ai pas été plus heureux en rencontrant d'autres parchemins. En 1398-1410, je trouve la mention du *scel et contre-scel du consulat ;* en 1514, je lis que *le sceau du consulat* (*sigillum consulatus*) fut apposé ; ce dernier scel était *circulaire*.

Les *armes de la ville d'Herment* ont été de ma part l'objet de minutieuses recherches. J'avais d'abord cru les reconnaître sur un petit scel servant au bailli d'Herment, *Henri Arnauld*, en 1538-1540, me basant sur ce que le bailli de la ville de Clermont apposait en 1537 les armes de Clermont sur les sentences émanant de son autorité ; j'avais pensé que l'écusson du scel en question, chargé d'une barque portant une lettre H, désignait Herment ; la barque faisant allusion au commerce de cette ville ; la lettre H abrégé du mot Herment. J'ai remarqué depuis que cette lettre H était la première du prénom de notre bailli (*Henri*) ; la barque fait un jeu de mot avec le mot latin *nauta* (pilote, matelot), qui rappelle la dernière syllabe de son nom patronymique. Ce scel est donc personnel au bailli. J'ai dû rechercher ailleurs le blason d'Herment. Je l'ai trouvé sur un fragment du jubé de l'église de notre ville, jubé qui datait de la fin du XVe siècle. Trois écussons y sont représentés au-dessous d'une Notre-Dame de Pitié : Au milieu celui du chapitre, de chaque côté de celui-ci le blason de la famille Bouyon et les armes de la ville d'Herment. Ces dernières offrent : *une porte de ville munie de sa herse et entr'ouverte au milieu d'une muraille crénelée ; en chef une fleur de lys accostée de deux étoiles.* Ce sont des *armes parlantes* : la herse fait allusion à la première syllabe du mot Herment ; la porte et la muraille crénelée désignent les fortifications de la ville ; la fleur de lys témoigne de la fidélité de ses habitants au roi de France ; les deux étoiles sont l'emblème de la renommée de la ville comme place de guerre. Le *scel du consulat* devait présenter la même disposition de pièces héraldiques, et le *contre-scel* une fleur de lys. Ces écussons rappellent évidemment l'union du chapitre et de la ville pour élever le jubé de l'église.

LISTE DES CONSULS D'HERMENT

1265.

Bernard Robert.
Guillaume Girbert.
Hugues Despessac.
Pierre de Rochefort.

1330.

Jean Fage-Brunel.
Durand Granet.
Etienne de Rochefort.
Pierre de Messes.

1394.

Guillaume Algut.
Guillaume Malinel.
Jean Moulin.
Pierre Talhefer.

1397.

Guillaume Robert.
Etienne Audebrant.
Pierre Boyer.
Jean Relueyr.

1398.

Jehan Alarit.
Jehan Pontgibaut.
Etienne Rogier.
Robert Charensat.

1399.

Jean Civadon.
Etienne Blanchier.
Adrien Peret.
Jean Faugières.

1410.

Durand Blanchier.
Simon Villevaud.
Pierre Hayraud.
Jean du Ronzet.

1411.

Etienne Moliner.
Pierre Bassin.
Etienne Rogier.
Jean Garita.

1418.

Jean Aubert.

1428.

Jean Aubert.

1431.

Guillaume Geymond.

1444.

Beneyton de Rochefort.

1449.

Durand Bauduy.
Michel de Fuyas.
Jacques Battut.
Jean Bonnore.

1454.

Michel Laurençon.
Durand Daumas.
Arnoton de Lucarel.
Johan Daumas.

1456.

Jean FARGEIX.
Aubert JOHANNEL.
Berengier FARMONT.

1460.

Michel LAURENÇON.
Pierre JOHANNEL.

1466.

Durand BAUDUY, bourgeois.
Arnouton GEYMOND.
Michel BLANCHIER, dit *Farines*.
Berengier FARMONT.

1467.

Antoine ARNAULD, notaire.
Durand BAUDUY.

1472.

Guillaume ROCHEFORT, notaire.
Arnoton GAIGNON.
Jehan ARNAULD, dit *Morin*.
Antoine GANNIARD, dit *Gasnière*.

1473.

Jean ROYET.

1475.

Mr Guillaume ROCHEFORT.
Jean GAIGNIÈRE.
Martial JARNAGE.

1476.

Guilhot ROGIER.
Blardon AUBERT.
Arnoton GEYMOND.
Antoine VILLEVAULT.

1477.

Durand BAUDUY.
Michel DE FRESSANGES, notaire.
Jacques BATTUT.
Jehan SINIORET.

1478.

Arnouton DE LUCAREL.
Jean DE RODEMONT.
Guillaume GAIGNON.
Jean BARRET.

1480.

Durand BAUDUY.

1486.

Michel ARNAULD, notaire.
Ligier DE LUCAREL.
Jean DE RODEMONT.
Jean VERNY, dit *Cain*.

1504.

Durand BAUDUY.
Gabriel CHEVALINES.
Antoine ROGIER.
Michel JOHANNEL.

1508.

Christophe BAUDUY.
Gabriel ROGIER.
Annet BATTUT.
Michel ROCHEFORT.

1509.

Gabriel ROGIER.
Antoine GEYMOND.
Jean BLANCHIER.
Jean FERRAND.

1512.

Gabriel ROGIER.
Pierre ARNAULD.
Michel CHALAMEL.
Antoine FORESTIER.

1513.

Arnauton GEYMOND.
Jean MATHIEU, notaire.
Martin DE LA VAL.
Jean BLANCHIER.

1514.

Christophe BAUDUY, marchand.
Gabriel ROGIER.
Annet BATTUT.
Michel ROCHEFORT.

1516.

Martin DE LA VAL.
Guillaume FARGEIX, l'aîné.
Michel HASTE, boucher.

1517.

Michel ROULLET.
Henri PAYRES.
Andrieu VILLEFEULH.
Annet BATTUT.

1518.

Michel ARNAULD.
Antoine MESSEYS, notaire.
Jehan DE SAINTE-GUARIE.
Grégoire VILLEVAULT.

1519.

Martin DE LA VAL.
Guillaume FARGEIX, l'aîné.
Antoine ARNAULD.
Annet DE LUCAREL.

1520.

Blaise BONGIER.
Michel GAIGNÈRE.
Guillaume BAUDUY.

1531.

Louis JOHANNEL.
Annet HAYRAUD.
Louis NEYME.
Guillaume PAPON.

1559.

Annet MANGOT, notaire.
Jean BOUYON.
Martin BERTRAND, notaire.
Gervais BERGIER, notaire.

1560.

Jean LUCAREL.
Antoine MOREL.

1565.

Durand JOHANNEL.
Louis AMBERT.
Pierre GAGNON.
Marc VILLEVAULD.

1569.

Louis BAUDONNAT.
Durand JOHANNEL.
Guillaume ROCHEFORT.

1573.

Laurent BEAUNE, chirurgien.
Annet MANGOT, notaire.
François YVER.
François BESSE.

1583.

François YVER, proc. fiscal.
Marc VILLEVAULD.
Antoine VACHON.
Annet VEDRINE, l'aîné.

1591.

Antoine HASTE, *pelaud* (sic).

1592.

Pierre PELISSIER.
Antoine HASTE.
Louis HASTE.

1596.

Gaspard GAIGNON.
Jean BESSE, \
François BESSE, } frères.
Etienne BESSE, /

1597.

Henri ROCHEFORT, notaire.
Antoine MOSNERON.
Bonnet ARNAULD.

1599.

Michel AULMOSNIER, notaire.
Annet MALRAS.
Pierre BESSE.

1600.

Gabriel PEYRIÈRE.
Gabriel GAIGNON.
Hugues BERAL.
Gaspard GAIGNON.

1601.

Jean LERMET.
François LOGRE.
Guichard ARNAULD.
Antoine BOYER.

1604.

Antoine BAUDONNAT.

Jean BESSE.
Jean ARNAULD-JOBY.
Antoine CIESTRE.

1606.

Antoine JOHANNEL
Etienne MANGOT.

1608.

Jean BESSE, l'aîné.
Michel GANDEBŒUF.
Michel MARCHON.
Durand BOUYON.

1612.

Louis CHERMARTIN, notaire
Gaspard GAIGNON, bourgeois

1613.

Antoine CHASSAING, notaire
Durand BOUYON, bourgeois.
François CHASSAT
Guillaume CIESTRE.

1614.

Louis CHERMARTIN, député aux Etats provinciaux d'Auvergne.
Pierre BOSDEVEIX.
François GAIGNON.

1615.

Antoine HASTE.
Antoine TIXIER.
Michel BOYER.
François BESSIÈRE

1616.

Antoine CIESTRE.
Jean ARNAULD-JOBY, décédé dans ses fonctions, remplacé par Jean BESSE
Pierre LE PETIT.
Michel TERRAY.

1617.

Gaspard GAIGNON.
Jean THOMAS.
Gaspard BESSE.
Léonard BESSE.

1618.

François CIVADON, notaire.
Louis HASTE, *pelaud* (sic)
Henri ARNAULD, chirurgien.
Michel BESSIÈRE.

1619.

Henri ROCHEFORT.
Louis VERNY-PARRY.
Gaspard RAUZEL
Gaspard BONNET.

1620.

Antoine JOHANNEL, sellier.
Annet BOUYON, bourgeois.
Louis VERNY-PETHY.
Jean PEYRIÈRE.

1621.

Guichard HASTE.
Guillaume CATHERY.
Guillaume VERNY.
Gabriel PEYRIÈRE-BARLETON.

1622.

Antoine GUILLAUME.
Jean NANCRE.
Michel GAIGNON.
Annet LASCROTTAS.

1623.

François GAIGNON.
Pierre ARNAULD.
Johan RAUZEL.
Antoine JOHANNEL, sellier.

1624.

Jacques VILLEVAUD.
Jean BOYER.
André VILLEVAUD.
Jean LASCROTTAS.

1625.

Antoine CHASSAING, notaire.
François CHASSAT.
Michel CHASSAT.
Antoine BARRIER

1626.

Antoine MOSNERON.
Guillaume CIESTRE

Annet Haste.
Pierre Picauld.

1627.

Louis Chermartin, notaire.
Pierre Rongier.
Henri Menudel.
Jean Malras.

1628.

Jean Arnauld-Joby.
Antoine Haste-Pegier.
Michel Gandebœuf, notaire.
Jean Arnauld.

1629.

Les mêmes qu'en 1628.

1631.

Henri Arnauld.
Henri Menudel.
Antoine Menier.
Jean Boyer.

1632.

Jean Johannel.
Louis Chermartin.
Antoine Chassaing.
François Le Petit.

1633

Henri Arnauld.
Jean Besse.
Jean Boyer

1634

Guillaume Cathery.
Guichard Haste, marchand.

1637.

Henri Ganvaires
Blaise Peyrières.
Pierre Boyer.

1640.

Antoine Johannel.
Jean Ciestre
Jean Le Petit.
Pierre Le Petit.

1641

Gaspard Gaignon.
Henri Menudel.
Michel Amadon.
N. Besse.

1645.

Gaspard Gaignon
Henri Menudel.
Michel Amadon.

1646.

Toussaint Peyronnet, notaire.

1647.

Jacques Cathery.

1648.

Jean Johannel.
Antoine Johannel.
Jean Le Petit.
Jacques Cathery.

1649.

Jean Le Petit.
Pierre Boyer
Jacques Cathery.

1652.

Louis Rochefort, proc. fiscal.
Antoine Thomas.
Michel Amadon.

1654

François Rochefort.
Pierre Boyer.

1656.

Jean Gaignon.

1657.

Jean Le Petit.
Cathery Mompied.
Sébastien Fargeix
Guillaume Lucarel.

1658.

Pierre Le Petit.
Gaspard Verny, bourgeois.

1660.

Jean Johannel
Cathery Mompied.
Pierre des Eymards.

1661.

Gaspard Gaignon.
Henri Menudel, notaire.
Michel Civadon.

1662.

Guichard Lucarel.
Annet Lucarel
Antoine Bessière

1664.

Gaspard Verny, bourgeois
Imbert Mosneron.
Jean Gaignon.
Jean Le Petit.

1668.

Antoine Johannel.
Michel Gaignère.
Gabriel Verny.
Gabriel Terray.

1669.

Pierre Johannel.
Gabriel Gaignon.
N. Jalicon.

1670.

Jean de Lesclause.
Cathery Mompied.
Jean Johannel

1671.

Antoine Johannel.
Guichard Arnauld
François Rauzel.
Toussaint Haste.

1672.

Henri Bessiere.
Annet Besse.
Michel Bouyon, jeune.
Jean Peyrière

1674.

Jean Johannel, l'aîné.
Jean Thomas.
François Bessière.
Pierre Barnicaud.

1675.

François Rochefort.
Michel Villevaud.
Pierre Le Petit.
Antoine Conty.

1678.

Jean Ciestre.
Jean de Lesclause
François Mompied.
Pierre Ciestre

1680.

Pierre Johannel.
Annet Johannel.
Guichard Lucarel, père.
Antoine Lucarel, fils

1681.

Michel Bouyon, l'aîné.
François Rauzel.

1682.

Cathery Mompied.
François Mompied.
Pierre Barnicaud.
Antoine Lucarel.

1684.

Jacques Bessière
Jean Johannel.

1689.

François Rauzel.
François Mompied.
François Johannel.
Michel Domas.

1691.

Gabriel Menudel, notaire
Michel Bouyon, jeune.
Pierre Barnicaud.
Marien Andrieu.

1693.

Pierre Johannel.
Gervais Giraudon.
Gaspard Lucarel.
Jean Johannel.

1694.

Pierre Souchal.
Jacques Terrade.
François Giraudon.
Gabriel Ardot.

1696.

Antoine Conade.
Jean Battut.
Louis et Michel Verny.
Henri Verny.

1700.

Charles Dauphin.
Michel Domas.
Martial Barrier.
Pierre Boullée.

1701.

Jean de Lesclause.
Michel Villevaud.
Jean Peyrière.
Antoine Gabat.

1704.

Jean Bouyon, bourgeois.
Jean Arnauld.
Gaspard Verny.
Charles Dauphin

1705.

Jean Bouyon, bourgeois.
Jean de Lesclause

Gaspard Lucarel.
Jean Arnauld, notaire.

1706.

Michel Dauphin.
Jean Mège, chirurgien.

1707.

Henri Haste.

1711.

Michel Bouyon.
François Bouyon.
Louis Verny.
Michel Haste.

1713.

Michel Bouyon, jeune.
Henri Haste.
Gabriel Leblanc.

1715.

François Bouyon
Gaspard Verny, marchand.
Jean Dessaignes.

1717.

Jean de Lesclause, *syndic* (1).
Gaspard de Lesclause, fils de Jean.
Jean Arnauld, notaire
Gaspard Verny, marchand.

1718.

Henri Haste.
Gabriel Haste.
Antoine Verny.

1720.

Jean Mège, chirurgien
N. Verny.
Gaspard Verny, marchand
Jacques Porte, chirurgien.

1721.

Michel Bouyon

---

(1) Les syndics furent établis par édit de 1690 dans les petites villes ou il ne fut point créé d'office de *maire*. Leur charge s'acquérait moyennant finance.

1722

Jean MÈGE, chirurgien
Antoine SIMOND, jeune.
Michel TARDIF.

1724.

Jean JOHANNEL, bourgeois.
Jacques PORTE, chirurgien.
Gaspard BARNICAUD.

1725.

Gaspard VERNY, fils d'Henri.
Etienne DE NEUVILLE, boucher.
Noël BARRIER, cardeur à laine.
N. DE LESCLAUSE.

1726.

N DE LESCLAUSE.
N. VERNY

1727.

Louis HASTE.
Pierre JOHANNEL.

1729.

Gaspard LUCAREL.

1738.

François VERNY, boucher.
Henri et Gabriel HASTE, bouchers.
François BOUYON, dit *la France*, hôte.
Georges et Antoine PORTE, père et fils.

1739.

Joseph BOURRAND.
Jean JOHANNEL.
Antoine TARDIF.

1740.

Annet HUGON, aubergiste.
Joseph BOURRAND
Jean JOHANNEL, sellier.
Antoine TARDIF.

1741.

Etienne BOURRAND, greffier.
Jean BATTUT et son fils Jean.
Marien FARGEIX, voiturier.
Gabriel COATY, voiturier.

1742

Louis VERNY, fils de Jean

Jean et Henri CIESTRE.
Gabriel CIESTRE
Annet CHADEYRON.

1743.

Michel BOUYON et son fils Michel
Jean HASTE, boucher.
Jean DELEGET, regretier.
Ligier SOUCHAL.

1745.

Annet JOHANNEL.
François VERNY.
Gabriel et Pierre HASTE, père et fils.
Guillaume ARNAULD, bourgeois.

1746.

Antoine DE NEUVILLE, boucher.
Jean PORTE, fils de Jacques.
Gaspard CIESTRE.
Noël BARRIER, cardeur à laine.

1748.

N VERNY.
N. BOURRAND.
N JOHANNEL.
N. BATTUT.

1749.

Jacques JOHANNEL, sellier
Jean FARGEIX, voiturier.
Louis PEYRIÈRE, cultivateur.

1754.

Antoine COHADE, hôte.
François et Gaspard VERNY
Jean CARVANIER, métayer
Louis VERNY, dit *Tauselman.*

1755.

Annet JOHANNEL, tailleur d'habits.
Henri HASTE, voiturier.
Gaspard CIESTRE.
Guillaume ARNAULD.

1758

Joseph et Annet BOURRAND.

1761

Pierre MEGE.
Gilbert HUGON.
Jean CARVANIER.

Annet CHADEYRON

1766.

Guillaume ARNAULD.
Pierre SERTILLANGES
Joseph et Annet BOURRAND.
Léonard et Michel LEBLANC.

1767.

Gabriel HASTE, père.
Jean HASTE, fils.

1768.

Jean BATTUT, marchand.
Annet DE NEUVILLE, boucher.
Marien CIESTRE, boucher

1770.

Nicolas JOHANNEL.
Annet et Etienne GUYONNET.
Jean VERNY, dit *Pacquet.*

1771.

François CIESTRE, boucher.
Michel VERNY, voiturier
Marien VERNY, maréchal-ferrant.

1775.

Guillaume BOUYON, notaire royal et
  bailli.
Jean-Marien PEYRONNET, notaire royal.
Antoine JOHANNEL, bourgeois
Barthelmy CHASSAING, chirurgien.

1776.

Gervais COLLANGES
Etienne JARRIER.
Annet VERNY, père.
Jacques VERNY, fils.

1782.

François CIESTRE.
Marien HASTE.
Antoine VERNY
Louis COUSTEIX, m^e d'école.

1784.

Guillaume BOUYON, est prorogé dans
  son office de *syndic* par délibération
  du 11 juin. (Il avait été nommé le
  17 septembre 1776).

Les institutions communales commencèrent à disparaître au commencement du XVe siècle ; elles furent définitivement supprimées par des édits royaux de la fin du XVIe. Les privilèges anéantis, les consuls conservèrent la police des rues, la garde des murailles, des portes, des fossés, le service du guet, la répartition de la taille (1) et quelques autres minces avantages. En 1790, les consuls furent remplacés par un *maire*. Le conseil de la commune existe encore ; au lieu d'être composé d'un nombre indéfini de membres, comme jadis, il est limité à 12 conseillers. L'administration municipale moderne a remplacé ce que l'on appelle l'*ancien régime*. En perdant ses franchises et ses consuls, Herment a reçu d'autres modifications. Les anciens dispensateurs de la ville étaient nommés par elle ; ils pouvaient répartir son budget comme bon leur semblait, sauf à en rendre compte. L'autorité supérieure choisit le maire et son adjoint ; le conseil municipal ne peut se réunir sans son autorisation et n'a pas le droit de voter cinq centimes sans permission préalable.

LUTTES DU BARON G. DE BOSREDON ET DE LA COMMUNE

(1459-1486)

On saisit facilement l'intérêt historique tout particulier qui s'attache aux luttes communales et seigneuriales quand on étudie sérieusement ces dissensions locales. C'est ici le cas de parler de celles des consuls et du baron d'Herment. Ces contestations remontent au refus fait par la ville de payer à son seigneur les 300 livres tournois légitimement dues pour son voyage à Jérusalem en 1459. D'autre part, l'enquête de 1466, au sujet du guet du château, enquête où plusieurs témoins se prononcent contre les consuls, n'avait pas peu contribué à irriter l'humeur du baron. Une vive lutte s'engagea en 1471.

(1) La taille d'Herment s'élevait à 298 livres tournois 14 s. en 1511 ; 4,935 livres tournois 15 s. 4 d. en 1638 ; 2,300 livres tournois en 1696 ; 1,130 livres tournois en 1723 ; 2,912 livres tournois en 1751.

Guillaume de Bosredon, oubliant l'œuvre d'*Eric de Beaujeu*, son prédécesseur, enfreignit la charte de 1267. Un jour, il lui prit fantaisie de faire creuser un large et profond fossé à travers le chemin public conduisant à la chapelle de Saint-Jean ; les consuls réclament, portent plainte à la sénéchaussée de Riom et obtiennent *certaines lettres* pour combler ce fossé. On se dirige vers la chapelle ; on se met à l'œuvre lorsque tout d'un coup plusieurs traits d'arbalète lancés du château, frappent mortellement l'un des ouvriers et en blessent grièvement un autre (1). La foule accourt, réclame à grands cris le serviteur du seigneur qui a commis cet acte audacieux ; elle est vigoureusement « reculée ». Les « malfaiteurs » reçoivent « chevaulx et arnois » de leur maître, pour s'évader avec plus de promptitude. *Pierre de Bourbon*, suzerain de la baronnie, instruit de ce fait, donne des ordres pour prendre information contre les fugitifs ; leurs biens sont sur le point d'être saisis. G. de Bosredon en appelle au parlement de Paris, qui envoie à Herment *Jean de Raulte*, président en la chambre des enquêtes, et *Jean Malingre*. Ceux-ci nomment *Léonard de Noizac* pour faire les « *productions, actiques et bulètes* » des témoins. Léonard s'entend avec Guillaume de Bosredon, fait connaître la déposition secrète des témoins et lui donne conseil pour sa réponse au parlement. Ce moyen procure gain de cause au seigneur. Cependant le roi trouve raisonnable de placer un juge royal à Herment dans ces circonstances. Il envoie *Pierre de la Porte*, qui meurt quelque temps après. G. de Bosredon « *trouve façon* » d'instituer à sa place *Antoine d'Harques*, ancien avocat de la commune, par conséquent initié à ses secrets. *Antoine de Bosredon*, abbé de Morimont, et Jean, son frère, lui donnent mille malices, mille conseils préjudiciables à la ville.

Une requête intitulée : « Instructions de Mémoires pour *Pierre Haste* et *Gabriel Johannel*, adjournés à comparoir en personne en la cour de parlement de Paris et aussi pour les consuls d'Herment : *Ligier de Lucarest*, *Jehan Rodemont*, *Jean Verny* dit *Caïn*, et autres habitans de lad. ville, adjournez simplement à la requête de messire *Guillaume de Bosredon*, chevalier, seigneur d'Herment, » contient toutes les doléances des consuls. Cette requête est si intéressante, elle pénètre d'une manière si intime dans la vie locale des habitants d'Herment à la fin du XVe siècle (en 1486), que nous la reproduisons textuellement en entier, afin de ne pas altérer le charme que procurent certaines phrases par leur naïveté :

« Et pour monstrer et entendre que lesdits adjournez à comparoir en personne et auts adjournez simplement ont esté adjournez en ladite court, lesquelz adjournez à comparoir en personne sont venus en ceste ville de *Paris* et so pour obeyr à lad. court lesquelz ont esté interoguez et revellez pas messrs maitres *Philippes des Plantes* et Mons. *de Feuilhaiz*, conseiller en ladite court sur les charges et informations faite, baillées contre eulx et leurs deppens et informacions veues par messieurs les gens du Roy.

Item, il est vray que lesdits acomparoir en psonne ont esté interroguez sur ce quilz ont avoient esté et recours à *Anthoine Malet* et *Jehan Charrier* eulx disans sergens de la justice derment ung nommé *Pierre Petit Boyer*, habitans de lad. ville.

Item, et combien que led. *Pierre Petit Boyer* soit ung home de bien, bien famé et bien renomé sans jamais avoir esté notoire ne convaincu d'aucun crime ne delit, lesd. sergens dessus nomez prindrent au corps led. *Boyer* en la place publique darment en le menant et treugnant villainement et comme ung laron et meurdrier jusques au *chastel darment* combien que led. *Boyer* fut appelant desdits sergents et officiers en protestant toujours des actemptaz.

---

(1) Celui qui fut tué s'appelait *Riberolles*. Le meurtrier, nommé *Durdelanges*, était serviteur d'Antoine de Bosredon, abbé de Morimond.

Item, or dient les adjournez que surce que led. sgr. darment les a voulu chagriner que en continuant la grant hayne et malice quil a constre tout lesd. habitans de avoir recours et osté ed. *Pierre Boyer* dentre les mains desd. sergens il ne sera pas seu ne trouve quelque chose que lesd. informacions portent faictes a la prise dicelluy seigneur *darmant* par ses gens, sergens et serviteurs de meslignes maulx famez et renomez et gens pervers et de mauvaise condition comme seront appert en temps et lieu quant mestier sera de leur bonne famé renommé et plus a plain.

Item, bien dient lesd. adjournez qu'ilz seurviendrent à lad. prinse dud. *Boyer* en tirant leur chemin et virent coment lesd. sergens traictoient tres mal led. *Boyer* et dit led. *Pierre Haste* ausd. sergens : « Messeigneurs cest mal fait à vous de mener ainsi led. *Boyer* en prison veu quil estoit appelant et que se je estoit appelant comme luy vous ne my meneries pas » et les laissa led. *Pierre Haste* sans aut. chose.

Item, dit led. *Guabriel Johannel* quil survint come dit est sur lad. prinse en venant de achepter du poisson et dit ausdits sergens telles parolles : « Pardieu si vous m'en menyer come luy pardessus mon appel je vous en ferois repentir par justice » et aut. chose ne fit ne ne dit ausd. sergens mais sen alla en sa maison porter son poisson et sera sceu la vérité en temps et lieu quant mestier sera par gens de vérité.

Item, mais quant ainsi seroit selon le contenu et informacions combien que non si seroient ilz adjournez a tort et sans cause a comparoir en personne en lad. court ne auroient pour les raisons qui s'ensuivent car il ny a ne mort ne mutilacion ne auts excez ne vouet de fait sinon ce que dit, mais il y a plus car led. seigneur *darment* ne les devoit pas adjournez en lad. court mais pardevant leur juge aud. lieu *derment* ou pardevant le *juge des exemps en la duché d'Auvergne* pour avoir la pugnicion et amende qu'il appartiendra par raison et ne les devoit pas vexer ne travailler de leurs maisons en ceste ville qui a cent lieus ou entour de distance *lesquelz sont pouvrez gens qvi gaignent de jour en jour leur vie chargez de femmes et de enffans* attendu quil ny a matière infraction darrest ne appel ny actemptat ne chose qui soit contre l'ordonnance de l'aret.

Item, est a preshumer que en hayne des procès que led. seigneur darment a contre lesd. htans. en lad. court il leur pourchasse ou fait pourchasser par *son frère abbé de Morimont* et auts ses officiers et sergens de jour en jour toutes choses nouvelles pour tousjours les mettre en grand procès pour les destruyre car il en a fait adjournez par cy devant plusieurs htans de lad. ville ensembles.

Item, et pour respondre sur aut. matière touchant certain mesurement de emporter grains avoyne et blé du marché dud. *darment* que led. seigneur *darment* veult atribué a luy puis huit ou neuf moys en ca a lestigacion et pourchas de l'*abbé de Morimont frère dud. seigneur*, lequel absoute de jour en jour beaucoup de nouvelletez.

Item, et pour entendre la matière *les consulz manans et habitans de lad. ville d'arment ont tres beaulx previlleiges* combien que leds. seigneur *d'Arment* comme dit est de jour en jour il essaye de les enterrompre et pour ce est-il que lesd. habitans ne voudent faire ne dire ne pourchasser chose qui despleust aud. seigneur *darment* sinon en gardant leursd. *previlleiges, coustumes, droits, preiminances et usaiges*.

Item, il est vray que lesd. consulz et habitans ont acoustumé par le laps de trente, quarente, soixante et cent ans et tant qu'il n'est memoire du contraire de *achepter au marches et foires dudit darment les bles que bon leur semble comme froment, seigle, avoyne et auts grains* et iceulx habitans *sans en payer aucun droit aud. seigneur darment* mais il est vray que *les forains* qui apportent lesd. grains aud. marché et foires darment *payent aud. seigneur par son droit qu'on appelle layde, d'u septier une couppe* et incontinant que lesdits forains ont vendu lesd. grains ausd. htans ils sen vont *leur faizant posche a leur cou* (1) payer lad. layde et droit dud. seigneur et ce fait lesd. forains prennent de rechief lesd. grains à leur cou et le portent mesurer aux maisons desd. htans achepteurs et en leursd. maisons *ils le mesurent au quartes desd. achepteurs si aucuns en ont* et si aucunes ilz nen nont ilz les empruntent les ungs des auts pour mesurer leursd. blé *lesquelles quarttes sont justes et marquées de la marque dud. seigneur darment et p.* ainsi en usent les auts bonnes villes d'Auvergne come *Riom, Montferrand, Clermont* et auts villes circonvoisines et en ont usé par le temps qu'il n'est mémoire du contraire.

Item, mais il y a plus car *plusieurs pouvres femmes vefves et auts femmes mendians leurs vies ont accoustumé de tout temps tant qu'il n'est memoire du contraire de porter leurs quartes et mesures aud. marché et foires darment* au lieu et place ou lesdits grains se vendent pour mesurer les grains des forains tant vendeur que achepteur et iceulx mesurent à leursd. mesures en payant le droit de layde audit seigneur come dit est *et lesd. forains donnent la part Dieu et aumosne a ces pouvres femmes mendientes ung plain point de blé ou ce que leur plaist à cause de la paine dud. mesurement ou aumosne et icelles femmes gaignent la une couppe ou deux de blé pour donner à vivre a eulx et a leurs pouvres enffans qui est une chose meritoire et piteuse sans ce que led. seigneur derment puisse alleguer quil y ait nul interest ne dommaige* car il prant son droit quome dit.

Item, il est vray que led. seigneur darment ou quoique ce soit son frère abbé qui suscite beaucop de petites choses dont il pouroit bien se passer et d'autre raison il a voulu forcer que lesdits vendeurs et forains de grains ne portassent plus lesdits grains aux maisons desd. achapteurs habitans de lad. ville en leurs maisons et aussi que pareillement que ces pouvres femmes ne portassent plus leurs quartes et mesures aud. marché qui est contre raison. Mais par grant cantité de malice il a fait deffendre ausdits forains quilz neussent plus a porter le blé ausd. maisons et na voulu faire faire aucun commendement ne exploict de justice ausdits habitans touchant la matière. Et en ceste cause lesd. habitans se trouvez ainsi traictez devant *contre leurs usances ou coustumes* de tous temps come dit est se sont tirés devant le juge ou commissaire dud. lieu darment Me *Anthoine d'Arques* et *Alienart de Noisac* son lieutenant, remonstant ce grief et plusieurs auts qui sera cy appres touché qui les voulust ravoir à congier et leur donner provision de justice sur led. *Malet* et de cela ont requis lesd. *d'Arques* et *Noisat* commissaires et lieutenants dessusdits par plusieurs et divises fois et en tenant *assise* et *audience* quilz les voulussent recevoir expres et donné provision comme dit est, mais en faveur dud. seigneur *darment* en a esté toujours reffusant et ce déclarant ledit sieur *derment* pour mieulx faire à son aise dud. d'Arques lui a donné l'office de *chastellain de la terre d'Arment* qui est chose contre raison desdits commissaires comis par lad. court pour regir et gouverner la justice desd. habitans *darment* et desdits commissaires.

Item. Et a ceste cause il ne veult oyr lesd. consulz et htans ne leur faire raison ne justice parquoy lesd. habitants furent contrains de en appeler une foiz ou plusieurs en adhérant a leur premier appel et bien et deuement relevé en lad. court comme ils feront apparoir.

Item. Et pour monstrer que lesd. habitans sont et vouldront obeissants à leurd. seigneur et

---

(1) C'est-à-dire portant les besaces à leur cou.

ne vouldront occuper ne entreprandre aut. chose que à luy appartient eulx voyant estre grévez de leursd. possessions et saisine et pour crainte dud. seigneur *darment* et de ses officiers et des comandement faiz ausd. forains portant lesd. grains comme dit est, ilz nosent plus porter lesd. grains aux maisons desd. habitans dont lesd. habitans sont contrariés de porter leurdits grains en leurs maisons après le marché fait et du vouloir et consentement desdits vendeurs forains pource quilz ne losent porter aux maisons desdits habitans à cause des deffences a eulx faictes par led. seigr darment ou ses officiers.

Item, lesdits habitans pour monstrer vraye obeissance aud. seigneur *darment* ils prindrent lesdits sacs come dit est à leur cou et sen allerent au *laydier* dudit seigneur *darment* qui est aud. lieu come son comis et lui présentèrent par plusieurs foiz et ung chacun en son endroit de bailler son droit de layde et à ce présents les marchands quy vendent lesdits grains. Mais ce pour grand malice led. laydier qui avoient illec charge de lever les droits dudit seigneur ne vouldrent prandre leursd. droiz non obstant quelque requeste ny remonstrance que lesd. consulz habitans leur fissent et ce par le comandement dud. abbé frère dud. seigneur darment pour tousjours les fatiger et dommager et à ceste cause lesdits htans qui sont gens de gaigner leur vie de jour en jour au fait de marchandise come porter vin et sel nécessaires aud. pays et pour donner à vivre à eulx et à leursdits chevaulx, qui trennent de nuyt et de jour.

Item. Et pour monstrer que lesdits habitans quelque chose que led. seigneur darment veulle dire ne vouldroient oster ne empescher le droit du fait de lad. layde car en tant que touche lesd. habitans *ne sont tenuz par leursd. previlleges payer aucun droit de layde* mais seulement les vendeurs forains. Et pour ainsi ledit abbé come dit est séppie de jour en jour mesmement depuis peu de temps en ca et pour entreprandre par dessus certain arrest et execution dicelluy il veult et fait de jour en jour contraindre toutes les denrées come œufs, fromaiges, beurre, poisson et autres petites menues denrées qui ne requierent à laage (hallage) et qui nest contenu aud. arrest ne exécution dicelluy qui est chose toute nouvelle depuis cinq ou six mois en ca il contrainct les hommes et femmes portant icelles petites menues denrées à les faire porter en lad. halle darment et auts jours que jours de foires et de marché contenuz aud. arrest qui est entreprandre par dessus ledit arrest come dit est entre grand grief, préjudice et dommage desdits consulz et htans attendu que *lad. halle est à un carrefour de lad. ville*, car de tous temps et ancienneté du contraire lesd. habitans ont acoustumé de vendre et achepter desd. menues denrées en la place publique dud. darment et par devant leurs maisons et ou bon leur semble et ainsi lont accoustumé lesd. consulz et htans darment et *ainsi se font en toutes belles villes d'Auvergne* come Ryom, Montferrand, Haygueparce, Clermont et auts circonvoisines et que tout ce ne se fait sinon en hayne desd. habitans et pour les metre à servitude et non mye pour intérest.

Item. Bien plus et come lesd. consulz sont en bonne possession et saisine et estime et avoir lieu pain et vin et le mettre a prix appelé avec eulx la justice dud. seigneur darment ou commissaire raisonable et compectant et *sela ont tant par previllege que par coustume*. Ce néanmoins les officiers dudit lieu darment ont voulu rompre et romptent et mectre prix audit pain et vin sans appeller lesditz consulz qui ont serment audit seigneur et a la chose publique dont iceulx consuls ont voulu remonstrer aud. *d'Arques* et *Noizac* quilz les voulussent recevoir a leur administrer raison et justice dont lesd. *d'Arques* et *Noisac* en faveur dud. seigneur darment ne les a vouluz oyr dont lesd. consulz se sont tenuz tres grevez et en ont appelé en adherant à leur premier appel come dessus et icelluy releve et intime.

Item. Et pour monstrer autres tors et griefs que led. *d'Arques* leur fait de jour en jour led.

d'Arques a ordonné et comis son lieutenant led. *Noizat* sans vouloir oyr lesd. consulz et habitans que led. *Noizac* nestoit recevable a esté lieutenant par les raisons qui s'ensuivent. Et premierement il est vray que led. *Noizat* plain de mauvais vouloir de mauvais couraige et de mauvais propos dampnable ; il a eu intelligence avec led. seigneur *darment* et pour nuire au proces de *monseigneur de Bourbon* et des consulz et habitans de lad. ville *darment* led. *Noizat* sen vint à ceste ville de *Paris* avecques led. seigneur *darment*, pource qu'il estoit habitant de lad. ville, pour prandre condempnation et souffrir arest selon les articles de Mons. darment et fit aucunes lettres escriptes de sa main au nom desdits consulz combien que de ce jamais ne luy donnerent charge. Ils ne nen seurent rien et icelle lettre led. Noizat veriffia pardevant le bailly de Montferrand pour nuire audits habitans combien que ledit Noizac paravant avoit fait les *estiques* de lenqueste devant mondit seigneur le duc et lesdits habitans et seut tout le merite et secret dudit procès et se voyant le grant mauvais propos dudit *Noizac* mondit seigneur le duc ensemble lesdits habitans firent faire informacions de ce que dit par monseigneur maistre *Jehan Bouchart*, conseillier en lad. court et par ordonnance de lad. court et de tout ce en peult certiffier monseigneur maistre *Jehan Bouchart* et plus a plain contenu en lesd. informacions et pour obvyer la pugnicion desd. cas led. *Noizac* trouva moyen par aucuns des habitans que la matiere ne sortist plus avant et que jamais il ne feroit ne diroit chose qui despleust ausd. habitans. Et a ceste fin led. *Noizac* na este pugny desdits cas.

Item. Et pour monstrer que led. *Noizac* est faulx, mauvais et pervers et plain de mauvais propos, led. abbé de *Morimont* et luy ont eu aucune intelligence ensemble et cuident lesd. habitans que pource que ledit *Noisac est ligé de teste et boit tres voulentier et aucuneffoiz il ny a aucune raison avecques luy* icelluy abbé a fait entendre ledit *d'Arques* par aucunes intelligences quilz ont eulz de faire led. *Noizac* son lieutenant audit lieu d'arment lequel Noizac fait de jour plusieurs molestracions, vexacions, condemnacions et mesment a condempné ung nomé *Michel Arnault* en cent livres (3,000 fr.) d'amende, *Jehan Barest* a autant, *Durant Rogier* autant et plusieurs auts en grant sommes de deniers et se de chaulde colère, sans avoir grieve raison mais lui allant et chemynant et sans garder aucun rang de justice et cuident et pensent lesd. habitans que cest mal de faire icelluy *Noisat* son lieutenant sans appeller lesd. habitans et combien que par lesd. habitans a esté remonstré les grans faultes et malices qui estoient avecques led. *Noizac* car ils le tiennent pour suspect et tous leurs affaires dont led. d'Arques par lad. intelligence et faveur lesd. appelans, consuls, habitans se sont portez pour appelan ; à faulte reffuz de voye de droit dudit *d'Arques* et *Noizac* et icelluy releve et intime mais ce non obstant led. Noizac na voulu oncques surcroire par led. appel ny ne fait encores.

Item. et combien que lesd. consulz aient remonstré aud. *d'Arques* lesd. tors et griefs et suspections que les consulz avoient contre led. Noizac en presence des officiers de monseigneur *le duc de Bourbon* au lieu de *Riom* quil voulust oster led. *Noizac* destre son lieutenant sur lesd. habitans et quil luy pleu y convertir quelquel que bon luy semblera hors mis Noizac fut il officier darment ou non mais de ce ledit *d'Arques* ne tenoit compte et furent contraincts de appeller comme dessus.

Item, il est vray que lesd. habitans et aucuns adjournez vindrent en ceste ville de Paris pour obeyr à lad court et pour avoir provision des choses dessusdites iceulx habitans remonstrerent de rechef audit *d'Arques* quil faisoit tres mal dentretenir toujours icelluy *Noizac* son lieutenant en lui remonstrant que la court ne seroit pas contente de luy et se en presence desdits officiers de Riom, lequel par crainte ou autrement fit une commission en désappouitant led. *Noizac* et cometant ung nomé *Anthoine Brunel* procureur dud. seigneur *darment* et fist jusques a ce que la court y ait autrement ordonné, mais ce non obstant lesd. *Noizac* de par le moyen dud. *abbé* tient non obstant les choses dessusdites lad. justice. Et considère de plaire à la court de y prononcer dud. *d'Arques* et *Noizac* de gens non suspect ni favorissables.

Item, et que toutes ces choses considérées quil ny a ny arrest ni autre chose ne appelaxion du costé dud. seigneur darment qui puisse alleguer ne monstrer lesd. consuls *darment* ont este grevez de les adjourner ne travailler en lad. court mais doivent estre renvoyés par devant le juge dud. lieu darment ou pardevant le juge des *exemps en la duché d'Auvergne* et requièrent estre renvoyés avecques despens, domaiges et interest.

Item, en tant que touche certain arrest de lad. court executé par *mons. maistre Guille Colault* conseiller en lad. court *touchant la halle darment* dentre mons. *darment* et lesd. habitans led. arrest ne touche en rien ny ne comprant en aucuns façon les choses dessusdites car se sont toutes choses nouvelles depuis ung an en ça car led. arrest ne execution dicelluy ne contient en fait ne en substance sinon de porter vendre toutes les marchandises quelzconques desd. forains et habitans dedans lad. halle à jour de foire dont lesd. habitans se portèrent pour appellans de lad. execucion par plusieurs raisons quilz diroient en temps et lieu et mesmement parce que *Colault* ne voulust declarer quelz marchandises on estoit tenu dy porter car il ne savent point que toutes marchandises quelzconques se puissent vendre dedans la halle et ne sauroit entendre la court de y porter les marchandises qui requièrent ne allage ainsi que sont les auts halles dud. pays et de ce royaume comme *gros dras merchand, cuivre, estaing* et auts marchandises appartenant de porter ausd. halles, car lesd. habitans ne peuvent entendre qu'ils soient contraincts de y porter petites marchandises ny les forains aussi come *œufs, fromaiges, beure, poulailles, couschons, lièvres, huille, fer, acier, sel, pain, drogues de appoticaires, chandelles, chappeles, cardiers, beufs, vaches, moutons, hayneaux et pourceaulx, chevaulx, jeumens* et auts denrées que ne requièrent point de alaige, tellement que plusieurs habitans par crainte dud. seigneur *darment* nosent plus tenir aucune marchandise par crainte desd. vexacions que led. sg. darment donne esd. habitans qui est totallement leur destruction et plus pourroit si par lad. court ne leur estoit pourveu, car en vérité lon noseroit vendre ung pain ny aut. marchandise qui ne soit dedans lad. halle.

Item, requierent lesd. habitans qui sont pouvres gens mescaniques, plaise à lad. court que lesd. vexacions cesse au plus tost et soit requis le renvoy desd. adjournez a comparoir simplement par devant le commissaire derment ou pard. *le juge des exemps en la duché d'Auvergne* dont la connoissance appartient. »

LETTRES DU ROI CHARLES VIII (25 novembre 1486). (1)

HARLES par la grace de Dieu roy de France au premier huissier ou sergent qui sur sera requis, *salut*. Humble supplication des consulz l'année prnte de la ville *derment* manans et habitans dicelle avons reçue contenant que quinze ans a ou environ de certains exces et voyes de fait

---

(1) Ces lettres ajournent *Guillaume de Busredon* aux *Jours ordinaires d'Auvergne* pour répondre aux griefs lancés contre lui par la commune d'Herment.

leur furent faiz par *Guillme de Bosredon, chevalier seigneur dud. Harment*, ses bailly, chastellain, procureur, greffier, sergens et auts ses gens et officiers dont iceulx supplians se porterent pour appellans et leursd. appel ilz releverent bien et deuement en nre court de parlement, mais ce non obstant peu de temps ça apres au contenu et mespris dicelle appellacion led. *de Bosredon sesd. gens et officiers firent ung grand foussé ou rize au travers du chemin public et royal par lequel iceulx supplians aloiet à une eglise ou chapelle de Saint Jehan devers lad. ville au four dicelle ville et ailleurs.* Quoy veu par lesd. supplians furent obtenues certaines lettres de complaincte de la cours de la senechaussée d'Auvergne lesquelles ilz sefforcerent faire mectre à excecution sur led. foussé ou rize, maiz ilz furent empeschés par led. *de Bosredon* ses gens adharant et complices qui jettèrent des pierres contre ledit excecuteur dicelle complaincte et contre eulx *et aussi de traitz darbaleste dudit chasteau dud. Herment tellement que lexecuteur fut frapé et ung desd. habitans fut tué d'un trait darbaleste, qui fut tiré dedans le chasteau dud. Herment par ung serviteur dud. chevalier* lequel len veult prendre au corps et les auts malfaiteurs adherans et acomplicans dud. cas, maiz ilz furent reculés et gardés dans ledit chasteau et trouva facon de bailher aud. malfaicteur chevaulx et arnois pour len fere fuyr. Et ces chouses venues a la cognoissance de *nre très cher et très saint oncle et cousin le duc de Bourbonois et d'Auvergne* fut par luy donné et dicerné commission pour faire informacions et de prendre au corps les dessusd. ensemble leurs biens maiz pour fouyr et obvier que led. cas ne fut advéré et pugny led. *de Bosredon* ses bailly, cappitaine, chastellain, procureur, greffier, sergens et auts ses gens et officiers ensemble *frère Anthoine de Bosredon et Jehan de Bosredon frères dudit chevalier* se portèrent pour appelans de nred. oncle et cosin et de ses *senechal dauvergne* gens et officiers et leur appel ilz rellevèrent tellement quellement en nred. court de parlemet a *Paris* au moien de quoy et dud. murtre procès cest en nuy en icelle court entre lesd. *de Bosredon* leurs gens et officiers dune part nrd. oncle et cosin et lesd. supplians daut. part. Acquel procès tant a este procedé que pour savoir la vérité dud. murtre et auts faiz mis avant par chacun desd. parties commissaires furent ordonnez et envoyez par nrd court en la ville darment et aiheurs en Auvergne *feu maistre Jehan de Raulte*, lors president en la chambre des enquestes et nre amé et féal conseilher en nrd. court *maistre Jehan Malingre*; et pour faire les *productions actiques et buletes* fut bailhé la charge à *maistre Leonard de Noizat* auquel fut dit et recité le secret et merite dud. proces maiz par le moien daucuns desd. officiers et gens dud. seigr. derment pour savoir le merite et secret dicelluy procès fut trouvé facon de faire parler led. de *Noizat* aud. seignr *derment* et a certains moyens icelluy de *Noizat* luy dist et declara le secret dud. proces et de fait le mena led. chevalier à *Paris* en *nre* court de parlemet pour luy faire dire aucunes chouses qu'il avoit mise quil disoit oy dire et conseilhé et luy faire veriffier certaines lettres missives que de nouveau il avoit faictes et controuvées au nom de luy et dauts consulz qui pours lors estoient pour prejudicier aud. procès et deppuis au moïen desd. appellacions int. icelles et pour icelles la juridiction et justice derment fut comise à regir et gouverner soubz nre main à feu *maistre Pierre de la Porte, licencie en loix*, qui peut avoir trois ans ou environ est allé de vie à trespas, après le trespas duquel led. *de Bosredon*, pour savoir toujours le secret dud. procès, sans appeller iceulx supplians, a trouvé façon de faire cometre et regir et gouverner la juridiction et justice par ung nomme *maistre Anthoine d'Arques* qui paravant avoit esté conseiller desd. supplians, lequel *d'Arques* led. *de Bosredon* a fait son chastellain afin quil feust plus favorable a luy et afin aussi que led. *d'Arques* trouvast facon que lad. justice se regist au nom de luy et non en aut. nom et aussi que sesd. gens et officiers fussent procureurs, greffiers et sergent de lad. justice. Lesquieulx paravant avoient fait les tors et griefs dessud. ausd. suppliants et que fut fait au moïen de quoy led. *frère Anthoine de Bosredon* et auts gens et officiers dud. chevalier ont fait et font de jour en jour et ce perforcent de faire ausd. suppliants plusieurs tors et griefs cont. *leurs privileges, droiz, franchises, foires et marchez de lad. ville de Herment* en venant directement contre et en préjudice dud. procès et en attemptant cont. icelluy et neanmoins jacoit et que de tout temps et dancienneté lesd. consulz manans et habitans de lad. ville aient droit et soient en bonne possession et saisine de tenir quartes et mesures, marquées à la marque dud. chevalier justes et raisonnables et en icelles aient accoustumé de vendre leurs grains sel et auts denrées en leurs maisons quilz achaptent et vendent et quilz soient aussi en bonne possession et saisine de vendre et faire vendre aux places publiques dicelle ville et jour de marché et auts jours à marchans forains ou aux habitans de lad. ville toutes merchandises qui ne requierent aillhage come *fromaige, poisson, laict, burre, eulx, herbes, huyle, pain, vin, vinaigre, verjust, verres, voisselles, chandelles, polhailhe, fer, acier, oytz, oisons, couchons, porceaulx, toille, plume, cire,* et auts menues marchandises que lon porte en la main. Ce non obstant au moien de *certaine hale que led. de Bosredon a de nouveau fete en lad. ville derment* pour destruire lesdits suppliants et leur tonber leurs foires et marchez, *de quoy ilz vivent, paient nos tailhes et subcides* et afin que les merchans forains ny portent nulles marchandises et que du tout en tout *les marchez et foirez qui par nos predecesseurs roys de France leurs ont estez données et octroyées pour le prouffit de la chouse publique* feussent mises au néant iceulx gens et officiers dud. seigr. *derment* et comis par led. *d'Arques* de jour en jour ne cessent de exhiger prendre et faire grans exactions et condempnations et demandes deraisonnables sur lesd. marchains forains et auts habitans de la ville pour ce quilz ne vont vendre, desployer et pourter leurs marchandises en lad. hale et mesurer lesdits grains en icelle et pour mieulx mectre à execution son mauvais couraige icelluy *d'Arques* a comis son lieutenant led. *de Noizat* et *Pierre du Boys, Guillaume Yvert, Claude Villavault, Anthoine Brunel* qui sont officiers dudit seigr. *derment* et suspectz ausd. suppliants et les a faiz ses procureurs et greffier lesquels combien que lesd. suppliants feussent deulx appellans de nouvel se sont perforcez de faire procès criminelz contre les aucuns desd. manans et habitans *et les constituer prisonnier* sans appeller lesd. consulz qui a ce faire doivent estre présents et consentans *selon et en suivant le contenu des privileges de lad. ville que led. chevalier à conserver a promis et juré iceulx garder observer et entretenir,* et pareilhement pour *gouverner icelle selon leurs dits privileges* ce qu'il ne fait pas. Et combien aussi que *par la teneur de leurs dits privileges led. seigr. Derment ne sesdits officiers ne puissent faire ne mectre pris au vin et pain de lad. ville* ce néantmoings de jour en jour sefforcent le faire sans appeller lesd. consulz. A l'occazion desquelles chouses lesdits consulz se sont retirés par devant led. *Anthoine d'Arques* et luy ont requis que lesd. convencion, actions et extorcions dessusdites il fist cesser que ausd. troubles nouvelletés, empeschements, exploiz, deffences, commandements, criées génerailles et particulières que sur ce lesdits officiers gens et serviteurs dud. chevalier faisoient faire de jour en jour en lad. halle ilz feussent oyz et receuz à opposicion et que iceulx nouveaulx officiers par luy mis qui sont officiers dud. seigr. *derment* à eulx suspectz il renoncast et y en mist dauts non suspectz ne favorables, de quoy faire led. *Darques* feust et a esté refusant et delayant et les remist à une autre assignacion de jour auquel jour lesd. suppl. acomparurent et luy requirent come dessus et quil leur administrast raison et justice mais de ce faire led. *d'Arques* soy disant commissaire de par nous et chastellain de par led. seig. *derment* feust reffusant declarant et ydoine en faveur dud. seigr. derment.

Pendant lesquieulx delaiz et refuz *Loys de Merfont*, soy disant *cappitaine* dud. *Herment*, pour led. seigr., et *Pierre Boyer*, sergent dud. seigr., ont arresté les grains et merchandises en lad. halle pour dépublier lesditz marchez et avoir et exhiger grans somes de deniers desdits marchans et habitans a lencontre desquels exploiz lesdits supplians requierent ausdits cappitaine et sergent estre receuz à opposicion mais de fere furent et sont encore refusans et délayans dont de ce et plusieurs auts tors et griefs à declarer plus à plain en temps et lieu iceulx supplians tant pour eulx *leur comune* et habitans que pour leurs adharans ont appelé une foiz ou plusieurs en adharant applicacion tant desdits tors et griefs que a faulte refuz deue de droit avons en nre court de parlement dud. *maistre Anthoine d'Arques*, say disant commissaire de par nous et chastellain pour led. seigneur derment, que aussi desd. *Loys de Merfons, Pierre Boyer* sergent dessusd. mais ce non obstant icelluy *d'Arques* en attemptant cont. led. appel a comis led. *de Noizat* son lieutenant aud. *Herment* duquel pareilhement lesd. suppl. ont remonstré ce que dit est et quilz estoient appellans dud. *d'Arques* son maistre et qu'il ne devoit des causes de lad. ville veu leurd. appel ou appeaulx par eulx ainsi interjecté a faulte de droit et quils le tenoient de plus à suspect pour les causes dessusdites et aussi autres gens et officiers dud. seigneur dessus nommé. Lequel *de Noizat* ne a voulu tenir conte maiz en lieu de surceoir a condempné *maistre Michel Arnauld*, ung desdits consulz suppliants qui luy remonstroit ce que dit est en la some de *cent livres* tournois (3,000 fr.) et autz, dont ce aussi et plusieurs auts tors et griefs refuz doné de droit a declaré plus a plain en temps et lieu à eulx faiz et donnez au prouffit pourchaz, faveur et instance dud. seigr. derment et desesd. frères par led. *de Noyzac, Pierre du Boys*, greffier, *Guillme Yvert*, procureur et receveur dud. seigr. derment, *Glaude Villevault, Anthoine Brunel, Jehan Perier* dit *Sarvagnat*, *Jamet Arnoiz*, *Anthoine de la Villeneufve*, soy disant bailly derment, *Anthoine Caravanier, Jacques Belliot, Jehan Chaulmete*, *Jehan Boyer, Anthoine* et *Jehan Maletz*, eulx disans sergens, commissaires ou autment ayans pouvoir et puissance dud. *Anthoine d'Arques* ou dud. seigr. derment iceulx suppliant ou et pour eulx, dont ils ont eu et sont agréable et adhérant en leurd. premier appel s'en sont pour appelans avons et a notre dite court de parlement ou aument induement come de nulz et sans aucuns ou estoient come défaulx, mauvaiz, iniques et déresonnables, *nous te mandons et comettons par ces presentes que à la requeste desd. suppliants appellans pour eulx leur comune habitans et adharans tu adjournes aux jours ordinaires d'Auvergne de nre part plènement lesd. seigr. d'Erment, d'Arques son chastellain ou commissaire dessusd. Noyzac et Loys de Marfons, Villeneufve et auts dessus nomez* pour soustenir et defendre les tors et griefs dessusd. iceulx voir coriger réparer et amander se mestier est fay savoir aud. seigr. *derment, frère Anthoine de Bosredon* et *Jehan de Bosredon*, ses frères, et auts parties advisés desd. appellans si aucunes en y a quelles soient et comparent ausd. jours se elles cuident que bon soit et que la chouse leur touche en aucune manière en faisant inhibicion et défense de par nous sauf grans peines à nous appliquées aux dessusdits et auts à qui il appertiendra que pendant lad. cause et matière dappel ilz nactemptent ou souffrent actempter en aucune manière, maiz tout ce que soit actempté quilz le réparent et remectent et facent réparer et remectre tantost et sans délay au néant et au premier estat et oultre pour ce que depuis ledit appel ou appeaulx interjeté en ayne et comptant diceulx les actemptaz et auts chouses dessusdites ont esté fetes, nous te mandons et comectons par cesd. présentes face appelé avec toy sergent ung notaire ou tabellion juré de court aye tu te informez diligemment faire ce, tenir et sur lesdites convencions exécutions de publicacions de marchez et forces et autz exces actemptas et voyes de fait dessusd. que plus à plain te soient bailhés en escript par déclaration se mestier est et ceulx qui par led. informacions ou autrement deuement tu trouveras chargés et coupables ou véhémentement suspectionnés adjournes les ausdits jours en notre dicte court de parlement ou aut. compectant audiance ou extrordinaire de notre dit parlement. Non obstant quil si est que par avanture les parties ne soient pas des jours dont le plaider lors pour respondre à notre procureur général à tel fraiz et conclusions quil voudre contre eulx et chacun deulx prendre et eslire et ausdit appellans afin un seulement sur les chouses dessusdites leurs circonstances et dependances et proceder en oultre come de raison et en oultre ausd. appelans qui sont encores au dedans du temps de appel donnons et octroyons de grâce especial que *cesd. presentes ilz puissent faire mectre à execucion dedans trois sepmaines prouchainement venant* à compter du jour et date que le temps introduit de relever sera passé et finy et que lexécucion qui pendant led. temps sera fete soit de tel effet come si fete avoit esté au dedans dud. temps de relever et laquelle execucion en tant que mestier est avons auctoriser et auctorisons par cesdites presentes et de ce que fait aura esté sur ce soient nos amez ét féaulx conseilhers les gens tenans notre dit parlement deuement certiffié et en leur renvoyant lad. informacion féablement close et scellée ausquelz nous mandons et enjoignons que aux parties oyes facent bonne et briesfve expedicion de justice car ainsi nous plaist il estre faict non obstant quelzconcques lettres à ce contraires. Mandons et commandons à tous nous justiciers officiers et subjetz que a toy en soy faisant soit obey. *Donné a Amboise le XXV° jour de novembre, lan de grace mil IIII° IIII*^{xx} *et six et de notre regne le quatriesme.* »

La décision de la *Cour des jours ordinaires d'Auvergne* n'est point venue à notre connaissance. Depuis lors, on ne trouve aucuns débats entre les consuls et le baron.

Registres des délibérations consulaires. Je regrette vivement la perte de ces registres dans un auto-da-fé révolutionnaire. C'eût été pour moi le *livre d'or* de la ville. J'ai retrouvé un petit registre des dépenses de la ville (1398 à 1399), écrit en ancien patois. Au point de vue du langage et du prix des objets à la fin du XIV° siècle, il est très-intéressant. Voici les articles les plus curieux:

« *Item ave trayt en papyer et e. eynca por far eycreore nostras traysas et recetas et los neguosis de la viala de tot lan III s. VIII d.* »

C'est-à-dire : Nous avons acheté en papier et en encre pour faire écrire nos dépenses et recettes et les négoces de la ville de toute l'année 4 sous 8 deniers (10 fr.).

Dans un article du 1er dimanche d'août, on voit que la ville avait été imposée à trois feux. Le 8 août, il est parlé du *clerc des consuls*, chargé de rédiger les actes de la ville.

« *Item lo XIII° jorn daut say avia gens darmas q. anavo el seiget de Montinhac et li baylesans ung home q. lor motres lo chami ducel et a la fi que seu aneso p. tout luge or p. bœyr V s.* »

C'est-à-dire : En outre, le 13° jour d'août, il y avait un homme d'armes qui allait au siège de Montinhac (Dordogne), et nous lui donnâmes un homme qui lui montra le chemin d'Ussel et, à la fin, lorsqu'il s'en alla, la dépense fut pour tout loyer ou pour boire 5 sous (10 fr.).

« *Feze copiar notres prielegis quar ma los volia far ceylar a moss. derment. Costet lo vidimus de copiar XII s. et p. despes II s. VI d.* » C'est-à-dire : Nous faisons copier nos priviléges parce que nous les voulions faire sceller à monsieur d'Herment. Le *vidimus* de copie coûta 12 sous et pour dépense 2 sous 6 deniers (3 fr. 30).

« *Anero a Riom Johs Alarit, Johs Pogibos p. aver coselh coment reypondria a moss. de pluros de chauzas q. pesava q. nos demadaria coma dans privileg. et de dautras chauzas ac maytre St. Romeus p. nos acoselha II s. VI d. Maytre Hugues la Roche III s. IV d.* » C'est-à-dire : Jean Alarit, Jean Pontgibaud furent à Riom pour avoir conseil comment on répondrait à Monsieur *(le baron)* pour plusieurs choses que nous pensions qu'il nous demanderait, comme des priviléges et d'autres choses, à maître *Etienne Romeus* pour nous conseiller 2 sous 6 d. (3 f. 30). Maître *Hugues la Roche* 3 sous 4 deniers (6 fr. 60). — Ce voyage de Riom dura sept jours ; les deux consuls dépensèrent 36 sous (85 fr. 80), y compris la nourriture *de una beytia* dont ils se servaient tour à tour. — Le même Jean Pontgibaud retourne seul à Riom et dépense pour lui et son cheval 6 sous 8 deniers (13 fr. 20).

« *Item lo mart apo S. Btolmeuf moss. derment ves en la viala et fo Je la voluntat de la bona get q. li fezesa pzent ; done li en pa, en vi, en fromoges, en sivada LII s.* » C'est-à-dire : Le mardi après la Saint Barthelmy M. d'Herment vient en la ville et il fut de la volonté des bonnes gens que nous lui fissions un présent. On lui donna en pain, en vin, en fromages, en avoine 52 sous (124 fr. 40).

« *Item lo prneyr jorn de setebre feze reqsta a moss. q. li plagnes de seylar notres privileg et forin dacort q. los nos saylis et li viala li donet X l. t. et los despes q. say fey aquel viacge liqual motero en pa, en vi, en charn, en peyso, en fromacges, en sivada, en eus, en sal, en chadelas XII l. t. V s. II d.* » C'est-à-dire : Le premier jour de septembre nous fîmes requête à Monsieur qu'il lui plaise de sceller nos priviléges et nous fûmes d'accord qu'il nous les scelat ; la ville lui donna 10 livres tournois et la dépense qui se fit ce voyage, laquelle monta en pain, en vin, en chair, en poisson, en fromages, en avoine, en œufs, en salé, en chandelles, 12 livres tournois 2 sous 6 deniers (590 fr. 70).

« *It. done aus oficieyis de moss. afi q. nos nos foso cotrari a notre privilego seylat : a modiso de Martilhat XLII s. VI d.; a Chandorgne XLX s.; a mos. P. la Marsala XXII s. VI d. a son primador Johs Bussœyra XLV s.* » C'est-à-dire : On donne aux officiers de Monsieur, afin qu'ils ne soient pas contraires à nos priviléges scelés : à *Modise de Martilhat* 42 sous 6 deniers (102 f. 30); à *Chandorgne* 40 sous (95 f. 70) ; à Monsieur *P. la Marsale* 22 sous 6 deniers (52 f. 80) ; à son lieutenant *Jean Bussière* 45 sous (108 f. 80).

« Le jeudi avant Notre-Dame de septembre, il fut dit que les gens de Monsieur Raymond (*Raymond de Beaufort*), frère du baron d'Herment) voulaient passer par ce pays, et nous écrivîmes afin qu'il lui plût de passer autre part ; nous donnâmes pour boire à celui qui fut délégué auprès de lui et pour le paiement de son séjour à Saint-Exupéry 6 sous » (13 f. 20).

Le 22 septembre, *Jean Alarit* et *R. Charenssat* vont à Ussel pour revoir les priviléges faits par *Chandorgne*, et de là à Saint-Exupéry pour les faire sceller à Monsieur d'Herment. Ce voyage dura 3 jours ; il coûta pour toute dépense et la collation des priviléges faite par *Jehan Bussière*, 22 sous 6 deniers (52 f. 80) ; un quarton d'avoine valait 10 deniers (1 f. 99).

Le 8 octobre, *P. la Marsala* écrivit aux consuls de passer à Saint-Exupéry (Corrèze) pour parler à un valet que Madame d'Herment, *Mathe de Montaut*, y avait fait venir.

Le 22 octobre, *Jean Messes* est envoyé à *Miremont* pour porter une lettre à Monsieur et à Madame, afin de leur demander d'obtenir du roi et de *Monsieur de Berry* quelque grâce ; la dépense accordée à *Jean Messes* est de 40 sous ; *Jean Bussière*, qui écrivit la lettre reçoit 2 deniers (3 sous).

Des gens d'armes se rendent au siége de Montignac (Dordogne). La ville en profite pour faire porter des fromages au baron, qui se trouvait à Saint-Exupéry.

Deux journées pour couvrir l'église (*ligleyza*) coûtent 3 sous. *Danto Menudel* reçoit 10 deniers (1 f. 50) pour avoir curé la rue (*curar la chareyra*) située entre les prés *des Fuas* (*lo pras daus Fuas*) et ceux de Jean Buschon.

« *Item ave payat p. lo vi q, begio la bona ges de la viala lo jorn de Pacas quat recebiot notre snhor et pagl. q. fo dona el curat V s.* » C'est-à-dire. Nous avons payé pour le vin que burent les bonnes gens de la ville le jour de Pâques, quand ils reçurent Notre Seigneur, et pour celui qui fut donné au curé 5 sous (9 f. 90).

Le jeudi après Pâques, *Jean Pontgibaud* va à Clermont, pour montrer les lettres de grâce du roi à *Monsieur de Clermont*, au sujet des impositions de *Carlat*. Son voyage de deux jours, coûta pour lui et pour son cheval 13 sous 6 deniers (29 f. 70).

Une journée pour faire arranger le pont *q. hom passa l'alyua del moli de moss. derment* (sur lequel on passe l'eau du moulin de Monsieur d'Herment) coûte 5 sous (9 f. 90).

Le détail *de la receta* (du budget) est ainsi donné : 1re taille, pour l'imposition des feux et des affaires de la ville, 25 livres tournois 13 sous ; 2e taille, pour le paiement du seigneur, au sujet des priviléges et pour la ville, 33 livres tournois 9 sous 8 deniers ; reçu d'*Amblard Enjobert* 45 sous ; reçu de *Jean Reilheyr*, ancien consul, pour reste de l'ancien budget, 22 livres tournois 4 sous ; 3e taille, pour le *duc de Berry*, 42 livres tournois 5 sous ; reçu de *Jean Relheyr* 8 sous. Total du Budjet : 126 livres tournois 4 sous 8 deniers, qui, d'après les tables de M. Leber, représentent de notre monnaie 6,171 francs.

On trouve dans un registre des délibérations consulaires (1616-1628), qu'en 1616 la ville paya 174 livres tournois pour le droit de franc-fief dû par ses communaux ; la taxe était fixée à raison de 4 sous par livre. En 1617, des réparations sont faites aux murailles ; les manœuvres et charroirs étaient fournis par les habitants de la ville ; les premiers étaient fixés à 20 sous, les seconds à 10. Le 27 avril 1628, *le marquis de Martilhiat* loge à Herment avec sa compagnie de gendarmes ; la même année la porte du Four est reconstruite à neuf ; les consuls vendent plusieurs parcelles de terrain des vieux murs de la ville.

Les deux registres précédents prouvent, une fois de plus, le zèle de nos braves consuls ; il est beau de les voir à l'œuvre, guidés par leur sagesse, par l'expérience. Tantôt ce sont les priviléges qu'il s'agit de faire sceller ; des cadeaux sont habilement distribués aux officiers du baron afin de les rendre favorables à la commune ; une fête est préparée pour l'arrivée du seigneur ; on profite d'une occasion pour envoyer des fromages à la châtelaine à Saint-Exupéry. Toutes ces minuties annoncent beaucoup de savoir-faire.

ANCIEN HOPITAL — FONTAINE — INCENDIES — ÉCOLE

'est au XIII⁰ siècle que l'on doit attribuer la fondation d'un grand nombre d'hôpitaux, nécessités par les voyages en Terre-Sainte ou les Croisades pour recevoir les pélerins et servir d'asile aux indigents. Notre ville était une station toute naturelle pour les nombreux Croisés venant de la Marche et du Limousin Le chevalier passant par Crocq, traversait Fernoël, le prieuré de Giat. En quittant Herment, il rencontrait sur son itinéraire l'*hôpital de Tortebesse*, appartenant aux chevaliers de Saint-Jean-de-Jérusalem, l'*hôtel des étrangers de l'abbaye de l'Eclache*, l'*hôpital de Rochefort*, puis celui de la *Mort-Reyno*, près du Puy-de-Dôme, ce qui lui permettait d'arriver à Clermont. Les gentilshommes, de retour de Jérusalem, fondèrent dans leurs terres la plupart des hôpitaux. C'est ainsi que *Bertrand, seigneur de la Queuille*, établissait par testament, vers l'an 1290, un asile pour les pauvres dans le bourg de Laqueuille (1). On attribue la fondation de l'hôpital d'Herment à *Guichard de Beaujeu*, seigneur de notre ville, vers 1250. Cet hôpital est appelé *hospitale pauperum* (hôpital des pauvres) en 1285, *domus Hermenci* (la maison d'Herment) en 1485, *Hôtel-Dieu* en 1610-1711. Il occupait l'emplacement du cimetière actuel ; Notre-Dame de Bonne-Nouvelle lui servait de chapelle, en vertu de la fondation du chanoine *Jean Robert* en 1466. (V. page 106). Ses revenus étaient administrés par un chanoine et par les consuls de la ville. Une délibération consulaire de 1649 décida que le deuxième consul ferait seul à l'avenir les fonctions d'administrateur.

---

(1) Laqueuille (canton de Rochefort, Puy-de-Dôme).

REVENU DE L'HOPITAL D'HERMENT EN 1614.

Les Granges, paroisse d'Herment : 9 livres tournois 10 sous en argent ; 10 setiers 1 quarton de seigle ; 4 setiers d'avoine ; 2 poules.

Les Collanges et Chantagrit, paroisse de Verneugheol : 50 sous ; 6 setiers de seigle ; 3 setiers 3 quartons d'avoine.

Le Montelhet, paroisse de Verneugheol : 50 sous 6 deniers ; 6 setiers 3 quartes de seigle ; 3 setiers 3 quartes d'avoine.

Creyssenssat, paroisse de Verneugheol : 40 sous ; 4 setiers de seigle ; 2 setiers d'avoine.

Rente due sur le pré de *la Montanière*, 3 livres tournois ; autre rente due par *François Civadon*, notaire ;

Un pré, appelé *de Lourtil*, près du domaine de Chez Parry, ledit pré en toute propriété.

L'hôpital était redevable au seigneur de Châteaubrun d'une rente de 2 setiers de blé, de 2 setiers d'avoine et de 5 sous en argent. En 1789, son revenu était le même qu'en 1614. Ce revenu était affermé 156 livres tournois en 1711 ; 200 livres tournois en 1740 ; 270 livres tournois en 1760. Ses bâtiments, détruits pendant les guerres religieuses du XVIe siècle, ne furent jamais relevés. Dans l'hommage rendu en 1698 au baron d'Herment, ils sont mentionnés de la manière suivante : « Une mazure de maison joignant la chapelle de Bonne-Nouvelle, une chenevière au derrière, un puits au milieu, plus une autre espèce de maison avec son four, un soulier (petit grenier) au-dessus, une autre chenevière au-derrière et un petit bout de jardin au-devant, le tout joignant ensemble. »

En 1714, la commune acheta au curé *Antoine Gerbe*, moyennant 500 livres tournois, une vaste maison, située au milieu de la grand'rue, afin d'y loger les indigents de la ville. Elle transféra en même temps dans ce nouvel hospice tous les revenus de l'ancien hôpital. En 1717, les consuls obtinrent l'autorisation d'appliquer à cet établissement une rente de 60 livres tournois fondée depuis peu par *François Veyssier*, docteur en médecine à Herment. Cette rente était affectée à un lit qui devrait être entretenu pour un pauvre malade dans la chapelle de Notre-Dame de Bonne-Nouvelle. La ville fit valoir qu'il était impossible de placer le lit dans cette chapelle, en raison de la bienséance et du culte : elle obtint facilement le transfert de cette rente. L'hospice créé en 1714 a existé jusqu'en 1793. A cette date, les droits féodaux qui composaient presque uniquement son revenu furent abolis. La nouvelle brigade de gendarmerie fut installée dans la maison des pauvres et le prix du loyer distribué aux malheureux. L'incendie de 1820 détruisit l'hospice que la ville fit reconstruire en partie. Les gendarmes furent logés dans un autre local. Quelques indigents reprirent possession de leur ancienne propriété. La partie de l'hospice incendiée en 1820 et non réédifiée, fut aliénée le 5 novembre 1834 ; celle qui avait été reconstruite a été vendue en 1853. Le produit de ces ventes, réuni à quelques legs, est le noyau d'un petit *bureau de bienfaisance*. Puisse un jour le bureau de bienfaisance d'Herment être en pleine prospérité ! Dieu, qui a promis de récompenser au centuple un verre d'eau donné en son nom, comblera de ses largesses les âmes charitables qui viendront en aide à cet asile de l'infortune ; leur mémoire sera couverte de la bénédiction du pauvre.

Quelques bienfaiteurs de l'hôpital : *Pierre d'Hermenières*, chanoine, qui, par son testament de 1288, lui donne un lit complet (*lectum munitum*) ; *Alix Rogier*, qui lui assure 3 setiers de seigle pour être distribués aux pauvres ; *Pierre Gaudet*, chanoine, qui en 1598 lui donne 10 écus par testament ; *Louise Mathieu*, femme d'*Antoine Thomas*, qui recommande de lui délivrer 3 setiers de seigle le jour de sa sépulture et 3 setiers le jour de sa quarantaine ; *Jacqueline Mangot*, épouse de *François Civadon*, notaire, qui veut en 1613 que le jour de son enterrement on lui livre 6 setiers de seigle et le jour de sa quarantaine et de son bout de l'an 3 ; le chanoine *Jean Gaignon*, qui en 1711 lui lègue 100 livres tournois ; *Antoine Bourrand*, notaire, qui, par testament du 7 février 1734, lui donne le quart de tous ses biens, ledit quart estimé 500 livres tournois ; *Jean-Marien Peyronnet*, notaire, lequel fonde une rente de 12 livres tournois pour être distribuée aux pauvres honteux. Nous citerons en dernier temps les dons de Mlle *Anne Peyronnet* et de Mlle *Henriette Chassaing*, qui ont chacune légué la somme de mille francs au bureau de bienfaisance d'Herment.

La Fontaine d'Herment coule au N. E. de la ville. En temps ordinaire, elle est très-abondante. Par les plus fortes sécheresses on ne l'a jamais vu tarir. Ceci s'explique par la constitution géologique de la butte sur laquelle est bâtie la ville : L'eau du ciel traverse en tombant le basalte granuleux qui la recouvre comme une *calotte* et s'arrête sur une couche d'argile qui l'oblige à couler dans une même direction. Des canaux voûtés conduisent tous les suitements dans un réservoir de six pieds de profondeur, par lequel s'échappe le trop-plein, qui sert aux besoins journaliers. Une petite construction, percée de deux portes à ogive, recouvre ce réservoir. Elle paraît fort ancienne. On remarque à l'extérieur un écusson effacé dont la forme rappelle le XIVe siècle. Jadis cet écusson portait les armoiries de la ville : *la muraille crénelée, percée d'une porte avec sa herse, surmontée d'une fleur de lys et de deux étoiles.*

Incendies. De terribles incendies ont ravagé la ville d'Herment, en grande partie couverte en chaume. La fontaine dont nous venons de parler suffit généralement aux besoins de la population, il n'en est pas de même en cas d'incendie. Le bassin en réserve est bientôt épuisé ; en quelques instants, les flammes font des progrès effrayants. Ce serait une sérieuse amélioration que celle qui tendrait à s'opposer à ce fléau. Pourquoi ne couvre-t-on pas en briques ou en pierres ? Notre ville conserve le souvenir de terribles incendies qui l'ont réduite en cendres : ce sont d'abord ceux du XIVe siècle, allumés par les Anglais ; ceux du XVIe qui ont laissé le nom des protestants en horreur. En 1664, tout le *quartier des Murs* fut complétement détruit ; il n'a pas été reconstruit. On cite un incendie en 1775. Une vraie catastrophe arriva en 1820, le mardi 25 avril. Les habitants de notre ville étaient rassemblés à la foire de Laqueuille. Le vent du nord (*la bise*, comme disent nos paysans) soufflait avec fureur. Un feu de cheminée se déclara dans la cure actuelle, habitée par M. Mazuer, notaire. En un clin-d'œil la grand'rue fut embrasée. Le soir, quel triste spectacle présentait le pauvre Herment ; on apercevait le gigantesque brasier à une distance de plus de 15 lieues ; 98 constructions disparaissaient dans cette immense fournaise. Plusieurs personnes furent brûlées vivantes dans leurs propres demeures. Il est impossible de tracer le tableau des témoins oculaires. Une souscription fut ouverte dans tout le département ; Monseigneur *de Dampierre*, évêque de Clermont, recommanda la malheureuse ville d'Herment à ses diocésains. Les autorités civiles du même département déployèrent un zèle digne d'éloges ; les secours furent nombreux, mais bien des habitations ne se relevèrent pas ; quelques-unes n'ont été reconstruites que ces années-ci (1). En août 1837, en 1846 les flammes s'élancèrent encore au-dessus de notre ville ; les pertes furent toujours d'une certaine importance.

L'Ecole d'Herment au Moyen-Age. Fondation de Pierre de Besse. Un titre épargné par le temps nous apprend que l'instruction donnée au peuple Hermenchois n'était pas tout-à-fait nulle il y a plus de quatre siècles. Le soin d'élever la jeunesse était confié aux chanoines de notre ville. Le 15 janvier 1451, leur chapitre donne « *les escouliers de grameyre, depuis le jour de Saint Jehan-Baptiste prochain venant jusqu'à l'autre Saint Jehan-Baptiste, à discret homme Mursal Anut, qui enseignera les clercs que y viendront dans ledit an, comme un bon maistre doit faire.* » Discret homme Jehan Vigier, maistre de chant, reçoit « *les escouliers de chant.* » L'un et l'autre donneront leur leçons dans « *l'ousteil du chapitre* » (la maison capitulaire). L'acte est passé en présence de M* *Jehan Masuer*, le célèbre jurisconsulte, fils de *Géraud Masuer*, bourgeois de Montferrand (2). Ainsi, quelques principes de grammaire, quelques notions de plain-chant composaient seuls le répertoire élémentaire de la jeunesse d'Herment sous le règne du roi Charles VII.

Au milieu du XVII° siècle, une amélioration considérable s'opéra. Un homme qui a marqué son passage par des actes qui passent à la postérité, *Pierre de Besse de Meymond*, natif d'Herment, docteur en théologie, principal du collège Saint-Michel à Paris, prédicateur du roi, chantre de Saint-Germain-l'Auxerrois, etc., légua par son testament du 20 mars 1638 une rente de 200 livres tournois, au capital de 1,600 livres tournois, pour la fondation d'une école ou plutôt d'*une régence*, d'*un collége*, comme le disent des actes subséquents. La clause de son testament est ainsi conçue : « *Item si après que tous les articles et legs de mon testament, compris et cy devant mentionnés estant exécutés et accomplies restait encores quelque chose, comme je le crois, veux et entend que la meilheure partye soit employée pour achepter une maison et quelque petite mestairie pour l'entretènement d'un mestre d'escolle en la ville d'Herment, qui enseignera la jeunesse et l'instruira tant en la crainte de Dieu, catéchisme et la religion chrestienne et catholique que ès lettres et bonnes mœurs et que cella sera tenu tous les dimanches et festes de la Sainte Vierge et des Apotres de mener ses enfants et escolliers à la messe et à vespres, apprès lesquels dittes dans le cœur par messieurs les doyen et chanoines et tout le service estant achevé, il fera chanter devant l'hostel de la Vierge par lesdits petits enfants tous à genoux : Salve Regina, ou Inviolata, ou Alma Redemptoris Mater, ou Ave Regina Cœlorum ou autre salut, selon le temps, à l'honneur de la sacrée Vierge, avec l'oraison et après le salut dire à haute voix le psaume Miserere mei Deus et De profundis, et à la fin les oraisons Deus qui inter apostolicos sacerdotes, Deus venia largitor et Fidelium Deus conditor, et à l'intention et pour le salut de l'âme du fondateur et de tous ses parents et amis trépassés. Que s'il ne se trouve point sitot de fonds ou mestérie à vandre dans le pays, je veux qu'on prene sur ce que restera de mes biens ce que dessus accompli jusque à la somme de trois mille six cents livres pour faire deux cents livres de rente, pour l'entretènement dudit mettre d'escole ou bien quon prenne deux cents livres de rente qui me sont deubs en cette ville de Paris par M* Gillot, marchant drapier, demeurant rue Saint-Honoré, et au cas que ladite rente vienne à être racheptée veut et entend que l'argent du rachapt soit incontinent mis en fonds ou domaine dans le pays. Et a l'effet que ny aye point d'abus ny*

---

(1) On peut évaluer à un million les pertes causées par l'incendie de 1820. M. Mège *(Ephémérides du Puy-de-Dôme)* les a portées au chiffre trop élevé de 1,800,000 francs.

(2) Il avait un frère marié à Herment.

corruption en l'election du maître descolle, je veux et entends qu'elle se fasse par messieurs les doyens et chanoines du chapitre, messieurs les consuls de laditte ville et mon nepveu l'advocat et après luy par l'ayné de sa maison, lesquels tous ensemble en leur conscience de gens de bien et ne visant que au bien publiq et instruction de la jeunesse choiziront un homme de bien et capable de bien instruire et gouverner la jeunesse et après cette eslection qu'ils ayent soin de la conservation de cette rente ou héritage, le tout pour son entretènement et nourriture et non pour autre chose. »

Jusqu'en 1790, la nomination du maître d'école a été faite selon l'intention du fondateur. Le testament de Pierre de Besse exige aussi d'autres conditions. Chaque habitant d'Herment pourra envoyer gratuitement un enfant à l'école (1). Les neveux du fondateur, ceux qui porteront son nom, jouiront du même avantage.

Les prières spécifiées ci-dessus étaient encore récitées il y a une trentaine d'années. Il serait juste, sinon de rigueur, que les enfants élevés gratuitement fussent conduits chaque dimanche à l'église par l'instituteur, pour prononcer devant l'autel les oraisons latines demandées par leur bienfaiteur.

MM. *Besse de Meymond* acquittent chaque année une rente de 100 fr. en qualité de descendants d'un frère de Pierre de Besse. Les autres 100 fr., complétant la rente de 200 fr., ont été assignés en 1757 sur une prairie située au-dessous du foirail de notre ville.

Quelques anciens *régents* ou *maîtres d'écoles*: *Loys Chomete, recteur d'escolle,* 1535 ; *Pierre Pighon*, bachelier en théologie, ancien régent et principal du collége de Clermont, 1641 ; *Jean Hébrard*, principal, 1651 ; *François Queyron,* 1652 ; *Jean Leymarie,* 1653 ; *N. Grand* et *Annet Gabat* (2), 1654 ; *Pierre Desparrins*, 1668 ; *Jean Gaignon*, chanoine, 1674 ; *Gaspard Gandeboeuf,* 1678 ; *Jean Delmas,* chanoine, 1693 ; *François Giraudon*, chanoine, 1754 ; *Louis Cousteix,* 1782 (3).

---

(1) Le nombre des écoliers élevés gratuitement a été réduit à 12 depuis 1790.

(2) La maison louée par la ville moyennant 12 livres tournois, en 1654, pour recevoir les écoliers, a reçu le nom de ce dernier.

(3) Un autre *Pierre Besse* a fondé en 1676 une école à Saint-Germain-Lembron (Puy-de-Dôme), où il était chanoine. Etait-il parent du docteur de Besse de Meymond ?

COMMERCE

Dans tous les temps, le commerce d'Herment a été d'une certaine importance. Déjà, en 1265, les marchands (*mercenarii*) de cette ville étaient réunis en confrairie (*confrataria*) sous l'invocation de la Sainte-Croix, ce qui prouve qu'ils étaient nombreux. La population, active et intelligente, exporte au loin les denrées du pays (cuirs, œufs, beurre, fromages) et importe les produits que la nature lui refuse (1). Dès le XVe siècle, nos habitants faisaient un grand commerce de peaux non tannées, ce qui leur a valu le surnom de *pelauds*, qui leur est commun avec ceux de plusieurs villes des environs : Crocq, Ussel, Auzance, Felletin, Bellegarde, etc. (2). L'Hermenchois se ressent du rude climat des montagnes ; la franchise n'est pas ce qui le distingue spécialement ; il est montagnard avant tout ; son caractère est fier et indépendant comme celui des Celtes, ses ancêtres. Parlerons-nous du vieux dicton ? Dirons-nous *Herment, bonnes terres, mauvaises gens*, ou *Herment, bonnes terres, bonnes gens* ? Il ne m'appartient pas d'être juge. Clermontois de naissance, il me serait peut-être permis de me prononcer, mais j'aime mieux laisser à d'autres le soin de décider cette question délicate. Toutefois, en supposant que mes lecteurs ne donnent pas gain de cause à la ville dont j'écris l'histoire, je leur répondrai qu'à défaut de bonnes gens nous avons de bons fromages, car je présume que nos voisins de Giat ne s'illusionnent

---

(1) Une enquête de 1485 nous indique que le principal commerce de cette époque était le transport du vin et du sel

(2) Les *pelletiers*, appelés en langage vulgaire *pelauds*, étaient anciennement fort nombreux, parce que le menu peuple se revêtait de fourrures et non de drap réservé aux bourgeois, comme la soie et le velours étaient le privilége des seigneurs. A Paris, en 1292, il y avait 214 pelletiers et 19 drapiers seulement.

pas ; les fromages qui portent leur nom, quoique complétement étrangers à ceux de Saint-Nectaire, ont cela de commun avec eux qu'ils sortent presque tous des mains des ménagères de plusieurs lieues à la ronde.

Le temps n'est plus où l'on voyageait péniblement à dos de mulet, où nos pères *chevauchaient* pendant longtemps avant d'arriver au chef-lieu de notre province. Déjà plusieurs routes augmentent chaque jour le commerce de notre ville. Ces routes sont : 1° *Le chemin de grande communication n° 4 de Clermont-Ferrand à Crocq*, commencé en 1841 ; il part de la route départementale n° 5, près du pont de la Miouse ; sa longueur totale est de 44,100 mètres ; il a coûté 326,667 fr.; 2° *le chemin de grande communication n° 9 de Tauves à Ebreuil*, par Saint-Gervais ; cette ligne, une des plus importantes du département, a 102,165 mètres de longueur ; elle a été commencée en 1861 ; son coût revient à 451,532 fr.; 3° *le chemin de moyenne communication d'Herment à Egurande*, en voie d'exécution ; 4° *le chemin de moyenne communication d'Herment à Rochefort*, non achevé.

Une voiture publique fait chaque jour le service d'Herment à Clermont depuis 1849.

Le Gouvernement étudie en ce moment-ci le passage d'une voie ferrée, qui doit relier Clermont-Ferrand à Bordeaux. Le *tracé dit des Plateaux*, desservant Tulles et Ussel, passe près d'Herment. On attend avec impatience le décret qui décidera la ligne à suivre. Un chemin de fer ouvrira une ère de prospérité à cette contrée si oubliée de l'Auvergne et pourtant si intéressante. Herment, par suite, est appelé à devenir un centre considérable d'approvisionnement les jours de foires et marchés.

Foires. Marchés. Les premières foires établies à Herment sont les plus anciennes de toute la montagne. Elles furent créées en l'an 1200 par une charte du roi Philippe-Auguste, à la demande du seigneur et des habitants (1). Les rois de France, successeurs de Philippe-Auguste, augmentèrent à différentes reprises le nombre de ces foires, qui, en 1559, était de 11 et en 1789 de 16 ; ce dernier chiffre est actuellement le même. Les 16 foires d'Herment se tiennent : le 17 janvier, le 5 février, le mercredi-gras *(foire de carnaval)*, le premier jeudi de carême *(foire de carême)*, le mercredi avant la mi-carême, le 28 avril, le 6 mai, le 17 mai, le 16 juin, le 19 juillet, le 3 août, le premier jeudi de septembre, le 18 octobre, le 29 octobre, le 19 novembre et le 22 décembre.

Le champ de foire est placé au bas et à l'est de la ville. Dès 1288, il est désigné sous le nom de *Marchedial*, vieux mot, que l'on retrouve dans d'autres localités d'Auvergne (Rochefort, Champeix) et qui veut dire la place du Marché. C'est au commencement du XVII° siècle (en 1631) qu'apparaît la qualification de *feyrial* ou foirail.

Les marchés d'Herment ont lieu deux fois chaque semaine : le lundi et le jeudi (2) ; ils remontent à l'an 1200, époque de la création des foires. Le roi les concéda, dit la charte mentionnée en 1789, à condition que le seigneur ferait bâtir une halle, qu'il y entretiendrait des bancs et des mesures pour les grains ; pour tout droit d'indemnité celui-ci percevrait un droit seigneurial appelé *layde*, consistant en une coupe sur chaque setier de grain vendu. Les habitants de notre ville furent exemptés de la layde par leurs priviléges de 1267. Les jours de

---

(1) Telle est la date donnée par la ville à l'intendant d'Auvergne en 1789 (*Archives départem.; foires et marchés*). La charte d'Herment a été brûlée pendant la révolution de 1793.

(2) En 1466, ils étaient aussi fixés le lundi et le jeudi.

foire et de marché, le seigneur prélevait, en 1789, 6 deniers par bête à corne, 1 denier par bête à laine, 10 deniers par quintal de marchandise et 5 deniers par *cabaret*.

La halle, propriété du seigneur, était située au sud du château, sur une petite place. Elle disparut dans les flammes lors du grand incendie de 1820. La commune, en la faisant reconstruire, la transporta un peu plus à l'ouest, pour mettre fin aux justes réclamations des enfants du dernier baron, *Claude de Bosredon*.

Le baron *Guillaume de Bosredon*, que nous avons vu en procès avec la commune pendant près d'un demi-siècle, eut aussi de longues contestations, en 1471-1485, au sujet des foires et des marchés. Etait-il dans son droit ? Nous ne le pensons pas. Par leurs priviléges, les habitants de la ville pouvaient vendre dans leurs maisons toutes *les menues denrées*. Guillaume, sans respecter la charte accordée par son prédécesseur, fait construire une nouvelle halle pour ces petites marchandises. Que deviendra le petit commerce ; à quoi serviront les *tauliers* (1), sortes de petites tables placées les jours de foires devant les maisons ? Les chanoines eux-mêmes sont intéressés à la question. Une requête nous représente avec son style du XVᵉ siècle les doléances de la ville et du chapitre : « Entre les consuls, manans et habitants de la ville derment, les doyens et chapitre de l'egglise collegiale de nostre dame du lieu et *Durand Bauduy*, appelans de *Anthoine de Villeneufve* soy portant chastellain ou cappitaine dud. lieu derment ou quoy que ce soit ayant le gouvernement d'icelluy pour messire *Guillaume de Bosredon* et autres officiers dudit seigneur d'une part et ledit messire Guillaume de Bosredon, seigneur dudit lieu derment intimé d'autre. Lesdits appelans en insinuant l'appoinctement de la court dient pour leurs causes d'appel que *ladicte ville derment est une bien ancienne ville au pays d'Auvergne et les habitans d'icelle ont plusieurs beaulx privilèges a eulx donnez et octroyez par les seigneurs du lieu derment et entre autres iceulx habitans ont consulat* et avecques ce en icelle ville y a plusieurs belles foires et marchez eu lan qui ont esté poursuivys au despens diceulx habitans et durant icelles foires et marchez ont accoustumé de toute ancienneté et pareillement les marchands fourains et estrangiers qui viennent esdictes foires vendre et débiter leursdictes marchandises comme *draps, cuyrs, serges* et plusieurs autres ès rues publicques dicelle ville derment et en certains *taulliers* estant devant les maisons mesmement devant la maison dudit *Durand Bauduy*, qui a certain taullier pour vendre et débiter ses marchandises ou celles desdits marchans forains quant icelluy Bauduy le veult louer et pour raison duquel taulier ledit Bauduy paye certain droit audit seigneur derment ; aussi iceulx chapitres ont certains tauliers hors et joignant icelle esglise lesquelz ils ont accoustumé de toute ancienneté louer ausd. marchans forains et auts dudit lieu pour vendre et débiter leursdites marchandises durant lesdites foires et marchez, et les deniers qui viennent dudit louaige sont convertiz au luminaire dicelle eglize, et esdites rues publicques, mesmement devant ladite esglise, de tous coustez et devant la maison dudit Bauduy ont lesdits marchans forains acoustumé de toute anciencté vendre et debiter toutes leurs marchandises mesmement *draps, cuyrs*, et autres et au regard diceulx appelans ilz ont accoustumé vendre leursdits grains et autres marchandises en leursdites maisons eu leurs *estaulx* et quant est des chevaux et *autres bestails a corne qui ont pied forcheu*, ilz ont accoustumé estre venduz et debitez hors dicelle ville en certain lieu appelé *le marchaudial*. Ces choses non obstant, led. *Villeneufve* et

---

(1) Du latin *tabula*, table.

autres officiers de mondit seigneur d'Erment sont se sont efforcez de nouvel à contraindre lesdits marchands forains de venir vendre et debiter leursdits quelles quelles soient audit lieu à lescart ouquel lieu il a de nouvel fait batir *une grange qu'il fait appeler halle* en rendant par ce les estaux diceulx appelans inutilles et aussy leurs maisons a quoy ilz sopposent et requièrent estre receuz à opposicion mais lesdits officiers ne les y voulurent recevoir et nonobstant à opposition se efforcèrent iceulx officiers contraindre lesdits marchans fourains de aller vendre et débiter leursdites marchandises audit lieu de nouvel édiffié par ledit seigneur d'Erment et de ce ilz se sentirent grevez et en appelèrent et *leur appel relevèrent pardevant les exempts au duchié d'Auvergne* à certain jour auquel ou autre iceulx appelans proposèrent leur cause d'appel non obstant lequel ledit seigneur d'Erment soubz son faulx donne entendre obtinst lectres royaulx adressans au chastellain de Montferrand, lesquelles il présenta à ung nommé *Lincenot* qui fait ouyr lesdits appellans fist crier à son de trompe et cry publicq en ladite ville d'Erment que tous lesdits marchands forains allassent vendre et débiter leursdites marchandises audit lieu de nouvel édiffié, à quoy pareillement iceulx appelans requièrent estre receuz à opposicion mais en faveur dudit seigneur d'Erment ledit *Lincenot* ne les y voulust recevoir dont ilz appellèrent et leur appel ont relevé en ladite court en laquelle ilz ont pleidé leursdites cause d'appel à certain jour auquel ledit seigneur d'Erment requist leurdit procès pardevant le juge des exempts par appel audit duché d'Auvergne estre quoique en ladite cour, sur quoy lesdites parties furent appoinctées au conseil, et depuis par ladite cour a esté dit et ordonné que leurdit procès seroit vu et que lesdits appelans bailleront leursdites causes d'appel par escript. En conclusions qu'il a esté mal exploicté, amandé, refusé et denué par ledit *Villeneufve* et autres officiers dudit seigneur d'Erment et bien appellé par lesdits appellans offrent prouver et demander despens, domaiges et interestz et néantmoins ou il seroit dit mal appellé par lesdits appellans que non sera par ce que dit est. Requièrent à ladite court actendu que leurdit appel eust été décidé et désisté par ledit juge des exemps pardevant lequel ils auroient relevé contre come juge immédiat dudit seigneur d'Erment que iceulx appelans ne scoient condempnez que en l'esmende de soixante solz tournois. »

En 1472, l'abbaye de l'Eclache percevait un droit sur le sel, qui se vendait à Herment aux marchands des alentours. Le baron *Guillaume de Bosredon* contestait cette perception. L'abbaye s'adressa au *duc de Bourbon,* suzerain de la baronnie d'Herment, qui fit faire une enquête dans notre ville. Les témoins suivants furent entendus : *Guillaume Civadon,* marchand, bourgeois, âgé de 80 ans ; *Pierre Masuer* (60 ans) ; *Danthon de la Val* (65 ans) ; *Jehan Blanchier,* dit *Farines,* marchand (60 ans) ; M° *Jehan de Fressanges,* notaire (50 ans) ; *Jacques Fargent, sareurier* (60 ans) ; *Pierre Johannel* (55 ans) ; *Durand Mosneron* (70 ans) ; *Pierre Consturasse,* de Sauvagnat (50 ans) ; *Jehan Haste,* pelletier (50 ans) ; *Anthoine Domas* (80 ans) ; *Jean Eyrauld* (60 ans). L'abbaye obtint une sentence de maintenue le 13 avril 1472. Il fut décidé que les marchands forains continueraient à payer comme par le passé, par chaque quarte de sel vendu, une petite mesure appelée *soucharel*, valant une coupe, marquée aux armes du seigneur-duc de Bourbon, à condition que l'Eclache prierait pour mondit seigneur et pour *sa très-noble lignée.*

Le setier d'Herment. Mesure ancienne. La mesure d'Herment (*mensura Hermenci*), mentionnée dès l'an 1276, était jadis en usage à Bourg-Lastic, à Pontaumur et dans presque toutes les paroisses de ces deux cantons. Elle se composait, avant la suppression des anciennes mesures, de *quatre quartes*, équivalant à 1 hectolitre 6 décalitres. Chaque quarte se divisait en deux *quartons* ou *boisseaux* et le quarton en quatre *coupes*. Le setier d'Herment valait donc 4 quartes ou 8 quartons, ou 32 coupes. *La layde*, perçue par le seigneur, équivalait au 1/32 du setier ou 5 litres (1). L'ancien setier d'avoine se composait de 9 quartes (18 quartons) (2). La mesure d'Herment était la même que celle de Saint-Germain-Lembron, comme il appert du tableau ci-dessous basé sur le poids respectif que pèse le setier de chaque ville et celui de Clermont. 100 setiers de seigle, mesure de Clermont, pèsent autant que

125 d'Aigueperse.	333 de Mauriac.	100 de Courpière.	278 de Pleaux.
82 d'Allanche.	166 de Maurs.	48 de Cunlhat.	89 de Pontgibaud.
91 d'Ardes.	97 de Montaigut.	105 de Cusset (Allier).	99 de Riom.
245 d'Aurillac.	91 de Murat.	100 d'Ebreuil (Allier).	99 de Rochefort.
72 d'Auzances (Creuse).	100 de Billom.	125 d'Effiat.	584 de Saint-Flour.
100 de Besse.	143 de Bort (Corrèze).	111 de Gannat.	94 de St-Germain-Lembron.
148 de Latour.	73 de Brioude.	94 d'Herment.	97 de Saint-Gervais.
200 de la Roquebrou.	91 de Champeix.	91 d'Issoire.	263 de Salers.
125 de Lezoux.	100 de Chaudesaigues.	97 de Pionssat.	92 de Sauxillanges.
125 de Maringues.			

Nous terminons cet article par une notice sur les foires principales des environs d'Herment :

A *Aurières* (canton de Rochefort), la foire de la Saint-Barthelmy est mentionnée par Baluze en 1203. *(Hist. de la Maison d'Auvergne).*

Bourg-Lastic possède une foire (9 décembre) établie par lettres-patentes du roi au commencement du XVIII° siècle. La tradition rapporte qu'elle est due à un riche marchand nommé *Jaubert* ; les foires du 5 février, du 20 de chaque mois et les marchés remontent à 1770 ; M. *de Langeac*, seigneur de Préchonnet, les fit publier sans lettres-patentes.

Chaslus, près de Combrailles, avait 6 foires dès la fin du XIII° siècle et un marché par semaine. L'emplacement de la halle est occupé par un hameau du même nom. La *layde* produisait un écu par an en 1590. Les foires de Chaslus furent transférées au bourg de Combrailles, par lettres-patentes de novembre 1650, à la demande de *Gabriel de Bosredon*, seigneur du lieu. D'anciens terriers parlent de la *mesure de Chaslus*.

Giat possède le même nombre de foires qu'Herment. En 1359, il y avait des foires dans ce bourg, ainsi que l'établit la vente de la seigneurie de Giat, faite à *Pierre de Giat* par *Guillaume de la Tour* et ses frères. Les foires furent augmentées au mois de février 1425 par lettres-patentes du roi Charles VII. *Jean de la Roche*, seigneur du Ronzet et en partie de Giat, obtint la création de cinq autres foires et d'un marché le vendredi de chaque semaine, par lettres du roi Henri II, en mars 1556. *Gilbert de Thianges*, seigneur de Beaumont et de Feydet, qualifié *baron de Giat*, capitaine-lieutenant d'une compagnie de gendarmes, fit établir trois nouvelles foires et un marché chaque mardi, en vertu des lettres-patentes qu'il obtint du roi Louis XIII en 1626, à la grande contrariété des habitants d'Herment, ainsi que le manifeste une de leurs délibérations du 11 mars 1627 : « Le seigneur de Beaumont, sieur de Feydet, Foulages et Giat, a obtenu, *sur sa requête*, *pleines de suppositions*, du roy nostre sire, lettres-patentes pour installer au bourg de Giac autres 3 foires outres celles qui y sont d'entieneté et ung marché le mardi de chaque sepmaine, et au deçu des villes circonvoizines, notamment de la

---

(1) L'ancien setier de Paris se composait de 156 litres, c'est-à-dire 4 litres de moins que celui d'Herment.

(2) Les terriers parlent du *setier émine* et du *setier tiercé* ; le premier valait un setier 1|2 (l'émine équivalant au 1|2 setier); le second répondait à 8 quartons 1 coupe 1|3 de coupe.

présante ville, a fait enregistrer lesdites lectres au greffe de la sénéchaussée d'Auvergne à Riom et quome ils ont appris (les consuls) qu'on veut les faire publier demain vendredy foire audit Giac le douzième du presant, lesquelles lettres est de fait que c'est la ruyne totale de laditte ville et notables intérets de monseigneur le duc, baron de cette ville. » Herment comprenait dès 1627 combien ces trois foires lui seraient préjudiciables ; celles de 1425 ne l'étaient pas moins, mais c'était un privilége accordé au célèbre chancelier *Pierre de Giac*. La lutte avait été impossible. On voit que la rivalité de la ville d'Herment et du bourg de Giat ne date pas d'hier.

Le Montel de Gelat a des foires qui ont été établies par le roi Charles VI, par lettres-patentes du 20 juillet 1400, à la demande de son seigneur *Etienne Aubert*, possesseur des fiefs de Rochedagoux et de Pontgibaud.

Miremont (canton de Pontaumur) a obtenu quatre foires par lettres-patentes du roi Charles IX, en 1570, sur la requête de son seigneur *Charles d'Apchon*; *Lucrèce de Gadagne*, veuve de celui-ci, fit établir 6 foires dans son fief de *Pontaumur* par lettres-patentes du roi Louis XIII, en 1613.

Rochefort doit ses foires à *Joachim de Chabannes*, son seigneur, qui obtint des lettres-patentes en 1541. Il est parlé de la *mesure de Rochefort* en 1460, ce qui donnerait à penser que les foires établies en 1541 ne sont pas les plus anciennes, puisqu'à cette première date Rochefort possédait un marché. Les foires de Rochefort ont lieu le premier mardi de chaque mois.

PRIX MOYEN DU SETIER DE BLÉ SEIGLE D'HERMENT (1)

Année	l. s. d.	Année	l. s.	Année	l. s.
En 1398	» l. 10 s. 8 d.	En 1648	3 l. 19 s.	En 1669	4 l. 1 s.
1550	» 20	1649	5 16	1670	4 »
1629	7 13	1650	6 13	1671	3 17
1630	9 15	1651	9 14	1672	4 11
1631	17 15	1652	14 16	1673	3 12
1632	10 »	1653	12 »	1674	3 10
1633	4 10	1654	6 9	1675	4 17
1634	3 5	1655	4 9	1676	5 7
1635	3 8	1656	4 13	1677	4 15
1636	4 16	1657	4 60	1678	5 1
1637	3 10	1658	6 10	1679	6 14
1638	3 10	1659	7 8	1680	7 5
1639	3 3	1660	5 10	1681	5 11
1640	3 10	1661	17 17	1682	4 2
1641	6 7	1662	9 6	1683	3 15
1642	7 5	1663	6 13	1684	3 17
1643	9 19	1664	6 13	1685	5 2
1644	7 18	1665	7 13	1686	5 2
1645	6 11	1666	8 8	1687	3 12
1646	3 7	1667	4 10	1688	4 »
1647	3 9	1668	3 11	1689	5 11

(1) Ce relevé a été fait dans les *registres des mercuriales* ou *registres de pencartes* de la ville, conservés depuis 1629.

HISTOIRE D'HERMENT.

En 1690	6 l.	10 s.	En 1742	6 l.	10 s.	En 1804 (3)	10 f.	80 c.
1691	6	10	1743	5	»	1805	12	60
1692	8	5	1744	5	5	1806	10	20
1693	10	19	1745	5	»	1807	9	60
1694	18	» (1)	1746	6	17	1808	9	60
1695	8	»	1747	8	»	1809	9	90
1696	8	5	1748	10	2	1810	14	70
1697	5	13	1749	14	15	1811	17	50
1698	10	5	1750	11	10	1812	20	40
1699	15	»	1751	6	12	1813	16	80
1700	10	12	1752	8	5	1814	12	»
1701	7	2	1753	8	2	1815	14	40
1702	6	10	1754	6	10	1816	26	40
1703	4	7	1755	10	10	1817	38	40
1704	4	10	1756	8	10	1818	20	»
1705	7	»	1757	12	7	1819	15	10
1706	4	10	1758	13	»	1820	14	70
1707	3	10	1759	10	7	1821	15	15
1708	5	17	1760	9	10	1822	15	68
1709	18	7 (2)	1761	6	»	1823	16	04
1710	15	»	1762	6	5	1824	16	29
1711	8	10	1763	6	10	1825	16	45
1712	15	1	1764	6	10	1826	15	66
1713	20	»	1765	8	2	1827	16	29
1714	15	»	1766	13	17	1828	16	28
1715	6	5	1767	15	2	1829	16	39
1716	4	10	1768	12	7	1830	16	52
1717	4	»	1769	11	10	1831	19	17
1718	5	2	1770	22	»	1832	16	13
1719	7	10	1771	26	5	1833	16	09
1720	12	10	1772	19	10	1834	16	18
1721	7	»	1773	14	5	1835	16	23
1722	5	15	1774	14	2	1836	17	25
1723	5	17	1775	14	10	1837	21	50
1724	6	15	1776	10	10	1838	19	75
1725	7	»	1777	14	15	1839	22	50
1726	6	10	1778	16	15	1840	13	44
1727	6	10	1779	14	10	1841	12	18
1728	6	5	1780	11	10	1842	12	78
1729	9	5	1781	13	2	1843	17	03
1730	6	10	1782	16	»	1844	17	62
1731	6	2	1783	11	10	1845	17	50
1732	6	10	1784	11	5	1846	23	50
1733	6	15	1785	7	10	1847	29	50
1734	6	15	1786	13	15	1848	12	50
1735	6	5	1787	9	»	1849	9	57
1736	9	»	1788	13	10	1850	8	43
1737	6	5	1789	23	»	1851	8	43
1738	5	15	1790	22	10	1852	9	53
1739	12	10	(Pendant la période révolutionnaire on ne tint aucun registre de mercuriales).			1853	15	60
1740	10	5				1854	25	60
1741	10	6				1855	29	»

(1) En 1694, il y eut en Auvergne une grande famine.
(2) L'hiver de 1709 fut extrêmement rigoureux en France.
(3) De 1804 à 1865, le prix que nous donnons n'est pas celui du *setier*, mais celui de l'*hectolitre*. L'ancien setier d'Herment correspond à 1 hectolitre 6 décalitres.

En 1856	20 f. 10 c.	En 1859 .... 10 f. 41 c.	En 1862 ...... 13 f. 43 c.
1857	19 19	1860 .... 12 67	1863 .... 10 77
1858	11 83	1861 .... 14 »	1864 .... 10 66

Il nous reste à dire un mot de l'ancienne *seterée* d'Herment. Elle valait jadis 1,000 toises (aujourd'hui 1,600). Le *journal de pré* répondait aussi à 1,000 toises.

USAGES ANCIENS

Ans nos montagnes d'Auvergne, chaque localité possède ses anciens usages. Herment voit lui-même figurer de temps immémorial plusieurs de ses fêtes mi-parti religieuses, mi-parti chevaleresques. Plusieurs vieilles coutumes ont disparu; dans quelques années il n'en restera plus de traces.

Fête paroissiale. Le matin du jour de la fête, les jeunes gens de la ville s'adonnent à un jeu qui rappelle *le noble jeu de l'arc* encouragé par les rois de France à la fin du Moyen-Age. Une longue tige en bois, portant une fiole remplie d'eau, est attachée à l'extrémité de l'un des deux arbres dits de *Sully*, de la place des Murs. Le plus habile la brise d'un coup de fusil. Saint-Roch, patron de la ville, ne dédaigne pas un *roi* et sa *reine*. Les reinages du saint s'adjugeaient jadis pour une somme assez ronde. Roi, reine et leur cour arrivent à l'église, précédés d'une musette et d'une vielle. Mais ne craignez rien ; leur règne pacifique a pour unique but d'entourer la niche du saint, pendant la messe et la procession. A l'issue de la cérémonie religieuse, on *tirait le coup de l'oie*, sans doute en souvenir des oies du Capitole, coutume barbare, qui a été défendue avec raison il y a quelques années. Toutefois, la jeunesse est autorisée à *courir la bague*, jeu que les seigneurs du Moyen-Age aimaient passionnément. Des danses prolongées accompagnaient autrefois la fête de Saint-Roch. Les habitants d'Herment se piquaient de bien danser. On les a vus exécutant avec beaucoup d'entrain, *la montagnarde* et la gracieuse *bourrée*. Aujourd'hui, les *polkas* et les *masurkas*, dansées sans principes, gagnent toutes nos montagnes, au grand regret de Therpsycore qui cherche vainement ses enfants de la Montagne.

Veillées. L'hiver, lorsque le froid se fait sentir avec violence, la classe pauvre se réunit dans les étables ; chacun y porte l'huile nécessaire à l'éclairage et la légende pour égayer *la veillée*. C'est là que se sont transmises les traditions de l'ancienne ville de *Beauclair*, les ravages des Anglais et des Protestants, la surprise de la ville, *qui fut prise en dormant*, le trésor considérable de la commune, trésor enfoui près de la place des Murs. Les vieilles complaintes, les noëls qui s'y chantent sont remarquables de naïveté. *La Mort du capitaine Arnauld* était un chant de prédilection qu'on n'entend plus depuis quelques années. Ce chant se rapporte peut-être au capitaine Arnauld de la Mothe, mort héroïquement au siége de Lezoux, en Auvergne, en 1592 ; mais, comme la famille Arnauld est originaire d'Herment et qu'on chante cette complainte dans d'autres provinces, nous pensons qu'elle a plutôt pour héros un personnage de notre ville.

Les Brandons. Le premier dimanche de Carême est *le dimanche des Brandons*. Ce mot brandon, vient de l'allemand *brandt*, qui veut dire tison ; dans la basse latinité, *branda* signifie flambeau. Par un reste d'idolatrie, nos paysans vont la nuit du dimanche des Brandons, avec des torches de paille allumées, parcourir les arbres de leurs héritages, en les apostrophant. Les payens pratiquaient les brandons en février ; alors on les voyait courir la nuit avec un flambeau, pour se purifier et procurer le repos aux mânes de leurs parents. Nos paysans ont retenu cette cérémonie pour leurs arbres.

Les Réveillons. Pendant la Semaine-Sainte, la jeunesse passe dans chaque habitation pour chanter des complaintes, appelées *réveillons*, sur la Passion de Notre-Seigneur. La société musicienne ambulante ne rentre jamais les mains vides. Un de ses membres porte les œufs donnés par les maîtres de maison.

Mai. Chaque poursuivant d'amour choisit une tige d'arbre très-élevée destinée à celle qu'il aime. Le *mai* se plante à côté de la maison de la belle, près de la porte d'entrée. Ses branches supérieures sont chargées de rubans. Cette cérémonie, qui a presque disparu complétement, a lieu le 1er mai, d'où vient le nom donné à cet arbre.

Feux de joie. Le 24 juin, fête de saint Jean-Baptiste, la jeunesse se procure un immense bûcher, qu'elle place dans l'endroit le plus apparent Le soir, la masse de feu s'élève dans les airs aux cris joyeux des assistants. Pendant ce temps-là, des centaines de points lumineux apparaissent dans le lointain. Le paysage devient vivant ; chaque village se salue à tour de rôle.

Il existe aussi une autre cérémonie plus triste et plus religieuse dans nos montagnes. Il est d'usage de faire brûler la paille du lit d'un défunt. En apercevant une lueur inaccoutumée, le villageois fait le signe de la croix et récite un *De Profundis*, se souvenant de ces paroles du jour des Cendres : *O homme ! souviens-toi que tu es poussière et que tu retourneras en poussière*.

Costume. — Langage. Nos paysans avaient conservé jusqu'ici leur costume primitif que distinguaient le chapeau à larges ailes, les culottes courtes et une veste en forte serge. La paysanne portait des étoffes voyantes : un tablier rouge, bleu, vert, jaune ; un *mouchoir* (en patois *mouchadou*) caractéristique et un chapeau de paille de forme particulière. Nous regrettons de voir disparaître tous ces costumes, qui font place aux modes nouvelles, parfois singulièrement adoptées. Le patois pur, où l'on retrouve le latin et le celtique, cède à un français abâtardi. Nos montagnards diront un jour aux générations futures : « Nos pères parlaient jadis une autre langue ! »

Superstitions. Nous n'esquisserons pas toutes les superstitions de ce canton ; il faudrait un volume pour les recueillir ; au reste, elles ont beaucoup d'analogie avec celles de toute la montagne. Les *sorciers*, vrais empiriques, jouent d'abord un grand rôle. On leur accorde le pouvoir d'*ôter le feu*, c'est à-dire la douleur, provenant d'une contusion. Quelques-uns sont consultés à 10 lieues à la ronde ; gardez-vous de dire que vous ne croyez pas à leurs cures ! Le soir, au crépuscule, à l'intersection de quatre chemins, Satan donne, dit-on, rendez-vous à ses pratiques. Le paysan vous racontera que, non pas lui, mais ses parents, ses amis l'ont vu sous mille formes capricieuses : ici en bouc, là en chien. On vous parlera de la chasse de Saint-Hubert, du bruit de chaînes entendu à minuit dans certaines maisons ; des fantômes qui grossissent, diminuent à vue d'œil, puis disparaissent subitement. Il va sans dire que c'est toujours le Diable. La maigreur des chevaux est attribuée au *Lutin*, qui les monte chaque nuit, mais il existe un moyen pour empêcher le malin esprit de s'égayer aux dépens des pauvres bêtes : c'est celui de placer un plat de cendre à la fenêtre par laquelle il a l'habitude d'entrer ; les bonnes femmes disent qu'il est obligé de compter la cendre du plat, avant de passer outre ; elles ajoutent qu'il n'a jamais pu réussir, que chaque fois il a abandonné son projet en criant : *Menu ! Menu !* Il y a des personnes de bonne et de mauvaise vue, de bonne ou de mauvaise étrenne. Le loup est de bon augure ; le lièvre qui coupe le chemin porte malheur. Le mercredi et le vendredi sont des jours néfastes, etc., etc. Voilà de quoi faire peur aux enfants, sans parler du *barbo*, du *loup garou* En revanche, nos laboureurs sont plus raisonnables au sujet des pronostics que l'expérience leur apprend à tirer du temps. Ils se trompent rarement. Malheureusement, l'agriculture a de grands pas à faire dans les montagnes de la Basse-Auvergne. Il serait à souhaiter que la routine fît place au mode de culture qui a si bien réussi chez nos voisins de la Creuse.

NOTAIRES

Les premiers notaires, qui paraissent dans notre ville, sont ceux de 1270. Antérieurement, les transactions s'opéraient devant l'official de l'évêque de Clermont. En 1265, les consuls d'Herment reçoivent une vente passée au profit de *la confrairie de la Sainte-Croix des marchands* du même lieu par un bourgeois (1). C'est au roi Louis IX que l'on attribue l'établissement du notariat dans les campagnes et les petites villes, vers 1270. Les seigneurs hauts justiciers avaient le droit de placer dans leur châtellenie un *chancellier* ou *garde-scel* (*tenens sigillum*) qui scellait du sceau seigneurial tous les actes reçus par les notaires, ce qui leur produisait de bons émoluments. Dès l'institution du notariat à Herment (en 1270) le baron de cette ville, *Humbert de Beaujeu*, créa un chancelier. Ses successeurs suivirent son exemple jusqu'au milieu du XVIᵉ siècle ; le scel seigneurial fut alors remplacé par le *scel royal des contracts d'Herment* (2). Nous donnons le dessin de plusieurs scels et contre-scels de la chancellerie d'Herment :

Celui du baron *Jean de Dreux*, servant en 1315-1323 ; il représente sur le scel les armes de Dreux *accostées* de deux petits écussons chargés du lion des Beaujeu avec le semé de billettes. La légende, en partie détruite, portait : S. COMITIS DREUCENSIS IN CURIA HERMENCI CONSTITUTUM. Le contre-scel offre les armes de Dreux avec la légende : COTRA. S. CURIE. ARMENCII. Sur un acte de 1320 figure pour contre-scel un blason aux armes de Beaujeu, avec cette légende : SIG. SECR. JEHAN DE DREUCO.

Celui de *Guillaume Roger* (1350) ; aux armes des Roger, sur le scel, avec légende détruite, et au contre-scel le blason de Roger avec la légende : CONT. S. CURIE DE HERMENCO.

Celui de *Nicolas de Beaufort* (fils de G. Roger, qui précède) ; il servait en 1380-1398 ; représente un écusson écartelé de Roger et de Gallard-Limueil. Légende : S. NIC. DE BELLOFORTI. DOMINI. DE. LIMOLIO. 7. DE HERMENCO. Contre-scel : Aux armes écartelées de Roger et de Gallard-Limueil ; légende : CONTRA. SIGILLU. CURIE. HERMENCI.

Le *scel royal des contracts d'Herment* en 1620 (2).

---

(1) Des actes du milieu du XIIIᵉ siècle renferment un grand nombre de ventes concernant les communes et passées devant les consuls. On en trouve à Ussel, Clermont, Montferrand, Aurillac, etc.

(2) Ce scel présente les armes de France (3 fleurs de lys).

LISTE DES CHANCELIERS DE LA COUR D'HERMENT.

1. Siméon IMBERT.................. 1274-1310
2. Barthelmy de BUXIERE, chevalier.... 1314
3. Bernard de CORTES............ 1315-1321
4. Barthelmy de BUXIERE, chevalier, qui précède............................ 1320
5. Pierre de CORTES............... 1322
6. André de CORTES................ 1323
7. Léonard de CORTES.............. 1326
8. Barthelmy de BUXIERE, qui précède........................... 1326-1331
9. Pierre de CORTES, qui précède . 1331-1340
10. Guy (*Guido*) de la CHAPOUILLE (*Chapolia*), clerc.............. 1350-1352
11. André de CHASLUS, chevalier... 1356-1367
12. Jacob DESPESSAC, chantre du chapitre d'Herment.................... 1370-1382
13. Guillaume de CHAVANON...... 1390-1396
14. Jean de CIVADON, bourgeois.... 1380-1396
15. Arbert de MONTVERT (*de Monte-Viridi*), chevalier, seigneur de Maignac (*de Manhaco*).................... 1396
16. Amblard de TORCHON, prêtre. 1400
17. Durand JARGUELH, archiprêtre de Rochefort.................. 1407-1411
18. Pierre BOSCHES, chanoine de Cébazat, puis d'Herment, chancelier de *Nicolas de la Roche*, s^r de Tournoëlle en 1415, puis du s^r d'Herment............... 1417-1428
19. Guillaume EBRARD, clerc, chancelier au nom du duc de Bourbon, suzerain de la baronnie d'Herment............ 1427
20. Martial d'ESTANSANNES (*Destanzannes*), damoiseau, seigneur de las Vaisses, chancelier au nom du duc de Bourbon, suzerain d'Herment..... 1435-1438
21. Nicolas d'ESTANSANNES, chancelier au nom du duc de Bourbon........ 1437
22. Guillaume ROCHEFORT, notaire royal 1440
23. Pierre de GOUGE (*de Guogitibus*), damoiseau, parent de l'évêque de Clermont *Martin de Gouge de Charpagne* ... 1441
24. Hugues ASTORG, s^r de Montiroy.. 1441-1447
25. Jean LE LONG, clerc, notaire royal. ... 1450
26. Laurent CHEVALINES, not. royal 1453-1456
27. Antoine de la VILLENEUVE, écuyer.. 1463
28. Loys de MARFONT, écuyer...... 1463-1468
29. Jean du CLAUX, notaire royal... 1469-1482
30. Antoine de la VILLENEUVE, qui précède................. 1481-1498
31. Guillaume de BELLESSERT, chanoine 1522
32. Antoine de la BIZERIE, s^r des Besses. 1541
33. François de BELVÉZEIX, écuyer, seigneur de Barberolles............ 1554

Au Moyen-Age, un ecclésiastique pouvait être notaire ; on en trouve de fréquents exemples à Herment. Une ordonnance de Charles VIII défendit, en 1490, aux prêtres et religieux d'exercer le notariat. On sait qu'avant 1789 il y avait trois sortes de notaires : le *notaire royal*, le *notaire féodal* et le *notaire apostolique*; le premier seul devait faire un stage sérieux ; le second recevait sa nomination du seigneur et pouvait exercer dans toute l'étendue de sa terre. Les notaires féodaux de la baronnie d'Herment avaient un vaste champ ; c'est ce qui explique leur nombre de 14 en 1509, tous résidant dans notre ville. Une ordonnance datée d'Orléans en 1560, améliora considérablement le système en usage. L'abus était devenu trop évident. Il ne dépendait que du caprice d'un haut justicier de créer un tabellion dans sa terre. Chaque village avait le sien. A Sauvagnat, à Prondines, à Tortebesse, à Verneugheol on en trouve la preuve. L'article 82 de l'ordonnance du roi François II porte *que le nombre des notaires serait réduit suivant l'avis des juges ordinaires des lieux*; les 14 notaires d'Herment furent réduits à 5. Henri III, par un édit du mois de février 1575, créa des offices de *notaires-gardes-notes* en chaque baillage; antérieurement, les minutes étaient généralement délivrées aux parties ; déjà, son père, François Ier, avait institué des *tabellions* dans chaque châtellenie du royaume. Les 5 *notaires réduits* d'Herment (telle est la qualification qu'ils prennent) instrumentèrent jusqu'en 1664. Un édit du 29 avril de cette année décida que les notaires royaux des provinces seraient au nombre de 4 dans les villes où il y avait une châtellenie, et au nombre de 2 dans les bourgs possédant foires et marchés. Herment, compris dans la première catégorie, conserva 4 études jusqu'en 1824 ; en 1827, ces études furent réduites à 2 ; c'est le nombre actuel.

Le notariat était jadis une position fort honorable. Les gentilshommes ne dédaignaient pas d'exercer cet office dans notre ville : *Jean Chapelle*, damoiseau, en 1310-1337 ; *Jean Philippe*, damoiseau, en 1337-1350 ; ils ne dérogeaient même pas, puisqu'ils conservaient leurs qualifications nobiliaires. Celui qui exerçait la charge de notaire acquérait une véritable bourgeoisie et les titres de *discret et sage*, M^e, *honorable homme*. Un roi de France, voulant augmenter encore le prestige du notariat, défendit aux *bouchers* et aux *barbiers* d'acquérir la place de tabellion.

Quelques notes termineront ces recherches : En 1329, une étude de notre ville est appelée en latin *operatorium* (boutique) ; en 1630, elle est désignée sous le nom de *botique de notaire* (1). *Antoine Chassaing* achète en 1604, moyennant 150 livres tournois, l'office de Jerosme Mangot, son beau-père. *Guillaume Bouyon* déclare, en 1774, que ses minutes lui produisent 700 livres tournois annuellement.

Plusieurs familles d'Herment (les familles *de l'Oursse, Girbert, Rochefort, Arnauld, Yver, Mangot, Menudel, Chassaing, Bouyon, Peyronnet,* etc.) ont possédé héréditairement pendant plusieurs générations la charge de notaire, ce qui leur donnait une grande considération. On ne leur disputait pas le premier rang, chacun se plaisait à le leur reconnaître. Une confiance sans borne était leur apanage. Aujourd'hui, les élévations ne sont que trop rapides, c'est le résultat de nos institutions modernes. Nous sommes sous le mobile de l'argent, mais que de chutes occasionnées par ce luxe sans bornes et par cette soif des jouissances matérielles !

LISTE DES NOTAIRES D'HERMENT (1270-1865)

De Acuya (Jean). 1299	Arnauld (Michel), dit *Morin*, fils du précédent 1502-1523
Alatria (Pierre) 1288	Arnauld (Henri), notaire royal et féodal. . . 1508-1533
Allochon (Jacques). 1317	Arnauld (Guichard), notaire royal. 1660-1693
Alotesch (Antoine) 1509	Arnauld (Jean), fils du précédent 1693-1718
Anglade (Claude), nommé le 21 août 1827, ancien notaire à Cournon, exerce à Herment depuis 1834 jusqu'en 1865, année de son décès.	Aubert, *Arberti*(Jean). 1483-1485
	Aubert (Gérald) 1485
Arnauld (Guillaume). 1337	Aulmosnier (Michel), notaire royal, originaire de Courtille, près du Puy-Saint-Gulmier, notaire royal en 1565, teste en 1615. Il avait épousé *Susanne Yver*.
Arnauld (Antoine), notaire royal. 1430-1485	
Arnauld (Michel), notaire royal 1469-1502	

(1) C'est sous le roi Charles IX que les *boutiques des notaires* commencèrent à prendre le nom d'*études*.

Des Aymards (Pierre)	1535
Des Aymards ou des Eymards (Antoine)	1569-1571
Des Aymards ou Deseymard (François)	1648-1670
Barmon (Nicolas), clerc	1288
Battut (Annet), notaire féodal	1509-1528
Bauduy (Jean), prêtre, clerc, not. apostolique	1393-1437
Bauduy (Pierre)	1419-1444
Bauduy (Michel)	1490
Bauduy (Antoine)	1565
Baudonnat (Louis), notaire royal et féodal	1532-1566
Bergier (Gervais), notaire royal	1546-1580
Bertrand (Martin), notaire et greffier	1531-1549
Bernard (N)	1375
Besse (Jehan)	1535
Besset (Antoine)	1490
Bonnet (Antoine)	1440-1487
Blanchier (Etienne)	1398
Bourdiège (Louis), notaire royal	1571-1573
Bourrand (Antoine)	1710-1741
Bouyon (Etienne), notaire royal, aïeul	1734-1769
Bouyon (Guillaume), père	1769-1798
Bouyon (Léonard-Jean), fils	1798-1816
Bouyon (Pierre), frère du précédent	1816-1825
Du Boys (Pierre)	1472-1483
Bussière (Jean), époux de *Marguerite de Foulages*	1396-1444
Chambon (Jean)	1832-1834
Chapelle (Durand), clerc	1288
Chapelle (Jean), damoiseau, clerc	1310-1337
Chassaing (Antoine), quintaïeul	1604-1639
Chassaing Jean), quatraïeul, obtient ses provisions le 16 avril 1639-1676	
Chassaing (Annet), trisaïeul, prov. du 29 oct. 1676-1715	
Chassaing (Pierre), bisaïeul, prov. du 30 janv. 1715-1741	
Chassaing (Joseph-Annet), aïeul, prov. du 13 janv. 1741-1766	
Chassaing (Joseph-Annet), père, prov. du 20 août 1766-1773	
Chassaing (Jean-Baptiste), fils. 19 nov. 1802-1827	
(Les 7 Chassaing précédents ont exercé pendant 223 ans.)	
Charvelite (Pierre)	1390-1400
Chazot (Marien)	1628
Chermartin (Louis)	1592-1640
De Chevalines (Laurent), père	1428-1454
De Chevalines (Michel), fils	1454-1486
Civadon (François), notaire à Egurande en 1601, puis à Herment	1605-1620
Du Claux (Jean)	1469-1482
Dalmas (Durand), clerc, prêtre, curé de Verneugheol	1337
Dalmas (Jean)	1411
Démonteix (Marien), nommé le 5 sept. 1848 (en exercice).	
Despessac (Jacques), chantre du chapitre	1372-1380
Domas (Léonard)?	1485
Dozbostz (N)	1500
Fabre, *Fabri* (Pierre)	1411
Fabre (Bertrand), frère du précédent	1411-1449
Fabre (Antoine), neveu de Pierre	1450-1457
Faure (P.)	1343
Faure (Antoine)	1502
Ferragut (Guillaume), prêtre	1350-1372
Ferragut (Durand), prêtre	1373
Ferragut (Pierre)	1372-1382
Filhas (N)	1450
De Foresta (Pierre), clerc	1320
De Fressanges ou Freycenges (Jean)	1450
De Fressanges (Mathieu)	1458-1463
De Fressanges (Michel)	1477-1501
Gaillard (François)	1842-1846
Garite, *Garita* (Barthelmy), clerc, curé	1360-1392
Garite (Jean), fils de Jean	1411
Gandebœuf (Michel), notaire royal	1605-1636
Girbert (Etienne), clerc	1315-1320
Girbert (Pierre)	1318-1351
Haste, *Hasterii* (Durand)	1410
De Huffle (Jean), clerc	1361
Imbauld (Pierre)	1330
Imbauld (Etienne)	1396
La Chapelle (Etienne)	avant 1331
Laubi (Jean), clerc	1296
Laubi (Pierre)	1330-1333
Le Long (Jean)	1450
Mangot (Jean)	1513
Mangot (Annet)	1554-1582
Mangot (Michel)	1582-1600
Mangot (Jerosme), provisions du 3 nov. 1576-1604	
Martin (Guillaume)	1349
Martin (Robert), prêtre clerc	1396
Masson (Antoine)	1485-1495
Mathieu (Jean), clerc, père	1469-1517
Mathieu (Pierre), fils, sr de la Borderie	1509-1535
Mathieu (Antoine)	1535
Mazan (Durand)	1288
Mazuer (Pierre), notaire royal et féodal, nommé le 17 mars 1778, exerce jusqu'en	1803
Mazuer (Antoine-François), fils du précédent 28 juil. 1807-1842	
Menudel (Henri), père	1628-1664
Menudel (Gabriel), fils	1670-1707
Messes (Bertrand)	1322
Messes (Laurent)	1475
Messes (Antoine), clerc, dit *Savern*, marié en 1499 à *Françoise de Chevalines*, fille de Michel, notaire	1485-1535
Molinet (Hugues)	1444
De Murat (Jean)	1380
Neyme (Jean), notaire apostolique	1451-1457
Nohaliat (Jean)	1411-1433

HISTOIRE D'HERMENT. 177

De Noizac ou Noisac (Antoine)	1449	Rochefort (Louis), fils du précédent	1628-1674
De Noizac (Léonard)	1460-1486	Rogier (Durand)	1476-1519
De l'Oursse, *de Urssa* (Jean)	1288 1290	Rogier (Gabriel)	1509-1516
De l'Oursse (Pierre), clerc, l'un des 3 notaires qui, en 1309, légalisent l'interrogatoire des templiers d'Auvergne (1) ; il exerçait encore en	1323	Sage, *Sapiens* (Robert)	1290
		Sage (Jean), clerc	1330-1341
		Textorix (Etienne), clerc, prêtre	1337-1348
De l'Oursse (Guillaume), clerc marié	1321-1322	De Termes (Pierre), prêtre	1453-1456
Palluet, *Paluetti* (Robert)	1411	Tibord (Joseph-Emile)	1828-1832
Payres (Henri), père	1498-1533	Vachon (Vincent), châtellain de Thix, époux de *Françoise de Chevalines*	1509-1529
Payres (Martial), fils	1533-1569		
De Perol (Durand), clerc	1320	Vachon (Antoine)	1509-1528
Peyrières (Léonard), prêtre	1411	Vaspillus (N)	1293
Peyronnet (Toussaint), notaire à Voingt en 1630, puis a Herment	1633-1659	Vialette (N)	1422
		De la Val (Durand)	1535
Peyronnet (Antoine), nommé le 14 juin	1696-1711	De la Vergne (Jean), clerc	avant 1338
Peyronnet (Jean-Marien)	1754-1782	Verny (Antoine), nommé le 19 août	1733-1773
Peyronnet (Joseph), achète l'étude d'Antoine Verny le 14 juin 1774		Villefeulh (Pierre), clerc, chanoine	1313
		Villefeulh (Jean), chanoine	1481
Peyronnet (Louis), fils de Jean-Marien, nommé le 24 juillet	1782-1824	Villefeulh (Antoine)	1486
		Villefeulh (Andrieu)	1500-1519
Peyronnet (François-Marie), nommé le 1er janv.	1826-1827	Yver (Guillaume), notaire apostolique	1444-1488
Philippe, *Philippi* (Jean), damoiseau, clerc	1337 1350	Yver (Guillaume), fils du précédent	1490-1519
Richen (François)	1670-1698	Yver (Pierre)	1509
Robert (Jacques)	1411	Yver (Loys), notaire royal et féodal	1534-1566
De Rochefort (Pierre)	1361-1398	Yver (Antoine), fils du précédent	1572-1592
De Rochefort (Guillaume), père	1426-1458	Sa fille Gabrielle épousa *Louis Chermartin*, de Crocq, auquel elle porta l'étude de son père.	
De Rochefort (Guillaume), fils	1463-1503		
Rochefort (Henri), nommé en	1580-1604		

Bureau d'enregistrement. Ce bureau remonte, non au 14 janvier 1702, comme le dit un mémoire imprimé en 1829 (1), mais à l'édit de 1693, qui établit dans le royaume le contrôle des actes passés devant notaire. Antérieurement, le roi avait créé le contrôle des exploits des huissiers par édit de 1668. Le bureau d'Herment comprend aujourd'hui le canton de Bourg-Lastic et celui qui nous occupe. Il s'étendait dans 14 paroisses avant 1789 : Herment, Saint-Germain, Sauvagnat, Verneugheol, Le Puy-Saint-Gulmier, Saint-Etienne-des-Champs, Prondines, Briffons, Tortebesse, Le Bourg-Lastic, Saint-Genès-lès-Monges, Saint-Julien, Saint-Sulpice, Heume-l'Eglise. *Pierre Barnicauld* était *controlleur* des exploits et des bénéfices en 1687-1693 ; *Antoine Peyronnet* fut le premier contrôleur des actes des notaires de 1694 à 1697 ; viennent ensuite : *Jean Bouyon*, 1698-1702 ; *Antoine Peyronnet*, le même que précédemment, 1711-1729 ; *Etienne Bouyon*, 1730-1754 ; *Guillaume Bouyon*, 1756-1790.

Bourg-Lastic a fait plus d'un effort pour détourner à son profit le bureau d'enregistrement d'Herment. Le mémoire imprimé en 1829 prouve le peu de succès de ses tentatives dès l'an 1803. Pareil échec lui arriva en 1829 ; M. Bonnay (père de notre conseiller général actuel)

---

(1) Les autres deux étaient *Etienne Bosredon*, de Vivayrols, chanoine de Saint-Genès, à Clermont ; *Audin Boyer*, clerc du Vernet.

(2) *Mémoire adressé à M. le directeur général des domaines et de l'enregistrement par la ville d'Herment, contre la demande du transfert du bureau d'enregistrement au Bourg-Lastic* ; in-4° de 15 pages.

était alors directeur général des domaines et de l'enregistrement du Puy-de-Dôme. La ville d'Herment n'a aucune crainte pour l'avenir. Elle se tient forte de ses droits acquis, et, sous le rapport des avantages locaux, elle ne redoute nullement Bourg-Lastic.

Bureau de tabac. Ce bureau, jadis entrepôt, est un des premiers établis dans les montagnes d'Auvergne ; il embrassait avant 1789 un rayon de sept à huit lieues. *Claude-Michel Foucqueau* en fut le premier entrepositeur en 1739.

Subdélégation de l'intendant. En 1722-1726, Herment était le chef-lieu d'une des correspondances des subdélégations de l'intendance d'Auvergne ; *Antoine Peyronnet* en était le subdélégué. En 1770, cette correspondance était à Giat, entre les mains de M. *Alleyrat* (1).

FAMILLES ANCIENNES

ÉJOUR ordinaire de plusieurs familles nobles et bourgeoises, Herment était au Moyen-Age un centre de prédilection pour les riches propriétaires des alentours, dont les châteaux ornaient pittoresquement le paysage. Le bourgeois (*burgensis*), personnage considéré, habitait de petits hôtels (*hospicii*) flanqués de tours, décorés de fenêtres, artistement ornementées, surmontés de toits aigus avec pignon sur rue et de girouettes bizarrement travaillées. Chaque construction avait rarement plus d'un premier étage. On se contentait de *chambres hautes et basses*, meublées avec une simplicité qui caractérise avantageusement ces temps passés. Une porte à ogive devenait une nécessité ; là se plaçait le blason de famille, qui ne s'oubliait jamais. Par ses alliances, par sa position

(1) En 1719, il y avait même une *subdélégation* à Giat, dont *Henri Alleyrat*, notaire royal était subdélégué.

fortunée, la haute bourgeoisie n'avait qu'une distance peu importante avec la noblesse. Les charges de baillis, châtellains, procureurs fiscaux, notaires, etc., lui appartenaient presque exclusivement. Le bourgeois était qualifié *honorable homme* ou *honnête homme*; son épouse *honnête femme* et ses filles *honnêtes filles*; il devait foi-hommage pour les fiefs qu'il possédait. Ces fiefs lui ont transmis la noblesse à la *tierce fois*, ou la troisième génération, depuis Saint-Louis jusqu'à Henri III. « Le roturier ne put d'abord acquérir un fief, parce qu'il ne pouvait porter la lance et l'éperon, marques du service militaire; dans la suite on se relâcha de cette coutume; le roi, dont les trésors s'épuisaient, les seigneurs, accablés de dettes, furent bien aise de laisser vendre et de vendre des terres nobles à de riches bourgeois; la terre transmit le privilége et le roturier investi du fief fut à la troisième génération regardé comme gentilhomme. » (Chateaubriand).

Dès la fin du XVe siècle, l'ascension de la bourgeoisie d'Herment se manifeste. C'est d'abord *Henri Arnauld*, l'ancêtre de ces illustres esprits du Port-Royal, que le duc Pierre de Bourbon attire auprès de lui. La ville de Riom, avec sa sénéchaussée, offre un grand attrait à nos bourgeois; beaucoup y trouvent des places de conseillers, de procureurs, etc., et s'y établissent. Pendant que les uns s'élèvent, d'autres du même nom, des frères, des cousins, restent stationnaires ou même descendent.

On se demande avec raison ce que signifie de nos jours le titre de bourgeois? Il semble qu'avec les principes de 1789 il n'ait plus de raison d'être, cependant le peuple s'en sert encore pour désigner la plupart du temps, non pas l'honorable représentant d'une de ces respectables souches que le temps seul a rendues bourgeoises — car la famille ne s'improvise pas, — mais pour flatter l'orgueil d'un parvenu ou d'un enrichi, dont les quartiers de bourgeoisie, à défaut de quartiers de noblesse, seraient difficiles à établir.

Nous relevons religieusement la nomenclature de l'ancienne bourgeoisie d'Herment depuis le XIIIe siècle. Presque tous ces noms sont éteints; déjà l'aîle du temps les a emportés dans l'espace pour toujours!...

ARNAULD

En latin *Arnaldus*. Marquis de Pompoune, barons de Ferrières, de Chambrois, d'Anguinville, seigneurs d'Andilly, de la Mothe-Villeneuve, de la Besse, de Corbeville, de Lolières, de la Borderie, de Bourassat, d'Andrigou, etc. Cette famille, qui se présente la première dans l'ordre alphabétique, est aussi la plus illustre d'Herment. Tous les généalogistes et les historiens reconnaissent qu'elle est originaire de cette ville. Chabrol seul se tait dans ses *Coutumes d'Auvergne*. Nous comprenons son silence, mais la ville de Riom est assez riche en grands hommes. Pourquoi glaner dans le champ d'autrui? Ce reproche, Dulaure l'adresse avec raison au savant jurisconsulte.

FILIATION : 1. Pierre Arnauld (*Arnaldi*), bourgeois d'Herment, possédait plusieurs héritages à Farges en 1289; il eut : 1° Guillaume, qui suit; 2° Durand, 1333; il rendit hommage à l'abbaye de Saint-Allyre en 1335, pour les héritages qu'il possédait à Gelles; 3° Jean, prêtre, 1348.

II. GUILLAUME ARNAULD, notaire royal à Herment en 1337-1360, habitait près du château (*prope castri*). Il eut: 1° Durand, qui suit; 2° Jean, clerc, prêtre d'Herment, 1379; 3° Pierre, 1372.

III. DURAND ARNAULD, vivant à Herment en 1380, mourut en 1417. Il eut: 1° Amblard, qui suit; 2° Jean, chanoine d'Herment, 1409-1413; 3° Pierre, 1418-1419.

IV. AMBLARD ARNAULD, vivait à Herment en 1418. Il fit faire en 1420 l'anniversaire de son père et celui de ses parents: *Pierre de Charna, Durand de Mazant, Jacques Despessac,* archiprêtre de Rochefort, chanoine d'Herment, *Durand Robert.* Il mourut en 1444, laissant: 1° Antoine, qui suit; 2° Jean, habitant le quartier de Saint Germain, 1450; anobli en 1464 (*Nobiliaire d'Auvergne*): 3° Pierre, 1450; 4° Isabelle, épouse de *Jean Besse,* bourgeois d'Herment, 1444.

V. ANTOINE Ier ARNAULD, notaire royal à Herment en 1450-1485, habitait le quartier de Saint-Germain; il naquit en 1425 et mourut en 1485, laissant: 1° Michel, qui suit; 2° Jean, dit *Morin,* consul d'Herment en 1472; 3° N., épouse en 1460 de *Pierre Blanchier,* dit *Bessy.*

VI. MICHEL ARNAULD, notaire royal à Herment en 1469-1492, riche bourgeois, naquit vers 1450 et mourut en 1502. Il avait épousé *Catherine d'Harques,* fille de Thomas, seigneur de la Vedrine, dont: 1° Henri, qui suit; 2° Michel, dit *Morin,* notaire royal à Herment en 1502-1523; il fit faire en 1502 l'anniversaire de son père; était consul d Herment en 1511; il eut: A. François, sergent royal d'Herment en 1556-1566; B. Michel, dit *Bodet,* né en 1501, greffier d'Herment en 1545, praticien en 1552; 3° Jean, dit *Coton,* seigneur d'Andrigou et de Bourassat, né à Herment en 1475; il épousa *Jeanne Bourelle,* qui était veuve de lui en 1520; il eut: A. François, seigneur d'Andrigou et de Bourassat, praticien en 1569, puis procureur à Riom; il épousa *N. de Longueville,* de Riom, et laissa: a. a. Jean II, sr d'Andrigou et des Bouillons, capitaine-gouverneur du fort de Poissy, marié à *Marie de Fortia,* sœur d'un conseiller au Parlement de Paris; de cette union: Marie, mariée le 30 octobre 1628 à *Jacques de Bèze,* baron de la Queue, gentilhomme de Montfort-l'Amaury; b. b. Marguerite, dame de Bourassat, mariée à *Durand Bouyon,* bourgeois d'Herment. B. Gilberte, épouse d'*Antoine Bouyon,* de Rauzet; 4° Antoine, dit *Joby;* 5° Pierre, né en 1481, consul d'Herment en 1511; 6° Durand, né en 1484, prêtre, 1539-1555; 7° Catherine, épouse de noble homme *Jean de Rochefort,* sr du Robert.

VII. HENRI ARNAULD, docteur en droit, sr de Lolières et en partie de la Mothe-Villeneuve, notaire royal d'Herment, châtellain de cette ville, gouverneur de la baronnie et capitaine du château, etc., naquit à Herment en 1460. A l'âge de 20 ans, en 1480, il épousa *Catherine Barjot* (et non *Barrier,* comme l'ont dit plusieurs), fille d'un maître des requêtes au parlement de Paris, sœur d'André Barjot, docteur en droit, avocat d'Anne de Boulogne, comtesse d'Auvergne. Ce mariage le fixa à Riom, ainsi que nous l'apprend *Bayle* (*Diction. Historique*). Pierre, duc de Bourbon et d'Auvergne, y résidait avec Anne de Beaujeu, son épouse; il accordait ses faveurs à tous les hommes de mérite; reconnut celui d'Henri Arnauld et le fit son écuyer. Plus tard Henri fut aussi écuyer du connétable Charles de Bourbon, gendre du duc Pierre. Le favori des Bourbons voyait son avenir grandir de jour en jour, lorsque son épouse mourut; il revint alors à Herment pour y exercer l'office de notaire royal et les charges de châtellain (1520) et de capitaine-gouverneur du château. Il épousa en secondes noces *Catherine de Colonges*, fille de Jean, sʳ de Lolières et de la Mothe-Villeneuve, lieutenant-général en la sénéchaussée d'Auvergne à Riom, chancelier de Charles, duc de Bourbon. A différentes époques, nous le trouvons investi de nombreuses fonctions. Notaire, il avait la confiance de la vaste baronnie, où il pouvait instrumenter. On le voit partout : Ici, témoin ou tuteur, là, rédigeant les terriers ; ailleurs, châtellain de Chaslus en 1530, châtellain de Préchonnet en 1534, châtellain et garde-scel de la baronnie de Châteauvert en 1542. En 1523, il reçut au château d'Herment le connétable de Bourbon, fugitif de Chantelle ; sa maison (1) fut pillée par les émissaires de François Iᵉʳ. Il fut l'un des 21 condamnés à mort par contumace pour avoir suivi l'infortuné prince (arrêt du 13 août 1524) ; ses biens confisqués ne lui furent rendus à sa rentrée en France qu'à la suite des lettres de grâce qu'il obtint avec la plupart des gentilshommes qui avaient partagé le sort du connétable. Les historiens l'appellent *Arnauld de Lallières*. La terre de Lolières (et non de *Lallières*), dont il était seigneur, était située près de Thiers ; elle provenait de Catherine de Colonges, sa femme. Ceux qui le disent gentilhomme font erreur. Nous venons de faire connaître ses ancêtres. Lui-même ne se qualifie que du titre bourgeois d'*honorable homme*. Henri Arnauld n'était pas noble de naissance, mais noble par ses sentiments, par son mérite et par ses vertus. Celui qui avait témoigné un si beau dévouement chevaleresque au duc Charles, son maître, était le digne aïeul des Arnauld du Port-Royal. Dieu lui réserva de longs jours. Il mourut en 1564 à l'âge de 104 ans. Son corps fut enterré dans l'église d'Herment.

Henri Arnauld et Catherine Barjot laissèrent : 1° Antoine II, qui suit ; 2° Gilbert, *auteur de la branche de Lespinasse ;* 3° Jean, gouverneur d'Herment en 1542. Le *Nobiliaire universel* de M. de Magny prétend qu'il est la tige d'un rameau fixé dans le Velay, *rameau existant ;* du second lit naquirent : 4° Guichard, prieur de Saint-Robert, près de Chevreuse, à 7 lieues de Paris, chanoine d'Herment en 1550 ; 5° Louise, mariée en 1540 à *Louis Baudonnat*, notaire et bailli d'Herment ; 6° Catherine, femme de *noble Laurent de Beaulne*, chirurgien à Herment.

VIII. Antoine II Arnauld, sʳ de la Mothe-Villeneuve, de la Besse, né à Herment en 1484, fut tenu sur les fonts baptismaux de l'église de cette ville par son bisaïeul Antoine Arnauld, notaire. Il était licencié en droit, avocat en la sénéchaussée de Riom en 1547 ; procureur du roi en la même sénéchaussée de Riom et à la Monnaie en 1553-1555 ; puis solliciteur général des finances et maître des comptes en 1557 ; contrôleur général des requêtes du parlement de Paris en 1568 ; auditeur en la chambre des comptes en 1573. Il reçut des lettres d'anoblissement en 1577. Catherine de Médicis le créa son procureur-général le 18 février 1585. Il mourut à Paris le 1ᵉʳ mars de la même année, âgé de 101 ans, et fut enterré dans une chapelle qu'il avait fondée dans l'église Saint-Sulpice. Lors de la Saint-Barthelmy (1572), la reine l'avait sauvé en envoyant des émissaires dans sa maison, où il était assiégé, parce qu'il était huguenot. Il avait épousé : 1° avant 1540, *Marguerite Mosnier*, fille de Gabriel, sœur d'Anne, mariée à *Etienne du Bourg*, châtelain de Châteauneuf-du-Drac, père d'Anne du Bourg, conseiller au parlement de Paris, chaud partisan de la religion réformée, et pour cette cause brûlé vif en place de Grève (1569). Antoine se remaria à *Anne Forget*, fille de Jean, sʳ d'Idogne, procureur du roi à Riom, après Antoine Arnauld, son gendre, et de Jeanne *Godivel*. Du premier lit : 1° Jean, né à Riom en 1548 ; 2° Jean II, né à Riom le 22 juin 1549, dit *La Mothe Arnauld*, écuyer, sʳ de la Mothe et de la Besse,

---

(1) Elle occupait l'emplacement de l'hôtel Verny-Bouyou.

secrétaire du roi, trésorier de France à Riom en 1587, gentilhomme belliqueux pendant les guerres de la Ligue. Il assista au siége d'Issoire en 1577 ; tua de sa propre main, à la bataille de Cros-Rolland, le sieur d'Oradour de Saint-Gervazy (1590), et périt au siége de Lezoux le 8 avril 1592, en s'élançant au milieu des ennemis, quoiqu'il eut obtenu sa grâce ; il avait epousé *Marie Rougier*, dont : A. Anne, dame de la Mothe, épouse de *Maurice Barthon*, s^r de Villemolage, près d'Evaux (Creuse) ; 3° Antoine, né à Riom le 10 juillet 1550, mort jeune ; 4° Anne, née à Riom en 1551, morte jeune ; 5° Etienne, né à Riom en 1553, mort jeune ; 6°-7° Jean et François, nés à Riom, morts jeunes ; 8° David, s^r d'Estry et de Vitry, contrôleur général des requêtes, avocat en parlement en 1594, secrétaire de M. de Rosny ; il mourut en novembre 1618 ; il avait épousé : 1° en 1607, *Gabrielle Lefèvre*, morte en 1610 ; 2° *Marie Molé*, cousine-germaine du président Molé ; du premier lit : A. Antoine, mort conseiller au parlement de Metz ; B. N., religieuse au Port-Royal ; C. Anne, religieuse au Port-Royal en 1617, morte en 1633 ; 9° Antoine III, qui suit ; 10° Isaac Ier, s^r de Corbeville et de la Roche, né en 1567, avocat au parlement de Paris, contrôleur général des requêtes, intendant des finances sous Henri IV et Louis XIII, mort huguenot le 14 octobre 1617, marié 1^v le 5 septembre 1594, à *Marie Perrin*, dame de Saint-Valiez, de Saint-Benye, etc., fille de Benoît, secrétaire du roi, maître des requêtes de la reine et de Marie de la Rogeraye, dame de Corbeville ; 2° en 1612, à *Magdeleine Motier de la Fayette*, fille de Claude et de Marie de Suze ; 3° à *Elisabeth Mignonneau*, baronne de Marards ; du premier lit : A. Isaac II, s^r de Corbeville, dit *le capitaine Arnauld*, l'un des plus beaux esprits de son siècle, célébré par Voiture, pour ses écrits et ses victoires ; étant jeune, il se fit avocat à Paris, eut de la célébrité ; le roi ayant voulu taxer son ordre, il *coupa sa robe* en 1602 et prit l'épée ; il devint mestre de camp de carabiniers, gouverneur de Philisbourg, de Dijon, de Verdun-sur-Saône, de Saint-Jean-de-Laune ; il épousa en 1634 *Marie Barrin de la Galissonnière*, veuve de Jean de la Barre, s^r de Nouant, conseiller au parlement de Paris, fille de Jacques, conseiller d'Etat, et de Vincente Ruellan, dont : *a*. a. N.; s^r de Corbeville ; *b*. b. N., demoiselle ; B. Charles, s^r de la Roche ; il servit en Hollande et mourut au siége de Berg-op-Zoom ; C. Marie, mariée en 1611 à *François de Musset*, chevalier, s^r de Pray, gentilhomme ordinaire de la chambre du roi, lieutenant pour S. M. de la place de Philisbourg, capitaine de la vieille compagnie de carabiniers ; D. Anne, épouse de *Manassès de Pas*, marquis de Feuquières, de Morecourt, etc., lieutenant-général des armées du roi, gouverneur de Verdun, de Toul, etc., tué en 1640 ; E. Magdeleine, épouse de *Robert de Saint-Délis*, baron de Heucourt, en Picardie ; 11° Moïse, marié à Paris, en 1613, à *Anne Molé* ; étant allé à Rome pour le jubilé, en 1575, il fit vœu d'y retourner en 1600 ; en revenant en France, il eut la curiosité de passer par Genève, fut reconnu pour homme d'esprit ; on lui offrit une chaire de ministre protestant et une femme ; il accepta celle-ci qui peu après lui fit prendre la chaire ; se ressouvenant de son vœu, il revint à Rome, se jetta aux pieds du Pape, obtint l'absolution de son apostasie et abjura son erreur avec 36 calvinistes qu'il conduisait lui-même à Rome ; devenu veuf, il se remaria à Paris ; 12° Benjamin, tué au siége de Gergeau en 1589 ; 13° Claude, né en 1574, trésorier de France à Paris, commissaire de M. de Rosny « bon esprit et fort aimé », mort huguenot en 1602 ; 14° Louis, s^r de Pontchevron, de Montaudon, de Châteaugaillard, secrétaire du roi, contrôleur-général des requêtes et commissaire des ponts et chaussées de France, mort huguenot ; 15° Ponce, tué à l'armée ; 16° Pierre, mestre de camp général des carabiniers de France, gouverneur de Fort-Louis, de la Rochelle, colonel du régiment de Champagne (1622), grand homme de guerre, mort catholique en 1624, enterré à

Fontenay-le-Comte ; 17° Ester, huguenote, femme de *Paul de Tournemire*, sʳ de Causilon ; 18° Marie, huguenote, femme d'*Emile Perrot*, sʳ de Triguilon, conseiller aux eaux et forêts de France ; 19° Jeanne, huguenote, épouse d'*Hilaire L'Heste ;* 20° N., huguenote.

IX. ANTOINE III ARNAULD, écuyer, sʳ d'Andilly, né à Paris, fut baptisé en l'église de Saint-André-des-Arts le 6 août 1560. C'est à tort que Chabrol le fait naître à Riom ; la vérité est qu'il avait un frère de même prénom qui reçut le jour dans cette ville. Avocat au parlement de Paris, il s'immortalisa par son plaidoyer pour l'université de Paris contre la société naissante des Jésuites (1594) et par celui de Catherine de Médicis contre Elisabeth d'Autriche. Henri IV le fit son conseiller d'Etat. Il acheta la terre d'Andilly à Robert Le Prévost ; mourut à Paris le 29 décembre 1619. Il avait épousé, en 1588, *Catherine Marion*, fille de Simon, baron de Druis, avocat-général au parlement de Paris, et de Catherine Simon ; elle se fit religieuse au Port-Royal avec six de ses filles et mourut en 1641. Ses enfants suivent : 1° Robert, qui suit ; 2° Catherine, épouse d'*Isaac Le Maistre*, sʳ de Sacy, maître des comptes, lequel se fit huguenot en 1619 ; sa femme se fit religieuse au Port-Royal en 1644 ; elle y mourut en 1651 ; 3° Magdeleine, religieuse au Port-Royal (*sœur Sainte-Christine*), morte en 1678 ; 4° N., religieuse au Port-Royal ; 5° Henri, né en 1597, évêque d'Angers, prélat très-recommandable ; il fut d'abord avocat, plaida sa première cause au parlement en 1617 ; nommé abbé de Saint-Nicolas d'Angers en 1624 ; il obtint l'évêché d'Angers en 1649 ; il mourut en odeur de sainteté en 1692 ; 7° Pierre, qui porta les armes, puis se retira au Port-Royal ; 8° Jean ; 9° Jacqueline-Marie-Angélique, née en 1591, religieuse à 8 ans, abbesse du Port-Royal à 11 ans ; elle introduisit la réforme dans son abbaye en 1609, devint abbesse de Maubuisson en 1619, retourna au Port-Royal en 1642 ; y fut abbesse jusqu'en 1654 et mourut en 1661 ; 11° Jeanne-Catherine-Agnès (*sœur Saint-Paul*), née en 1593, religieuse au Port-Royal en 1612, coadjutrice de sa sœur Angélique de 1619 à 1630, abbesse en 1636-1642 ; réélue en 1658-1661 ; elle fut enlevée par ordre de la cour en 1664 et ramenée à Port-Royal en 1664 ; elle mourut en 1671 ; 12° Anne-Eugénie (*sœur de l'Incarnation*), religieuse au Port-Royal, prieure du Lys, près Melun, en 1625 ; elle fonda l'abbaye du Port-Royal de Paris en 1626, mourut en 1653 ; 13° N., « spirituel et bien fait, » lieutenant de la mestre de camp des carabiniers, tué dans un combat, près Verdun ; 14° Catherine, épouse en 1633 de *Roland Laudois*, sʳ de Bondy, secrétaire du roi ; 15° Marie, épouse en 1633 de noble *Etienne Pascal*, contrôleur-général des finances et du taillon en Auvergne ; 16° N., épouse de *N. Marion*, avocat-général au parlement de Paris ; 17° N., femme de *N. Picaud*, conseiller au parlement de Paris ; 18° Antoine, né à Paris le 6 février 1612, chanoine de Verdun en 1638 ; il refusa la chantrerie de ce chapitre, quitta son canonicat en 1641 ; docteur de Sorbonne, 1641 ; se fit remarquer par son érudition, publia en 1643 la *Fréquente Communion* ; écrivit 140 volumes, dont plusieurs in-folios ; obligé de quitter le Royaume en 1679, il se retira à Bruxelles ; y mourut en 1694 ; il était estimé de Louis XIV ; le Pape voulait le faire cardinal.

X. ROBERT ARNAULD, sʳ d'Andilly, appelé *Arnauld d'Andilly*, naquit à Paris en 1589 ; il était intendant de la maison de Gaston de France en 1625 ; devint intendant de l'armée du roi en Allemagne (1634-1635) ; se retira au Port-Royal en 1644, où l'avait précédé la baronne de Saint-Ange ; la cour les ayant chassés de cette pieuse retraite, Arnauld vint se fixer à Pomponne, où il écrivit ses Mémoires, dans lesquels il rapporte l'origine de sa famille, origine dénuée de fondement : il prétend descendre de Gracieux Arnauld, écuyer provençal, lequel servit dans les armées du roi et vint s'établir à Herment en 1340 ; Gracieux serait issu de Bertrand Ier, vivant en 1310 ; celui-ci aurait eu pour auteur Bertrand Ier en 1193. D'Andilly retourna au Port-Royal après la paix de l'Eglise en 1669. Il écrivit plusieurs ouvrages fort estimés sur les controverses religieuses et sur les lettres. Son vrai talent était la poésie. Blaise Pascal s'honorait de son amitié. Boileau lui-même dit : « *Arnauld, le grand Arnauld, fit mon apologie.* » L'illustre solitaire du Port-Royal vendit la terre d'Andilly 150,000 livres tournois, et mourut au Port-Royal en 1674 ; il avait épousé, en 1613, *Catherine Le Fèvre de la Boderie,* dame de Pomponne et de la Briotte, femme du monde, fille d'Antoine, ambassadeur en Angleterre ; elle mourut en 1637 ; ses enfants furent : 1° Antoine, né en 1616 ; il fut capitaine d'infanterie, cornette de carabiniers, puis ecclésiastique en 1643, abbé commendataire de Saint-Pierre de Chaumes en Brie, prieur de Choisay ; il mourut en 1698 ; 2° Charles-Henri, s^r de Luzancay, né en 1622, page du cardinal de Richelieu ; enseigne au Havre ; il se retira au Port-Royal en 1642, y vécut dans la piété, mourut à Paris en 1684 ; 3° Jules, s^r de Villeneuve, dit le *Petit Jules,* né en 1637 ; élevé au Port-Royal ; il prit le parti des armes et mourut à Calais en 1655, dans sa première campagne ; 4° Marie-Claire, religieuse au Port-Royal, morte en 1672 ; 5° N., religieuse au Port-Royal ; 6° Catherine-Agnès, religieuse au Port-Royal, morte en 1673 ; 7° N., religieuse au Port-Royal ; 8° Angélique, dite *sœur de Saint-Jean,* religieuse au Port-Royal, prodige d'esprit, abbesse commendataire du Port-Royal de Paris en 1678, morte en 1684 ; 9° N., pensionnaire au Port-Royal, où elle mourut.

XI. S**IMON** A**RNAULD**, marquis de Pomponne, baron de Ferrières, de Chambrois, d'Anguinville, etc., né en 1618, fut ambassadeur extraordinaire en Suède en 1666, en Hollande de 1669 à 1671 ; ministre et secrétaire d'Etat au département des affaires étrangères (31 octobre 1671) ; disgracié en 1679 ; se retira à Pomponne, fut rappelé en 1691, et mourut conseiller d'Etat, surintendant-général des postes et relais de France en 1699. Il avait épousé, en 1666, *Catherine Lavocat,* née en 1636, morte en 1711, fille de Nicolas, maître des comptes, et de Marguerite Rouillé, dont : 1° Nicolas-Simon, qui suit ; 2° Antoine-Joseph, chevalier de Malte, colonel de dragons, mort à Mons en 1693 ; 3° Charlotte, née en 1665, élevée au Port-Royal ; plus tard religieuse à Chelles, morte en 1746 ; 4° Catherine-Félicité, dame de Pomponne, née en 1671, morte en 1755, mariée en 1696 à *J.-B. Colbert,* marquis de Torcy, secrétaire et ministre d'Etat (*le célèbre Colbert*) ; 5° Henri-Charles, né à La Haye, en Hollande, on 1669, abbé de Saint-Maixent (1684), de Saint-Médard de Soissons (1693), aumônier du roi (1698), conseiller d'Etat ordinaire, ambassadeur extraordinaire près de la République de Venise, commandeur, chancelier, garde des sceaux et surintendant des deniers du roi, sur la démission de Colbert, son beau-frère ; reçu à l'Académie des Inscriptions en 1743, mort en 1756.

XII. N**ICOLAS**-S**IMON** A**RNAULD**, marquis de Pomponne et de Paloiseau, né en 1662, fut capitaine dans le régiment du roi, puis colonel du régiment de Hainaut (1684), d'Artois (1692), brigadier des armées (1693), envoyé du roi Louis XIV en Bavière (1699), lieutenant-général de l'Ile-en-France et en Soissonnais. Il mourut en 1737. Il avait épousé, en 1694, *Constance de Harville,* dame de Paloiseau, morte en 1701, fille de François, marquis de Paloiseau, dont : 1° Catherine-Constance-Emilie, mariée en 1715 à *Jean-Joachim Rouault, marquis de Gamaches,* comte de Cayeu, mestre de camp de cavalerie, brigadier des armées du roi, mort en 1751 ; elle décéda en 1745 ; 2° Henri-Charles, comte de Pomponne, né en 1694, mort en 1711 de la petite vérole ; 3° J.-B. François-Félix, né en 1701, reçu chevalier de Malte en 1705, mort en 1713.

BRANCHE DES ARNAULD, D'HERMENT (éteinte)

VII. ANTOINE ARNAULD, dit *Joby*, 4° enfant de Michel, notaire à Herment, vivait en 1516-1543 ; il épousa *Agnès Aubert* ; de cette union : 1° Antoine, m° apothicaire à Riom, marié en 1549 à *Anne de Coussy*, fille de Michel, m° visiteur des marchands du pays d'Auvergne et d'Anne Genebrard, dont : A. Antoine, m° apothicaire à Riom en 1552, père d'Amable, apothicaire à Riom, en 1582-1641 ; 2° André, qui suit ; 3° Pierre, s' de la Borderie, chirurgien à Herment en 1565, marié à *Jeanne Mathieu*, dame de la Borderie ; de cette union : A. Catherine, épouse de *Joseph Besse*, mort en avril 1621 ; B. Autre Catherine, épouse en 1604 de *François Besse* ; C. Françoise, épouse de *François Gaignon*, bourgeois, 1606 ; D. Jacqueline, femme en 1599 de *Jean Moriac*, s' de Boisset ; E. Jeanne, morte en 1599, mariée à *Jean Besse*, mort en 1616 ; 4° Durand, hebdomier du chapitre d'Herment en 1555 ; il fit une donation à son frère André en 1571.

VIII. ANDRÉ ARNAULD, docteur en droit, 1556, procureur fiscal à Herment en 1571, laissa : 1° François, qui suit ; 2° Pierre, procureur fiscal d'Herment en 1580, marié à *Ester Bergier*, morte en 1604, fille de Gervais, notaire royal à Herment, dont : A. Gaspard, secrétaire ordinaire de la reine de France, mort à Paris en avril 1656 ; B. Louis, 1604 ; C. Jean I, docteur en médecine à Riom, né en 1599, marié à *Etiennette Sollier* ; il eut : *a. a.* Jean II, lequel écrivit sa généalogie le 15 mai 1656 ; *b. b.* Marie, épouse de *Pierre Huis*, s' du Taillis en Normandie ; 3° Jean, chirurgien à Herment (1601), marié à *Michelle Gaignon* ; il eut : A. Jeanne, née en 1602 ; B. Amable, née à Herment le 24 juillet 1603, mariée en 1620 à *Antoine Johannel*, bourgeois d'Herment.

IX. FRANÇOIS ARNAULD, dit *Joby*, chirurgien à Herment (1554-1599), testa le 20 novembre 1620. Il eut : 1° Henry, qui suit ; 2° Pierre, chirurgien à Herment (1601-1623), marié à Grenoble à *Marie Dauvit*, dont : A. Anne, épouse d'*Antoine Sixte*, écuyer, natif de Montalte en Italie ; 3° Jean, dit *Joby*, chirurgien à Herment (1601-1628), époux de *Susanne Dessaignes* ; de cette union : A. Anne, mariée à *Antoine Mosneron*, bourgeois d'Herment (1606) ; B. Antonia, épouse de *Michel Michon* ; 4° Guichard, 1597-1617 ; C. Guillaume, dit *Joby*, marié à *Anne Gaillard*, dont : Anne, née en 1607.

X. HENRY ARNAULD, bourgeois d'Herment (1602-1635), épousa *N. Malras* ; il eut : 1° Guichard, qui suit ; 2° François, notaire royal à Orcival en 1678, marié à *Françoise de la Farge*, fille de Jean, notaire à Orcival, dont : A. Jean, chirurgien à Orcival en 1730, époux d'*Isabeau Aubignat* ; B. Antoinette, née en 1692, femme de *Jacques Fillias*, s' de Laussepied ; 3° Gabrielle, épouse de *Gaspard Verny*, bourgeois d'Herment, 1648.

XI. GUICHARD ARNAULD, notaire royal à Herment, châtellain du Puy-Saint-Gulmier (1660-1693), né en 1610, mort en 1693, épousa *Jeanne Esclache*, fille du seigneur du Ronzet ; il eut : 1° Jean, qui suit ; 2° Gabrielle, mariée en 1675 à *François Lourdon* ; 3° Antonia, mariée en 1675 à *Pierre Lourdon* ; 4° Anne, mariée le 29 janvier 1678 à *Jean Johannel* ; 5° Susanne, épouse de *François Johannel*, chirurgien ; 6° Clauda, épouse de *Jean de Val*, s' de Guymont, 1700.

XII. JEAN ARNAULD, notaire royal à Herment, épousa, le 4 août 1675, *Gilberte Verny*, fille de Jean, bourgeois d'Herment, et d'Anne Brunel ; il mourut le 17 juin 1718 et sa femme en 1738 ; de cette union : 1° Guillaume, s' du Ronzet, mort à Herment le 29 janvier 1773, marié le 2 décembre 1730 à *Marie Barjaud*, dont : A. Amable, née en 1733, mariée le 3 novembre 1754 à *Pierre Sertillanges*, bourgeois, fils d'Antoine et de Françoise de Villelume ; B. Gabrielle, née en 1737 ; C. Antonia, née en 1742 ; 2° Marie, mariée le 20 juin 1719 à *François Tardif*, de Saint-Julien ; 3° Gabrielle, mariée le 3 février 1723 à *Joseph de Thianges* ; 4° Anne, mariée le 11 août 1730 à *Jacques Bessière* ; 5° Amable, née en 1702, mariée le 10 septembre 1736 à *Antoine Villevaud* ; 6° Amable, mariée le 30 juin 1737 à *François Barjaud*.

BRANCHE ARNAULD DE LESPINASSE (éteinte)

X. GILBERT ARNAULD, fils d'Henri et de Catherine Barjot, substitut d'Antoine, son frère, qui était procureur du roi à Riom (1555), plus tard contrôleur pour le roi de son domaine d'Auvergne, épousa *Gabrielle Mosnier*, sœur de la femme de son frère Antoine ; il eut grand nombre d'enfants, entr'autres : 1° Catherine, épouse de *Jean Saulnier*, receveur des finances à Clermont ; 2° Henri. époux d'*Antonia Barjot*, père d'Amable, né à Riom en 1542 ; 3° Gabrielle, épouse de *Sébastien Barrier*, avocat à la sénéchaussée de Riom, docteur en droit, bailli d'Ambert ; 4° Michel ; 5° François, époux d'*Amable Raynauld*, dont : Isabeau, née à Riom, 1563 ; 6° Gerard ou Géraud, qui suit.

XI. GÉRAUD ARNAULD, procureur du roi à Riom en 1559, épousa : 1° *Françoise Saignes* ; 2° *Catherine du Floquet* ; 3° *N. Chambon* ; du premier lit : Anne, née à Riom, 1557 ; 2° Catherine, épouse de *Joseph Blich* ; 3° Marie, née en 1558, mariée : 1° à *Pierre de Roddes*, 2° en 1573 à *Pierre Morel*, fils de Gabriel, procureur à Riom ; 4° Gilberte, née en 1567, épouse d'*Amable Chabre*, avocat ; du second lit : 5° Pierre, qui suit ; 6° Françoise, née en 1579 ; 7° Magdeleine, épouse de *N. Rollin* ; du troisième lit : Amable, née en 1558, religieuse de Saint-Joseph à Brioude.

XII. Noble PIERRE ARNAULD, né le 11 mai 1576, commissaire de la marine en 1600-1632, épousa en 1605 *Peyronelle de Tourssiac*, fille de Guillaume, s' d'Espalen, et de Magdeleine du Chambon ; il eut : 1° Damien, né en 1606 ; 2° François, né en 1618 ; 3° Françoise, née en 1616, mariée en 1638 à *David de Bouillé*, s' du Charriol et de la Chabannes ; 4° Claude, née en 1618, 5° Charles, né en 1619 ; 6° Guillaume, qui suit ; 7° Charles, né en 1626.

XIII. GUILLAUME ARNAULD, écuyer, s' de Lespinasse, de Loubinet et du Feu, né à Riom en 1608, exempt des gardes-du-corps du roi (1632-1656), fut blessé au siège de Corbie, perdit son équipage au siège d'Arras ; se trouva à l'armée de Guyenne en 1653 ; le roi l'anoblit en récompense de ses services, en mai 1656 ; ses lettres furent confirmées par arrêt du Conseil d'Etat en 1668 ; il testa en 1662 ; il avait épousé en 1632 *Antoinette Legros*, fille d'Antoine, bourgeois, et d'Anna Martinon ; de cette union : 1° Claude, qui suit ; 2° Catherine, mariée à *Pierre du Bost*, s' de Codignat et de Montfleury ; 3° Anne, mariée en 1657 à *Pierre de Mosai*, s' de Mondasse ; 4° Joseph, s' du Feu en 1666, volontaire au régiment royal ; 5° Charles, s' de Loubinet en 1666, volontaire au régiment royal.

XIV. Claude Arnauld, écuyer, s^r de Lespinasse, de Loubinet et du Feu, mousquetaire à cheval en 1666, rendit hommage au roi en 1687 pour le château de Lespinasse (canton d'Ennezat, Puy-de-Dôme); il avait épousé *Louise Marye*, fille d'Annet, conseiller du roi, assesseur à Brioude, dont : 1° Etienne, écuyer, s^r de Lespinasse ; 2° Joseph, reçu chevalier de Malte en 1703, commandeur d'Ydes en 1704-1705 ; 3° Louise, épouse de *Louis Cassaigne*, s^r de Miramont et de Vedrine ; 4° Marie, mariée en 1704 à *Jean de la Vernède*.

— A cette branche de Lespinasse semble se rattacher la rameau fixé à Artonne, où il existe encore ; sa filiation est suivie depuis Etienne Arnauld, bourgeois de Combronde, père de Gilbert I, notaire à Artonne en 1630, marié à *Jeanne Agier*; dont : Gilbert II, conseiller de S. A. R. le duc d'Orléans, procureur-général au baillage et duché-pairie de Montpensier, président des gabelles au dépôt d'Aigueperse ; celui-ci fit enregistrer ses armes dans l'*Armorial Général* en 1698 ; elles sont les mêmes que celles de MM. Arnauld de Pomponne et d'Andilly, preuve évidente d'une commune origine, que le *Nobiliaire universel de Saint-Allais* dit n'être nullement douteuse.

Armes : La maison Arnauld porte : *d'azur, au chevron d'or, accompagné en chef de 2 palmes de même et en pointe d'une montagne de 6 coupeaux de même*. Devise : *Mihi adhœrere Deo bonum est* (elle est écrite sur le bréviaire du docteur de Sorbonne). Légende : *Alpibus Arvernis veniens mons altior ipse* (elle se trouve aux pieds de la statue d'Henri Arnauld, évêque d'Angers, statue érigée à Rome dans le palais Barberini).

BAUDHUY

Quatre Baudhuy ont été notaires à Herment : Jean, clerc, prêtre (1393-1437); Pierre (1419-1441); Michel, en 1490; Antoine, en 1565. Jean et Durand Baudhuy, bourgeois, habitaient notre ville en 1435; autre Durand, riche marchand, paraît en 1481. Christophe Baudhuy, bourgeois, s^r de Chez-Garrel, épousa noble *Isabelle de Brousse*, fille du seigneur de Sallemagne, dont : 1° Jean, doyen du chapitre d'Herment de 1540 à 1572 ; 2° Françoise, mariée à *noble Thomas Pelissier*, de Crocq. Michel Baudhuy, s^r du Mazeau, laissa Marguerite, mariée en 1580 à *Loys de Belvezeix*, écuyer, s^r de Barberolles. François Baudhuy était procureur fiscal de Verneugheol en 1590. Une branche de cette famille s'était fixée à Riom. Gilbert Baudhuy épousa *Claude Chapus*, dont : Marie, mariée en 1665 à *François de Sarrazin*, écuyer, s^r de la la Fosse, fils de Jacques et d'Olympe du Montel. *Noble* Amable Baudhuy, conseiller du roi à Riom, contrôleur ordinaire des guerres, fut marié en 1659 à *Marguerite Peyrier*, veuve de noble N. Chabre. Il mourut en 1680. Antoine Baudhuy, chanoine du chapitre de Saint-Amable de Riom, fit enregistrer ses armes dans l'*Armorial Général* de 1698. Il portait : *de gueules, à 2 paons affrontés d'or*

BESSE ou DE BESSE

Seigneurs de Meymond, de Laussepied, de Feix, du Laboureix, des Farges, de Puyrenaud, de Veyrières, de la Borderie, de Combes. Honorable famille qui figure parmi la bourgeoisie d'Herment depuis Jean Besse, marié dès 1444 à *Isabelle Arnauld*. Antérieurement, on trouve dans cette ville, en 1239, Jean Besse. La filiation commence à

I. *Honorable homme* JEHAN BESSE, notaire royal à Herment en 1535, puis à Meymond (Corrèze) en 1574 ; procureur fiscal de Châteauvert en 1592. Il mourut à Herment ; épousa *Anna Moulin*, de Laqueuille, dont : 1° François, époux de *Jeanne Arnauld*. dont : A. Gaspard, marié à *Marguerite Filhas*, de cette union : une fille mariée à Crocq à N. *Gallochier ;* Catherine, femme en 1631 d'*Annet Pelissier*, de Crocq, s^r de la Vialette ; François, s^r de la Borderie et de Jarasses, époux d'*Anna des Brandons* et père de Jeanne, mariée en 1677 à *Pierre Leuzer*, s^r de la Faugère ; de François, ancêtre d'Etienne Besse, notaire royal aux Martres d'Artières en 1756 ; 2° Jean, mort en 1616 à Herment, marié à *Jeanne Arnauld*, morte en 1599 ; son petit-fils, Annet, chirurgien à Herment en 1668, épousa *Anne Gontier ;* il avait un frère, Jean, doyen du chapitre d'Herment, mort curé de Grissonnois en Brie, et laissa : Catherine, mariée en 1706 à Jacques Besse, s^r des Farges, son cousin ; 3° Etienne, qui suit ; 4° Pierre, né à Herment en 1567, doyen du chapitre d'Herment (1601-1605), docteur en Sorbonne, chantre et chanoine de Saint-Germain-l'Auxerrois à Paris, principal du collège Saint-Michel, prédicateur ordinaire du roi Louis XIII, mort à Paris en 1639, fondateur de l'école d'Herment, etc.; 5° *sire* Joseph, mort à Herment en avril 1621, marié à *Jeanne Arnauld*, dont : A. Jean, chanoine d'Herment, 1610 ; B. Annet, chanoine d'Herment, 1610-1659 ; 6° autre Pierre, marié à Herment à *Marie Gaignon* ; un de ses fils, Gabriel, procureur d'office de Feix, en 1658, épousa N. *de Lissac ;* 7° Françoise, mariée à *Antoine Johannel*, d'Herment, 1600.

II. ETIENNE BESSE, notaire royal à Meymond, 1599-1604, épousa, le 27 mars 1588, *Catherine de Champeyre*, veuve de François du Laurent, écuyer, s^r du lieu. Il eut : 1° Jean, qui suit ; 2° Etienne, s^r de Laussepied, tailleur d'habits de la reine d'Angleterre, mort sans enfants à Laussepied en 1677, marié à Paris à *Nicolle Syvet ;* 3° François, s^r du Laboureix, père de Pierre, s^r du Laboureix, marié en 1657 à *Magdeleine de Sarrazin*, fille de Jean, s^r de la Fosse ; Pierre laissa : François, s^r de Combes ; Charles, mort doyen du chapitre d'Herment ; Marguerite, épouse de N. *Gory*, châtellain de Salmondèche ; Jacques, s^r des Farges, garde-du-corps du roi, capitaine des portes de la ville de Montpellier, marié en 1706 à Catherine Besse, sa cousine, dont : A. Catherine, mariée le 9 juillet 1753 à *Antoine Guibail*, s^r de la Plantade, bailli de Chazelles, châtellain du Montel ; B. Charles, s^r du Laboureix en 1729-1753 ; 4° N., religieux-recollet ; 5° Françoise, épouse de N. *Taravand*, de Laqueuille, 1639 ; 6° Jeanne, mariée à *Léger Veysset*, bourgeois de Laqueuille.

III. JEAN BESSE, qualifié *noble Jean de Besse*, s^r de Meymond, avocat en parlement en 1639, épousa *Marguerite de Bonnet*, veuve en 1677 ; il eut : 1° François, qui suit ; 2° Claude, chanoine d'Herment, 1671-1672, curé de la Roche (Corrèze) en 1677 ; 3° Louise, épouse de *Jean Johannel*, bourgeois d'Herment ; 4° Marguerite, épouse de *Blaise Pitre*.

IV. FRANÇOIS BESSE, s^r de Meymond et de Feix, 1677-1693, laissa : 1° Pierre, s^r de Veyrières et de Meymond en 1740, mort sans enfants légitimes ; 2° Claude, qui suit ; 3°-4° Louise, Jeanne.

V. CLAUDE BESSE, s^r de Meymond et de Feix, 1749, épousa *Susanne Laville de Rochefort*, dont : 1° Jacques qui suit ; 2° Françoise, mariée en 1774 à *Jean Sertillanges*, fils de Joachim et de Marie Veysset.

VI. Jacques Besse, sr de Meymond, de Feix, de Puyrénaud, 1780, épousa en 1766 *Marie Vigier*, fille de Pierre, procureur d'office de Savennes, et de Marie Aymard, il eut : 1° Pierre, qui suit ; 2° Françoise, épouse de *Léger Breton*, de Palissier ; 3° Annet, propriétaire à Meymac ; 4° Marie, femme de *Claude de Neufvis*, de Mérinchal ; 5° Marie, épouse de *Louis Mandon*.

VII. Pierre Besse de Meymond, époux de *Marie-Thérèse Sappin des Roussines*, a laissé : 1° Jean-Baptiste-Henry ; 2° Ligier-Augustin, tous deux propriétaires à Meymond (Corrèze) ; 3° Marie-Anne-Joséphine, mariée à *Louis Boy-Lacomb de la Mazière*.

Armes : *d'argent, au chevron componé d'or et de gueules de huit pièces accompagné de 5 roses de gueules et d'un mai de sinople en pointe.*

BONNET

Etienne Bonnet, bourgeois d'Herment (*burgensis Hermenci*), vivait en 1265. C'est le plus ancien bourgeois d'Herment dont le nom nous soit parvenu. Hugues et Pierre Bonnet, frères, bourgeois en 1360, eurent pour successeur Antoine Bonnet, notaire de 1440 à 1487.

BOUYON

Anciennement *Boyon*. Cette famille, qui avait une fortune notable, n'habite plus notre ville. Elle a possédé les fiefs de Feix, près de Briffont (canton de Bourg-Lastic), et de Bourassat, paroisse de Saint-Germain.

I. Pierre Boyon, clerc d'Herment en 1519, avait le domaine du Beth et une métairie à Rauzet. On voit son écusson à Herment au-dessus d'une porte. Le champ est chargé d'un agneau pascal contourné, accompagné des trois lettres P. I. B. (*Petri Boyon*) ; en chef est la devise E. A. D. (*Ecce agnus Dei*). Il mourut en 1543, laissant : 1° Jehan, qui suit ; 2° Christophe, procureur en 1555 ; 3° Antoine, qui eut le domaine du Beth ; il épousa *Gilberte Arnauld*, dont : Michel, marié à *Peyronnelle Gaignon*. Sa descendance semble compter les *Bouyon dits Reine*, et les *Bouyon dits la France* ; 4° Claude, qui eut la métairie de Rauzet, où habite sa postérité ; 4° Michel, marié à *Françoise Saulvert*, dont : A. Marie, épouse de *Jean Monamy*, d'Auzance ; B. Anna.

II. Jehan Boyon, sr de Feix, praticien d'Herment en 1547, tuteur des enfants de Jacques Jehan, sr de la Villedière, testa le 13 décembre 1607. Il épousa *Jehanne Villefeulh* (1538), dont : 1° Durand, qui suit ; 2° Jeanne, femme en 1600 de *Michel Aulmosnier*, notaire royal d'Herment ; 3° Michel, curé de Briffont en 1601-1602.

III. Durand Bouyon, bourgeois d'Herment, sr de Feix et de Bourassat, épousa : 1° vers 1590, *Antonia Gaignon*, fille d'Antoine, bourgeois, et de Jeanne Menudel ; 2° *Marguerite Arnauld*, dame de Bourassat et d'Andrigou, fille de François et de N. de Longueville ; du premier lit :

1° Jean, habitant Clermont en 1624; du second lit : 2° Annet, qui suit; 3° Jeanne, mariée, le 19 février 1628, à *Michel Gandebœuf*, procureur fiscal et notaire royal à Herment ; 4° Blaise, chanoine d'Herment, curé de Saint-Germain en 1630.

IV. ANNET BOUYON, bourgeois d'Herment, sʳ de Feix et de Bourassat, mourut en 1630 ; il avait épousé *Françoise de Noizat*, fille de Jean, sʳ dudit lieu, près de Giat ; ses enfants furent : 1° Antoine, qui suit ; 2° Michel, bailli de Granges, de Tauves et de Saint-Sauves en 1651, mort en 1654 ; 3° Jeanne, dame de Bourassat et de la Vergne, mariée en 1651 à *Gilbert de Villelume*, chevalier, fils d'Antoine, sʳ de Barmontet, et de Catherine de Chaslus de Cordès ; elle testa en 1677.

V. ANTOINE BOUYON, bourgeois, sʳ de Feix, né à Herment le 1ᵉʳ juillet 1631, bailli de Tauves (1655-1671), épousa noble *Jeanne de Laudouze*, dont : 1° Jean, qui suit ; 2° Jeanne, mariée en 1700 à *Jacques Porte*, chirurgien d'Herment, fils de Charles, chirurgien de Bort (Corrèze), et d'Anna Veyssier ; elle est morte en 1715 ; 3° Etienne, *auteur de la branche de Bromont* ; 4° Françoise, mariée en 1685 à *Jacques Pannet*, chirurgien.

VI. JEAN BOUYON, bourgeois, sʳ de Feix, né le 6 novembre 1669, contrôleur des actes des notaires à Herment, rendit hommage au baron d'Herment en 1698 pour le fief de Feix ; il avait épousé, le 5 août 1695, *Amable Johannel*, morte en 1711, fille de Jean et de Louise Besse ; de cette union : 1° Etienne, qui suit ; 2° Louis, curé de Saint-Alvard, mort en août 1783 ; 3° Louise, mariée en 1716 à *François Bouyon*, son cousin éloigné.

VII. ETIENNE BOUYON, bourgeois, sʳ de Feix, né le 14 août 1700, notaire royal, lieutenant de la baronnie d'Herment, contrôleur des actes des notaires de cette ville, châtellain du Puy-Saint-Gulmier et de Teyssonnière (1731), bailli de Barmontet (1756), épousa, le 16 novembre 1728, *Jeanne Brugière*, morte en 1785, fille d'Antoine, bourgeois de Tauves, et de Marguerite Dauphin ; il vendit en 1736 la seigneurie de Feix à Claude Faugeron, sʳ de la Ribbe. Il eut trois enfants, entr'autres : Guillaume, bourgeois, né le 2 septembre 1731, mort le 21 mai 1798, notaire royal et contrôleur à Herment, bailli de Préchonnet (1764), châtellain du Puy-Saint-Gulmier et des Aymards (1771), bailli d'Herment (1773-1790), marié, le 16 septembre 1756, à *Marie Guillaumichon*, d'Aubusson. Il eut plusieurs enfants, entr'autres : 1° Léonard-Jean, né en 1758, juge de paix et notaire à Herment, marié en 1785 à *Jeanne-Marguerite-Perette de Ribeyre*, fille de René-Joseph, écuyer, sʳ de Polagnat, conseiller à la cour des aides de Clermont, et de Marie-Anne de la Brosse ; il est mort sans postérité ; 2° Pierre, notaire à Herment, mort sans postérité ; 3° J.-B., receveur de l'enregistrement, dont la postérité existe encore ; 4° Barthelmy, marié à *Marie Gorce*, (postérité existante) ; 5° Jean-Baptiste, chantre du chapitre d'Herment avant 1790, mort chanoine de la cathédrale de Clermont.

BRANCHE BOUYON, DE BROMONT (existante)

VI. ETIENNE BOUYON, bourgeois, né à Herment le 7 mai 1672, mort en 1736, second fils d'Antoine et de Jeanne de Laudouze, épousa en 1700 *Marie Johannel*, fille de Jean, bourgeois, et de Louise Besse ; il eut : 1° Antoine, qui suit ; 2° Jeanne, née en 1701, mariée à *François Mazuer*, contrôleur des actes des notaires à Bromont, fils de Pierre, de Riom, et de Françoise

Benoît (de la famille du célèbre jurisconsulte riomois *Jean Mazuer*, vivant dans le XVᵉ siècle) ; son fils Pierre, vint s'établir à Herment en 1774, en epousant *Gilberte Fargeix*, fille de Michel, chirurgien ; 3° Marie, mariée en 1732 à *Pierre Bourrand*, châtellain du Puy-Saint-Gulmier.

VII. Antoine Bouyon, bourgeois, né à Herment en 1707, s'établit à Bromont où il fut notaire royal et bailli de Villemontée. Il épousa, en 1734, *Michelle Chirol*, fille de Jean et de Charlotte Boutarel. Il eut un grand nombre d'enfants, entr'autres Antoine-Marie, qui suit.

VIII. Antoine-Marie Bouyon, né le 14 août 1743, notaire royal et bailli de Bromont, épousa, le 14 novembre 1768, *Marie Maignol*, fille de Pierre, bailli de Landogne, et de Marie-Anne Peyromet. Il fut nommé député suppléant du Tiers-Etat aux Etats-Généraux de 1789, membre de l'administration du Puy-de-Dôme en 1796 ; membre du district de Riom. Il a eu un grand nombre d'enfants, entr'autres : Claude, né en 1772, mort en 1860, notaire à Bromont, marié en 1798 à *Marie-Anne de Panneveyre de la Côte*, dont : A. Henri, marié à *Marie Mallet*, de Confolent ; de cette union deux fils : B. Paul, marié à *Félicie Chapelle de la Prugne*, dont Claude, notaire à Pontgibaud, marié à Mᴵˡᵉ *Anna Brugiliolle*, dont un fils.

Armes : d'azur, à un agneau pascal d'argent tenant sa banderolle croisettée. Devise : *Ecce agnus Dei*.

BOURRAND

Seigneurs du Bas-Villevaud et de Chez Faye. Famille bourgeoise. Plusieurs branches habitaient notre ville au dernier siècle. Antoine Bourrand, marchand des Villevauds, paroisse de Verneugheol, fils de Michel et de Susanne Villevaud, épousa en 1657 *Marguerite Collanges*, fille de *sire* Jean et d'Anne des Aymards ; il eut : 1° Pierre, notaire royal à Lépardelière en 1684, marié à noble *Marguerite de Laudouze*, dont : A. Antoine, lieutenant au bailliage d'Herment, châtellain du Puy-Saint-Gulmier et de Ligny, marié en 1702 à *Françoise Johannel* ; de cette union : *a. a.* Etienne, greffier d'Herment, mort en 1789, marié à *Elisabeth de Douhet de Mondeyrand*, dont Marie-Angélique, mariée en 1775 à *Jean-Jacques Johannel*, bourgeois ; *b. b.* Pierre, châtellain du Puy-Saint-Gulmier en 1739, marié en 1732 à *Marie Bouyon*, de Bromont ; de ce mariage : Annet, marié en 1789 à *Marie Choriol*, fille de Jean, notaire, sʳ de Ruère ; B. Marguerite, mariée en 1716 à *Annet Mège*, châtellain de Tortebesse ; C. Marie, femme de *Michel Monteil*, bailli d'Herment ; D. Marguerite, épouse de *François Richen*, notaire royal, châtellain de Voingt ; E. Jacqueline, mariée à *Pierre Peyronnet*, châtellain de Vatanges. — Antoine Bourrand était sʳ de Chez Faye en 1777.

Armes : *d'azur, à 3 gerbes d'or 2 et 1*. (*Armorial Général* de 1698).

BRUNEL

Cette famille bourgeoise avait de belles propriétés dans le hameau de Baraille au XVIIᵉ siècle. Antoine Brunel était procureur au bailliage d'Herment en 1486. Anna Brunel, dame en partie de Sourdaval, épouse de *Jean Verny*, rendit hommage au baron d'Herment en 1698. Alliances : *Ciestre* (1650), *Mailhot, Maignol, Bouyon, Chefdeville* (1697), *Mornac* (1718).

CHASSAING

Seigneurs de Chabateix, de Chez Mosneron, de Chez Bohet, du Ronzet en partie, etc. Cette ancienne famille bourgeoise, représentée de nos jours à Sauvagnat et à Pontaumur, remonte sa filiation à Antoine, qui suit :

I. ANTOINE CHASSAING, originaire de Bialon (canton de Bourg-Lastic), nommé notaire royal dans les justices de Messeix et de Chalusset en 1588 ; châtellain de Chavanon en 1604; lieutenant-général au baillage d'Herment, vint s'établir dans notre ville en épousant, le 7 juin 1603, damoiselle *Peyronelle Mangot*, fille d'honorable homme Jérosme, lieutenant-général au baillage. Elle lui apporta une partie du bois du Johannel, une métairie à Sauvagnat, une autre à Chabateix et plusieurs rentes seigneuriales ; de ce mariage : 1° Jacques, procureur à Riom en 1655, marié en 1626 à *Louise de Noizat*, fille d'Antoine et de Peyronelle Mangot ; son fils Antoine fut bailli d'Herment et son petit-fils Annet, bourgeois de Riom, fit enregistrer ses armes en 1698 dans l'*Armorial général : d'or, au chat de sable* ; 2° Jean, qui suit.

II. JEAN CHASSAING, bourgeois, s^r de Chabateix, notaire royal, bailli d'Herment, châtellain du Puy-Saint-Gulmier, de Chaslus, de Saint-Avit, épousa en 1637 *Gabrielle Prieuret*, fille du seigneur de la Vedrine (Creuse) ; de cette union : 1° Annet, qui suit ; 2° Michel, chanoine et chantre du chapitre d'Herment, mort en 1732. Il fit enregistrer ses armes en 1698 dans l'*Armorial Général : de gueules, à 3 chiens de chasse d'argent courant l'un sur l'autre ;* 3° Antonia, femme de *Pierre Pabot*, s^r de Vachier.

III. ANNET CHASSAING, s^r de Chabateix et de Chez Mosneron, notaire royal, châtellain de Prondines, né en 1642, mort le 24 mars 1729, épousa: 1° le 17 juin 1669, *Michelle Vialle*, fille de Jean, bourgeois du Montel-de-Gelat ; 2° le 15 février 1678, *Anne Mabru*, fille de Charles, notaire à Saint-Sauves, et d'Anne Veysset ; il rendit foi-hommage, en 1698, au baron d'Herment pour les fiefs de Chabateix et de Chez Mosneron ; il eut du second lit : 1° Pierre, qui suit ; 2° Michel, notaire royal à Heume-l'Eglise, bailli de Banson, marié en 1714 à *Antoinette Ravel ;* plusieurs de ses fils habitaient Riom en 1766, où l'un d'eux était maître des eaux et forêts en 1789 ; 3° Jean-Baptiste, curé du Puy-Saint-Gulmier ; 4° Barthelmy, chanoine et chantre du chapitre d'Herment, mort en 1756 ; 5° Marie, mariée en 1724 à *Jean-Joseph Choriol*, notaire royal à Egurande, fils de Jean et d'Etiennette Veyssiere

IV. PIERRE CHASSAING, s^r de Chabateix, né le 1er janvier 1679, mort le 28 février 1740, notaire royal, bailli d'Herment, châtellain de Besseix, épousa en 1713 *Anne Guillaume*, fille d'Antoine, bailli de Murat-le-Quaire, et de Françoise Sertillanges, dont : 1° Joseph-Annet, qui suit ; 2° Barthelmy, chirurgien, né en 1732, mort en 1791, marié 1° en 1769 à *Antoinette Bouyon*. fille de Michel, dit *Reine*, et de Marie Peyronnet ; 2° à *Françoise Johannel*, fille de Jean et de Marguerite de Villelume ; du second lit : A. N., épouse de *N. Verny :* 3° Catherine, mariée en 1754 à *François Bouyon*, fils de François et de Gilberte Dougnon ; 4° Louise, mariée en 1742 à *Joseph Souchal*, des Barrichons ; 5° Marguerite, mariée en 1747 à *Laurent Tourpinon ;* 6° Barthelmy, chanoine du chapitre d'Herment, mort en 1747.

V. Joseph-Annet Chassaing, notaire royal, bailli d'Herment, juge de Combrailles, né à Herment en 1714, mort à Sauvagnat le 20 juillet 1765, épousa : 1° en 1740, *Marie-Anne Hugon*, fille d'Annet, notaire royal à Gelles, subdélégué de l'intendant d'Auvergne, bailli de Bansson, et de Françoise Ravel ; 2° *Marguerite Mesnier*, de Vertaison, dame en partie du Ronzet ; du premier lit : 1° Joseph-Annet, qui suit : 2° Antoine, curé de Sauvagnat, né en 1756, mort en 1822.

VI. Joseph-Annet Chassaing, notaire royal, bailli d'Herment, né en 1744, mort en 1773, épousa, en 1772, *Marie Cornudet*, morte en couches en 1773, fille de J.-B., bourgeois de Crocq, s^r de Farges, avocat en parlement, et de Marie de Courteix. Son fils Jean-Baptiste, notaire, a eu quatre enfants, dont deux fils : l'aîné, ancien percepteur du canton d'Herment, habitant Sauvagnat, a trois enfants, entr'autres un fils, Michel, avocat à Clermont-Ferrand ; 2° le cadet, ancien juge de paix de Pontaumur, est père de cinq enfants, entr'autres trois fils : 1° Augustin, juge du tribunal du Puy ; 2° Henri, employé dans l'administration des postes ; 3° Eugène.

Armes : La branche de Riom portait *d'or, au chat de sable* ; celle d'Herment : *Trois levriers d'argent courant l'un sur l'autre dans un champ de gueules*.

CHERMARTIN

Famille bourgeoise, originaire de Crocq (Creuse). Loys Chermartin, notaire royal, bailli d'Herment, châtellain du Puy-Saint-Gulmier, représenta notre ville aux Etats-Généraux de 1614 ; son habitation était située rue de la Fontaine (sur l'emplacement de la maison de M. Anglade notaire). Il épousa *Gabrielle Yver*, fille d'Antoine, notaire à Herment ; il eut : Loys et Antoinette Chermartin. La postérité du premier revint à Crocq ; elle compte Michel Chermartin, s^r de Bussières, avocat en parlement, bailli de Crocq en 1731, dont le petit-fils, Léonard-Victor, s^r des Bussières, de Mouneix, de Tardes, etc., vivait en 1781. Pierre Chermartin, de Crocq, fils de Jean, épousa en 1584 honnête fille *Claude de Neufville*, veuve de Michel Yver, sergent d'Herment.

Armes : *Une bande chargée de 3 étoiles, accompagnée à dextre d'un champ de vair et à senestre d'un croissant contourné à dextre*.

CIVADON

Cette famille paraît être une branche de la maison Jehan. Nous trouvons Jean Jehan *alias* de Civadon, bourgeois, garde des sceaux de la cour d'Herment en 1380-1396. Michel Civadon, marchand, possédait le pré de *la Montagnière* en 1460-1485 ; il eut deux fils, Guilhot et Guilhoton ; celui-ci, qualifié marchand, acheta en 1485, à noble *Jean de Bonnefont*, la seigneurie de la Dejalade, paroisse de Sornac, en Limousin (*Chartrier de Châteauvert*). Me Annet Civadon, s^r du Villevaud en 1590, épousa *Jacqueline Mangot*, dame en partie de Soulier; il avait un frère, François, notaire royal à Herment (1601-1620), marié à *Peyronelle Mangot*; ceux-ci laissèrent: 1° Jeanne, épouse de *Toussaint Peyronnet*, notaire royal à Herment; 2° Françoise, épouse en premières noces de *Michel Gaignon*, et en secondes de *François de Montressoux*; 3° Michel, chantre du chapitre d'Herment (1627-1630). — Comme ce nom n'est pas commun, il est probable que les Civadon, qui comptent plusieurs conseillers du roi en l'élection de Gannat (Allier), ont souche avec ceux d'Herment (*Registres paroissiaux de Gannat*).

DE CORTES

Seigneurs de Courteix, paroisse de Condat (Puy-de-Dôme), de la Gorsse, paroisse de Saint-Alvard (Creuse). Appelée en dernier temps *de Courteix*, cette ancienne famille, originaire du château du même nom, forma plusieurs branches; l'une d'elle fut attirée dans notre ville par le baron Jean de Dreux, qui conféra en 1315 à son auteur Bernard *de Cortes* alias *de Courtes*, s^r de la Gorsse, la charge de chancelier de la cour d'Herment, charge que remplirent également Pierre et André de Cortes en 1322; Léonard de Cortes en 1326. Pierre de Cortes, probablement le même que celui qui précède, fut seigneur de l'étang et du moulin de la Gorsse en 1350; il épousa *la Chalussa Roger*, fille de Jean, bourgeois d'Herment. Messires Guillaume et Jean de Cortes, oncles et neveux, chanoines d'Herment, étaient seigneurs de la Gorsse en 1362.

Dans la branche résidant au château de Courteix, nous connaissons: Agnès de Courteix, prieure de Saint-Genès-lès-Monges (1426-1454); Jean de Courteix, s^r du lieu en 1543, marié à *Anne de Villars*, dont: 1° noble Joseph, seigneur de Courteix en 1587; 2° Marguerite, mariée en 1573 à *Joseph d'Ussel*, s^r de Bigoulettes. Jean de Courteix, s^r du lieu, épousa, en 1592, *Amable de Villelume*; il mourut sans postérité après avoir institué sa femme pour son héritière; celle-ci convola en secondes noces avec *Olivier de Bar*, auquel elle porta la terre de Courteix que ses descendants ont possédée jusqu'en 1789. — Pierre de Cortes, vassal de la châtellenie de Besse en 1450, portait: *d'azur, à 2 croissants d'argent renversés sur l'autre, à l'étoile de même en pointe.* (Armorial de G. Revel.)

DESPESSAC

Le village de *Chadaux*, appelé jadis *Despessac*, a donné son nom à cette ancienne famille bourgeoise. Hugues Despessac était consul d'Herment en 1265. Pierre Despessac, bourgeois, était s^r de Chadaux en 1288; Jean Despessac vivait en 1300; Guillaume Despessac, bourgeois en 1360, eut pour successeur: Jacob Despessac, chantre du chapitre d'Herment, archiprêtre de Rochefort (1372-1380), chancelier de la cour d'Herment (1360-1382). Guillaume Despessac fit faire l'anniversaire de ses prédécesseurs en 1418; il vivait encore en 1435 et possédait une partie du fief de Chadaux.

ENJOBERT

Seigneurs de Laussepied, près d'Herment, et de Martillat, près d'Entraigues (Puy-de-Dôme). On trouve des Enjobert (en latin *Enghialberti*) dans notre ville à partir de la fin du XIII° siècle. Ils figurent parmi la haute bourgeoisie. Durand et Etienne Enjobert, bourgeois en 1288, eurent pour successeurs Nicolas Enjobert, chanoine du chapitre de Chamalière en 1369 ; Jean et Etienne Enjobert, s" de Laussepied, qui, en 1350, rendirent foi-hommage au baron Guillaume de Roger-Beaufort. Amblard Enjobert, bourgeois, s' de Laussepied en 1370-1398, fit plusieurs fondations dans l'église d'Herment en 1391, mentionnant ses prédécesseurs : Guidon Enjobert, abbé d'Artonne ; Ahélix Enjobert ; Durand Enjobert ; *Galliana de l'Oursse* ; M° *Jean Gérémire*, etc. Amblard eut pour héritier *Jean de Turpine*, s' de Laussepied en 1460. Une branche de cette famille s'était fixée à Champeix depuis le milieu du XIII° siècle ; une autre habitait Clermont à la même époque.

ILLUSTRATIONS : Antoine Enjobert, capitaine du château de Champeix en 1509 ; noble Guillaume Enjobert, receveur du taillon en Auvergne en 1570, receveur-général des finances, puis trésorier de France à Riom en 1596 ; c'était, dit l'historien Audigier, *l'homme de son temps le plus riche et le plus considéré* ; Jean Enjobert, contrôleur des guerres en 1613 ; plusieurs officiers d'armée ; des chevaliers de Saint-Louis ; Joachim Enjobert, évêque d'Ecrinée, vicaire apostolique en Chine, mort en 1755 ; plusieurs chanoines de la cathédrale de Clermont, etc.

ALLIANCES : *De la Font, Pascal, Mauguin, de Teraulles, de Forget* (1600), *Tartière* (1602), *Ribeyre, du Claux de Fontnoble, de Villelume* (1608), *de Bar* (1625), *Savaron* (1638), *de Lambertie, de Bosredon* (1701), *Bouchard d'Aubeterre, de Falvard, Granghon de Sirmond, de Bretanges* (1787), *de Derval, Charrier de Fléchac, Aubier de Condat, Teyras de Grandval*, etc.

Nous avons donné toute la filiation des Enjobert dans l'*Histoire généalogique de la Maison de Bosredon*. ARMES : *d'azur, à trois épis de blé d'or, 2 et 1.*

DE FRESSANGES

Plusieurs notaires de ce nom ont habité Herment. Leur famille a son berceau à la Roche-Fressanges en Limousin. (Voir la liste des notaires). Jean de Fressanges, notaire d'Herment en 1450, épousa noble *Ysabelle de Chachet* (de Guillaumanches ?).

DE FUYAS

Seigneurs de Barberolles. Cette famille, fixée dans notre ville dès la fin du XIII° siècle, acquit la noblesse par la possession de plusieurs fiefs pendant trois générations. Son berceau est le hameau de Fayat, autrefois *Fuyas*, paroisse de Verneugheol.

Pierre de Fuyas, vivant en 1270, fut père de Durand, marié en 1300 à *Salomone*, dont :
1° Durand ; 2° Guillaume, bourgeois d'Herment en 1320, marié à *Catherine de l'Oursse*, fille de Pierre, bourgeois de la même ville ; de cette union : A. Durand, vivant en 1337, père d'*honnête femme* Guillaumette, mentionnée en 1428 ; B. Hugues, qui suit ; C. *vénérable et discret homme le seigneur (venerabilis et discretus vir dominus)* Jacques de Fuyas, docteur ès loix (*legum professor*) ; ces trois derniers afferment en 1341 à *Pierre du Bois*, damoiseau, s' de Charboudèche, tous les droits seigneuriaux qu'ils avaient à Teyssonnières (*Teyssonneyr*) et dans la paroisse d'Egurande. (*Chartrier de Châteauvert*). — Hugues de Fuyas, bourgeois d'Herment en 1320-1337, épousa *Jacquette du Prat (del Prat)*, qui testa en 1349. On trouve Guillaume de Fuyas, bourgeois en 1391 ; Géraud, chanoine en 1419 ; Pierre, également chanoine de notre ville en 1409.

Noble homme Jacques de Fuyas, s' de Barberolles, céda en 1454, au baron Guillaume de Bosredon, un four banal à Herment et une place près du château ; celui-ci lui abandonna le lieu appelé *Las Peycharia* (la pêcherie). Il mourut en 1461 laissant : 1° Michel, consul d'Herment en 1449 ; 2° Pierre, chanoine en 1457-1478 ; 3° Louis, écuyer, s' de Barberolles en 1448, mort en 1471, père de A. Jean, écuyer, s' de Barberolles en 1471 ; B. Jacques, damoiseau, s' de Barberolles en 1485, protonotaire du Saint-Siége apostolique en 1508-1513, chanoine d'Herment en 1514. Jeanne de Fuyas, dame de Barberolles, épousa vers 1550 *Michel de Belvezeix*, écuyer.

Armes : On voit l'écusson de cette famille sur un bénitier du XV° siècle de l'église d'Herment: *Un massacre portant entre la ramure un croissant et au-dessus du croissant une étoile.*

GAIGNON

Seigneurs de Chez Bohet, de Chez Empète, de Regimbaud, etc. On prononçait *Gagnon* et on écrivait souvent de meme. Les belles propriétés que cette famille a conservées pendant longtemps dans notre ville lui ont donné une grande considération, augmentée encore par les charges de magistrature que plusieurs de ses membres ont remplies à Riom.

Anthoine Gaignon, chanoine du chapitre d'Orcival, donna 35 livres pour réparer le clocher de l'église d'Orcival fortement endommagé par un tremblement de terre en 1492. (*Archives du chapitre d'Orcival*). Arnoton Gaignon était consul d'Herment en 1472. Louis Gaignon, bourgeois, vivait en 1515.

I. M° Antoine Gaignon, vivant en 1562, laissa : 1° Gabriel, qui suit ; 2° *honorable homme* Gaspard, 1562.

II. Gabriel Gaignon, bourgeois d'Herment, notaire à Verneugheol en 1570, adjoint aux enquêtes de la sénéchaussée d'Auvergne à Riom en 1593, épousa *Antoinette de Longueville*, sœur de Jean, garde de la monnaie à Riom, marié à *Jeanne de Basmaison* ; il eut : 1° Gaspard, qui suit ; 2° François, s' de la Borderie, marié 1° à *Françoise Mathieu* ; 2° à *Françoise Arnauld* ; sa postérité existait en 1650 ; 3° Gabriel, archer du prévôt d'Auvergne à Riom, marié à *Anna Johannel*, dont : A. Gaspard, 1644 ; B. Loys, chirurgien d'Herment en 1665 ; 4° Peyronelle, épouse de *Michel Bouyon* ; 5° Michelle, femme de *Jean Arnauld*, chirurgien.

III. Gaspard Gaignon, dit *Patry*, bourgeois d'Herment en 1595, bailli de cette ville en 1617-1632, puis conseiller du roi en la sénéchaussée d'Auvergne à Riom (1635), épousa *Peyronnelle Bosdeveix*, dont : 1° Jean, qui suit ; 2° Michel, marié à *Françoise Civadon*, dont Jeanne, mise en tutelle en 1644 ; 3° Françoise, mariée à *Pierre Charrier*, écuyer, d'Orcival ; 3° Clauda, religieuse bénédictine à Marsat, près de Riom, en 1633.

IV. *Noble* Jean Gaignon, s' de Regimbaud, propriétaire des domaines de Chez Bohet et de Chez Empette, fut conseiller au siége présidial d'Auvergne à Riom en 1641-43 ; il épousa *Gabrielle Charrier*, fille d'Antoine, écuyer, s' de la Varenne, dont : 1° Etienne, qui suit ; 2° Marie, femme d'*Etienne Charrier*, s' de Fléchat, garde-du-corps du roi ; 3°-4° Jacqueline et Claudine, mortes non mariées ; elles vendirent en 1722, à *Annet Peyronnet*, bourgeois, la plupart des héritages que possédaient leurs ancêtres dans notre ville, savoir : la prairie de *la Pezoux*, celle de *la Malpeyre* (aujourd'hui en champs), l'habitation de famille (aujourd'hui *la maison Peyronnet*) et une dîme appelée *des Mangot*, percevable à Lastic.

V. *Noble* Etienne Gaignon, conseiller du roi en la sénéchaussée et présidial de Riom en 1675, doyen de la même sénéchaussée en 1700, possédait une dîme inféodée à Lastic, appelée *la dîme des Mangot* ; il en rendit foi-hommage au roi en 1716 et mourut sans postérité. Ses sœurs furent ses héritières.

Une autre branche de cette famille a fourni Antoine Gaignon, propriétaire du domaine du Chambessou (1594), marié à *Jeanne Menudel*, dont : 1° Antoine, 1594 ; 2° Antonia, femme de *Durand Bouyon* ; 3° Magdeleine, épouse de *Gabriel du Cros*.

La branche de Riom a produit un rameau fixé à Aigueperse. Ce rameau est aujourd'hui représenté à Clermont-Ferrand par M. Gagnon, docteur en médecine.

Armes : Jean Gaignon, chanoine du chapitre d'Herment, fit enregistrer ses armes dans l'*Armorial Général* de 1698 : *d'argent, au chevron de gueules, accompagné de 3 croisettes de même*. Etienne Gaignon, doyen du présidial de Riom, figure dans le même recueil héraldique avec un blason *d'hermines, à la croix de gueules* ; telles sont en effet les armoiries dont il se servait sur plusieurs cachets ; au témoignage de Paillot (*Science des Armoiries*), ce sont celles de Jacques Gaignon, lieutenant-général des armées du roi, s' de Louplande, près le Mans (Sarthe), père de François Gaignon, chevalier, s' de Villennes, mestre de camp de cavalerie en 1739. (*Voir les Noms Féodaux de Dom Bettancourt*). L'identité des deux écussons nous indiquerait une communauté d'origine.

GÉRÉMIRE

En patois *Jheremiar*. Pierre Gérémire, frère de Jean, vivait en 1263-1288 ; il fut l'aïeul de *honnête homme* Barthelmy Gérémire, bourgeois d'Herment en 1361 ; autre Barthelmy, fils de Pierre, était s' de Sourdaval en 1382-1419 ; il avait épousé *Andrée de la Vergne*.

GIRBERT (en latin GIRBERTI)

Guillaume Girbert était consul d'Herment en 1265 ; Jean Girbert, archiprêtre et chanoine de cette ville, vivait en 1274-1288 ; Jean, bourgeois, est rappelé comme défunt en 1315 ; Etienne, bourgeois, clerc et notaire, fils d'Etienne et frère de M° Laurent, vivait en 1315-1331 ; le même, ou autre Etienne mentionné défunt, est qualifié *chevalier* (miles) en 1390, dans un acte concernant *Pierre Jehan*, bourgeois d'Herment, son héritier. Pierre Girbert, notaire, instrumentait en 1318-1351 ; Durand, bourgeois, vivait en 1312. Marguerite Girbert, épouse en 1425 d'*Adalmodio de Vouhenc*, s^r de Foulage, laissa Marguerite, dame de Foulage, femme de *Jean Buxière*, notaire d'Herment. Guillaume Girbert, s^r du Pré-Goune, est rappelé comme défunt en 1444 ; passée cette dernière date on ne trouve aucun membre de cette famille dans notre ville.

D'HARQUES

Paget d'Harques, vassal de la châtellenie d'Herment, figure dans l'*Armorial* de G. Revel en 1450 ; il portait : *de sable, au chevron d'argent, accompagné de 3 fleurs de lys de même*. *Noble homme* Thomas d'Harques, seigneur de la Vedrine, habitait notre ville en 1466-1468, avec *damoiselle Marguerite de Montclar*, son épouse, d'une noble famille du Cantal ; sa maison était située sur l'emplacement actuel de l'hôtel Verny-Bouyon, au-dessous du chevet de l'église ; la rue où elle était placée était encore appelée *rue de Chez Thomas d'Harques* en 1630. Antoine d'Harques, châtellain d'Herment de 1483 à 1486, doit être fils de Thomas, qui précède.

D'HERMENT

Au temps de la haute féodalité, Herment avait donné son nom à une famille bourgeoise, riche et considérée. P. d'Hermenc (*de Hermenco*), clerc, est témoin dans une charte où figure André Robert, chanoine d'Herment en 1271. *Magister* (M°) Guillaume d'Hermenc, official de l'évêque de Clermont *Guy de la Tour* en 1277-1282, vivait encore en 1292. Pierre d'Hermenc, chevalier-servant de l'ordre du Temple, figure dans l'interrogatoire des Templiers d'Auvergne en 1309-1312 ; autre Pierre d'Hermenc (*de Hermenco*), chanoine de la cathédrale du Puy, testa en 1311 ; il choisit sa sépulture dans l'église d'Herment ; donna 100 sous au chapitre pour ses obsèques, et un denier à chaque pauvre de notre ville ; institua pour son héritier Hugues d'Hermenc, son frère, mentionnant Raymond d'Hermenc, son autre frère. Durand d'Herment, prêtre de l'église d'Herment, vivait en 1415.

IMBAULD

En latin *Imbaldus*. Cette famille a pris son nom d'un hameau détruit (*Les Imbauld*), près de Chantemerle. Pierre et Jean Imbauld frères, bourgeois, vivaient à Herment en 1315 ; Pierre était notaire royal ; de concert avec son frère, il vendit à *Hugon de Rochefort*, s^r de Saint-Martial-le-Vieux, le tiers du mas de la Vedrine, paroisse de Saint-Oradoux (Creuse). Etienne Imbauld, bourgeois, et Jean, son neveu, possédaient un *hôtel* dans notre ville en 1396.

JEHAN

Seigneurs de la Villedière. En latin *Johannis*. A la fin du XIIIe siècle, cette famille occupait un des premiers rangs de la bourgeoisie d'Herment. Pierre Jehan, bourgeois en 1274, était frère de Jean, chanoine, et d'Etienne, archiprêtre en 1320. Nous trouvons Etienne Jehan, clerc en 1288 ; Hugues Jehan, bourgeois en 1290 ; celui-ci laissa : 1° Etienne, tenancier du mas de Chadeau en 1320-1350 ; 2° Béatrix, épouse de *Pierre Roger*, bourgeois d'Herment. Pierre Jehan, bourgeois, héritier d'*Etienne Girbert*, chevalier, vivait en 1290. Jehan Jéhan, ailleurs *Civadon*, est la tige probable de la famille *Civadon*, éteinte au XVIIe siècle. Jacques Jehan, s^r de la Villedière en 1485-1523, fut père d'autre Jacques, s^r de la Villedière en 1540, dont la fille Anne, dame de la Villedière, épousa en 1583 *Antoine de Villelume*, chevalier, s^r de Baubière, fils de Guillaume, s^r de Barmontet.

JOHANNEL

Seigneurs du Puy-Vidal et de la Borderie. Cette famille est connue depuis Aubert Johannel, en 1444. Jean Johannel, hôtelier d'Herment, *où l'on prend pour enseigne le Cygne*, vivait en 1466.

I. GABRIEL JOHANNEL, marchand (1486), fils de Pierre Johannel, laissa :

II. JEHAN JOHANNEL, époux en 1510 de *Marguerite Aubusson* ; de cette union : 1° Jean, qui suit ; 2° Loys, *hôte de l'hôtellerie d'Herment où on prend pour enseigne le Cygne*, 1520.

III. JEAN JOHANNEL, dit *d'Herment*, vivant en 1535, épousa *Anne Villefeut*, de Boisset ; il eut : 1° Antoine, marié à *Françoise Besse*, dont postérité ; 2° Jean, qui suit ; 3° François, époux d'*Antonia Thomas*.

IV. JEAN JOHANNEL, marié à *Antoinette de Tamenas*, fut père du suivant :

V. ANTOINE JOHANNEL, bourgeois, s' du Puy-Vidal, marié, le 19 octobre 1620, à *Amable Arnauld*, fille de Jean, chirurgien, et de Peyronelle Gaignon; de cette union : 1° Jean, qui suit ; 2° Jean, marié en 1663 à *Marguerite de Neufles*, de Sauvagnat ; 3° Marie, femme d'*Henri Verny*.

VI. JEAN JOHANNEL, bourgeois d'Herment, s' du Puy-Vidal, épousa en 1651 *Aimée Fillias*, fille de Guillaume, bailli de Giat, et de Marguerite Nabayrat ; 2° *Louise Besse*, fille de Jean, s' de Meymond ; du premier lit : 1° Guillaume, qui suit ; 2° Catherine, mariée en 1670 à *Gabriel Menudel*, notaire, lieutenant-général au baillage d'Herment ; 3° Antonia, femme de *Jean Mège*, chirurgien à Herment ; du second lit : 4° Jean ; 5° Amable, mariée en 1695 à *Jean Bouyon*, bourgeois ; 6° Marie, mariée en 1700 à *Etienne Bouyon*, bourgeois ; 7° Anne, religieuse au couvent de Saint-Genès-les-Monges ; 8° Françoise, mariée en 1702 à *Antoine Bourrand*, lieutenant au baillage d'Herment.

VII. GUILLAUME JOHANNEL, s' du Puy-Vidal et de la Borderie, épousa en 1673 *Clauda Verny*, morte en 1719, fille de Jean, bourgeois, et d'Anna Brunel ; de cette union : 1° Jean, qui suit ; 2° Amable, mariée en 1710 à *Jean Reynaud*, apothicaire de Pontcharraud.

VIII. JEAN JOHANNEL, s' du Puy-Vidal et de la Borderie, épousa en 1716 *Marguerite de Villelume*, morte le 24 mars 1763, fille de Jean-Antoine, écuyer, s' de Bourassat et de la Vergne, et de Marguerite de Montgrut ; de ce mariage : 1° Jacques-Antoine, qui suit ; 2° Antoine, marié à *Simonne des Vernoix*; sa petite-fille a épousé en 1829 son cousin Augustin Johannel, dont : Louise, épouse de *Jean-Marie Plafeix*, avocat.

IX. JACQUES-ANTOINE JOHANNEL, s' de la Borderie, demeurant à Digoins en Bourgogne, épousa en 1747 *Marguerite Rué*, fille de Mathieu, s' de Mardiangne, et de Susanne Lacroix ; il eut :

X. JEAN-JACQUES JOHANNEL, s' de la Borderie, né en 1748, mort en 1841, receveur-général des fermes du roi, puis juge du district de Riom, marié 1° en 1763 à *Rose Peyronnet de Saunnazeix*; 2° en 1775, à *Marie-Angélique Bourrand*; du second lit : A. Louis-Augustin, né en 1788, avoué près le tribunal de Clermont, marié à *Marie-Virginie Morin-Pannelier*, morte sans enfants ; B. Auguste, avoué près la cour de Riom, marié à *Eulalie Johannel*, sa cousine ; C. Gabrielle-Julie, marié à *François Lagrave* ; D. Marie, demoiselle.

Nota. L'honorable famille qui précède n'a aucun rapport avec celle de M. Gervais Johannel, dont les ancêtres sont qualifiés *barbiers* et *selliers* depuis l'an 1620.

MANGOT

Seigneurs de la Ceppe, près de Bourg-Lastic, des Poux et du Villevaud, paroisse de Verneugheol. Gilbert Mangot, notaire royal et châtellain de Cisternes en 1472 pour le seigneur *Bertrand de la Chassaigne*, fut père de Jean, notaire à Herment en 1513. Celui-ci laissa : Annet, notaire (1554-1576), châtellain des Forains d'Herment (1576) et de la Garde-Ferradure, père de Jerosme, notaire (1576-1603), châtellain de Ligny et du prieuré de Saint-Genès-lès-Monges, lieutenant-général au baillage d'Herment, qui eut : Peyronnelle, mariée en 1603 à *Antoine Chassaing*, natif de Bialon, notaire à Messeix, puis à Herment. (V. l'article *Chassaing*).

I. François Mangot, notaire royal à Bourg-Lastic en 1556-1559, fut père de : 1° Antoine, qui suit ; 2° Jacqueline, épouse d'*Annet Civadon*, d'Herment.

II. Honorable homme Antoine Mangot, s^r de Puy-Renaud, de la Ceppe, des Poulx, du Villevaud, notaire à Bourg-Lastic (1565-1586), châtellain de Préchonnet (1578), laissa : 1° Jean, qui suit ; 2° Jacques, s^r des Vergnes, nommé notaire à Bourg-Lastic en 1594, receveur de Préchonnet en 1614, père d'autre Jacques Mangot, châtellain de Préchonnet (1655), puis bailli de la même terre en 1686, marié à *N. Ravel*, dont : A. Françoise, mariée en 1686 à *Guillaume de la Forest-Bulhon*, chevalier, s^r de Savennes ; B. Marie, femme de *Michel Sertillanges*, bourgeois.

III. Noble Jean Mangot, s^r de la Ceppe, du Villevaud, etc., conseiller du roi, contrôleur-général des finances de S. M. en la généralité de Riom, épousa, le 14 juin 1587, *Jeanne de Murat*, fille de Jean, seigneur de Bardon, dont : 1° Jean, docteur en droit, avocat à Riom en 1618, mariée à *Françoise Thierry* ; 2° Jeanne, mariée à noble *Jean de Fontenilles*, conseiller du roi, lieutenant-général au bailliage de Montferrand ; 3° Antoinette, femme de *Jean Bonnet*, châtellain de Rochefort ; 4° Anna, épouse d'*Etienne Nicollas*, avocat à la cour des aides de Montferrand ; 5° Clauda, mariée à *Antoine Astier*, avocat à Riom ; 6° Jeanne, épouse de *Nicolas de Fougerolle*, avocat au présidial de Moulins.

On trouve : N. Mangot, marié en 1580 à *N. de Combes*, de Riom. Noble homme François Mangot, théologal du chapitre d'Artonne en 1618 ; Annet Mangot, conseiller au parlement de Paris, abbé de la cathédrale de Clermont en 1635.

MATHIEU

Seigneurs de la Borderie, près d'Herment, de Dardes, de Chabannes, de Volpy, de la Force, etc. Cette famille est connue depuis *Honorable Homme* Jean Mathieu, s^r de la Borderie, officier de G. de Bosredon, baron d'Herment, en 1469-1503. Jean eut deux fils : 1° Pierre, co-seigneur de la Borderie, châtellain de la Garde-Ferradure en 1509, père de Jeanne, dame en partie de la Borderie, mariée à *Pierre Arnauld*, chirurgien d'Herment ; 2° Antoine, qui suit.

Antoine Mathieu, co-seigneur de la Borderie, laissa deux enfants : 1° Françoise, dame de la Borderie en partie, mariée à *François Gaignon*, bourgeois d'Herment ; 2° Pierre, lequel se fixa à la Tour ; il fut lieutenant-général de cette baronnie ; épousa *Anthonia Burin*, fille de *noble François*, s^r du Claux et de la Tour-d'Aubière, gendarme dans une compagnie d'ordonnance. Sa postérité est représentée au château de Journiac (Cantal) par M. Edmond de Mathieu de Laforce, écuyer, marié en 1838 à Mlle *de Sicaud de Mariol de Saint-Priest* ; de cette union : 1° Albert, né le 21 avril 1839 ; 2° J.-B.-Marie-Gabriel, né le 5 septembre 1843. (V. l'*Hist. de la Maison de Bosredon*, pages 381-82).

Armes : *Parti au 1er d'azur, à une tour d'argent, du haut de laquelle sort un dextrochère de même ; au 2e d'azur, à 3 bandes d'argent, au chef cousu d'azur, chargé de 3 étoiles d'or.*

MANZENAS

Ailleurs on lit *Mauzanas*. Cette famille, qui habitait les murs de notre ville au XIV° siècle, a légué son nom à plusieurs héritages situés au S. O., non loin du chemin de Barmontet.

MENUDEL

Seigneurs de Fargoullas, paroisse du Montel-Saint-Hilaire. Durand Menudel habitait Herment en 1288 ; Géraud Menudel résidait dans cette ville en 1379. Le terrier du chapitre en 1485 indique plusieurs héritages d'Herment appelés *les Menudel*. Martial Menudel, marchand d'Herment en 1530, fut père de Guillaume, co-seigneur de Fargoullas en 1564 avec *Antoine de la Bizerie*, s' des Besses ; Guillaume laissa, de *Jeanne Vidilhe*, son épouse : 1° Michel, clerc en 1552 ; 2° Jeanne, épouse d'*Antoine Gaignon*. — Henri Menudel, notaire royal (1628-1664), lieutenant-général au baillage d'Herment (1650-1662), épousa *Louise de Noizac*, fille du seigneur du lieu près de Giat, et veuve de *Jacques Chassaing* ; il eut : A. Gabriel, notaire royal, lieutenant au baillage d'Herment, marié en 1670 à *Catherine Johannel* ; Gabriel fit enregistrer les armes de sa famille dans l'*Armorial Général* en 1698: *d'or, à une grue de sable* ; il mourut en 1707 ; ses enfants furent : a. a. Louis, chanoine d'Herment ; b. b. Jean, sergent aux gardes-françaises dans le régiment du comte de Chabannes-Pionssat en 1741, marié à *Marie-Claude Lécolier* ; B. Marguerite, mariée le 10 février 1661, à *Louis de Laval*, s' de Muratel, fils de feu Jean et de Gabrielle de Laville ; C. Catherine, épouse de *François Roumanet*, avocat en parlement.

DE MESSES

Probablement *de Messeix*, car il y a une famille de ce nom qui, en 1415, possédait la seigneurie de Messeix, près de Bourg-Lastic. Les *de Messes* s'implantèrent à Herment au XIV° siècle. Durand de Messes, bourgeois, époux de *Catherine de Barmont*, vivait en 1380 ; Jean, leur fils, paraît en 1396-1435. Antoine Messes, clerc, notaire à Herment, possédait le domaine du Puy-Vidal en 1532.

MOSNERON

Cette famille a donné son nom à un hameau de la paroisse de Sauvagnat, appelé jadis *Chamarleix*, où elle existe encore. Une branche passe à Herment à la fin du XVI° siècle.

M° Antoine Mosneron, propriétaire du domaine de Chez Blardon et du pré Peuch (*le pratpeu*) en 1598, épousa *Anna Arnauld*, dont : 1° Léonard, d'abord procureur fiscal de la baronnie d'Herment, puis conseiller du roi, commissaire provincial des guerres dans les provinces de Picardie, Flandre et Artois, marié à *Catherine Vincent*, dame de Champigny, qui convola en secondes noces avec *Claude Bazin*, conseiller du roi, auditeur en la chambre des comptes ; Léonard laissa ; A. Hubert, écuyer, capitaine au régiment de Navarre en 1674, marié à *Marie-Marthe Marchand* ; 2° Jean, chanoine d'Herment (1630-1668) ; 3° Antoine, marchand, père de Jean, hôte en 1683.

DE NOIZAT

Seigneurs de Noizat, près de Giat. Une branche de cette famille habitait Herment au XV° siècle. On y trouve : Antoine de Noizac, notaire en 1449 ; Aliénor de Noizac, notaire (1466-1486) et lieutenant du châtellain d'Herment (1486) ; il eut de longs démêlés avec les consuls. Antoine de Noisac, seigneur dudit lieu, était archer de la garde du roi en 1535. Jean, s^r de Noisac, servait comme maréchal des logis dans la compagnie du seigneur de la Fayette en 1563 ; le seigneur de Fernoël lui accorda un droit de chauffage dans la forêt de Chavaignac ; Jean fut père d'autre Jean de Noizat, marié à *Sébastienne de Jonat*, dont : 1° Jean, qui suit ; 2° Loyse, mariée en 1591 à *Eymon de Guillaumanches*, seigneur de Chicheix, fils de Jean et d'Anne de Viers ; 3° Michelle, mariée le 22 janvier 1606 à *François de Vauchaussade*, écuyer, s^r de Brousse et du Châtelard ; 4° François.

Jean de Noizat, s^r dudit lieu, épousa *Gilberte de Robert de Lignerac* ; il eut : Françoise, dame de Noizat, mariée le 6 octobre 1631 à *François de Salvert*. — Antoine de Noizat, mariée à *Peyronnelle Mangot*, fut père de 1° Françoise, femme d'*Annet Bouyon*, bourgeois d'Herment ; 2° Louise, mariée, 1° en 1626, à *Jacques Chassaing* ; 2° à *Henri Menudel*, notaire, lieutenant au bailliage d'Herment.

Armes : *d'azur, à la croix ancrée d'argent.*

DE L'OURSSE

En latin *de Urssa* ; quelquefois *de Lorssa*. L'une des plus anciennes et meilleures familles d'Herment. Pierre *de Lorsat*, chanoine-comte de Saint-Julien de Brioude, était abbé de Saint-Germain-Lembron en 1200 ; Pons était abbé de Brioude en 1222. Sylvestre et autre Pons de Lorsat, aussi chanoines-comtes, vivaient en 1287. Guillaume de l'Oursse (*de Urssa*), le plus ancien chanoine d'Herment, vivait en 1239 ; Guillaume de l'Oursse, bourgeois de notre ville, percevait une dîme dans la paroisse de Saint-Etienne-des-Champs, avec *Hugues de Banson*, damoiseau, en 1288 ; plusieurs notaires de ce nom ont instrumenté à Herment ; Jean, en 1288 ; Pierre en 1309-1323 ; celui-ci fut l'un des trois notaires qui assistèrent à l'interrogatoire des Templiers d'Auvergne et le légalisèrent. Guillaume de l'Oursse, *clerc marié* et notaire, frère de

Pierre et d'Helys, testa en 1321. Pierre de l'Oursse, bourgeois d'Herment en 1350, fut père de Guillaume, vivant en 1382 ; un autre Pierre de l'Oursse était chanoine et chapellain (curé) de notre église en 1372 ; il possédait une partie du fief de Chadeau en 1350. Galliana de l'Oursse, femme de N. *Enjobert*, est rappelée comme défunte en 1391. Un champ situé près du domaine de Chambessou, portait encore le nom de *champ de l'Oursse* en 1631 (1).

PEYRONNET

Quelquefois *Peyronnel*. Seigneurs de la Chaumette, de la Ribière, de Trachèze, du Ronzet, du Puy-Vidal, de Saunnazeix, de la Récherie, co-seigneurs de Saunade, de Guymont, de Lastic, etc. Cette famille, dont l'ancienne bourgeoisie est incontestable et incontestée, a pour berceau le bourg de Voingt (canton de Pontaumur). Elle compte des baillis, des châtellains, des procureurs fiscaux, un grand nombre de notaires et des alliances avec plusieurs maisons nobles des environs. L'*Histoire généalogique de la Maison de Bosredon* parle de certains Peyronnet des XIIIe et XIVe siècles et contient toute la filiation de ce nom ; ce que nous donnerons ici sera plus succinct.

I. *Honorable Homme* ANNET I PEYRONNET, bourgeois de Voingt, épousa en 1614 *Peyronelle de Bosredon*, fille de Charles, s[r] de Léclause. Il est la souche des différentes branches de cette famille. Ses enfants furent : 1° Toussaint, notaire royal à Verneugheol puis à Herment, marié 1° en 1629 à *Jacqueline Gillet*, fille de Jean, notaire à Verneugheol ; 2° à *Jeanne Civadon*, fille de François, notaire à Herment. Son fils Jean ne paraît pas avoir laissé de postérité ; sa fille Susanne épousa en 1674 *Michel Bouyon* ; 2° Annet, qui suit ; 3° Antoine Ier, aïeul d'Antoine II, notaire royal, procureur fiscal, contrôleur des actes des notaires et subdélégué de l'intendant d'Auvergne à Herment, marié en 1697 à *Anne de Val*, fille de Michel, s[r] de Guymont ; le frère d'Antoine II, Jacques Peyronnet, notaire royal, châtellain de Saint-Avit, de Tix, de Vatanges, épousa *Jacqueline Bourrand*, fille de Pierre et de *noble* Marguerite de Laudouze, dont : Marguerite, mariée en 1728 à *Alexandre Gorsse*, maître de poste à Saint-Avit. Annet, s[r] de la Ribière, fils d'Antoine et d'Anne de Val, fut procureur fiscal de la baronnie d'Herment ; il épousa *Marguerite-Philippe Faugeron*, fille de Claude, s[r] de la Ribbe ; leur fils Antoine-Marien, châtellain de la Villedière, procureur fiscal à Herment, marié en 1763 à *Gilberte de Douhet de Mondeyrand*, laissa deux fils : Louis, maire d'Herment ; Michel, capitaine d'infanterie, chevalier de la Légion-d'Honneur.

II. ANNET II PEYRONNET, s[r] de la Chaumette, épousa en 1650 *Eymée de Leymarie*, d'une ancienne famille de Treignac (Corrèze) ; il eut entr'autres enfants : 1° Antoine, qui suit ; 2° Antoine, fixé à Bordeaux ; on croit qu'il est l'ancêtre de M. de Peyronnet, ministre de la justice sous Charles X, créé comte par Louis XVIII ; 3° Pierre, curé de Voingt (1686-1718).

(4) Une note placée en marge du *terrier* du chapitre d'Herment en 1535 porte : « *Les de l'Oursse sont à présent à Rome et se font appeler les Ursins.* » Cette note est dénuée de fondement.

III. Antoine Peyronnet, sr de la Chaumette, syndic de Voingt, épousa en 1690 *Jeanne Verny*, d'Herment, fille de Jean, sr de Chabateix, de Sourdaval, et d'Anne Brunel ; de ce mariage : 1° Jean, dont la postérité continua à résider à Voingt ; il épousa en 1712 *Marguerite Sauty*, dont : A. François, bisaïeul de M. Joseph Peyronnet, docteur en médecine, maire de Voingt, résidant en son château de Châteaubrun, marié à Mlle *Cherbouquet*, dont une fille : Blanche ; B. Michel, docteur en médecine à Rochefort, marié à Mlle *Chardon* ; de ce mariage : *a. a.* Pierre, docteur en médecine, directeur de l'établissement des eaux thermales du Mont-Dore, époux de Mlle *Marie-Julie de la Farge de Rioux*, dont : Joséphine, épouse de M. *Michel Bertrand*, docteur en médecine ; Zélie, épouse de M. *Sersiron*, docteur en médecine ; *b. b.* Amable, marié à Mlle *Richard*, de Riom ; de cette union : Amable, receveur de l'enregistrement, marié à Mlle *Almérine de Barthomivat de la Besse*, dont : Georges et Marie ; 2° Annet, qui suit ; 3° Pierre, chanoine du chapitre d'Herment en 1718, mort en 1728 curé d'Ecuelles (diocèse de Sens).

IV. Annet III Peyronnet, bourgeois, né à Voingt le 26 septembre 1696, lieutenant de la terre des Aymards, vint s'établir à Herment où habitait la famille de sa mère. Il acheta en 1722, à *Claudine* et *Jacqueline Gaignon*, de Riom, sœurs, la plupart des héritages que ses descendants possèdent encore dans notre ville (entr'autres la prairie de la Pezoux, la Malpeyre) ; l'acte de vente comprend aussi la dîme des Mangot à Lastic ; Jean Johannel lui aliéna son domaine du Puy-Vidal. Annet épousa *Antoinette Simonnet*, morte en 1759, fille du seigneur de Lascos ; ses enfants furent : 1° Jean-Marien, qui suit ; 2° Louis, chanoine et curé d'Herment ; 3° Marie, mariée en 1752 à *Jean Choriol*, sr de Ruère, notaire à Egurande.

VI. Jean-Marien Peyronnet, sr du Ronzet, du Puy-Vidal, de la Recherie, de Lastic en partie, etc., né à Herment en 1728, notaire royal et procureur fiscal de cette ville, épousa en 1759 *Anne Chaix de la Varenne*, fille de Joseph-Alexis, lieutenant d'infanterie au régiment d'Agenois, et de Dauphine Gorce de Boisset ; il eut quatre enfants, entr'autres : Louis, notaire royal, bailli de Teyssonnières, président du canton d'Herment, maire de cette ville, mort en 1824, marié en 1780 à *Marguerite Désortiaulx de la Ceppe*, fille de Pierre-Marie, sr de la Ceppe, notaire royal, docteur en médecine à Bourg-Lastic, bailli de Préchonnet, et de Françoise des Farges des Rauziers (cette dernière sœur de *Marie des Farges*, dame des Rauziers, mariée en 1745 à *Michel Burin*, bailli de la baronnie de la Tour). Il eut quatre enfants : 1° Anne-Alexis, épouse de M. *Beaufrère*, notaire à Pont-du-Château ; 2° Joseph-Etienne, mort juge de paix du Pont-du-Château, marié à *Sophie Delévaux*, dont : A. Philippe, docteur en médecine, directeur de l'établissement thermal de la Bourboule, marié à Mlle *Lolier* ; de ce mariage : Joseph ; B. Louise, épouse de M *Vigeral*, docteur en médecine à Vertaison ; 3° François-Marie, frère jumeau de Joseph-Etienne, marié à Mlle *Anne Hugon*, dont trois fils et une fille ; 4° François-Félix, mort en 1821, marié à Mlle *Jeanne Hugon* ; de cette alliance : Marie, mariée en 1838 à M. *Charles-Gilbert Tardieu*, avocat, ancien maire, ancien conseiller d'arrondissement.

Armes : *d'azur, au chevron d'argent, surmonté en chef d'une molette d'éperon de même*. C'est ainsi qu'elles sont peintes dans l'*Armorial Général*, dressé en 1698 par le célèbre d'Hozier.

ROBERT

Cette maison, de haute bourgeoisie, avait de beaux fiefs aux environs de notre ville. Bernard Robert (*Rotberti*), bourgeois, était consul d'Herment en 1265 ; Pierre Robert, frère de M° André, chanoine, percevait une dîme dans la paroisse de Perpezat ; il en fit don à l'abbaye de Saint-Allyre en 1285. Guillaume Robert avait en 1300 une dîme appelée *dal feu* dans la paroisse de Saint-Julien (canton de Bourg-Lastic ; ses frères Bernard et Pierre, bourgeois, possédaient en 1330 un fief paroisse de Giat ; André Robert, bourgeois, frère de feu Pierre, vivait en 1379 ; Guillaume était consul d'Herment en 1397 ; Jacques, notaire, paraît en 1411 ; Jean, bourgeois, en 1435. Jean Robert, bachelier en droit, chantre et chanoine du chapitre d'Herment, frère de *noble homme* (*nobilis vir*) Gabriel Robert, fonda en 1466 la chapelle de Notre-Dame de Bonne-Nouvelle de notre ville. Pierre Robert était prêtre de l'église d'Herment en 1522.

DE ROCHEFORT

Pierre de Rochefort (*de Rupeforti*) était consul d'Herment en 1265 ; autre Pierre instrumentait comme notaire en 1361-1398 ; Guillaume, notaire en 1426-1458, était châtellain de la baronnie d'Herment en 1441 ; autre Guillaume était notaire en 1465-1503 ; Jacques, bourgeois, était seigneur des Imbaulds en 1540 ; Henri, notaire en 1580-1604, eut pour successeur Louis ; celui-ci cumulait les fonctions de procureur fiscal et de notaire ; il épousa *Gabrielle Mosneron* ; de cette union : François, bourgeois de Paris en 1676. Nous trouvons encore : François Rochefort, époux de *Susanne Mangot*, laquelle possédait une dîme appelée des Mangot dans le lieu de Lastic en 1620 ; autre François Rochefort, châtellain de Prondines, marié à *Françoise Gaignon* (1665). L'habitation de cette famille était située en 1653 près de la porte de Giat.

ROGER

Seigneurs de la Gorsse, paroisse de Saint-Alvard, et de la Prugne, paroisse de Basville (Creuse). En latin *Rogerii, Rogierii*. Bernard et Pierre Roger habitaient notre ville en 1263. Jean Roger, bourgeois, épousa vers 1280 *Agnès d'Hermenières*, fille de Guillaume, damoiseau ; il eut : 1° Pierre, vivant en 1325. marié à *Béatrix Jehan*, dont : A. Bonne, épouse de *Guillaume de l'Oursse* ; B. La Chalussa, femme d'*Amblard de Neuville* ; 2° Etienne, chanoine d'Herment en 1325 ; il testa en 1351 ; 3° La Chalussa, mariée à *Pierre de Cortes* ; 4° Ahélix, femme en 1340 de *Pierre de Chavanon* ; 5° Hugon, père de Hugues et de Guy, bourgeois, s^r de

Pragiraud, paroisse de Basville (Creuse). Pierre Roger, *le Vieux*, bourgeois, rendit hommage au chapitre d'Herment en 1333, pour le mas, l'étang et le moulin de la Gorsse. Hugues et Guillaume Roger, s^{rs} de la Prugne, vivaient en 1350. Alix, fille de Durand Roger, bourgeois, épouse d'*Etienne de Couhet*, paraît en 1345. Durand Rogier, lieutenant du châtellain d'Herment et notaire, instrumentait à Herment en 1476-1519 ; son scel, sur un acte de 1514, est chargé d'un écusson portant *un chevron, accompagné de 2 molettes d'éperon* et de la lettre R. (Voir notre dessin). Nous trouvons encore Gabriel Rogier, notaire de 1509 à 1516. Durand Rogier, chanoine d'Herment en 1542, est le dernier personnage de cette famille.

SYMON

Mathieu Symon, bourgeois, habitait notre ville en 1340 ; Pierre Symon était seigneur en partie de Chadeau en 1350 ; Ahelips, sa fille, épouse du seigneur *Jean de Villeneuve*, testa en 1384. Jehan Symon était archiprêtre d'Herment en 1361.

VERNY

Seigneurs de Chabateix, de Sourdaval, etc. Famille ancienne dont le nom est encore très-répandu dans notre ville. Jean Verny, dit *Caïn*, marchand d'Herment en 1486, possédait une partie des belles prairies situées au-dessous du foirail. Sa postérité se divisa en plusieurs branches ; l'une d'elles porta le surnom de *Parry*, surnom qu'elle légua au hameau habité par elle au XVIe siècle (*Chez Parry*). Michel Verny était châtellain de Villevaleix en 1571.

I. Louis VERNY, bourgeois d'Herment en 1630, épousa *Clauda Gandilhe* ; de ce mariage : 1° Jean, qui suit ; 2° Gabriel ; 3° Susanne, femme de *Gaspard Lucarel*, greffier ; 4° Clauda, épouse de *Pierre Mandon*.

II. JEAN VERNY, bourgeois, co-seigneur de Chabateix, propriétaire du domaine de Chez Peyrière, épousa *Anna Brunel*, dame de Sourdaval ; elle testa le 1er novembre 1684, laissant : 1° Louis, qui suit ; 2° Clauda, mariée le 16 juillet 1673 à *Guillaume Johannel*, s^r du Puy-Vidal ; 3° Gilberte, mariée en 1675 à *Jean Arnauld*, notaire royal ; 4° Gabrielle, mariée le 23 janvier 1685 à *Gabriel Désortiaulx*, procureur d'office de Chavanon ; 4° autre Clauda, mariée le 27 décembre 1688 à *Pierre Ravel*, d'Heume-l'Eglise ; 5° Jeanne, mariée le 5 janvier 1690 à *Antoine Peyronnet*, s^r de la Chaumette, bourgeois de Voingt.

III. LOUIS VERNY, bourgeois, épousa *Antoinette Gorce*, fille de Jean, bailli de Préchonnet, notaire féodal à Lastic, et de Marguerite Farreyrolle ; dont : 1° Antoine, notaire royal à Herment de 1733 à 1773, châtellain de Ligny, mort sans enfants ; 2° Amable, chirurgien en 1739 ; 3° Marie, épouse de *François-Alexis Chaix*, fils d'Alexis, lieutenant d'infanterie au régiment d'Agenois, et de Dauphine Gorce de Boisset.

— Me Henri Verny, marchand d'Herment, épousa 1° *Jeanne Rochefort* ; 2° *Marie Johannel* ; du second lit naquirent : 1° Gaspard, marchand d'Herment, marié en 1690 à *Louise Pabot*, fille de

Pierre, sr de Vacher, et d'Antoinette Chassaing. Gaspard fit enregistrer les armes de sa famille dans l'*Armorial Général* en 1698, et ne laissa qu'un fils naturel ; 2° Susanne, épouse de *Jean Collanges*, marchand de Chantemerle.

Armes : *d'azur, à l'arbre d'or*.

VILLEFEUT

L'ancienne orthographe est *Villefeulh*. Nous avons eu dans notre ville un grand nombre de chanoines de ce nom ; plusieurs Villefeut y furent notaires ; d'autres habitaient le domaine de Boisset de 1418 à 1600 ; ils prenaient la qualification bourgeoise d'*Honorable Homme*. Gaspard de Villefeulh, bourgeois, avait la présentation de la vicairie Saint-Blaise avec *Jean Bouyon* en 1592 ; celui-ci agissait en qualité d'époux de Jehanne de Villefeulh.

YVER

Cinq notaires de ce nom ont instrumenté à Herment de 1444 à 1595. Gabrielle Yver, fille d'Antoine, lieutenant-général au baillage d'Herment, porta l'étude de son père, en 1592, à *Loys Chermartin*, son mari, natif de Crocq.

HOMMES CÉLÈBRES

rnauld (Henri), né à Herment en 1460, mort dans cette ville, à l'âge de 104 ans, en 1564. Il fut attaché à la maison de Pierre, duc de Bourbon (1490) ; exerça les charges de gouverneur et de châtellain de la baronnie d'Herment ; reçut le connétable *Charles de Bourbon* au château d'Herment en 1523 ; fut le conseiller de presque toute la noblesse de nos pays, etc. (V. pages 180-181).

Arnauld (Antoine), né à Herment en 1484, mort à Paris le 1er mars 1585, à l'âge de 101 ans ; solliciteur général et maître des comptes (1557) ; contrôleur général des requêtes au parlement de Paris (1568), auditeur en la Chambre des comptes (1573) ; anobli (1577), procureur-général de Catherine de Médicis (1585). (V. p. 181).

De Beaujeu (Héric), baron d'Herment (1245-1270), maréchal de France, appelé *le maréchal d'Herment*. Il mourut au siége de Tunis en 1270. (V. p. 36).

De Besse (Pierre), seigneur de Meymond, né à Herment en 1567 (1), fils de Jean, bourgeois de cette ville, et d'Anna Moulin. Il fut doyen du chapitre d'Herment (1601-1605) ; docteur en Sorbonne ; chantre et chanoine de l'église de Saint-Germain-l'Auxerrois, à Paris (1618-1639) ; principal du collége Saint-Michel ; prédicateur ordinaire du roi Louis XIII et du prince de Condé. Il mourut à Paris le 11 novembre 1639, à l'âge de 72 ans, et fut enterré dans l'église de Saint-Germain-l'Auxerrois, au-devant de la chaire du prédicateur. C'est lui qui a fondé l'école de la ville d'Herment par son testament du 20 mars 1639. Il laissa une fortune considérable, fit un grand nombre de legs aux hôpitaux de Paris, à la Sorbonne, etc. Pierre de Besse a publié les ouvrages suivants : *Conceptions théologiques sur le Carême, sur l'Avent, sur tous les dimanches et fêtes de l'année et sur les quatre fins de l'homme. Paris, Mich. du Fossé*, 1606 *et ann. suiv.*, 6 *vol. in*-8. — « Ces sermons, fort singuliers, ont eu beaucoup de succès dans le temps où ils parurent ; ils ont été réimprimés à Lyon en 1615 et ann. suiv., en 6 vol. in-8°, et les *Conceptions théologiques sur l'octave du Saint-Sacrement*, du même, ont paru à *Douai*, chez *Balt. Bellere*, en 1614, en 2 vol. in-8°. Tout cela se trouve difficilement aujourd'hui ; mais on peut prendre une idée de la manière de ce prédicateur limousin en lisant les extraits que Michault a donnés des *Conceptions théologiques* dans le premier volume de ses *Mélanges*, où il cite également des passages singuliers d'un autre ouvrage du même père, ayant pour titre : *La Pratique* chrestienne, pour consoler les malades et assister les criminels qui sont condamnés au supplice. Paris, 1637, in-8°. Dédié au cardinal Richelieu. » (*Jacques-Charles Brunet* ; *Manuel du Libraire*, tome I, article Pierre Besse).

Bouyon (Jean-Baptiste), né à Herment le 28 octobre 1760, mort à Clermont-Ferrand le 28 février 1832, fils de Guillaume, notaire, bailli d'Herment, et de *Marie Guillaumichon* ; chantre du chapitre d'Herment (1782-1792) ; quitta la France à la Révolution ; fut nommé curé de Ceyrat à la Restauration, puis chanoine de la cathédrale de Clermont ; se livra à la prédication avec grand succès et fit les stations du carême à Clermont, Lyon, Bordeaux, Moulins, etc. Atteint, quoique dans la force de l'âge, d'une infirmité des plus graves, il renonça à ses travaux apostoliques et s'occupa de faire paraître quelques ouvrages : *Réfutations des systèmes de M. l'abbé Barronnat et de Mgr de la Luzerne sur la question de l'usure*, 1824, *in*-8° ; *Examen des systèmes de feu Mgr le cardinal de la Luzerne sur le prêt du commerce*, 1826, *in*-8°. M. Bouyon présida à la dernière édition du bréviaire et du grand rituel de Clermont.

Chermartin (Louis), né à Crocq ; fixé à Herment en 1592, en vertu de son alliance avec *Gabrielle Yver*, fille d'Antoine, notaire. Il était bailli d'Herment en 1592 ; les Ligueurs s'étant emparés de la ville le placèrent dans un grand coffre et se disposaient à le faire brûler vif, lorsqu'il fut heureusement délivré. En 1614, il représenta notre ville aux Etats provinciaux tenus à Clermont pour la députation aux Etats généraux de Paris.

---

(1) Les vers qui sont au-dessous de son portrait gravé en 1619, le disent *limousin*. Pierre de Besse est positivement né à Herment en 1567. Comme son père Jean habita longtemps Meymond (Corrèze), que de plus Pierre fut baptisé dans l'église paroissiale de la Roche, dont dépendait ce domaine, ainsi qu'il nous l'apprend par son testament, et qu'il fit l'acquisition de biens fonds importants à Meymond, il était plutôt regardé comme appartenant au Limousin, mais la ville d'Herment lui donna le jour ; elle le réclame avec raison pour son enfant.

De Fayas (Jacques), né à Herment vers 1310. Appelé *vénérable et discret homme le seigneur*; docteur ès loix (*legum professor*) en 1341, qualité des plus recherchées à cette époque, parce que l'étude du droit était mise en honneur par le roi de France lui-même.

D'Herment (Guillaume), official de l'évêque de Clermont Guy de la Tour en 1271-1282; né à Herment au commencement du XIII° siècle.

HERMENT DEPUIS 1789

ADMINISTRATION CIVILE MODERNE

emande d'un district. En 1790, lorsque la France fut divisée en districts, la ville d'Herment, qui venait de perdre son baillage, l'un des plus vastes de notre province, s'adressa à l'Assemblée nationale pour obtenir un des chefs-lieux de district de la Basse-Auvergne. A cet effet, elle fit paraître un mémoire imprimé (1) dans lequel elle motivait catégoriquement sa demande. Les chefs-lieux de district furent établis à Clermont, Riom, Thiers, Issoire, Ambert, Besse, Billom et Montaigut. Herment, dont la demande fut sans résultat, obtint un chef-lieu de canton à l'organisation de l'administration cantonale en l'an IV.

La **Justice de paix** remonte à l'édit de 1790. Nos juges ont remplacé les *baillis*. Leur rôle consiste comme eux à paralyser bien des procès. *Juges de paix* d'Herment: *Nicolas-Claude-Martin d'Autier*, 1790-1815; *Léonard-Jean Bouyon*, 1815-1830; *Jean Fargeix*, 1830-1832; *Amable, comte d'Autier*, 1832-avril 1833; *Joseph-Emile Tibord*, 5 avril 1833-jusqu'à ce jour.

---

(1) *Memoire que les syndic et habitants de la ville d'Herment, en Auvergne, et autres paroisses circonvoisines ont l'honneur de présenter a Nosseigneurs de l'Assemblée nationale.* (Riom, imprimerie de Martin Dégoutte, 1790.)

Présidents du canton. — Conseillers généraux. — Conseillers d'arrondissement. Les premiers furent nommés dans les assemblées primaires, qui remontent à 1790. Présidents du canton : *Le comte Nicolas-Claude-Martin d'Autier*, 1791 ; *Guillaume Bouyon*, 1792 ; *Louis Peyronnet*, notaire, 1796-1814.

CONSEILLERS GÉNÉRAUX

Pierre PEYRONNET, docteur en médecine à Rochefort, nommé le 24 floréal an VIII (1800); réélu en 1808 1816
Guillaume-Michel de CHABROL-TOURNOELLE, membre de la Chambre des députés........................ 1816-1822
SABLON-SALVIAT, de Clermont-Ferrand, nommé le 17 novembre 1833.......... 1839
Michel BERTRAND, docteur en médecine, inspecteur des eaux du Mont-Dore, chevalier de la Légion-d'Honneur, élu le 1er décembre 1839 (1)... 1848
d'AUTIER (le comte Antoine-Amable), élu le 4 septembre 1848. 1853
Frédéric BONNAY, notaire à Clermont, chevalier de la Légion-d'Honneur, élu le 7 août 1853-jusqu'à ce jour.

CONSEILLERS D'ARRONDISSEMENT

Louis PEYRONNET, notaire et maire, nommé le 18 prairial an VIII (1800).... 1814
MONTGUILLON.............. 1815
Léonard-Jean BOUYON, juge de paix 1816-1830
JEUDI-DUMONTEIX, avocat à Clermont, 1830 remplacé en 1832 par
Jean-Alexandre FARGEIX, nommé en 1832-1833
d'AUTIER (le comte Antoine-Amable), nommé le 24 novembre 1833 ; réélu les 16 février 1834, 4 décembre 1836 1840
François-Marie PEYRONNET....... 1841-1842
Charles-Gilbert TARDIEU, avocat, 11 décembre 1842-1848
MARTIN, notaire à Tortebesse...... 1849-1851
Félix PEYRONNET, docteur en méd. 1851-1862
Georges POUYET .... 1862, jusqu'à ce jour.

Les maires, créés dans chaque commune, remontent à l'édit de janvier 1790 qui établit une municipalité ou administration municipale dans chaque ville, bourg, paroisse ou communauté. Ils furent nommés en principe par les assemblées primaires. L'adjoint au maire est une création de l'an IV (1795).

MAIRES D'HERMENT

I. Jean-Baptiste BOUYON, chantre et chanoine du chapitre d'Herment, élu en janvier...................... 1790-1792
II. Pierre MAZUER, notaire, élu le 9 décembre........... 1792-1793
III. Louis PEYRONNET DE SAUNNAZEIX, élu en 1793-1795
— François VERNY, *agent municipal*, fonctions qui équivalaient à celle de maire, en vertu du régime révolutionnaire de l'an IV (1795).
IV. Louis PEYRONNET, notaire et président du canton, nommé maire à l'organisation administrative du 23 thermidor an VIII (11 août 1800).... 1815
V. Léonard-Jean BOUYON, juge de paix, nommé le 19 septembre... 1815-1816
VI. Léger PELISSIÈRE, médecin... 1816-1831 nommé en 1816; prorogé en 1821.
VII. François-Marie PEYRONNET... 1831-1848 nommé le 11 novembre 1831.
VIII. Stéphane ROUDAIRE, médecin..... 1848

---

(1) Avant 1848, les cantons d'Herment, de Bourg-Lastic et de Rochefort n'avaient qu'un seul conseiller général pour eux trois. Depuis 1848, chaque canton nomme son conseiller général.

Nommé par le commissaire du Gouvernement le 21 mars 1848; exerce ses fonctions jusqu'au 26 septembre de la même année.

IX. Charles-Gilbert TARDIEU, avocat 1848-1851 Nommé par le vote de la commune le 24 septembre 1848 ; démissionnaire le 9 février 1851. — La ville d'Herment sait mieux que l'auteur tout ce qu'il a fait pour elle. L'administration de M. Tardieu est surtout marquée par la réparation des rues qui, avant lui, étaient dans un état impraticable, et par celle des chemins environnant la ville. A cette époque, le budget municipal était presque nul (1);

M. Tardieu lui vint en aide de ses deniers personnels.

X. Antoine PORTE-PASSELAIGUE 1851-1853 Adjoint au maire ; remplit les onctions de maire du 9 février 1851 jusqu'en 1853.

XI. Pierre PORTE-SAUTY, adjoint au maire, remplit les fonctions de maire .... 1853-1855.

XII. Antoine-Marien DÉMONTEIX, notaire .... 1855-1860 Nommé le 14 juin 1855 ; démissionnaire en 1860.

XIII. Gervais JOHANNEL, nommé le 2 octobre 1860; prorogé en 1865.

ADJOINTS

I. Jean VERNY.... 1795-1799
II. Jean JOHANNEL, 11 août 1800-1813
III. François PEYRONNET, médecin, 4 avril.. ....·........ ... 1813-1815
IV. Jean JOHANNEL, 4 septembre... 1815-1817
V. François-Marie PEYRONNET, 27 novembre 1817-1827
VI. Jean VERNY-CHASSAING, 4 juillet 1827-1831
VII. François SOUCHAL, dit Ciestre, 11 novembre....................... 1831-1840
VIII. Jean VERNY-CHASSAING, 15 septembre 1840-1848
IX. Charles-Gilbert TARDIEU, 21 mars 1848, jusqu'en août de la même année.
X. Antoine PORTE-PASSELAIGUE, 26 août...... 1848-1851
XI. Pierre PORTE-SAUTY, adjoint par intérim, de 1851 à 1853.
XII. Joseph-Aimé MAZUER, nommé le 17 août 1853 jusqu'au 23 septembre 1863.
XIII. Pierre BOURRAND, nommé le 23 septembre 1863.

Herment possède une *gendarmerie impériale* à pied. Le bureau de poste date de 1845 ; ce bureau a été érigé en direction en 1859.

romenade des Murs. Je veux vous parler de la belle promenade des Murs, ainsi nommée parce qu'elle occupe le chemin de ronde qui servait jadis à la défense des murailles de la ville. C'est à M. *Meinadier*, alors préfet du Puy-de-Dôme, que nous devons ces nombreux ormeaux plantés en 1847 sous l'administration de M. *Peyronnet*, maire. Vous qui aimez les émotions, touristes qui cherchez la belle nature, vous contemplerez la vue délicieuse dont la ville d'Herment est privilégiée. Vous proférerez plus d'un cri d'admiration au spectacle de cet

---

(1) Il s'est accru depuis des fermes du foirail et des communaux dits de Chez Parry.

immense horizon où se confondent mille et un objets. En parcourant cette promenade, en faisant le circuit de la ville, vous passerez en revue plus de 400 lieues carrées. Cinq départements s'offriront à vos yeux : le Puy-de-Dôme, l'Allier, la Creuse, la Corrèze et le Cantal. Nous voici près de la chapelle de N. D. de Bonne-Nouvelle : Vous apercevez à droite la montagne du Puy-de-Dôme ; le plateau du Puy-Saint-Gulmier avec son église romane ; la butte de Chaslus, couronnée par les ruines de son château féodal, rasé en 1604 ; Combrailles, naguère encore séjour d'une branche de l'antique race des *Bosredon* ; le Montel-de-Gelat, chef-lieu de commune ; la petite ville de Saint-Gervais, placée sur une hauteur à l'horizon ; Saint-Avit ; Mérinchal ; la montagne qui précède Auzance. Ces bois noirs sont les sapins de la forêt du Ronzet ; ces habitations appartiennent au bourg de Giat ; ce village qui les domine un peu plus loin est celui de Fernoël. Avançons un peu : Voici au premier plan la vaste terre de Barmontet (900 hectares), avec son château encadré par le feuillage ; Verneugheol et son église du XIV° siècle ; la nappe argentée de l'étang de Malgane ; la route qui serpente dans tout ce paysage. Remarquez à l'horizon les montagnes de la Corrèze. Avançons encore et asseyons-nous à l'ombre de deux respectables Sully (un ormeau et un tilleul) plantés en 1601 à la naissance du roi Louis XIII. Voici l'église de l'ancien prieuré de Saint-Germain ; le village de Lastic ; des bois ; de longues nappes de bruyère ; la butte de Préchonnet, qui nous rappelle ses seigneurs : les *Rochefort*, les *Le Loup*, les *Langeac* ; le plateau qui dérobe Bourg-Lastic ; les montagnes voisines d'Ussel ; le Limousin, le pays des châtaignes, et à plus de 18 lieues, dans un horizon bleuâtre comparable à la mer calme, la chaîne du Cantal, dominée par le Liorran et le plomb du Cantal. A gauche, vous avez, à une distance de 30 kilomètres, la série des Monts-Dore qui offre un fonds de tableau d'une incomparable majesté. Au milieu, s'élève dans les nues le célèbre pic de Sancy (1884 mètres), aux flancs ravinés par l'eau, aux rocs déchirés par le feu des volcans de l'Arvernie, à une époque qui remonte aux premiers âges. Quand le soleil éclaire de ses rayons dorés ce gigantesque tableau, quand le ciel se colore de sa teinte azurée d'une soirée de juillet, ni le pinceau de Vernet, ni l'eau forte de Rembrand, ni toutes les plus belles toiles du Louvre ne pourraient rendre ce divin morceau du plus grand maître des grands maîtres. Ah ! si le fier castel de nos barons levait encore la tête, s'il m'était permis de contempler cet ensemble de sa plate-forme, je verrais à coup sûr le *nec plus ultra* d'un admirable coup de pinceau ! Spectateur de cette position, qui fait d'Herment un des points de France les plus intéressants pendant la belle saison, j'avoue que cette nature variée, cet inconnu de l'espace que j'aime et que j'admire, m'apparaissent toujours nouveaux, toujours pleins de charmes. « Qu'y a-t-il de plus émouvant, dit M. Mathieu (1), que ces montagnes aux flancs labourés par les torrents et séparées les unes des autres par des profondes déchirures où bondissent et écument des eaux impétueuses, que ces mille calottes étagées en amphithéâtre et surmontées la plupart de citadelles en ruines ? Des forêts, des houillères, des mines de fer, de plomb, de cuivre et d'argent, et, au milieu de cette nature, une race d'homme magnifique, dont la taille élancée et la blonde chevelure rappellent ce type gaulois qui avait frappé Tite-Live et Plutarque. Quand on n'a vu que les plaines monotones de Normandie et les paysages encadrés de la Suisse, on ne peut se représenter le tableau pittoresque qu'offre cette partie si négligée, si oubliée de l'Auvergne. Y a-t-il une assiette de ville plus saisissante que celle d'Herment ? Au sommet de cette pyramide volcanique

---

(1) *Des colonies et des voies romaines en Auvergne*, p. 217.

vous croyez voir une population encore effrayée du souvenir du déluge. Herment, où semblent converger plusieurs tronçons de routes antiques, a été, dans tous les temps, une position stratégique remarquable... »

CANTON D'HERMENT

COURS D'EAU ; ÉTANGS ; BOIS ; SUPERFICIE ; GÉOLOGIE ; &c.

n sait que l'administration cantonale remonte à l'an IV (1796). Le canton d'Herment, l'un des plus petits du département du Puy-de-Dôme, est peuplé de 4,500 habitants. Sa forme est celle d'un triangle, dont le plus grand côté est au Nord. Il est borné au N. par les cantons de Pontaumur et de Pontgibaud ; au S. par celui de Bourg-Lastic ; à l'E. par celui de Rochefort ; à l'O. par les départements de la Corrèze et de la Creuse. Plusieurs cours d'eau l'arrosent : 1° *le Sioulet* (*le Ceolé* en 1535), qui prend sa source dans les bois du Clergeat, près de Tortebesse, passe sous le pont du chemin de grande communication n° 4, et va se jeter dans la Sioule, au pont du Bouchet, au N. E. de Miremont (canton de Pontaumur) ; 2° *la rivière du Chavanon*, qui sert de limite aux départements du Puy-de-Dôme, de la Corrèze et de la Creuse ; elle baigne les côtes occidentales du canton d'Herment, doit son origine au trop plein de l'étang de la Ramade (Creuse), coule aux pieds des ruines du château de Chavanon, dont elle a pris le nom, et va se jeter dans la Dordogne à 2 kilomètres de Saint-Etienne-aux-Claux (Corrèze) ; 3° *le ruisseau de Laveix*, qui part du trop-plein de l'étang de Farges ; il se jette dans celui de *Gaumard*, formé par le trop-plein de l'étang de Malgane ; celui-ci se réunit au Sioulet près du moulin de Soulier. Toutes ces eaux sont très-poissonneuses. On y pêche la truite, qui est délicieuse, l'anguille, le poisson blanc, la perche, quelques brochets et quelques tanches échappés des étangs ; quant à l'écrevisse, ce crustacé recherché des gourmets, elle était fort commune autrefois dans les plus petits cours d'eau ; elle devient de plus en plus rare, ainsi que la truite, depuis qu'un grand nombre de pêcheurs, au mépris des lois sur la pêche, emportent gros et petits poissons.

Étangs. Les étangs étaient très-nombreux dans ce canton au Moyen-Age. La plupart ont été desséchés depuis longtemps et convertis en prairies ; dans ce nombre nous citerons : l'*étang de l'abbaye de l'Eclache*, à l'O. du village de ce nom ; l'*étang des Mollières*, près du domaine du Beth ; l'*étang de Chadeau*, à l'O. du hameau de ce nom ; l'*étang de Perol*, près de ce village ; l'*étang d'Herment*, au S. E. de Chez Denis ; l'*étang de Toutifaut*, près du moulin du même nom ; l'*étang de Coussat* ; l'*étang du Puy-Vidal*. Ceux qui existent aujourd'hui sont : *Malgane*, appartenant en 1604 à *Jean-Mathelin de Bosredon*, baron du Puy-Saint-Gulmier ; en 1698, à *Maximilien de Villelume*, s^r de Barmontet, et actuellement à M. *le comte d'Autier*, son descendant ; *Farges*, possédé en 1698 par *Pierre de Murat*, s^r de Teyssonnières ; *Fayat*, créé en 1343 par *Pierre de la Roche*, chevalier, s^r de Teyssonnières.

Bois. Les bois deviennent de plus en plus rares depuis que l'industrie en exploite une si grande quantité ; les plus considérables sont ceux de Barmontet, du Johannel, du Clergeat, du Ronzet, de Perol. Le bois du Johannel fut partagé en 1599 entre *Jérôme Mangot*, lieutenant-général au baillage d'Herment (représenté actuellement par MM. Chassaing, ses descendants), et les filles d'*Antoine Dessaignes*, bourgeois de Sauvagnat : Catherine, femme de noble *Jean de Neuville*, s^r de la Faye ; Bonne, épouse de *Jean de Laval*. En 1845, la commune d'Herment, sous l'impulsion de M. *Charles Tardieu*, a fait semer en pins une grande partie de ses communaux, dits de Chez Parry ; ces pins ont obtenu une médaille d'or à la grande exposition d'agriculture de Paris. Les heureux résultats des semis précédents ont encouragé l'administration forestière à faire semer du chêne en plusieurs endroits, en 1860, notamment à l'O. du hameau de Chadeau et au N. O. du bois du Johannel. Ces semis donneront un tout autre aspect au canton d'Herment et seront un jour une grande ressource pour son chef-lieu. Les éleveurs de moutons se plaignent néanmoins que les surfaces ensemencées devenant chaque année plus considérables leur causent un sérieux préjudice.

Surface territoriale. Le canton d'Herment a 12,064 hectares 03 ares 35 centiares, savoir : 2,489 h. 58 a. 77 c. en terres ; 1,659 h. 38 a. 88 c. en prés ; 1,539 h. 65 a. 75 c. en pâtures ; 12 h. 21 a. 82 c. en jardins ; 5,220 h. 65 a. 53 c. en bruyères ; 1,076 h. 26 a. 31 c. en bois ; 13 h. 89 a. 69 c. en bâtiments ; 12 h. 50 a. en étangs ; 39 h. 86 a. 60 c. en propriétés non imposables.

Impositions. Les impositions du canton se sont élevées, en 1864, à 33,265 fr. 30 c.

Altitude. Cette altitude varie entre 949 m., point le plus élevé (Les Chaumeix), et 727 m., point le plus bas (Verneugheol). La ville d'Herment est à 839 m. au-dessus du niveau de la mer. **Longitude** : Herment est à 15' longitude E. du méridien de Paris. **Latitude** d'Herment : 45' latitude nord.

Géologie. Le canton d'Herment présente un terrain un peu mouvementé. La ville, qui en est le chef-lieu, située sur une butte basaltique escarpée de tous côtés, occupe à peu près le milieu de son territoire. La plus grande partie de ce canton se compose de terrain primitif. Les plaines sont formées par des dépôts secondaires. Il existe à Tortebesse, au lieu dit *des Hermites*, des filons de *fer spathique* d'une très-grande puissance ; il paraît que l'exploitation de ces filons a eu lieu du temps des Romains et même dans le Moyen-Age. Le nom du moulin de *Tailhefer*, où l'on rencontre beaucoup de débris de scories, semblerait indiquer une ancienne usine. La direction de ces filons est N. S., comme tous les grands filons des montagnes d'Auvergne. Au même lieu et dans la même direction se trouvent d'autres filons de *galène* ou *plomb-argentifer* comme croiseurs des premiers, qui sont excessivement riches en argent. Dans ces derniers temps, le célèbre *Adrien Cheneau* avait fait reprendre l'exploitation ; il y renonça à cause du mauvais état des routes. Lorsqu'on examine avec attention la surface du sol, surtout dans le bois du Murguet, on est surpris d'y rencontrer des traces d'une très-grande exploitation, accusée par une quantité considérable de puits d'une époque fort reculée, probablement de l'époque romaine. Du fer et de la galène apparaissent tour-à-tour dans les déblais. On se demande quel est celui de ces deux minerais qui était exploité. Peut-être l'étaient-ils tous les deux? Quoi qu'il en soit, un fait remarquable est celui-ci. A partir du moulin de *Tailhefer* jusqu'au-dessous du pont d'Herment, sur une longueur de près de 4 kilomètres, on retrouve à chaque pas les restes de puits anciens. Ces puits se présentent par milliers. Il est évident qu'il a existé sur ce point une exploitation très-importante. Un cataclysme ayant entraîné les minerais de fer et de plomb dans la vallée, il en est résulté une couche puissante. Si l'on recherche par les noms des villages voisins quelle peut être l'époque de cette exploitation, on reconnaît qu'elle doit remonter à l'époque gallo-romaine. Le nom du moulin de la Villedière peut venir de *villa deserta*. Voici ce qui est arrivé au sujet de ces minerais de fer et de plomb : Dans les premiers âges, par un soulèvement du sol, un barrage ayant eu lieu au moulin de Soulier, il en est résulté la formation d'un lac partant de ce point jusqu'au moulin de Tailhefer, dans une longueur de 6 à 7 kilomètres sur une largeur de 150 mètres seulement. Les alluvions ont comblé en partie les matières métalliques et se sont déposés au fond, comme dans les *placers* de la Californie. Lorsque, par l'érosion des eaux, ce lac est devenu à sec, il en est résulté une vallée parfaitement à niveau dans laquelle coule le ruisseau venant de Tortebesse (*le Sioulet*). A l'époque gallo-romaine, alors que les travaux des mines étaient moins avancés qu'aujourd'hui, une espèce de colonie s'établissait sur les lieux ; les hommes ne manquaient pas, surtout les esclaves, des puits nombreux étaient creusés en commençant par le bas de la vallée et remontant jusqu'à Tailhefer.

Au village de la Rochette, dans les champs voisins au S. de la route, on rencontre un beau filon de *chaux fluatée*, qui signale probablement l'existence d'un filon métallique. Non loin de là, au moulin de la Faye, on trouve dans le ruisseau quelques filons de *galène*, qui ont peut-être une corrélation avec ceux de Tortebesse.

La certitude d'un bassin houiller dans la plaine qui s'étend du village de la Foudèche jusqu'au Beth, est sans contredit le trésor géologique le plus important du canton. Des fouilles pratiquées en 1860 par les ordres de MM. *Narjot de Toucy* et *Charles Tardieu* ont donné la preuve de ce fait. La houille paraît de bonne qualité. Les couches semblent avoir une épaisseur de plusieurs mètres, en un mot ce lieu recèle une richesse qui ne saurait tarder à être utilisée, et si maintenant on remarque que les filons de Tortebesse sont limitrophes de ce bassin houiller, on sera facilement convaincu que ce point est privilégié pour l'établissement de grandes usines, surtout si comme on nous le fait espérer la voie ferrée de Lyon à Bordeaux par les Plateaux vient traverser ce bassin. En jetant un coup-d'œil sur la carte géologique de la France, nous reconnaissons facilement que la formation de ce bassin houiller dépend d'une ligne houillère de 40 lieues environ, partant de Commentry (Allier) et se dirigeant en ligne droite à Champagnac (Cantal).

Au domaine du Puy-Vidal, on voit un filon de *quartz-améthyste* d'une très-belle eau. L'exploitation pourrait en être avantageuse.

Nature du sol. La butte d'Herment est formée par une calotte de *basalte granuleux*, qui, en se décomposant, donne tous les éléments d'une grande fertilité, aussi n'est-on pas surpris de la trouver recouverte de prairies qui ne peuvent avoir que les pareilles et dont la réputation s'étend au loin (1). Le canton d'Herment ayant un sol *argilo-siliceux*, recouvert d'une couche épaisse de terrain de bruyère, est appelé dans l'avenir à voir augmenter considérablement sa richesse En effet, à quelques kilomètres de là, sur le bord de la route, au moulin de *Chez-Verdier* (canton de Bourg-Lastic), on trouve des couches de *calcaire sacharoïde blanc* très-puissantes, mises en exploitation depuis 1863, découverte due à M. *Charles Tardieu*. Cette chaux, d'une très-grande pureté, est éminemment propre à l'amendement des terres ; des essais très-heureux ont déjà eu lieu.

CANTON D'HERMENT

HISTORIQUE DES VILLAGES ET HAMEAUX

COMMUNE D'HERMENT

URFACE territoriale de la commune d'Herment : 929 h. 12 a. 86 c., savoir : 301 h. 90 a. 64 c. en terres ; 176 h. 20 a. 40 c. en prés ; 126 h. 91 a. 40 c. en pâtures ; 3 h. 16 a. 42 c. en jardins ; 315 h. 72 a. 40 c. en bruyères ; 3 h. 21 a. 70 c. en bois ; 1 h. 99 a. 60 c. en bâtiments (2).

Villages et hameaux de la commune : **Chez Denis**, hameau au S. E. de la ville, à une faible distance. Il doit son nom à un de ses anciens propriétaires, comme l'indique la préposition *chez*, placée devant celui d'un grand nombre de villages de nos montagnes, jadis habités par des familles du même nom. Chez Denis, appelé *le lieu de Mexdets* en 1470, *Maydeys* en 1535, appartenait en 1470 à *Pierre Villefeulh*, dit *Pesrasa*, et à la bru de *Mathieu du Vergier* ; en 1535 à *Antoine Villefeulh*, en 1590 à *Gaspard de Villefeut*, en 1630 à *Antoine Thomas* et en 1666 à *Jean Thomas*.

(1) La plus renommée est celle de *la Pezoux*, qui produit en moyenne 350 francs par hectare.
(2) Les impositions de cette commune se sont élevées en 1864 à 5,814 fr. 42 c.

Chez Bourassat, hameau habité au XIVᵉ siècle par la famille *Symon*, dont il portait le nom, et en 1450 par *Guillaume Neyme*, dit *Bourassat*, qui lui légua son surnom. *Jean Arnauld*, sʳ de Bourassat et d'Andrigou, fut l'aïeul de *Marguerite Arnauld*, dame de Bourassat, mariée vers 1600 à *Durand Bouyon*, bourgeois d'Herment ; Antoine Bouyon, petit-fils de Durand, abandonna cette seigneurie en 1658 à *Gilbert de Villelume*, son beau-frère, pour le paiement de la dot de *Jeanne Bouyon*, sa sœur. Les descendants de Gilbert ont formé la branche de Villelume de Bourassat et de la Vergne, existant encore à Lastic. On remarque à Bourassat un de ces tilleuls connus sous le nom de *Sully*. En 1698, la commanderie de Tortebesse et le sʳ de Teyssonnières y percevaient des rentes féodales.

Chez Bohet, anciennement **Sourdaval** (*surda vallis*, vallée sourde), domaine possédé en 1288 par *Pierre Ferradure*, chevalier ; en 1320 par *Etienne Jehan*, archiprêtre d'Herment ; en 1380 par *Barthelmy Guaritte*, curé de cette ville ; en 1382-1418 par *Barthelmy Gérémire*, bourgeois, par indivis avec *Durand Girbert*, bourgeois (celui-ci en jouissait en 1392). *Jean Eyrauld*, dit *Bohet*, époux de *Jeanne du Pesgier*, possédait cet héritage en 1447 ; il lui légua son surnom ; les fils de Jean, savoir : Antoine Eyrauld et *honnête homme* Pierre Eyrauld, boucher d'Herment, possédaient Chez Bohet en 1519 ; *Antoine* et *André Barrier* avaient *le claux de Bohet* en 1535, du chef de leur mère *N. Eyrauld*. Chez Bohet appartenaient en 1649 à *Gaspard Gaignon*, bourgeois ; à Jean, son fils, conseiller au présidial de Riom (1654), et à son petit-fils Etienne, conseiller au même siége ; celui-ci, de concert avec *Annet Brunel*, bourgeois d'Herment, et *Nicolle Poirier*, vᵉ de *Louis Fillias*, sʳ de Laussepied, rendit foi-hommage au baron d'Herment, en 1698, pour le fief de Chez Bohet, que cet acte désigne sous le nom de Sourdaval. *Pierre Chassaing*, bailli d'Herment, acheta ce domaine à *Etienne Gaignon* vers 1720 ; ses descendants en jouissent encore.

Chez Parry, domaine, autrefois village, appelé en 1485 *les Parrins* et plus anciennement *les Alains*. L'antique village a été détruit durant les guerres anglaises du XIVᵉ siècle. On a retrouvé les fondements de ses habitations. Près des Alains, dans la direction des Granges, était *le village du Malard*, également détruit. Propriétaires anciens de Chez Parry : *Michel de Fressanges*, notaire, *Laurent* et *Durand Verny*, 1485 ; *Jamenet Verny*, dit *Parry*, 1535 ; *Antoine Vachon*, notaire, et *Clauda*, sa sœur, 1565 ; *Gaspard-Jean de Villelume*, sʳ de la Villedière, et *François de Girard*, sʳ de Laussepied, 1630 ; *François Mompied*, hôte d'Herment, 1699 ; *Catherine Besse des Farges*, qui fit vente du domaine, par acte du 20 mars 1723, à *Etienne Bouyon*, de Bromont, au prix de 3,620 livres tournois. *Antoine-Marie Bouyon*, petit-fils d'Etienne, aliéna cette propriété en 1783 à *Etienne Tardif*, pour 11,650 livres ; la petite-fille de celui-ci, Mᵐᵉ *Fournier*, l'a vendue à M. *Rougier*, qui a fait élever l'habitation actuelle, possédée par M *Louis Jay*, agent de change à Clermont-Ferrand. — Au S. O. de Chez Parry existait la métairie de *Chez Blardon*, appartenant en 1642 à *Léonard Mosneron*, contrôleur ordinaire des guerres en Flandres et en Artois ; elle fut vendue au chapitre d'Herment, le 7 août 1676, moyennant 3,435 livres 10 s., par *Hubert Mosneron*, son fils, écuyer, capitaine au régiment de Navarre. En 1709, Chez Blardon appartenait à *Catherine Mosneron*, veuve de *François Mompied*, hôte d'Herment. — *Rambaud-Blard*, à l'E. de Chez Parry, hameau détruit, mentionné en 1486-1535.

La Borderie (*bordaria*, borderie, vieux mot qui signifie métairie). Ce domaine appartenait en 1441 à *Jean du Pesgier*, fils de Gérald, d'Herment, et à Jeanne du Pesgier, épouse de *Jean Eyrauld*, le jeune. Pierre Mathieu, sʳ de la Borderie, était frère d'Antoine, notaire à Herment en 1535, celui-ci laissa : Françoise, mariée à *François Gaignon* ; de ce mariage : Jean et

François Gaignon, possesseurs de cette métairie en 1647. Jeanne Mathieu, fille de Pierre, eut une partie de cette seigneurie; elle épousa *Pierre Arnauld*, chirurgien et barbier d'Herment, vivant en 1565; leur fille Catherine contracta alliance avec *François Besse*, dont: Gaspard, vivant en 1632, père de François, s* de la Borderie en 1665, marié à *Anna des Brandons*; de ce mariage: François et Claude Besse, s** de la Borderie en 1696. *Guillaume Johannel*, bourgeois d'Herment, devint seigneur de la Borderie en 1698, en vertu d'une saisie; son fils Jean possédait ce fief en 1718, et son petit-fils Jacques-Antoine en était co-propriétaire en 1756 avec *Etienne Besse*, notaire aux Martres d'Artières; Jacques-Antoine eut *Jacques Johannel*, lequel affermait ce domaine 300 livres tournois en 1783. La Borderie a été vendue à M. *Mourton* par les héritiers de Jacques Johannel sus-nommé. — Au S. de ce domaine se trouve un tènement appelé dans les terriers *le claux de Farines et le Coudert*; ce tènement, qui avait une habitation en 1470-1550, a fait partie du domaine de la Borderie depuis la fin du XVI° siècle. Il appartenait en 1470 à *Jehan Blanchier*, dit *Farines*.

Le Villevaud, autrefois le *Bas-Villevaud*, domaine qui comprenait un tènement appelé *Bas-Peyrat*. Cette seigneurie fut vendue par *Guillaume de Villelume*, s* de Barmontet, le 28 avril 1568, à *Antoine Mangot*, notaire au Bourg-Lastic; Antoinette Mangot, sa petite-fille, épouse de *Jean Bonnet*, châtelain de Rochefort, aliéna ce fief le 18 août 1603, moyennant 471 livres tournois, à *François Civadon*, notaire à Herment, dont la fille Jeanne, épouse de *Toussaint Peyronnet*, notaire, vendit cette propriété en 1689 à *Antoine Bourrand*, marchand, lequel rendit hommage au baron d'Herment en 1698. *Guillaume Bouyon*, bourgeois d'Herment, acheta ce domaine le 19 mai 1771, moyennant 16,000 livres tournois, à *Etienne Bourrand*; ses descendants en sont encore possesseurs.

Les Granges, hameau qui de temps immémorial devait certains droits féodaux à l'hôpital d'Herment. Les documents les plus anciens l'appellent *les granges de l'hôpital* (Terrier de 1485). Par lettres de la chancellerie de la sénéchaussée de Riom, émanées de *Jean Boyer*, lieutenant de *Pons de Langeac*, sénéchal d'Auvergne, il fut décidé que le lieu des Granges serait de la paroisse d'Herment et non de la paroisse de Verneugheol. Les Granges était le seul hameau de la paroisse d'Herment qui ne devait aucune dîme au chapitre de cette ville.

Le Puy-Vidal, domaine, ancien fief. Il appartenait en 1486 à *Laurent de Chevalines*, notaire à Herment; sa fille Françoise, dame du Puy-Vidal, épouse d'*Antoine Messes*, notaire, vivait en 1532; elle fut mère de *Nicolas Messes*. Honorable homme *Claude Baudonnat*, s* du Puy-Vidal en 1579, receveur des amendes au grand Conseil à Paris, fils de Louis, bailli d'Herment, s* du Puy-Vidal en 1552, et de Louise Arnauld, avait une sœur, Gabrielle, mariée à M° *Pierre d'Aultebesse*, mort sans enfants en 1574, et un fils *noble* Antoine Baudounat, s* du Puy-Vidal en 1602-1616, greffier de Chaslus, marié à *Anne Baudhuy*, dont : 1° Jean, greffier de Chaslus en 1631; 2° Lucrèce, baptisée en 1606 dans l'église d'Herment; elle eut pour marraine *Lucrèce de Gadagne*, dame d'Herment et de Tournoëlle. *Amable Arnauld*, épouse d'*Antoine Johannel*, possédait le Puy-Vidal en 1658; son petit-fils Guillaume Johannel rendit foi-hommage en 1698 au baron d'Herment pour cette seigneurie; Jean Johannel, fils de Guillaume, qui précède, en fit vente vers 1726 à *Annet Peyronnet*, bourgeois d'Herment. M. Etienne Peyronnet, juge de paix à Pont-du-Château, descendant d'Annet Peyronnet, a aliéné cette propriété en 1826 au sieur *Fillias*. En 1741, le Puy-Vidal produisait 336 livres tournois. — Au S. E. de ce domaine, on remarque un emplacement ombragé de vieux chênes et entouré de fossés. S'il faut en croire une tradition et même le nom de *couvent*, sous lequel il est désigné, ce seraient les ruines d'un monastère de bénédictins, détruit dans le X° siècle.

COMMUNE DE PRONDINES

La surface territoriale de la commune de Prondines est de 2,924 h. 66 a. 88 c., savoir : 494 h. 07 a. 22 c. en terres ; 445 h. 82 a. 18 c. en prés ; 453 h. 82 a. 85 c. en pâtures ; 4 h. 01 a. 60 c. en jardins ; 1,024 h. 97 a. 63 c. en bruyères ; 496 h. 89 a. 71 c. en bois ; 5 h. 03 a. 69 c. en bâtiments.

Prondines, chef-lieu (altitude : 889 m.), (*Prundinas*, 1260-1350 ; *Prondynes*, 1586), village situé à une faible distance de la route de Clermont, réputé l'un des plus froids du canton d'Herment. L'église n'offre rien de remarquable ; l'évêque de Clermont nommait à la cure avant 1789. ANCIENS CURÉS : *Jean Mosron*, 1523 ; *Loys Bonyol*, 1600, *Mathieu Fargeix*, 1601 ; *François Mosneron*, desservant de Perol, 1602-1632 ; *Christophe Reboul*, 1640 ; *François Michon*, fin de 1640 ; *Charles Mége*, qui comparaît en 1642 dans la déclaration faite par François de Chaslus, s^r de Prondines, guéri miraculeusement d'une fièvre opiniâtre, grâce à l'intercession de Notre-Dame de Vassivières. (*Hist. de Notre-Dame de Vassivières*, p. 169) ; *Gervais Mosneron*, 1651 ; *Pierre Chazotte*, 1663-1677, plus tard curé de Cisternes, puis de Murat-le-Quaire ; *Jean Mandon*, 1677 ; il testa en juin 1708, léguant à sa paroisse une tasse, une cuillère, une fourchette et son cure-dent d'argent, pour faire un soleil vizoire, et une rente de 56 sous ; *Jean Eschallier*, prit possession le 8 juillet 1721-1738 ; *Hubert Cohade*, chapellain de Perol, 1746-1747 ; *Pierre Manilève*, 1747-1748 ; *Jean Gendraud*, prieur de la Fressinette, 1749-1767 ; *François Chaumeil*, 1768-1792, condamné à la déportation par le tribunal révolutionnaire, né à Trizac (Cantal) ; *N. Lascot*, de Mérinchal, curé constitutionnel, condamné à la déportation.

Le château de Prondines, sans caractère d'architecture, domine une vaste prairie. SEIGNEURS : *Bernard de Prundinas*, chevalier, s^r dudit lieu en 1266, laissa : 1° Amblard, damoiseau, vivant en 1278 ; 2° Bernard, chevalier (*miles*) en 1255-1275 ; 3° Marguerite, épouse de noble *Robert de Rioux* (*de Rivis*), s^r du lieu. Amblard de Prondines, damoiseau, vivait en 1330. Bernard de Prondines, s^r dudit lieu en 1351, épousa *Agnès du Prat*. Arbert de Prondines, damoiseau, paraît en 1355. Marguerites de Prondines épousa vers 1410 *Guillaume de Chaslus*, s^r des Tours et de Viallevéloux.

Au milieu du XVe siècle, la maison *de Neuville* (*de Nova-Villa*) était en possession de Prondines. Elle se subdivisa en trois branches : *les branches de la Rochette, de l'Arboulerie et de Prondines*. Voici la filiation de celle-ci :

I. *Antoine Neuville*, chevalier, s^r de Prondines en 1460-1476, épousa en 1453 *Catherine de Murat de Rochemaure* ; il avait deux sœurs religieuses à l'Eclache en 1449-1453 : Catherine et Antoinette. Son fils Loys lui succéda.

II. *Noble homme Loys de Neuville*, écuyer, s^r de Prondines pour 1/4, marié à *Louise de Montaignac d'Estansannes*, appelée *Louise d'Estauzannes* ; de cette union ; A. Annet ; B. Pierre, vivant en 1531 (1) ; 3° Louise, prieure de Lieu dieu de 1505 à 1510 ; 4° Catherine, religieuse à Saint-Genès-lès-Monges, 1520.

---

(1) L'un ou l'autre laissèrent un *bâtard*, tige d'une branche qui existait encore dans la paroisse de Prondines au XVIIe siècle.

III. *Gabriel de Neuville*, écuyer, s^r de Prondines et de la Faye en 1518, épousa *Antoinette de Montaignac d'Estansannes*, sœur de l'ami dévoué du connétable de Bourbon. Il eut :

IV. *Michel de Neuville*, écuyer, s^r de Prondines en 1552, père de Renée, dame de Prondines, mariée vers 1570 à *Pierre Le Loup*, chevalier ; leur fille ainée, *Catherine Le Loup*, porta Prondines à *Antoine de Chaslus*, écuyer, s^r de Viallevelou x, qu'elle épousa en 1593. La maison de Chaslus est une antique et noble race, dont nous avons donné tout l'historique dans l'*Histoire de la Maison de Bosredon*. Les deux dernières descendantes d'Antoine de Chaslus et de Catherine Le Loup, Mmes *Farradèche de Gromont* et *de Douhet*, sœurs, nées *de Chaslus de Prondines*, sont mortes sans postérité au commencement de ce siècle. Le château de Prondines, vendu après leur décès à Mme *Gilbot*, née *de Caumont*, a été aliéné par elle à M. *Souchal*, entrepreneur de routes du département du Puy-de-Dôme. — Les seigneurs de Prondines avaient justice haute, moyenne et basse, ce qui leur donnait pouvoir de nommer des châtellains ; nous trouvons parmi ces châtellains : *Antoine Masson*, 1495 ; *N. Mangot*, 1608 ; *Loys Bonyol*, 1632 ; *François Rochefort*, 1659-1665 ; *François de Neufles*, 1683 ; *Jean Brousse*, 1692-1697 ; *François Dessaignes*, 1702 ; *Pierre Chassaing*, 1717.

En 1268, *Olivier de Bort*, damoiseau, et son frère Arbert, fils d'André, rendirent hommage au chapitre de la cathédrale de Clermont pour les cens et rentes qu'ils percevaient dans la paroisse de Prondines ; Olivier de Bort, chevalier (*miles*), renouvella cette formalité en 1275, y comprenant le bois de *Chabrais*, entre Perol et l'Eclache. Nous mentionnons comme leurs parents : *Hugues de Bort*, chevalier, fils d'Olivier ; il donne en 1268 à l'abbaye de Saint-Allyre une rente à Perpezat ; *Arbert de Bort* était feudataire dans la paroisse de Vernines en 1305.

Villages et hameaux de la commune de Prondines : **Arfeuilles**, village ; *Etienne Jarleton*, notaire de la châtellenie de Prondines, y résidait en 1599-1620 ; *Etienne de Chaslus*, s^r d'Arfeuille et en partie de Leymery en 1709, habitait à Franssolles, paroisse du Puy-Saint-Gulmier, avec *Marie de Fretat*, sa femme. L'abbaye de l'Eclache percevait des droits féodaux sur Arfeuille.

Chez Bélair. Maison.

Chez Jallut. Maison.

Chez Rapa. Maison. *Gilbert de Chaslus*, s^r de la Faye, frère de François, s^r en partie de Prondines, y possédait un domaine en 1717-1723, dans lequel il habitait.

Franssoulières, hameau. En 1698, le s^r de Prondines y percevait une dîme.

La Graulle, hameau. *Pierre Pabot*, s^r de Vacher, vendit en 1655 à *Gaspard Brousse*, doyen du chapitre d'Herment, la métairie qu'il y possédait ; cette métairie appartenait en 1722 à *Maximilien de Bosredon*, marquis du Puy-Saint-Gulmier ; sa fille, Françoise, l'aliéna en 1781, moyennant 6,192 livres tournois, à *J.-B. Cornudet*. Le seigneur de Prondines prélevait une rente foncière à la Graulle en 1698 ; la justice de ce village lui appartenait.

La Luquine, hameau. Non loin de la Luquine, à l'E. de Leymerie, est située une des forêts, propriété de l'abbaye de l'Eclache avant 1793. En vertu de lettres-patentes du 16 septembre 1725, ses arbres furent vendus comme rabougris et leur produit employé à les remplacer par une semence de glands et de faîne. Cette opération eut lieu de 1739 à 1745, par l'intermédiaire des officiers de la Maîtrise de Riom. En 1698, le s^r de Prondines prélevait une dîme à la Luquine.

Leymerie (jadis *Leymery*), hameau. Il dépendait de la justice de Rochefort en 1455. L'abbaye de l'Eclache y prélevait plusieurs droits féodaux dès le XVe siècle. Une famille *Besson*, originaire de Clermont, a possédé ce fief. *Noble Bertrand Besson*, s^r de Chagourdat en 1644, fermier de l'abbaye de l'Eclache en 1659, épousa *Marguerite Allègre*, dont : 1° Gilbert, qui suit ; 2° Joachim, s^r de la Chossade, marié en 1669 à *Gilberte Eymeri*, fille de Paul, procureur au présidial de Clermont; 3° Guillaume, s^r de Villatier en 1673; 4° Jean, s^r de la Saigne, mort en 1707 ; 5° Jeanne, mariée en 1645 à *Henri Bousset*, notaire à Perol.

Gilbert Besson, co-seigneur de Leymery avec *Etienne de Chaslus*, s^r d'Arfeuille, épousa *Marthe de Laudouze*, fille de Claude, écuyer; il eut: 1° Françoise, dame de Leymery, mariée à *Gilbert de Falvard*, écuyer, s^r de Montluc; 2° Marie, épouse de *François de Larfeuil*, s^r du Mas, près de Condat; 3° Marguerite, épouse d'*Antoine Bourrand*, de Lépardelière.

La maison *de Falvard*, d'ancienne noblesse, est originaire du hameau de Falvard, paroisse de Charbonnières-lès-Varennes (Puy-de-Dôme). Elle a possédé les fiefs de Falvard, de Chalusset, de Château-Pailloux, de Bosgros, de la Vareille, de Bomparant, de Leymery, de Montluc. Elle est connue depuis Noël de Falvard, écuyer, fils d'Antoine, écuyer, s^r de Falvard et de Chalusset, marié en 1519 à *Isabeau de Mazeau*.

I. *Antoine de Falvard*, écuyer, s^r de Falvard, de Château-Pailloux, de Bosgros, de la Vareille, de Paret, capitaine du château de Combronde eu 1618, nommé gentilhomme ordinaire de la chambre du roi Louis XIII le 31 janvier 1634, fut reçu chevalier de Saint-Michel par le vicomte de Polignac, au Puy, le 17 avril suivant. Il épousa: 1° *Magdeleine de Murat*; 2° *Marguerite de Saint-Germain*. Du premier lit: 1° René, qui suit; 2° Clauda, mariée le 30 novembre 1640 à *Pierre de Boucherolle*, fils d'Antoine et de Gabrielle Astorgue.

II. *René de Falvard*, écuyer, s^r du lieu, de Château-Pailloux, de Bosgros, de la Vareille, né à Riom le 12 juillet 1618, épousa le 16 juin 1646, *Michelle-Gabrielle de Chabannes*, fille de Christophe, marquis de Curton, comte de Rochefort, et de Claude Julien; de cette union : 1° François, qui suit; 2° Claude-Yves, né en 1664, au nombre des gentilshommes d'Auvergne qui, en 1684, se présentèrent pour servir le roi dans les compagnies de cadets; il était premier échevin, conseiller et assesseur en l'élection générale de Clermont en 1698, et portait : *d'or, à l'arbre de sinople, au chef d'azur, chargé de 5 étoiles d'or*.

IV. *François de Falvard*, écuyer, s^r de Montluc et de Bomparant, épousa, le 23 décembre 1675, *Jeanne de Bomparant*, dame du lieu, d'une noble et antique famille qui possédait Bomparant, près de Rochefort, depuis 1525; il eut: 1° Jacques, écuyer, s^r de Bomparant en 1720 ; 2° Gilbert, qui suit.

V. *Gilbert de Falvard*, écuyer, s^r de Bomparant et de Leymery, épousa en 1709 *Françoise Besson*, dame de Leymery, fille de Gilbert, s^r de Leymery, et de Marthe de Laudouze ; de cette union : 1° Antoine, époux de *Marie Achard*, dont: A. Annet, écuyer, s^r de Bomparant, marié le 23 avril 1765 à *Françoise Bouchaudy*, fille d'Etienne; B. Françoise, épouse de *Joseph Besseyre*; 2° Marien, qui suit.

VI. *Marien de Falvard*, écuyer, s^r de Montluc et de Leymery, épousa, le 22 décembre 1747, *Françoise Guillaume*, fille de Michel et de Jeanne Mabru ; de cette union : 1° Gilbert, qui suit ; 2° Amable, épouse d'*Etienne Bosgros*.

VII. *Gilbert de Falvard*, écuyer, s^r de Montluc et de Leymery, épousa *Marie de la Farge*, fille d'Antoine, écuyer, s^r de Farges, brigadier des gardes du corps du roi, chevalier de Saint-Louis, et de Marguerite de Ribeyre. Sa postérité existe à Leymery.

A la branche *de Falvard de Bomparant* appartiennent : 1° Antoine de Falvard, célibataire ; 2° Michel de Falvard de Montluc, ancien garde de la porte du roi et ancien vérificateur de l'enregistrement, époux de *Marguerite-Louise-Sophie de Benoist de Barante*; 3° Antoine-Achille-Arthur de Falvard de Bessat, fils de Blaise, neveu de ce dernier, marié en 1847 à *Antoinette des Colombiers* ; 4° Louis de Falvard de Montluc, fils de François-Marin de Falvard de Montluc, fils d'Antoine ; médecin-inspecteur des eaux thermales de Néris, chevalier de la Légion-d'Honneur, etc., marié en 1814 à Mlle *Marie-Pauline Enjobert de Martillat* ; de cette union sont nées deux filles mariées à MM. *Baudonnat*, frères.

Armes : *d'argent, au chêne de sinople, glanté d'or et surmonté d'un corbeau de sable ; le chêne accompagné de 3 molettes de gueules 1 et 2.*

L'Eclache, village, en latin *Esclachia*, *Lesclachia*, (*la Gallia Christiana* dit aussi *Escleasia*, *Esclacia*, *Eschalaria*, dénomination que nous n'avons pas trouvée), en français *Lesclache*, *L'Esclache* et en dernier temps *L'Eclache*. On y remarque les ruines d'une antique abbaye de femmes. — L'Académie de Clermont avait mis au concours pour 1862 l'étude historique d'un monastère. Notre mémoire intitulé « *Histoire de l'abbaye de L'Eclache* », qui a été couronné par elle dans sa séance publique du 11 décembre 1862, a obtenu une médaille d'or. M. le comte *Martha-Beker*, président de la même Académie, s'est exprimé ainsi au sujet de notre travail : « L'Eclache était un petit hameau du pays d'Herment, choisi sans doute pour lieu de retraite à cause de son aspect sauvage et de ses vallons solitaires. Fille du monastère de Citeaux, qui, à l'instar de celui de Cluny, étendait ses colonies dans les contrées les plus reculées de l'Europe, l'abbaye de l'Eclache brillait d'un vif éclat au XIIIe siècle ; elle comptait alors deux cents recluses, qui aux exercices de piété joignaient l'aumône et l'hospitalité. Charles VII permit de fortifier l'enceinte, mais déjà la décadence avait atteint la communauté réduite à une vingtaine de personnes. Ce monastère, isolé dans les montagnes, ne pouvait lutter contre les inconvénients et les dangers d'une situation qui l'éloignait de tout secours et le laissait à la merci de toutes les surprises. L'histoire ne dit rien de son état durant la longue guerre de cent ans avec l'Angleterre, durant la rivalité des Armagnacs et des Bourguignons. Mais, en 1554, attaque nocturne du couvent par *Gilbert de Hautefort* ; en 1637, incendie qui force l'abbesse *de la Roche-Aymon* à se retirer à Clermont avec ses religieuses. La translation définitive des dames de l'Eclache dans cette ville n'eut lieu cependant qu'en 1647, après de vives contestations entre l'évêque de Clermont et les religieuses, qui, soutenues par les gentilshommes, leurs parents, ne voulaient se soumettre qu'à l'autorité de l'abbé de Citeaux. D'abord établies dans le faubourg de Fontgiève, elles se fixèrent en 1664 dans le quartier auquel elles ont donné leur nom, et où elles sont demeurées jusqu'à la révolution qui les a dispersées. Quant au village de l'Eclache, il ne reste plus rien de son antique abbaye, dit l'auteur des mémoires, sinon quelques tombes et une croix gothique conservée par la piété des fidèles. Tel est le résumé des faits décrits avec une exactitude scrupuleuse, avec des plans et des dessins circonstanciés, par M. *Tardieu*, qui a fait preuve de connaissances et d'études approfondies. »

Un instant nous avons pensé donner ici tout notre mémoire de l'Eclache, mais comme il est très-long, ce sera l'objet d'une publication spéciale. Réflexion faite, nous l'avons revu, corrigé et non augmenté, mais considérablement diminué, pour en extraire les faits les plus saillants.

Faits chronologiques relatifs à l'abbaye de l'Eclache.

1140. Il convient de placer à cette date la fondation de l'Eclache. Les autres abbayes de femmes, soumises en Auvergne à l'ordre de Citeaux, sont presque toutes une expression de la foi du XIIe siècle (1). Nous regardons comme fausse la tradition qui dit que ce monastère est l'œuvre pieuse d'un roi de France. Malgré un titre de 1454 qui qualifie l'Eclache d'*abbaye royale*, nous persistons à croire que ce couvent doit son origine à un *comte d'Auvergne*; peut-être à Robert III lui-même, fondateur de l'église d'Herment en 1145. Un fait qui n'est point une conjecture est le gouvernement de l'abbaye entre les mains des filles des comtes d'Auvergne dès l'an 1199, c'est-à-dire quelques années après sa fondation ; de plus, ceux-ci n'oublient jamais l'Eclache dans tous leurs testaments du XIIIe siècle. (V. *Baluze*). Remarquons que le titre d'abbaye royale conférait certains priviléges, ce qui faisait qu'un grand nombre de monastères ne manquait jamais de se donner cette origine.

1159. La *Gallia Christiana* nous apprend qu'en cette année l'Eclache prend sous sa juridiction l'abbaye de Notre-Dame de Bussières en Berry, fondée après 1135 par *Ebles de Carenton* et *Guiburge de Bourbon*, sa femme. L'Eclache a conservé le droit de patronage de cette abbaye jusqu'en 1793.

1199. G., *comtesse de Montferrand*, épouse de Robert Ier, dauphin d'Auvergne, lègue à l'Eclache *(a Leschacha)* cent sous et une nappe d'autel. (*Testament rapporté par Baluze*).

1209. *Guy II, comte d'Auvergne*, lègue à l'Eclache, par testament, 100 sous de rente sur la terre de Giat pour son anniversaire « *a Lesclacha, pro anniversario in terra Giazes centum solidos de Barberinis annuatim.* » (Baluze, tome II).

1241. *Robert II, dauphin d'Auvergne*, comte de Clermont, et *Alix de Ventadour*, son épouse, donnent au couvent de l'Eclache (*domui Esclachiæ*) 5 setiers de froment et 5 setiers mixture de rente sur la terre de Sauriers ; le même Robert lui lègue 15 livres tournois en 1262.

1245. *Guillaume X. comte d'Auvergne*, donne à l'Eclache 50 sous de rente « *domui Esclachiæ quinquaginta solidos debitales.* » (Baluze).

1270. *Alphonse, comte de Poitiers*, frère du roi Saint-Louis, donne à l'Eclache 60 sous de rente sur la recette de Riom.

1281. *Robert II, dauphin d'Auvergne*, comte de Clermont, lègue à l'abbesse et au couvent de l'Eclache 2 setiers de seigle de rente, percevables sur *Moengius* (Monges).

1296. *Robert III, comte de Clermont*, dauphin d'Auvergne, lègue *a Lesclacha* 15 livres tournois.

25 avril 1364. Le *dauphin d'Auvergne*, comte de Clermont, sr de Mercœur, considérant que les ravages des Anglais étaient cause que les vignes possédées par l'Eclache à Prat, près de Gergovia, ne pouvaient être cultivées, accorde à ce monastère la permission de vendanger sans payer *bandie* (droit sur les vendanges) au château de Montrognon.

2 janvier 1368. Acte d'appel fait par les religieuses devant l'abbé de Citeaux, contre leur abbesse *Isabelle de Langeac*, au sujet du gouvernement de l'abbaye. Le parchemin fait mention que l'Eclache jouissait alors de 2,000 livres (109,998 francs d'aujourd'hui) et anciennement de 3,000 livres ; il y avait communément 100 religieuses et autrefois 200, vivant de leurs rentes ; leur nourriture consistait, selon les statuts de leur ordre, en une certaine quantité de pain, vin, viande, poisson, œufs, etc.; l'abbaye était des mieux bâties ; il y avait des appartements

---

(1) Ce sont : *Lavoine*, près de Crevant, dont la fondation est attribuée, en 1131, à *Pierre le Vénérable*, abbé de Cluny, et à *Raingarde de Montboissier*, sa mère ; *Lavassin* ou *la Vayssie*, près de Latour, fondée avant 1199 par *Bertrand Ier, seigneur de la Tour* ; *Mégemont*, près de Vodable, établie en 1210 par *Robert I, d'Auvergne*, comte de Clermont.

vastes, bien meublés ; un corps de logis séparé, appelé l'*hôtel des étrangers*, était affecté à donner l'hospitalité aux pélerins riches ou pauvres.

1410 Une enquête relate que le village d'Heume-l'Eglise demeura inhabité et ses propriétés incultes pendant tout le temps des guerres des Anglais au XIVe siècle.

1411. *Pierre de Chaslus*, chevalier, s[r] du Puy-Saint-Gulmier et de Tauzelles, dit le Boyer et le Gendarme, fils d'Aubert, transige avec l'abbaye au sujet d'une fondation faite par *Richard de Chaslus*, s[r] du Bladeix, frère de Pierre, son aïeul, qui avait choisi l'Eclache pour le lieu de sa sépulture.

1420. *Michel de Montrognon*, chevalier, s[r] d'Ompne fils d'Hugues, s[r] d'Opmne, et d'*Huguette de Vassel*, teste et donne à l'Eclache 80 livres pour aider à bâtir le cloître ; il lègue l'usufruit de sa terre d'Opmne à Louise, sa sœur, abbesse du même monastère ; 50 livres aux religieuses ; fonde une chapellenie dans leur chapelle, etc.

28 février 1435. Lettres-patentes données à Poitiers par le roi Charles VII, qui permettent de fortifier « *ledit lieu et abbaye de l'Esclache de murs, fossés, palissades, ponts-levis, portaux, tours, guerrières, barbacanes et autres fortifications.* » Ces lettres sont le résultat de la requête présentée par l'abbesse, requête dans laquelle elle exposait que « *ledit lieu de l'Esclache est assez loin de ville fermée, chastel ou forteresse où elles se puissent aisément retraire (les religieuses) et obvier aux dommages, ruines, pilleries qu'elles ont soufferts et souffrent pour le fait des guerres et pour les voyages que les gens de guerre y ont fait et font en icelle...* »

1448. *Robert*, *Gérald* et *Jean Santarel*, frères, s[rs] de Chagourdat, paroisse de Chanonat, voulant participer aux prières et aux bonnes œuvres de l'Eclache, lui donnent le domaine de Chagourdat. — Ce monastère y fait construire une chapelle en 1498 qu'il fait desservir par un prêtre chapelain.

1457. Un titre mentionne le privilége que possédaient le village et l'abbaye de l'Eclache d'être exempts de tailles, aides, subsides, logement des gens de guerre, etc. La tradition accorde ce bienfait à une reine de France ; François Ier le confirma par lettres-patentes de 1524 ; ses successeurs suivirent son exemple : Henri II en 1556 ; François II en 1560 ; Henri III en 1582 ; Henri IV en 1601 ; Louis XIII en 1624 ; Louis XIV en 1650 ; Louis XV en 1724.

1550. *Gabrielle de la Roche-Aymon*, abbesse, soutient un procès contre *Hélène de Chabannes-Curton*, au sujet de la possession de l'abbaye de l'Eclache. *Gilbert de Hautefort*, neveu d'Hélène, escalade les murailles du monastère pendant la nuit et commet plusieurs violences. Plainte est portée en matière criminelle devant le Grand Conseil ; Gilbert est condamné envers Gabrielle à 1,200 livres de dommages et intérêts, s'enfuit en Languedoc pour échapper aux rigueurs des lois.

1551. *Marguerite de la Queuille*, mère de l'abbesse *Gabrielle de la Roche-Aymon*, cède, moyennant 1,200 livres, à *Gilbert de Sedières*, chevalier, tous les droits qu'elle avait contre *Gilbert de Hautefort*, se réservant toutes les poursuites que la loi lui accordait contre *Joachim de Chabannes* et sa fille Hélène.

Pendant les guerres religieuses de la fin du XVIe siècle, toutes les archives de l'Eclache sont transférées au château du Puy-Saint-Gulmier.

1598. *Puissant homme Jean de la Roche-Aymon*, s[r] de la ville du Bois, fonde dans la chapelle de l'Eclache une rente de 31 livres pour divers anniversaires.

21 novembre 1637. Le relâchement s'introduisit dans l'abbaye à la fin du XVIe siècle. La crosse fut confiée à de jeunes abbesses que le système du frère aîné avait forcées d'entrer au

couvent. Le jour de Notre-Dame, 21 novembre 1637, sur les 11 heures du soir, le feu s'étant mis par négligence dans une des cheminées de l'abbaye, communiqua ses bluettes aux toits de paille du cloître. La violence des flammes fut telle qu'en moins d'une heure l'embrasement fut complet. Par surcroît de malheur, le feu s'était déclaré en même temps dans le village de l'Eclache, aussi personne ne porta secours au monastère. Après ce désastre, l'abbesse et les religieuses se retirèrent à Clermont, rue du Port, dans la maison de *Pierre Peghoux*, riche bourgeois, en attendant que les reconstructions les plus urgentes de l'abbaye fussent achevées.

1641. Les réparations terminées, les religieuses reviennent à l'Eclache. La même année, un dimanche, pendant la grand'messe, *François de Chabannes*, s^r de Polagnat, d'accord avec l'abbesse, sa sœur, qui dans un but personnel voulait faire disparaître les terriers et livres de l'abbaye, enlève le coffre des archives. Les religieuses portent plainte ; « les complices et ravisseurs des papiers » reçoivent une assignation le 4 novembre 1641, et restituent le coffre en question.

1642. L'abbesse *Gabrielle de Chabannes* obtient la permission de passer dans le couvent des sœurs de Sainte-Marie de Montferrand, accompagnée pendant le voyage de sa mère et de ses frères. Elle y reste 18 mois.

1644. L'évêque de Clermont permet à l'abbesse d'aller à Lyon dans un couvent réformé de l'ordre de Citeaux. *G. de Chabannes* y est conduite par sa sœur aînée, son frère et un ecclésiastique ; elle y fait un séjour de 9 mois.

8 août 1645. Le bruit des événements arrivés à l'Eclache se répand rapidement. L'évêque de Clermont, *Joachim d'Estaing*, qui au dire de Savaron était « *jaloux et opiniastre défenseur des honneurs et prérogatives des évêques* », trouve l'occasion favorable pour faire passer le monastère sous sa juridiction spirituelle et temporelle, porte plainte au Grand Conseil qui, par arrêt du 8 août 1645, décide que « *le monastère de l'Esclache sera transporté dans la ville de Clermont, au lieu plus propre et plus commode, pour y être établi la réforme, sous la direction du sieur évêque.* »

10 janvier 1646. L'abbesse quitte le couvent de Lyon, revient à Clermont dans un carosse à 6 chevaux que lui envoie l'évêque de Clermont ; elle est accompagnée de son frère et d'un ecclésiastique ; ramène six religieuses du couvent réformé, et s'installe dans le couvent des Ursulines.

25 avril 1646. L'abbé de Citeaux, supérieur immédiat de l'Eclache, s'oppose à l'arrêt du 8 août 1645, obtient arrêt contradictoire portant surséance d'un mois à l'exécution du premier. L'évêque persiste, envoie au Conseil un mémoire violent dans les premiers jours de mai 1646, exposant que « l'Eclache est en désordre depuis plus de 80 ans, qu'il n'a jamais pu y mettre ordre tant que le cardinal de Richelieu en a été supérieur général ; que l'abbesse s'est fait enlever en plein carnaval *par un jeune cavalier*, pour passer en un village, ce qui a occasionné grand scandale, etc. ; que l'abbé de Bonneval, chargé de visiter le monastère, ne trouva pas nécessaire de prendre des informations sur ce fait, *tant son zèle et sa providence sont grands*, etc., etc. »

L'abbé de Citeaux envoie l'abbé de Bonneval à l'Eclache, où étaient restées les religieuses, pendant que leur abbesse passait à Montferrand, à Lyon et enfin à Clermont ; celui-ci donne espérance que l'abbé de Citeaux renversera tous les projets de l'évêque.

1er mai 1646. L'abbesse *G. de Chabannes*, aidé de son cousin, le *marquis de Saint-Priest*, « eschelle » les murailles du couvent des Ursulines, sur les 10 heures du soir, pendant que les religieuses chantaient matines. Coiffée d'un chapeau d'homme, enveloppée d'un large manteau, montée à cheval et accompagnée de quatre hommes, elle arrive dans l'ancien couvent de l'Eclache sur les 10 heures du matin.

16 mai 1646. Avis du Conseil touchant la fuite de l'abbesse. « Il n'y a pas lieu de la priver de son abbaye ; *pro modo culpa gravi penitencia salutari.* » — L'évêque, peu satisfait, a recours à la peine de l'Eglise la plus grave : après avoir fait faire trois sommations par son promoteur *Mathieu Belisme,* prévôt de Vertaison, chanoine de la cathédrale de Clermont, « sur le refus et désobéissance » des religieuses et de l'abbesse d'abandonner leur monastère pour se transporter à Clermont, il les déclare excommuniées ; le curé de Prondines reçoit l'ordre de transporter dans sa paroisse les saintes espèces, les reliques, les tableaux religieux de l'abbaye. Cette excommunication, hâtons-nous de le dire, est bientôt levée.

4 août 1646. Arrêt du Grand Conseil qui ordonne l'exécution de celui du 8 août 1645. L'évêque envoie ses promoteurs à l'Eclache et des huissiers pour le faire signifier ; ceux-ci trouvent dans le monastère le *sieur de Chabannes-Curton,* baron de Riom, 20 ou 25 gentilshommes, parents des religieuses, 40 ou 50 fuseliers assemblés pour empêcher l'exécution de l'arrêt. Les promoteurs croient prudent d'accorder un mois de surséance. Au bout de ce délai, nouvelle résistance, nouveau refus.

8 mars 1647. Arrêt définitif du Grand Conseil pour le transport de l'abbaye de l'Eclache à Clermont. Le 22 mars suivant, *Claude Vaussin,* abbé de Citeaux, donne pouvoir à *Jean Drouët,* abbé des Pierres, vicaire-général de la province d'Auvergne pour son ordre, lequel secondé par le grand vicaire de l'évêque devrait « *transférer l'abbaye en quelque lieu et maison plus commode, en la ville de Clermont, avec tous ses biens, meubles, revenus droits, priviléges, et dans le même monastère transférer, réformer, corriger, établir, ordonner, instituer, destituer, tout ce qui sera jugé devoir être réformé, corrigé, etc.* »

Avril 1647. L'abbesse et les religieuses s'installent dans le faubourg de Fontgiève, à Clermont, dans une vaste maison qu'elles achètent 24,000 livres, le 20 juin 1647, à *noble Henri Gaschier,* s' de Fontgiève, conseiller du roi, lieutenant criminel de la sénéchaussée de Clermont.

1652. L'abbesse *G. de Chabannes,* donne sa démission en faveur de sa nièce *Isabeau de Chabannes* ; celle-ci engage les religieuses à changer de résidence, prétendant que Fontgiève est malsain.

7 octobre 1654. Frère *Pierre Capolade,* prieur de Bonnecombe, visite l'abbaye et déclare que Fontgiève est malsain, que l'ancien couvent de l'Eclache offre de grands avantages pour le séjour des religieuses : une belle clôture, deux étangs, une grande forêt, etc.

3 mars 1656. Arrêt du Conseil qui condamne l'abbesse *Isabeau de Chabannes* à rentrer à Fontgiève. Profitant de l'absence de l'évêque, *Louis d'Estaing,* elle s'était retirée à Prat et revêtue d'habits séculiers.

1657. L'abbesse loue l'hôtel de Montboissier, au centre de Clermont, pour faire réparer le couvent de Fontgiève.

5 janvier 1658. L'abbesse présente requête au sénechal d'Auvergne contre certaines personnes qui répandaient le bruit qu'elle voulait vendre son couvent de Fontgiève.

22 et 25 janvier 1658. Frère *Pierre Capolade* et *Jacques Péreyret*, official de l'évêque de Clermont, visitent les réparations exécutées à Fontgiève.

22 septembre 1658. Frère *Pierre Capolade* donne l'habit à *Catherine-Angélique de Montmorin-*

Saint-Hérem, nommée coadjutrice de l'abbesse *Isabeau de Chabannes*. Les religieuses ne veulent pas la reconnaître ; Isabeau de Chabannes sort du monastère sans permission pour aller boire les eaux de Vichy ; deux religieuses vont prendre les bains du Mont-Dore.

18 mars 1659. La paix s'établit entre *Catherine-Angélique de Montmorin* et les religieuses ; celles-ci demandent à passer à l'hôtel de Montboissier où résidait la coadjutrice.

7 avril 1660. L'abbé de Citeaux, *Claude Vaussin*, autorise *Charlotte de Castille-Chenoize*, religieuse de l'abbaye de Pont-aux-Dames, à établir dans Clermont une maison de l'ordre de Citeaux, sous le nom de *prieuré de Notre-Dame de la Paix*. Au mois de mai suivant, le roi accorde les lettres-patentes de rigueur.

20 mars 1661. L'évêque et les échevins de Clermont permettent l'établissement du prieuré de la Paix. Le nouveau couvent est placé au *faubourg du Cerf*, à côté des dames bénédictines.

7 avril 1664. Information faite devant *Jean-Jacques de la Clède*, conseiller du roi au présidial de Riom, de l'enlèvement des meubles et des archives de l'abbaye par l'abbesse *Isabelle de Chabannes*, laquelle était partie de Fontgiève, accompagnée de deux religieuses, le 26 décembre 1662, et s'était rendue à l'abbaye de Lavassin avec deux chevaux chargés de deux grands coffres et de ballots contenant une écuelle, une tasse, des fourchettes, des cuillers et des coquemars d'argent, une croix, une montre d'or, etc.

10 octobre 1664. L'abbesse *Catherine Angélique de Montmorin*, désirant unir son abbaye au prieuré de la Paix, fait venir *Jean-Aymar Frayssinous*, abbé de Bonneval, vicaire-général de l'ordre de Citeaux en Auvergne, lequel déclare que le couvent fondé par *C. de Castille-Chénoize* a « un fort beau bâtiment, très-clair, un bel air, un jardin, une église, etc. » Fontgiève est « insalubre, exposé au vent de nuit, fort malsain dans la ville de Clermont à cause des hautes montagnes. »

11 octobre 1664. Union du prieuré de la Paix au monastère de l'Eclache faite par l'abbé de Bonneval, *Jean-Aymar Frayssinous*. Ledit prieuré sera désormais appelé : *Abbaye de Notre-Dame de l'Eclache*. C'est là que ce monastère de l'ordre de Citeaux, après avoir passé par tant de péripéties dans l'espace d'un demi-siècle, chanta les louanges du Seigneur jusqu'à la révolution de 1793. Il a légué son nom à la rue où il était situé : c'est aujourd'hui *la rue de l'Eclache*. La maison qui renfermait le cloître, la chapelle et les jardins ont été vendus nationalement.

1670. L'abbesse fait reconstruire une partie de l'abbaye incendiée en 1637, afin d'y loger le receveur et le fermier ; le coût des dépenses est de 800 livres.

1677. L'abbesse fait rebâtir la grande tour de l'ancien monastère, moyennant un prix fait de 1,100 livres.

1689. Plusieurs corps de logis construits au prieuré de la Paix par les soins de *Catherine-Angélique de Montmorin*, abbesse, sont *crépis, blanchis* et *grizés*, moyennant 450 livres.

1698. Les armoiries de l'abbaye de l'Eclache : *d'or, à la croix crénelée de sable*, sont enregistrées dans l'*Armorial Général*.

1748. L'abbesse *Magdeleine-Gabrielle de la Roche du Ronzet* fait faire d'importantes réparations à son abbaye de Clermont, ainsi que l'indiquent ses armes placées au milieu de la façade.

1793. Triste date pour l'abbaye de l'Eclache. Le marteau démolisseur enleva toutes les pierres de l'antique monastère de la paroisse de Prondines ; son église fut profanée et diminuée de plus de moitié ; le couvent de Clermont fut vendu nationalement, ses religieuses dispersées !...

Revenu de l'abbaye : Il se composait de la seigneurie de l'Eclache, comprenant un grand nombre de villages des cantons d'Herment, de Rochefort et de Pontaumur; du domaine de Prat avec les droits féodaux sur presque tous les villages environnants; de la seigneurie de Saint-Priest-des-Champs; du domaine de Chagourdat, et de plusieurs héritages à Saulzet-le-Chaud; du 1/4 des dîmes de la paroisse de Nadaillat, etc. Tout cet ensemble produisait 3,000 livres (340,000 fr.) au XIII° siècle; 2,000 en 1368. Les droits seigneuriaux de la terre de l'Eclache étaient affermés seuls 4,000 livres en 1659; 2,700 en 1681; 3,000 en 1727. Le revenu total était de 6,734 livres 10 sous (13,574 fr.) en 1728, ainsi détaillé :

Héritages affermés.	La terre de l'Eclache (dîmes, rentes, directe, étangs, moulin, domaine), affermée...	3,000 l. t.	» s.
	Une directe dans la paroisse de Saint-Priest-des-Champs, une dîme, un étang et quelques prés, affermés........................	670	»
	Le quart des dîmes de la paroisse de Nadaillat (6 setiers à 5 l. t.), affermé..	30	»
	Prés, terres, bois taillis du Saulzet, paroisse d'Opme, affermés.....	180	»
	Directe du prieuré de Prat, affermée.................................	140	»
Héritages non-affermés.	Le domaine du prieuré de *Prat*, consistant en 80 seterées de terre, 10 œuvres de prés, 24 de vigne. Les terres produisent 172 setiers une quarte à 5 l. t. le setier; les prés se consomment pour la nourriture des bestiaux, dont le croît est de 40 livres; les 24 œuvres de vigne et les dîmes de vin de la paroisse de Romagnat, sont de 22 charges à 16 l. t.; huile, 3 quintaux à 11 l. t.; chanvre, 1 quintal ; total..	1,350	»
	Le domaine de *Chagourdat*, paroisse de Chanonat, travaillé par des métayers, produit 60 setiers à 5 l. t. le setier; total...........	300	»
Rentes.	Rente de 8 setiers de froment, à 7 l. t., sur un moulin à Montferrand.	56	»
	Rente due par la ville de Clermont.....................................	90	»
	Neuf rentes foncières...	28	10
	Rente de la terre de *Sauriers*: 5 setiers de froment et 5 setiers de mixture...	50	»
	Rente de 5 pensionnaires, à 14 l. t. par mois chacune............	840	»
	Total général..............	6,734 l. t.	10 s.

Un relevé fait en 1743 dans tous les anciens terriers, donne un total de 600 setiers (seigle et avoine) environ (1).

L'Eclache avait le patronage du prieuré Derses, en Limousin, de l'abbaye de Notre-Dame de Bussières, en Berry, et la nomination de la cure de Saint-Sulpice (canton de Bourg-Lastic, Puy-de-Dôme).

L'abbaye était placée sous le vocable de *Notre-Dame*. Une *abbesse*, distinguée par une crosse, était la supérieure du monastère, sous la juridiction immédiate de l'abbaye de Cîteaux; au-dessous d'elle étaient la *prieure*, la *sous-prieure*, une *chantre*, une *infirmière*, une *économe*, une

---

(1) En 1640, le revenu de l'abbaye était divisé en trois portions égales : l'une à l'abbesse, l'autre pour les religieuses, la troisième pour les réparations du monastère. En 1789, l'abbesse avait 1,500 livres tournois, comme à Laveine; les religieuses 700 livres tournois; les converses 350 livres tournois.

maîtresse des converses, une *sacristaine*. Les religieuses, en considération de leur naissance (presque toutes étaient nobles), avaient la permission de recevoir une pension de leurs parents pour leurs besoins particuliers; elles avaient à leur service des sœurs de moindre condition, appelées *sœurs converses* ou *sœurs layes*. Elles étaient au nombre de 90 en 1140; de 200 en 1250; de 100 en 1368; de 25 en 1450; de 20 en 1558; de 17 en 1647; de 33 en 1690; de 24 en 1728; de 10 en 1790 (1). On doit attribuer aux guerres des Anglais et aux épidémies l'énorme différence que l'on remarque en 1450 sur le siècle précédent.

ABBESSES DE L'ÉCLACHE

I. MARCHÈZE DAUPHINE....... 1199
Fille de Robert I, dauphin d'Auvergne, et de G., comtesse de Montferrand. ARMES: *d'or, au dauphin d'azur, crêté, oreillé et barbé de gueules.*

II. ALIX DAUPHINE....... 1231-1240
Fille de Guy II, comte d'Auvergne. Elle promet obéissance à *Hugues de la Tour*, évêque de Clermont, en ces termes: « Ego Aelys, abbatissa Esclachiæ, domino Hugoni episcopo et successoribus tuis et huic sanctæ magistri ecclesiæ Claromontensis obendientiam et subjectionem et reverentiam promicto et hæc super hoc altare propria manu firmo. Actum domini M. CC° quadragesimo. » ARMES: *d'or, au dauphin d'azur, crêté, oreillé et barbé de gueules.*

III. ELVIDE DE BAUFFREMONT.. 1272
D'une grande maison de Lorraine. Les statuts du chapitre général de Citeaux apprennent qu'elle eut des difficultés avec ses religieuses. ARMES: *vairé d'or et de gueules.*

IV. ALIX DAUPHINE, morte en juin 1277 (2)
Fille de Robert II, dauphin d'Auvergne, et d'Alix de Ventadour. Elle n'était encore que religieuse en 1262, lorsque son père lui faisait un legs par testament de 10 livres tournois de pension viagère, de 10 setiers de froment et de 3 muids de vin: « Item lego *Aalais*, sanctimoniali Esclachiæ filiæ meæ decem libras Claromontensis percipiendas annuatim videlicet centum solidos in villa de Massagetas (Massagettes, canton de Rochefort) et alias centum solidos in mansis de Ventarata et de la Chambona et plus centum solidos frumenti percipienda in mercato de Champeilhs et tres modos vini puri percipiendos in castro de Champeilhs ... » ARMES: *Comme au n° II.*

V. DEA, jeudi après l'Assomption... 1277
Elle n'est connue que sous ce prénom dans un acte qui l'intitule *soror Dea, abbatissa humilis conventui Esclachiæ*. Elle scella un acte de son sceau. (Voir le dessin de ce sceau. (3).

VI. DAUPHINE *alias* SAURE DE ROQUEFEUIL....... 1291
Fille de Raymond et de Dauphine de Turenne; mentionnée dans le testament de Mascaronne de Comminges, femme de Henri II, comte de Rhodès, son neveu, qui lui léguait un siphon d'argent pesant deux marcs. (BALUZE; *Hist. de la Maison d'Auvergne*, tome II, p. 551). ARMES: *de gueules, à la cordelière d'or, entrelacée en sautoir.*

VII. ALAZIE 1297
Je la crois fille de Bernard VII de la Tour.
Son sceau d'abbesse servait aussi à son couvent, comme nous l'apprend une charte de 1297: « Nos abbatissa conventui predicti, sigillo nostro, *quo unico utimur presentes litteras facimus sigillari.* »

VIII. ISABELLE DE LANGEAC 1333-1368
Fille de Hugues, sr de Langeac. Elle rendit hommage à l'évêque de Clermont, en 1333, ce qui lui suscita des démêlés avec ses religieuses, qui firent appel contre elle devant l'abbé de Citeaux en 1368. ARMES: *d'or, à 3 pals de vair.*

IX. ÉLÉONORE DE CHASLUS 1370-1400
De la maison de Chaslus du Puy-Saint-Gulmier. ARMES: *d'azur, au poisson d'or en bande, accompagné de 5 étoiles de même.*

X. LOUISE DE MONTROGNON 1400-1428

---

(1) En 1790, l'abbaye de Beaumont-lès-Clermont n'avait aussi que 10 religieuses, non-compris l'abbesse.
(2) On trouva sa tombe en 1666 dans la chapelle de l'Éclache; elle portait une inscription rappelant son décès et une croix *cantonnée d'un dauphin*. (AUDIGIER; *Hist. d'Auvergne*; ms.)
(3) Ce sceau servait aussi à son abbaye.

Fille de Hugues de Montrognon, chevalier, s^r d'Opmne, et d'Hugette de Vassel. ARMES : *d'azur, à la croix ancrée d'argent.*

XI. AGNÈS DE VASSEL..... 1437-1476
Nièce de la précédente. Fille de noble Guilhoton de Vassel, s^r de la Garde, et d'Ahelide de Montrognon. ARMES : *vairé d'argent et de gueules.*

XII. DAUPHINE DE VASSEL. 1485-1492
Sœur de la précédente. Elle était religieuse à l'Eclache en 1449; prieure du même monastère en 1436. ARMES : *comme précédemment.*

XIII. ALIX DE VASSEL..... 1499
Appelée en latin *Alizanda* et en français *Alixent*. Nièce des deux précédentes ; fille de Léonnet de Vassel, s^r de Saint-Amand-Tallende et de la Tour-Fondue. Elle fit bâtir la chapelle de Chagourdat en 1499. ARMES : *comme précédemment*

XIV. LOUISE DE LA ROCHE-AYMON 1502-1508
Nièce d'Alix de Vassel ; fille de Bertrand de la Roche-Aymon, s^r de la Roche, du Crest, de Montrodès, de la ville du Bois, et de Catherine de Thinières. Elle mourut à la fleur de l'âge. ARMES : *de sable, au lion d'or, l'écu semé de trèfles de même.*

— CLAIRE DE ROCHEFORT, fille de Pierre, s^r de Châteauvert, fut nommée en 1507, mais ne prit jamais possession.

XV. GABRIELLE DE LA ROCHE-AYMON 1504-1529
Coadjutrice de sa sœur Louise, puis abbesse. ARMES : *comme au n° XIV.*

XVI. ANNE DE LA ROCHE-AYMON 1530-1542
Nièce de la précédente ; fille de Jacques, s^r du Crest, de Montrodès, etc., et de Renée de Belleville. Elle avait prononcé ses vœux de religieuse à l'Eclache en 1518 ; se démit de la crosse en faveur de sa nièce Gabrielle, se réservant les revenus du domaine de Prat. ARMES : *comme précédemment.*

XVII. GABRIELLE DE LA ROCHE-AYMON 1542-1572
Fille de Claude, s^r de la ville du Bois, et de Marguerite de La Queuille ; elle soutint un procès avec Hélène de Chabannes, au sujet de la possession de l'abbaye, procès qui fut terminé u 1551 par l'abandon qu'elle fit à cette dernière du prieuré de Prat, avec pension viagère ; sa mort arriva en 1572, à l'âge de 48 ans. ARMES : *comme précédemment.*

XVIII. JEANNE DE FLAGEAC. 1572-1580
Nièce de la précédente, qui lui avait résigné l'abbaye moyennant une pension viagère de 500 livres, quelque temps avant sa mort. ARMES : *de sable, à la tour d'argent, à la bordure de gueules.*

XIX. MARGUERITE DE LA ROCHE-AYMON 1580-1636
Fille de Jean, s^r de la ville du Bois, et de Louise de Rochefort d'Ailly. Elle résigna son abbaye à Gabrielle de Chabannes en 1636, et mourut en 1645. ARMES : *comme précédemment.*

XX. GABRIELLE DE CHABANNES
.... 1636-1652
Fille de Christophe de Chabannes, marquis de Curton, comte de Rochefort, et de Claude Julien (1). Elle ne prit possession de son abbaye qu'en 1646. Sa conduite fut légère. Son monastère fut incendié en 1637, puis transféré à Clermont en 1647 (2). ARMES : *de gueules, au lion d'hermines, armé, couronné et lampassé d'or.*

XXI. ISABEAU DE CHABANNES 1652-1663
Nièce de la précédente ; fille de Jean-Charles, marquis de Curton, comte de Rochefort, et de Louise de Margival. Elle obtint ses bulles en 1652, prit possession en 1653. Atteinte d'hydropisie, elle mourut dans le couvent de La Vassin (3 mai 1663), qu'elle avait gouverné avant celui de l'Eclache. ARMES : *comme précédemment.*

XXII. CATHERINE-ANGÉLIQUE DE MONTMORIN-SAINT-HÉREM 1657-1692
Fille de Gilbert-Gaspard, marquis de Vollore, s^r de Saint-Hérem, et de Catherine de Castille-Chenoize. Elle fit profession dans le monastère de Sainte-Scholastique de Billom (ordre de Saint-Benoît) en 1644 ; fut nommée coadjutrice d'Isabeau de Chabannes en 1657. Pieuse abbesse, d'un caractère énergique, elle fit fleurir la règle de Saint-Bernard et oublier les fautes de Gabrielle et d'Isabeau de Chabannes ; transporta son monastère au faubourg du Cerf de la ville de Clermont (1664), et mourut le 20 juillet 1692, emportant d'unanimes regrets ARMES : *de gueules, au lion grimpant d'argent ; l'écu semé de molettes d'éperon de même.*

XXIII. FRANÇOISE DE LA ROCHE
.... 1692-1721

---

(1) Ladite *Claude Julien*, maîtresse de Christophe, était une femme de chambre laide et sans esprit ; elle lui donna trois bâtards, légitimés par le mariage de leur père. Gabrielle naquit en 1620, après cette mésalliance.

(2) Elle réclama et obtint du pape Innocent X, le 21 avril 1653, d'être relevée de ses vœux de religion faits avant l'âge et sans avoir été soumise au noviciat d'usage.

Fille de Joseph de la Roche, sʳ du Ronzet et en partie de Giat, et de Gabrielle de la Blanchisse; elle mit ordre aux dettes de son abbaye et mourut en 1721. ARMES: *d'azur, à 3 bandes d'or.*

XXIV. MAGDELEINE-GABRIELLE DE LA ROCHE.......... 1719-1782

Nièce de la précédente, à laquelle elle fut donnée pour coadjutrice en 1719; elle était fille de Jean, sʳ du Ronzet et en partie de Giat, et de Françoise-Antoinette de Bardon; avait fait profession à l'Eclache en 1709. On conserve aux archives départementales du Puy-de-Dôme trois registres manuscrits grand in-folio, contenant l'inventaire des archives de son couvent, qu'elle fit faire de 1742 à 1744. Cette abbesse termina deux grands procès et fut regardée avec raison comme la restauratrice de son abbaye. Elle mourut en 1782. ARMES: *comme précédemment*

XXV. JEANNE-MARIE DE COMBRES DE BRESSOLES......... 1782-1790

D'une famille noble de la Haute-Loire; elle obtint ses bulles le 28 avril 1782; prit possession le 30 octobre suivant. — Dernière abbesse. ARMES: *de sinople, au chevron d'or, accompagné de 3 étoiles de même.*

LISTE DES RELIGIEUSES DE L'ÉCLACHE

Aubet (Soubeyrane) 1422-1469
Aubet (Antoinette), fille de Gabriel, sʳ du Ronzet. 1475
Aubet (Jeanne) 1475
D'Aubusson (Marguerite), fille du sʳ du Banson 1449-1469
D'Audebrand (Gilberte) 1646-1664
D'Audebrand de Prades (Anne), ingrès (1) de 1662; profession de 1666; sous-prieure en . . . 1690-1693
D'Auteyrat *alias* d'Albeyrat (Marguerite) . . . 1449-1469
De Banson (Dalmaze) 1368
De Banson (Isabelle) 1411
Barbe (Claude) 1596
Barbe (Marie) 1790
Barthelmy (Jeanne), ingrès de . . . 1669
De Beaufort (Elisabeth) 1411
De Beaufranchet (Catherine) 1662
De Beaufranchet (Etienette), fille de Marien. 1778-1790
De Beaufranchet (Laurence) 1778
De Belmont (Thérèse) 1778
Bertrand (Antoinette) 1596
De Besse de la Richardie (Magdeleine), profession de 1693; plus tard abbesse de Bonlieu, au diocèse de Limoges.
De Besse de la Richardie (Marie-Henriette-Blanche), fille d'Eustorg, sʳ d'Aulhat; profession de 1753; nommée en 1773 au prieuré royal de Saint-Jean (ordre de Saint-Augustin), en Champagne.
De Bomparant (Françoise) 1672-1690
De Bonal (Marie-Antoinette) 1777
De la Borange (Jeanne) . . . . 17..
De Bort (Antoinette) 1411
De Bosredon du Puy-Saint-Gulmier (Anne). 1596-1646
De Bosredon-Combrailles (Françoise) . . . 1724-1766
De Bosredon-Combrailles (Catherine) . . . 1753-1781

Des Brandons (Marguerite) 1596
Broquin (Marguerite), converse, ingrès de . . 1725
De Brossadols (Catherine) 1513-1538
De la Brosse (N) 1638
De la Brosse (Françoise) 1638
De Castille (Susanne) 1662
De Castille-Chenoize (Marie) 1662
De Castille-Chenoize (Charlotte), prieure. C'est elle qui obtient en 1660 l'établissement du prieuré de la Paix.
De Chabannes-Curton (Françoise) . . . 1636-1666
De Chabannes-Pionssat (Susanne) . . . 1662-1693
De Chalusset (Isabelle) 1368
De Chalusset (N), sœur de la précédente . . . 1368
Chancel (Michelle), converse, ingrès de . . . 1656
De la Chapelle (Catherine) 1543
De Chaslus (Blasie), fille d'Aubert, sʳ de Tauzelles 1411
De Chaslus (Marie) 1411
De Chaslus (Louise) 1456
De Chaslus (Catherine) 1456-1475
De Chaslus (Jeanne et Gilberte) . . . 1616
De Chaslus (Louise), prieure. . . . 1643
De Chaslus (Marguerite), prieure. . . 1646-1665
De Chaslus (Françoise) 1646-1693
De la Chassignolle (Jeanne) 1583-1596
De la Chassignole (Philippe-Gilberte) . . . 1583-1596
De Châteaubodeau (Françoise), fille d'Annet, sʳ de Montjouan, la Garde, etc., ingrès de . . . 1630
De Chauchac (Marie-Magdeleine), fille de noble Augustin et de Marie-Thérèse Dumas . . . 1780-1790
De Chaumont (Françoise) 1639
De Chavaniols (Gilberte) 1583
De Chavaniols (Jeanne) 1583

---

(1) Acte par lequel une religieuse recevait une pension viagère à son entrée au couvent.

De Chavagnac (Philippe). 1368
De Chazerat (Françoise), converse, ingrès de . . . 1665
De Chazeron (Françoise), profession de 1679
De Colombet (Marie-Anne), fille de noble Roch et de Françoise Veyrine, ingrès de 1778-1790
De la Croix d'Anglards (Catherine), fille de Claude, baron d'Anglards ; entre au couvent en 1723 ; est nommée en 1724 coadjutrice de N. de la Croix de Castries, abbesse de Saint-Genès, en Languedoc.
Croizet (Isabeau), ingrès de 1700
Daniel (Thérèse), profession de. 1679
Delfau (Gabrielle) 1449-1469
Delpeuch (Dauphine) 1558
Dufour de Vernols (Marie), ingrès de 1707
  Passe en 1715 dans l'abbaye de Bonlieu.
Dufour de Villeneuve (Françoise), fille de David, sʳ de Villeneuve, et de Marie Ribeyre, ingrès de 1698
Dumas (Gabrielle) 1543
Dupuy (Jeanne) 1543
Durif (Antoinette), converse, ingrès de 1709
D'Estaing de Saillant (Charlotte), fille de Jean, marquis d'Estaing, et de Claude de Comboursier du Terrail ; profession de 1690 ; successivement abbesse de Bonlieu-la-Nonière, diocèse de Limoges, et de Noningue (Rouergue).
Faure du Sauzet (Anne), profession de. . . . 1676-1728
Faure de Sayat (Marguerite), profession de . . 1677-1728
Fargeix (Marie), converse 1768-1790
De Faydet (Ahélide) 1368-1411
De Faydet (Marie) 1368-1411
De Fonlière (N) 1543
De Fontanges (Françoise) 1543-1596
Fontbouge (Claude), fille de Louis, chirurgien de Vienne en Dauphiné ; ingrès de. 1668-1690
De Fontalard (Anna) 1656-1665
De la Forest-Bulhon (Claire), 1646 ; prieure en . . . 1690
De Fournol (Claude) 1543
De Fretange (Antonia) 1583-1587
De Freydefont (Marie), ingrès de 1663 ; plus tard maîtresse des converses ; économe en. . . 1690-1723
De Farges (Ahelix). 1411
Ganivet (Rose), ingrès de 1659
De la Gâtine (N) 1368
De la Gâtine (Yolande), sœur de la précédente . . 1368
De la Grandville (Louise), fille du sʳ de Tournebize 1411
De la Grandville (Marguerite), sœur de la précédente 1411
De la Guiche (Guillemette-Eléonore), profession de 1740 ; nommée prieure de Valdonne en Charenton, près Paris, en 1762.
D'Hermenières (N) 1288
Jabaud (Marguerite) 1515
De la Jaubert (Gabrielle) 1543
De la Jaubert (Marguerite) 1543

Jay (Marianne), converse, ingrès de 1711
Jouvenceau (Elisabeth) 1700
Jouvenceau (Antoinette), fille de Jean, sʳ d'Allagnat, et de Marie de Cisternes de Vinzelles, ingrès de 1709 (sous-prieure en 1753.
De Jonat (Louise). 1461
De Jonat (Antonia) sœur de Jacques, sʳ des Ramades, 1515 ; pourvue du prieuré de Lieu-Dieu en 1523
De Laizer de Siougeac (Marie). 1690
De Lastic de Siougeac (Marguerite), profession de 1691 ; abbesse de Sainte-Claire à Clermont-Ferrand (1716), morte en 1742.
De Langeac (Catherine), profession de 1729 ; abbesse de Sainte-Claire en 1743-1785.
De Lapellin (Anna) 1596
Le Groing de la Maison-Neuve (Jeanne). 1583
De Malaure (Jacqueline) 1558
Marotin (Marie), profession de 1661 ; chantre en 1690-1693.
Maumont (Marie). 1790
De Meaux (Anne-Catherine), fille d'Annet, chevalier, sʳ de Dong-en-Valbois, ingrès de . 1667-1693
De Mercouret (Jeanne) 1543
Meyronne (Catherine) 1437-1438
Mimin (Marie), fille d'Hubert, conseiller au présidial de Reims, et de Marie Blondel, ingrès de 1665 ; infirmière en 1690-1693
De Montal de Cotteuges (Antoinette) 1642
De Montal-Nozières (Magdeleine), profession de 1679. 1728
De Montmorin (Catherine) 1543
De Montmorin (Marguerite), fille du sʳ de Vollore. 1690
De Montmorin (Marie-Thérèse), fille de Gaspard et d'Anne Le Gras, ingrès de 1681. 1693
De Montmorin-Saint-Hérem (Anne), sœur de la précédente ; profession de 1673 ; économe en 1690 ; nommée abbesse de la Joye, diocèse de Sens, en 1701.
De Montmorin (Anne), fille d'Edouard, baron de Seymier, et de Marie de Champfeu, entre au couvent en 1690 ; plus tard abbesse de Clavas, en Vivarais.
De Montrognon de Crottes (Antoinette) . . . 1646-1659
Monet (Isabeau), converse, profession de 1709
De la Mothe (Jacqueline) 1368
De Murat (Claude) 1543-1558
De Neuville (Catherine), 1449 ; prieure en. . . . 1475
De Neuville (Antoinette) 1449-1453
De Nozerolles (Thérèse) 1711
De Nozerolles (Anne) . . . . 17..
D'Oradour (Jeanne), fille de Jacques, baron de Saint-Gervazy, et de Magdeleine du Bost, ingrès de 1612-1675

D'Oradour (Magdeleine), sœur de la précéd.	1612-1675	De Saint-Chamant (Antoinette).	1646
D'Oradour (Gilberte).	1656	De Saint-Julien (Marguerite).	1543
D'Oradour (Louise), fille de Gilbert et de Marie de Bosredon-Combrailles	1765-1775	De Saint-Martial (Ahélide).	1438
D'Orcet (Catherine)	1438	De Taillac (Catherine), fille de Louis, s^r de Meyronne, et d'Eléonore de Vassel	1458-1475
Palazy (Marguerite), converse, ingrès de	1688	De Taillac (Marguerite)	1461
De Peyrissat (Jeanne).	1656-1665	Teillard (Catherine), ingrès de.	1664
De Pierre (Jeanne), profession de.	1697-1728	De Thinières (Isabelle).	1368
De Plios (Galemars)	1368	De la Tour (Anne), fille d'Antoine-Raymond, s^r de Murat-le-Quaire, et de Marie de La Fayette ; profession du 12 septembre 1557 ; prieure de Saint-Genès-lès-Monges de 1579 à 1602.	
De Poux (Marguerite).	1475		
De la Queuille (Anne), fille de Claude, s^r de Châteaugay, et de Marie de Rossignol, ingrès de	1686-1728		
De la Queuille de Châteaugay (Claude-Louise) profession de.	1696	D'Ussel (Huguette.	1368
De la Queuille (Thérèse).	17..	D'Ussel (Gallienne)	1461
De la Roche (Béatrix)	1370	Vallon (Marie), fille de Pierre, président en l'élection de Riom, et d'Anne Faydit, ingrès de 1685	1690
De la Roche (Geneviève), sœur de Bertrand, damoiseau.	1370	De Vassel (Blasie).	1411
		De Vassel (Blanche), 1411 ; prieure en	1438
De la Roche (Charlotte), prieure.	1663	De Vassel (Anne).	1475
De la Roche (Anne), fille d'Antoine, s^r de Gallemand, ingrès de 1725.	1748	De Vassel (Catherine)	1475
		De Vassel (Antoinette).	1543
De la Roche du Ronzet (Magdeleine), 1690 ; prieure en	1743-1753	De Vauchaussade (Françoise), fille de Raymond, s^r de Chaumont, et de Claude de Beaufort, ingrès de 1670	1690
De la Roche du Ronzet (Renée-Claudine), fille de Jean et d'Anne de la Coutare-Renon, profession de.	1743-1790	De Vaulx (Hélène)	1596
		De Veyny-d'Arbouze (Charlotte)	1670-1693
De la Roche-Aymon (Jeanne)	1543	Plus tard abbesse de Molèze, diocèse de Châlons.	
De la Roche-Aymon (Gabrielle)	1558	De Veyny-d'Arbouze de Marcillat (Anne), fille de Claude et de Françoise des Aussines.	1672-1690
De la Rochebriant (Jeanne)	1543-1558		
De la Rochebriant (Amable)	1558	De Veyny de Marcillat (Catherine), sœur de la précédente ; ingrès de 1672 ; sous-prieure, 1723	
De Rochefort (Bonne).	1368		
De Rochefort (Huguette).	1449-1469	De Veyny-d'Arbouze (Charlotte).	1690
De Rochefort (Ahélide), prieure	1453-1469	De Veyny-d'Arbouze (Elisabeth), profession de 1716 ; prieure, 1768.	
De Rochefort-Châteauvert (Claude)	1475		
De Rochefort-Châteauvert (Marguerite)	1504	De Veyny de Villemont (Marguerite-Jacqueline), profession de 1734	1753
De Rochefort de Châteauvert (Claire)	1507		
De la Rochette (Marie).	1368	De Veyny-d'Arbouze Charlotte).	1744-1768
De la Rochette (Antoinette)	1461-1475	De Veyssières de Saint-Saturnin (Marguerite)	1767-1790
De Rolland (Jeanne).	1475	De Vierzat (Jeanne)	1596-1646
De Rolland (Anne)	1475	De Vichy (Gilberte).	1646
De Ronay (Marie), prieure.	1658	De Villelume (Amable).	1646
De Saillans (Françoise), ingrès de	1643	De Villelume (Louise).	1646-1659
De Saillans (Marguerite), ingrès de.	1613-1690	De Villelume (Françoise).	1646-1656
De Saint-Aignant de Mezet (N), fille de noble Arnaud, s^r de la Gatine et de Confolent.	1464	De Villelume-Baubière (Louise).	1656-1690

L'antique abbaye (celle de nos montagnes) était composée en 1793 d'un donjon très-élevé (il avait 6 étages), contenant un bel escalier à repos. Des constructions de couleur noirâtre, percées de rares ouvertures grillées ; l'épaisseur des murailles, la disposition du cloître, les tourelles défendant l'enceinte du monastère, dénotaient que la main des hommes avait passé par là depuis des siècles ; la chapelle, deux fois plus grande que celle que l'on voit de nos jours, renfermait un grand nombre de tombes armoriées, chargées de crosses et d'abbesses.

Le grand corps de logis du couvent, orienté au sud, avait de vastes chambres ; la salle de réunion, ornée de belles boiseries, mesurait 31 pieds de long sur 21 de large ; la cuisine avait 21 pieds carrés. Des greniers d'une longueur remarquable contenaient les produits des dîmes. Deux étangs, des moulins, égayaient le paysage. Il ne reste plus rien de la fille des Citeaux ! le lierre et les ronces poussent sur ses ruines ; le *solanum* de Parmentier croît dans l'enceinte consacrée jadis à la prière. Le vent des révolutions a soufflé dans cette solitude ; tout y respire tristesse et parle en termes touchants au poète, à l'historien, au philosophe !...

— Il y avait une famille de l'Eclache. *Pierre de Lesclacha* habitait Comeaux, près de Gelles, en 1324 ; il épousa *Agnès Antigols*, fille de Géraud. *Durand de l'Eclache*, leur fils, vivait en 1350. Trois siècles plus tard (en 1660), nous retrouvons un célèbre philosophe, que M. Aigueperse (*Dictionn. des hommes célèbres de l'Auvergne*) dit natif de ce village en 1620. *Louis Léclache*, tel est son nom, descendait-il de Durand, qui précède ; avait-il des liens de parenté avec une famille du même nom, qui possédait le fief du Ronzet, près d'Herment ? C'est encore un fait à éclaircir.

Les Chaumeix (*Lou Chalmels*, 1462), hameau, sur lequel le seigneur de Prondines prélevait la dîme en 1698. Dans les environs se trouvait le tènement de *la Bessas aux Reynaud* et *la Mazière*, propriété, en 1458, d'*Eléonore de Vassel*, veuve de *Louis de Tailhac*, s^r de Meyrome ; Eléonore en fit don à Catherine, sa fille, religieuse à l'Eclache, avec la justice, cens, rentes, droits de pêche, de chasse, etc., tel qu'elle l'avait acquis de noble homme *le baron de Lastic*. Il y avait procès en 1462 au sujet de cette donation ; les deux tènements ci-dessus restèrent à *Marguerite de Lastic*, femme en premières noces de *Guinot de Glavent* et en secondes de *Girardin de Valon* ou *de Valois ;* celle-ci dut faire retour de 60 écus d'or à l'Eclache ; cette somme n'ayant pas été payée, ce monastère redevint propriétaire de l'héritage.

Les Granges de Perol, hameau.

Les Granges de Prondines, hameau.

Les Holmes (*Les Houlmes*, 1698), hameau, appelé en 1411 *le mas de l'Horme* (*de Ulmo*) ; à cette date il appartenait à *Pierre de Chaslus*, s^r du Puy-Saint-Gulmier, qui céda à l'abbaye de l'Eclache les cens qu'il y percevait, se réservant la justice, justice au pouvoir du s^r de Prondines en 1698.

Perol, anciennement *Peyrol*, village. Il y avait un prieuré de l'ordre de Saint-Benoît, placé sous l'invocation de saint Martin. La chapelle existe encore ; elle paraît très-ancienne. Le pinacle possède une cloche portant la date de 1591, avec un écusson : *2 étoiles en fasce, accompagnées d'un T et d'un L en chef et d'une cloche en pointe.*

Les curés de Prondines desservaient la chapelle de Perol. Le village fit construire en 1781 un presbytère habité avant 1793 par un prêtre nommé *Pradier*, condamné à la déportation en 1793. Ce presbytère est en ruines.

PRIEURS DE PEROL

Antoine MARTIN	1466-1471	Fils de Louis, s^r de Léclauze, et de *Jeanne d'Aubusson de Banson.*
Louis MARTIN	1523	
Guillaume DE BOSREDON	1608-1624	Gilbert D'AUBUSSON DE BANSON, fils de

Louis, sr de Banson, et de *Marie de Baude*;
prieur de Perpezat............... 1640-1683
N. MILANGES, 1696. Il résigna le prieuré aux bénédictins de Saint-Allyre.
Joseph JULHIEN, docteur en théologie, chantre de la cathédrale de Clermont; prieur commendataire de Perol en 1703, mourut en septembre 1709. Ses armes : *d'azur, à une colombe d'argent, portant un rameau d'olivier de sinople ; au chef d'or, chargé de 3 étoiles de gueules.*

Annet JULHIEN, neveu du précédent ; fils de Claude, ancien capitaine au régiment de Ponthieu, et d'*Anne Cousin de la Tour-Fondue*; prieur commendataire......... 1733

Antoine PÉRIER, chantre et chanoine de la cathédrale de Clermont; prieur commendataire...... 1735

Perol a donné son nom à une maison de haute chevalerie, connue dès le milieu du XII° siècle. *Etienne de Peyrols*, sr du lieu et de Saint-Pierre-le-Chastel, vivait en 1160 ; Pierre, son fils, était sr de Perol en 1183 ; celui-ci eut *Guillaume de Peyrol*, qui, en 1196, fut présent à l'acte d'engagement de la terre de Chamalières. En 1199, S. *de Peyrol* fut l'un des garants de la promesse faite par *G., dauphin d'Auvergne,* d'exécuter le testament de sa mère. Ici se place le personnage le plus célèbre de cette famille, le troubadour *Hugues de Peyrols*, né au château de Perol vers 1160, mort à Montpellier au milieu du XIII° siècle.

Le troubadour Hugues de Peyrols. Voici ce qu'en dit Dulaure dans sa *Description de l'Auvergne* : « Le comte Dauphin eut longtemps à sa cour un habile poète auvergnat, nommé *Perols*, pauvre chevalier natif d'un château de ce nom (1), situé dans les terres du Dauphin et dans la seigneurie de Rochefort. Ce poète, suivant les manuscrits, était courtois et avenant de sa personne ; le Dauphin le prit à son service, lui fournissait des habits, des chevaux et des armes. Perols était si bien dans les bonnes grâces du Dauphin, qu'il ne craignit pas d'avouer à ce prince l'amour qu'il avait conçu pour la princesse sa sœur ; elle était nommée *Assalide d'Auvergne* et avait épousé *Béraud I, sire de Mercœur*. Ce qui est à remarquer dans cette intrigue amoureuse, c'est que le Dauphin, loin de s'élever contre l'audace de Perols, fit tout ses efforts pour favoriser sa passion. Il fut jusqu'à solliciter sa sœur à couronner l'amour du poète. Voici la traduction littérale du fragment manuscrit où ce fait est rapporté: « Le Dauphin avait une sœur, qui avait nom *Saillide*, belle et avenante. Elle était femme de *Beraud de Mercœur*, un des plus grands barons d'Auvergne. Perols en devint amoureux. Le Dauphin la prioit pour lui et prenoit grand plaisir aux chansons que ce poète composait à son honneur. Le Dauphin fit tant que la dame le voulut bien et le poète, à la connaissance du frère, faisait plaisir d'amour à la sœur. La passion des deux amants alla si loin que le Dauphin conçut de la jalousie contre sa sœur. Il renvoya Perols, qui, depuis, n'ayant plus d'armes et ne pouvant plus se maintenir comme chevalier, se fit jongleur ; il se présenta à la cour de plusieurs seigneurs et y fit maintes bonnes chansons, ensuite il prit femme à Montpellier et y mourut. »

Nous trouvons les détails suivants dans *l'Auvergne et le Velay* : « Sur les terres du Dauphin était un pauvre hère, sans argent, qui possédait castel où se gîter, mais pas d'habits pour se couvrir. Il s'appelait *le chevalier Peyrols* ; et tout au contraire de ces hidalgos d'Espagne, illustrés par Mendoza, qui portaient fièrement leur pauvreté, à force de noblesse, lui avait peine à soutenir la sienne avec beaucoup de poésie. Le moine impitoyable de Montaudon le ridiculisait

---

(1) Uns paulvres cavaler d'Alverni e, d'un castel que a nom Peirols, qu'es eu la en contrada del Dalfis d'Alvernhe, al pe de Rocafort, disent les manuscrits.

de « porter trente ans le même habit. » Etant cependant de gentille et douce figure, il fut pris au service du Dauphin qui, l'habillant, lui donnant chevaux et armures, en fit, tant qu'il le garda, un brillant troubadour. Il l'aima si fort, même que Peyrols s'étant pris de vive passion pour la baronne de Mercœur, sœur du Dauphin, ce dernier intercéda pour lui auprès d'elle, et obtint qu'elle acceptât sa flamme. Mais le succès ayant dépassé son désir, il fallut bientôt éloigner Peyrols, pour ménager l'honneur de la baronne. Dépouillé alors des riches vêtements et des armures, ne pouvant plus faire figure de chevalier, il se fit jongleur, courut les cours, reçut d'autres seigneurs ce que le Dauphin lui avait ôté, suivit les rois croisés en Palestine et vint mourir enfin à Montpellier, où il avait pris femme. On possède encore trente pièces de ce troubadour, qui chanta avec beaucoup de charmes tant que durèrent ses amours avec la belle et aimable baronne de Mercœur. Les vers galants qu'il fit après, et il en fit beaucoup, n'eurent plus les mêmes mérites. Las d'amours, souvent changés, il fit des vers pour la croisade. En Terre-Sainte même, il composa des vers que les manuscrits ont conservés. »

En 1206, *B. de Perol* était moine dans l'abbaye de Saint-Allyre ; *Hugues de Perol*, damoiseau, rendit foi-hommage au chapitre cathédral de Clermont en 1284-1293, pour les héritages qu'il avait à Glavent, paroisse d'Olby ; il possédait une dîme paroisse de Saint-Martin de Tours, et fit plusieurs ventes au même chapitre en 1293-1295 ; *Pierre de Perol* aliéna aussi à ce chapitre en 1290, pour le prix de 12 livres tournois, la moitié des dîmes du Montel-Chaume, paroisse de Saint-Martin de Tours. *Durand de Perol*, paroissien de Mazaye, et *Almodie*, sa femme, Durand, leur fils, époux de *Béatrix Aubert*, fille de Guillaume et de *Béatrix de Beaufort*, firent vente au chapitre d'Orcival, en 1294, du tènement de Bonnefont, paroisse de Perpezat, et de celui de la Pointézie, paroisse de Vernines ; le même Durand, fils de Durand, avait cédé au chapitre cathédral de Clermont, en 1289, 20 sous de cens sur une grange, et 5 sous de directe à Glavent et dans la paroisse de Gelles. *Etienne de Perol*, chevalier, est témoin dans un acte passé à Orcival en 1293. *Bertrand de Perol*, clerc, paroissien du Bourg (*del Burgo*), possédait fief dans la paroisse de Perpezat en 1297 ; *Géraud* et *Bernard de Peyrols*, damoiseaux, paraissent comme témoins dans la charte des priviléges de Saint-Amand-Tallende en 1308 ; le même Géraud était seigneur de Paulagnat en 1315 ; il avait rendu hommage à l'évêque de Clermont, en 1305, pour ses possessions situées à Orcines. *Durand de Perol*, paroissien de Saint-Martin de Tours, eut deux fils : 1° Guillaume, qui rendit hommage au chapitre cathédral de Clermont, en 1308, pour ses possessions à Olby ; 2° Marguerite. *Pierre de Perol*, damoiseau, paroissien de Saint-Pardoux, prêta serment de foi-hommage à l'évêque de Clermont, en 1330-1347, pour une dîme dans la paroisse d'Heume-l'Eglise ; il était gouverneur de la temporalité de l'évêché de Clermont en 1360. *Etienne de Peyrol*, écuyer, était châtellain de la Tour en 1387. Noble *Hugues de Perol*, damoiseau, résidant au mas d'Augeyre, paroisse de Gelles, fit donation à l'abbaye de Saint-Allyre, en 1370, de 4 sous de cens sur un petit lac situé à Gelles. *Pierre de Peyrols*, damoiseau, licencié en loix, gouverneur de la temporalité de l'évêché de Clermont en 1390, épousa *Alix de Saillans*; il était seigneur de Peyrols et de Saint-Diéry et laissa Gabrielle, dame de Peyrols et de Saint-Diéry, mariée 1° en 1417, à *Jean de Damas*, sr d'Aubière, mort en 1427 ; 2° à *Dragonnet de Lastic*, fils d'Etienne et d'*Agnès de Taillac*. On trouve encore : *Maître sage et discret Pierre de Perol (de Perolio)*, prêtre, 1408 ; *Catherine de Perol*, épouse en 1426 de noble *Hugues, bâtard de la Coûture*.

Antoine d'Aubusson, sr de Banson, s'intitule seigneur en partie de Perol en 1520. Au milieu du XVIe siècle, Perol était une des seigneuries que le roi possédait en Auvergne sous le titre de *prévôtés*. Cette prévôté fut aliénée en 1544 à *Thomas de Courteix*, et revendue sur lui par les commissaires du roi en 1554 à *Jacques d'Aubusson*, sr de Banson, dont le fils, Louis d'Aubusson, sr de la prévôté de Perol, acheta en 1621 le droit de *boutaige* que *Guillaume d'Apchon*, vicomte de Miremont percevait chaque année à Perol ; François d'Aubusson, fils de Louis, était seigneur de ladite prévôté en 1670.

En 1631, il y eut une grande épidémie en Auvergne. La contagion enleva dans Clermont le chiffre énorme de 6,000 personnes. Perol fut rudement éprouvé. Toute communication avec les environs lui fut prohibée. Le fléau cessa dans le courant d'octobre. Les officiers seigneuriaux de Banson et de Prondines lui délivrèrent alors le certificat suivant : « Nous officiers de Bansson et de Prondines ensemble nous curé de ladite paroisse de Prondines certifions que le lieu de Perol a été purgé et parfumé puis qu'ils ont eu la maladie contagieuse de peste et dudit parfum duquel il y a quarante jours passés et autre quarante jours auparavant, par la grâce de Dieu, il n'y est mort aucune personne. En foi de ce avons signé de nos seings, le 7 janvier 1632. *Bonyol*, châtellain de Banson et de Prondines ; *A. Bonyol*, greffier de Banson ; *F. Mosneron*, curé de Prondines ; *Mandon*, sergent royal ; *Jarleton*, greffier. »

Vedeux, hameau à l'O. de Prondines. La justice appartenait au seigneur de Prondines en 1698. Il y avait une famille de ce nom, originaire de ce hameau ; Me *Annet Devedeux*, prêtre, régent du collége de Clermont, testa en 1614.

— Village détruit de la commune de Prondines : *Le Johannel*, près du bois du même nom, mentionné en 1698.

COMMUNE DE SAINT-GERMAIN

 A surface de la commune de Saint-Germain est de 1680 h. 23 a. 30 c., savoir : 275 h. 95 a. 50 c. en terres ; 156 h. 06 a. 40 c. en prés ; 160 h. 63 a. 80 c. en pâtures ; 1 h. 18 a. 80 c. en jardins ; 966 h. 21 a. 40 c. en bruyères ; 66 h. 21 a. 80 c. en bois ; 12 h. 50 a. en étangs ; 1 h. 59 a. en bâtiments ; 39 h. 86 a. 60 c. en propriétés non-imposables.

Saint-Germain, chef-lieu au S. O. d'Herment. Ce lieu, mentionné dès le XIIIe siècle, n'est composé actuellement que du presbytère et de l'église, vendus nationalement en 1793, moyennant 1,750 livres tournois, et transformés en habitation. Depuis le Concordat, la paroisse est réunie à celle d'Herment. On conserve à Saint-Germain une antique Vierge noire, jadis l'objet de la vénération des fidèles.

CURÉS DE SAINT-GERMAIN

Loys NEYME, de Bourassat	1566	Michel GAIGNIÈRE, qui s'intitule pasteur et recteur de Saint-Germain	1620-1625
Annet LE PEYTRE	1573-1592		
Antoine TERRADE	1593 ; mort en 1608	Blaise BOUYON	1630-1631

Antoine DÉSEYMARD... 1632-1671
Julien BATTUD 1674-1705
Gaspard DE SÉGONZAT............ 1706-1719
Louis CIESTRE, d'Herment, nommé en 1721, prend possession le 30 mai 1722 1732
Jean BOURRET, dit *Roche,* prend possession le 14 mars 1735, administre jusqu'en 1743
Jean-Baptiste COHADE, prend possession le 30 juillet 1743, administre jusqu'en... 1744
Pendant qu'il dirigeait la paroisse, Anne Murol, v° d'Antoine Gorce, s' de Boisset, fonda dans l'église de Saint-Germain, le 1⁰ʳ juin 1743, une procession le jour de Notre-Dame de Piété ; cette procession devait se rendre jusqu'à la croix de Farges, appelée « *le tombeau de Notre-Dame.* »

Jean SIBOT, prend possession le 23 août 1747 ; meurt le 27 novembre 1772.

N. RABOISSON, meurt en 1772.

Etienne BERGHEAUD, prend possession le 28 mai 1777 ; refuse la cure de Mayet de Montaigut en 1785 ; est condamné à la déportation en 1793. Son mobilier est vendu nationalement la somme de 635 liv. tournois.

Les dîmes de la cure de Saint-Germain produisaient, en 1736, 20 setiers de seigle et 23 quartes d'avoine.

Saint-Germain avait un prieuré, sous le vocable de *Notre-Dame de l'Assomption;* la nomination appartenait au chambrier du Port-Dieu. Prieurs commendataires : *N. de Pressat,* 1698 ; il rendit hommage au baron d'Herment, déclarant que le revenu du prieuré consistait dans les dîmes du Chambessou, de Chadeau et du Beth ; *Antoine Autier de Villemontée.* 1736. Les villages et hameaux de la commune de Saint-Germain sont :

Chadeau, hameau caché dans le feuillage, au milieu des bruyères ; on peut le comparer à un petit oasis. Son nom primitif était *Despessac,* adopté par une famille bourgeoise d'Herment, connue dès l'an 1265. Anciens propriétaires : *Durand Enjobert* et *Pierre Despessac,* 1288 ; *Pierre Symon, Pierre de l'Oursse,* chanoine, et *Etienne Jehan,* qui, en 1350, reconnaissent tenir ce hameau en arrière-fief du chapitre d'Herment ; *Guillaume Despessac,* bourgeois d'Herment, qui en 1435 fonde un anniversaire sur le mas de *Despessac* alias *Chapdaux; Jean Robert,* chanoine d'Herment, les *Gueyton* et *Gabriel Michelon,* 1485 ; *Jean Mathieu,* notaire, *Benoît Gandil* et *Jean Gayton,* qui en 1517 achètent du bien à Chadeau à *Jean Reynaud,* demeurant à Saint-Germain-des-Fossés ; *Gaspard Besse, Jean* et *François Gaignon,* 1630 ; *Jean Gaignon,* conseiller au présidial de Riom, qui en 1653 y possédait plusieurs héritages provenant de *Jean de Neufles,* marchand de Sauvagnat.

— Les habitants de Chadeau prétendent, sans fondement, être possesseurs des communaux qui les entourent ; ces terrains vagues appartiennent à Herment, ainsi qu'il résulte d'un acte sur parchemin, déposé dans les minutes de M° *Fargeix,* notaire à Bourg-Lastic. Ce titre est une simple autorisation, donnée le 15 janvier 1575 par les consuls d'Herment aux habitants de Chadeau de « labourer et défricher pour toutes semailles dans *les fraux et communaux d'Herment* qui les entourent, à la charge par eux de payer la demi-dîme, qui est de 22 gerbes une, comme on fait dans les franchises d'Herment, et de donner 4 écus d'or pour les *entrages.* » Les confins de ces communaux sont minutieusement désignés dans les terriers du chapitre d'Herment, aux archives départementales du Puy-de-Dôme, et spécialement dans celui de 1565. Une transaction passée entre le baron d'Herment et les habitants de Chadeau, mit fin, en 1686, à un long procès. Ceux-ci reconnurent qu'ils devaient faire moudre leurs grains au *moulin banal* d'Herment. — Au S. O. de Chadeau, on remarque les vestiges d'un ancien étang possédé en 1520 par *Jean de Bosredon,* baron d'Herment ; déjà, à cette date, la chaussée était rompue, ce qui le faisait désigner sous le nom de l'*étang rompu.*

Chez la Vergne, domaine. On trouve une famille de ce nom habitant Herment en 1338 : *Etienne de la Vergne* ; *Durand*, prêtre ; *Jean*, clerc et notaire ; *Gérald*, tous fils de N. et d'*Alasie*. *Guillaume Neyme*, surnommé *La Vergne*, possédait ce domaine en 1450 et lui légua son surnom. Dès la fin du XVIIe siècle, la branche *de Villelume de Bourassat* avait ce fief ; elle l'a conservé jusqu'en 1789 ; ses derniers représentants y résidaient. Ce domaine appartient aujourd'hui à M. *Alexandre Barrier*, huissier à Herment.

Chez Peyrières, domaine, qui doit son nom à *Léonard Peyrières*, notaire d'Herment en 1411 ; Une famille du même nom y résidait en 1470-1631. Possesseurs de ce domaine : *Etienne Besse*, s[r] de Laussepied, 1655 ; il·le céda en 1676 à *Gabriel* et *Jean Verny*, frères, bourgeois d'Herment. *Louis Verny*, fils dudit Jean, en était propriétaire en 1702-1741 ; son beau-frère, *Pierre-François-Alexis Chaix*, époux de *Marie Verny*, testa chez Peyrières en 1772. *Antoine Verny*, notaire à Herment, vendit cet héritage le 1er novembre 1772 à *Nicolas-Claude-Martin d'Autier*, s[r] de Barmontet ; l'acte comprit le pré Patry, situé à Herment ; le tout au prix de 14,200 livres tournois et une pension de 300 livres tournois. — En 1698, *Maximilien de Villelume*, s[r] de Barmontet, prélevait plusieurs droits féodaux Chez Peyrières. — Par une belle soirée d'été, on aperçoit de nombreux feux follets dans les prairies marécageuses de ce domaine.

Farges (*Farghas*, 1320), village. *Robert de Banson*, damoiseau, habitant la paroisse du Bourg, vendit au chapitre d'Herment, en 1239, 10 sous de rente sur les propriétés qu'il avait à Farges. *Guillaume de Villelume*, s[r] de Barmontet, céda en 1320, au même chapitre, 5 sous de rente sur Farges. *Pierre de la Roche*, chevalier, s[r] de Teyssonnières, tenait ce village en arrière-fief des chanoines d'Herment en 1359, ainsi que ses successeurs : *Philibert et Blaise de Murat*, s[rs] de Teyssonnières en 1485 ; *Pierre de Murat*, s[r] de Teyssonnières en 1698. *Pierre de Tournemire* vendit à Farges en 1820 un domaine, provenant de *Marie-Jeanne du Bois de Saint-Julien*, sa femme. — En 1483, l'abbaye de l'Eclache percevait plusieurs cens et rentes sur ce village.

A une époque extrêmement ancienne, c'est-à-dire avant la domination romaine en Arvernie, Farges était couvert d'épaisses forêts de chêne, servant de temple mystérieux aux druides. Le beau *dolmen* que l'on remarque dans un champ au nord du village en est une preuve indubitable. La table de cet autel antique, d'une grandeur notable, repose sur 3 pierres levées. Ce dolmen était accompagné de deux autres monuments du même genre, aujourd'hui détruits (1), formant les extrémités d'une *enceinte druidique triangulaire*. — L'*étang de Farges*, au sud du village, appartenait en 1698 à *Pierre de Murat*, s[r] de Teyssonnières.

La Prebière, village qui devait certains droits féodaux au s[r] *de Teyssonnière* en 1698.

Le Beth, domaine. Il appartenait à *Pierre Bouyon*, clerc d'Herment, mort en 1543 ; Pierre laissa cinq enfants : 1° Christophe ; 2° Jean ; 3° Claude ; 4° Antoine ; 5° Michel ; ces deux derniers eurent le Beth, ainsi que l'étang et le moulin des *Molières*, à peu de distance. Antoine fut père de Michel, qui vendit ses droits en 1597 à *Anna Jehan*, dame de la Villedière, femme d'*Antoine de Villelume*, dont le fils *Gaspard-Jehan de Villelume* possédait le Beth en 1632. Cette propriété fut cédée, en 1693, par *Gilbert de Villelume* à *Jean Gorce*, notaire à Lastic, dont la petite-fille Marguerite épousa *Jean-François du Bois*, écuyer, s[r] de Saint-Julien, du Mont, de Boisset, etc. (v. l'article Boisset) ; celui-ci affermait le Beth 477 livres tournois en 1765 ; il en fit vente en 1770, pour 5,650 livres tournois, à *Marie Dumas*, v[e] d'*Etienne Chazot*, qui aliéna

---

(1) On remarque leur emplacement.

ce domaine la même année à *Nicolas-Claude-Martin d'Autier*, s' de Barmontet. Le sieur *Bouyon*, descendant de Claude, qui précède, est propriétaire actuel du Beth, par voie d'acquisition faite à Mme *Gabrielle Besse*, de Treignac, née *Meilhot*, petite-fille de Jean-François du Bois, qui précède.

Le Chambesson, dénomination patoise, que des titres de 1535-1630 traduisent par *Champ Besson*. Ce domaine appartenait en 1590 à la famille *Gaignon* et à M° *Jean Besse*. Annet Bouyon, bourgeois d'Herment, qui y fit construire une maison de métayer en 1625, avait cette propriété du chef d'*Antonia Gaignon*, première femme de *Durand Bouyon*, son père.

Le Montelbrut, village. *Pierre de Murat*, s' de Teyssonnières, vendit en 1705, à *Marguerite Farreyrolle*, épouse de *Jean Gorce*, notaire à Lastic, moyennant 200 livres tournois, les cens et rentes qu'il y percevait. *Anne-Joseph Pouget*, demeurant au Mont (Corrèze), petit-fils de *Marguerite Farreyrolle*, aliéna ces rentes en 1746, moyennant 3,208 livres tournois, à *Joseph et Pierre-Marie Désortiaulx*, du Bourg-Lastic. — En 1558, le s' de Barmontet (Guillaume de Villelume), percevait une rente féodale au Montelbrut, rente possédée en 1789 par *le comte d'Autier de Barmontet*, son descendant.

Villedemange, village. En 1253, *Bertrand de Granges*, chevalier, rendit foi-hommage au chapitre de la cathédrale de Clermont, pour une dîme qu'il percevait à *Villadomengha*, paroisse de Saint-Germain, et pour ce qu'il avait à Lastic, paroisse *del Borc* (du Bourg) ; il renouvella cette formalité en 1264-1266. *Gérald* et *Pierre Tondut*, fils de feu Pierre, vendirent au chapitre d'Herment, en 1287, moyennant 4 livres tournois 10 sous, le quart de la dîme de *Villadomengha* ; les autres 3|4 appartenaient en 1609-1698 aux seigneurs de Barmontet.

COMMUNE DE SAUVAGNAT

A surface de la commune de Sauvagnat est de 2,272 h. 96 a. 80 c., savoir : 531 h. 08 a. 60 c. en terres ; 335 h. 59 a. 40 c. en prés ; 281 h. 39 a. 40 c. en pâtures ; 3 h. 83 a. en jardins ; 878 h. 44 a. 80 c. en bruyères ; 237 h. 32 a. 20 c. en bois ; 5 h. 27 a. 40 c. en bâtiments.

Sauvagnat, chef-lieu (altitude 740 m). *Fait historique* : Sous l'épiscopat d'*Etienne V*, évêque de Clermont (1056-1073), *Ermengarde de Rochedagoux*, dame de *Salvaniac* et de Nohannent, fit donation à la cathédrale de Clermont de l'église de Sauvagnat avec ses appartenances, et d'une partie de la seigneurie de Nohannent. Ses neveux, *Amblard*, s' de *Rochedagoux*, et *Guillaume*, son frère, doyen du chapitre de Chamalières, prétendant que la coûtume d'Auvergne ne permettait pas de disposer de terres entières, en revendiquèrent le quart. L'évêque ne voulut rien céder. Les guerres particulières étaient alors en usage ; la querelle se termina par un combat donné dans la plaine de Mozac, près de Riom. Amblard et Guillaume demeurèrent victorieux. Plus tard, ils se départirent de leurs droits et laissèrent jouissance libre au chapitre cathédral de Clermont, qui devint ainsi *curé-primitif* de Sauvagnat. Les curés présentés par ce chapitre étaient à la nomination de l'évêque. (*Archives du chap. cath. Armoire 5, sac P, cotte 13.*)

ANCIENS CURÉS DE SAUVAGNAT

S. CHALVETS, *chapellain* de *Salvanhac*, qui testa en août 1239, choisissant l'abbaye de Saint-Allyre pour lieu de sépulture, donna 10 s. à l'archiprêtré d'Herment; 10 s. au couvent de l'Eclache (*Esclachiæ*); 10 s. à l'hôpital de Tortebesse; 10 s. à l'église d'Herment; 10 s. au couvent de Saint-Genès-lès-Monges, etc. (*Archives de Saint-Allyre*).

GUY D'ARCIOS	1345
JEAN DE GIAC, *alias* de SARTZ	1347
PIERRE DE MEGHANESSAS	1348-1349
PIERRE BOUREL	1359
JEAN FAIDES *alias* DE CROZ	1360
ANTOINE CHASSAT	1470-1471
DURAND BERARD	1479
ANTOINE VIDILHE	1496
Noble ETIENNE DE BÉRAULD, chantre de l'abbaye de Mozat	1542
JACOB DESPARVIER	1570
PONCET VAUREYS, ancien chanoine de la cathédrale de Clermont	1571
PIERRE CARVANIER	1587
PIERRE VERNÈDE	1600
FRANÇOIS VILLEVAULD	1615
MICHEL MOSNERON	1632-1640
ETIENNE GRENIER	1645
MICHEL GRENIER	1646-1660
FRANÇOIS QUEIRON	1660
PIERRE FABRE	1669-1671
ANTOINE RAMADE	1676-1691
GEORGE ANDAN, prend possession en	1699-1712
MICHEL BONNABRY, prend possession en juin 1712; administre la paroisse jusqu'en	1725
MAURICE SIXTE, prieur de Verneugheol, prend possession en mai 1726; meurt en	1772
JEAN-CLAUDE-THOMAS NOGIER, prend possession le 16 février	1772
JEAN-BAPTISTE MARIOLLES	1782
ANTOINE CHASSAING, ancien curé de Fernoël; nommé le 19 avril 1782, meurt en 1822. En 1783, les habitants de Sauvagnat demandèrent à l'évêque la permission d'avoir un vicaire pour aider leur pasteur.	

De temps immémorial, saint Gervais est le patron de la paroisse. L'église fut unie au chapitre cathédral de Clermont avec ses droits et revenus, le 20 mars 1615. *Michel Bonnabry*, curé, traita en 1725 avec ce chapitre, au sujet de sa *portion congrue*, réglée à 200 livres tournois en argent, 12 setiers de seigle, 15 livres de beurre et 25 livres de fromage.

SEIGNEURS : Le chapitre cathédral percevait une partie de la dîme de la paroisse de Sauvagnat, en vertu de la donation d'Ermengarde de Rochedagoux; des seigneurs laïcs prélevaient l'autre partie. Au commencement du XIII° siècle, il y eut transaction sur les dîmes et droits de *Salvanhac*, par l'intermédiaire de *P.*, chapellain d'Herment, et de *P.*, chapellain de l'Eclache, entre le chapitre cathédral de Clermont et *G. Matfre* et son fils *Pierre*, clerc. L'accord décida que le chapitre aurait les 2|3 des dîmes de la paroisse et *G. Matfre* l'autre tiers; il stipula que ce dernier devrait rendre foi-hommage au même chapitre. En 1258, *Galiana*, fille de feu *Albert de Chavanon*, chevalier, épouse d'*Hugues Matfre* (*Matfredi*), damoiseau, donna au chapitre cathédral, pour le repos de son âme et celle de son mari, la dîme qu'elle percevait dans la paroisse de *Salvagnac*, dîme appelée *lo feu* (le fief) *Precueyral*. En 1266, *Bernard de Prondines*, chevalier, rend hommage au chapitre cathédral de Clermont pour la dîme qu'il percevait dans la paroisse de *Salvanhac*; sa fille *Marguerite*, épouse de noble *Robert*, sʳ *de Rioux*, vendit cette dîme à ce chapitre en 1278, au prix de 14 livres 10 sous tournois. En 1532, *Michel de Neuville*, écuyer, sʳ en partie de Prondines, *Annet* et *Pierre de Neuville*, ses cousins, aliénèrent au chapitre cathédral, moyennant 133 livres tournois 6 s. 8 d., la moitié des dîmes de blé de la paroisse de Sauvagnat (l'autre moitié appartenant à ce chapitre et à l'abbesse de l'Eclache) ; les mêmes cèdent aussi en 1535, au même chapitre, pour 160 livres tournois, tous les droits qu'ils avaient sur la dîme des veaux, des agneaux « et autres charnages » de la paroisse. En 1676, une sentence maintient le chapitre cathédral dans la possession de la dîme des agneaux, et ordonne qu'il prendra possession par la dîme des veaux et des cochons.

Sauvagnat avait les mêmes officiers de justice que la ville d'Herment.

FAMILLES ANCIENNES : *Honorable homme Antoine Dessaignes*, riche bourgeois de Sauvagnat en 1574, est l'ancêtre de *François Dessaignes*, châtellain de Prondines en 1702, époux d'*Anne Blanchet*, de Messeix, dont : Antoinette, mariée en 1711 à *Marien Hugon*, fils de Toussaint, bourgeois de Gelles. Pierre Dessaignes, frère de François, était curé de Saint-Etienne-des-Champs en 1702. — La famille *de Neufles* compte M° *Antoine de Neufles*, marié à *Susanne Johannel*, dont : 1° François, notaire royal à Sauvagnat, châtellain de la Villedière et de Prondines en 1683, mort en 1694, marié à *Marguerite de Lesclause*, de cette union : A. François, apothicaire à Herment en 1694-1716 ; B. Antoine, prieur de Malloret, en Berry, 1704 ; 2° Marguerite, épouse de *François Veyssier*, docteur en médecine à Herment ; elle testa en 1695. — La famille *Chassaing*, qui compte un grand nombre de notaires et de baillis, remonte à *Antoine Chassaing*, d'abord notaire à Messeix en 1588, lequel, en 1603, vint se fixer à Herment, par suite de son mariage avec *Peyronelle Mangot*, qui lui apporta une métairie à Sauvagnat. L'ancienne habitation du métayer a fait place à une belle construction moderne, résidence du chef aîné de la famille.

En mars 1638, les habitants de Giat refusèrent de contribuer à l'emprunt fixé par le roi. Le *vicomte de Polignac*, *marquis de Chalencon*, chevalier des ordres de S. M., conseiller en ses conseils, capitaine de 100 hommes d'armes, gouverneur du Puy et commandant pour le roi en Auvergne, ordonna à sa compagnie des gardes, qui était à Montferrand, d'aller coucher à Allagnat, à Sauvagnat et de là à Giat, pour y demeurer jusqu'au parfait paiement de la somme fixée. La compagnie arriva à Sauvagnat le 6 mars, prit son logement dans les maisons d'*Antoine de Neufles* et d'*Antoine Dessaignes*, savoir : 9 cavaliers et 4 valets chez le premier ; 8 cavaliers et 4 valets chez le second ; la dépense faite par elle fut de 42 livres tournois qui ne furent pas acquittées. Les parties lésées portèrent plainte devant les trésoriers de France à Riom.

Sauvagnat fut incendié le 10 mai 1775. — L'église a été reconstruite en 1856.

On voyait dans le cimetière un ancien tombeau, portant des armoiries, que nous supposons celles des Chaslus du Puy-Saint-Gulmier, d'après les renseignements qui nous ont été fournis. L'ancien curé de la paroisse, par un acte de vandalisme regrettable, sans respect même pour un tombeau, fit détruire ce petit monument, qui servit à la reconstruction de l'église ! (1)

On a découvert à Sauvagnat, il y a une trentaine d'années, un cimetière gallo-romain.

Baraille, hameau, en patois *leu Bouriaux* (les Bourreaux). Il doit son nom au bourreau qui y résidait, non loin des fourches patibulaires où l'on pendait les condamnés à mort du baillage

---

(1) Près du cimetière, dans le pré *du Platra*, il y avait une petite chapelle sous le vocable de saint Protais, fondée par les anciens seigneurs de Préchonnet. Elle existait encore le 10 novembre 1706, date de la prise de possession d'*Antoine Servière*, chanoine du Crest, pourvu de la vicairie ou chapellenie de cet oratoire, par *Claude-Allyre de Langeac*, nominateur et présentateur, descendant du fondateur. Le revenu de cette vicairie était alors de 40 livres. Chaque année le bénéficiaire devait y célébrer la messe. Cette chapelle a disparu en 1793.

d'Herment. La justice de ce lieu appartenait en 1548 à *Antoine de Bosredon*, baron d'Herment. Elle passa ensuite à *Jean de Bosredon*, s^r de Ligny, son descendant (1644), et à *Joseph-Alexandre de Bosredon*, petit fils de celui-ci (1733). Le tènement de *la Chalin*, mentionné dans les terriers, était situé près de Baraille, ainsi que l'étang appartenant au baron d'Herment ; ce dernier a été desséché et remplacé par la *prairie de l'étang*.

Boisset, fief et domaine. En 1418, *honorable homme Pierre Villefeulh* habitait *Boysset* ; son descendant, *Pierre Villefeulh*, possédait le champ *Charva* en 1504, près de ce domaine ; *Anne Villefeulh*, fille de Pierre, épousa Jean Johannel, d'Herment. *Honorable homme Gaspard de Villefeut*, de Boisset, vivait en 1592. *Charlotte de Beaufort-Montboissier-Canillac*, épouse de *Gaspard Le Loup*, chevalier, s^r de Préchonnet, du Ronzet, de la Garde-Ferradure, etc., vendit Boisset, par acte du 14 octobre 1611, à Me *Jean Moriac*, bourgeois de Tauves, marié à *Jacqueline Arnauld*, d'Herment ; ces époux laissèrent : *François Moriac*, père de : 1° Gaspard, s^r de Boisset en 1648-1652, époux de N. *Dauphin*, fille de Michel, notaire à Tauves, et de Catherine de Laudouze ; 2° Gervais, époux de *Gabrielle d'Allirol*, dont : Anna. Gaspard ayant contracté une dette de 300 livres tournois envers *Jean Johannel*, d'Herment, celui-ci fit mettre Boisset en vente par voie du décret. *Etienne Besse*, s^r de Laussepied, s'en rendit ainsi adjudicataire le 12 juillet 1667 ; il mourut sans enfants, laissant pour héritier *Louis Fillias*, s^r de Laussepied, dont la veuve *Nicolle Poirier* aliéna les deux domaines de Boisset à *Marguerite Farreyrolle*, v^e de *Jean Gorce*, notaire à Lastic, bailli de Préchonnet ; elle comprit dans cette vente, datée du 14 juillet 1701, « la masure, place et consistance *du château appelé de Ronzet*, autrement *Tout-y-Faut* (1), place d'étang au-dessous », le tout moyennant 9,500 livres tournois. *Antoine Gorce*, s^r de Boisset et de la Coppe, époux d'*Anne Murol*, fut père de Marguerite, dame de Boisset, morte le 1er mars 1783, mariée à *Jean-François du Bois*, écuyer, s^r de Saint-Julien, du Mont, de Margeride et de Bigoulette ; leur fils *François du Bois*, chevalier, s^r de Boisset, de Saint-Julien, de la Villedière, du Ronzet, baron de Bigoulette, etc., affermait Boisset 500 livres tournois en 1754 ; il épousa en 1774 *Susanne de Chaslus de Couzan*, et aliéna « le fief et domaine de Boisset », le 5 mars 1784 (acte reçu Geneix, not. à Clermont), à *Pierre Pouyet*, négociant à Clermont-Ferrand ; le prix fut de 20,600 livres tournois. M. *Pouyet*, petit-fils de Pierre, qui précède, est le propriétaire actuel de Boisset, où il a fait construire une maison de campagne.

Bois-Clair, hameau.

Chabateix, fief et village, mentionné en 1258. *Pierre Rogier*, résidant à Riom, *Berengard Rogier*, habitant à Saint-Bard (Creuse), et *Guillaume Rogier*, d'Herment, vendirent en 1454, moyennant 120 écus, à *noble homme Jean de Villelume*, s^r du lieu et de Barmontel, plusieurs cens et rentes sur un tènement appelé *Vildière* alias *Parot*, provenant de *noble Jean de Viledière*. *Guillaume de Villelume*, petit-neveu de Jean, dont nous venons de parler, et *noble Guillaume des Arnois*, étaient co-seigneurs de Chabateix en 1555 ; à la même époque, le monastère de Saint-Genès-lès-Monges possédait une partie de ce fief, ainsi que *Loys Baudonnat*, châtellain d'Herment, représentant *noble Jacques des Arnois*, écuyer, vivant en 1553 ; celui-ci était frère de *Guillaume des Arnois* ; il descendait de *Jamet Arnois*, l'un des officiers de G. *de Bosredon*, baron d'Herment, en 1486. *Jacques de Villelume*, chevalier de l'ordre du roi, s^r de Barmontet,

---

(1) Bien nommé, à cause de la stérilité qui l'environnait.

fit un échange en 1619 avec *Antoine Chassaing*, notaire à Herment ; celui-ci lui céda un superbe cheval, pour lequel le s᷊ de Barmontet donna une partie de ses droits sur la terre de Chabateix. En 1648, *Jean Chassaing* et *Jean Guyonnet* possédaient ce fief ; en 1698, *Annet Chassaing*, notaire à Herment, et *Anna Brunel*, vᵉ de *Jean Verny*, rendirent foi-hommage au baron d'Herment pour la seigneurie de Chabateix ; la partie possédée par *Anna Brunel* échut à *Jeanne Verny*, sa fille, épouse d'*Antoine Peyronnet*, sʳ de la Chaumette ; elle fut vendue par *Jean-Marien Peyronnet* en 1757. — En 1702, *Maximilien de Villelume*, sʳ de Barmontet, aliéna au couvent de Saint-Genès-lès-Monges les droits féodaux qu'il avait à Chabateix, du chef de *Jacques de Villelume*, son bisaïeul.

Chantemerle, village , mentionné en 1457 dans la donation faite au chapitre d'Herment par *Marguerite de Houent*, dame de Foulages, d'une rente percevable sur ses habitants. (V. p. 89). En 1611, *Jean-Mathelin de Bosredon*, baron du Puy-Saint-Gulmier, y prélevait plusieurs cens et rentes provenant de *Charlotte de Beaufort-Canillac*, épouse de *Gaspard Le Loup*, sʳ de Préchonnet. En 1698, *Maximilien de Villelume*, sʳ de Barmontet, y percevait une dîme appelée *la dîme des chiens* (cette redevance se payait en grains et non en nature). Le prieuré de Saint-Genès-lès-Monges avait également une directe sur ce village. — Le fief *des Imbauld* était situé à l'O. de *Chantemerle*. Il a donné son nom à une famille bourgeoise d'Herment. *Jean Sarrazin*, sʳ des Imbauld, rendit foi-hommage à Pierre, duc de Bourbon, baron d'Herment, en 1348 ; un pré de Chantemerle, appelé *pré Sarrazin* de temps immémorial, a dû lui appartenir. *Antoine Villevauld*, en 1450 ; *Jacques de Fuyas*, damoiseau, en 1485 ; *Jacques Rochefort*, bourgeois d'Herment, en 1540, ont possédé les Imbauld.

Chez Bertin, auberge située sur le bord de la route de Clermont, près du moulin d'Herment. Elle a été construite il y a peu d'années.

Chez des Tros (*Destial* en 1550), domaine vendu 2,300 livres tournois, le 19 mars 1723, à *Michel* et *Charles Leblanc*, du Ronzet, par *Gaspard de Bosredon*, sʳ de Ligny ; cet acte l'appelle *Chez Deytreau*.

Chez Empette, domaine, qui portait anciennement (dès 1308) le nom d'*Arfeulholle*. Il appartenait en 1639 à *Gaspard Gaignon* conseiller au présidial de Riom, natif d'Herment, et en 1719 à *Etienne Gaignon*, son petit-fils, doyen du même présidial ; celui-ci étant mort sans enfants, ses sœurs furent ses héritières et laissèrent cette propriété à *J.-B. Charrier*, demeurant à Chassenet, à *Marguerite-Thérèse Charrier*, épouse d'*Amable-François d'Aurière*, demeurant à Glénat, et à *Marie Charrier*, de Riom, qui vendirent Chez Empette, le 25 août 1740, moyennant 3,700 livres tournois, à un riche marchand de biens, de Peumot, nommé *Julien Jallat*. Ce domaine est aujourd'hui possédé par le sieur *Raynouard*.

Chez Mosneron, village. Un titre de 1631 dit qu'on l'appelait autrefois (en 1457-1550) *Chamarleix*. Il a reçu son nom actuel d'une ancienne famille de paysans, dont une branche fixée à Herment à la fin du XVIᵉ siècle, se distingua dans la personne de *Léonard Mosneron*, d'abord procureur fiscal de cette ville, puis conseiller du roi, commissaire provincial des guerres en Picardie, Flandres et Artois ; son fils Hubert, écuyer, était capitaine au régiment de Navarre en 1674. — En 1457, *Marguerite de Houent*, dame de Foulages, légua au chapitre d'Herment 50 livres de rente sur *Chamarleix*, paroisse de Sauvagnat. *Annet Chassaing*, notaire à Herment, *Anna Brunel*, vᵉ de *Jean Verny*, ont rendu foi-hommage au baron d'Herment, en 1698, pour la seigneurie de Chez Mosneron.

Chez Guyonnet, moulin, qui, au XIVᵉ siècle, portait le nom de *Courteix*, et en 1427 celui de

Guyonnet, qu'il tenait de *Pierre Guyonnet*, son propriétaire. Il appartenait en 1550 au baron d'Herment. *Durand Bouyon*, bourgeois d'Herment, était propriétaire en 1620 de ce moulin et d'un domaine y attenant, du chef de *Marguerite Arnauld*, son épouse; sa fille *Jeanne*, mariée à *Michel Gandebœuf*, notaire et procureur fiscal à Herment, eut en partage cet héritage en 1630; *Jeanne Gandebœuf*, née de ce mariage, épousa *Jean Brousse*, châtellain de Prondines, et lui porta en dot ce moulin; ces derniers y résidaient en 1697. *François du Bois*, s^r de Saint-Julien et de Boisset, céda le moulin et le domaine de Chez Guyonnet à *Jacques Brousse*, de Chantagrit, moyennant une rente foncière de 110 livres tournois et de 6 poulets (acte du 1er novembre 1776, reçu Bouyon). — En 1427, l'abbaye de l'Eclache percevait une rente sur Chez Guyonnet.

Chez Restat, hameau. (*Farmont-Restat* en 1550). *Jacques Le Loup*, écuyer, s^r de Préchonnet, donna aux habitants de Chez Restat, le 5 mars 1526, moyennant la somme de 30 livres tournois, un droit d'usage et de pâturage dans le bois du Ronzet. *Marie-Françoise de Villelume de Barmontet*, épouse de Gaspard du Teil, s^r des Girauds, résidait dans le domaine qu'elle possédait dans ce hameau du chef de son mari; elle y fit son testament le 2 mai 1706; ce domaine appartint ensuite à *Antoine Cornudet* et à *J.-B. Chassaing*, qui le vendirent en 1782 à *Michel Gaumeton*.

La Foudèche, hameau, divisé en deux parties. Il devait en 1570, plusieurs droits seigneuriaux (entr'autres le droit de guet) au château de la Villedière. En 1738, l'abbesse de Saint-Genès prélevait plusieurs cens et rentes sur *la Fauldeyche* alias *la Maison-Neuve*. — Le vaste communal situé près de ce village est la propriété de la ville d'Herment, malgré les contestations des habitants de la Foudèche. Ceci résulte d'un titre sur parchemin, déposé aux archives de la mairie d'Herment, concernant la ferme faite des *fraux de la Fauldèche* au village du même nom, par les quatre consuls d'Herment (acte de 1583) (1).

La Faye, hameau, qui payait plusieurs cens et rentes à l'abbaye de l'Eclache. *Gabriel de Neuville*, écuyer, s^r de Prondines et de la Faye en 1510, eut pour successeurs: 1° *Gabriel de Neuville*, s^r de la Faye en 1593; 2° *noble Jean de Neuville*, s^r de la Faye en 1599-1614, possesseur d'une partie du bois du Johannel, en qualité de mari de *Catherine Dessaignes*, de Sauvagnat.

La Pressinette, village. Il y avait un prieuré, sous l'invocation de *Saint-Gervais et de Saint-Protais*; en 1764, *Jean Gendraud*, curé de Prondines, en fut pourvu par *Gilbert-Alyre de Langeac*, s^r de Préchonnet. Ce prieuré dépendait de la chapelle de Saint-Protais de Sauvagnat.

La Rochette, village, qui figure dans le terrier de l'abbaye de l'Eclache dès 1447. — On trouve dans le village même un beau filon de chaux fluatée dont l'orientation est N. S. Cette chaux est sans doute la *guangue* d'un filon métallique.

La Villedière, ancien fief avec château détruit. On trouve dans les titres anciens *la Virediére* (en patois *lo Vrediéro*). *Jacques Jehan*, bourgeois d'Herment, était seigneur de la Villedière en 1485; il prêta serment de fidélité au roi François Ier, avec tous les gentilshommes d'Auvergne, entre les mains de *François de Chazeron*; Jacques, son fils, vivant en 1547, fut père d'*Anne Jehan*, dame de la Villedière, mariée en 1583 à *Antoine de Villelume*, écuyer, s^r de Baubière, fils de Guillaume, s^r de Barmontet; ces époux laissèrent: 1° Gaspard-Jean, qui suit; 2° Jeanne,

---

(1 En 1535, il y avait une tuilerie dans ce communal, ce qui le faisait désigner sous le nom de *fraux de la Thuilerie*. (Terrier du chapitre d'Herment).

mariée en 1605 à *René de Bosredon*, s¹ de Voingt. *Gaspard-Jean de Villelume*, écuyer, s¹ de Baubière et de la Villedière, épousa en premières noces, en 1613, *Marguerite de Montroux*; en secondes noces, en 1641, *Claire de la Ville*, dame de Confolent, vᵉ de *Maurice de Blanchefort*, sʳ de Beauregard. Il eut : Jean-Antoine de Villelume, écuyer, sʳ de la Villedière, marié à *Anne de Gimel*; celle-ci rendit foi-hommage au roi, en 1670, pour le fief de la Villedière, mouvant du duché d'Auvergne; elle fut enterrée dans l'église d'Herment le 25 novembre 1681, et laissa : Marie de Villelume, dame de la Villedière, née en 1671, mariée à Gilbert de Villelume, qui suit, son cousin, fils de Jean-Charles, sʳ de Barmontet.

Gilbert de Villelume de Barmontet, chevalier, sʳ de la Villedière et du Colombier en 1693-1708, époux de Marie de Villelume, sa cousine, dame de la Villedière, mourut sans enfants, après avoir institué pour son héritière Marie-Françoise, sa sœur, mariée en premières noces, en 1683, à *Henri de Neuville*, sʳ de Tauzelles, et en secondes, en 1693, *Gaspard du Teil*, sʳ des Girauds, officier dans la maison du roi. Marie-Françoise de Villelume, dame de la Villedière, testa le 2 mai 1706; après sa mort, son mari convola en secondes noces, le 6 août 1712, avec *Louise Peyrière*, fille de François et de Françoise Jullien; il testa en 1719. Un fils, né de ce second mariage, vivait encore en 1759. Gaspard du Teil et Marie-Françoise de Villelume furent père et mère de 1° Gilbert, qui suit; 2° Peyronelle, mariée, le 4 février 1720, à *Jacques Mège*, fils de Jean, chirurgien à Herment, et d'Antoinette Johannel; 3° Annet, habitant le village de la Croix, près d'Orcival, en 1720; 4° Marie-Anne, femme de N. Aunnuvay, marchand, de Chartres; 5° Jacqueline, née en 1697.

Gilbert du Teil, écuyer, sʳ de la Villedière et du Colombier, épousa, le 22 février 1715, *Marie de Fretat*, vᵉ d'*Etienne de Chaslus*, sʳ d'Arfeuille, fille de Pierre, écuyer, sʳ de Chirat, et de *Marguerite d'Audebrand*. En 1732, il vendit, moyennant 30 livres tournois, à *Anne Murol*, vᵉ d'*Antoine Gorce*, sʳ de Boisset, tous les droits de justice et de pêche qui lui appartenaient depuis la Villedière jusqu'au moulin de Chez Barthezat; il mourut le 20 mai 1769; sa fille Jacqueline, née en 1716, morte le 12 avril 1766, épousa, le 28 janvier 1743, *Marien Souchal*, fils d'Antoine et de Jeanne Souchal. Le 26 décembre 1760, *Anne Murol* vendit à *François du Bois*, sʳ de Boisset, son petit-fils, la haute, moyenne et basse justice de la Villedière, au prix de 400 livres tournois; celui-ci en jouissait encore au moment de la révolution. — La Villedière avait droit de justice haute, moyenne et basse. Nous trouvons parmi les *châtellains* : *Henri Menudel*, 1651; *François de Neufles*, 1683-1694; *Philippe Tardif*, de Saint-Julien, 1738; *Antoine Peyronnet*, sʳ de Saunnazeix, 1750.

Laussepied, domaine, fief très-ancien. La famille *Enjobert*, d'Herment, le possédait à la fin du XIIIᵉ siècle. Jean et *Etienne Enjobert*, bourgeois d'Herment, rendirent hommage en 1350 à *Guillaume Roger*, baron d'Herment, pour cette seigneurie appelée en latin *Hospicium* (ce qui veut dire *maison, habitation*). *Amblard Enjobert*, bourgeois, sʳ de Laussepied en 1391, testa en 1408, laissant pour héritier Jean de Turpine. Celui-ci, que je crois de la maison de *Tournemire*, se qualifie seigneur de Laussepied en 1450; il eut Léger, qui suit; 2ᵉ Antonia, vivant en 1481. *Noble Léger de Turpine*, écuyer, sʳ de *Lausepye* en 1481, épousa, le 8 octobre 1492, *Claude de Saunade*, fille d'Antoine, écuyer, sʳ de la Chaze. Noble *Antoine de Tournemire*, sʳ de *Turpine*, assista à ce mariage, ainsi que *Hugues* et *Florimon de Sarrazin*, écuyers, sʳˢ de la Fosse. Léger vendit en 1531, à *Philippe Goulet*, notaire et châtellain de Miremont, sʳ de Saunade et des Gours, le *domaine noble* de Laussepied, moyennant une rente de 50 livres tournois en argent, de 4 setiers de seigle et de 12 setiers d'avoine; il rentra peu après dans sa propriété en annulant cette vente ; il fut père de *noble Claude Turpine*, s^r de Laussepied, convoqué au ban de la noblesse d'Auvergne en 1543 ; vivant encore en 1556.

Noble Loys de Belvezeix, écuyer, s^r de Barberolles et de Laussepied en 1579, épousa, en octobre 1580, *Marguerite Baudhuy*, fille d'honorable homme Jacques, s^r du Mazeau. Il était fils de *Michel de Belvezeix* et de *Jeanne de Fuyas* ; mourut à Laussepied le 22 février 1600, fut enterré dans l'église d'Herment et laissa cinq filles : 1° Jeanne, dame en partie de Laussepied, mariée à *noble François de Girard* (1), s^r de Travers, de Saint-Sandoux et d'Orcines, procureur fiscal d'Aurières ; 2° Marie, épouse d'honorable homme *Léonard Savandy*, bourgeois de Meymac (Corrèze) ; 3° Magdeleine, née en 1603, femme de *Louis Gaumet* ; 4° Jeanne ; 5° Charlotte, 1603.

Le 18 septembre 1645, *honorable homme Etienne Besse*, demeurant à Paris, où il était tailleur ordinaire d'habits de la reine d'Angleterre, neveu du docteur *Pierre de Besse de Meymond*, acheta le fief de Laussepied, pour 7,000 livres tournois, à *Marie de Belvezeix*, épouse de *Léonard Savandy*, à *Marie Gaumet*, épouse de *Gabriel Pighon*, celle-ci fille de Magdeleine de Belvezeix. Etienne avait épousé *Nicolle Syvet*. Il institua sa femme pour son héritière et mourut sans enfants. Nicolle décéda en 1680 ; elle avait fait donation de Laussepied vers 1673 à son neveu *Louis Fillias*, originaire de Giat ; celui-ci fut procureur fiscal d'Herment. Il épousa *Nicolle Poirier*, laquelle étant veuve rendit hommage au baron d'Herment, en 1698, pour Laussepied. Son fils Jacques Fillias, s^r de Laussepied en 1711-1730, avait deux frères : Etienne et Louis ; il contracta alliance avec *Antoinette Arnauld* ; Marie Fillias, sœur de Jacques, épousa *Annet Gallochier*, chirurgien d'Herment ; Anne, son autre sœur, fut mariée à *Barthelmy Barrier*, bourgeois de Briffont. Le domaine de Laussepied est aujourd'hui entre les mains des descendants de *Louis Fillias*, qui l'ont partagé entre eux.

Le Colombier, domaine, ancien fief qui dépendait du château de la Villedière. C'est là qu'était jadis le colombier seigneurial. Ce domaine appartient à M. *Larbaud*, de Clermont.

Les Barrichons. Ce village s'appelait jadis *Arfeuilles-Soubranes*. Louise de Montrognon, abbesse de l'Eclache, l'afferma, le 11 mars 1400, par bail emphytéotique perpétuel, à *Etienne Barre*, surnommé *Barrichon*, natif de la paroisse de Combrailles. Le preneur fut exempté, par clause de cette emphythéose, de toutes redevances pendant les trois premières années. Il fut convenu qu'il devrait moitié de la ferme pendant les quinze suivantes, qu'il aurait son chauffage lui et ses successeurs dans les bois de l'abbaye, qu'il pourrait prendre pendant cinquante ans tous les bois qui lui seraient nécessaires pour les constructions qu'il élèverait. Le bail explique que le village avait été détruit pendant les guerres des Anglais *(propter guerras quod diu viguerunt)*,

---

(1) La maison *de Girard*, d'ancienne bourgeoisie, est originaire d'Aurières. En 1469, *honorable homme Robert Girard* était lieutenant du châtellain d'Aurières ; son descendant, *François Girard*, procureur fiscal d'Aurières et de Nébouzat ; en 1569, épousa *Marie de Laubonhat*, dont : 1° *Noble* Pierre, s^r de Travers, de la Chau, du Chastel, secrétaire de Catherine de Médicis, reine de France, capitaine des châteaux de la Rodde et de Ravel ; 2° *noble* Etienne, homme d'armes d'une compagnie d'ordonnance en 1569 ; 3° François, qui suit ; 4° *honorable homme* Gabriel, capitaine du château d'Herment en 1572-1578 ; 5° Claude, épouse de Me *Jacques Henry* ; 6° vénérable personne Michel, 1569.

Honorable homme François de Girard, s^r de Travers, d'Orcines, procureur fiscal d'Aurières en 1583, épousa *Charlotte Ravel*, dont : 1° Noble François, s^r de Travers, d'Orcines, de Laussepied en 1620-1630, marié 1° à *Anne Le Groing* ; 2° dès 1601, a *Jeanne de Belvezeix*, dame de Laussepied ; du dernier lit : A. Jeanne, épouse 1° de *Louis Baigneux*, notaire à Aurières ; 2° en 1620, d'*Antoine Angellier*, bailli de Pontgibaud ; B. Charlotte, mariée 1° à Jean *Roux* ; 2° à *Vital Soubre* ; 2 Charlotte, mariée le 9 décembre 1601 à *Jacques de Saint-Chamant*, écuyer, s^r du Marchedial. ARMES : *de, à 3 vases de, portant des fleurs de girardes*

et que même il était resté désert jusque là. (*Titre à la bibliothèque de Clermont*), *Etienne Barre* légua son surnom au nouveau village. *Joseph Barre*, l'un de ses descendants, fils d'autre Joseph et de *Françoise Peyronnet*, afferma l'abbaye de l'Eclache à des conditions très-avantageuses, en 1727; son fils, *Pierre-Marien Barre*, fut procureur à la cour des aides de Clermont de 1756 à 1781; la postérité de ce dernier est honorablement représentée à Clermont-Ferrand par M. Barre, propriétaire, père d'un fils et d'une fille. — En 1698, la justice des Barrichons appartenait au seigneur de Prondines.

Les Vialles, village. La justice appartenait au seigneur de Prondines en 1698.

Moulin de Chez Barthezat. Ce moulin appartenait en 1695 à *Michel Bouyon*, d'Herment, dit *le Jeune*, et en 1704 à *Anne-Françoise de Villelume*, épouse de *Gaspard du Teil*, s^r des Girauds et de la Villedière. En 1750, il fut donné en bail emphytéotique par *Joseph Souchal*, des Barrichons, à *Louis Guyonnet*, dont les descendants le possèdent encore, en vertu du même bail renouvelé en 1822 par M. *Joseph Souchal*.

Moulin de Chez Caloux, entre le moulin Vieux et le moulin de Chez Guyonnet. Il était la propriété de la famille *Gaignon* d'Herment. *Jacqueline Gaignon*, sœur d'Etienne, doyen des conseillers au présidial de Riom, en fit donation en 1722 à *Anne Mosnier*, sa servante, v^e de *Jean Fournier*.

Moulin d'Herment. C'était le *moulin banal* de la ville. Chaque habitant était forcé d'y faire moudre son grain ou de payer une redevance. Il en est fait mention dès 1398. *Claude de Bosredon*, dernier baron d'Herment, l'afferma en 1787, à *Joseph Devedeux*, moyennant une somme de 2,000 livres tournois.

Moulin de Lavadoux. Moulin.

Moulin de La Faye. Il existe dans la partie supérieure du ruisseau qui alimente ce moulin, à 100 mètres environ, un filon de *galène* ou *plomb-argentifère*.

Moulin de Taillefer. Moulin, ainsi nommé parce qu'à l'époque gallo-romaine on y travaillait le fer, produit des mines qui sont auprès. Les galeries qui existent encore dans le bois du Ronzet et les scories que l'on trouve en quantité dans la vallée en sont une preuve.

Moulin de Soulier. Ce moulin appartenait en 1610 à *Jean-Mathelin de Bosredon*, baron du Puy-Saint Gulmier, et en 1789 à *Maximilien de Bosredon*, s^r de Sugères, son descendant. Soulier était, en 1698, le moulin banal des villages suivants : Le Villevaud, Chez Garel, Villeguizard, le Montelhet, les Aymards, Mollanges, Chassignolle, Cressenssat, Chantagrit.

Moulin de Tout-y-Faut. Moulin, situé à 300 mètres environ au N. E. de l'ancien château du Ronzet, appelé *Tout-y-Faut*, dont il ne reste que *la mothe*; l'emplacement de ce château est mis en culture, au milieu des bruyères qui l'environnent. Ce moulin appartient à M. *Pouyet*.

Moulin de la Villedière. Ce moulin appartenait aux seigneurs de la Villedière, dont le château détruit était à une faible distance. *Gilbert de Villelume*, s^r de la Villedière, en fit vente, le 15 mars 1700, à l'abbaye de Saint-Genès-lès-Monges, qui en fut dépouillée nationalement en 1793.

Le Ronzet, village, ancienne seigneurie. Le château était situé au S. O. du moulin de *Tout-y-Faut*. En 1528, *Jacqueline de Montmorin* était dame du Ronzet, de Préchonnet, du Puy-la-Vèze, de Chalusset, d'Egurande, de Montfan, de Beauvoir, du Sauzet et de Chavanon en partie, du chef de son mari *Jacques Le Loup*, chevalier, dont elle était veuve (elle l'avait épousé en 1507). Elle fit sa déclaration au roi en 1540 pour toutes ces seigneuries. Son fils *Blain*, chevalier, s^r du Ronzet, de Préchonnet, de Pierrebrune, d'Egurande et en partie de Chavanon, épousa

Peyronelle de Cébazat, dame de Blanzat; il vivait en 1560; fit reconstruire une partie du château de Préchonnet en 1571. *Puissant seigneur messire Blain Le Loup*, écuyer, le même qui précède, s^r de Préchonnet et de Puy-la-Vèze, donna, le 6 novembre 1573, un droit d'usage aux habitants du Ronzet, dans ses bois dits *du Ronzet*, contenant 400 seterées, pour en jouir selon leur gré; ceux-ci s'engagèrent à lui payer un cens annuel de 40 livres tournois et pour *les entrages* 170 écus d'or au soleil. Blain fut père de *Gaspard Le Loup*, chevalier, baron de Blanzat, s^r de Préchonnet, de Montfan, de Beauvoir, etc., capitaine de 50 hommes d'armes, gentilhomme ordinaire de la chambre du roi, marié, le 20 octobre 1591, à *Charlotte de Beaufort-Canillac*, v^e de *François de Montmorin*. Gaspard vendit la seigneurie du Ronzet, le 15 janvier 1615, (*acte reçu Desgranges, not. à Riom*), à Me *Annet Esclache*, s^r du Mazeau; l'acte fait mention des droits perçus par le seigneur : 45 livres tournois 2 sous en argent ; 5 setiers de froment ; 45 setiers 3 quartes de seigle ; 22 setiers d'avoine.

Gilbert Esclache, s^r du Ronzet et du Mazeau, fut père de 1° Gilbert, co-seigneur du Ronzet, s^r du Mazeau, bailli de Linières en 1659, avocat en Parlement, résidant à Auzance en 1679 ; 2° Gaspard, s^r du Mazeau, co-seigneur du Ronzet, demeurant à Merlines, en Limousin ; 3° Louise, épouse en 1641 de *noble Pierre de Veilhan*. *Jean Lesclache*, bourgeois, descendant d'Annet, était seigneur de la Vossanges, du Mazeau et en partie du Ronzet, avocat en Parlement en 1698-1736. Il résidait au bourg de Saint-Mamet, près de Pionssat. En 1698, il fit enregistrer ses armes dans l'*Armorial Général* : *d'azur, à 1/2 soleil d'argent* ; il avait épousé *Antoinette de Besse*, dont 1° Joseph, bourgeois de Villeconstant ; 2° Annet, habitant Merlines en Limousin, marié à *Gabrielle Flayat*. Cette famille *Lesclache de la Vossange* existe encore à Marcillat (Allier). Mlles Lesclache de la Vossanges, sœurs, ont épousé : l'une M. le comte *de Durat*, l'autre M. le vicomte *de Durat*, frères.

En 1698, *Antoine Mesnier*, procureur fiscal à Vertaison, et noble homme *Louis Rellier*, son cousin, intendant de la maison de Vendôme, rendirent hommage au baron d'Herment pour une partie de la seigneurie du Ronzet. *Jean Arnauld*, bourgeois d'Herment, légataire de *Louis Rellier*, fut père de Guillaume, s^r en partie du Ronzet en 1736. Quant à *Antoine Mesnier*, il donna une partie de ses droits à sa fille lorsqu'elle épousa *Aubin Pradier*, de Billom, qui vendit la co-seigneurie du Ronzet en 1737, moyennant 1,800 livres tournois, à *Claude Faugeron*, s^r de la Ribbe. En 1758, *Annet Jarrier*, demeurant à Paris, céda une grande partie des cens du Ronzet à *Mathieu Jarrier*, demeurant au Four, paroisse du Puy-Saint-Gulmier. *Joseph-Annet Chassaing*, co-seigneur du Ronzet, du chef de *Marguerite Mesnier*, sa femme, céda ses droits, le 3 août 1763, à *Jean-Marien Peyronnet*, bourgeois d'Herment. *Anne Muro!* avait acquis plusieurs cens seigneuriaux sur ce village ; son gendre, *François du Bois*, s^r de Boisset, de Saint-Julien, etc., en fit vente en 1772 à *Michel Fargeix*, chirurgien à Herment. — Au sud du village du Ronzet, existe celui de *Rauzet* (canton de Bourg-Lastic), où l'on remarque des ruines très-anciennes au milieu d'un champ situé sur la droite du chemin d'Herment à Laqueuille. Nous croyons, d'après la tradition, que ce sont celles de la commanderie des Templiers de la *Rauzeta*, supprimée en 1309, lors de l'abolition de cet ordre, et mentionnée dans les pièces du temps.

Moulin du Ronzet. Entre le moulin de Taillefer et celui de Tout-y-Faut.

Saint-Lazare, domaine. Au XIIIe siècle, du temps des croisades, c'était la *léproserie* de la ville d'Herment. Il y avait une chapelle. Le champ où elle était située a retenu le nom de *champ de la chapelle*. En 1225, on comptait 2,000 léproseries en France, ce que l'on apprend du testament du roi Louis VIII, qui leur donnait à chacune 100 sous (84 fr. d'aujourd'hui). Une petite fontaine, coulant non-loin de la maison d'habitation, est appelée *fontaine de Saint-Lazare*. Les habitants des environs attribuent à ses eaux des vertus spéciales pour guérir les jeunes enfants boiteux, paralytiques et rachitiques. C'est évidemment un reste de tradition concernant les guérisons opérées par saint Lazare en faveur des lépreux, des boiteux et des paralytiques. — En 1630, le droit de justice à Saint-Lazare appartenait à *Jean-Mathelin de Bosredon*, baron du Puy-Saint-Gulmier, et en 1644 à Jean, son fils, s' de Ligny, condamné à mort en 1657 pour ses violences ; *Joseph de Bosredon*, fils de celui-ci, possédait cette justice en 1698.

Hameaux détruits de la paroisse de Sauvagnat : *Claverlenghes*, mentionné en 1417 ; *La Vilatte*, mas, dont il est parlé en 1308-1636.

COMMUNE DE TORTEBESSE

La surface de la commune de Tortebesse est de 985 h. 81 a. 31 c., savoir : 178 h. 01 c. en terres ; 163 h. 11 a. en prés ; 12 h. 16 a. 50 c. en pâtures ; 564 h. 62 a. en bruyères ; 67 h. 91 a. 80 c. en jardins.

Tortebesse, chef-lieu (altitude 892 m.). L'étymologie de ce bourg est *Besse Torte*, c'est-à-dire bois de boileau irrégulier (*Besse* signifie en vieux français bois de boileau). En 1189, *Wautier, sire de Villemontée* (de la maison d'*Autier*), voulant aller en Terre-Sainte, vend la seigneurie de Tortebesse. Cette terre était possédée dès le XIII° siècle par un *hôpital*, c'est-à-dire une maison religieuse de l'ordre des *frères hospitaliers* de Saint-Jean-de-Jérusalem, hôpital appelé plus tard *préceptorerie*, puis *commanderie* de chevaliers de Malte. En 1239, S. *Chalvetz*, chapelain de Sauvagnat, fait un legs de 10 sous à *l'hôpital de Tortebesse* ; en 1246, *Robert de Bort* lui donne 4 setiers de seigle sur Boschet.

Les biens de cette commanderie comprenaient : un domaine avec de beaux héritages à Tortebesse (ce domaine était affermé 100 livres tournois en 1698 ; 370 livres tournois en 1765 ; 1,100 livres tournois en 1770) ; les bois de Saint-Jean-Calixte et du Clergeat ; plusieurs cens, rentes, etc., sur Tortebesse, Lastic, le Droulet, le Blanchier, Saint-Julien-Puy-la-Vèze, Montsepy, Ribièras, Coussat, le Malard, Arfeuilholes (Chez Empette), la Vilatte, près Crocq, les Villevaux, Heume-le-Franc, Feydet, etc. Les *membres* de la commanderie, c'est-à-dire ses principales dépendances étaient :

1° *Traslaigues* (canton de Pontaumur). *Guillaume d'Ebbes* et sa femme donnent à *la maison de Traslaigue*, en 1245, tous les droits qu'ils avaient dans ce village et ceux qu'ils possédaient dans la terre de Puy-Baton. En 1260, *Richard de Chaslus* et son frère font échange de tout le droit qu'ils avaient sur l'étang de Traslaigue, pour un setier de seigle et un setier d'avoine que Tortebesse possédait à Tréfins. *Jean de Dreux*, s' de Montpensier, d'Herment et du Montel-de-Gelat, accorde à la maison de Traslaigue, en 1324, un droit d'usage et de chauffage dans la forêt de Roches, et celui du glandage pour 20 cochons.

2° *La Pèze*. En 1257, *Guillaume*, s' *de Rochedagoux*, donne à cette maison (La Pèze) des prés et des terres.

3° *La Forest* (canton de Pontaumur). En 1257, *Guillaume de Chaslus*, chevalier (*miles*), donne à *la maison de l'hôpital de la Forest* 2 setiers de seigle de rente percevables sur la dîme de Giat, et deux autres sur celle de Saint-Etienne-des-Champs. Plusieurs commandeurs de Tortebesse ajoutent à leurs qualités celle de commandeurs de la Forest. Le *domaine noble* qu'ils possédaient dans ce village était affermé 150 livres tournois en 1698.

4° *Glavent*. Ce lieu, inconnu à Chabrol (*Coutumes d'Auvergne*), est situé près d'Olby (canton de Rochefort). *Guillaume de Saint-Didier*, précepteur de Tortebesse, transigea en 1253 avec *Marguerite*, v° *d'Amblard de Plagnes* (*de Planis*), chevalier, touchant 2 setiers de seigle légués à Tortebesse sur la dîme du Monteil, paroisse d'Olby, par *Guillaume de Plagnes*.

5° *La Mazière aux Bons Hommes* (Creuse), au N. E. de Crocq. En 1698, la commanderie de Tortebesse y percevait des rentes et de grosses dîmes ; elle y avait un domaine.

6° *Courteix*, paroisse de Doutreix (canton de Pontaumur). Le 12 mars 1473, *Beraud d'Audieu*, commandeur de Tortebesse, donna à frère *Jean Challamel* « la maison, grange, bois et dépendances » de Courteix.

7° *Lastic*. Village, auquel le chef-lieu de canton du Bourg (*el Burc* ou *el Burg* au XIII° siècle) a emprunté son nom, en qualité de voisin. En 1325, *frère Renaud de Lachamp*, précepteur de Tortebesse, fit un *abénavis* avec *Guillaume Besson* pour une maison et un jardin que Tortebesse possédait à Lastic. *Jacques Pradinat*, curé de Bort, renonça en 1415 à la chapelle de Saint-Jean de Lastic, en faveur de la commanderie de Tortebesse. Cette chapelle sert aujourd'hui d'église paroissiale ; nous retrouvons quelques *chapella'ns* ou curés : *Michel Tixier*, 1708 ; *Michel Passelaigue*, 1728 ; *Pierre de Bal*, 1742-1763 ; l'abbé *Mège*, dernier chapellain, condamné à la déportation par le tribunal révolutionnaire en 1793.

8° *Saint-Julien-Puy-la-Vèze* (canton de Bourg-Lastic). Ce village avait les mêmes officiers de justice que Tortebesse.

9° *Saint-Jean-des-Martres*.

La commanderie de Tortebesse avait une chapelle à Chamalières, près de Clermont, en 1658. En 1728, tous ses domaines et leurs dépendances étaient affermés 3,900 livres tournois. Quelques *châtellains* ou baillis de Tortebesse : *Jean Mangot*, 1620 ; *François Déseymards*, 1668 ; *Antoine Mège*, 1670-1698 ; *Annet Mège*, 1720-1738 ; *Antoine-Marien Mège*, 1752-1753. On remarque dans le cimetière de Tortebesse une belle croix en pierre. Elle porte les armes du commandeur *Raymond de Foudras* (1661-1680).

LISTE DES COMMANDEURS DE TORTEBESSE

Amblard DE L'HORME, précepteur (1) 1247	
Guillaume DE SAINT-DIDIER 1253	
Hugues DE CHASLUS 1283	

Il fit ratifier, en 1283, le don fait à la maison de la Forest, par *Albert de Chaslus*, chevalier, s' de Cisternes, de la 1|6 partie des gerbes, percières et autres droits, depuis le pont de la Forest, jusqu'au Montel-Saint-Hilaire ; comme aussi de la dîme du Montel ; la seigneurie desdits héritages réservée. Armes : *d'azur, au poisson d'or, en bande, accompagné de 6 étoiles de même en orle.*

(1) Les commandeurs de Saint-Jean-de-Jérusalem portaient primitivement le nom de *précepteurs (preceptores)*, parce que, d'après les anciens statuts de leur ordre, ils devaient élever, nourrir et entretenir à leurs frais les jeunes chevaliers.

Ponce DE FAYE............ 1293-1305

Précepteur de la Pèze ; grand prieur d'Auvergne ; fait une acquisition à *Guillaume de Rochedagoux* en 1293 ; transige en 1308 avec *Jean de Dreux*, s' de Montpensier, baron d'Herment ; convient que la haute justice appartiendra audit baron sur les villages de Saint-Julien, Arfeulholles *(Chez Empette)*, la Rivière, Rauzet, Veolle, la Vilatte, le Bisage, le Villevaut, Coussat, etc., avec les émoluments jusqu'à 60 sous.

Robert BERTRAND......... 1306-1311

Précepteur de Tortebesse, de la Lière et de Courteix. De concert avec *Odon de Montaigut*, grand prieur d'Auvergne, il transige en 1311, avec *Robert IV, comte d'Auvergne*, au sujet de la haute justice sur la maison de la Lière, sur le mas de Courteix, paroisse de Dontreix, et pour un setier de seigle à Aigueperse. Il fut décidé que la haute justice appartiendrait audit comte, lequel devrait soutenir le précepteur de la Lière, s'il était inquiété par messire *Guillaume de Dontreix*.

Raynald DE LAS CHAMPS.... 1321-1325

Fils de *Gérald de Las Champs*, damoiseau, et de *Béatrix d'Hermenières* ; frère de Hugues, damoiseau, s' de Las Champs ; s'intitule « *hospitalier, précepteur de la maison de Tortabessa et de la Forest.* »

N..., grand prieur d'Auvergne 1339

Robert DE CHASLUS....... 1344-1349

Grand prieur d'Auvergne. Armes : *d'azur, au poisson d'or en bande, accompagné de 6 étoiles de même en orle.*

N..., commandeur de Tortebesse... 1356

Fut l'un des deux députés du clergé de la Basse-Auvergne nommés pour assister aux Etats-Généraux.

N. D'ENTREMONT......... 1365-1367

Il obtint en 1365 une lettre de maintenue du roi Charles V, pour son droit de mortaille dans le mas de Beaufessous, sur les biens de *Plumage* et *Huguette de Beaufessous*, morts sans hoirs (héritiers).

Jean DE VEAUSSE, alias *de Vauzé*
.... 1409-1445

Probablement de la maison *de Veausse*, en Bourbonnais.

Jacques DE MILLY........... 1445

Grand prieur d'Auvergne ; grand maître de son ordre en 1454 ; transige, en 1445, avec *Antoine de Chaslus et ses frères*, s'' du Puy-Saint-Gulmier, pour la justice des bois, bruyères, etc., de Besse de Murat. Il fut décidé que la justice appartiendrait audit commandeur, la propriété aux seigneurs du Puy-Saint-Gulmier. Armes : *d'argent, au chef emmanché de gueules.*

Pierre DE BOUILLÉ DU CHARRIOL
.... 1447-1457

Fils de Guillaume, chevalier, s' du Charriol, et de *Béatrix de Montravel*. Obtient en 1457 une sentence au sujet de la leyde que sa commanderie percevait sur le chènevis vendu à Montferrand ; fait faire le terrier de Saint-Jean-des-Martres. Armes : *de gueules, à la croix ancrée d'argent.*

Béraud D'AUDIEU, alias *d'Andrieu*
.... 1470-1472

André ROLLAND............ 1472-1530

Grand prieur d'Auvergne en 1498 ; reçoit la même année foi-hommage de *Jacques de Courteix*, pour le fief de la Maison-Neuve, paroisse de Saint-Priest-des-Champs ; obtient sentence en 1507 contre les habitants du Ronzet, condamnés à 16 bohades à vin (12 jusqu'au vignoble de Chamalière et de Monton ; 4 jusqu'à St-Pourçain). Armes : *d'azur, au cors de chasse d'argent, lié de gueules, accompagné de 3 étoiles d'argent.*

Gabriel DU CHIER.......... 1537-1543

Grand prieur d'Auvergne ; achète en 1537, à *Michel de Neuville*, écuyer, s' de Prondines, moyennant 110 livres tournois, la moitié de la justice haute, moyenne et basse du tènement de Besse-Murat, contenant 300 seterées, avec droit de pacage, dîmes, etc.; obtient, en 1543, mainlevée d'une saisie faite par le duc de Montpensier, du lieu de Courteix, pour raison de fief non rendu.

Guillaume COPPIER......... 1546-1555

Reçu chevalier de Malte en 1540 ; grand prieur d'Auvergne ; d'une famille du Dauphiné ; fait faire le terrier de Courteix (1546-1551). Armes : *d'hermines, au chef de gueules.*

Hugues DE VILLARS DE BLANC-FOSSÉ.................... 1559

Reçu chevalier de Malte en 1528 ; d'une famille du Bourbonnais ; commandeur de Bellecombe en 1539-1540 ; fait faire le terrier de Saint-Jean-des-Martres en 1559. Armes : *d'hermines, au chef de gueules, chargé d'un lion issant d'or.*

Guy DE THIANGES, dit *du Crozet*
.... 1570-1573

Fait faire le terrier de Tortebesse, 1573. Armes : *d'argent, à 3 quintefeuilles de gueules, 2, 1.*

Jacques DE CHAUVIGNY DE BLOT
.... 1573-1594

Né en 1543. Commandeur de Tortebesse, Courtesserre et la Forest ; meurt grand bailli de Lyon. Armes : *écartelées aux 1 et 4 de sable, au lion d'or grimpant ; aux 2 et 3 d'or, à 3 bandes de gueules.*

Louis DE SAUZET, dit *d'Estignères*
.... 1604-1611

D'une famille noble de la Marche ; reçu dans l'ordre en 1573 ; fait faire le terrier de Saint-Jean-des-Martres, 1604. Armes : *d'argent, à la fasce fuselée de gueules, accompagnée de 4 merlettes de même.*

Jean-Louis D'ESTAING............ 1612

Fils de Jean III, vicomte d'Estaing, et de *Gilberte de la Rochefoucauld.* Armes : *de France, au chef d'or.*

Guillaume LE GROING............ 1612

3ᵉ fils de Gabriel, sʳ de Villebouche, et de *Jeanne de Bats* ; reçu chevalier en 1584 ; s'intitule commandeur de Tortebesse et de la Forest ; fonde en 1619 le monastère des recollets de Montferrand. Armes : *d'argent, à 3 têtes de lion de gueules, couronnées d'or.*

Philibert LE GROING DE VILLEBOUCHE.................. 1616

Louis de Chanteclos visita sa commanderie le 24 septembre 1616. Il y trouva une vieille croix de bouleau, du temps des Templiers. Son procès-verbal parle des *mesures* de l'ancienne commanderie, situées près de l'église. Armes : *Comme ci-dessus.*

Charles DE FASSION DE SAINTE-JAY.................. 1627-1635

D'une famille noble du Dauphiné. Reçu dans l'ordre en 1606 ; fait faire le terrier de Courteix en 1631 Armes : *de gueules, à la croix d'or cantonnée en chef de 2 étoiles et en pointe de 2 roses d'argent.*

François-Foucaud DE BEAUPOIL DE SAINT-AULAIRE........ 1642-1658

Né à Saint-Aulaire en Limousin, le 12 octobre 1594 ; 3ᵉ enfant de Germain de Beaupoil, sʳ de Saint-Aulaire, et de *Judith de Carbonnières* ; fut reçu dans l'ordre en 1612 ; se distingua contre les Huguenots, en 1621, au siège de Saint-Jean-d'Angely ; fut ensuite sous-maître d'hôtel de deux grands maîtres, puis receveur-général au grand prieuré d'Auvergne ; donna nommée au roi, le 11 avril 1640, pour la commanderie de Tortebesse, mouvante du duché d'Auvergne ; fit faire le terrier de Courteix (1650-1658). Armes : *de gueules, à 3 couples d'argent, liés d'azur, posés en pal 2 et 1.*

Raymond DE FOUDRAS DE COUTANSON............... 1668-1680

D'une famille noble du Forez ; reçu dans l'ordre en 1633. Armes : *d'azur, à 3 fasces d'argent.*

Léon DE CHARRY DES GOUTTES
.... 1681-1688

D'une famille noble du Bourbonnais ; reçu dans l'ordre en 1659 ; nommé commandeur de Tortebesse le 11 mars 1681 ; prend possession le 12 mai 1682 ; capitaine des vaisseaux de la marine du roi ; meurt en 1689. Armes : *d'azur, à la croix ancrée d'argent.*

Louis-Claude DE L'ESTANG.. 1689-1713

D'une famille noble du Dauphiné ; reçu dans l'ordre en 1637 ; fait faire en 1713 le terrier de Courteix ; commandeur de Bellecombe, 1733. Armes : *d'azur à 3 fasces crénelées d'argent, la 1ʳᵉ de 5 créneaux, la 2ᵉ de 4, la 3ᵉ de 3.*

Antoine DE PONS.......... 1716-1729

D'une famille noble d'Auvergne ; sʳ de Tallende et de Chabreughe, maréchal de camp des armées du roi ; commandeur de Tortebesse, la Forest, et « membres en dépendant. » Armes : *de gueules à 3 fasces d'or.*

Léonard D'USSEL............ 1730-1739

D'une antique famille du Limousin ; fils de Guy I; baron de Châteauvert, et de *Marguerite Barthon de Montbas* ; reçu dans l'ordre en 1709 ; prend possession de Tortebesse le 27 avril 1730 ; commandeur d'Oloix, en 1740 ; des Bordes en 1741 ; mort grand bailli de Lyon. Armes : *d'azur, à la porte d'or, clouée, ferrée, verouillée de sable, accompagnée de 3 étoiles d'or, 2 et 1.*

Joseph DE FASSION DE SAINTE-JAYE................. 1740-1747

D'une famille noble du Dauphiné ; reçu dans l'ordre en 1700 ; obtient en 1745 un arrêt du Conseil contre le sieur *de Bal*, curé de Lastic, qui voulait usurper la chapelle du lieu ; commandeur de Bugney en 1760-1762. Armes : *de gueules, à la croix d'or, cantonnée de 4 étoiles de memʳ.*

Annet-Joseph DE BEAUMONT-BRIZON
.... 1748-1750

Reçu dans l'ordre en 1701 ; prend possession de Tortebesse le 2 juillet 1748 ; meurt en 1750. Armes : *parti au 1ᵉʳ d'azur, à un arbre de sinople ; au 2ᵉ de gueules, au lion d'or grimpant ; au chef échiqueté d'argent et de sable de 3 traits.*

Antoine-Joseph DE LAUBE... 1750-1758

D'une famille noble du Mâconnais ; fils de Philibert, baron de Fausette, et de *Marie de Flutelot* ; reçu dans l'ordre en 1703 ; fait faire en 1749 l'inventaire des titres de la commanderie de Tortebesse, titres déposés depuis 1793 aux archives départementales du Rhône à Lyon. Armes : *d'azur, au cerf franchissant un rocher d'argent.*

Nicolas-Claude-Martin AUTIER.... 1762

D'une famille noble d'Auvergne ; fils de Jean, sʳ de Barmontet, et de *Pétronille de Villelume* ; reçu dans l'ordre en 1728 ; meurt sous-aide-major des gardes-françaises. Armes : *d'azur, au chef denché d'or, chargé d'un lion passant de sable, lampassé, armé de gueules.*

Claude-Marie DE SAINTE-COLOMBE DE LAUBÉPIN......... 1765-1770

D'une famille noble du Beaujolais ; né en 1719 ; fils de François et de *Diane Dyréran* ; reçu dans l'ordre en 1722 ; résidait au château de Mans, paroisse de Félines, en Vivarais ; nommé bailli de la langue d'Auvergne en 1783. Armes : *écartelées d'argent et d'azur.*

Charles-Abel DE LORAS..... 1771-1780

D'une famille noble du Dauphiné ; né en 1736 ; reçu dans l'ordre, de minorité, en 1739 : améliora plusieurs propriétés de la commanderie ; fit achever de 1779 à 1780 l'inventaire des titres de Tortebesse, commencé par son prédécesseur; fut ensuite procureur-général au grand prieuré d'Auvergne. Armes : *de gueules, à une fasce échiquetée d'or et d'azur*

ARMAND-JEAN-LOUIS DE LA QUEUILLE 1789

Dernier commandeur. D'une famille noble d'Auvergne ; fils de Gaspard, marquis de Chateaugay, et de *Jacqueline de Langeac* ; reçu dans l'ordre en 1758 ; avait un frère, Sébastien, commandeur des Echelles en 1784. Armes : *de sable, à la croix engrelée d'or*

Tous les biens de la commanderie furent vendus nationalement en 1793, et servirent à enrichir plusieurs paysans du bourg de Tortebesse. Les bâtiments et les bestiaux furent adjugés au prix de 3,500 livres tournois, le 6 prairial an IV.

L'église de Tortebesse est de style roman. On y voyait de curieuses tombes, aux armes des commandeurs. Elles ont été l'objet d'un acte de vandalisme, dû au curé de la paroisse, lors des réparations faites au pavé de l'église. On a trouvé, sous l'une d'elles, l'épée d'un chevalier de Malte, des écus d'or à la couronne du temps de Louis XI, et une pièce de même métal frappée aux armes de *David de Bourgogne*, évêque d'Utrech (1470). Le commandeur de Tortebesse nommait à la cure du lieu et à celles de Traslaigues, de la Forest, de la Mazière aux Bons-Hommes.

Anciens curés de Tortebesse : *N. Marle*, 1600 ; *Jean Bellot*, 1602-1606 ; *Annet Barrier*, 1633-1637 ; *Charles Mège*, 1669-1673 ; *Jacques Ribeyrolle*, 1674, mort en 1722 ; fit fondre les deux cloches actuelles de l'église : l'une en 1685, l'autre en 1713 ; *Gabriel Ravel*, 1723, mort en 1729 ; *Antoine Barbat*, prend possession le 13 mai 1729-1733 ; *Jean Bosse*, prend possession le 29 mai 1734-1762 ; *Antoine Ribbes*, 1762-1779 ; *François Romane*, 1781-1789.

M. Imberdis (*Histoire des Guerres religieuses en Auvergne*) nous apprend qu'il y eut à Tortebesse, en 1591, « des coups de main qui auraient mieux convenu à des chefs de bandits qu'à des guerriers dont le nom avait acquis une certaine réputation sur de périlleux champs de bataille. »

Tortebesse était la résidence d'un notaire, résidence supprimée en 1865 et transférée à Herment.

La famille *Mège*, dont une branche habite de nos jours la ville de Clermont, où elle est représentée par M. *Philippe Mège*, maire de cette ville, député du Puy-de-Dôme au Corps législatif, et par son frère, M. *Francisque Mège*, est très-ancienne à Tortebesse. — Pierre Mège était notaire de la châtellenie de Tortebesse en 1573. Annet Mège était greffier de la même châtellenie en 1603.

1. *Charles Mège*, procureur d'office à Tortebesse en 1615-1639, épousa *honnête femme Marguerite Carvanier* ; il eut : 1° Michel, procureur à Riom, marié en 1639 à *Amable Chassaigne* ; 2° Gilbert, qui suit ; 3° Jean, curé d'Herment, 1650-1653, puis de Giat, 1658-1669 ; 3° Antoine, marié en 1637 à *Françoise Rivallier*.

II. *Gilbert Mège*, reçu notaire féodal de la châtellenie de Tortebesse en 1627, épousa *Suzanne de Neufles*, de Sauvagnat ; il vivait encore en 1673 et laissa : 1° Antoine, nommé châtellain de Tortebesse en 1670, marié à *Antoinette Mailhot* ; il fit enregistrer les armes de sa famille (*d'or, à une mer ondée d'azur et d'argent*) dans l'*Armorial général de France* en 1698 ; 2° Annet, qui suit ; 3° Jeanne, mariée en 1656 à *Antoine Baudonnat*, de Saint-Sauves, fils d'Antoine et de *Jeanne Moulin* ; 4° Michel, prêtre à Clermont en 1656.

III. *Honorable homme Annet Mège*, notaire féodal, procureur d'office à Tortebesse en 1666-1682, épousa *Marguerite de Chaslus*, fille de François, écuyer, sr de Prondines, et d'*Anne d'Aubusson* ; il eut : 1° François, qui suit ; 2° Jean, chirurgien, marié à Herment à *Antoinette Johannel*, fille de Jean, bourgeois, sr du Puy-Vidal, et d'*Aimée Fillias* ; de cette union :

A. Jacques, bourgeois d'Herment, marié en 1720 à *Pétronille du Teil*, fille de Gaspard, chevalier, sʳ de la Villedière et des Girauds, officier dans la maison du roi, et d'*Anne-Françoise de Villelume de Barmontet*, dont : *a. a.* N., épouse, de *N. Barrier*, d'Herment ; 3° Françoise, mariée en 1679 à *Gaspard Tardif*, fils de Michel, notaire à Saint-Julien-Puy-la-Vèze, et de *Geneviève Charvillat*.

IV. *Honorable homme François Mège*, chirurgien (1688), procureur d'office à Tortebesse (1689-1692), épousa *Anne Michy*, fille d'Etienne, notaire à Laqueuille, et de *Jacqueline Taravand* ; il eut : 1° Annet, notaire féodal et châtellain à Tortebesse, marié, le 21 mai 1716, à *Marguerite Bourrand*, fille d'Antoine, châtellain du Puy-Saint-Gulmier ; il vivait encore en 1738 et laissa : Antoine-Marien Mège, notaire féodal et châtellain à Tortebesse en 1752-1753 ; sa fille unique épousa M. *Etienne Tardif*, d'Herment, auquel elle apporta l'étude de notaire de son père ; 2° Antoinette, mariée en 1715 à *François Sanitas*.—Armes : *d'or, à une mer ondée d'azur et d'argent*.

Lieux habités de la commune de Tortebesse : **Moulin des Hermites**, moulin. La tradition rapporte que des hermites habitaient les bois voisins. **Moulin des Renards**, moulin.

COMMUNE DE VERNEUGHEOL

La surface de la commune de Verneugheol est de 3,271 h. 22 a. 20 c., savoir : 708 h. 56 a. 80 c. en terres ; 382 h. 59 a. 50 c. en prés ; 504 h. 69 a. 50 c. en pâtures ; 1,470 h. 67 a. 30 c. en bruyères ; 204 h. 69 a. 10 c. en bois ; 174 h. 47 a. 50 c. en jardins.

Verneugheol, chef-lieu, dont l'altitude est de 727 m. (*Verneghol*, 1261, 1290 ; *Verneughol*, 1375 ; *Verneugheol*, 1466). Ce bourg avait un prieuré de l'ordre de Saint-Benoît, à la nomination de l'abbaye de Saint-Martial de Limoges. Prieurs : *Jean Constant*, moine, 1413 ; *Pierre de Besse de Meymond*, 1630-1632 ; *N. Meunier*, 1651 ; *Antoine Autier de Villemontée*, 1667 ; *Jean Court*, chanoine de la cathédrale, vicaire général de l'évêque de Clermont, prieur commendataire, 1698 ; *Antoine Autier de Villemontée*, qui prit possession le 8 juillet 1736 ; *Maurice Sixte*, curé de Sauvagnat, qui prit possession le 15 août 1737, sur la résignation d'Antoine Autier ; il résigna lui-même en 1768 à *Pierre Soubre*, qui était encore prieur en 1789. Ce prieuré n'avait aucune habitation en 1288, puisque *Pierre d'Hermenières*, chanoine d'Herment, lui fit un legs de 20 livres tournois pour aider à sa construction ; ce même ecclésiastique lui donna également une prairie. Le revenu du prieuré de Verneugheol consistait dans les dîmes perçues dans le bourg et sur les villages de Teyssonnières, du Souchal, de Châtonnier, de la Jassat, de Ribiéras, de Fayat, de la Lignière, de Coussat et de Saint-Germain.

L'église de Verneugheol date de la fin du XIIIᵉ siècle. Son patron est saint Martial, choisi sans doute par l'abbaye de Saint-Martial de Limoges dont elle dépendait. On remarque à l'intérieur et à l'extérieur de l'église, dans la chapelle où est situé l'ancien caveau des seigneurs de Barmontet, un écusson aux armes des Villelume (jadis possesseurs de Barmontet), placé sur un ange grossièrement dessiné, lequel porte une coquille de pélerin, emblème du voyage à Jérusalem. Le cimetière de ce lieu possède une croix en pierre bien travaillée ; cette croix est du XVᵉ siècle.

ANCIENS CURÉS DE VERNEUGHEOL

Pierre DE PONTGIBAUD, recteur.........	1320
Durand DALMAS, donne avec son frère Guillaume, à *Durand de l'Oursse*, chanoine d'Herment, une vicairie fondée en l'église de Verneugheol................	1337
Durand DE L'OURSSE, chanoine d'Herment	1338
Jean SAGE (*Sapiens*), recteur.............	1375
Bartholomeuf MICHON...............	1400
Benoit BOUTAREL..................	1366
Pierre BROUSSE....................	1370
Mort en 1602.	
Jean VIANDON................	1578 1602
Jehan BAUDHUY................	1603-1629
Pierre DESAYMARDS...............	1635
Martial GIRANDEL................	1641-1654
Il fit établir le Rosaire dans son église, le 8 septembre 1654, en la chapelle de Barmontet, dédiée à Notre-Dame.	
Blaise DOUGNON.................	1657-1671
Annet LE GOY....................	1676-1687
Ligier TROTTIER, prend possession en	1687-1710
Nicolas CROIZET, prend possession en	1711-1741
En 1736, il afferma les dîmes de la cure de Verneugheol portées à 39 setiers de blé seigle.	
Jean TIXIER, prend possession en....	1741-1742
Philippe DE CUERS, prend possession le 15 novembre....................	1742-1752
François SIXTE, prend possession le 21 décembre.............................	1752
Pierre PASCHER, prend possession le 12 juin 1763; est installé par l'abbé *Delarbre*, curé de Royat; exerce ses fonctions jusqu'en............	1767
Jacques FLORAND, chanoine d'Herment	1773-1789
Pierre SOUBRE, prieur-curé, assiste à l'assemblée de la noblesse tenue à Riom en 1789.	

Seigneurs: *Hugues* et *Tumohard de Chavanon*, damoiseaux, frères, vendent au chapitre d'Herment, en octobre 1236, tout le droit qu'ils avaient à *Vernogol*. En 1290, *Guillaume de Serre (de Serra)*, damoiseau, et *Guillaume*, son fils, vendent au même chapitre, au prix de 15 livres tournois, un cens de 20 sous et une rente de 8 setiers, sur la petite dîme de *Vernegehol*, ladite dîme provenant de *Pierre Ferradure*, chevalier. *Albert de Chaslus* et *Amblard Gros* possédaient une dîme dans cette paroisse en 1331, ils en rendirent foi-hommage à l'évêque de Clermont; *Etienne de ...*, bourgeois d'Herment, agissant comme représentant *feu Guillaume de Chaslus*, renouvella cette formalité en 1353 pour 4 setiers de seigle et 4 setiers d'avoine perçus sur Verneugheol. *Jean Enjobert*, bourgeois d'Herment, accomplit un acte analogue en 1355, pour 10 setiers de seigle et un setier d'avoine, prélevés sur la dîme de la paroisse. Le 5 décembre 1481, *Philibert de Chaslus*, chevalier, s^r du lieu; *Louise de Scorailles*, sa femme; *Jean* et *Louis*, leurs enfants, vendent *la grande dîme* de la paroisse de Verneugheol, moyennant 240 livres tournois, à *honorable homme Guillaume de Doyac*, licencié en loix, conseiller, maître des requêtes de l'hôtel du roi Louis XI; celui-ci aliéna cette dîme à *Jean de Bosredon*, baron d'Herment. En 1550, Verneugheol était possédé par plusieurs seigneurs: 1° *Antoine de Bosredon*, fils de Jean, qui précède; 2° *Guillaume de Villelume*, s^r de Barmontet; 3° le chapitre d'Herment. En 1698, la dîme de la paroisse était perçue de la manière suivante: 3|4 par *Joseph de Bosredon*, s^r de Ligny (sur ces 3|4 une certaine portion revenait au chapitre d'Herment); 1|4 par *Maximilien de Villelume*, s^r de Barmontet. Les descendants du premier ont possédé ce fief jusqu'en 1789; leur maison d'habitation fut vendue nationalement. Elle était située sur la place, au-devant de l'église.

L'office de notaire à Verneugheol appartenait en 1570 à *Gabriel Gaignon*, d'Herment; à *Pierre Gillet*, 1578 ; à *Jehan Gillet*, frère de Pierre, 1590-1628 ; *Toussaint Peyronnet* en fut pourvu en 1629 ; il avait épousé *Jacqueline Gillet*, fille de Jean, qui précède. — Les villages et hameaux de la commune de Verneugheol sont :

Barberolles, domaine, ancien fief ; appelé aujourd'hui *Chez de Vizan. Jacques I de Fuyas*, sʳ de *Barbeyrolles*, et Louis son fils vivaient en 1454 ; *Jacques II de Fuyas*, co-seigneur de Barberolles, était protonotaire de N. S. P. le Pape en 1508. *François de Belvezeix*, écuyer, co-seigneur de Barberolles en 1509-1554, épousa *Antoinette de Bosredon* ; il laissa : *Michel de Belvezeix*, écuyer, marié à *Jeanne de Fuyas*, dame en partie de Barberolles, descendante de Jacques I susnommé ; ces époux eurent *Loys de Belvezeix*, écuyer, sʳ de Barberolles et de Laussepied, marié en 1580 à *Marguerite Baudhuy*. La maison de Belvezeix porte *d'argent, à la bande de sable, chargée de 3 étoiles d'or*. En 1698, *Maximilien de Villelume*, sʳ de Barmontet, avait le domaine et le fief de Barberolles ; une de ses filles épousa, en 1710, *Jean Autier*, écuyer, sʳ de Villemontée, dont la descendante, Mᴵᴵᵉ *Clémence d'Autier*, est propriétaire du domaine de Barberolles. — Non loin du domaine de Barberolles, à l'E. du bois du *Boucarleix*, existent les traces très-apparentes d'une construction fortifiée. Elle est entourée d'un fossé large, profond et rempli d'eau. Les chartes sont muettes sur ces antiques débris, que la tradition seule désigne sous le nom de *vieux couvent*. Nous pensons que ce sont les ruines d'une commanderie de *templiers*, détruite en 1309 lors de l'abolition de cet ordre, car en 1535, un pré situé près de ces ruines est appelé *pré de la commanderie d'Herment*. Plus près de Barberolles on remarque aussi d'autres fossés qui servaient de *pêcherie* ou réservoir à poisson.

Barmontet (l'ancienne orthographe est *Barmontel*), château, ancienne seigneurie, vaste terre, possédés successivement par deux nobles et illustres maisons : par les *de Villelume* (de 1200 à 1710) et par les *d'Autier* (de 1710 jusqu'à ce jour).

Maison de Villelume. Le nom de Villelume apparaît parmi les noms auvergnats avec un vif éclat. Dès l'an 1099, un pieux chevalier, *Guillaume de Villelume*, escaladait les murailles de Jérusalem aux cris de *Dieu le Veut* ! Godeffroy de Bouillon lui octroyait pour lui et ses descendants les armes qui se trouvaient sur un drapeau que Guillaume venait d'enlever aux infidèles : *d'azur, à 10 besants d'argent*, 4, 3, 2, 1. Ce précieux trophée des croisades était encore conservé dans une boîte de plomb, au château de Barmontet, au moment de la Révolution. La postérité de Guillaume fut féconde en guerriers, en preux chevaliers et en hommes d'Etat. Nous citerons : *W. de Villelume*, chevalier, garant du traité de paix conclu en 1199 entre le roi de France et le dauphin d'Auvergne ; Josselin, qui combattit vaillamment contre les Anglais en 1374 ; Hugues, qui fit le voyage d'Outre-Mer contre les Infidèles avec le roi Charles V ; Claude, tué au service du roi en 1472 ; Hugues, chambellan de Louis XI, bailli de Chaslons ; Marien-Guillaume, chevalier de l'ordre de Saint-Michel (1569), qui se fit remarquer dans les armées du roi ; Jacques, sʳ de Barmontet, qui se distingua au siége de la ville d'Issoire en 1590, fut chevalier des ordres du roi, gentilhomme de la chambre du roi Henri IV, capitaine de 50 hommes d'armes des ordonances de Sa Majesté et de 100 arquebusiers à cheval, maréchal de camp ; capitaine-gouverneur des villes et châteaux d'Herment, Issoire et Angers ; dernier syndic de la noblesse d'Auvergne (1614) ; conseiller d'Etat (1615), etc.; Louis-Charles de Villelume de Sombreuil, maréchal de camp au commencement de ce siècle ;

des chevaliers de Malte, des chevaliers de Saint-Louis ; plusieurs officiers supérieurs d'armée, etc., etc. (Voir la filiation complète *Hist. de la Maison de Bosredon*, pages 397-406).

La maison *d'Autier*, dont le berceau est la terre de Villemontée, près de Pontgibaud (Puy-de-Dôme), méritait de mêler son sang à celui des Villelume. Il y a peu de familles d'Auvergne qui comptent en effet une origine noble aussi ancienne, des illustrations si nombreuses et de si belles alliances. Notre *Histoire généalogique de la Maison de Bosredon* renferme toute sa filiation *in extenso* depuis le XIe siècle jusqu'à nos jours. Nous nous abstiendrons de la reproduire ici ; voici ses principales illustrations : deux chevaliers croisés ; un chevalier de l'ordre de l'Etoile ; un chambellan du roi Louis XI, gouverneur de Capoue, bailli de Saint-Pierre-le-Moûtier, chambellan de la reine de Navarre ; des gouverneurs de Compiègne et de Clermont en Auvergne ; deux gentilshommes de la maison de nos rois ; un syndic de la noblesse d'Auvergne ; un pannetier de France en 1556 ; un grand nombre de chevaliers de Malte ; des capitaines de 100 et de 50 hommes d'armes ; un chambellan du duc d'Alençon ; un abbé d'Issoire ; des abbesses de Mègemont et de Brageac, une série continue d'officiers supérieurs d'armée, parmi lesquels nous remarquons un maréchal de camp en 1801 ; un lieutenant des maréchaux de France à Moulins ; un page du roi Louis XV en sa grande écurie ; des conseillers d'Etat ; un intendant des armées du roi Louis XIII ; un intendant de Soissons ; un évêque de Saint-Malo, en 1660, etc., etc. — Jean d'Autier, baron de la Grange, s^r de Villemontée, devint seigneur de Barmontet en épousant, le 8 septembre 1710, *Marie-Pétronille de Villelume*, fille de Maximilien, s^r de Barmontet, de Barberolles, du Teil, de Châteaubrun, etc., et de dame *Marie Prieure*. Son arrière petit-fils, le comte Louis-Amable d'Autier, *marquis de la Rochebriant par substitution*, a laissé plusieurs enfants de dame *Marie de Lestrange*, son épouse, entr'autres : *Antoine-Amable, comte d'Autier, marquis de la Rochebriant*, né en 1788, mort en 1864, marié en 1821 à Mlle *Anna d'Aiguirande*, dont : 1° Clémence ; 2° Charles, né en 1834, marié en septembre 1865 à Mlle *Antonine Lébraly*.

Les armes de la famille d'Autier sont : *d'azur, au chef denché d'or, chargé d'un lion léopardé de sable, lampassé, armé de gueules*.

Du temps de la ligue du Bien-Public (en 1440), le château de Barmontet fut détruit par *Charles, duc de Bourbon; Jean* et *Claude de Villelume*, ses propriétaires, n'ayant pas voulu tremper dans la conspiration. Lorsque tous les troubles eurent cessé, le même duc autorisa ces deux vassaux, victimes de leur attachement à la cause royale, à bâtir des tours à « la maison de Barmontet » et à la fortifier de fossés, pont-levis, etc. (L'acte d'autorisation est du 4 août 1439).

Chantagrix (*Chantegreilh* en 1394 ; *Chantagry* en 1602), domaine qui appartenait en 1610 à *Jean-Mathelin de Bosredon*, baron du Puy-Saint-Gulmier. MM. *de Bosredon de Ligny*, ses descendants, l'ont possédé jusqu'en 1789. Chantagrix devait certains droits féodaux à l'hôpital d'Herment.

Chassignolle, village (*Chassaignoles* en 1550).

Châtonnier. Le nom patois de ce village, traduit en français par *Château noir*, rappelle un manoir féodal dont il n'existe aucuns vestiges. En 1574, noble *Antoine de Guillaumanches*, époux *d'Antoinette Compains*, habitait Châtonnier. Ce fief appartenait dans le milieu du XVIIe siècle à la branche de Bosredon de la Breuille.

Coussat (*Seyssat* en 1310), village qui devait plusieurs droits féodaux à la commanderie de Tortebesse. L'étang, converti aujourd'hui en prairie, appartenait en 1550 à *Antoine de Bosredon*, baron d'Herment.

Cressenssat, village, sur lequel *Jean Sage*, prêtre d'Herment, assigna en 1375, 20 sous de rente au chapitre d'Herment. *Jacques de Jonat*, écuyer, vendit à *Léonet Jabaud*, écuyer, s^r de la Chaubert, tous les droits qu'il avait sur *Creyssenssac* ; celui-ci fit donation de ces droits, en 1515, à l'abbaye de l'Eclache, réservant l'usufruit pour sa fille Marguerite et pour *Anthonia de Jonat*, religieuse dans ce monastère. L'hôpital d'Herment percevait plusieurs cens et rentes sur ce village. *Joseph de Bosredon*, s^r de Ligny, y prélevait aussi des droits féodaux en 1698.

Chez Gaillot, hameau. Le seigneur de Barmontet y percevait plusieurs cens et rentes en 1698.

Fayat (en 1343 *Fuyas* ; en 1550 *Faiaz*), hameau, qui a donné son nom à une famille bourgeoise d'Herment, éteinte vers 1550. L'emplacement de l'étang actuel fut cédé en 1344 à *Pierre de la Roche*, chevalier, s^r de Teyssonnières, par le commandeur de Tortebesse. Ce même étang était possédé en 1698 par *Pierre de Murat*, s^r de Teyssonnières, descendant de Pierre de la Roche. Pierre de Murat vendit en 1702, à *Jean Gorce*, notaire à Lastic, moyennant 636 livres tournois, plusieurs rentes à *Fayas*. L'étang est aujourd'hui la propriété de M. *Longy*, médecin à Egurande.

Gloufareix (*Léofareix* en 1550 ; *Gloffareix* en 1607), hameau. En 1261, *Alix* (*Alasia*) *de Murat* donna au chapitre d'Herment ses terres *del Lhiofareix* ; la même année, *Guillaume Geoffroy* (*Gaufredi*), prêtre, *Etiennette Folcheyre*, sa mère, et *Alix*, sa sœur, font donation au même chapitre de tout le lieu du *Glosfareix*. *Joseph de Bosredon*, s^r de Ligny, y prélevait des cens et rentes en 1698.

Grange de Riou, maison, sur les bords de l'étang de Malgane. Elle appartient à M. *d'Autier*, de Barmontet.

Langoilas, village. En 1320, *Guillaume de Villelume*, s^r de Barmontet, céda au chapitre d'Herment 10 sous de rente sur *Lengoëlas*. En 1602, *Jacques de Villelume*, s^r de Barmontet, y avait un *domaine noble*, propriété de son arrière-petit-fils, *Maximilien de Villelume*, en 1702. *Joseph de Bosredon*, s^r de Ligny, y percevait des cens et rentes en 1698. — A l'E. du village, dans le communal de Verneugheol, on remarque un moulin à vent en ruines, le plus ancien de la contrée, au dire du baron de Val de Saunade. (*Diction. ms. des châteaux et fiefs d'Auvergne*).

La Conche, domaine, qui en 1550 appartenait à *Marien-Guillaume de Villelume*, s^r de Barmontet ; en 1698 à *Maximilien de Villelume*, et actuellement à Mlle *d'Autier*, de Barmontet, sa descendante. Nous lisons dans un titre de 1550 que *conche* ou *grange* avait même signification aux environs d'Herment ; on s'explique dès lors l'étymologie de ce nom.

La Gagnerie. Ce domaine appartenait en 1698 à *Maximilien de Villelume*, s^r de Barmontet ; c'est aujourd'hui la propriété de M. *d'Autier*, son descendant.

La Jassat, hameau (*Agassat* en 1550).

La Lignière, village, dans lequel fut faite l'enquête de 1466 concernant le guet que G *de Bosredon* réclamait pour son château d'Herment aux habitants de cette ville. Le seigneur de Barmontet y prélevait plusieurs cens et rentes en 1698.

La Néry (*Aneyreix*, en 1411-1698), village. *Pierre de Murat* était seigneur de Teyssonnières et de la Néry en 1698.

La Saignette, maison bâtie sur la route de Giat à Clermont il y a une quinzaine d'années.

Laveix, village.

Le Monteillet (en patois *le Montely*), domaine, qui appartenait en 1550 à *Antoine de Bosredon*, baron d'Herment ; à son fils *Mathelin* en 1580 ; à son petit-fils *Jean-Mathelin*, baron du Puy-Saint-Gulmier, en 1610. Il fut vendu au milieu du siècle dernier, par *Etienne Bourrand*, bourgeois d'Herment, à *François Peyronnet*, bourgeois de Voingt, moyennant 3,600 livres.

Le Souchal, village qui a donné son nom à une famille du canton. La justice appartenait au seigneur de Teyssonnières en 1698.

Le Trabatergue, village (*Trasbartergue* en 1470). Il était habité par une famille ancienne du nom *d'Aultebesse*. *Jehan de Haultebesse* y résidait en 1305 ; il reconnut devoir plusieurs cens au chapitre d'Herment. En 1320, *Guillaume de Villelume*, s' de Barmontet, céda au même chapitre 5 sous de rente sur ce hameau. *Jean de Haultebesse* rendit foi-hommage à ce chapitre en 1405 pour le Trabatergue. Il est parlé du seigneur du *Trasbatergue* parmi les vassaux du baron d'Herment en 1455. La famille *d'Aultebesse* s'éteignit à la fin du XVI° siècle. M° *Pierre d'Aultebesse* épousa *Gabrielle Baudonnat*, fille de Louis, châtellain d'Herment, sœur de Claude, receveur des amendes au Grand Conseil ; il mourut sans enfants en 1574 ; ses biens passèrent par droit de *mortaille* à *Antoine de Bosredon*, s' de Villevaleix.

Le Village, domaine à M. *d'Autier*.

Les Aymards (anciennement *les Eymards*), village. Il a donné son nom à une famille qui compte plusieurs notaires à Giat et à Herment dans les XVI° et XVII° siècles. *Louise d'Aubusson*, épouse de *Jacques de Jonat*, s' des Ramades, vendit le 1[5 de ce fief en 1530 à *Antoine de Bosredon* ; les autres 4[5 appartenant au chapitre d'Herment. *Anne-Henriette de Bosredon*, dame des Aymards, descendante d'Antoine, épousa en 1759 le M¹ˢ *Georges de Bertrand de Beaumont* ; celui ci vendit cette seigneurie, le 16 septembre 1770, moyennant 34,900 livres tournois, à *Jean-François de Bosredon*, s' de Tix et de Saint-Avit.

Les Aymards, château, qui a remplacé le hameau détruit de *Villevaleix*. *Bernard Astorgue* vendit en 1267, moyennant la somme de 8 livres tournois, au chapitre d'Herment, une rente d'un setier de seigle et de 15 sous, percevables sur Villevaleix. En 1394, *Guillaume Desret*, père et fils, firent vente à ce même chapitre du mas de Villevaleix ; le 5 mars 1394, *Marguerite Astorgue*, fille de Bernard, femme de *Guillaume du Chier*, fils de Jean, aliéna au même chapitre, au prix de 50 livres tournois, tous les droits qu'elle pouvait y avoir. En 1540, *Antoine de Bosredon*, baron d'Herment, acheta un domaine à Villevaleix à *Loyse d'Aubusson*, dame des Aymards, épouse de *Jacques de Jonat*, s' des Ramades ; il y résidait en 1559. *Léonarde de Bouilhot*, épouse de *François-Bertrand de Bosredon*, baron du Puy-Saint-Gulmier, y faisait aussi sa demeure en 1671 ; un de ses fils, *Gabriel de Bosredon*, eut en partage la seigneurie des Aymards et fit élever une habitation, en 1684, à côté de la métairie d'*Antoine de Bosredon*, son ancêtre. La nouvelle construction reçut le nom de *château des Aymards*, à cause de son voisinage avec ce village. *Anne-Henriette de Bosredon*, dame des Aymards, petite-fille de Gabriel, épousa en 1759 le Mis *Georges de Bertrand de Beaumont*, qui vendit le château et le domaine des Aymards, moyennant 700 livres tournois de rente, à *Jean-François de Bosredon*, s^r de Tix ; *Aimée-Gabrielle*, fille de celui-ci, aliéna cette propriété le 20 frimaire an VII, au prix de 21,000 francs, à *François Désaimard* et *Marie Terrade*, sa femme. Le château des Aymards, habité depuis 1799 par des artisans, est dans un état de délabrement complet. Il est loin de présenter la demeure confortable de ses anciens maîtres.

Les Collanges (*Las Colanghas* en 1411, 1550), domaine qui devait plusieurs droits féodaux à l'hôpital d'Herment. Il appartenait en 1612 à *Jean-Mathelin de Bosredon*, baron du Puy-Saint-Gulmier, qui l'avait donné en *pagésie* (métairie) à *Jean Collanges* ; cette famille *Collanges*, répandue plus tard dans le canton d'Herment, tire évidemment son nom de ce domaine. Nous lisons dans un petit ouvrage intitulé *la Dévotion à Notre-Dame d'Orcival* : « Le 25 septembre 1623, la foudre étant tombée sur une étable du sieur *Collanges*, du lieu qui porte le même nom, paroisse de Verneugheol, l'embrasa de telle sorte qu'il était à craindre que l'incendie ne se communiquât à sa maison, qui était voisine, et de là à tous les bâtiments du village. En vain un grand nombre d'habitants accoururent, il ne leur fut jamais possible d'approcher des flammes et encore moins de les éteindre. Dans cette extrémité, *Collanges* s'adressa à Notre-Dame d'Orcival, promit de se rendre au plus tôt dans son église et d'y faire un présent considérable en cire, s'il plaisait à Dieu arrêter l'incendie et lui conserver ses bâtiments ; il jeta en même temps dans les flammes un petit pain qui avait été béni à Orcival, en l'honneur de cette divine Mère. Ce vœu et cette action furent si agréables au Seigneur que l'incendie cessa dans l'instant, au grand étonnement de tous les assistants, ainsi qu'en fit la déclaration, peu de temps après, le sieur *Collanges*, en présence de noble *Jacques d'Aubusson* et de *Gilbert Desparrains*... » Le domaine des Collanges appartenait en 1698 à *François Richen*, châtellain de Voingt, notaire à Giat, et en 1770 à son fils. C'est aujourd'hui la propriété de M. *Marien Démonteix*, notaire à Herment.

Les Poux, domaine. *Pierre d'Hermenières*, chanoine d'Herment, légua au chapitre de cette ville, en 1288, 2 setiers de seigle percevables sur *le Poux*. Ce fief appartenait en 1520 à *Jacques de Jonat*, s^r des Ramades et des Aymards, qui en fit vente à *Marguerite Jabaud*, religieuse à l'Eclache ; une partie avait été cédée au chapitre d'Herment en 1397 par *honorable homme Cler Berthome*, dit *Lambar*, et *Guillaumette Porciane*, sa femme, demeurant à La Rochelle ; cette partie fut aliénée par ce chapitre, sous faculté de rachat, en 1569, moyennant 178 livres tournois 10 sous, à *Antoine Mangot*, notaire au Bourg. Les vendeurs, rentrés en possession, aliénèrent de nouveau cette propriété en 1604 à *Pierre de Besse de Meymond*, doyen de leur chapitre, pour faire face aux réparations urgentes de l'église d'Herment ; celui-ci leur en fit don par son testament de 1638.

Moulin de Coussat, moulin détruit, qui en 1310 appartenait à *Aymon de Villelume*, frère de Guillaume, s^r de Barmontet.

Moulin de La Lignière, moulin. Il appartenait en 1704 à *Maximilien de Villelume*, s^r de Barmontet.

Moulin du Monteillet (en patois *du Montely*), moulin.

Moulin de Ribiéras, moulin, qui appartenait à la commanderie de Tortebesse en 1698.

Moulin de la Roche, moulin, appartenant à Mlle *d'Autier*, de Barmontet.

Moulin du Souchal, moulin.

Ribiéras, village. La commanderie de Tortebesse y percevait plusieurs droits féodaux. *Pierre de la Roche*, chevalier, s^r de Teyssonnières, lui en avait cédé plusieurs en 1344, en échange de l'emplacement de l'étang de Fayat. Ribiéras avait une chapelle très-ancienne, sous le vocable de Saint-Jean. Elle dépendait de la commanderie de Tortebesse, qui la faisait desservir par le chapellain de Lastic à de rares intervalles; l'un de ces chapellains, *Pierre de Bal*, prenait le titre de *prieur de Ribiéras* en 1742-1763. Cette chapelle a été détruite au commencement de ce siècle.

Teyssonnières (*Teyssoneyras* en 1350), village avec titre de fief et château. Le château appartenait en 1330 à *Pierre de la Roche*, chevalier, époux de *Marguerite de Thinières*, lequel rendit hommage à l'évêque de Clermont, en 1344, pour ce qu'il possédait paroisse de Saint-Merd-la-Breuille; son épouse étant veuve en 1352, accomplit une formalité analogue envers l'évêque de la même ville pour ce qu'elle tenait en fief dans la paroisse de Saint-Pierre-le-Chastel; ses enfants furent: 1° *Jean de la Roche*, qui en 1357 renouvela l'hommage rendu par son père en 1344; on croit qu'il a donné naissance à la maison *de la Roche du Ronzet*, près de Giat; 2° Béatrix, dame de Teyssonnières, mariée à *Pierre de Rochemaure*, chevalier, s^r du lieu, près de Bort (Corrèze); sa fille unique *Marguerite*, dame de Rochemaure et de Teyssonnières, épousa, vers 1380, *Armand de Murat*, chevalier, substitué par ce mariage lui et sa postérité aux armes de Rochemaure: *d'argent, à la bande de gueules, accompagnée de 6 merlettes de sable en orle*. Cette maison de Murat, que l'on pense issue de la race vicomtale de Murat, dans le Cantal, a possédé Rochemaure, Faverolles, Teyssonnières, Serre, Montfort, Montlamy, Villeneuve, Vareillettes, etc., en Auvergne et dans le Cantal. (Voir la filiation dans notre *Hist. généal. de la Maison de Bosredon*, page 326). Les descendants d'Armand et de *Marguerite de Rochemaure* formèrent plusieurs branches toutes éteintes; celle des seigneurs de Teyssonnières a fini de la manière suivante: *Pierre de Murat*, chevalier, s^r de Rochemaure et de Teyssonnières en 1666-1705, rendit hommage au baron d'Herment en 1698 pour le fief de Teyssonnières, comprenant « chasteau avec ses tours, forteresse, garenne, estangs »; il épousa 1° *Gilberte de Montclar*, décédée au château de Teyssonnières en 1704; 2° en 1705, *Marie de Villelume de Bourassat*; il mourut sans enfants; ses sœurs furent ses héritières: *Jeanne de Murat* eut le château de Rochemaure; elle épousa *Jean de Douhet*, s^r de Marlat; sa fille Isabeau, dame de Rochemaure, fut mariée en 1692 à *Joseph de la Salle*, s^r de Puygermau. *Louise de Murat*, autre sœur de Pierre, eut Teyssonnières, qu'elle porta à son mari *Charles de Bort*, écuyer, s^r de Pierefitte (de Bort: *d'azur, au sautoir denché d'or, accompagné en chef d'une étoile de même*), d'une antique maison, habitant le château de Pierefitte, près de Bort; Louise de Murat laissa: *Jacques de Bort*, chevalier, s^r de Teyssonnières en 1714-1745, époux de *Marie du Bois de Margeride*, dont: Marie de Bort, dame de Teyssonnières, mariée le 24 juillet 1741 à *Charles de Gain*, chevalier, s^r de Lissat, capitaine d'infanterie au régiment d'Enghien, chevalier de Saint-Louis; leur fils Jacques, baron d'Anval, résidant à Teyssonnières, épousa en premières noces *Marie d'Ussel*, et en secondes, en 1775, *Marie-Victoire de Pestel de la Chapelle*; du second mariage : 1° François, comte d'Anval, marié en 1789 à Mlle *Anne d'Autier de Barmontet*, dont : Marie-Louis, marquis de Gain, marié en 1812 à Mlle *Désirée du Verne* ; 2e, Joseph, chevalier de Malte. Le comte *Marie-Hyppolite de Gain*, résidant en Nivernais, fils du marquis Marie-Louis et de Mlle *du Verne*, est le propriétaire actuel du château de Teyssonnières, construction pauvre et mesquine, qui est loin d'offrir l'aspect féodal des temps passés ; il a épousé, en 1853, Mlle *Augustine Barbat du Closel*. La maison de Gain est une des plus anciennes du Limousin. Son blason présente *un fonds d'azur, chargé de 3 bandes d'or*.

Teyssonnières avait droit de justice haute, moyenne et basse, justice rendue par des *châtellains*, parmi lesquels : *Jean Gorce*, 1687-1693 ; *Jean Barjaud*, 1701 ; *Etienne Bouyon*, 1731 ; *Louis Peyronnet*, 1789.

Hameau détruit de la commune de Verneugheol : **Chez Fargent**, mentionné en 1630. Il était situé à l'E. du château des Aymards.

APPENDICE

Il nous est permis d'ajouter dans cet appendice un complément précieux de l'époque des guerres des Anglais. Nous avons mentionné, page 122, la prise de la ville d'Herment en 1370 par les Anglais. Des lettres-patentes du roi Charles V, données au château de Vincennes le 13 mai 1373, à la prière du Pape (*Pierre Roger-Beaufort*, frère du baron d'Herment *Nicolas Roger-Beaufort*), nous font connaître d'intéressants détails. Ces lettres rapportent qu'après la prise de 1370 les Anglais avaient détenu longtemps notre ville, qu'avant de la quitter ils avaient détruit ses murailles et les maisons de ses habitants, que ces derniers l'avaient abandonnée, mais que, voulant y retourner et reconstruire leurs demeures, ils s'étaient adressés au roi qui les avait exemptés de toute imposition pendant un an pour leur permettre de fortifier leur ville et la forteresse (le château). Voici au surplus ces lettres, dont nous devons la communication à l'obligeance de M. Vimont, bibliothécaire de la ville de Clermont-Ferrand :

LETTRES-PATENTES DU ROI CHARLES V ACCORDÉES A LA VILLE D'HERMENT (1373).

« Charles, par la grâce de Dieu roy de France, aux esleuz et receveurs ès cité et diocèse de Clermont en Auvergne sur le fait des aides, pour le gouvernement de notre royaume, salut. Nous avons oy humble supplicacion des pouvres personnes jadis cossous (consuls) habitans de la ville derment en Auvergne que contient que comme ladicte ville soit assise a demie lieue près du duché de Guienne et en frontières de nos ennemis (les Anglais) et *ait esté prise, longuement detenue et destruicte par lesdiz ennemis*, et tellement quil a convenu que lesdiz suppliants aient delaissié habiter en ladicte ville. Néantmois lesdiz suppliants volent retourner en ladicte ville pour y habiter et demourer et pour refaire leurs maisons, qui pour les causes dessusdictes sont inhabitables, et aussi comme du tout destruictes mais ils nont osé ne osent ce faire tant pour ce que la forteresse de ladicte ville a besoing destre reparée ce que faire ne povoient s'il esconvenoit paier aides et subvencions au temps avenir et aussi les arrérages du temps passé et pour ce que *ladicte ville laquelle est assise en notable lieu demouroit depeuplé et inhabitable* se par nous ne leur estoit gracieusement pourveu de notre grace et remède convenable. Pourquoi nous en consideration et aians compassion a ce que dit est et quomme notre Saint Père le Pape nous en a escript par ses lettres affectueusement, vous mandons et comandons et estroitement témoignons que lesdiz suppliants vous teniez et faictes tenir quictes et paisibles de toutes impositions XIIIᵉ et IIIIᵉ, de vin, gabelle de sel, fouages et autres aides et subvencions jusques à un an prochain venant après la date de ces présentes, et aussi de touz les arrérages qu'ilz pourroict devoir et à nous estre tenuz de tout le temps passé et que len leur pourroit demander à cause des choses dessus dictes afin de tourner et convertir en la fortification et reparacion dicelle ville ; nonobstant que par nous autrefois japieça ait esté ottroié un franc sur chacun feu de la chastellenie de ladicte ville de Herment, pour la poureté et refus des habitans dicelle chastellenie, na peu ne ne pourroit estre levé en aucune manière et yceulx suppliants faites et souffriez joir et user paisiblement de notre grace sans les molester, contraindre ne faire contraindre au contraire en aucune manière. Et ce faites si et par telle manière que lesdiz suppliants n'aient plus cause d'en retourner plaintifs pardevant nous, car il nous en desplairait et ainsi nous plaist estre faict sans contredit, et audicts suppliants avons ce octroié et encores octroions de notre certaine science et grace espécial par ces présentes se mestier est et les choses dessus dictes avons quitté et remis et encores quittons et remettons non obstant mandement, ordenance ou defenses à ce contraires. Donné en notre chastel du boys de Vincennes le XIIIᵉ jour de mai l'an de grace Mil CCC soixante et treize et de notre règne le disième. » Plus bas est écrit : *Tabari*. Les lettres ci-dessus sont attachées avec un petit parchemin portant ce qui suit :

« Les généraulx conseillers sur le fait des aides pour la guerre aux esleuz et receveur sur ledit fait à Clermont, salut : Par vertu des lettres du roy notre sire, auxquelles ces presentes sont attachées soubz l'un de noz signes, nous vous mandons et comettons que tout ce en quoy les consuls et habitans de la ville derment en Auvergne pucent devoir ou est tenuz au Roy de tout le temps passé jusques au jour de la date des dictes lettres du Roy a cause des arrerages de tous les aides et subsides qui par ledict temps passé ont eu cours en ladicte ville vous faciez cueillir et lever par certaines personnes que vous y deputeiez du consentement desdiz consulz et habitans et tout le proffit qui en estra faict, tourner et convertir en la fortification de ladicte ville. Et en oult pour l'année présente començant le jour dessus dict faciez tenir quittes et paisibles lesdiz consuls et habitans des fouages et les auts aides come imposicion XIIIe, IIIIe et gabelle, faciez mectre sus en ladicte ville derment come es autres villes voisines et pour ladicte année et les faciez cueillir et lever par certaines personnes que bons y comettiez du consentement desdiz consulz et habitans, et tout ce qui en estra faict semblablement come ce qui estra desdits arrerages tourner et convertir en ladicte fortification de ladicte ville sen fraude et non ailleurs. Donné à Paris le XXVe jour de may lan Mil CCCLX et treize. » Signé *Douhen*.

L'exemption de toutes impositions accordée par le roi Charles V en 1375 (v. p. 122), est évidemment la prorogation des lettres de 1373. C'est par erreur que dans la même page 122 j'ai attribué la destruction des murailles de la ville aux Anglais, lors de la prise de 1383. Ce fait doit être rapporté à la prise de 1370, ainsi qu'il résulte des lettres du roi Charles V.

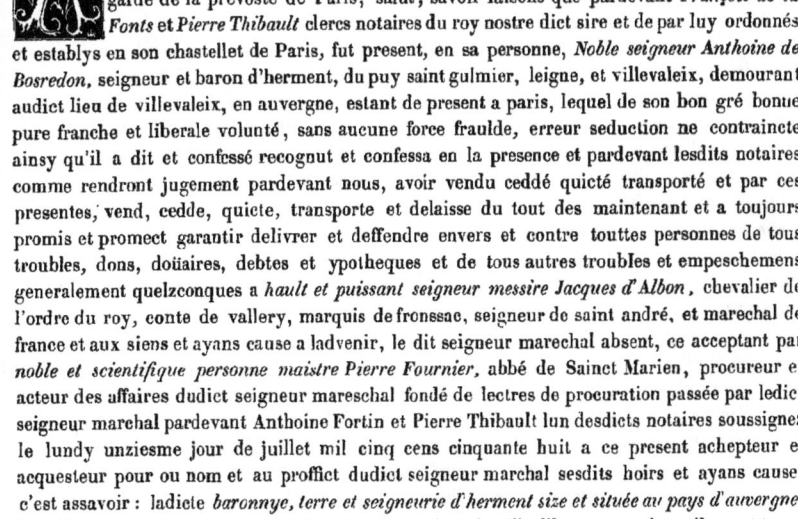

Vente de la baronnie d'Herment par Antoine de Bosredon à Jacques d'Albon. 1er avril 1559.

A tous ceulx qui ces presentes lectres verront, *Anthoine du Prat*, baron de Thiert et de Thoury, seigneur de Nantoillet et de Rozay, conseiller du roy nostre sire et garde de la prevosté de Paris, salut; savoir faisons que pardevant *François de la Fonts* et *Pierre Thibault* clercs notaires du roy nostre dict sire et de par luy ordonnés et establys en son chastellet de Paris, fut present, en sa personne, *Noble seigneur Anthoine de Bosredon*, seigneur et baron d'herment, du puy saint gulmier, leigne, et villevaleix, demourant audict lieu de villevaleix, en auvergne, estant de present a paris, lequel de son bon gré bonne pure franche et liberale volunté, sans aucune force fraulde, erreur seduction ne contraincte ainsy qu'il a dit et confessé recognut et confessa en la presence et pardevant lesdits notaires comme rendront jugement pardevant nous, avoir vendu ceddé quicté transporté et par ces presentes, vend, cedde, quicte, transporte et delaisse du tout des maintenant et a toujours promis et promect garantir delivrer et deffendre envers et contre touttes personnes de tous troubles, dons, doüaires, debtes et ypotheques et de tous autres troubles et empeschemens generalement quelzconques a *hault et puissant seigneur messire Jacques d'Albon*, chevalier de l'ordre du roy, conte de vallery, marquis de fronssac, seigneur de saint andré, et marechal de france et aux siens et ayans cause a ladvenir, le dit seigneur marechal absent, ce acceptant par *noble et scientifique personne maistre Pierre Fournier*, abbé de Sainct Marien, procureur et acteur des affaires dudict seigneur mareschal fondé de lectres de procuration passée par ledict seigneur marchal pardevant Anthoine Fortin et Pierre Thibault lun desdicts notaires soussignez le lundy unziesme jour de juillet mil cinq cens cinquante huit a ce present achepteur et acquesteur pour ou nom et au proffict dudict seigneur marchal sesdits hoirs et ayans cause, c'est assavoir : ladicte *baronnye, terre et seigneurie d'herment size et située au pays d'auvergne*, laquelle se consiste en ce qui en suit : *c'est assavoir* en la ville d'herment en laquelle sont tenuz deux marchez la semaine et unze foires en l'an, le proffict et esmolument desquelz est et appartient aladicte seigneurie ; item en *une mothe et tour, entourrée de fossés, avec grande establerie, cave et jardin le tout hors la ville* ; item, en la ville d'une maison composée de quatre chambres et cave, grenier, estable, et grande bassecourt; plus au *patronnage d'une prebande en l'eglise dudict hermant* que tient de present maistre Mathurin de Sainct Jullien; item en *trois cens fiefs ou riere fiefs nobles ou plus si plus en y a*, et sans aucuns en reserver ne retenir; item, en toutte justice haulte, moyenne et basse a deux degrez, qui sont *chastellain et bailly, sur deux cents trente quatre feuz* et oultre en haulte et moyenne justice ausdicts deux degrez sur seize feuz; item, toutte haulte, moyenne et basse justice sur quatre maisons et seigneuries nobles savoir : est *Barmontet, Barberolles, Laucepied* et *Chabateiz*, lesquelz feuz et fiefs servans seront cy après declairez par le menu par ledict seigneur vendeur sil en est requis, et laquelle justice est telle que tous *les subgects de la dicte chastellenye ressortissent en premiere instance pardevant le chastellain dudict lieu et par appel devant le bailly dicelluy mesme lieu d'hermant*, et pardevant lequel bailly ressortissent par appel plusieurs aultres justices qui seront aussy declairées par le menu par ledict vendeur aussy quant il en sera requis; item, en cinquante livres tournois de rente que doivent les consuls dudict lieu chacun an au jour de sainct michel; item, aux laides en deniers de ladicte ville qui de present valent par chacun an cinquante livres tournois ou environ; item, aux greffe et guetz de present affermés, savoir : le greffe trente livres tournois ou environ et les guetz autres trente livres tournois par an ou environ; item, aux esmolumens de cour, qui valent par chacun an huit vingts livres tournois ou environ; item, aux lotz et ventes qui valent communes années cinquante livres tournois ou environ; item au droict de laide du sel, huille marcque et aulnaige, vingt livres tournois par an ou environ; item, en ung pré appellé le *pré du moulin*, aultre pré appellé *le pré du mur* et ung autre appellé *le pré de l'estang*; item, en menus cens en directe en ladicte ville huit livres par chacun an et plus si plus en y a, et hors la ville deniers en directe au tiers denier de ventes cinquante huit sols quatre deniers tournois par an; item, tant en rente que fraualages, moutons trois, cire quatre livres, oisons quatre, gelines ou poulletz trente, bouhades une et demye; item, en moulins banniers, qui valent par an cent dix septiers bled ou environ; item, aux laides en seigle soixante et treize septiers par an; item, en bled soigle en directe trente ung septiers par chacun an et froment vingt septiers aussy par an tant a cause des laides que desdits moulins banniers; item, aux laides de ladicte ville en avoyne qui sont de trente sept septiers par an ou environ; item en frauallaiges dix septiers par an ou environ; item, en cinq septiers et une quarte avoine en directe par an avecques touttes et chacunes les autres appartenances et deppendances quelzconques de ladicte baronnye, terre et seigneurie de herment et ainsy que ledict seigneur vendeur la tient et possede de present aux presentes vendition cession et transportz et donnation, non comprins et *reservez le lieu et chastel de la Breuille* et ses appartenances que tient et possede le seigneur des salles, son frere; reservé aussy et non comprins ausdittes cession donnation et transport le villaige de *vernegeur (Verneugheol)*; le lieu de *Villevaleix* et les *Eymars*, les lieux de *Langoille*, le *Trabatergue, Cressensat*, le *petit Coussat* les *Coullanges, Chamtegret, Chassegnolles*, le *Monteullet*, le *Liofaretz*, les *Poux* et *la Brugiere*; la grande dixme de verneujour qui fut acquis par le pere dudict seigneur vendeur des *Doyatz, de Cusset*, et qui n'a onc esté des deppendances de ladicte baronnye et sur le tout haulte moyenne et basse justice qui ressortiront neantmoins par appel pardevant le bailly d'herment; icelle terre baronnye dherment et ses appartenances et deppendances a present vendues tenues et mouvantes en fief foy et hommaige franc et lige du roy nostre sire a cause de son duché d'auvergne et quiete de touttes charges debvoirs et debtes jusques a huy pour de ladicte terre baronnye d'herment sesdittes appartenances et deppendances, et de touttes les choses cy dessus vendües joyr, user et doresnavant exercer par ledict seigneur marchal achepteur sesdicts hoirs et ayans cause et en faire par eulx ordonner et disposer a leur bon plaisir et volunté comme de leur propre et loyal acquest. Cesdictz vendition cession delegs et transport faictz pour et *moyenant la somme de cinq mille livres* tournois que pource ledict sieur abbé de Sainct Marien ou dit nom de procureur susdict a baillée, payée, comptée et nombrée en la presence desdicts notaires audict seigneur vendeur, qui icelle a prinse et receue en dix huit cens escus d'or soleil deux cens escuz d'or pistoletz et le reste en monoye le tout bon et des poids et prix de l'ordonnance ayant de present cours et de laquelle ledict vendeur s'est tenu et tient pour content et bien payé et en a quitté et quicte ycelluy seigneur achepteur et tous autres a qui quittance en appartient et le reste du prix et valeur desdictes choses vendues lequel reste ycelluy seigneur a estimé et estime a la somme de *quinze mil livres tournois* oultre yceulx *cinq mille livres* comptez, ledict seigneur vendeur l'a donné et donne en pur don et irrevocable et par donnation faicte entre vifs sans jamais la pouvoir revocquer ne rappeller en aucune manierre a icelluy seigneur marchal achepteur ses hoirs et ayans cause, ce acceptant par ledict sieur abbé pour ycelluy seigneur marchal sesdicts hoirs et ayans cause et dycelle l'a quicté et quicte et les siens et ayans cause mesmes ycelluy Fournier procureur susdict et special quant a ce, et nous notaires avec luy presents stippullants et acceptans pour ledict seigneur marchal absent et a present prisonnier de guerre et empesché pour le service du roy pour le traicté de la paix qui se traicte au chasteau en Cambresy comme les parties comparans ont dict : ensemble a ledict sieur vendeur faict don a ycelluy seigneur marchal et sesdits hoirs et ayans cause ce acceptant comme dessus de tout ce que se pourroit monter le prix desdictes choses vendeues oultre lesdictes deux sommes a quelque pris somme et quantité que se puisse monter deuement certiffié, comme il a affermé de la vraye et juste valeur desdictes choses pour ce que ainsy luy plaist et a voulu touttes lesdites choses cy dessus vendues et données demeurent deschargées de lassignation du dot et douaire de *damoiselle Jehanne de Rochefort, sa femme*, et lesquels dot et douaire, ledict seigneur vendeur dict avoir assignez sur ce qu'il retient et reserve par le present contract, et par lequel en tant que besoing seroit il les y assiet et assigne ensemble sur tous et chacuns ses autres biens meubles immeubles presens et a venir quelzconques et promect en tenir quicte et descharger ledict sieur marcquis et ladicte seigneurie baronnye d'hermant et si a promis et promect ledict seigneur vendeur faire ratiffier et avoir pour agreable aladitte damoiselle sa femme le contenu en ces presentes dans deux mois prochainement venans et pour ce faire l'a desapresent authorisée et auctorise, promectant neantmoins garantir touttes choses ainsy vendues, céddées, alliénées, transportées et données comme dict est de tous troubles et empeschemens quelzconques envers et contre tous, ceddant et transportant oultre par ledit seigneur vendeur par cesdictes presentes du tout a toujours audict seigneur marchal achepteur pour luy sesdicts hoirs et ayans cause absent ce qui a esté accepté comme dessus tous les droicts de proprieté fonds, tresfonds, seigneurie, possession, noms, raisons, actions generalement quelzconques qu'il avoit et povoit pretendre quereller et demander en ladicte baronnie, terre et seigneurie dhermant sesdictes appartenances et deppendances et choses cy dessus vendues et aux reservations cy dessus touttefois, declairées ; et s'en est ycelluy seigneur vendeur dessaisy, desmis, et desvestu du tout es mains desdicts notaires comme es nostres souveraines pour le roy nostre dict seigneur pour au nom et proffit dudit seigneur marchal achepteur sesdicts hoirs et ayans cause voulant, consentent et expressement accordant que par le bail et ostention de cesdictes presentes il en fust et soit du tout saisy et vestu mis et receu en bonne et suffisante saisine et possession foy hommaige ou souffrance par les seigneurs ou dames celluy ou ceulx de qui et ainsy quil appartiendra et pour ce faire vouloir, requerir, consentir et accorder estre faict ensemble pour faire intimer ces presentes partout ou il appartiendra suivant l'edict du roy a ceste fin notiffié ausdites parties comparans ycelluy seigneur vendeur pour luy et en son nom a faict crée ordonné constitué et establi son procureur general special et irrevocable le porteur de cesdites presentes auquel il a donné et donne plain pouvoir puissance auctorité et mandement exprès de ce faire et tout ce que en tel cas est acoustumé de faire sera requis et necessaire lesquels vente cession transport donnation garantie gagerie promesse obligation quitance dessaisine et touttes et chacunes les choses dessusdictes et en ces presentes lectres contenues et escriptes ledict sieur vendeur promist et jura par les foy et serment de son corps pour ce par luy mis baillez et jurez corporellement es mains desdicts notaires comme des nostres souveraines pour le roy notre dict seigneur avoir pour bien agreables les entretenir, entheriner et tenir fermes et stables a tousjours de poinct en poinct selon leur forme et teneur ainsy que dessus est dict sans jamais ny a nul jour par luy ny par autres directement ou indirectement aler, venir ne faire aler ne venir contre en aucune manierre encors rendre et payer a pur et à plain et sans aucun plaid delay debat question ou procez tous coustz frais mises despens dommaiges et interrestz qui faictz euz souffertz soubstenuz et encourruz seroient par deffault des choses dessusdites ou d'aucunes d'ycelles non faictes tenües, entretenues, entherinées et non deuement accomplir ainsy que dict est dessus et en ce pourchassant et requerant soubz l'oblication et ypotheque de tous et chacuns ses biens et ceulx de ses hoirs meubles et immeubles presents et avenir qu'il en a soubmis et soubzmect pour ce du tout a justicier vendre et exploicter par nous nos successeurs prevostz de Paris et par touttes autres justices et juridictions ou sceux et trouvez seront pour le contenu en cesdictes presentes du tout loyaulment bien et deuement faire parfaire entretenir et accomplir et renoncea en ce faisant expressement icelluy seigneur vendeur par sesdits sermens et foy a toutes exceptions de deception dolz, fraulde, baratz, cautelles, cavillations, respitz, relifs, delayz, impetrations dispensations et absolutions données et a donner a tout droict escript et non escript canon civil et a toutes autres choses generalement quelzconques que ledict seigneur vendeur pourroit maintenir proposer ou alleguer contre leffect teneur et entierre execution de cesdictes presentes et de tout le contenu en ycelles et audroict disant generale renonciation non valoir ; en tesmoing de ce, nous a la relation desdits notaires avons faict mectre le scel de la dicte prevosté de Paris a cesdictes presentes qui passées furent doubles cestes pour servir audict seigneur marchal achepteur. *L'an mil cinq cens cinquante neuf, le samedy premier jour davril après pasques.* Signé *delafons* et *Thibault* avec paraphes, et a côté enregistré par Thibault, (en marge). Plus bas est écrit :

Ce contract a este insignué en la court de la seneschaussée dauvergne et enregistré au cinquiesme registre des insignuations d'icelle commenceant au neuf vingts neuf feuillet finissant au neuf vingt dix huit suyvant, l'ordonnance ce requerant, *de Murat* procureur en laditte cour, pour ledit seigneur de sainct andré consentant ladicte insignuation *noble homme michel Veynys,* sieur darbouze, farnoiel, mirabel, conseiller du roy et maitre dostel ordinaire de mes seigneurs les ducs dorleans et danghou fait comme dessus ; porteur dycelluy contract pour ledict de Bosredont en vertu de la procuration y contenue le dernier jour de may Lan Mil cinq cens soixante collationné. Signé de Moliergues. au dos est écrit en mêmes caractères : *Acquisition dherment du dernier jour d'avril* 1559. »

TABLE ALPHABÉTIQUE

DES MATIÈRES

Abbaye de l'Eclache ; son histoire, 223-235.
Abbesses de l'Eclache (Liste des), 230.
Actes capitulaires du chapitre d'Herment, 83.
Adjoints au maire d'Herment (Liste des), 212.
D'Albon, seigneurs d'Herment, 46.
D'Albon (Jacques), maréchal de France, seigneur d'Herment, 46-47.
Altitude d'Herment, 215.
Anglais s'emparent de Mirambel, 21-22.
— chassés d'Herment par Louis de Bosredon, 124.
— chassés d'Herment par le vicomte de Turenne, 124.
Antoine Arnauld, homme célèbre, né à Herment, 208.
Antoine de la Villeneuve, maître d'hôtel de G. de Bosredon, baron d'Herment, 9.
D'Apchon, seigneurs d'Herment, 47-48.
Appel du châtellain, porté devant le bailli d'Herment, 15.
Appendice (Vente de la baronnie d'Herment), 267.
Archiprêtré d'Herment, 94.
Archiprêtres d'Herment (Liste des), 95, *additions*.
Archevêques de Bourges a Herment, 104.
Arfeuilles, village, 221.
Armoiries du chapitre d'Herment, 81 ; — de plusieurs bourgeois d'Herment, 82 ; — du prieuré de Saint-Genès lès-Monges, 98 ; — du prieuré de Briffont, 104 ; — de la ville d'Herment, 138-139 ; — de l'abbaye de l'Eclache, 228.

Archives du chapitre d'Herment, 83 ; — de la commune d'Herment brûlées en 1793, 83, 132.
Arras ; Herment contribue à le repeupler, 124.
Assises du bailli, 15.
Autels fondés dans l'église d Herment, 63.
D'Autier, maison noble, 259.
Bains (le Mont-Dore), châtellenie, 19.
Baraille, hameau, 243.
Baile du chapitre d'Herment, 78.
Baillis d'Herment (Liste des), 16, *errata*.
Barherolles, domaine, 258.
Barmontet, château, 258 ; — détruit par le duc de Bourbon, 259 ; — reconstruit avec tours, 259.
Baronnie d'Herment ; son histoire, 18.
Barons d'Herment (Chronologie des), 31-51.
Baron, titre recherché au XIVe siècle, 18.
Baudhuy, famille ancienne d'Herment, 187.
Beauclair, ville détruite, 6.
De Beaujeu, seigneurs d'Herment, 35-38.
De Beaujeu (Eric), maréchal de France, seigneur d'Herment, 36.
De Beaujeu (Humbert, connétable de France, seigneur d'Herment, 37.
Besse de Meymond, famille ancienne d'Herment, 187-188.
Bienfaiteurs du chapitre et de l'église d'Herment, 85-90.
Bois du canton d'Herment, 215.

Bois-Clair, hameau, 244.
Boisset, domaine, 244.
Bonnet, famille ancienne d'Herment, 189.
De Bosredon (Guillaume), baron d'Herment, fait le voyage de Jérusalem (1499); est enterré dans l'église d Herment, 45 ; lutte avec la commune, 145.
De Bourbon, seigneurs d'Herment, 40-41.
De Bourbon (Pierre), vend Herment, 41.
Bourgeois d'Herment, 178-179.
Bourrand, famille ancienne, 191.
Bourg-Lastic, 7, 92, 120, 167, 177, 201, 241, 252.
Bouyon, famille ancienne d'Herment, 189.
Brandons, usage ancien, 171.
Brunel, famille ancienne d'Herment, 191
Budget municipal d'Herment en 1398, 157.
Bureau d'enregistrement d'Herment, 177.
Canton d'Herment, 214.
Capitaines du château d'Herment (Liste des), 9.
Carême prêché à Herment, 93.
Chabateix, village, 244.
Chadeau, hameau, 239.
Chálus, châtellenie, 23.
Chalusset au pouvoir des Anglais, 122.
Chanceliers de la cour d'Herment (Liste des), 174.
Chanoines du chapitre d'Herment (Liste des), 72-75.
Chantagrix, hameau, 259.
Chantres du chapitre d'Herment (Liste des), 71.
Chapelle de Notre Dame de Bonne-Nouvelle. 106.
Chapelles de Giat, 101 ; — de Saint-Jean, 111 ; — de Saint-Georges, 111 ; — de Saint-Protais de Sauvagnat, 243 ; — de Saint-Lazare , 250 ; — de Saint-Jean de Lastic, 252 ; — de Ribiéras, 263.
Chapitre collégial de l'église d'Herment, 65.
— de Saint-Eloy de Crocq, 100.
— collégiaux des mont. de la Basse-Auvergne, 85.
Charles de Valois, c^{te} d'Auvergne, s'empare d'Herment,129.
Charte de fondation de l'église d'Herment, 53 ; — de fondation du chapitre 65 ; — de donation des églises de Crocq, de Saint-Allevard et de Saint-Oradoux, 80 ; — de fondation de la chapelle de Notre-Dame de Bonne-Nouvelle , 106 ; — de commune accordée à Herment en 1-67, 134.
Chassaing, famille ancienne d'Herment, 192, 243.
Chasse de Notre-Dame d'Herment, 83.
Chassignolle, village, 259.
Château d'Herment, 8-12.
Châteauvert, dépendance d'Herment, 19.
Châtelains d'Herment (Liste des), 17.
Châtelains de Prondines, 221 ; — de la Villedière, 247 ; — de Tortebesse, 252 ; — de Teyssonnières, 264.
Châtellenie d'Herment ; son histoire, 13.
Châtonnier, village, 259.
Chavanon, châtellenie, 20 ; — château pris par les Anglais et détruit, 20, 122.

Chazeron, châtellenie, 20.
Chemin de fer projeté de Tulle à Clermont, 164.
Chermartin, famille ancienne, 193.
Chermartin (Loys), député de la ville d'Herment , 119, 193, 209.
Chevaliers de Malte , commandeurs de Tortebesse (Liste des), 252, *additions*.
Chez Belair, maison, 221.
Chez Bertin, auberge, 247.
Chez Blardon, métairie détruite.
Chez Bohet, domaine, 218.
Chez Bourassat, hameau et domaine, 218.
Chez Denis, hameau, 217.
Chez des Tros, domaine, 245.
Chez Empette domaine, 243.
Chez Gaillot, hameau, 260.
Chez Jallut, maison, 221.
Chez La Vergne, domaine, 240.
Chez Mosneron, village, 245.
Chez Parry, domaine, 218.
Chez Peyrières, domaine 240.
Chez Rapat, hameau, 221.
Chez Restat, hameau, 246.
Cimetière d'Herment. 105.
Civadon, famille ancienne d'Herment, 193-194.
Claverlenghe, hameau détruit, 251.
Clément VI, pape, frère du baron d'Herment, 42.
Clocher de l'église d'Herment achevé vers 1310, 60 ; — détruit en 1793, 60.
Cloches de l'église d'Herment, 60.
Commanderie de Tortebesse, 251.
Commerce d'Herment, 162.
Comtes d'Auvergne, seigneurs d'Herment, 32.
Confrairies établies dans l'église d'Herment, 92.
Connétable (Le) Charles de Bourbon au château d'Herment, 10-11.
Conseillers généraux (Liste des) , 211 ; — Conseillers d'arrondissement (Liste des), 211.
Consulat et franchises d'Herment, 132.
Consuls d'Herment, 136.
Consuls d'Herment (Liste des), 139, *additions*.
De Cortes, famille ancienne d'Herment, 194.
Costume des chanoines d'Herment, 80 ; — du pays d'Herment, 16.
Cour d'Herment *(Curia Hermenci)*, 16
Courteix, dépendance de Tortebesse, 252.
Coussat, village, 260.
Couvent entre le Puy-Vidal et Laussepied, 219 ; — de Templiers près du bois du Boucarleix, 258.
Cressenssat, village, 260.
Crocus ravage l'Auvergne, 7 ; — fonde la ville de Crocq, 7.
Cures dépendant de l'archiprêtré d'Herment, 100.
Curés d'Herment (Liste des), 103.
Curés de Crocq, 80 ; — de Saint-Allevard, 81 ; — de Saint-

DES MATIÈRES.

Oradoux, 81 ; — de Saint Etienne-des-Champs , 96 ; — de Prondines, 220 ; — de Saint-Germain, 238 ; — de Sauvagnat, 242 ; — de Tortebesse, 255 ; — de Verneugheol, 257.
Danois taillés en pièces près d'Herment, 7.
Dauphins d'Auvergne, seigneurs d'Herment, 33-34.
Délibération pour la garde de la ville en 1619, 131
Dépendances de la baronnie d'Herment, 19.
Dernière délibération des chanoines d'Herment, 84.
Despessac, famille ancienne d'Herment, 194.
Dessaignes, famille ancienne de Sauvagnat, 243.
Dignités du chapitre d'Herment, 68.
Dissensions entre le chapitre d'Herment et celui de la cathédrale de Clermont, 67.
District demandé par les habitants d'Herment, 210.
Dolmen de Farges, 240.
Doyens du chapitre d'Herment (Liste des), 68.
De Dreux, seigneurs d'Herment, 38-39.
De Dreux (Pierre), vend Herment, 39.
Ecclésiastiques notaires, 174.
Ecole d'Herment, 161.
Eglise d'Herment, son histoire, sa description, 52 et suiv.; — fondée par Robert III, comte d'Auvergne, 52-53 ; — interdite en 1457, 64 ; — couverte à paille en 1559, 64 ; — a besoin d'urgentes réparations, 65.
Eglises de Giat, 101 ; — de Prondines, 220 ; — de Saint-Germain , 238 ; — de Sauvagnat, 241, 243 ; — de Tortebesse, 255.
Egurande, châtellenie, 21.
Emois de la ville d'Herment en 1617, 1619, 130.
Enceinte d'Herment au XIIᵉ siècle, 112 ; — au XIIIᵉ siècle, 112 ; — reconstruite en 1435 et diminuée, 112.
Enjobert, famille ancienne d'Herment, 195.
Enquête pour le guet du château d'Herment, 112-118.
Entrepôt de tabac a Herment, 178, *additions*.
Epidémies qui ont ravagé Herment et les environs, 103.
Epidémie à Perol, 238.
Erection de la baronnie d'Herment, 18.
Etablissement du bureau de poste aux lettres, 212.
Etudes de notaires appelées boutiques, 175.
Etymologie d'Herment, 6.
Exemption d'impositions accordée à Herment, 122, 265.
Euric, roi des Visigoths, ravage l'Auvergne, 7.
De Falvard, famille noble, généalogie, 222.
Familles anciennes d'Herment, 178.
Farges, village, 240.
Fayat, hameau, 260.
Fernoël , châtellenie érigée en marquisat en faveur d'Henri de Veyny-d'Arbouse en 1721, 23.
Fête paroissiale d'Herment, 105, 170.
Feux de joie, 171.
Fiefs de la baronnie d'Herment, 24-29.
Fines Lemovicum, 6
Fois-hommages rendues aux seigneurs d'Herment 24-28.

Foires d'Herment, 164.
Fontaine d'Herment, 160, *additions*
Formalités pour la réception des fois-hommages, 23
Fougeiras, maison, (v. les *additions*).
Four banal d'Herment, 112.
Franchises , libertés , usages et privilèges de la ville d'Herment, 134-135
Franssoulières, hameau, 221.
Fraux et communaux d'Herment 135, 238, 246.
De Fressanges, famille ancienne d'Herment, 195.
Fuite du connétable de Bourbon en 1523, 10-12.
De Fuyas, famille ancienne d'Herment, 195-196.
De Gadagne (Lucrèce), vend Herment, 48.
Gaignon, famille ancienne d'Herment, 196.
Gaspard Le Loup s'empare d'Herment en 1502, 126.
Geoffroy Tête-Noire prend Herment en 1383, 122.
Gentilshommes notaires, 175.
Géologie du canton d'Herment, 245.
Gérémire, famille ancienne d'Herment, 197.
Giat. châtellenie, 20 ; — ses foires, 167 ; — rivalités avec Herment, 168 ; — ses habitants refusent de payer l'impôt, 243.
De Girard, famille ancienne, 248.
Girbert, famille ancienne d'Herment, 198
Glavent, dépendance de Tortebesse, 252.
Gloufareix, hameau 260.
Gouverneurs du château d'Herment, 9.
Grange de Riou, maison, 260.
Grégoire XI, pape, frère du seigneur d'Herment, *errata*.
Guerres des Anglais aux XIVᵉ et XVᵉ siècles, 121
Guerres religieuses au XVIᵉ siècle, 123.
Guet et garde du château d'Herment, 9, 112.
Guillaume d'Herment, official de l'évêque de Clermont, 210.
Guillaume VII, comte d'Auvergne, au château d'Herment. 10
Guy II, comte d'Auvergne, teste au château d'Herment, 10.
Habitants d'Herment prétendent être exempts du guet, 9, 112 ; — actifs et intelligents, 162 ; — surnommés *pelauds*, 162.
D'Harques, famille ancienne d'Herment, 190.
Hebdomiers ou vicaires du chapitre d'Herment, 75.
Henri Arnauld, homme célèbre né à Herment, 208.
D'Herment, famille ancienne, 198.
Herment, châtellenie, 13, 19.
Herment pris en dormant (tradition), 5 ; — qualifié ville , 119 ; — compris parmi les 6 villes agrégées aux 13 anciennes, 119.
Hôpital d'Herment, 158.
Horloge d'Herment, 60-61.
Hotels des bourgeois d'Herment, 178.
Hugues de Peyrol, troubadour, 236.
Imbauld, famille ancienne d'Herment, 199.
Impositions du canton d'Herment, 245 ; — de la commune d'Herment, 217.

TABLE ALPHABÉTIQUE

Incendies d'Herment, 160; — de l'abbaye de l'Eclache, 225.
Inquisiteurs du prince Alphonse à Herment, 36.
Jacques de Fuyas, docteur ès-lois, né a Herment, 196, 210.
Jean-Baptiste Bouyon, prédicateur distingué, né à Herment, 209.
Jehan, famille ancienne d'Herment, 199.
Johannel, famille ancienne d'Herment, 199.
Journal, mesure ancienne, 170.
Jubé de l'église d'Herment, 62.
Juges de paix (Liste des), 210.
Justice haute, moyenne et basse exercée à Herment, 19 ; — à Prondines, 221 ; — à la Villedière, 247 ; — à Tortebesse, 252 ; — à Teyssonnières, 264.
La Cabane, auberge, (v. les *additions*).
Langoilas, village, 260.
La Borderie, domaine, 260.
La Conche, domaine, 260.
La Courtine, châtellenie, 22.
La Faye, hameau, 246.
La Forest, dépendance de Tortebesse, 252.
La Foudèche, hameau, 246.
La Fressinette, village, 246.
La Gagnerie, domaine, 260.
La Grange-Route, hameau, *additions*.
La Garde-Ferradure, châtellenie, 23.
La Graulle, hameau, 221.
La Nery, village, 261.
La Pèze, dépendance de Tortebesse, 251.
La Roche-Sanadoire au pouvoir des Anglais, 123.
La Roche-Vendeix prise par Aymerigot Marchès, 123.
La Rochette, village, 246.
La Saignette, maison, 261.
Lastic, dépendance de Tortebesse, 252.
Latitude d'Herment, 215.
Laussepied, domaine, 247.
Laveix, village, 261.
La Vilatte, hameau détruit, 251.
La Villedière, ancien château détruit, 246.
Le Beth, domaine, 240.
Le Bourg (Bourg-Lastic), 7, 92, 241, 252, 262
Le capitaine Merle maître d'Herment, 124.
Le Chambessou, domaine, 241.
Le claux de Farines, maison détruite, 219.
Le Colombier, domaine, 248.
L'Eclache, village, abbaye, 223.
Le Johannel, village détruit, 238.
Le Malard, village, détruit, 218.
Le Marchedial ou foirail, 164
Le Montelbrut, village, 241.
Le Montel de Gelat ; ses foires, 168.
Le Montcillet, domaine, 261.
Le Puy-Saint-Gulmier, châtellenie, 21.
Le Puy-Vidal, domaine, 219.
Le Souchal, village, 261.

Le Souchet, octroi sur les marchandises, 130.
Le Trabaterge, village, 261.
Le Villevaud, domaine, 219.
Le Village, domaine, 261.
Les Alains, village détruit, 218.
Les Aymards, château et village, 261.
Les Barrichons, village, 248.
Les Chaumeix, hameau, 35.
Les Chirouzes, châtellenie, 19.
Les Collanges, domaine, 262.
Les Granges, hameau, 2 9.
Les Granges de Perol, hameau, 235.
Les Holmes, hameau, 235.
Les Poulx, domaine, 262.
Les Vialles, village, 249.
L'Etival, village, *additions*.
Lettre de Pierre de Dreux au roi de France en 1335, 39.
Lettres du roi Charles VIII en faveur de la ville d'Herment, 151 ; — du roi Charles, V, 266.
De Lévis-Ventadour, seigneurs d'Herment, 18.
Leyde, redevance seigneuriale, 29, 167
Leymerie, hameau, 221.
Lieutenants généraux au bailliage d'Herment (Liste des), 17.
Lieutenants du châtellain d'Herment (Liste des), 17
Ligue du Bien-Public, 124.
Ligue de la Praguerie, 124.
Lods et ventes, 29, 135.
Longitude d'Herment, 215.
Luttes du baron G. de Bosredon et de la Commune, 145.
Mai, usage ancien, 171.
Maignac, châtellenie, 22.
Maires d'Herment (Liste des), 211.
Maison capitulaire, 78.
Mangot, famille ancienne, 200.
Manzanas, famille ancienne, 202.
Marchés d'Herment, 164.
Mathieu, famille ancienne d'Herment, 201.
Mémoire imprimé pour la demande d'un district, 210 ; — pour le bureau d'enregistrement, 177.
Menudel, famille ancienne d'Herment, 202.
De Messes, famille ancienne, 202.
Miracle de Notre-Dame de Bonne-Nouvelle, 108.
Mirambel, châtellenie, 21.
Miremont, 47, 48, 101, 168.
Montagut-Vayres, châtellenie, 23.
Mosneron, famille ancienne, 202, 245.
De Montmorency (Marguerite), loge à Herment en 1613, 49.
Murailles d'Herment détruites par les Anglais en 1370, 112, 265, 267 ; — reconstruites en 1435, 112.
Murat-le-Quaire, châtellenie, 19.
Murcent, châtellenie, 22.
Moulins de Chez Barthezat, 249 ; — de Chez Caloux, 249 ; — de Chez Guyonnet, 243 ; — de Coussat, 263 ; — d'Herment, 249 ; — de la Faye, 249 ; — des Hermites,

DES MATIÈRES.

256 ; — de la Lignère, 263 ; — de la Villedière, 249 ; — de Lavadoux, 249 ; — de Perol, *additions* ; — du Monteillet, 263 ; — de l'Etival, *additions* ; — des Renards, 256 ; — de Ribiéras, 263 ; — de la Roche, 263 ; — du Ronzet, 250 ; — du Souchal, 263 ; — de Soulier, 249 ; — de Taillefer, 249 ; — de Toutifaut, 249 ; — Vieux ou de la Foudèche, (v. les *additions*).

Nature du sol du canton d'Herment, 217.

De Neufles, famille ancienne de Sauvagnat, 243.

De Neuville, famille noble ; généalogie, 220.

De Noizat, famille ancienne, 203.

Nombre de feux de la châtellenie d'Herment, 14.

Nombre de vassaux de la baronnie d'Herment, 28-29.

Nombre de chanoines du chapitre d'Herment, 72.

Nombre de notaires d'Herment, 174-175

Normands ravagent l'Auvergne, 7 ; — taillés en pièces près d'Herment, 7.

Notaires d'Herment, 173.

Notaires à Prondines, 221 ; — à Sauvagnat, 243 ; — à Tortebesse, 255 ; — à Verneugheol, 258 ; — à Perol, *additions*.

Notre-Dame de l'Assomption, patronne du chapitre et de la ville d'Herment, 68, 105.

Octroi accordé à Herment par Henri IV, 129.

Orgues de l'église d'Herment, 62.

De l'Oursse, famille ancienne d'Herment, 203.

Palissade de bois fermant Herment en 1466, 124.

Paroisse d'Herment, 103 ; — visitée par deux archevêques de Bourges, 104.

Patois du pays d'Herment, 172.

Perol, village, 235.

De Perol ou de Peyrol, famille noble, 236-237.

Perrotin Bochard fait la guerre aux Anglais aux environs d'Herment. 122.

Personnel du chapitre d'Herment, 78.

Pétition en faveur du bailli Pierre Chassaing, 16

Peyronnet, famille ancienne d'Herment ; généalogie, 204.

Pierre de Besse de Meymond, prédicateur célèbre, né à Herment, 161, 188, 209.

Pierre l'Hermite a-t-il été seigneur d'Herment ? 31.

Plaque en cuivre à la mémoire de Pierre de Besse, 69 ; enlevée de l'église d'Herment, 69, *note*.

Point trigonométrique établi dans l'église d'Herment.

Pontaumur, bourg, 119, 168.

Population d'Herment, 120.

Portes de la ville d'Herment, 111-112.

Potences ou gibets de la justice d'Herment, 15

Pouillé de l'archiprêtré d'Herment, 95.

Préchonnet, châtellenie, 19.

La Prebière, village, 240

Présidents du canton d'Herment, 241.

Prieurés de Giat, 95-96 ; — de Saint-Genès-lès-Monges, 96 ; — de Briffont, 104 ; — de Perol, 235 ; — de Saint-Germain, 239 ; — de Verneugheol, 256.

Prieurs de Briffont, 104 ; — de Perol, 235 ; — de Saint-Germain, 239 ; — de Verneugheol, 256.

Prieures de Giat (Liste des), 96 ; — de Saint-Genès-lès-Monges (Liste des), 97.

Prieurés dépendant de l'archiprêtré d'Herment, 95.

Prises du château d'Herment, 9.

Prises de la ville d'Herment par les Anglais, 122, 265 ; — par les Religionnaires ou Protestants ; par les Ligueurs, 125-127.

Priviléges du chapitre d'Herment, 80.

Prix du pain et du vin taxé par les consuls, 135.

Prix fait de la chapelle de Notre-Dame de Bonne-Nouvelle en 1748, 109.

Prix moyen du setier de blé à Herment, 168.

Procès-verbal du serment des consuls, 137.

Procès-verbal du pillage de l'église d'Herment par les Huguenots, 127.

Procureurs fiscaux d'Herment (Liste des), 18.

Promenade des Murs, 212.

Prondines, bourg, chef-lieu de commune, 220.

De Prondines, maison noble, 220.

Le Quarton, ancienne mesure des grains, 167.

Les Quarts, redevance seigneuriale sur les offices, 29.

Les Quatre cas, 133.

Registre patois des dépenses de la ville d'Herment, 155 ; — des délibérations consulaires, 155.

Réglement du chapitre d'Herment, 79 ; — de l'archiconfrérie du Rosaire, 92.

Reliques de l'église d'Herment, 82.

Religieuses de l'Eclache (Liste des), 232 ; — de Saint-Genès-les-Monges (Liste des), 98.

Réveillons, usage ancien, 171.

Revenu de la baronnie d'Herment, 29 ; — du chapitre d'Herment, 76 ; — de l'abbaye de l'Eclache, 218.

Ribiéras, village, 263.

Rivières du canton d'Herment, 214.

Robert, famille ancienne d'Herment, 206.

Robert III, comte d'Auvergne , bâtit le château d'Herment, 8 ; — bâtit l'église d'Herment, 52.

Rochefort, bourg, 119, 168.

De Rochefort, famille ancienne d'Herment, 206.

Roger, famille ancienne d'Herment, 206.

De Roger-Beaufort, seigneurs d'Herment, 42.

De Roger-Beaufort (Nicolas), vend Herment, 44.

La Roche-Marchal, châtellenie, 19.

De Rohan-Soubise, seigneurs d'Herment, 50.

De Rohan (Charles), maréchal de France , vend Herment, 51.

Le Ronzet, village, 249.

Routes du canton d'Herment, 164.

Route ancienne de Clermont à Limoges, (v. les *additions*).

Saint-Avit, châtellenie, 23.

Saint-Germain, hameau, chef-lieu de commune, 239.

Saint-Lazare, léproserie d'Herment, 230.

Saint-Roch, patron d'Herment, 103.
Sauvagnat, bourg, chef-lieu de commune, 241.
Sceaux et contre sceaux de la chancellerie d'Herment, 172.
Scel de Durand Roger, lieut. du châtelain d'Herment, 17.
— d'Eric de Beaujeu, seigneur d'Herment, 36.
— d'Humbert de Beaujeu, seigneur d'Herment, 37.
— de Robert III, comte d'Auvergne, 54.
— du chapitre cathédral de Clermont, 67.
— de Loys de Royre, doyen d'Herment, 68.
— du chapitre d'Herment, 81.
— du couvent des Jacobins de Clermont, 92.
— d'Henri Arnauld, châtelain d'Herment, 138-139.
— de l'abbaye de l'Eclache, 230.
Seigneurs d'Herment (Chronologie des), 31.
Semi-prébendés ou demi-chanoines d'Herment (Liste des), 75.
Sermur pris par les Anglais, 121.
Seterée, mesure ancienne, 170.
Setier d'Herment, mesure ancienne, 166.
Siége de la Roche-Sanadoire, 123 ; — de la Roche-Vendeix, 123
Sous-chantres du chapitre d'Herment (Liste des), 72.
Sourdaval, ancien domaine, 218
Souterrains du château d'Herment, 13.
Sully, arbres plantés en 1604, 213.
Superstitions, 172.
Surface territoriale du canton d'Herment, 215 ; — de la commune d'Herment, 217 ; — de la commune de Prondines, 220 ; — de la commune de Saint-Germain, 238 ; — de la commune de Sauvagnat, 241 ; — de la commune de Tortebesse, 251 ; — de la commune de Verneugheol, 256.

Symon, famille ancienne d'Herment, 207.
Syndics établis à Herment, 143.
Tableau de la ville d'Herment en 1466, 112-118
Taille (impôts) d'Herment, 145.
Templiers, leur couvent de la Rauzetta, 250 ; — leur commanderie d'Herment, 258.
Tauves, bourg, 120.
Teyssonnières, château et village, 263.
Tombes de l'église d'Herment, 62.
Tortebesse, bourg, chef-lieu de commune, 251.
Tralaigue, dépendance de Tortebesse, 251.
Trizac, châtellenie, 19.
Vassaux de la baronnie d'Herment, 24-29.
Vassaux du chapitre d'Herment, 90.
Vedeux, hameau, 238.
Veillées, 171.
Ventadour, château pris par les Anglais, 122.
Ventes de la baronnie d'Herment, 39, 41, 44, 46, 48, 51, 267.
Vente de la tour d'Herment en 1799, 12.
Ventes faites au chapitre d'Herment aux XIIIe et XIVe siècles, 91.
Verneugheol, bourg, chef-lieu de commune, 256.
Verny, famille ancienne d'Herment, 207.
Vieux dicton sur Herment, 164.
Villedemange, village, 241.
Villefeut, famille ancienne d'Herment, 208.
Villelume, château pris par les Anglais, 120.
De Villelume, maison noble très-ancienne, 259
Villevaleix, château et hameau détruits, 261.
Visites pastorales des évêques de Clermont, 105.
Yver, famille ancienne, 208.

TABLE GÉNÉRALE

DES

NOMS DE FAMILLES

Nota. *L'asterisque à la suite d'un chiffre indique un nom de famille répété plusieurs fois dans la même page.*

Achard, 102, 222.
De Acuya, 175.
Agaiz, 54.
Agier, 187.
Des Aix, 97, 99.
Alarit, 139, 156.
Alatris, 175.
D'Albeyrat, 232.
D'Albois, 21.
D'Albon, 33, 35, 36, 46*.
D'Albret, 42, 44, 124.
Algut, 139.
Alirol ou d'Allirol, 93, 244.
Allègre, 221.
Alleyrat, 178*.
Allochon, 175.
Aloschon, 80.
Alotesch, 175.
Amedon, 142*.
Ambert, 140.
Ancineuil, 88, 95.
Andan, 242.
Andrieu, 22, 52, 72, 88, 143.
D'Andrieu, 253.
Angellier, 248.
Anglade 175.

D'Anglars, 42.
D'Anjou, 32.
D'Anteroches, 48, 70, 109.
Antigols, 235.
D'Antoing, 39.
Anut, 161.
D'Apchier, 43.
D'Apchon, 47, 48, 126, 168, 238.
D'Arbouze, 23.
D'Archon, 96.
D'Arcios, 242.
Ardot, 143.
D'Arfeuille, 22, 101.
D'Armagnac, 124.
Arnauld, 9, 10, 11, 12, 17*, 18, 20, 72*, 93*, 109, 128, 132, 137, 140*, 141*, 142*, 143*, 144*, 150, 154, 171, 175, 179, 188*, 189*, 196*, 200, 201, 203, 207, 208*, 218, 219, 244, 246, 248, 250.
Arnois ou des Arnois, 134, 244*.
D'Artois, 39.
Astier, 201.
Astorg, 174.
Astorgue, 222, 261*.
D'Aubasannes, 21.

Aubel, 72, 104.
Aubert, 39, 72, 128, 137*, 139*, 140, 168, 175, 185, 237.
Aubet, 98, 232*.
D'Aubeyrac, 93.
Aubier, 72, 128, 195.
Aubignat, 185.
Auboux de Theveny, 25, 27.
Aubusson, 199.
D'Aubusson, 24, 26, 27, 46, 104, 232, 235, 237, 238*, 255, 261*, 262.
Audansson, 98.
Audebrand, 139.
D'Audebrand, 98, 232, 247.
D'Audieu, 252, 253.
Augier, 41.
Aulmosnier, 70, 71, 72, 101, 102, 128, 129, 141, 175, 189.
D'Aultebesse, 60, 71, 72*, 81*, 219, 261.
D'Auly, 215.
Aunnuvay, 247.
D'Aurières, 68.
Des Aussines, 234.
D'Auteyrat, 232.
Autier de Villemontée, 24, 27, 74, 91,

35*

278   TABLE GÉNÉRALE

99, 239, 254, 256*.
D'Autier, 20, 210*, 211, 215, 240, 241*, 251, 254, 258*, 259*, 260*, 261, 263.
D'Auvergne (comtes), 31, 32*, 224*, 230, 236, 253.
Aymar, 75.
Aymard, 189.
Des Aymards, 176, 191.
D'Aytz, 21.
Bachellerie, 104.
Badafol, 121.
Baigneix, 248.
De Bal, 252, 254, 263.
Bancreu, 75.
Bancl, 115.
De Banson, 91*, 92, 203, 232*, 240.
De Bar, 25, 194, 195.
Baraille, 68.
Barbat, 255.
Barbat du Closel, 264.
Barbe, 123, 232*.
De Bardon, 232.
Barest, 150.
Barghon, 60, 72*.
Barjaud, 186*.
Barjot, 180, 186.
Barmon, 176.
De Barmont, 39, 88, 202.
Barnicauld, 143*, 144, 177.
Barre, 248.
De la Barre, 24, 182.
Barret, 27, 140, 150.
Barrier, 75, 141, 143, 144*, 180, 186, 218, 240, 248, 255, 256.
Barrin de la Galissonnière, 182.
Berthelmy, 17, 232.
De Barthomivat de la Besse, 205.
Barthou, 182, 234.
De Basgen, 98.
De Basmaison, 196.
Bassin, 72, 75.
De Bassinhac, 97.
Bastide, 24, 62, 75.
Batteney, 82.
Battud, 239.
Battut, 61, 69, 81, 101, 139, 140*, 143, 144*, 176.
De Batz, 254.
De Baude, 236.
Baudonnat, 16, 17*, 83, 98*, 104, 128, 140, 141, 176, 81, 219*, 223, 244, 255, 261.
Bauduy ou Baudhuy, 60, 61, 69, 72*, 73, 75, 92, 139, 140*, 165, 176,

187, 219, 248, 257, 258
Baudry, 27.
Bazin, 203.
De Beauclair, 45.
De Beaufessous, 253.
De Beaufort, 9, 43, 48, 57, 86, 101, 117, 124, 150, 232, 234, 237.
De Beaufort-Canillac, 26, 126, 244, 245, 250.
De Beauffremont, 230.
De Beaufranchet, 232.
Beaufrère, 203.
De Beangé, 35.
De Beaujeu, 18, 19, 33, 36, 43, 44, 72, 112, 134, 135, 146, 159, 173, 209.
De Beaulieu, 9, 88, 104.
De Beaumont-Brizon, 254.
Beaune, 73, 141.
De Beaune, 35, 181.
De Beaupoil de Saint-Aulaire, 254.
De Beauverger-Montgon, 25, 28.
Becaine, 101.
Beisse, 10.
Bel, 95.
Belisme, 227.
Bellessert ou de Bellessert, 73, 75, 174.
De Bellestard, 96.
Belliot, 154.
De Belleville, 231.
Bellon ou Belon, 25, 102.
Bellot, 255.
De Belmont, 232.
De Belvezeix, 45, 174, 187, 196, 248, 258*.
De Benauld, 95
Benoit, 191.
De Benoit de Barante, 222.
Beral, 141.
Berard, 242.
De Berauld, 242.
Bergheaud, 239, 242.
Bergier, 140, 176, 185.
Bernard, 176.
Berohard, 75.
Berthome, 262.
Bertrand, 54, 140, 176, 205, 211, 232, 253.
De Bertrand de Beaumont, 261, 262.
Bervier ou Borrvier, 80, 104.
De Berry, 156, 157.
Besse, 24*, 70, 71, 73*, 75, 81, 89, 93, 98, 128, 129, 131, 132, 141*, 142*, 162, 176, 180, 183*, 187, 190, 199, 200, 218, 219*, 239, 240, 241*, 244, 248.

De Besse, 42, 63, 89, 127, 161, 162, 259, 260.
De Besse de la Richardie, 232*.
Besse de Meymond, 27, 69, 70, 73, 161, 162, 187, 248, 256, 262.
Bessède, 81*.
Bessère, 81.
Besset, 176.
Besseyre, 73, 222.
Bessière, 73, 131, 141*, 142*, 143*, 186.
Besson, 75, 98, 221, 222, 252.
De Beth, 36.
De Bethune, 123.
De Beynac, 97, 98.
De Bèze, 180.
De Biencour, 90.
De Bigny, 51.
Bilhen, 128.
Binet, 26.
Bizerie ou de la Bizerie, 73, 174, 202.
De Bladis, 73, 81, 109.
Blanc, 93.
De Blanchefort, 98*, 247.
Blanchet, 98, 243.
Blanchier, 75*, 103, 139*, 140*, 166, 176, 180, 219.
De la Blanchisse, 232,
Blanchon, 89.
Blondel, 233.
De Bobigny, 47.
De Bochard, 122.
Bochard de Sarron, 105.
De la Boderie, 73.
De Bohen, 21.
Du Bois, 25, 26, 88, 138, 153, 154, 176, 196, 240*, 241, 244, 246, 247.
Du Bois de Saint-Etienne, 19, 28.
Du Bois de Margeride, 28, 250, 263.
De Bomparant, 222, 232.
Bon, 103.
De Bonal, 232.
Bonaire, 102.
Bonet, 75
Bongier, 75, 140.
De Bongua 86.
Bonnabry, 242*.
Bonnay, 177, 211.
Bonnefont, 73.
De Bonnefont 98, 193.
Bonnet, 131, 142, 176, 189, 201, 219.
De Bonnet, 105, 188.
De Bonnevie, additions.
Bonnore, 139
Bonnour ou Bonnoure, 73*, 103, 128

DES NOMS DE FAMILLES.   279

Bony, 75.
Bonyol, 220, 221, 238'.
De la Borrange, 232.
Borassat, 75, 89, 108.
Borel, 75, 88.
Bort, 101.
De Bort, 221*, 232, 251, 263*.
Bosches, 174.
Bosdeveix 197.
Bosgros 222.
De Bosredon 9, 12*, 21, 23, 24, 25*, 26*, 27*, 28, 29, 44, 51, 64, 81, 90*, 98*, 100, 112*, 113* 124, 135, 137, 146, 152*, 153, 154, 165*, 166, 167, 177, 195, 196, 204, 215, 221, 232*, 234, 235, 239, 244*, 245*, 246, 249*, 251, 257*, 259, 260*, 261*, 262*.
Bosse, 255.
Bouchart, 150.
Bouchard d'Aubeterre, 195.
Bouchaudy, 223.
Boucheix, 73.
De Boucherolle, 222.
De Bouchu, 95.
Boudet, 95.
De Bouillé, 24, 186, 253.
De Bouilhot, 261.
Boullée, 143.
De Boulogne, 43.
Bourbon 81*.
De Bourbon, 10, 19, 29, 35, 39, 40, 45, 47, 51, 60, 122, 124, 146, 150, 166, 180 208, 224, 259.
Bourdiège, 176.
Bourel, 242.
Du Bourg, 181.
Du Bourg de Villars, 95.
De Bourgogne, 33, 35, 255.
Bournazet, 28.
Bournet, 25.
Bourrand, 18, 26, 27, 30, 73*, 144*, 160, 176, 191, 200, 204*, 212, 219*, 222, 256, 261.
Bourelle, 180
Bourret, 73, 239.
Bousset 222.
Boutarel, 102, 257.
Boutiniergues 24.
De Bouville, 38.
Bouyon, 17*, 18*, 24, 28, 30, 60, 62, 70, 71, 72, 73*, 75, 81, 84, 85, 103, 109*, 121, 140, 141*, 142, 143*, 144*, 175, 176*, 177*, 180, 189*, 191*, 192, 196, 197, 200*, 203, 204

208, 209, 210, 211*, 218*, 219, 238, 240, 241*, 246, 249, 261.
Boy-Lacomb de Lamazière, 189.
Boyer, 75, 93, 139, 141*, 142*, 146*, 147, 154*, 177, 219.
Du Poys, 153, 154, 176.
Boyvert, 75.
De Brabant, 42.
De Brade, 98.
De Brancas, 20.
Brandon 16, 90.
Des Brandons, 163, 219, 232.
Bréançon, 9, 117.
De Bretanges, 195.
Breton, 189.
Du Breuil, 24.
Briliand, 70.
De Brion, 24, 96.
De Bromont, 95.
Broquin, 232.
De Brossadols, 232.
De la Brosse, 190, 232*.
Brousse, 64, 70*, 73*, 75, 103, 221*, 246*, 257.
De Brousse, 71, 73, 187.
Brugière, 128, 190.
Brugilliole, 191.
Brun de Trazenies, 37.
Brunel, 18, 24, 26, 89, 137, 151, 153, 154, 186, 191, 200, 205, 207, 218, 245*.
Brunier, 54.
Buichard, 102.
Burin, 102, 201, 205.
Buschon, 18, 157.
Bussière, 80, 156, 176, 198.
De Bussière, 73.
Buxe, 95.
Buxière, 17, 198.
De Buxière, 174.
De Calabre, 34.
De Canillac, 43, 48.
Capolade, 227*.
De Carbonnières, 254.
De Carlat, 122.
De Carmantrand, 98.
Caravanier pour Carvanier, 154.
Carvanier, 95, 144*, 154, 242, 253.
De Carenton, 224.
De Casinel, 21.
Cassaigne de Miramont, 187.
De Castille-Chenoize, 228, 231, 232'.
De Castries, 105.
Causius, 56.
De Caumont, 47, 221.

De Cébazat, 90, 97, 126, 250.
De Celles, 57.
De Chabannes, 9, 10, 19, 115, 168, 222, 225*, 226', 227*, 228*, 231, 232*.
Chaboutier, 37.
Chabre, 186.
De Chabrignac, 98.
De Chabrol, 211.
De Chachet, 195.
Chadeyron, 144*.
Chaix, 203, 240.
Chalamel, 140.
Chalan, 54.
De Chalencon, 243.
Chaleu, 42.
De Chalmet, 54.
De Chalusset, 232.
De Chalvet, 19.
Chalvets, 242, 251.
De Chamalière, 10, 34, 51.
Chambon, 64, 73, 75, 89, 102, 186.
De Chambou, 10, 28, 43, 176.
Du Chambon, 186.
De Champagnac, 41.
De Champeyre, 188.
De Champfeu, 233.
De la Champs, 91.
Chancel, 232.
Chandorgne, 16, 156.
Chandos, 121.
De Changy, 9*, 43
Channel, 123.
Chanteauzèle, 75.
De Chanteclos, 254.
Chapelle, 75, 87, 88, 175, 176.
Chapelle de la Prugne, 191.
De Chapelle, 101.
De la Chapelle, 232.
De la Chapouille, 174.
Chapus, 187.
Charbonnel, 75.
Charbonnier, 16.
De Charbontes, 36.
Charel, 75.
Charensat, 139, 156.
Chardon, 203.
Charmain, 118.
De Charnas, 75, 180.
Charrier, 146, 193, 197, 245*.
De Charry, 254.
Charvelite, 175.
Charvillat, 256.
De Chaslus, 20, 21, 23*, 24, 25*, 26, 27, 28, 35, 41, 46, 71, 73*, 86*, 87,

90, 91*, 98*, 102, 174, 190, 220*, 221*, 222, 225, 230, 232*, 235, 244, 247, 251, 252*, 253*, 255, 257*.
Chassaigne, 101, 255.
De la Chassaigne, 21, 22, 124, 200.
Chassaing, 2, 16*, 17*, 18*, 26, 71, 73*, 82, 93, 101*, 104, 108, 109, 130, 131, 132, 141, 142, 144, 160, 175, 176*, 190, 200, 202, 203, 207, 212, 218, 221, 242, 243*, 245*, 246, 250.
Chassat, 242.
De la Chassignole, 232*.
De Chastel-Perron, 40.
De Châteaubodeau, 232.
De Châteauneuf, 41.
Chatel 37.
De Chatillon, 41.
De Chauchac, 232.
Chauletz, 10.
Chaumeil, 220.
De Chaumont, 97, 98*, 232.
De Chauriers, 88.
De Chaussecourte, 10, 98*.
De Chauvigny de Blot, 96, 253.
De Chavagnac 233.
Chavanat, 102.
De Chavaniols, 232*.
De Chavanon, 20, 174, 206, 242, 257.
Chavialle, 73, 104.
De Chazerat, 233.
De Chazeron, 20, 233, 246.
Chazot, 176, 240.
Chazotte, 220.
Chefdeville, 191.
Cheneau, 216.
Cherbouquet, 205.
Chermartin, 16, 73, 93, 118, 126, 141*, 142*, 176, 193, 208, 209.
De Chesnay, 39.
De Chevalines, 17, 73, 140, 174, 176, 219.
Chevogeon, 73, 109.
Du Chier, 100, 128, 253, 261.
Chirol, 191.
Des Chirouses, 54.
Chomette, 102, 162.
Choriol, 191, 192, 205.
De la Chose, 28.
Ciestre, 28, 73, 93, 103, 128, 131, 141*, 142, 143, 141*, 191, 212.
De Cisterne, 91, 233.
Civadon, 71, 73*, 108, 128, 132, 139, 141, 142, 160, 166, 174, 176, 192, 194, 197, 199, 201, 204, 2 9.

Cladière, 75.
Du Claux, 74, 176, 193.
De Claviers, 21.
De la Clède, 228.
Cluzel, 101.
Cœdo, 123.
De Coffins, 21.
Cohade, 73, 75*, 101, 143, 144, 220, 239.
Cohendy, 2, 83.
Col, 73.
Colbert, 184.
Collanges, 116, 122, 144, 191, 208, 262.
De Colombet, 233.
Des Colombiers, 223.
De Colonges, 181.
De la Combe, 100.
De Combes, 48, 201.
De Comborn, 64.
De Comboursier du Terrail, 233.
De Combres de Bressolles, 232.
De Comminges, 43, 45 230.
De Compains, 259.
Comptour de Saignes, 19.
Comte, 75.
De Confolent, 97.
Constant, 256.
Conty 144.
Coppier, 253.
Du Corail, 73.
Corard, 36.
Cornudet, 28, 193, 221, 246.
De Cortes, 73*, 174, 194, 206.
De Corteys, 21.
Cossan, 73.
Coudère, 24.
De Couhet, 87, 207.
Coulanges pour Collanges, 116.
Courcelet, 28.
De Courcillon, 50.
Court, 27, 256.
De Courteix, 21, 81, 95, 97 98, 193, 238, 253.
De Courtes, 90, 92.
De Courtenay, 35.
De Courtilles, 26.
De Coussy, 185.
Coustave, 97, 104.
Cousteix, 144, 162.
Cousturasse, 166
Cousturier, 81.
De la Coûture, 237.
De la Couture-Renon, 70, 234.
Couty, 143.

Du Croc, 28.
De la Croix, 105.
De la Croix d'Anglards, 233.
Croizet, 73, 81, 233, 257.
Du Cros, 21, 22, 28, 67, 90, 197.
De Croz, 242.
Crozet, 75, 76.
De Cuers, 257.
Cussac, 132.
De Cussac, 54.
Dacbert, 44.
Dalmas, 73, 81, 104, 176, 227.
De Damas, 237.
Damon, 73.
De Dampierre, 35.
Daniel, 233.
Daumas, 139*.
Dauphin, 109, 143*, 190, 244.
Dauphins d'Auvergne, 32, 34, 35, 42, 43, 123, 224*, 230*, 236.
Dauphins de Viennois, 42, 43.
Dauterieu, 39.
Dauvit, 185.
Deignet 103.
Deisiac, 54.
Deffarges, 99.
Delapgier, 56.
Delarbre, 257.
Deleget, 144.
Delevaux, 205.
Delfaux, 233.
Delmas, 73, 75, 82, 109, 162.
Delpeuch, 233.
Dèmaison, 57, 104.
Démonteix 99, 176, 212, 262.
De Derval, 193.
Désaimard, 262.
Desaix, 99.
Désaymards 25, 257.
Déseymards, 93*, 239, 252.
Désortiaulx, 28, 205, 207, 241.
Desparrins ou Desparrains, 162, 262.
Desparvier, 242.
Despessac, 71*, 73*, 88, 139, 174, 176, 180, 194, 239*.
Desret, 261.
Dessaignes, 143, 185, 215, 221, 243*, 246.
Devedeux, 238, 249.
Dezaymards, 73.
Dohenc, 86, 90, 91.
Domas, 143*, 166, 176.
De Dontreix, 253.
Dorsat, 103.
Douhet, 112.

DES NOMS DE FAMILLES.

De Douhet, 25*, 27, 102, 191, 204, 221, 263.
Dougnon, 192, 257.
De Doyac, 23, 257.
Dozbotz, 176.
De Dreux, 20, 29, 37, 38, 81, 173, 251, 253.
Drouet, 227.
Dubois, 137.
Dufour de Vernols, 233.
Dumas, 104, 232, 233, 240.
Dumolier, 73.
Dupuy, 28, 233.
Dupuy de Mirambel, 22, 24.
De Durat, 21, 250.
De Durfort de Duras, 49.
Durif, 233.
Dyréran, 254.
D'Ebbes, 251.
Ebrard, 17, 73, 174.
De l'Eclache, 235.
Eglise, 36, 37.
D'Enghien, 38.
Enjobert, 21, 88, 89, 157, 195, 204, 223, 239, 247*, 257.
D'Entremont, 253.
Epaules (Aux), 49.
D'Ermon, 54.
Eschallier, 220.
Esclache, 185, 250*.
Des Escures, 73.
Esmar, 75.
D'Espagne, 127.
Essalent, 75.
Des Essards, 41.
D'Estaing, 47, 226, 227, 233, 253.
De l'Estang, 254.
D'Estansannes, 9, 44, 115, 174*, 220, 221.
D'Etampes, 36.
Des Eymards, 25, 75*, 113, 142, 176.
Evrard, 36, 37.
Eymeri 222.
Eyrauld, 64 75, 166, 218*.
Fabre, 73, 75, 104*, 108, 176, 242.
De Fage-Brunel, 86, 139.
Fages-d'Espeisses, 19.
Faides, 242.
De Falvard, 98, 195 222*.
De la Farge, 185, 205, 222.
Fargeix, jadis Fargent, 75*, 100, 140, 142, 144*, 166, 191, 210, 211, 220*, 233, 239, 250
De Farges 37, 233.
Des Farges, 205.

Farradèche de Grommont, 221.
Farreyrol ou Farreyrolle, 25, 207, 241, 244.
Farmont, 140*.
Fasses, 73.
De Fassion de Sainte-Jaye, 254*.
Faugeron de la Ribbe, 204, 250.
Faugières, 139.
Faure, 81, 137, 176, 233.
Faure de la Combe, 25.
Faure du Sauzet, 233.
Faves, 73.
De Fayan, 41.
Faydit, 234.
De Faye, 253.
Fayet, 60, 104.
Du Fayet, 73.
De la Fayette, 9, 17, 97, 123, 234.
De Faydet, 85, 233*.
Ferradure, 37, 218, 257.
Ferragut, 176*.
Ferrand, 140.
De Feulhaitz, 146.
De Fighac 97.
Fillias ou Filhas, 18, 24, 25*, 28*, 73, 93 100, 176, 185, 188, 200, 218, 219, 248*, 255.
De Flageac, 231.
De Flandres, 32, 38.
Flayat, 250.
De Flisques, 99, 101.
De Florac, 68.
Florand, 73, 104, 257.
Du Floquet, 186.
Flotte, 39.
De Flutelot, 254.
De Foix, 45.
Folcheyre, 260.
De Fonlière, 233.
De la Font, 193.
De Fontalard, 233.
De Fontanges, 233.
De Fontbonne, 233.
De Fontenilhes, 201.
De la Forest-Bulhon, 24, 27*, 201, 233.
De Foresta, 176.
Forestier 140.
De Forez, 35, 40, 42, 43.
Forget, 181, 195.
De Fortia, 180.
De Foudras de Coutanson, 252, 254.
Du Four, 96, 105.
Fourneyron, 80, 81.
Fournier, 47, 81, 248, 249.

De Fournol, 233.
De Fournoux, 28.
Fradet, 100.
De France, 32, 37, 40.
Frayssinous, 228*.
De Fressanges, 18, 140, 166, 176*, 195, 218.
De Fretange, 233.
De Fretat, 221, 247.
De Freydefont, 233.
Freytel, 26.
Fricon, 90.
De Fuyas ou de Frias, 60, 64, 73*, 87, 89, 112, 139, 157, 195, 219, 245, 248, 258*.
Gabat, 143, 162.
De Gadagne, 25, 48, 168, 219.
Gagnon, 140, 197.
Gaignère, 72, 73, 137, 140*, 142*, 238.
Gaignon, 12, 16, 24, 25, 49, 71, 73*, 75, 82, 89, 93, 108, 131*, 132, 140*, 141*, 142*, 160, 162, 183*, 188, 189, 196, 200, 201, 202, 205, 206, 218*, 219, 239*, 241*, 245* 249, 258.
Gailhard, 75, 108.
Gaillard, 185.
De Gain, 51, 263*.
De Gallard, 9, 43, 44, 88.
Gallichier, 24.
Gallochier, 109 189, 248.
Gandebœuf, 18, 75, 141, 142, 162, 176, 190, 246.
Gandil, 239.
Gandilhe, 233.
Ganivet, 207.
Ganniart, 140.
Gantanille, 54.
Ganyaires, 142.
Gardet, 101.
De la Gardette, 95, 97
Garite, 75, 103, 139, 176*.
Gaschier, 227.
De la Gastine, 9, 17, 233.
Gaudet, 71, 73, 93, 128, 160.
Gaultier, 54.
Gaumet, 248*.
Gaumeton, 246.
Gautier, 88.
Gayte, 64, 70.
Gayton, 239.
De Gelles, 100.
Gendraud, 72, 220, 246.
Geneste, 81.
Geoffroy, 75, 260.

Des Gerauds de Soulages, 99,
Gerbe, 28, 63, 73, 104, 159.
Gérémire, 36, 74, 88, 89, 195, 197, 218.
Gey, 74.
Geymond, 89, 103, 114, 137, 139, 140*.
Giac, 103.
De Giac, 20, 242.
Gint, 103.
De Gieuf, 95.
Gilbot, 221.
Gilier, 61.
Gillet, 75, 102, 204, 258*.
Gillot, 161.
De Gimel, 44, 247.
Girard, 75, 81.
De Girard, 9, 71, 74, 218, 248*.
Girandel, 257.
Girbert, 74, 75*, 88, 89, 95, 139, 175, 176, 198, 199, 218.
Giry, 75.
De Glavent, 235.
Godivel, 181.
Gontier, 105, 188.
Gorce, 25, 190, 205, 207, 239, 240, 241, 244, 247, 260, 264.
Gorsse, 204.
Gory, 188.
Gouge de Charpagne, 69, 174.
Goulet, 247.
De Gourdon, 46.
Gourdonneiz, 122.
Du Cours, 17.
De Gouzolles, 24, 25.
Goy, 112.
Granchier, 24, 28.
Grand, 101, 102, 162.
De Granges, 241.
Granet, 139.
De la Grange, 23, 28, 97*, 99.
Granghon de Sirmond, 195.
De la Grandville, 233*.
Grégoire, 81.
Grenier, 242.
De Grivad, 41.
Gros, 257.
Guarel, 88.
Guaritte, 37, 218.
Guerin, 98.
De Guérin de Lugeac, 96.
Gueyton, 239.
Guibail, 188.
De la Guiche, 49, 233.
Guidon, 54, 75.
De Guillaumanches, 203, 259.

Guillaume, 25, 54, 75, 101, 141, 192, 222.
Guillaumichon, 60, 72, 190, 209.
Guillevaud, 96.
Guionet, 36.
Guiot, 28, 105.
Guosde, 74.
Guyonnet, 144, 245, 216, 249.
De Hainaut, 35, 40.
De Harcourt, 42.
D'Harques ou d'Arques, 17, 89, 146, 148, 149, 150, 151, 152, 153, 154*, 180, 198.
De Harville, 181.
Haste, 74, 75*, 76, 99, 103, 131, 140, 141*, 142*, 143*, 146, 147, 166, 176.
De Haultebesse, 261.
De Hautefort, 223, 225.
Hayraut, 139, 140.
Hebrard, 76, 162.
Hélie, 85.
Henry, 248.
D'Herment, 76, 87, 88, 198, 210.
D'Hermenières, 36, 37*, 74*, 86, 90, 91 92, 160, 206, 233, 253, 256, 262.
De Hesse, 51.
De l'Hôpital, 12.
De l'Horme, 252.
D'Hostung, 50.
De Houent, 89, 245*.
De Huffle, 176.
Hugon, 28, 61, 144*, 193, 205, 243.
Huis, 185.
Imbauld, 87, 88, 176, 199.
Imbert, 74, 174.
Jabaud, 233, 260, 262.
Jaby, 74.
Jalicon, 142.
Jallat, 81, 245.
Jally, 74, 82, 108.
Jargueil ou Jargueilh, 60, 71, 74*, 174.
Jarleton, 221, 238.
Jarnage, 137, 140.
Jarrier, 144, 250.
De Jarrier, 25.
Jaubert, 167.
De la Jaubert, 233*.
Jay, 218, 233.
Jehan, 64, 74*, 87*, 88, 90, 95, 198, 206, 218, 239, 240, 246*.
Jehannot de Bartillat, 54, 90.
De Jeu, 68.

Jeudi-Dumonteix, 211.
Johannel, 26, 72, 76*, 132, 140*, 141*, 142*, 143*, 144*, 146*, 147, 166, 185*, 188*, 190*, 191*, 192, 196, 199, 202, 205, 208, 212, 219*, 243, 244*, 247, 253.
De Joigny, 37.
Joly, 76.
De Jonat, 46, 97, 99*, 203, 233, 260, 261*, 262.
Journiac, 74, 81, 102, 104.
De Joussineau, 99.
Jouvenceau, 233.
De la Jugie, 42.
Julhien, 236*.
Julien, 222, 231.
Jullien, 247.
De Lachamp, 86, 91.
La Chapelle, 176.
Lacot 24.
Lacroix 200.
Ladaygua, 76.
Lafon, 74.
Lafons 37.
Lagrave, 200.
De Laizer, 233.
De Lallières, 181.
La Marsale, 17, 156.
De Lambertie, 195.
Lanareix, 76.
De Langeac, 20, 22, 23, 24, 27, 28*, 69, 126, 167, 219, 224, 230, 233, 243, 248, 254.
Lanty, 27.
De Lappelin, 233.
Larband, 248.
De Larfeuil, 26 27, 102, 222.
De Laschamp, 252, 253.
Lascot, 220.
Lascorttas, 60, 71, 74, 141*.
De Lastic, 233, 234, 237.
Do Laube, 254.
Laubi, 176.
De Laubonhat, 248.
Laudois, 183.
De Laudouze, 74, 190, 191, 204, 232*
Laurençon, 139, 140.
Du Laurent, 188.
De Lautrec, 44.
De Lauzières, 149.
De Laval, 215.
De Lavaud, 99.
De Lavieu, 47.
Laville de Rochefort, 188.
De Laville, 202.

DES NOMS DE FAMILLES.   283

Lavocat, 184.
Leblanc, 143, 144, 245.
Le Bouboul, 72, 93.
Le Boyer, 16
Lébraly, 259.
Le Camus de Jambeville, 49.
De Léclauze, 90.
Lécolier, 202.
Le Faure, 81.
Lefèvre, 182.
Le Fèvre de la Boderie, 184.
Legoy ou Le Goy, 76*, 257.
Le Gras, 293.
Le Groing, 233, 248, 254*.
Legros, 186.
Le Maistre, 183.
Le Meingre, 43.
Le Long, 174, 176.
Léonard, 74.
Le Loup, 12, 20, 21, 23, 39, 41, 90, 126, 127, 221, 244, 245, 246, 249, 250.
Le Noble, 72, 109, 141, 142*.
Le Peytre ou Lepeytre, 76, 102, 238.
Lermet, 141.
De Lesclache ou Lesclache, 26, 28, 235, 250.
De Lesclause, 142, 143*, 144*, 243.
De Lespinasse, 12, 20.
De Lespines, 74.
De Lestang, 21.
De Lestrange, 22, 24, 27.
Leuzer, 184.
Le Vayer, 43.
De Levis, 12, 44, 48, 50.
Leymarie ou de Leymarie, 162, 204.
L'Heste, 182.
Lignière, 74.
De Ligondès, 99.
De Limueil 88.
Limousin, 74.
De Limueil, 9, 113.
Lincenot, 166.
Logre, 141.
Lolier, 205.
De Longueville, 180, 189, 196.
Longy, 260.
De Loras, 254.
De Lorsat, 203.
Loupiat, 45.
Lourdon, 185*.
Loyte, 76, 103.
De Lucarel, 62, 109, 139, 110*, 143*, 144, 146, 207.
De Lucarest pour de Lucarel, 146.

De Lucerne, 99.
De Lurcy, 11.
De Lusignan, 40.
De Lustrac, 47.
De Luxembourg. 40*, 49.
Mabru, 192, 222.
Maignol, 93*, 191.
Maillot, 191, 255
Du Maine, 127.
Des Maisons, 95.
Maissore, 76.
Maistre, 74.
De Malaure, 233.
Malet, 74*, 146, 148, 154.
Maletz, 154.
Malinel, 139.
Malingre, 146, 152.
De Malleret, 9, 115.
Mallet, 80, 191.
Malras, 141, 142, 185.
De Mandavillain, 39.
Mandon, 26, 102*, 189, 207. 220, 238.
Mangot, 18, 101, 124, 127, 132, 140, 141*, 160, 175*, 176, 192, 193*, 197, 200, 203, 206, 215, 219, 221, 243, 252, 262.
Manilève, 220.
Manzenas, 202.
Marchal, 102.
Marchand, 203.
De Marchandes, 76.
Marchès, 122, 123.
Marchon, 141.
Maret, 104.
De Marfont ou de Marfons, 9, 17, 23, 138, 154*.
De la Mark, 49.
De Margival, 231.
Marion. 183.
Marle, 255.
Mariolles, 242.
Marotin, 233.
Martha-Beker, 223.
De Martilhat, 9, 156.
De Martilhiat, 157.
Martin, 37, 176*, 211, 235.
Martinon, 186.
Marye, 187.
Massis, 74.
Masson, 176, 221.
Masuer, 17, 18, 103*, 161, 166.
Matfre 242.
Mathieu, 102, 140, 160, 176*, 185, 196, 201, 218, 219, 239.
Mauguin, 193.

Maumont, 233.
Mauriac, 63.
De Maussegnat, 36.
De Mauvoizin, 38.
Mauzanas, 202.
De Mayrinchalm, 90.
Mazan, 176.
De Mazant, 87, 180.
De Mazeau, 222.
Mazier, 95.
Mazuer, 12, 60, 70, 74, 85, 176*, 190, 191, 211, 212.
De Meaux, 233.
Mège, 76, 99, 103, 109, 143*. 144*, 191, 200, 220, 247, 252*, 255*.
De Meghanessas, 242.
Meilhot, 241.
Meinadier, 212.
Mel, 21.
De Mello, 37.
De Melun, 39, 50
De Menat, 10, 36.
Menier, 142.
Menudel, 18*, 74, 76*, 82, 89, 108, 109, 131, 142*, 143, 157, 175, 176, 197, 202, 203, 207, 247.
Merchadier, 68.
Merchater, 54.
De Mercœur, 34, 54, 55, 236*, 237.
De Mercuret, 233.
De Mercurol, 10.
De Merfont pour de Marfont, 154.
Mersetier. 88.
Mesi, 36.
Mesnier. 26, 193, 250*.
Du Mesnil, 92.
Messes ou de Messes, 88, 92, 139, 140, 156, 176, 202, 219.
Mestat, 25.
Meunier, 256.
Meyronne, 233.
Michelon. 239.
Michon, 103, 185, 220, 257.
Michy, 256.
Mignonneau. 182.
Milanges, 236.
De Milly. 253.
Mimin, 233.
Mioche, 82.
De Miomandre 99*.
De Mirabel (de Mirabello), 2'.
Molé, 182*.
Moliner, 139.
Molinet, 176.
Molle, 95.

Mompied, 142*, 143*, 218*.
Monamy, 189.
De Monamy, 22, 28, 99.
De Monestay, 20, 26, 98.
Monet, 233.
De la Monstre, 42.
De Montagnac ou de Montaignac, 11, 12, 26, 220, 221.
De Montaigut, 253.
De Montaigut-Bouzols, 26.
De Montal, 233*.
De Montaudon, 236.
De Montaut, 44*, 156.
De Montaynard, 99.
De Montboissier, 95, 224, 244.
De Montclar, 198, 263.
Monteil, 16, 21, 84, 109, 191.
De Monteil de la Garde, 43.
De Montellet, 105.
Montenbère, 87.
De Montfand, 126, 127.
De Montferrand, 224, 230.
De Montfort, 32, 37.
De Montgrut, 200.
Montguillon, 211.
De Montlaur, 100.
De Montluc, 49.
De Montmartin, 98.
De Montmorency, 12, 48, 49.
De Montmorin, 96, 97, 123, 227, 228*, 231, 233*, 249, 250.
De Montravel, 123, 253.
De Montressoux, 400.
De Montrognon, 225, 230, 233, 248.
De Montroux, 98, 247.
De Montuel, 36.
De Montvallat, 48.
De Montvert, 21, 174.
Morel, 140, 186.
Moriac, 185, 244*.
Morin, 174, 187.
Morin-Pannelier, 200.
Mornac, 191.
Morton, 81.
Mosai, 186.
Mosneron, 18, 74, 89, 93, 141*, 142, 166, 185, 202, 206, 218*, 220*, 238, 242, 245.
Mosnier, 74, 181, 249.
Mosron, 220.
De la Mothe, 25, 97, 99, 233.
De la Mothe-Houdancourt, 49.
Moulin, 69, 139, 188, 209, 255.
Des Moulins, 102, 182.
Mourton, 219.

Mugou, 76.
Murat, 58.
De Murat, 23, 37, 46, 74, 86, 90*, 97, 99, 138, 176, 201, 215, 220, 222, 233, 240*, 241, 260*, 261, 263*.
Murol, 239, 244, 247*, 250.
De Murol, 54.
De Musset, 182.
Nabayrat, 200.
Nanche, 141.
Narjot de Toucy, 216.
Negrand, 68.
De Nemours, 124, 127.
De Neufles, 99, 200, 22¹, 243*, 247, 255.
De Neufvis, 189.
De Neuville, 25, 26, 28*, 74, 76, 90, 97, 98, 99, 102, 103, 144*, 193, 206, 215, 220, 233, 242, 246*, 247, 253.
De Nevers, 32.
Neyme, 76, 89, 218, 238, 240.
De Neyrac, 35.
Neyron, 24, 105.
De Névrezé, 129.
Nicollas, 201.
De Niort, 22.
Nogier, 242.
De Nohaliat, 13, 40, 176.
De Noisat ou de Noizat, 17, 89, 93, 137, 138, 146, 148, 149, 150, 151, 152, 153, 154*, 177*, 190, 192, 202, 203
De Nozerolles, 233*.
Olivier, 76.
Olsinier, 76.
D'Oradour, 23, 233, 234*.
D'Orcet, 234.
De l'Oursse, 74*, 81, 87*, 88, 91, 103, 175, 177, 195, 196, 203, 206, 239, 257*.
Pabot, 18, 25, 26, 28, 74, 74, 90, 102, 192, 207, 221.
Palazy, 234.
Palluet, 176.
Pannet, 190.
De Panneveyre, 23, 46, 191.
Papon, 76, 140.
Parent, 95.
De Paris, 36.
Parriton de Fayol, 99.
De Pas, 182.
Pascal, 183, 195.
Pascher, 257.
Passelaigue, 212*, 252.

Payres, 17, 76, 140, 176.
Pé, 70.
Peghoux, 226.
Du Pegier ou du Pesgier, 17, 218*.
Pelissier, 140, 187, 188.
Pelissière, 12, 211.
Pelissou, 23, 101.
Pelletier, 99.
Du Peloux, 12.
Peret, 139.
Péreyret, 103, 227.
Perier, 236.
Perier, dit Sarvagnat, 154.
De Perissat, 26.
Perk, 74, 74.
De Perol, 176, 237*.
Perrin, 182.
Perron, 89.
Perrot, 183.
De Pers, 76.
Du Peschin, 12, 100, 115, 124.
Pestel, 45, 46.
De Pestel, 263.
Petit-Boyer 146.
De Peyre, 19.
Peyrier, 187.
Peyrière ou Peyrières, 76, 93, 141*, 142*, 143, 144, 176, 240, 247.
De Peyrissat, 234
De Peyrol ou de Peyrols, 34*, 236, 237.
Peyronet, 102.
Peyronnet, 18*, 27*, 28*, 49, 60, 63, 71, 74*, 82, 101, 102*, 104, 108, 142, 144, 160*, 175, 176*, 177*, 178, 191*, 192, 193, 197, 200, 204, 207, 211*, 212*, 219*, 245*, 247, 250, 258, 261, 264.
Du Peyroux, 28, 46, 99.
Picauld, 142, 183.
De Pierrefitte, 127.
De Pierre, 234.
De Pierrefort, 68, 74.
Pighon, 162, 248.
Philippe, 175, 176.
Pilhoet, 17.
Pinlon, 102.
De Piry, 101.
Pitre, 188.
Plafeix, 200.
De Plagnes, 252.
De ou du Plantadis, 46, 54, 74, 100, 102.
De Plautes, 146.
De Plios, 234.

Poderos, 91.
Poirier, 24, 25, 218 244, 248.
Poisson, 48.
De Poitiers, 43*, 224
De Polignac, 43, 243.
De Pompadour, 47.
De Ponchons, 24.
Ponderos, 91.
De Pons, 254.
De Pont, 88.
Pontgibaud, 139.
De Pontgibaud, 87, 88, 122. 156, 157, 257.
De Ponthieu 38.
Porciane, 262.
Portas, 109.
De Portas, 74.
Porte, 143, 144*, 190, 212*.
De la Porte, 17, 69, 146, 152
De la Porte-Mazarini, 50
Poudrens 36.
Pouget, 241.
Pougheol, 104
Pougins, 64
Pouyet 211, 244.
De Poux, 234.
Pradier, 235, 250.
Pradinat, 252.
De Prades, 98.
Prat, 87.
Du Prat, 87, 196, 220.
De Pressat, 24, 239.
Prieure, 259.
Prieuret, 74, 192.
De Prondines, 220, 242.
De Pruneyres, 117.
Prunier, 26.
Du Puy, 32, 37, 137.
Du Puy-Clausel, 92.
Du Puy-Vatan, 22.
Queyron, 242.
Quesne, 74, 85.
De la Queuille, 123, 159, 225, 231, 234*, 255.
Queyrat, 27.
Queyron, 76, 162.
Raboisson, 239.
Ramade, 81, 242.
Ramdeuil, 95.
Raoul, 74.
De Rastellanne, 44
Rauche, 131.
De Raulte, 146, 152.
Rauzel, 131, 141*, 142, 143*.
Ravel, 74, 192, 193, 204, 207, 248, 255.

Raynauld, 186.
Raynouard, 245.
Rebilhe, 103.
Rebon, 54.
Reboul, 112, 220.
De Reclaines, 99.
Recteur, 74.
Redon, 28*.
De Redon, 23
Regin, 90.
Relheyr, 139, 157.
Relierou Rellier, 26, 250.
Reynaud, 239.
Reynière, 99.
De Rhodès, 230.
De la Ribbe, 74.
Ribbes, 255.
De Riberolles, 56
De Ribeyre, 190, 195, 222, 233.
De Ribeyreix, 26.
Ribeyrolle, 255.
Ribier, 102.
Richard, 27, 74, 76, 205.
Richard de Prades, 99.
De la Richardie, 26.
Richen, 102, 176, 191, 262.
De Rignhat, 74.
Rimbaux, 109.
De Rioux, 220, 242.
Rivallier, 76*, 255.
Rivet, 74, 82, 109.
Robert, 37, 64, 71, 74*, 76, 87, 88, 106*, 139*, 159, 176, 180, 206, 239.
De Robert-Lignerac, 203.
Roche, 100.
La Roche, 156.
De la Roche, 25, 43, 46, 90, 99, 167, 215, 234*, 240, 260, 263*.
De la Roche-Aymon, 19, 22*, 69 99, 223, 225*, 231*, 234*.
De la Rochebriant, 27*, 100, 234*.
De la Roche du Ronzet, 25, 167, 228. 231, 232, 234*, 263.
De Rochedagoux, 21, 241*, 251, 253.
De Rochedragon, 25.
De Roche-Servière, 16.
Rochefort, 61, 72, 74, 76, 93 103, 131, 132, 137, 139*, 140*, 141*, 142*, 143, 174, 175, 176, 207, 224, 245.
De Rochefort, 47*, 18*, 19*, 20, 21, 22*, 23, 46, 54 68, 89, 101, 139, 176*, 180, 199, 206, 231, 234.
De Rochefort-d'Ailly, 231.
De la Rochefoucauld, 126 254.

De Rochemaure, 263.
De Rocher, 96.
Rochette, 74 76.
De la Rochette, 234.
De Rodemont, 140, 146.
Roddes, 186.
De Roddes, 16.
Roger ou Rogier, 17, 18 37, 61*, 74. 76, 86, 87* 88, 90, 92, 102 137*, 139*, 140*, 150, 160, 176*, 194, 206 244, 247.
De Roger-Beaufort, 18, 22, 41, 42, 173.
De la Rogeraye, 182.
De Rohan, 21, 29, 50.
Rolland, 9, 22, 138, 253.
De Rolland, 234*.
De Rollat, 99.
Rollet 76.
Rollin, 186
De la Romagère (Le Groing?) 28
De Romagnac, 54.
Romane, 255.
De Ronay, 234
De Ronciers, 90.
Rongier, 76, 131, 141.
Du Ronzet, 139.
De Roquefeuille, 230.
De Rosny, 38.
De Rossignol, 234.
Rouault de Gamaches, 184.
Roudaire, 211.
Rougier, 182, 218.
Rouillé, 184.
Roullet, 140.
Roumanet, 202.
Roussel, 28.
Roux, 37, 54 101, 248.
De Royae, 54.
Royet, 140.
De Royre, 68.
De Royères, 37.
Rué, 200.
Ruellan, 182.
Sablon-Salviat, 211.
Sablon du Corail, 98.
Sage, 76, 88, 176*, 257, 260.
De Saillans, 234*, 237.
De Sailhant, 97, 99*.
Salamos, 54.
De Saint-Aignant, 90, 234.
De Saint-Amand, 21.
De Saint-Angel, 123.
De Saint-Aubin, 12.
De Saint-Chamant, 234, 248.

286 TABLE GÉNÉRALE

De Saint-Delis, 182.
De Saint-Didier, 252*.
De Saint-Georges, 51.
De Saint-Germain, 47, 222.
De Saint-Girau, 37.
De Saint-Julien, 25, 71 74, 99, 234.
De Saint-Just 96.
De Saint-Léon, 88.
De Saint-Martial, 97, 234.
De Saint-Perret, 92.
De Saint-Polgues, 19.
De Saint-Priest, 226.
De Saint-Projet, 21.
De Saint-Quentin, 22.
De Sainte-Colombe de Laubépin, 234.
De Sainte-Garye, 74, 76*, 89, 140.
De la Salle, 263.
De Salvert, 100, 203.
Sanitas, 256.
Santarel, 225.
Santauzelle, 74.
Sappin, 26, 102. 180.
Sarrazin, 55, 74, 245.
De Sarrazin, 25, 26, 98, 99*, 187, 188, 247.
De Sartz, 242.
Saulnier, 74, 186.
Saulvert, 189.
De Saunade, 247.
Saunois 72.
Sauty, 205, 212*.
De Sauzet, 253.
Savandy, 248*.
De Savoie, 10, 42, 5*.
Saynes, 100.
De Scorailles, 21, 257.
De Sedières, 225.
Segrettier, 105.
De Ségonzat, 25, 26, 239.
De Semur, 51.
De Serre, 257.
De Seirrac, 54.
Sersiron, 90, 205.
Sertillanges, 26, 28, 144, 186, 188, 192, 201.
Servière, 243.
De Servières, 25, 28, 99.
Servole, 76.
De Sculy, 40.
Sibot 239.
De Sicaud de Mariol de Saint-Priest, 201.
De Sicile, 32.
Simon, 183.
Simond, 144.

Simonnet, 27, 78. 205.
Sinioret, 140.
Sirvient, 37.
Sixte, 27, 185, 242, 256, 257.
Sollier, 185.
De Sors 122.
Soubre, 74*, 85, 102 248. 256, 257.
Souchal 143, 144, 192, 212. 222, 247, 249*.
De Soudeilles, 105.
De Sugny, 48.
De Sully, 38, 130, 218.
De Suze, 182.
Symon, 74*, 87. 95*, 207. 218, 239.
Syvet, 188, 248.
Tailhandier, 70.
De Taillac, 99, 234*, 235.
De Talleyrand de Chalais, 96.
De Tamenas, 199.
Taravand ou Taravant, 74, 104, 188, 256.
Tardieu, 63, 205, 211. 212*, 215, 216, 223.
Tardif, 74, 75, 144*, 186, 218. 217, 256*.
Tartière, 195.
Tavernier, 26.
Du Teil, 246, 247, 249, 256.
Teillard, 234.
De Termes. 36, 37, 63*, 75*, 86*. 91, 101, 104, 176.
Ternier, 93.
Terrade 76, 129, 143, 238, 262.
De Terraules, 195.
Terray, 141, 142.
De Tersac de Lambres, 104.
Textorix, 177.
Teyras de Grandval, 195.
Thalafer ou Thalefer, 76, 139.
Thezard, 102.
De Thianges, 167, 186, 253.
De Thiers, 33.
Thierry, 201.
Thomas, 18, 81, 93, 141, 142, 143, 160, 199, 217.
De Thouars, 38.
De Thuret de Voissieux, 99.
Tibord, 176, 210.
Tinet, 113.
De Tinière ou de Thinières, 10, 21*, 22*, 76, 85, 231, 234, 263.
Tixier, 24, 75*, 81, 99, 102, 140, 252, 257.
Tondut 241.
Torchon ou de Torchon, 76 174.

De la Tour, 19*, 20*, 22*, 31, 41, 43 44, 50, 51 80, 81, 96 97, 99, 123, 167, 224, 230*, 234.
De Tournemire 123, 183, 210, 247*.
De Tournon, 49 68.
Tourpinon, 192.
De Toursiac, 186.
Touzel, 99.
Toysat, 93.
Tranchet, 103.
Treuffons, 75.
De Trie, 38.
De la Trimouille, 32.
Tront, 75.
Trottier, 257.
De Tulles de Villefranche, 27.
De Turenne, 43, 117, 230.
De Turpine, 195, 247*, 248.
Des Urssins, 204.
Ussel, 101.
D'Ussel, 21*, 26, 28, 37, 41, 83, 86, 91*, 99, 122, 123, 194, 231*, 254, 263.
Vachier, 76*.
Vachon, 75, 141, 218.
De Val, 27, 185, 204.
De la Val, 76, 140*, 166, 176.
De Valant, 96.
Valette, 76.
De la Valette, 75.
Valevet, 71.
Vallon, 234.
De Valois, 41, 127, 129, 235
De Valon, 235.
Vaspillus, 176.
De Vassel, 23, 225, 231*, 234 235.
De la Vau, 99.
De Vauchaussade, 203, 234.
De Vaulx, 234.
Vaureys, 242.
Vaussin, 227, 228.
De Vauval, 99.
De Veausse, 253.
Vedrine, 141.
De Vedrine, 25.
De Veilhan, 250.
De la Velle, 24, 27.
De Ventadour, 21, 35, 39. 42 43, 108, 122, 224, 230.
Du Vergier, 217.
Vergne, 89.
De la Vergne, 177, 197, 210.
Vergnette, 124.
De Vermandois, 40.
De Vermeille, 40.

Du Verne, 264.
Vernède, 102, 242.
De la Vernède, 187.
De Verneuil, 54.
Des Vernois, 200.
Verny, 24, 26, 75 90, 109 131, 140, 141*, 142*, 144*, 146, 176, 185, 186, 191, 200, 205, 207, 211, 212*, 218*, 240*, 243*.
De Veyny, 22 24, 105, 234.
Veyrine, 233.
Veysset, 69, 188, 192.
Veyssier, 82, 99, 109, 159, 190, 243.
Veyssières de Saint-Saturnin, 234.
Vialle, 71, 75 104 192.
Vialette, 176.
Viandon, 76, 257.
Vicaire, 76.
De Vichy, 20, 41, 90, 234
Vidal, 99.
Vidilhe, 103, 202, 212.

De Vières, 37.
De Vierzat, 234
Vigeral, 205.
De la Vigerie, 42.
Vigier, 161, 189.
De Viledière, 244.
Villaic, 10.
De la Villaine, 99.
De la Ville, 247.
De Villa, 25, 194, 253.
Villavault pour Villevault, 153
Villedieu 101.
Villefeulh ou Villefeut, 60, 63 64, 71*, 75, 76*, 81, 89, 101, 108, 140, 189, 199, 208 217*, 244*
De Villelume, 9* 42 21, 25* 63, 68, 75 86, 87, 90* 97, 98, 99, 112, 124, 130, 131, 176*, 186, 190, 194 195, 199, 215, 218*, 219, 234*, 240*, 241, 244*, 245*, 246*, 247*, 249*, 256*, 257, 258*, 259*, 260*, 261*, 263.

De Villemoutée, 251.
De la Villeneuve, 9*, 16, 17, 23 137, 154, 165, 174.
De Villenove ou de Villeneuve, 88, 137, 138, 165.
Villevauld ou Villevaut, 25, 131 137 139, 140*, 141*, 143*, 153, 154, 186 242, 243.
Vincent, 124, 203.
De Viry, 99.
De Vizan, 258.
De Vohenc ou de Vauhenc 86* 90, 198.
De Voingt, 89.
De Vollore, 54.
Xoulaise, 101.
Ymbert 88
Yver 18*, 23, 137, 141, 152, 154 173* 176*, 193, 208, 209.

ERRATA

Page 13, ligne 29 : *paroisse d'Herment*, lisez : *paroisses suivantes : Herment* ; — p. 16, l. 34, colonne 1 : *Jean Gaignon*, lisez : *Gaspard Gaignon* ; — p. 17, *chatellains*, lisez : *châtelains* ; même p., note, *Alienor*, lisez : *Léonard* ; même p., même note, *dessein*, lisez : *dessin* ; — p. 18, l. 9, col. 2 : *Masuer*, lisez : *Mazuer* ; — p. 20, l. 10, *chatellain*, lisez : *châtelain* ; — p. 21, l. 7, *de sable*. lisez : *d'azur* ; — p. 22, l. 36, supprimez le point et virgule et mettez un point ; — p. 23, l. 31, *châtellain*, lisez : *châtelain* ; — p. 24, l. 3, *rendus*, lisez : *rendues* ; *conservés*, lisez : *conservées* ; même p., l. 5, *hommage*, lisez : *hommages* ; — p. 32, l 10, en remontant *Guillaume VII*, lisez : *Guillaume VIII* ; — p. 33, l. 7, *ses deux*, lisez : *ces deux* ; même p., l. 11, *ses*, lisez : *ces* ; — p. 37, avant-dernière ligne de la note, après *Mazas*, ajoutez : *Vie des grands capitaines français* ; — p. 38, l. 15, *obtenu*, lisez : *obtenus* ; — p. 42, l. 17, *et français*, lisez : *en français* ; même p., l. 19, *Clement VII*, lisez : *Clement VI* ; — p. 43, parmi les enfants de Guillaume Roger et de Marie du Chambon, ajoutez : *Pierre Roger, élu pape sous le nom de Grégoire XI* ; — p. 54 l. 28, après *double ficelle*, ajoutez le n° de renvoi (5) ; — p. 56, l. 1, col. 2, *dans le bourg d'Aurillac*, lisez : *dans le pays d'Aurillac* ; — p. 58, l. 3, supprimez le point et virgule après *episcopus* ; — p. 61, l. 2, en remontant, *en 1856*, lisez : *en août 1857* ; — p. 62, l. 22 *prenait place*, lisez : *prenaient place* ; — p. 64, l. 4, *fondateur Jacques Jehan*, lisez : *fondateur : les ancetres de Jacques Jehan* ; même p., l. 24, après *Durand Chambon*, ajoutez : *chanoine d'Herment* ; — p. 70, l. 9, *reçu*, lisez : *reçut* ; — p. 74, l. 4, après *Textorix*, ajoutez : *(Jehan)* ; même p., l. 18, *archiprêtre de Rochefort*, lisez : *archiprêtre d'Herment* ; — p. 75, l. 18, *(Guibert)*, lisez : *(Gilbert)* ; — p. 76. l. 33. *chapitre cathédrale*, lisez : *chapitre cathédral* ; même p., l. 53, *chapitre cathédrale*, lisez : *chapitre cathedral* ; — p. 77, l. 15, après *les Granges*, ajoutez : *pour le tènement du Malard* ; — p. 80, l. 15, *droit d'entrer*. lisez : *droit d'entrée* ; — p. 83, l. 23, après *en cuivre*, ajoutez une virgule ; même p., l. 36, *juillet concernant* ; — p. 87, l. 35, *Salamone*, lisez : *Salomone* ; même p. l. 39, *1375*, lisez : *1345* ; — p. 89, l. 7, *Pierre Perron (l'erro)*, lisez : *Pierre Perk* ; — p. 90, l. 18, *1350*, lisez : *1320* ; — p 91, l. 3, *Ponteaumur*, lisez : *Pontaumur* ; — p. 101, l. 19, *chapitre cathedrale*, lisez : *chapitre cathedral* ; — p. 103, l. 16, col. 2, *Vididlhe*, lisez : *Vidulhe* ; même p., l. 23, col. 1, *de Loursse*, lisez : *de l'Oursse* ; — p. 118, l. 36, *1588*, lisez : *1589* ; — p. 119, l. 33, *qui parurent aux Etats-Généraux de Paris en 1614*, lisez : *qui parurent aux Etats provinciaux de la Basse-Auvergne en 1614, pour nommer les députés aux Etats généraux de Paris* ; — p. 120, note, n° 2896, ajoutez : *fonds Gaignières* ; — p. 135, seconde note, *sans confession*, lisez : *sans héritiers* ; — p. 144, année 1722, *N. de Lesclause*, lisez : *Gaspard de Lesclauze* ; — p. 156, l. 22, *scelât*, lisez : *scellat* ; même p, l. 29, *scelés*, lisez : *scellés* ; — p. 160, l. 8, *Leuzer*, lisez : *Lauzier, d'Evaux (Creuse)* ; même p., l. 18, *des canaux voutés*, lisez : *des aqueducs* ; — p. 168, l. 6, *du célèbre chancelier Pierre de Giac*, lisez : *de Pierre II de Giac, chambellan du roi Charles VI* ; — p. 174, *archiprêtre de Rochefort*, lisez : *archiprêtre d'Herment* ; — p. 175, liste des notaires, col. 2, *il avait épousé Suzanne Yver*, lisez : *il avait épousé : 1° Suzanne Yver* ; *2° Jeanne Bonyon* ; — p. 177, l. 30, (1), lisez : (2) ; — p 198, l. 7. *1312*, lisez : *1392* ; — p. 200, l. 23, lisez : *marie 1° en 1775 à Marie-Angélique Bourrand* ; *2° en 1783 à Rose Peyronnet de Saumazeix* ; — p. 203, l 11, *Alienor*, lisez : *Leonard* ; — p. 209, l. 9, *1639*, lsez *1638* ; — p. 210, l. 6, en remontant, *baillis*, lisez : *châtelains* ; — p. 213, l. 26, *Rembrand*, lisez : *Rembrandt* ; — p. 215, l. 12, *l'étang du Puy-Vidal*, lisez : *l'étang des anciens seigneurs de Chabateix à l'E. du Puy-Vidal* ; — p. 226, l. 21, *de Savaron*, lisez : *des Origines de Clermont* ; — p. 243, l. 37, après son nom, ajoutez : *le mot patois* ; — p. 255, col. 2, *Jacqueline de Langeac*, lisez : *Jacqueline de Lastic de Saint-Jal*, et ajoutez : *ce commandeur qui jouissait de Tortebesse, dès le 27 mars 1788, est mort le 4 avril 1801.*

ADDITIONS

P. 14. Les noms des villages de la châtellenie d'Herment sont écrits avec leur orthographe de l'an 1550.

P. 37. A l'article d'Humbert de Beaujeu, baron d'Herment, ajoutez qu'en 1270 il reçut la foi-hommage de *Géraud de Bonnevie (de Bonnæ vitæ)*, chevalier, seigneur de Mondeyraud (baronnie d'Herment).

P. 65. La traduction française de la charte de fondation du chapitre d'Herment est de l'an 1625. J'ai pensé qu'il était bon de n'y rien changer.

P. 89, l. 14. Après *(de Voingt)*, ajoutez : épouse de *Jean de Bussière*, notaire à Herment.

P. 93, col. 1, l. 9. Ajoutez dans la liste des archiprêtres d'Herment : *Durand Jargueilh*, chanoine d'Herment, de 1396-1410.

P. 142, col. 2, année 1658. Ajoutez pour consul : *Pierre Peyrière*.

P. 143. Ajoutez pour consuls en l'année 1676 : *Toussaint Haste* et *Gabriel Terray*.

P. 160, l. 23. Ajoutez : Le réservoir de la fontaine d'Herment, bâti entièrement en granit des environs de Prondines, paraît remonter à la même époque que la construction du château et de l'église (XIIe siècle), et contient 18 mètres cubes d'eau.

P. 164, l. 6. J'ai omis de mentionner *l'ancienne route de Clermont à Limoges*, qui traversait notre canton avant la création de la route impériale par Pontaumur ; cette ancienne voie passait à Perol, à Sauvagnat, au moulin de Soulier et aux Aymards.

P. 174, col. 1. Après *Simon Imbert*, ajoutez : chanoine d'Herment.

P. 178, l. 6. Après en 1739, ajoutez : et *Jean-Jacques Johannel*, le dernier ; il acheta cet entrepôt en 1788 à *M. Marcellin*, écuyer, moyennant 11,000 livres tournois.

P. 209, l. 22. Ajoutez à la liste des ouvrages de Pierre de Besse : « *La Royale Prestrise*, c'est-à-dire *des excellences des qualités requises et des choses défendues aux prestres, par M. Pierre de Besse, docteur en théologie*, Paris, Nicolas du Fosse 1612, in-8° titre gravé. »

P. 218, l. 1. Après les mots *Chez Bourassat*, ajoutez : (*les Bourassat en* 1470) ; même p., avant l'article concernant *la Borderie* ajoutez : *Fougeiras*, maison avec tannerie, située à l'E. de Chabateix, près de la route de Clermont ; elle a été bâtie en 1857 par M. Porte-Sauty.

P. 221. Les armes de la maison de Neuville de Prondines sont : *d'azur, au chevron d'or, rompu, accompagné de 3 besants de même* ; même p. 221, après l'article concernant *Franssoulières*, ajoutez : *La Cabane*, modeste auberge, construite au N. de Vedeux, sur la route de Clermont, il y a une vingtaine d'années ; même p. 221, après l'article de *La Graule*, ajoutez : *La Grange-Route* (en patois *routa* veut dire rompue), au S. E. de Perol, sur une hauteur, où la tradition place le château détruit dans lequel naquit le célèbre troubadour Hugues de Perol (v. p. 236). Ajoutez aussi : *L'Etival*, village, sur lequel le seigneur de Prondines prélevait des droits féodaux en 1698.

P. 235, après l'article des *Holmes*, ajoutez : *Moulin de l'Etival*, moulin ; *Moulin de Perol*, moulin.

P. 240, l. 7. Après les mots *Chez Peyrière*, ajoutez : (*les Peyrière en* 1470-1535).

P. 245, l. 23. Ajoutez : elle a pris le nom de son propriétaire.

P. 248. Après ces mots : *il épousa* ; ajoutez : *le 26 janvier 1666*.

P. 249. Après l'article du *Moulin de Toul-y-Faut*, ajoutez : *Moulin-Vieux*, ou de la Foudèche, moulin appartenant en 1533 à noble *Philippe Goulet*, seigneur de Sauade et de Gours, notaire royal et châtelain de Miremont, bailli de Jourdan.

P. 251, l. 10. Ajoutez au sujet du mas de la Vilatte : *il était situé entre le moulin de Chez Caloux et le moulin de la Villedière*.

www.ingramcontent.com/pod-product-compliance
Lightning Source LLC
Chambersburg PA
CBHW070540160426
43199CB00014B/2307